世界历史有一套

后发先至的美利坚

杨白芳/作品

中国出版集团
现代出版社

图书在版编目（CIP）数据

后发先至的美利坚 / 杨白劳著. -- 北京：现代出版社, 2015.4
（世界历史有一套系列）
ISBN 978-7-5143-3300-8

Ⅰ. ①后… Ⅱ. ①杨… Ⅲ. ①美国—历史—研究
Ⅳ. ①K712

中国版本图书馆 CIP 数据核字（2015）第038570号

后发先至的美利坚（世界历史有一套）

作　　者	杨白劳
责任编辑	张　霆
出版发行	现代出版社
地　　址	北京市安定门外安华里 504 号
邮政编码	100011
电　　话	010－64267325　010－64245264（兼传真）
网　　址	www.1980xd.com
电子信箱	xiandai@cnpitc.com.cn
印　　刷	北京画中画印刷有限公司
开　　本	710×1000mm　1/16
印　　张	30.75
版　　次	2015年4月第1版　2015年4月第1次印刷
书　　号	ISBN 978-7-5143-3300-8
定　　价	59.80元

目　录

造一个草原

造一个草原
要一株苜蓿加一只蜜蜂
一株苜蓿 一只蜜蜂
再加一个梦
要是蜜蜂少
光有梦 也成

——艾米莉·狄金森

一　新大陆

舌尖上的旅程

美国历史肯定要从哥伦布开始,而说哥伦布,要从“吃”说起。

先给大家介绍一种叫“十三香”的东西，十三种香料的混合物。稍有烹饪知识的人都知道，在烹调肉类的时候，如果不放入生姜、桂皮、丁香、胡椒之类的东西，那肉味肯定不让人开胃。中国人将这些香料按一定比例组合，根据烹饪的食材不同，适量投入，打造出一个“舌尖上的中国”。

欧洲人比咱家人晚熟，能吃饱就不错了，对食物的品质没品位没追求，也种不出花样繁多的五谷杂粮。农业主流就是捕鱼或者养牲畜，在寒冷的欧洲北部地区,越冬时牲畜没有饲料,只能全部杀掉，杀完后如何储存肉类可成了问题了。沿海国家不缺盐，可以腌成咸肉咸鱼。在巨长的一个历史时期内，欧洲人只有一种调味品，那就是盐。他们难道不知道有肉桂、丁香之类的东西可以提升食物的味道吗？知道，可他们买不起。

欧洲不产香料，自古以来，上述说到的“十三香”大都产自印度、中国或者其他东南亚国家。随着丝绸之路，还有一个叫马可·波罗的人自称在中国生活了几年，“编了”一本游记（历史学家对马可·波罗的中国之行一直抱有怀疑），东方便向西方敞开一扇华丽的窗户，模样各异的香料散发着让欧洲人疯狂的奇香。

香料的功能很强大:能让肉类的味道更鲜美，还可以对食物防腐，延长肉类的保存时间；欧洲人喜欢酿葡萄酒，在没有玻璃瓶分装的时代，红酒桶一开封，如果不及时喝完，剩下的液体很快变身为醋，适当加入香料，就可以掩盖酒浆变质的味道；而众所周知，几乎所有的香料都有一定的药用价值……

根据“吃饭是为了活着，活着也可以为吃饭”这个普世真理，香料几乎是欧洲人不可或缺的生活必需品。于是，从东方到西方的香料贸易，又是一项日进斗金的生意。在其中转手的阿拉伯人为了垄断，一边卖香料，一边满嘴跑舌头编瞎话。一度欧洲人都认为这些神奇的香料是长在神秘的仙岛，岛上有喷火龙或者巨型蝙蝠等各种怪兽把守，阿拉伯人搞点儿胡椒、豆蔻，随时要变身为奥特曼,经历九死一生的战斗，于是欧洲人傻兮兮地愿意支付巨款购买，让香料的价格在欧洲比黄金还贵，是奢侈品中的奢侈品。历史上，为了香料贸易，还发生过数次规模不小的战争。

不管是编瞎话还是哄抬物价，阿拉伯人在中世纪之前，基本还是能保障欧洲上流有钱人的需要，价格虽然贵，供应尚可持续。进入12~13世纪后，因为蒙古人和土耳其人的征伐，尤其是1453年，君士坦丁堡陷落后，东西贸易的陆上通道基本就断绝了。

陆路不通就下海吧，香料从南亚下水航行过阿拉伯海，经霍尔木兹海峡或者亚丁湾到达埃及，埃及的亚历山大港就成为香料进入欧洲的中转站。《罗马帝国睡着了》中说过，在东罗马死亡或者即将死亡的那几年，整个地中海是被意大利的几个航海共和国控制的，威尼斯把主要竞争对手揍了一遍，从此便独家垄断了从亚历山大港将香料接进欧洲的暴利生意，威尼斯人日进斗金了。

看威尼斯一个小破国家，因为有几条破船，就这么嘚瑟，其他欧洲人郁闷哪。好在呢，古希腊时代就有个叫毕达哥拉斯的人，他提出我们生存的这片土地呀，其实是个圆球，我们全都像动物园的狗熊一样，每天拼命踩着脚下的球等着别人喝彩呢。随着科技的发展，越来越多的数据显示，我们生活的世界真是个球。于是乎，聪明的欧洲人就想：威尼斯人算个球哇，我们如果西出大西洋并一直向西，只要地球真是圆的，肯定可以找到那个传说中的，有各种怪兽把守的香料之地，为欧洲人带来高品质的生活。

听着真有点儿扯，可是，这的确就是15~16世纪那个波澜壮阔的大航海时代的重要背景之一，为了香料，也为了国际贸易日渐增加，欧洲大陆日渐枯竭了金银矿藏。

好了，请出男主人公吧，他生于意大利的热那亚，他应该有个曾用名，不过我们还是按习惯叫他哥伦布好了。

哥伦布生于一个还算体面的织布商家庭，显然他的兴趣不在织布上，他从小就表现出非凡的航海天赋和过硬的身体素质，他最重要的一项特质是：他笃信地球是圆的，笃信不管他航行到哪个天涯海角，他都不会突然刹不住船从大地边缘坠落到不知道什么样的空间里去。

胆大身体好有技术，要出海，他只剩赞助人了，这种漫无目的、行踪无着的旅程就是一场豪赌，哥伦布需要赌本。当时哥伦布第一个想到的,就是葡萄牙王室。

众所周知，是葡萄牙吹响了出征大洋的号角，这个伊比利亚半岛上的小国，第一个冲出了欧洲大陆，率先建立了强大的殖民霸权，为欧洲人打开了新的想象空间。弹丸小国之所以有如此远大的追求，源自葡萄牙历史上最著名的一位王子，被称为“航海者”的亨利王子。

从7世纪开始,伊比利亚半岛的日子并不好过,来自北非的穆斯林（在当时被称为“摩尔人”）征服了半岛大部分地区，要不是遭遇法兰克王国著名宫相查理·马特的阻拦，摩尔人已经进入了欧洲腹地（参看《德意志是铁打的》第二章）。

伊比利亚半岛上的基督徒高呼着“收复失地”的圣战口号，跟摩尔人你来我往战斗了几百年，终于将摩尔人的势力压缩在南部一带。在战争中半岛上逐渐成型壮大的基督教国家，就是后来的西班牙和葡萄牙。一看葡萄牙这种憋憋屈屈的地图形态，不用查历史书，我们猜都能猜到，葡萄牙肯定是从西班牙中分裂独立出来的。

葡萄牙独立后，只有狭长的一条沿海土地，除了大海几乎一无所有，而因为独立时的罗马教皇有训示，葡萄牙不敢向自己的原宗主——西班牙随便叫板，他家如果想寻找资源，增加财富，扩充实力，拍教皇马屁，只能对南方的摩尔人下手。

以当时葡萄牙的实力，对摩尔人下手可不是光凭胆子大就行了，葡萄牙人听说，地中海对岸的非洲，可能有信仰基督教的政权，他们就考虑，要到非洲大陆去，寻找盟友，两头夹击摩尔人。于是，葡萄牙就找离他们最近的非洲海岸动手了，他们的目标是摩洛哥的休达。

1415年，葡萄牙国王带着自己的三儿子亨利，突然进攻摩洛哥的休达城，一天之内就占领了这个城市。休达城现在叫作塞卜达，在地图上非常好找，因为它正好是直布罗陀海峡的南岸，扼住地中海进入大西洋的咽喉。

休达之战几乎可以说是欧洲人对外殖民的开始，而葡萄牙王子亨利也一战成名。根据那个时代骑士王子的特点，此时的亨利应该披挂甲胄，直入非洲大陆开始恺撒一样的征伐。可亨利王子爱好比较特殊，他不喜欢陆地，他更看重大海，他早先痴迷于古希腊学者各种地理著作的阅读，他对航行海上探寻那些未知的大陆更有兴趣。

亨利王子回到葡萄牙，他已经定下了通过海洋征服大陆的发展思路，建立了航海学校，重点发展海军，建设舰队，系统培养航海需要的各种人才。

葡萄牙帝国就是这样崛起的。1418年开始，葡萄牙的海船开始沿非洲西岸南下，亚速尔群岛、马德拉群岛被陆续收入葡萄牙的版图。而在非洲大陆上，葡萄牙人的收获也让人眼红。

刚开始葡萄牙的船队并没找到希望中的黄金、香料或是去印度的航线，葡萄牙人只好随手抓几个黑人卖到欧洲去当奴隶，居然收益很不错，如此一来，就开创了让欧洲人臭名昭著的奴隶贸易。后来，随着对非洲西岸探险的深入，富饶的非洲被迫向殖民者张开了怀抱，在加纳，葡萄牙人发现了黄金；在科特迪瓦，有名贵的象牙，这就是我们熟悉的黄金海岸、象牙海岸……

葡萄牙人一边探险一边建立相应的贸易点并发展为殖民地，亨利王子1460年去世时，葡萄牙的船队已经抵近赤道。在随后的30年里，葡萄牙的航海家继续南行，终于让好望角出现在欧洲人惊叹的视线中，而当葡萄牙人绕过好望角寻到了大西洋到印度洋的通道时，也宣告阿拉伯人垄断亚欧贸易时代的终结，葡萄牙这样一个农业小国，因此跃升为欧洲最富有的殖民帝国！

出发

都知道葡萄牙王室是最看重航海和探险的，哥伦布想开辟新的航道寻找新的机会，自然先想到游说亨利王子。可对亨利王子来说，去往印度的航道，早就不算是世界之谜了，根据他的计算，他一直致力于开发的非洲西海岸一路南行的航线，肯定是从欧洲到印度的最短路径，有人想到大西洋以西去找印度，纯属闲得蛋疼，可以无视。

哥伦布在各个航海国家游说，推销他的西行计划，没人搭理他，男人们都有自己的主意和见解，不容易被人忽悠，哥伦布只好去忽悠女人。

容易被忽悠的女人并非都是蠢女人，哥伦布忽悠成功的这位，在整个地球人类的发展史上，都算是数得着的顶尖女人，她就是伊莎贝拉一世。

伊比利亚半岛上对摩尔人“收复失地”的运动中，早期产生了大量基督教小国，老杨在之前的几本书中都介绍过，比如纳瓦尔王国、阿拉贡王国、卡斯提亚王国等等。到了15世纪，根据各种联姻、内耗或者是整合，伊比利亚半岛实力最强的基督教国家就是卡斯提亚王国和阿拉贡王国，而葡萄牙正是从卡斯提亚王国中分裂出来的。

伊莎贝拉是卡斯提亚王国的公主，她的国王哥哥本想让她嫁入葡萄牙王室，这个头脑清晰、志向远大的女子为自己选择了阿拉贡王国的继承人。在国王哥哥死后，通过跟自己侄女的一场内战，伊莎贝拉取得了卡斯提亚王国的王位，成为伊莎贝拉一世女王。不久，她的丈夫继承了阿拉贡王国，两口子成为两个国家的共治国王，虽然看起来这两个公司还是各有各的经营，其实已经可以认为是正式合并了。

合并后的国家也就是早期的西班牙，女王两口子的主要工作就是向伊比利亚半岛上的摩尔人发起最后的攻击，打响了绵延700年的“收复失地运动”的收官战，1492年，摩尔人在半岛北部的小国被消灭，西班牙大致统一了半岛。

就在伊莎贝拉一世跟摩尔人激战时，她收到了哥伦布的远航计划书。睿智的女王一眼就看出了这场冒险的价值。只是，战中的西班牙并不富裕，全部的资源要用来打仗。伊莎贝拉一世于是将哥伦布留在西班牙，按月支薪水养着，只等着自己手头一宽绰，就让这个意大利人派上用场。

整个战争中，女王两次宣哥伦布到前线见驾，就为跟他讨论出海事宜。当时大部分西班牙贵族都觉得女王被忽悠了，这个意大利骗子肯定会让女王血本无归，女王力排众议，坚持了自己的态度。战争胜利后，女王变卖了自己的首饰，借贷了一笔款项，勉强凑齐了哥伦布的旅费，配置了3艘船只和80多名各种人员。

1492年8月3日，船队从西班牙的帕洛斯港出发，哥伦布随身携带了一封女王给中国皇帝的书信，也携带着女王满满的期望。

因为对哥伦布的资助，西班牙的伊莎贝拉一世女王在世界女王排行榜上地位颇高，其实这位女王也算我们的老熟人了，她有两个我们认识了很久的闺女，一个是著名的疯女胡安娜，生下了神圣罗马帝国最鼎盛时的皇帝查理五世；另一个是英王亨利八世的原配王后凯瑟琳，因为她坚持不跟亨利八世离婚，导致了轰轰烈烈的英国宗教改革运动（参看《德意志是铁打的》和《老大的英帝国》）。

1492年，西班牙女王自己并不知道，她的信如果没有跑偏，应该是被明朝的孝宗皇帝朱祐樘读到。在咱家大明的16位帝王中，孝宗是数得着的好皇帝，他临朝的17年被称为“弘治中兴”，是大明近300年历史上最和谐昌明的一段岁月。而朱祐樘在中国两千年帝王史上形象最健康的一点就是：这位皇帝是中国皇帝中唯一坚持一夫一妻过了一辈子的，除了自己的皇后，孝宗皇帝没有册封任何后宫的嫔妃，是中国史上私生活最检点的帝王。

作风纯良的朱皇上，就算他知道有个金发碧眼的外国女王正不远万里给他送信来，相信他也不会爬上紫禁城的屋顶，天天望穿双眼翘首企盼。

而哥伦布一往情深的目标——印度呢？此时的印度正是混乱而分裂的德里苏丹王朝后期，壮丽的莫卧尔王朝的开创者正预备南下，将四分五裂的印度一举攻陷呢，所以，他家更没心思迎接不知道哪里来的船队了。

哥伦布这个伙计不懂礼数，去人家串门也不先打招呼，不告而访还不认识路，所以只好在大西洋里乱窜。大西洋倒是懂礼数的，这么大一池子水，惊涛骇浪也好，风平浪静也好，都有一定的规矩，会形成规律的洋流，只要不触礁翻船或者饿死，乱窜的船只总会被送到各种陆地上。

冠名权

1492年出发的第一次远航，哥伦布带领着3艘船和近90名船员，经过10个星期看不到希望的漂泊，在所有人濒临崩溃，水手即将哗变时，加勒比海上的巴哈马群岛在晨曦中向哥伦布张开了怀抱。怀着各种激动，哥伦布郑重其事盛装登陆了一个小岛，根据出发前与西班牙国王的协议，哥伦布代表王室占领他到达的土地，他将是所有新土地的总督或者省长。于是哥伦布自说自话地找片空地，插上十字旗，宣布这个岛为西班牙所有，他将之取名为圣萨尔瓦多。

成功让哥伦布欣喜若狂，他留下部分人驻守小岛，抓上几个懵懵懂懂的当地人返回了西班牙。他坚称自己到了东印度群岛，抓来这些肤色暧昧家伙，显然是印度人，“印第安人”这个稀里糊涂的称谓就坐实了。

更欣喜若狂的是西班牙国王两口子，既然中了六合彩，就赶紧去兑钱哪。哥伦布回家半年后，他又被打发出门了，这一次，他带领17艘船，1500多号人，还有牲畜、农具、种子等过日子的家伙，显然预备让西班牙人去新的土地落地生根，当然更重要的是把当地的金银财宝尽快搞回西班牙。

这一次，哥伦布到达了海地，放下西班牙人，这里就成为了西班牙的殖民地。当地土著印第安人除了被强加一个莫名其妙的名字，还莫名其妙地从世外桃源的闲居生活一头栽进地狱，成了西班牙殖民者的奴隶，哥伦布一手开创了印第安人的奴隶贸易。

哥伦布拥有西班牙国王承诺的对新土地的管理权，可这家伙真没什么管理才能，新殖民地乱糟糟的，尤其是他自己还要闹心于更重要的事：都到了东印度群岛了，印度怎么还找不到呢？

第三次远征继续，哥伦布从委内瑞拉踏上了南美大陆，这一次他有点儿觉悟了，因为委内瑞拉境内有大型的淡水河流，说明这里不光是个群岛区，还应该有一片大型陆地。

占领的土地越来越多，哥伦布的控制能力毫无提高，这些西班牙的殖民地总处于内讧中，似乎经济效益也没有到达西班牙国王的预期，不爽之下，哥伦布被押回西班牙解释，最后虽然被释放，却失去了对他找到的那些土地的管理权力。

哥伦布明白，他的处境一定要在找到印度后才能改善，1502年，他第四次出发，终于到达了巴拿马的达连湾。他猜想，印度一定就在隔壁，只要穿过巴拿马地峡妥妥地能找着，可惜他过不去，只好折回。

他需要西班牙国王更多的支持，给他更大的权力，他声称自己已经触摸到了远东的边界，再走一步，就成功了。西班牙国王两口子已经认定这厮不靠谱，不跟他玩了，两年后，哥伦布在贫病交加中死去，死不瞑目。

16世纪，远东地区对于欧洲已经不算神秘之境，很多文献资料、小道传闻、地方特产能显示出远东的诸多特点，哥伦布到达的大陆，他的所见所闻跟之前的亚洲印象并不雷同，他为什么非要死心眼子认定他到的是印度呢？

读死书读坏了。大航海时代之前，欧洲有本被封为圭臬的地理学巨著《地理学入门》，公元100年前后的托勒密著作。出生于埃及的托勒密被认为是古希腊天文学和地理学界的大拿，主宰了人类很久的“地心说”也是他的理论。

这本书阐明了地球是圆的，圆形就有周长，只是托勒密的测量似乎出了问题，现在我们都知道，地球的周长大约是4万公里（这个数据可以用某品牌奶茶的杯子连起来测量），而托勒密的数据，少了近四分之一。自称在亚洲混得风生水起的马可·波罗，溜达了一圈儿后，自以为是地把亚洲大陆估计得过宽，哥伦布在家一计算，从欧洲向西到远东的日本，距离真不远，所以，他坚信，他发现的就是东印度群岛。而其实在葡萄牙人开始沿非洲探寻印度时，他们就开始质疑托勒密的数据不准确了。

在哥伦布第一次远航返回西班牙时，他受到了特别的礼遇，稍微对航海有点热情的人，都视其为偶像。在西班牙的一个专为远洋船只供应设备、仪表和配套设施的商行里，一位来自意大利佛罗伦萨的普通经纪，认识了哥伦布这位意大利的同乡英雄。

经纪叫作亚美利哥·韦斯普奇。15世纪出生在佛罗伦萨的人，如果有一份体面职业的，一般都有很好的出身，受过系统的教育。

亚美利哥对哥伦布的经历很神往，他也有条件出去走走，最重要的是，亚美利哥不迷信权威，不管是托勒密还是哥伦布，总要自己亲眼看过才知道到底是怎么回事。于是，他登上了葡萄牙探险队的船只，去到了哥伦布找到的“印度”。

根据有争议的记载，亚美利哥也进行了四次远航，并在巴西登上大陆，发现了亚马孙河口。亚美利哥详细描述了他的远航见闻和当地的风景、物产、人情等，形成了非常有价值的文献。而他经过分析后确认，亚洲大陆不可能延伸到这么南端，既然当地的风物如此新鲜，闻所未闻，可见这是一片欧洲人尚不知晓的新大陆，托勒密认为地球上只有亚、欧、非三个洲的说法不对，而如果这真是一片“新大陆”，那么这片大陆与哥伦布朝思暮想的印度之间，应该有一片大洋。

亚美利哥的“新大陆”理论公开发表后，让欧洲人很震动，而很多学者也意识到，似乎只有“新大陆”这个提法，才能解释那片神秘的大陆。1507年，当一位德国学者重新整理世界地图时，这块新发现的大陆，就被命名为亚美利加洲。

对于美洲大陆没有用哥伦布来命名，很多人觉得很冤，认为亚美利哥是占了个便宜。凡事总有个因果。同样是四次远航，哥伦布和亚美利哥的动机完全不同。哥伦布大费周章说服了西班牙国王，让他有机会出海，他并没有本着科学探寻的目的，他最大的目标是远东的金银和香料，事实屡屡给他打击，他还死不改口，很可能是碍于颜面。他忙乎了半天，西班牙国王在家望眼欲穿，如果不是印度，西班牙王室的脸面呢？所有的费用找谁报销呢？在古巴登陆时，哥伦布要求全体手下宣誓，众口一词，脚下的土地是中国的一部分，而不是一个不知道什么来历的小岛，不接受他说法的，要受100鞭子。存着这种偏执的念头，哥伦布根本不会擦亮双眼好好了解探究他发现的土地，他也绝对不会接受这是一片“新大陆”的说法。

亚美利哥不同，他是作为导航员上船的，目的地的经济效益他能收获得并不多，他反而可以放下所有的功利心，以一个科学客观的眼光发现新的东西。所以同样是四次航行，哥伦布越混越衰，而亚美利哥因为带回了大量翔实的介绍文字，逐渐被欧洲的地理学界认识，并引起重视，最后取得了美洲的冠名权。当然，我们不能因此质疑哥伦布的伟大成就。

二　谁能在此立足

哥伦布猜想只要穿过巴拿马地峡就是日本，亚美利哥认为穿过巴拿马地峡应该会看见一片大洋。实践是检验真理的唯一方式，1513年西班牙人巴斯克·德巴尔沃亚穿过了巴拿马地峡，他惊叹，原来还有这么大一池子水，过去的几千年，欧洲人宅在家里研究天文地理，居然完全不晓得！

这一大池子水当然就是太平洋，名字来源于麦哲伦。西班牙国王不待见哥伦布了，但对美洲土地的野心是按捺不住的，他们继续赞助有潜力的航海家。麦哲伦就是在西班牙国王的支持下，勇敢地航行到了美洲的最南端，穿越了暴风骤雨的海峡，进入了大洋。他穿越的海峡，从此就用他的名字命名为麦哲伦海峡，而经过海峡的风暴，等候他们的大洋显得如此平静，所以，麦哲伦将之命名为太平洋。

欧洲的航海家终于绕地球一圈后，新大陆被证实了。到16世纪中叶，西班牙人沿新大陆海岸向北方漫溯，一直走到了现在美国的俄勒冈州和加拿大的拉布拉多一带。西班牙人爽了，既然是新大陆，谁先抢到算谁的，我家哥伦布发现的，当然是西班牙的。西班牙宣布他家拥有整个新大陆，葡萄牙当然不干，兄弟俩争得厉害，逼得罗马教皇出面给两家定条约、划地盘，不过，随着西班牙实力渐长，它独吞美洲之心，似乎谁也拦不住了。其后的近百年，西班牙在南美建立了庞大的海外帝国，运回本土大量的金银财富，让西班牙成为地球上第一个日不落帝国。

西班牙在新大陆这么张狂，欧洲其他的国家只能干瞪眼看着吗？当然不是，法国、英国、荷兰这几个有条件出大洋溜达的国家，哪个都没坐视。

在美洲站稳后，西班牙的船只往来如梭，将殖民地上的财富运回老家。看得眼热的英国和荷兰，选择了最省事的办法，就是直接在海上打劫商船。有个英国海盗船长德雷克，亲自完成了环球航行（麦哲伦死在半路了），不仅让自己命名的海峡留在地图上，还打劫了西班牙的南美殖民地，劫掠了西班牙商船，回到英国，被英国女王授予骑士。

德雷克的成功太励志了，英国人三观尽毁，都认为当海盗是极光荣的事业，从此不少英国年轻人，踏上了出海玩命的人生道路，西班牙的船只就成了这帮亡命之徒的眼中肥肉。

西班牙终于被惹毛了，1588年，130多艘西班牙战舰，组成著名的“无敌舰队”浩浩荡荡地杀向英国的西南海岸，预备一次将英国人打服，让他们永远不敢再骚扰西班牙发财。

这场海战的情况在《老大的英帝国》中描述过了，无敌舰队遭遇了意想不到的惨败，几乎全军覆没，英国人的损失可以忽略不计。此战后，江湖态势立时逆转，从此大英帝国熠熠上升，西班牙帝国暗淡褪色。

海战的失败，不仅让西班牙失去了江湖地位，更重要的是失去了所有的威风，全欧洲都知道这家伙并不是不可战胜的，所以，新大陆不再是被西班牙罩住的禁地，所有人都可以去分一杯羹！

1603年，法国人尚普兰随着一群皮毛商到达了北美，在对北美的大西洋沿岸考察一圈后，1608年他在魁北克角登陆，建立了针对印第安人的防御堡垒，最后成了法属的永久殖民地，也就是现在加拿大魁北克市的前身。

1608年，英国人亨利·哈德孙在荷兰的支持下，也来到了北美并登陆，沿着一条大河航行了很久，他坚信，这条水道能把他带到太平洋去。这条大河，后来就用他的名字命名为哈德孙河。虽然哈德孙河没将荷兰人带到太平洋，但荷兰的势力就在纽约周边生根了。跟当时的法国人一样，主要的贸易是皮毛，这些皮毛贸易点渐成气候后，占据了现在的曼哈顿岛，并建立了一个新的城市，新阿姆斯特丹。

英国人呢，他们更早。大约在1497年，也就是哥伦布的第二次和第三次航行之间，英国人就到了北美洲的东北海岸，虽然英王对这些探险家涉猎之地都宣布拥有主权，可建立一个实在的殖民地似乎都没有成功。

16世纪晚期，有个叫瑞雷的投机客，在现在的美国大西洋沿岸转了一圈，抓了两个印第安人回到英国。根据瑞雷的调查走访，现在北卡罗来纳州北部的这一片，似乎是块风水宝地。瑞雷赶紧跟女王要求，将这块土地命名为弗吉尼亚，他将代表女王去实现占领。伊莉莎白一世女王对于自己的名字用于北美殖民地没意见，但对投资瑞雷就没有兴趣了，瑞雷只好自筹资金出发了。

女王的眼光是敏锐的，瑞雷的探险队虽然成功地抵达了“弗吉尼亚”，但这些人并没有在此安居立足，英伦的第一批美洲移民几年后神秘地消失了，有人说是被附近的印第安人灭了，也有人说，他们是集体皈依了印第安的部落，后来，在弗吉尼亚一带的印第安部落中，出现灰色眼睛的一群人，他们很可能是最早的“美国人”了。

虽然很艰险，英国人还是跟国王要求殖民地探险的权益。到英王詹姆士一世时，颁布新的特许状，来自伦敦的商人们再次向弗吉尼亚地区进发。

1607年，104名英国人进入切萨皮克湾，为了防止被印第安人袭击，他们深入内地，找个密林环绕、地势低洼、潮湿闷热，特别不适合人类居住的地方安营扎寨，并命名为詹姆士敦（Jamestown），是英国在新大陆的第一个殖民地。

三　垦荒记

风中奇缘

有个词汇叫“欧洲中心主义”，顾名思义，就是世界上所有的事都从欧洲人的角度出发，以他们的视角解读，西方人认为欧洲文明高于其他地区，必将是主宰。所以，欧洲向外殖民是有道理的，所以，就有了所谓哥伦布发现新大陆这个提法。

哥伦布发现或者不发现美洲，那片大陆早就在那里，不悲不喜，生灵不息。我们公认印第安人是美洲大陆的原住民，这个说法其实不准确。根据达尔文的理论，如果人类是猴子进化的，那所谓原住民就应该是本地猴子变化的结果，印第安人跟美洲大陆的猴子们没有亲缘关系。

现有资料对印第安人的来历似乎没有定论，说哪里的都有，尤其是印第安人肤色暧昧，长相还不好分类。比较多人认可的是，欧亚大陆的猎人们从白令海峡到阿拉斯加一带狩猎。远古时期天气恶寒，白令海峡是一片陆地，很容易就从欧洲串门到美洲去。随着地球变暖，陆地消失了，猎人们回不去，就留下繁衍并跟随飞鸟季节一路向南，出现了所谓的“美洲土著”——印第安人。

碍于本书的篇幅，印第安人历史，老杨将放在南美卷时详说。这个创造了灿烂文明的族群，在科技文化发展方面，有点儿偏科，封闭在另一个半球的生活，也让他们看起来雄壮的体格不堪一击。欧洲人坚船利炮还携带着肺结核天花之类的病毒，常规武器加生化武器完美配合登陆时，印第安部族和印第安文化就一触即溃了。

欧洲的探险家们普遍个人素质不高，在他们眼中，裸着大半个身子靠狩猎打鱼为生的棕色人群就是蛮夷，如果自己的武力高出对手无数倍，在抢对方东西的时候，大可不必讲究绅士或者骑士风度。虽然也有资料显示，早先到达美洲大陆的白人，受到了印第安人客气的款待，双方还进行了友好的物物交换，但主旋律，在最多的时候里，双方还是残忍地互相杀掠。

印第安人以部族为单位生活，种类繁多，只能是以居住相邻使用同一种语言来区分了。比如莫名其妙就成了英国殖民地的弗吉尼亚一带，这里大约有30个部落，他们属于阿尔冈琴语系，组成联盟，推举了某位酋长为联盟老大，叫波瓦坦，那这一片印第安群落，我们叫它波瓦坦族了。

回到1607年的詹姆士敦，英国人伐木修寨子，建起了自己的居住地，竖起几米高的栅栏，防范印第安人。可自然环境比印第安人凶险，还无可防备。英国人选择的新家园，是个沼泽地带，没物产，也种不出食物，倒是夏天蚊虫毒瘴、冬天恶寒刺骨一样不缺，第二年，英国人就死剩了一半，直到约翰·史密斯被推举为詹姆士敦最高行政长官后，惊人的死亡率才得以控制。

说到约翰·史密斯，自然会联想到美国迪斯尼公司在1995年出品的一部动画片《风中奇缘》，片中那位金发碧眼、健壮俊朗的男主角，就是约翰·史密斯，而这部经典迪斯尼电影，的确是演绎自真实的历史。

约翰作为雇佣军随船到达新大陆，伦敦公司许诺他可以获得殖民地管理部门的某个职位。作为军人，尤其是曾参与过和土耳其这样的“异邦”作战的军人，约翰比其他的探险者，似乎更容易适应环境。可因为他不服管束，航行中他一直被羁押，下地后，他也只能从事绘制地图之类的工作。

1607年底，约翰在深入探险中，被波瓦坦部落擒获。一个白人猎物，着实让印第安人兴奋了一把。波瓦坦将约翰示众展览后，要将其当作祭品杀死。正当约翰的头被按在悬崖边的巨石上，波瓦坦预备用木棒将其脑壳打裂时，一位“风一般的女子”不知道从哪里冲出来，将约翰的头抱在怀里。

这是《风中奇缘》的画面，剧本是根据约翰自己的描述改编的。约翰·史密斯在回到英国后，将自己的新大陆经历著书出版，影响较大，所以约翰还被认为是美国历史上第一作家。只要是作家，即使是写历史写游记的，都不能尽信。

保护了约翰没被打死的“风一般的女子”叫作波卡洪塔斯，这个翻译太土鳖，既然她已经身在迪斯尼的公主序列中，我们更愿意接受宝嘉康蒂这个高大上的名字。

宝嘉康蒂是波瓦坦的女儿，是他百多名儿女中的一个。说起来宝嘉康蒂是公主，可对一个衣服都穿不严实的部落来说，这个公主算不上尊贵。跟睡美人、白雪公主不同，宝嘉康蒂没有标志长裙礼服，她的经典造型是，长发及腰，身体半裸，林中河畔，随风起舞，粉色的花瓣如蝴蝶在她身旁萦绕。

约翰在书中描述，他将被行刑时为宝嘉康蒂所救，电影中，更是渲染了一份没有结果的美丽爱情。书写得离谱，电影改编更离谱。历史上的这一刻约翰28岁“高龄”，是个模样中等的矮子，宝嘉康蒂芳龄不到12岁。大叔公开觊觎萝莉的故事盛行于20世纪中期，《洛丽塔》小说的发表，在17世纪时，约翰还不敢随便杜撰未成年的印第安公主是爱上了自己。

宝嘉康蒂救下了约翰，也让回到詹姆士敦的约翰转变了思路。印第安人不是不可理喻，既然两边一定要比邻而居，完全可以互通有无，做个好邻居。约翰努力学习印第安语，并与波瓦坦和他的部族建立了良好的关系，而宝嘉康蒂更成了一个友善的使者，她经常出入詹姆士敦，跟英国的男孩子们自由嬉戏，打成一片。在英国人遭遇饥荒时，善良的小公主送去食物，帮助殖民地度过了艰难的日子。

好景不长，英国人毕竟是侵略者，必定要一步步蚕食印第安的家园。约翰在

1609年的一次事故中受伤回国治疗后，詹姆士敦和波瓦坦的关系再次恶化。这一年，英国人遭遇新大陆最严酷的寒冬，所有的食物都消耗殆尽，为了存活，有人开始吃死去的亲人。

就在英国人绝望中预备放弃詹姆士敦时，望眼欲穿的救援总算是来了。不仅带来了补给，也带来了规矩。1611年在殖民地新总督的统治下，一部《戴尔法典》问世，这是一部针对殖民地的法律，被称为是“神圣的、道德的、军事的法律”。

这是美国史上第一部法典，重点是强调不准吊儿郎当，游手好闲、没事干就是犯罪。在詹姆士敦这种地方，要想找点能产生效益的事，还挺不容易的。有个叫约翰·罗尔夫的家伙，怕因为闲着被治罪，只好挖空心思给自己找业务。

哥伦布发现新大陆之初，就发现了烟草，输出到欧洲后，深受欢迎。虽然英政府已经宣布，烟草是个好东西，但大家都知道，这东西，一旦沾染，戒掉太难。西班牙政府一直控制着美洲的烟草输出，烟草种子都被小心保密，防止外传。

罗尔夫的新业务就是种烟草，他不知道用什么办法搞到了烟草种子。詹姆士敦虽然鸟不生蛋，土壤还挺适合种烟草的。刚开始烟草的品种不好，罗尔夫不断尝试，经过各种试验各种改良，终于种出了深受英国人欢迎的弗吉尼亚烟草。到1616年，烟草出口，詹姆士敦总算开始有进益。

烟草种植前途大好，可种植业有两个必须的条件，一是土地，二是人力。在新大陆，土地似乎不是问题，就是民工荒没办法。这时，最会做生意的荷兰人，急顾客所急，想顾客所想，突然到访，卖给种植园20个黑人！

有了黑人，新大陆的种植业陡然被打开一个新的上升空间。后面的事大家都知道，黑人源源不断地被卖到美洲为奴，奴隶贸易风生水起。

1619年7月30日，随着又有几批人来到詹姆士敦落户，殖民地找了个房间当作“议院”，召开了一周的议会，会议审议了《戴尔法典》，组建了上院和下院，加上一个代表国王的总督，建立了一个跟伦敦一模一样的行政体系。

就这样，在詹姆士敦——美利坚的初生之地，即使是在那样的简陋破败狼狈不堪的日子里，吃了上顿没下顿的英国殖民者，他们居然还认为一个议会和一部法典是必不可缺的，而与这种先进的意识配套的却是日益增加的黑奴，这个神奇的组合形态，在后来的日子里强劲地左右着美利坚历史的走势。

约翰·史密斯前脚刚走，后脚詹姆士敦就和波瓦坦发生了战争。打了几年后，英国人设计绑架了宝嘉康蒂公主，想以她为筹码与波瓦坦谈判。谈判很僵持，宝嘉康蒂公主毫无压力，乐得在詹姆士敦当人质。她与所有人关系不错，有人教她英语，有人向她传教，那边谈判还没有结果，这边公主已经受洗皈依，改教名为瑞贝卡，更重要的是，她与罗尔夫相爱了。

对英印两边来说，这样的结果其实不算坏事。宝嘉康蒂在英国和印第安两边的祝福中，成为罗尔夫夫人，印第安公主成了英国烟草种植园的老板娘，当然也换来了婆家娘家两边难得的和平。

印第安公主皈依，并嫁入詹姆士敦，对以殖民为主要业务的弗吉尼亚公司是个重大利好，一定要大肆宣传。宝嘉康蒂跟罗尔夫回到了伦敦，她的确得到了一位公主的礼遇。可不幸的是，她在美洲大陆——森林苍翠、湖泊净蓝的环境中成长的躯体，不足以应对伦敦大都市的喧嚣和肮脏，她染上了肺病，死在回美洲的船上，年仅22岁。

一位美丽善良的印第安公主总是有许多故事可以构造的。宝嘉康蒂作为美国家喻户晓的人物，其文化地位，肯定是迪斯尼公主系列中最尊贵的一个，有人说她是美利坚之母，如果没有她，英国殖民地不会存活，以后的美利坚也就无从谈起了。理性地分析，不论是印第安的老男人还是英国来的老男人，他们的计划应该不会被一个小姑娘所左右，那些年，殖民地的岁月里，英国殖民者和印第安部落，打有打的道理，和也有和的考虑，但从宝嘉康蒂的经历来看，英国文明尤其是基督教文明对美洲大陆的渗透力太强大了，能实现占领的往往不是兵器的力量，而是信仰的力量。

天路

詹姆士敦磕磕绊绊总算站住了。弗吉尼亚公司的广告效果也不错，种植园需要人工，殖民地需要人气，新大陆会吸引更多的英国人吗?

在伦敦，关于詹姆士一世登基前后的故事，地主们比较了解了，从亨利八世疯了一样的换老婆到亨八的三个孩子疯了一样的手足相残，再到伊莉莎白女王杀掉自己的侄女——苏格兰女王玛丽，也就是詹姆士一世的亲妈，所有这些跌宕而血腥的故事，都是为了宗教，根源都是16世纪初欧洲那场声势浩大、惊天动地、改变了整个世界历史轨迹的宗教改革。

在这场如火如荼的宗教改革大潮中，英格兰不算落后分子，也绝对不算是先进。改革后的英国国教，形式上看着有点不伦不类，号称是跟天主教划清了界限，可在很多繁文缛节上，还继承并发扬着天主教的传统，保持着自己的主教和教会。因为这种改革拖泥带水不利落，就让国内产生了一批叫作清教徒的激进分子，要求深化改革，彻底清理干净天主教的残余流毒，回归基督教的本真。激进分子也有程度之分，其中有一些觉得实在跟英国的教会无法沟通，就索性跟国教决裂，成立了自己的组织，他们按照自己对《圣经》的理解信仰上帝，这些人，就是清教徒中的分离派。

从伊莉莎白一世到詹姆士一世都清楚，英国国教的最后确立，中间有多少妥协和牺牲。清教徒叽叽歪歪的要求，相当影响和谐，而分离派居然叛教独立，那更是不懂事到了极点。根据历史经验，杀人是解决不了这种宗教争端的，唯一的办法，就是让这些分离派分离得更远一点，既然已经从国教中分离了，索性更加从英国分离，到别的国家叽叽歪歪去。

英国混不下去了，要坚持信仰，还能去哪里？此时此刻，全欧洲信仰最自由，宗教环境最宽松的国家，就是荷兰。

16世纪中叶，接受了基督教加尔文宗的尼德兰人民，开始反抗他们的宗主国——天主教的西班牙。经过一场著名的尼德兰革命，北部地区独立成为荷兰，是地球上第一个资本主义的共和国。因为这个背景，可想而知，荷兰肯定是当时欧洲在基督教信仰方面，心态比较开放，尤其是对清教徒最为宽容的国家。

英格兰诺丁汉郡北部有个小镇子，叫斯克罗比，17世纪最初那几年，这里吸引了远近乡镇一批分离派教徒，在两位牧师的带领下，秘密地做礼拜，坚持着他们不为国王所容也不为当时法律所认可的信仰，其中有个很虔诚的小伙子，来自一个还算富裕殷实的家庭，他叫威廉·布拉德福，当时他还不到20岁。

詹姆士一世登基后，分离派知道，英格兰是待不住了。斯克罗比的小聚会也很快进入了英国主教的清剿日程。没有选择，只有逃亡，历尽辛苦，来到了荷兰的阿姆斯特丹。

宗教改革时代，西欧的任何一个基督教国家都不敢说是风平浪静的，阿姆斯特丹也有自己的宗教矛盾。英国人初来乍到不好插手别人家的宗教事务，先找个安静的地方低调存身是上策，他们选择了一个叫莱顿的小城开始了异乡的生活。

莱顿是商业经济发达的城市，英国人住下后如愿成立了自己的社区，也许在初来的那段时间，这些漂流者以为是找到了真正属于自己身体和灵魂的家园，若干年后，当威廉·布拉德福回忆记录这段日子，他发现，莱顿不过是去往那个真正属于基督徒神圣之地的起点，而他们终将会踏上上帝安排的旅程，所以，他们是一群“天路客”(相当于“朝圣者”)。

天路客非常不情愿地融入莱顿的商业环境，他们成为织工或者纺工，每天从事繁重重复的体力劳动，年轻人成了家，并生了孩子，孩子正在一步步成长为纯粹的荷兰人。

如果愿意被同化，天路客就不用背井离乡了。这不是他们想要的生活，而想要建设真正属于自己的家园，首先是要有自己的土地，不要被各种现成的规则束缚。从这个标准上讲，美洲大陆是个值得考虑的选择。

1620年9月6日，“五月花”号，一艘大约能负载180吨的三桅商船，从英国西南的港口普利茅斯出发了。船上的人获得政府颁发的土地许可证，可以到英属的弗吉尼亚去建设一块殖民地。因为出发前的种种扯皮纷争讨价还价，信仰虔诚、头脑简单的天路客还经常被欺骗，所以，到真正出发时，船上102名乘客中，分离派的天路客就只有35人，其他人除了跟天路客一样的清教徒外，还有些揣着发财梦去异乡冒险的农民、工匠、渔民等。

9月份横渡大西洋去往美洲，是一趟不负责任的旅程，因为小船不仅要顶着大西洋上强劲的西风，还要跟为英伦三岛带去温暖的墨西哥湾暖流对抗，除了经常遭遇风暴，有一段时间，平均时速只有2英里。

3000英里的路程,走了整整66天,终于在一个寒冷刺骨的日子看见了陆地。船长也是头次来，也没有靠谱的导航设备，虽然看见了大陆，但他确信，肯定不是他目标设定的那个哈德孙河的河口，它位于弗吉尼亚以北，不像是英国政府批准他们定居的那片土地，更不像是有英国同胞经营过的地方。

时间已经是11月底了，这趟超出想象的苦旅耗尽了船上的食水，也耗尽了所有人的忍耐。天气恶寒，很多人出现了败血症的症状，看见大陆的那一刹那，坚强开始崩溃，不管哪里，不管有没有政府许可，不走了，找地方上岸，就在这里安营扎寨！

“五月花”靠岸的地方，是科德角。这可能是上帝应许的地方，英国政府可没同意， 好在共同生活了66天，有事可以商量，马上要进入鸟不生蛋的蛮荒地带了，为了防止大家被环境逼成野人，先订规矩吧，在没有政府没有法律的情况下，自己拟定自己的行为规则。

1620年11月11日，人类历史上最伟大的文字之一，《五月花号公约》诞生了。这份被称为美利坚立国之源的文件，非常简单，重要的文字是以下的内容：

……为了上帝的荣耀，为了推进基督教的信仰，为了国王和国家的荣誉，我们远涉重洋，在弗吉尼亚北部地区开拓第一片殖民地。我们在上帝面前盟誓签约，自愿结成民众自治团体。为使上述目的得以顺利实施、维护和发展，也为将来能随时据此制定和颁布有益于殖民地全体民众利益的公正平等的法律、法规、法案、宪章和公职，我们全体都保证遵守和服从……

公约的中心思想是：建立一个民众自治的团体，并以此为基础逐步完善制度和法规！看明白了吗？公约的重点是民众自治，并在符合广大民众利益的基础上产生律法和政府,是最基本最纯粹的民主。

民主归民主，也只是男人的民主，船上41名成年男子签字，让这份公约正式生效。

为选择最适合的登陆点，“五月花”号沿着海岸又溜达了一个月，最后他们找到了一个看起来很靠谱的港口，大陆上有小山围绕，还有一条清澈的小溪。就这里吧，按出发的港口命名，以后这里就叫普利茅斯，是“五月花”号乘客未来的家了。海滩上有一块大石头，乘客们踩着这块巨石登上大陆，这块大石头现在是美国寻根游的重要景点。

既然连“泰坦尼克号”这样的高档船只横渡大西洋都难以保全，“五月花”这艘小木船没有被风暴打成碎片，成功地靠上美洲大陆，不能不说是一个奇迹，66天的旅程，虽然不幸死去一人，却有一个婴儿诞生，所以看见大陆时，船上神奇地还有102人。

就此感谢上帝还为时尚早，1620年冬天的美洲大陆，奇寒冰冷，沿岸气温到了零下20多摄氏度。艰难的海上航程没有大规模的死亡，“五月花”贴着海岸寻找定居地的一个月里，就死了好几个人。可相比较他们即将到来的生活，过往的种种，真不算是地狱。

感恩

天路客登陆的地方，在现在美国的东北角，早年约翰·史密斯曾带船造访过，在他的著作中，他称之为新英格兰地区，而后这个地区陆续建立的6个殖民地——普利茅斯、马萨诸塞、罗得岛、康涅狄格、新罕布什尔、缅因被统称为新英格兰，这个名字也一直被美国的历史沿用。

五月花在海上折腾了几个月，乘客们剩了最后一口气，按照传说，如果一登陆就遭遇彪悍的印第安土著，这一船人就交待在异乡了。大家别忘了，既然白人已经造访过这个区域，自然也将西方的病毒带进这方净土，天路客踉踉跄跄地登陆，他们没有遭遇印第安人的抵御，因为这一带的印第安人，主要是万帕诺亚格这个部落，基本已经被所谓“处女地流行病”折磨，死得差不多了。

单纯的印第安人不知道自己族群大规模死亡的原因是白人的“生化武器”，愚昧中，就会对自己的信仰产生怀疑。而印第安部族之间经常互相倾轧，打架是避免不了的。突然一个部族死了这么多人，很容易遭到其他部族的欺负。聪明的印第安部族酋长，比如万帕诺亚格的酋长马萨索伊特，就决定转换对白人的思路。

天路客登陆的那一年，在北美东北部地区是个小冰河纪，能冷死人。恶劣的条件下，食物匮乏，头三个月，一半的人死去了。好在越冬时，他们发现了印第安人埋下的作物种子——老玉米，撑过了最艰难的日子。

跟詹姆士敦的投机客不同，天路客不是来找金子的，他们是来建立一个纯净家园的，在初来乍到之时，绝对不能释放敌意。幸运的是，他们有两位早年被抓到英国的印第安人，已经学会说英语了，可以充当导游翻译中间人，天路客和马萨索伊特酋长建立了联系。

马萨索伊特酋长需要借助英国人先进的武器，帮他阻挡其他的部族。作为交换，印第安人无偿地教会了天路客，如何捕鱼如何狩猎，哪些东西能采摘，哪些东西要种植，将小鱼虾掩埋进土里可以改良土壤、种出庄稼，尤其是好吃又营养，还不需要精耕细作就能收成的玉米。

第二年的10月，天路客的作物丰收了，英国人摆了三天的流水席，请马萨索伊特酋长带了90名印第安人来吃饭，再次确定了友好的双边关系。

如果英国人像中国人那样懂事，深谙酒席文化，这几天的宴席上，估计是所有人跟酋长称兄道弟，然后把他灌个五迷三道。事实是，在酒桌上叫你大哥的，你一定要防范。马萨索伊特酋长觉得“攘外必先安内”，借助英国人的力量让周遭的印第安同胞不敢小觑自己是个高明之举，他绝对没有想到，他一手扶持安顿下来的英国殖民者，会为他的后代、他的家园带来什么。

美国建国后，华盛顿总统就建议将这个感恩聚餐保留作为公共节日，1863年，时任总统的林肯宣布，每年的11月最后一个星期四为感恩节，成为固定的国家节日；到1941年罗斯福总统时，他再次确定11月的第四个周四为正式的感恩节日子，美国人和加拿大人，举家团圆，吃一只火鸡，搭配玉米、南瓜等，著名的梅西百货会有一年一度的盛大游行。

在很多人的印象里，这个感恩节似乎是为了感念印第安的友善，帮助最早的美国人存活并繁衍了。但其实，不管现在的美国人如何美化他们的心思，对于占领了印第安人家园这件事，美国人的愧疚度并不高。天路客是虔诚的信徒，是为了信仰可以抛家舍业不远万里从蛮荒开始的基督徒，他们唯一会感恩的，只有上帝。而其后确定感恩节的几位美国总统，哪一个的出发点都不是想向印第安人表达点什么。在美国人看来，如果印第安人帮助了殖民地，那也是上帝安排的，如果上帝安排印第安人为白人让路，天路客的后代们也不用手下留情。

因为跟印第安人的友好相处，普利茅斯殖民地在和谐中发展壮大，人口也越来越多，据统计，现在大约有10%的美国人，是当年普利茅斯最早移民的后代。这些人结合的基础是不可战胜的强大信仰，加上还有《五月花号公约》这种白纸黑字的世俗规矩做约束，普利茅斯人虽然显得结构松散，却是凝聚力最强的一群人。比起最早登陆的投机客，这些以建设上帝应许的家园为目标的人，更加不畏艰苦，更加自律。

根据公约，普利茅斯人选举了威廉·布雷德福为总督。

天路客来到新大陆，第一是没有英国的官方许可，第二是欠了英国投资人的债务，布雷德福带领普利茅斯人一直过着比周围的殖民地贫困的生活，但他们终于靠着各种劳作还清了欠下的债务，并取得了政府承认的移民许可。

等拿到了官方许可，就可以占有土地，布雷德福包产到户，让普利茅斯的每家人都拥有了自己的耕地。布雷德福将他们在新大陆的艰苦垦荒生涯如实记录下来，他被认为是美国第一位历史作家。

四　13个革命老区

写美国的历史地理难度稍微小些，第一，它家的历史不过就是兔子尾巴那么长；第二，因为它家的国际地位和文化渗透，全世界的人对它家多多少少都有些了解。有条件的中国家长都计划把孩子送到美国去读大学，美国的名校大部分都在东部，以至于对美国东部那些州，都有点耳熟能详。这一篇，老杨给大家讲讲，这些大名鼎鼎的州，中国孩子梦想去求学生活的地方,是怎么在当时蛮荒的陌生大陆神话般络绎生长起来的。

[redacted]而分离派们也感觉获得了上帝的应许之地,快[redacted]人玩腹黑,日子过得贫瘠艰苦却也自在逍[redacted]的民生问题上，获得了很大发展和自由。可是，留在[redacted]日子仿佛越来越黑暗了。

1625年,英王詹姆士一世崩了,儿子查理一世继位。全世界都知道查理一世是个苦命人，他自己当然是不知道的。他接班后，跟议会不合，想把英国往天主教的道路上带，清教徒的日子，就更不好过了。

因为有了普利茅斯这片海外热土，有些清教徒就觉得，可以踩着分离派的脚步，离开前途难料的祖国。

1630年,有一部分比较低调,隐藏得比较好的清教徒,获得了在新大陆建立殖民地的资格,为了商业考虑,他们成立了马萨诸塞海湾公司,计划到美洲进行渔业贸易,也顺带着把一批新的殖民者带到美洲。

这是17世纪北美移民规模最大的一次，有17艘船1000多人穿越了大西洋，在查尔斯河的河口，建立他们的大本营，这个大本营就是波士顿港。

1000多号殖民者围绕着波士顿散开，建设各自的居民点，这又是一个独立的小社会。既然英国政府暂时管不到也不想管这里，跟前两个殖民地一样，波士顿就设置了自己的政府机构，管理和整合这个新社区了。

马萨诸塞海湾公司自动转变为马萨诸塞殖民地的政府，行政中心设在波士顿。这次的移民人多力量大，能力越大责任也越大，所以，马萨诸塞政府就给了新殖民地新的要求：他们要求这批新的殖民者，根据清教徒与上帝之间的盟约，打造一个纯洁无瑕不受任何魔鬼撒旦干扰，可以给全世界的基督徒做榜样的，完美的基督教社会，而波士顿被他们自称为“山巅之城”，也就是山顶上的城市，被世人仰视并仰慕。

新的殖民地也面临着残酷的生存淘汰，好在有普利茅斯这个邻居，最困难的时候，总是能收到老乡亲切的问候和他们产出的各种食物，虽然第一年也失去了三分之一的人，但马萨诸塞殖民地还是飞快地发展起来了。

马萨诸塞湾跟普利茅斯不一样，不能光解决吃饱活着的问题，他们对上帝有更高远的承诺，他们要打造基督教世界的样板啊。要实现这个目标，不仅所有的居民要保持纯净虔诚的信仰，政府更是应该严格按照宗教标准做事，用教义指导各种行政行为。马萨诸塞殖民地的这些清教徒，最后发展为基督教的卫理宗。他们不脱离英国国教，只是想充分净化国教。卫理宗教徒并不是太宽容，在当时的马萨诸塞殖民地，其他信仰都是不被认可的。

根据英国的教训，遇上宗教不宽容的地方，可以选择离开，北美大陆广阔大地呢，此处不留爷，自有留爷处。

第一个高调离开马萨诸塞的异见人士叫罗杰·威廉斯，年轻而想法多的传教士。他认为，政教一定要分开，宗教是圣洁的，[illegible]建设无瑕的基督教社区呢？马萨诸塞政府[illegible]害方式就是放逐。走吧，蛮荒的大地，哪儿[illegible]

罗杰·威廉斯是个颇有个人魅力的人，他跟纳拉甘[illegible]情，还跟他们买了一片土地，建立了新的殖民地，也就是罗得岛。因为罗杰自己是个随性的人，他亲手建立的罗得岛殖民地成为当时宗教最宽容的地区，罗杰愿意接受各种宗教的人，一时间不少“异见人士”加盟入住，这片社区也慢慢发展起来了。

越是宗教统治极端的地区，越容易产生新的宗教思想。罗杰·威廉斯不是唯一反抗马萨诸塞政府的人，有个叫安妮·哈钦森的女子又跳出来让殖民地政府头痛了。

安妮在早期的美国历史上可是个了不起的人物，很多人说起她，有点圣女贞德的感觉，因为在当时当地，不管宗教改革或者宗教辩论、宗教冲突演化到什么程度，都是男人的表演，女人是没有任何宗教政治地位甚至是社会地位的，而安妮一个弱女子居然就向马萨诸塞政府和教会发起了挑战。

安妮的宗教理论最重要的一条是，人是独立的个体，每个人都可以在内心与圣灵结合，不需要教会甚至不用读《圣经》。最惊世骇俗的是，她认为女人应该在宗教世界拥有自己的地位。

虽然有13个孩子，但这位妈妈却一点不家庭妇女，她到处发表演说，组织聚会，居然很快为自己招揽了大批粉丝，男的女的都有。

马萨诸塞政府想治安妮的异端罪，谁知安妮的宗教素养比法官强多了，法庭辩论后，她只能被安上一个煽动的罪名，举家被驱逐，也去了罗得岛。

安妮离开后，她的信徒们也都陆续离开了马萨诸塞湾，没有去罗得岛的分散到了新罕布什尔和缅因地区。这两个地区是两个英国人在1629年，获得英国议会的同意建立的两个独立的殖民地。一直经营得不太好，新移民都不愿意去，亏得马萨诸塞湾偏执压抑的宗教气候和安妮的斗争，让这两片殖民地突然就提高了人气。

波士顿以西100多英里的地区，是康涅狄格河流域，河谷地带土地肥沃，吸引了很多家庭定居。某个反抗马萨诸塞政府的教士，带着自己的信徒们建立了哈特福德市，随后以这里为中心，成立了自己的殖民社区，顺便也有了属于自己的政府。

康涅狄格殖民地是因为不满马萨诸塞的宗教压抑，可还是有人觉得波士顿政府过于懈怠，应该有更严苛的宗教政策，于是，更偏执的这帮人也跑了，他们跑到纽黑文地区，组建自己的政府。

清教徒尤其是分离派觉得自己在英国受迫害，舍生忘死要到新大陆建设新的家园，可大家别忘了，整个宗教改革，英国被整得最惨的应该是天主教徒哇，他们难道不想找个地方跑吗？

英国天主教徒主要的逃跑方向是西班牙，也有一些人想为他们建设一个庇护家园，所以，北美的殖民大潮中，又多了天主教这一支，他们的领袖是巴尔的摩男爵。

巴尔的摩男爵是个聪明的天主教徒，既然天主教不受待见，就先敷衍着号称自己是新教徒。他念念不忘的，就是帮那些死心塌地拒不改教的天主教徒寻找一块安全乐土，他向英王要求一片北美的殖民地，只是还没拿到有关文件，男爵就去世了。

男爵的儿子接手了特许令，用查理一世的王后玛丽命名的新殖民地，叫马里兰。男爵委任自己的弟弟成为总督，于1634年到达北美，马里兰殖民地就算诞生了。

说是要建设天主教的家园，可愿意去北美的天主教徒很少，马里兰想要成气候，还是需要新教徒的，所以巴尔的摩男爵鼓励新教徒加入马里兰大家庭。男爵热情好客的必然结果，就是在马里兰这个本预备给天主教打造的乐土里，天主教又变成了少数派，还被新教徒挤兑。马里兰殖民地的政府是天主教的，新教徒人多势众，总是能占上风，1644年，新教徒甚至赶走了总督。

5年后，总督才带着军队收复了自己的地盘，也受了教训，知道在马里兰这种地方，宗教千万不能偏执，于是，北美地区第一部宗教宽容的法案——《马里兰宽容法》就出炉了，他们认可的宽容仅限于对基督徒。

以上殖民地加上最早的弗吉尼亚，都建立于17世纪的早期、马里兰殖民地后。英国有很长一段时间，没有大规模的往北美搬家的活动，因为英伦三岛乱套了（参看《老大的英帝国》之四十一到四十五）。

查理一世终于跟议会操家伙动了手，克伦威尔和新模范军横空出世，1649年刚开头，查理一世就掉了脑袋。砍国王的脑袋，这种戏码千年难遇，英国人都躲在家里看热闹，谁都舍不得离开。直到克伦威尔和他儿子下课，查理二世卷土重来，大家才想起来，大洋那头，还有好多地盘没主人呢！

查理二世复国成功，有些亲随需要打赏，他也想到了美洲和那些不要本钱的土地，于是大笔一挥，就把从弗吉尼亚到佛罗里达半岛大片土地全部赏给八位爵爷。这片土地根据查理的拉丁语名字，被叫作卡罗来纳。

八位爵爷是不会跑去蛮荒之地吃苦受罪的，他们找个经纪人，代替他们经营这片地盘，没什么想象力，也就是开辟几个种植园，种烟草。

经纪人不负爵爷们所托，一登陆上岸就开始有色有声的殖民地建设，发广告招徕英国人，颁布了《卡罗来纳基本法》，该法例也崇尚宗教自由。土地政策颇为优越，这项法例不仅仅是想吸引英国本土的移民，他们还想撬其他殖民地的墙脚，让他们跳槽到卡罗来纳建设。

卡罗来纳殖民地有个很大的问题，那就是它太大了，这么大的一片区域，受到南北两头不同邻居的影响，经济发展差距也逐步扩大。

这批殖民者在北美大陆建设的名城就是著名的查尔斯顿，以这个兴盛的港口为中心，卡罗来纳的南方地区农产品贸易发展迅速。因为土地肥沃，种植业发达，很快就白手起家暴发了一批有钱的种植园主。而北方，一直没有规范和系统的种植发展，小农们也是东一片西一片地开荒，在贫瘠的土地上讨生活。南北差距贫富差距，都造成整个卡罗来纳地区动荡不安。差异巨大的两个地区无法整合在一起，干脆分开吧，18世纪初，卡罗来纳分成了南北两部分。

不能光打赏功臣，还有皇亲国戚也要分一份的。卡罗来纳批出去不久，查理二世就将康涅狄格河西岸到特拉华湾东岸之间的土地封给了弟弟约克公爵。

用遥远的完全没见过的新大陆封赏手下，查理二世绝对可以随心所欲，自说自话，管他的，朕随手一划，你们自己过去圈地，能圈到你就住下种地，圈不到只能说你自己没用，朕反正是封给你了。

当约克公爵拿着地图看到自己的新封地，他不晓得是该笑还是该哭，王兄太给力了，居然把荷兰人占有了几十年的殖民地——新阿姆斯特丹也封给我了！对，查理二世封给弟弟的这片土地，中心地区，就是新阿姆斯特丹港。

王上封的，不能不受，好在呢，整个17世纪，英国人一直跟荷兰过不去。对事不对人，荷兰是个新教国家，英国人挤兑他们跟宗教无关，谁让他家是当时的海洋霸主，英格兰也想称霸大洋，要先敲掉荷兰小兄弟。

1664年，北美地区最黄金的港口易主，英国人用武力、实力抢夺了这个地区，约克公爵乐滋滋地将其更名为纽约，当然也是来自他的名字。

不管纽约现在繁华到什么程度，约克公爵拿到手里时，不过是一片烂沼泽地，荷兰人没有搬家移民的打算，就想做点小生意，所以对殖民地的建设，没有周边的英国人上心。其实约克公爵也不很上心，他拿到王兄的特许状，转手就将这块地分封给了自己的两位亲信、盟友。其中一个亲信，就用自己出生的英格兰小岛为自己封到的那块地区命名为叫新泽西。

纽约不是这场北美英荷之战的唯一战利品，当年瑞典占领的特拉华湾地区曾被荷兰抢走，这次也落到英国人手里了，刚转手时，特拉华地区是被划入纽约殖民地的管辖范围，后来约克公爵又将它卖给了佩恩家。

说到佩恩家,就不得不提及宗教冲突期间,在英国另一个受到严重迫害的教派,也就是贵格派。大家千万别晕，要不是这些花样繁多的教派，美利坚就不是现在这个样子了。

贵格派也是属于跑得比较远的一帮人，主张乌托邦式的自由平等，当然更加反对奴隶制；教徒之间没有尊贵之分，甚至没有专门的牧师，统一用姓名或者你、我、他互相称呼，最可贵的是提倡男女平等，所以，这一派的教徒对宗教改革的要求比分离派还要激进呢。可以想象，这帮人在英国绝对没有好下场，男教徒当然是上绞架，而女教徒，正好符合女巫的标准。

像这种带着点理想主义的教派，只要不被灭绝，总会逐渐吸引不少人的，包括英格兰朝廷里，也开始有贵格派的思想在渗透，佩恩家的公子就被这种思想感染了。在牛津大学求学时，小佩恩因为自己的宗教行为不当，被学校开除。失学后的佩恩成了职业教徒，到处宣讲贵格派教义，沦落为监狱的常客。

威廉·佩恩不仅是爱尔兰的大地主,也是英国皇家海军的上将,是标准的伦敦权贵。自从苏格兰国王入主伦敦，因为不能适应英王的收入方式，经常入不敷出，查理一世最后搞掉了脑袋，就跟他疯狂要钱很有关系，这一朝的英王跟人借钱都成了家常便饭了，佩恩家就是英王的债主之一，大约价值16000镑的债务，国王就是欠着不还。

老佩恩上将在1670年去世，小佩恩是继承人，也继承了这笔对国王的债权。查理二世现在有了还债最佳的办法，就是拿北美的土地抵数。对小佩恩来说，他正幻想着，要建立一个属于贵格派的没有迫害没有打压的自由地，双方就这样一拍即合，查理二世乐滋滋地在马里兰和特拉华之间画了一个圈，也说不清楚多大，你自己去开辟吧，只要不招惹到邻居，你发展到哪里都随便。

佩恩在英文里是Penn,这个词必须用来给殖民地命名,佩恩登陆后，发现这里森林密布，于是这个为贵格派预备的乐土,就被称为宾夕法尼亚，翻译成中文很萌，叫佩恩的树林子。佩恩的树林加上特拉华地区，这个殖民地比英格兰本土还大，殖民地首府，就设在费城。

贵格派宣扬众生平等，在佩恩看来，印第安人或者其他国家人，都应该跟英国人一样是平等的，佩恩从上岸就对印第安人很客气。这种开放宽容态度，自然也能吸引更多其他种类的移民，加上宾夕法尼亚地区气候土壤条件都不错，很快成为殖民地发展中的明星。

佩恩按自己的想法有点儿天真地想建设一方众生平等的乐园，在当时是显得太突兀，太先锋了，北美地区其他的殖民地有点跟不上，他自己也屡屡遭遇各种打击和欺骗。虽然打造了一个堪称完美的殖民地样板，佩恩自己的下场不算太好，死时也很潦倒，但是他创立的这个宣扬平等民主自由的地区，是后来北美独立战争的重要基石，费城是《独立宣言》签署地，以后美国的社会国家形态和宪法，或多或少都受了佩恩的启迪和影响。

东部诸州大体都成型了吧，17世纪的殖民地建设就到此为止了，稍懂历史的都知道，英格兰在北美的殖民地有13个地区呀，仔细算下来，好像还有一个没有出生哦？

对，13兄弟最小的那个，是出生在18世纪中叶的佐治亚殖民地。这个殖民地的诞生源于一位善长仁翁的好心肠，詹姆斯·奥格尔索普将军，德高望重的老将，高尚的人纯粹的人脱离了低级趣味的人。

当时英格兰监狱里有不少欠债的囚犯，这些人不是十恶不赦之徒，只是因为欠债无力偿还，有些人可能要被终身监禁。奥格尔索普老将军就决定，向英王申请一片殖民地，安置这些债务囚徒，还有一些马上要沦为囚徒的赤贫的农民和工匠，给他们新生的机会。

这不仅仅是个单纯的慈善想法，因为这些囚犯关在英格兰也是占地方浪费口粮，如果让他们“流放”北美，多少总能给英格兰带来些收益。而作为一个军人，奥格尔索普还有军事层面的考虑。他申请的殖民地，除了安置囚犯或者赤贫的英国人外，最好还是一个防御工程，防御谁呢？当然是南部佛罗里达的西班牙人和印第安人。按照这个思路，这片以慈善为第一目的建立的殖民地，它最佳的位置当然是在南卡罗来纳到佛罗里达之间。

这是英国殖民地在北美大陆的最南端了，典型的热带气候，草木繁盛，奥格尔索普认为，他可以建设出一个漂亮而繁荣的伊甸园。

其他的殖民地大部分都是某种宗教理想的产物，成立之初所倚仗的，是成员们对上帝的承诺，而在如何建立自己的家园这个问题上，除了他们感觉到的上帝意志，很少有限制或者束缚，所以，生产生活带有很大的自主性，在与自然环境对抗中，他们也逐渐建立了最适合自己的生存形态。

佐治亚不一样，佐治亚是军人建立的，它的建设必须是有规范有条理的，条条框框的，怎么活，怎么做，怎么生存，白纸黑字先写清楚，所有人照章执行，不得有违。遗憾的是，奥格尔索普大叔对他建立的这片伊甸园并不真了解，对于如何管理一群漂洋过海重获新生的穷人也没有心得。18世纪了，愿意到北美讨生活的英国人并不多了，奥格尔索普的宣传吸引的大部分是苏格兰、爱尔兰、德国、瑞士等大批外国人，当然还有犹太人，这帮人在佐治亚生活了一阵之后，实在受不了管理阶层的刚愎自用和不懂变通，于是就纷纷跳槽到别的殖民地去生活了，这样一来，佐治亚是英国在北美最后一片殖民地，也是当时发展最缓慢落后的一个地区。

五　新大陆新生活

白人的世界

前后100年间，北美大陆有声有色地建立出一片面积远远大于英国本土的英伦海外热土。这片热土根据殖民地最初所有者分类，可以分为业主殖民地、公司殖民地、皇家殖民地三类。顾名思义，英王直接封赏的，就是业主殖民地；殖民者根据合同契约组织在一起，合股来到新大陆的，就是公司殖民地；英王拥有所有权，直接统辖的，当然就是皇家殖民地。主人性质不同的殖民地，管理发展方式是不同的。但在新大陆靠天吃饭的环境里，地域的差距造成的发展差异更大。所以，大家根据位置，又将早期的英国殖民地分为新英格兰地区、中部殖民地和南方殖民地。

新英格兰地区包括后来的新罕布尔什州、马萨诸塞州、缅因州、罗得岛州和康涅狄格州。这里土地贫瘠，石头多，冬季又冷又长，不适合发展耕种。可新英格兰人发现，石头和冬季都是财富。在新大陆如火如荼的发展期，花岗岩的需求是很旺盛的；而新英格兰最牛的出口产品是冰块，在没有冰箱的年代，尤其是同纬度地区，美洲地区夏季比欧洲更热，冰块是多么高科技的财富。

这片殖民地大都由虔诚的清教徒构建，对于他们来说，上帝的恩典是无所不至的。在花岗岩和冰块还没有为新英格兰带来巨大财富之前，海洋已经给予他们足够的发展所需。马萨诸塞湾里肥美的鲟鱼，为该地区带来最初的繁荣。

新英格兰东北地区，有茂密的森林，木材在当时的价值，绝对可以媲美现在的石油。要捕鱼需要船，有木材可以建大船，有了大船就可以全世界到处跑，很快，波士顿港成为世界上数得着的造船基地，到18世纪中期，英国30%的海上贸易，其船只都来自新英格兰地区。

船运是国际贸易之本，新英格兰商人智商比较高，在海边放眼看一圈后，他们就下了一盘很大的棋：西印度群岛的甘蔗可以酿成一种口味不错的酒，新英格兰地区逐渐发展为朗姆酒的中心，烟酒都是不可抗拒的东西，很快，新英格兰人发现，朗姆酒走向世界市场，可以当钱用，尤其是在非洲，朗姆酒可以换到黑奴，然后将黑奴贩卖到西印度群岛，再将那里的蔗糖换回新英格兰，继续酿酒。这个天才的三角贸易在现今被认为是非常邪恶的，几百年来饱受诟病，但从技术上讲，谁说不是一门绝顶聪明的生意呢。

新英格兰地区大都是清教徒，做生意似乎很灵活，但在宗教文化方面就略为保守。相比之下，包括纽约州、佛蒙特州、新泽西州、宾夕法尼亚州和特拉华州在内的中部殖民地，就宽容多了。气氛柔和的地方更容易吸引殖民，来的人品种流杂，中部地区的财富制造门路更是五花八门。

发展最快的核心城市就是宾夕法尼亚的费城，大约在英国人进入新大陆一个世纪后，这里就已经有居民30万，城市建设井井有条，道路宽敞，房屋齐整，大小生意都兴旺。渐渐地，这里成为整个英属13个殖民地的中心，并以核心的地位吸引着整个殖民地人团结集中办大事。

而这个区还有一个引人注目的城市，就是从荷兰人手上接管的纽约。早先荷兰殖民时，这里就吸引了欧洲各国移民，虽然街上行走的各种款式的人都有，但还是荷兰的气质，在很长一段时间内对纽约产生最大的影响，除了当地遍布的荷兰风格建筑外，作为商业明星的荷兰，它为纽约留下的，是浓郁的商业气息让她其后发展为一个文化多元的商业大都会。

南部殖民地包括：弗吉尼亚州、马里兰州、北卡罗来纳州、南卡罗来纳州和佐治亚州，其中弗吉尼亚州和马里兰州早先被称为切萨皮克地区。

切萨皮克地区主要的经济来源就是烟草种植。欧洲的老烟枪们让这里的种植园主暴富，也让更多的人毫无理性地一头扎进种烟叶这项伟大的事业中。不管多么刺激的商品，过剩总是要跌价的。切萨皮克的烟草种植园似乎感觉不到供求与价格的关系，到了一定的时刻，欧洲的烟草价格暴跌，但这一点不影响他们的种植热情，还大量买入黑人奴隶扩大种植规模。

南卡和佐治亚，湿热的气候，适宜于水稻种植。来自西非，生下来就种水稻的黑奴，似乎就是为这个业务预备的。水稻逐渐成为南卡和佐治亚地区的经济支柱后，黑奴显得愈发重要，我们不能想象金发碧眼的白人卷着裤腿在水田里插秧的景象。

除了水稻，在南卡纬度较高的地区，不适合种水稻的地带，有人引入了西印度群岛的靛蓝，这种作物能提炼出蓝色染料，在欧洲市场供不应求。

在水稻成为卡罗来纳主要农作物之前，黑奴就被输入了这里，卡罗来纳也就成为了美国历史上第一个所谓的蓄奴州。

农业经济发达的南部虽然有钱人很多，大多是土豪，守着自己偌大的种植园，吆三喝四地使唤奴隶，并没有太繁华先进的都市生活，也就是南卡的查尔斯顿成为重要的港口城市，稍微有点城里的感觉。

殖民者们找到了适合自己的生活方式，在新大陆存身繁衍。因为和欧洲紧密的贸易关系，欧洲的各种风向会及时感染新大陆。比如进入18世纪，启蒙思想渗入了欧洲，也飘向了北美。

就算没有启蒙思想的影响，新大陆这些人，看着像是一群流民，其实他们非常崇尚文化和文明建设。他们大都是虔诚的教徒，对于他们的信仰来说，没有文化，读不懂《圣经》，直接影响生活质量。在1647年，马萨诸塞就通过法律，要求每个城市建立一所公立学校。听上去要求不高，如果想想他们还处在日常食物匮乏的生活状态，这个法律就显得非常了不起。

实际上，在更早的1636年，也就是“五月花”号来到北美不到20年时，马萨诸塞州议会就根据神父们的要求，在剑桥兴建了美国历史上的第一所大学，它就是哈佛大学，以牧师约翰·哈佛的名字命名，这位哈佛牧师死后将自己所有的藏书和一半身家捐给了学校。当年的哈佛，是一座彻头彻尾的神学院，以培养神父为第一目标。

清教徒需要神父，在新大陆的英国国教徒也需要牧师。几十年后，在弗吉尼亚的威廉斯堡，以英王和女王名字命名的威廉和玛丽学院建立，成为美国的第二所大学。

第三所大学则是著名的耶鲁，由保守派公理会教徒兴建，他们不满哈佛大学越来越自由的宗教氛围，于18世纪初在康涅狄格州的纽黑文成立了这所名校。

启蒙思想传入新大陆，和传统的宗教信仰融合，为教育的投入打下良好基础。18世纪中期，普林斯顿大学、哥伦比亚大学和宾夕法尼亚大学这些中国孩子家长梦寐以求的名校都出现在新大陆的东部。随着时间的推移，这些大学中培养宗教公务员的任务不断淡化，开始致力于传播世俗的文化知识。其中，由本杰明·富兰克林牵头成立的费城学院，也就是宾夕法尼亚大学，因为学科搭配比较全面实用，显得最为高端大气上档次。

在美洲，同样是殖民地，在13州混，比在西班牙统辖下混舒服很多。西班牙人更看重将殖民地的资源刮地三尺送回母国，对殖民地和当地人的监控管束是非常严苛的，每一分钱都要被西班牙人抓在手里。而在英国，国王忙着辖制议会顾不上殖民地，议会忙着收拾国王更没有精力，北美的13州，在没有上层机关的管束中，野蛮生长。虽然没人管，可英国人自律啊，他们按英国的形态给自己上规矩，各州都成立了自己的地方政府，有模有样的。

18世纪中，美洲的地方议会几乎完全控制了殖民地征税、颁布法律、任命人事、拨款等大事，虽然英王方面还是派来总督指手画脚，但因为殖民地的预算控制在议会手里，总督就算不爽，也改变不了任何事。

每个州的地方议会，都认为自己是个小型的国家，独立自主，跟其他议会没有关系。虽然州政府日渐壮大有钱有势，但他们还是感觉需要一个强大的母国在身后当背景，所以，就算英王不管他们，殖民地人民对英国还是有依赖之情，对英王还是有效忠之心。为什么英国政府早先并没有殖民地独立之虞呢？因为他们发现，殖民地人对英国的感情绝对好于跟其他殖民地州的感情，这些人团结起来脱离母邦，在当时几乎是不可想象的。

在新大陆站稳脚，有了自己的政治、经济、文化建设，殖民们越来越将新大陆当作自己的家园、上帝应许之地。这时，有个矛盾就必须解决了，殖民人口会越来越多，需要更多的土地和资源，而且，到底这片土地谁是主宰，也需要彻底搞清楚。殖民和印第安人如果各不相让，势必是一场以灭绝一方为结果的争斗。

印第安人的世界

一说到美国历史，殖民者对印第安人的排挤、掠夺、屠杀必是重大罪状之一。不过，说到印第安人这帮乡亲，我们也只能摇头叹气，哀其不幸，怒其不争。

北美的印第安人零散组合成300多个部落，长期按氏族公社的规矩生活，不思上进，不学无术，没事就互相往死里打。打架的结果有赢有输，他们的思想境界还没进化到会使用奴隶，所以打赢的那方一般就是将输的那方尽数屠杀；为了战场上的绩效考核，还发明了割头皮这种计算方式，割头皮割得手脚麻利的，容易当上酋长之类的高级干部。

说是印第安土著深爱自己的土地，不惜与外来侵略者一战，可他们对土地的占有也没个合理合法的方式。今天住东山，看着西山日头不错，朝向好，就整个部族迁徙过去了，过几天发现东山的小风吹着缓和，说不定又迁回来，你这么溜达，谁知道哪块地是你的呀？

殖民地快速扩张，步步压挤印第安人的生活空间。印第安人不会饲养大型牲畜，他们靠野生牲畜为生，殖民者将牛羊马引入了当地，还开栏饲养，这些“奇怪物种”时时光顾印第安人的庄稼地，践踏人家的作物。

越来越多的殖民者带来各种欧洲疾病，也让印第安人快速缩减。印第安人已经意识到，白人已经严重威胁到自己的生存，而他们到最后也没意识到，当地的那么多印第安土著，左邻右舍的同胞兄弟，是可以团结在一起抵抗侵略的。

1637年，居住在康涅狄格河谷一带的佩科特人比较神气，他们打败了附近的莫西干部落，扬扬得意的，对康涅狄格河上的白人商船发动攻击。马萨诸塞的总督组织人马报复，冤冤相报，冲突就不断升级。到年中6月5日，马萨诸塞和康涅狄格地区的民兵组织，联合跟佩科特人有仇的两个印第安部落，一举包围了佩科特人用栅栏为屏障的要塞，500多名印第安男女老幼，全部被杀，而附近的村落更是被付之一炬，逃出来的人大都被乱棍打死，被追回来的卖为奴隶，佩科特族几近灭绝。这场惨剧威慑了新英格兰地区的印第安人，在后来的几十年时间中，都不太敢跟白人拼命。

好歹是印第安人，血性总是有的，40多年后，终于有个印第安英雄，让白人殖民者付出了惨痛代价。

还记得“五月花”号上的那群天路客吗？他们靠着万帕诺亚格部族的酋长马萨索伊特帮助，建立了普利茅斯“根据地”，在异乡生存下来。

普利茅斯人都是清教徒，打家劫舍的事不干，普利茅斯的土地日益扩大，不是抢来的。马萨索伊特酋长对印第安同胞没有对英国人客气，对他来说，更重要的事是找白人买军火打其他部落，没钱的时候怎么买呢？土地换呗。

普利茅斯人可不是为了发财来的，他们要建设上帝应许的家园，所以在这个地区，精神文明特别重要，其中的重中之重，就是如何让印第安人皈依基督教。有个叫约翰·埃利奥特的教长，将《圣经》翻译成阿尔冈昆语，在印第安部落中传播。为怕已经皈依的印第安基督徒在部落里“被带坏”，获得了新的土地后，普利茅斯建立了好几个祈祷镇，给“祈祷的印第安人”定居。

到马萨索伊特死的时候，他的部落基本已经陷入殖民地的重重包围中。印第安人出门就进了殖民者的城镇，要遵守殖民地的法制和规矩。白人的法律，对围着兽皮戴着羽毛的印第安人来说，怎么都是束缚，好端端地在自己家里住着，怎么突然多了这么多臭规矩呢？

接班马萨索伊特的，是他的长子，当了酋长没几天，就被普利茅斯法院传讯，说他违反了部族和殖民地之间的土地协议，涉嫌私卖土地。一位酋长，虽然没有皇冠龙袍，也代表着印第安群落的无上尊贵，他居然是被普利茅斯的士兵端着刺刀押走的。案子还没审，这位新酋长就暴病而死。没有证据证明是殖民者下了黑手，但很多印第安人都认为，酋长是被白人毒死的。

继位的酋长梅塔科米特就坚信自己的哥哥是死于殖民者的谋杀，在白人殖民者那边，新酋长被称为菲利普王。许多年来，这位菲利普王一直头脑清醒地保持着对白人的防备，还有日渐增加的仇恨。当教长来给他传教时，他一把扯下了教长的纽扣，举在教长面前，告诉他，自己对基督教的兴趣，如同对这颗纽扣，随后将纽扣丢在地上。

炸开积怨导火索的，是一位皈依的印第安人的死亡。定居在祈祷镇的印第安新教徒们，看起来跟过去的同胞渐行渐远，有些印第安人，进入白人的大学求学，走出了不一样的人生。部落中有个叫塞萨蒙的印第安人，从哈佛毕业后，回到故乡，在菲利普王身边做翻译。有次他探听到，菲利普王可能对殖民地发动袭击，便向普利茅斯当局打了小报告，随后不久，他就被人谋杀。

普利茅斯当局锁定了凶手，三个万帕诺亚格部落的人被判罪处死，其中有菲利普王的亲信，而这件事，似乎也跟菲利普王脱不了干系。

新仇旧恨之下，菲利普王终于拔剑而起，三年时间里，拥有长枪的印第安土著军队，一举摧毁20多座马萨诸塞州的城镇，杀了1000多人，并进攻到距离波士顿不到20英里的地方。

这是殖民者落地生根后，遭遇的最大规模的土著反抗。殖民者的反击很有效率，殖民地的民兵也忠勇善战，而最好用的，当然是万帕诺亚格部落的仇家，以敌制敌。前面说过，面对殖民者来袭，印第安人的脑袋里，就是没有团结抗战这根筋。除了其他的印第安部落充当“皇协军”，皈依的印第安基督徒也起了重要作用，有的成了带路党，有的直接替英国人作战，有的成为密探和间谍。

菲利普王最后毫无悬念是死于印第安同胞之手，尸体被斩碎，头颅被送到波士顿，整个殖民地为此欢呼。

这就是史上著名的菲利普王战争，战争的规模，现在看是算不得什么，但在当时，整个新英格兰地区的每个家庭都被卷入，千余农舍被毁，十几个城镇成为废墟，千余平民死亡，对当时的城镇人口规模来说，算是损失非常惨重了。

印第安方面呢？万帕诺亚格部落的损失不好估计，至少十之八九的人口是不在了，剩下的不是被卖为奴隶，就是融入其他部族，万帕诺亚格，这个给美利坚历史带来过极大影响的印第安部落，就此凋敝，消散在尘烟中。

这段以菲利普王战争为核心的，殖民者和印第安人的战争，只算是白人灭绝印第安的人的第一阶段。菲利普王的铁血抗争，没给其他的印第安人太多启示，后来的岁月里，印第安人还是觉得，可以在周遭的敌人环伺中，玩点《三国演义》之类的高端智谋，结局就是，大好的河山便宜了横空出世的美国人。

神的世界

前面说到，17~18世纪的北美殖民地，也许贫瘠也许艰苦，但出于对信仰的坚持，文化方面并不算太落后太愚昧，也出了几个属于北美的文化名人。

在文学界，要说美国历史上第一部重要著作，《美洲基督教史》应该是可以考虑的作品。听名字似乎是一部历史书，它比较翔实地介绍了当时社会政治的一些情况，总督和牧师的传纪，各教堂和大学的运作，包括跟印第安人的战争，当然最重要的，它还是要记录殖民者将基督教带入新大陆后的发展状况，提出了自己对宗教未来的发展思考甚至是忧虑。

作者叫科顿·马瑟，在那段时间的美国历史中，姓科顿和马瑟的大都是知识分子，科顿家和马瑟家是波士顿附近著名的书香门第，马瑟家还专给哈佛大学培养校长。

科顿·马瑟算是个现代型学者，博学多才，思想先进。在殖民地最早提倡接种天花疫苗，还普及哥白尼的学说，热衷自然科学的探索，他被推荐为伦敦皇家学院的院士。

按说，这么一个人物，就算宗教信仰虔诚，也不至于跑偏，走入偏执。马瑟恐怕是因为对自然科学过于热衷，没事有些超自然遐想，他将自己卷入了殖民地一场惨烈而又低级的闹剧。

1692年，马萨诸塞地区已经非常繁荣，波士顿周边地区更是颇有都市规模了。人的劣根性就是，日子一好过，就喜欢瞎折腾。距波士顿24公里，有个叫塞勒姆的海港城市，是新英格兰地区最为古老的海港，也是早期移民登陆的地方，清教徒为主，信仰虔诚。

这年年初，教区的牧师帕里斯家两个女孩，他的女儿和侄女突然发了怪病，要么就昏睡不醒，要么醒来就尖叫、满地打滚、歇斯底里或者无端痛苦地呻吟。几天后，又有几个女孩子发了相同的病。以当时的医学水平，医生束手无策。医学解释不了的事，最适合胡说八道。大家还记得，天主教在欧洲取得统治地位后，就开始大肆猎杀所谓女巫，对女巫的忌惮和厌恨，跟着清教徒来到了北美。

塞勒姆的高人一分析，这绝对是闹女巫了，各种手段施展了一通于事无补后，大人们就逼问这些犯病的孩子，是不是被女巫所惑，他们当然是认为，只有抓到女巫本人，才能施法将其消灭，才能从源头上解决这个怪病。

女孩子本来就是病人，再被家里的大人用这么严肃严重的样子逼问，脑子更吓糊涂了，交代出三个她们特别不喜欢的老女人，她们想，如果世界上真有女巫，肯定就是这三个人的样子。

其中一个是牧师家的女奴，提图巴，她是来自西印度群岛的印第安人，没事的时候，喜欢给女孩子们讲故事。她是印第安人，又是奴隶，还跟女孩子走得最近，肯定是第一嫌疑人。提图巴是个聪明人，看情势严峻，干脆顺着大家的意识，说自己的确是个女巫，而且塞勒姆还不止她一个，有为数不少的女巫，隐藏在社区里。

出大事了，马萨诸塞的总督刚从英国回来，就立即组建了特别法庭，专办女巫案。既然是特别法庭，就特事特办，也没个法理依据，把提图巴检举的人抓来审，只要你承认自己使用巫术，还能揭发同谋，保证不随便使用巫术害人，就能获释，死不认罪还死不悔改的，杀无赦！

前后抓了200多号人，有20人被处以极刑。其中15名“女巫”、4名“男巫”被吊死，有一位老者用了两天时间，被巨石活活压死。大家可以分析一下，这20个人，为什么不认罪逃过一死？正因为他们是最虔诚的，宁可死也不愿玷污了自己教徒的清白，应该说，这20个人的死，如同殉道。

闹剧最喧嚣的时候，我们的大学者科顿·马瑟出版了自己的论调《无形世界的奇迹》，从一个受人敬仰的大学者的角度，给予了这场审判以“科学”支持，他认为，巫术是真的存在的，而且跟魔鬼撒旦有密切的关系！

监狱里关着百十号嫌疑人，还不断有人被问吊，如此人命关天的时刻，一个“黑嘴专家”真比女巫害人多了。

科顿·马瑟注定要将自己这一项人生污迹永久留存于史了，幸好他的爸爸、哈佛大学的校长克里斯·马瑟要给马瑟家族留点儿颜面，他提出，这么大规模缉捕女巫的行为，也许正是魔鬼的背后操弄，吊死无辜清白的人，正中了魔鬼的圈套，他以一个悲悯的基督教学者的态度提出，就算放过十个女巫，也比抓错一个无辜的人好！

克里斯·马瑟说服马萨诸塞议会停止了这个闹剧，有关的法官陪审团都向公众表达了歉意，关押的疑似女巫也被释放。那些得了怪病的女孩子，竟也都慢慢痊愈了，最初的“检举者”承认，自己的确是说了慌。这场把小城弄得翻天覆地的所谓“女巫”案，终于结束。

300年之后的1992年，马萨诸塞州议会通过决议，为死者平反，并表达了对他们的尊敬。而克里斯·马瑟提出的宁可放过十个，也不能错杀一个的精神，则永久成为了美国司法的重要原则，也是我们现在需要倡导的司法良心。

根据美国人没心没肺的性格，惨案过去后，他们的纪念方式一般是轻松快乐的。现在这个叫塞勒姆的小城，就成了女巫文化的中心，经常举办相应的活动，万圣节之类闹腾的日子里，尤其热闹。

女巫案真是吃饱喝足“作”的结果，研究基督教在美州发展史的科顿·马瑟在发现巫术之外，也沉痛地发现，随着物质条件不断优越，殖民者越来越世俗、功利，信仰似乎也不纯洁了，好多人都忘却了他们来到这片新大陆肩负的使命。

清教徒来到新大陆，第一代铭记对上帝的承诺，艰苦垦荒，创造了殖民地的繁荣。到第二代第三代，就没有那么清晰而忠诚的信念了，物质世界的兴旺似乎总伴随着精神世界的衰落。

18世纪中叶，为了重建殖民地的精神信仰，激活曾经那样热烈激昂的宗教环境，北美地区爆发了一场意义重大的宗教复兴运动，被历史学家称为“大觉醒运动”。

既然是鼓舞大家恢复虔诚的信仰，自然少不了牧师的引导。乔纳森·爱德华兹是大觉醒运动最为重要的牧师，是美国最早的神学家，也被认为是奠定了美国哲学思想的第一代思想家。

爱德华兹不到13岁就进入耶鲁大学学习，21岁成了耶鲁的首席教师，后来他接管牧师祖父的教堂，开始布道。

清教徒一直有个观点，认为自己是被上帝拣选的少部分人，注定要活出不一样的荣耀来。爱德华兹则认为，没有拣选不拣选的分别，上帝的仁慈和爱惠及所有的男女，不管是上等人下等人、聪明人笨人，都能通过虔诚的信仰得到上帝赐予的美和快乐。

爱德华兹后，许多优秀的、头脑清晰的神学家走出教堂，摆脱各种复杂的宗教仪式，走进基层，到底层信徒中传教布道。乔治·怀特菲尔德牧师从1740年开始，巡回整个北美殖民地传播福音。怀特菲尔德口才出众，才华横溢，布道时激情四射，吸引了万千信众。不管是城市还是乡村，听说怀牧师来了，所有人放下农具、工具、饭碗赶到现场，屋里坐不下，就在门外听，他让整个大觉醒运动达到了顶峰。

大觉醒运动各种观点、论调、思想，应该是更专业的基督教书籍讨论的问题，作为一本历史书，老杨重点讲讲这个运动，对美国历史的发展有什么重大的意义。

有人说，大觉醒运动是独立战争的先导，使整个殖民地的团结造反成为可能。

按说来到北美殖民地的人活下来都不容易，明明可以联手成一家人，互相照应，可他们就是生生地分成了互不搭理并不团结的13个独立集团。分裂的根本原因就是宗教信仰上的差异，加上来路各异，品种流杂，殖民地的人们似乎很难融合在一起。

大觉醒运动的牧师倡导的是信仰的正能量，覆盖所有人的爱与快乐；降低神职人员的地位，强调个人的信仰体验；各种仪式的正确性或者动作细节都不用苛求；不同教区的分界更不重要；充分的信仰自由和思想解放；最重要的是强调宗教宽容。受到来自欧洲的启蒙运动影响后，这些“大觉醒运动”的思想又被镀上了理性的光芒。这就形成了既覆盖普世价值又带有美国特色的一种美式基督教。也就是说，在宗教信仰这个最重大的问题上，殖民地的人先取得了默契，为后来终于能整合成一个国家，形成一个民族奠定了基础。而这种对宗教的思考和复兴运动，对美国社会似乎有很好的理疗作用，于是，后来的美国历史发展中，类似的大觉醒运动又发生了好几次，一步步将美国社会美国文化美国人塑造成今天这个样子。

六　大哥打架小弟遭殃

英格兰的美洲大陆在成长,得益于大英的无为而治。这实在说不上是大智慧或者手段高明，因为17世纪的英格兰太忙了，小岛子的事都处理不清楚，更别说海对岸这片新大陆了。

为了省去大家翻看英国历史的时间，老杨照例用一段快板书介绍一下美洲大陆从诞生到翅膀硬了这段时间，英国本土的故事：詹姆士进城到了伦敦，英国的议会让他头痛，三十年战争伤筋动骨，查理一世磕磕绊绊接了王位；国王想去欧洲打架，宗教国事羁绊他理想，查一想给议会上规矩，议员们就组织军队收拾国王；内战的结果很凄凉，查一提前去了天堂；新模范军崛起很嚣张，革命成就克伦威尔独裁王；护国公没有延续辉煌，儿子显然不够气场，查二回家王朝复辟，为继承权议会产生两大政党；詹二想复兴天主教，英国议会乱了手脚，幸好长公主是个明白人，嫁个荷兰的威廉王也信新教。光荣革命真正玩得漂亮，威廉和玛丽共坐朝堂，大英的议会完胜全场，英国的宪政这才正常。

上面这段快板书，说的是从1603年到1689年的英国本土历史。荷兰执政官威廉成为英王，终结了英国百年的宪政之争，在议会眼里，威廉是个很乖的英王。乖就要奖励和鼓励，帮他实现愿望，威廉最大的人生理想，就是收拾法国人。

不管是不是威廉的愿望，收拾法国人对英国人来说都是义不容辞的，回顾欧洲的历史，英法历史的中心内容是，不自己打自己的时候就互相打。进入殖民地时代后，英法的战争加上了新的内容，那就是对海外殖民地的争夺，还有，这两家的恩怨中，从来少不得一个重要配菜，那就是西班牙。

大家翻看一下《闻香法兰西》吧，英国的光荣革命前后，法王是光彩耀眼的太阳王路易十四。17世纪后期，因为存了法国自然疆界的野心，十四在欧洲大陆四处出击，招惹西欧主要国家结党反法，让反法同盟成为欧洲国家一个大好传统。

也就是路易十四的扩张，跟荷兰威廉结仇，所以，威廉一成为英王，英格兰就义不容辞地加入了欧洲的反法同盟，找路易十四报仇。这一场战争，是西欧主要国家结盟对抗法王，在欧洲大陆被称为大同盟战争。欧洲开打，殖民地的军队肯定要跟中央一条心，盘踞在北美的英法军队也动了手，这是分赛场，被称为威廉王战争。

虽然跟英国人建设新家园的理想不一样，法国人以贸易和争夺资源为主要目的的对北美的开发也从不懈怠，以魁北克为中心，他们沿河南下，见到顺眼的地盘就宣布占领，17世纪末，他们来到了密西西比河的三角洲地区，从此这里就是法属路易斯安那。

英国人还在海边忙碌，法国人已经抄后路进入了腹地，这个进展，跟法国对印第安的态度很有关系。法国人主要为了做贸易，他们建立的据点、贸易站和教区第一诉求也是生意兴隆、和气生财，所以，在与内陆印第安的交往中，他们显得更随和、更好处，当然也就优先在内陆站稳了脚跟。

而印第安人呢？这些灰头土脑的小土著，自以为无师自通学会了权谋，殊不知他们已经开始犯致命错误。有些印第安人因为跟法国的皮毛生意较好，就支持法国人；有些印第安人因为英国制造业发达，工业品让他们喜欢，就选择站在英国人一边。明明是来掠夺自己家园的敌人，小土著们还以为自己可以玩离间玩跷跷板，两头渔利，梦想着英法两败俱伤，印第安人不战而屈人之兵，一举干掉两大仇家。可惜，他们入戏太深，功力太浅，终于玩死了自己。

威廉王战争开始于1689年，在西欧大陆，路易十四强悍地跟大同盟军队打了10年，虽败也牛，而北美战场上，法军也没给王上丢脸，打成平手，英军不能攻克魁北克，法军也吃不掉波士顿。

法王心理素质好，大同盟战争没给他什么阴影，很快十四又野心勃勃地操作了西班牙王位战（战争起因和过程请大家参看《闻香法兰西》之二十）。同样，这场持续12年的欧洲恶斗，北美依然是分会场，被称为安妮女王战争，这个时期，大英之主是秉性羸弱的安妮女王。

西班牙王位战的结果，是路易十四的孙子如愿成为西班牙国王，法兰西付出的代价有点大，除了整个国家被打疲，财政几乎崩溃，还失去了不少海外领土，在美洲，英国人收下了法国让出的新斯科舍和纽芬兰，从位置上看，等于是法兰西占据的加拿大地区向雄霸海洋的英格兰敞开了大门。

现在西班牙的国王是波旁家族的，而在美洲大地上，西班牙本来也是英格兰的对头，佐治亚州的成立就基于这个环境背景。西班牙王位战之后，因为南美的贸易，大英跟西班牙摩擦不断，还爆发了所谓的“詹金斯耳朵之战”。这种小打小闹颇不过瘾，于是两边都渴望机会让他们扩大打架规模。

1740年，哈布斯堡家族想让公主登基为帝，未遂，普鲁士趁机揩油占领西里西亚（参看《德意志是铁打的》之二十三）。英格兰的王室现在是德意志汉诺威家族的，守土有责，怕普鲁士动作太大，伤及自家的领地，于是，英国又加入了奥地利王位争夺战。美洲大陆连锁启动，爆发了乔治王战争。

乔治王战争看不出英法谁赢了，土地易手的规模也不大。这时两边都知道，北美的纠纷，肯定要有一场恶战来决出高下的。

公平地说，法国人是最早到达湖区、俄亥俄和密西西比地区的欧洲人，如果不用考虑印第安人的感受，这部分地区理论上应该就算归入法国的版图了。

英国人不这么想，英王更不这么想。不论是哪种殖民地，国王给的特许令最多标示了土地的南北边界，东西边界是没有的。因为英王也不晓得从北美东海岸向西深入，这片大陆到底是个什么态势，他也不想知道，他只管签字盖章，你能跑多远就跑多远吧，被豺狼野兽或者印第安人吃掉，后果自负。如此一来，英国人天经地义地觉得，不管是俄亥俄还是密西西比，那都是英国殖民地向西部内陆的延伸，虽然英国人暂时还没过去，不等于那个地方我们英国人就放弃不要了。

1748年战争一结束，法国人开始在俄亥俄地区修建密集的防御工事和要塞，自然还配合设立贸易点和定居点，英国人非常不满。

1754年夏天，法国人更在匹兹堡建立了一个贸易点。匹兹堡现在是属于宾夕法尼亚州，在当时，英国人认为它在弗吉尼亚殖民地之内，等于法国人欺负到家门口了。弗吉尼亚的总督派了个少校军官带着人去办交涉，美国历史第一位男主角，乔治・华盛顿就这样首次出镜了。

头回亮相，不算太拉风。法国人一点不给未来的美国总统面子。华盛顿年轻气盛啊，他想，我带着军队过来跟你商量，你都不给面子，我回去怎么跟总督交差呢？兄弟们，动手！华盛顿带去的150人袭击了一伙法国人，冲突中有大约10位法国佬丧命，就这样，华盛顿算是一手拉开了法印战争的大幕，也同时拉开了随后欧洲大陆七年战争的大幕。

为什么叫法印战争？当然是因为印第安人掺和其中。虽然也有支持英军的印第安人，不过印第安人对法国人，尤其是在战争初期的帮助更大。

战争最开始的两年，英军被削得很惨，来自英国的统帅以为自己是在欧洲大陆率领骑士团作战，预备找开阔场地，布下战阵，研究好造型再动手。法军在印第安盟友的教导下，完全放弃傻不拉几的骑士做派，躲在森林里、树丛中放冷枪。

英国人掌控大局的决定性胜利是在1759年，法兰西在北美的心脏魁北克陷落，一年后，在蒙特利尔，法军宣布投降。

欧洲大陆的战争，因为新的俄国沙皇突然对普鲁士国王效忠，战局逆转，英普联盟取得大胜，如此一来，在1763年的《美英巴黎条约》中，法兰西含着热泪宣布，他家在北美的殖民计划和之前所有的努力，化为云烟。在合约中，西印度群岛和印度的大部分法属殖民地转让给英国，从加拿大到密西西比河东部的地区全部让出，密西西比河以西的法属土地，法国人则交给了西班牙；战争中英国占领了古巴，西班牙为了维护自己在南美的统治，在地图上盘算了一下，最后只能忍着心痛用佛罗里达将古巴换回。

英国人空前强盛，从东到西控制了整个北美的东海岸，土地面积成倍增加，而法国人从此就彻底离开了这一地区，永远失去了新大陆。他们忧愤难平啊，后来的法王咬牙切齿，发誓有一天宁可倾家荡产赔上性命，也要报此血海深仇，谁能想到，他还真做到了呢！

七　玻璃心要当心

新首相三把火

七年战争尾声时，英王乔治三世接掌了王位，新科英王一改之前汉诺威王族在英伦大地的水土不服，意气风发想要“做真正的国王”。于是，战争中风头鼎盛的首相威廉·皮特只好下课，给乔治三世的老师让出首相之位。

乔治三世的老师Hold不住伦敦的政局，举荐了出身于英国老牌政治家族的乔治·格伦维尔接班。

七年战争英国打赢了，面子挣大了，银子花海了。英国人分析计算下来，主要的战场还是北美，最多的钱都砸在北美殖民地上。殖民地也是自家的领土，保卫国土是天经地义的，可在战中，英国军队对“美国人”很不满。

首先是他们战斗力低下，作为本地人，在战场上几乎不能给予英国军队有效的支援；自私自利，任何物质都明码标价，没有一点拥军的态度；疑似通敌，美国的商人毫无敌我观念，有奶便是娘，居然还跟法国人保持贸易，让敌人身陷“人民战争”的汪洋大海，居然还衣食无缺！

在英国人看来，“美国人”变得如此散漫不羁，是早年间帝国的无为而治留下的弊端，要扭转这个局面，对北美殖民地的控制必须加强，殖民者需要严厉调教。而且，英国收编了原法属的殖民地，殖民地看起来是扩大了一倍多，但这个地区的法国人和与之同盟的印第安人，都是不安定的因素。沿海殖民地的人民听说西部的土地是属于英格兰的了，肯定贸然西进，很有可能与法国人、印第安人发生战争或者引发其他的麻烦。为了不出乱子，也为了英国本土权贵在北美利益重新分配，英国政府颁布命令，不准殖民地人跨越阿巴拉契亚山脉到西边去。战后，大约一万英军留在殖民地，号称是维护殖民地的治安和安全，主要目的是防范印第安人，当然也为了监控预备西进的“美国人”。

英国人对美国人在七年战争中的总结和批评让“美国人”很不忿，他们认为自己在战中也出钱出粮赔了不少性命随同母国作战，军功章上就算没有一半，也不应该遭受批判。而且突然留下一支军队驻守在殖民地，说是防御外敌，殖民们却感觉，这伙人不伦不类的，怎么看都是留下监视自己的。于是战后，大西洋两岸的关系，有点微妙的不妥。

我们小时候学的世界历史，说到美国独立的根本原因，最熟悉的莫过于，英国对北美殖民地横征暴敛，终于逼反了“美国人”。所谓“横征暴敛”就是乱收税乱收费嘛，究竟英国人在北美殖民地收了哪些“昧心钱”呢?

乔治·格伦维尔上岗了，英国的政治世家都有些裙带联系，格伦维尔家族跟前首相威廉·皮特家族是近亲。

在格伦维尔看来，殖民地的问题就出在政府对他们太宽松了，殖民地产生的费用，当然是殖民地负责解决，这难道不是天经地义的事吗？所以，这位新首相预备向北美地区增收税赋。

首相大人新官上任三把火，第一把火，他预备捍卫《航海法》的权威。17世纪时，护国公克伦威尔上位，为了跟荷兰争夺海上霸主之位，颁布了著名的《航海条例》，大意就是，只要发往不列颠及其殖民地的货物，必须使用英国的船队，违者货物罚没。就是这个条款后，英国战胜荷兰，雄霸大洋了。

《航海法》在后来的岁月被多次修改，但主体思想基本没变，都是严格限定某些货物必须使用英国船只。进入重商主义时代后，这项法案就更苛刻了，尤其是针对殖民地的部分：英属殖民地的产品，只能直接运往英国、爱尔兰或其他英属殖民地，不得绕航；从美洲殖民地进出口货物只能使用英国船只，亚洲和非洲殖民地同理；只有英国国民才能与殖民地贸易，殖民地进口只能经由英国或者爱尔兰；羊毛等殖民地生产的特定产品只能出口到英国港口；所有运往英国殖民地的欧洲货物，必须由英国船只经由英国运输。

法例是很刻薄，美洲殖民地很不爽，但也没让他们难以忍受，大英政府粗放式管理，上有法例下有对策，北美地区的走私生意一直是如火如荼非常猖獗的。

格伦维尔首相宣布，《航海法》必须严格遵守，并对走私犯展开严打，一旦抓住，送交海军法庭审判，没有陪审团。因为他知道，殖民地选出的陪审团，绝对不会判“美国人”走私有罪的。这下，殖民地的商人感觉到有压力了。

第二把火，首相又捣鼓出两部法例，于1764年在英国议会通过，一个是《糖税法》，另一个是《货币法》。

《糖税法》顾名思义，就是对白糖征税。那个时代，不管是英国还是美洲，酿酒生意总是好做的。前面说到，新英格兰地区已经将朗姆酒当作主要出口业务，而朗姆酒就是由甘蔗酿制的。

西印度群岛的甘蔗产地基本都是殖民地，大都被控制在法国、西班牙或者荷兰手里。虽然《航海法》规定，蔗糖之类的东西，殖民地必须从英国进口，可酿酒商又不傻，我能搞到西印度群岛的便宜货，干吗绕弯使用英国的暴利产品呢？

怎么控制酒商的胡作非为？好办哪，所有西印度群岛进入殖民地的蔗糖，统统加税！这是《糖税法》。

《货币法》是这样来的：都知道来美洲谋生的殖民者不富裕，他们过来时，身上也没带着很多英镑。而有钱的领主们，他们天天等着殖民地给他们送钱呢，更不会把钞票送来美洲了。这样一来，美洲大地13州，这么些人口，这么多贸易，在美洲没找到金银矿之前，货币奇缺。

贸易没有货币怎么办？最早就是毛皮呀、贝壳呀、鱼骨之类的东西代用，看着比原始人还可怜。后来各殖民地政府急群众之所急，发行了一种可以在北美使用的货币，也就是美元的老妈——“殖民券”。

格伦维尔首相听说这个事后，很不高兴！太儿戏了吧，你们殖民地几个乡民，就敢自己印钞票玩，这还有没有王法了？马上取缔！给英国缴纳的各种税收，必须是真金白银，你们那些破纸，立马烧掉，不准流通！

三部法例被首相这么一抡，几乎可以说得罪了殖民地大部分商人和种植园主。普通老百姓，一家子守着一片土地，自给自足，没受影响，所以情绪稳定。没想到首相这第三把火，就烧到了殖民地所有百姓的身上，他预备玩《印花税法案》了。

《印花税法案》也不是专门针对殖民地的，因为不列颠国内一直是实行的：所有官方文件、报纸、契约、合同、单据包括纸牌，只要是印刷品，一律要贴上印花。这些印花由专门的网点销售，金额不等，最大也就是两便士。

这项税收可是人人有份的，只要是个人，管你是扫街种地的还是倒马桶的，手上肯定有印刷品吧，不可避免都要去买印花来贴上。这样一来，殖民地的老百姓也开始咒骂首相了。

要说格伦维尔首相这三把火是苛捐杂税，他自己肯定觉得委屈。仔细分析一下，这几项法例都不算离谱。最关键的是，不管英国人怎么收，他们都是考虑了美洲大陆的接受能力的，比如印花税，对美洲征收的额度，要比英国本土小多了，而且这笔税收，也几乎全部用在了殖民地。

“美国人”可不这么想，七年战争中，英国政府真是投了不少钱到美洲战场，“美国人”还敌友不分两头贸易，所以，北美战争中的经济蓬勃发展（这都快成美国传统了）。战后，进来的英镑少了，整体经济就出现了萧条，这个时候跟“美国人”收税，他们肯定是一肚子牢骚。而且，对“美国人”来说，从他们来到新大陆，一直是自治自立自由的，虽然都愿意效忠英王，可不愿意有实际上的表示，殖民地各地区都有自己的政府，“美国人”自己选出来的，有事自己解决，实在不劳伦敦的各位大爷记挂。可现在伦敦的议会，居然敢越过殖民地自己选出来的议会，收“美国人”的税，哪有这种道理啊？万一这次让伦敦的政客们如愿了，以后美国殖民地就真成他们提款机了，“美国人”还能有好日子过吗？

handsome 组合

根据历史经验，革命这东西，门槛挺高的，一定要80%以上的底层百姓认同才可能成功。而我们都知道，底层的百姓，不是被逼到“亡亦死，举大计亦死”这种山穷水尽的份儿上，绝对不会随便反政府。

“美国人”也同样，到现在为止，他们还以自己身为大英帝国的子民为荣，在他们心里，对大洋对面伦敦的认同感和依赖感，绝对要高于对其他同样在美洲艰苦谋生的美国老乡的感情。面对“剥削”，虽然茶余饭后咒骂首相，心有不满，但他们的生活真没受到巨大的影响或者打击，如果中间没有其他的因素挑拨刺激他们，咒骂一阵后，“美国人”差不多就麻木了，每天骂骂咧咧地交税，每天骂骂咧咧说伦敦人当我们二等公民，每天在微博上骂骂咧咧批评政府无能，只是北美依然安全地留在大英的版图里。

革命有两大要素，第一，愤懑激动的百姓；第二，天才的煽动者和组织策划者。也许美洲的百姓还不算太愤懑太激动，可天才已经横空出世了。

行业规矩，革命如果不成功，挑唆领导革命的，是死无全尸的逆贼；但如果革命成功，逆贼就逆转为“国父”。在美国，“国父”是要用复数的。

如果革命之前我们帮大英政府拟定一个18世纪北美大陆的逆贼榜，第一个上榜的，应该是约翰·汉考克。

约翰·汉考克，男，生于1737年,27岁那年他是北美首富。汉考克的成功,不是励志故事,他不过是会投胎而已。他的叔叔，波士顿老牌商人——托马斯·汉考克，那才是励志典型，从一个书店的小伙计成长为北美著名的富商，自学成才成为哈佛教授，还将汉考克家族打造成北美世家、波士顿议会的召集人。

老托马斯没有儿子，收养了侄儿，27岁的约翰继承家业，不仅年纪轻轻成了首富，自然也当仁不让成为波士顿议会的中心人物。

汉考克家发迹靠做贸易，从英国进口成品包括高档工业产品，再把美洲当地的原材料或者资源发回英国去。英国为了保护自家的产业，在殖民地设了很多限制：都知道英国养了好多羊，都羊吃人了，所以呀，美洲大陆的羊毛和羊毛产品肯定是被禁止的，甚至不准美洲发展制帽业；英国工业发达，产品齐全，所以工业设备和产品就由英国人独家垄断，美洲大陆就算有条件有技术，也不准涉足。如此一来，需要从英国进口的东西很多，英美之间的贸易是收益极高的生意。

约翰·汉考克接下家业那年,正好是1764年,新首相上任烧了三把火。本来战后美洲经济萧条，贸易量缩减，收入肯定比叔叔在时差点儿，如今《糖税法》问世，约翰在家一算，一年里外多了几万英镑的税钱哪。几万英镑，在当时当地，绝对是一笔巨款。

约翰很不服气，我一接手就摊上这事，年底报表上利润不明显，不明真相的围观群众肯定认为我是个没用的“富二代”，败家孩子。约翰胆大，早年一直被叔叔放在伦敦管理办事处，深谙伦敦官僚的行事风格，所以他想都没想就开始走私，每年花个三两千打点海关，几万英镑说省就省了。

《糖税法》可以躲，随之而来的印花税约翰可躲不掉了。他家贸易量大，单据合同之类的也多，想象这笔印花应该是不少。再多也只是印花税，对汉考克家来说，肯定是小钱。但如今约翰升级为一个走私商人了，胆儿很肥，心态更不一样了，这不是钱多钱少的问题，所有来自伦敦的税，小爷一分都不愿意交！印花税没法走私，躲不掉，行，那我就公开抗税！

抗税这个事是个群体工作，一个人再牛都成不了气候。要抗税，你必须说服一群人跟你一起抗。世界上最难的事，第一是将别人兜里的钱弄到自己口袋里，第二是把自己的思想装入别人的脑子里。约翰有经商天赋，从小也被当商人培养，精通把别人的钱赚到自己口袋里，但说到把自己的思想植入别人的大脑，约翰就不行了，他虽然下定决心抗税，但他的出发点大部分是从私利出发，以这个出发点和约翰的能力，想说服广大美洲人民一起对抗母国，难度太大。

幸好，上帝给约翰安排了天造地设的帮手，绝配。

话说约翰家小时候有个邻居，亚当斯家里也有个差不多大的孩子，叫约翰·亚当斯。这位约翰后来也进了哈佛，修的是法律，学霸，人生道路很顺遂，约翰·汉考克成为首富的时候,约翰·亚当斯也是个北美地区颇有声望的大状了。

两个约翰是好朋友，约翰·汉考克更喜欢约翰·亚当斯的堂兄，他叫塞缪尔·亚当斯。塞缪尔铁定也可以算是大英帝国逆贼榜上的头号人物！

塞缪尔成为“逆贼”前，是个逆子，虽然也毕业于哈佛，但当时的哈佛没现在门槛高，稍有条件的北美子弟，尤其是马萨诸塞本地户口的，入学都容易。哈佛毕业的想有出息，要么成为宗教人士比如牧师，要么就是做律师。塞缪尔学了法律，在牧师和律师之间权衡后，他选择经商，将来可以接管家里的酿酒生意。

从塞缪尔参加工作，他就没让大人省心。这孩子全身上下都是反骨哇，天生一个造反派，他哈佛毕业时的论文题目就叫“论殖民地人民是否可以合法地抵制英国法律”，公然教唆人违法！家里给找个工作，他不好好干，每天到处打听哪有“违法”行动，好积极参与。上班被炒鱿鱼后，自己做生意，把家里给的本钱赔光。好在再不济，还是可以接管家里的酒厂嘛。做了酒厂老板更离谱了，不管哪有政治活动，他立即就关门放假，顶风冒雪也要参与其盛！在这种经营态度下，家里的酒厂天经地义地倒闭了！

这样的人，不给他一个伸展反骨的机会，恐怕一辈子就惹是生非扰乱社会治安了。好在大英政府及时挽救了塞缪尔，随着《糖税法》的出炉，塞缪尔找到了人生目标和事业追求，那就是，造英政府的反！

塞缪尔有思想有激情会煽动，加上汉考克在背后提供金援，这个反动组合就算正式成立了。我们给他们起个名字叫“翰塞组合”吧（听上去非常 handsome,这两位大佬应该没有意见)。

造反天才塞缪尔出手不凡，他很快就为整个北美的抗税行动找到了义正词严的口号和纲领：无代表则不纳税！

无代表不纳税不算什么新鲜口号，因为英国人毫不陌生。几个世纪前抛出的《大宪章》究其本质，就为限制国王乱收税。民众选出代表进入议会，如果议会通过收税，哪怕砸锅卖铁，老百姓也会缴得毫无怨言。因为代表是自己选的，代表表达自己的诉求，但，最怕的就是被代表。

议会改革前的大英议会，是老牌地主和大商人的天下，受财产限制，议员名额在英国本土也分配不公，更不可能给殖民地人一席之地了。美洲人说，我们在议会下院没有代表，所以伦敦政府通过的对殖民地收税的法律则是暴政！

这是无可反驳的论点，伦敦的议会也不能自己打自己的嘴，他们非常无奈地说，其实下院有殖民地的代表哇，所谓的“Virtual representation”(虚拟代表)嘛!这种回答简直就是调戏“美国人”了!

要发动群众,不能没有媒体,约翰出钱,塞缪尔操盘,诞生了《波士顿纪事报》，谁说这个报纸是严肃真实的，老杨第一个不答应，在当时，这报纸的主要功能就是唯恐天下不乱!

翰塞组合效率很高，真是将波士顿地区的反抗情绪激发出来了，塞缪尔马上因势利导,成立了自由之子社，有报纸有帮派，加上英国政府还非常配合地出笼了旨在得罪所有美国人的印花税，事情很快就闹大了!

不信邪的伦敦

在“自由之子”组织下，抗税活动风生水起。买印花的网点被砸，税务人员被恐吓，印花被烧毁。在“自由之子”内部，人员素质是良莠不齐的，不少是经济衰退的失业汉，参与闹事时，尺度是不容易控制的，以至于波士顿发生了攻击总督府的事件。

新英格兰地区开始号召所有人抵制英货，妇女们夜以继日地纺织，以配合抵制来自英国的纺织品。还有个地区的未婚少女们互相约定，如果遭遇认同印花税的求婚者，二话不说，踢他出门。

1765年10月，纽约召开了“印花税法案代表大会”，有九个殖民地派代表参加了，对历来不甚团结互相不买账的殖民地来说，这绝对是大事了。在会上，虽然所有代表都认同，美洲殖民地依然认可对大英的“绝对从属地位”，但伦敦来的税目，只要不是美洲自己的议会通过的，“美国人”坚决不交！这次会议再次动员北美人民，要“全面抵制英货”。

几个月后，眼看着对北美出口降到30年的低点，伦敦议会坐不住了！印花税能收几个钱哪，议会中的大商人大地主直接损失已经巨大了，因小失大，芝麻没捡到还把西瓜丢了，必须立即废止“印花税”！

北美抗税活动的第一轮较量，仿佛是以殖民者胜利告终，然而伦敦是放不下这个颜面的。格伦维尔首相办事不力，下课换人，新首相上台后就对北美发出训斥：真是一群刁民哪！你们以为取消印花税就算你们赢了？臭美！“无论什么问题，英国议会都有权力制定针对殖民地和‘美国人’的法令！”

这个时候放狠话已经没用了，既然“印花税”可以废，其他让北美不痛快的法令都值得推敲。看着殖民地的律师商人们带着“美国人”越来越嚣张，英国议会只好把高龄的老威廉·皮特请出来组阁,指望他的政治智慧能平息局势。

老威廉此时出山，力不从心，严重的痛风和精神方面的毛病，让他不能理事。这时，一位非常神气傲娇的英国佬，财政大臣查尔斯·汤森出现了。

汤森认为，不能因为殖民地几个刁民闹事，政府就不跟美洲收税了，可以收得聪明点嘛。于是，汤森同学顶着压力，毫不懈怠地抛出了《汤森法案》。

法案包括两条：第一条，汤森要强化1765年颁布的《兵变法》。这个法的主要内容就是：英国的军队驻扎北美，殖民地的居民应该为他们提供住宿和补给。前面已经说到，“美国人”对于英国军队不伦不类留在北美心存芥蒂，如今还把这笔费用强加于殖民地，居民们肯定不会配合拥军。英军的司令部设在纽约，为了保障《兵变法》执行，汤森果断解散了纽约的议会，他认为纽约没了议会，就没人组织闹事了。

《汤森法案》的第二条还是收税，收关税。汤森觉得，印花税人人有份，政府直接收，容易激发矛盾。关税主要是针对商人，消费者是间接交税，不直接从腰包里掏钱，说不定他们就没意见了。关税的征收品种包括：所有从英格兰进口的油漆、纸张、铅墨、玻璃、茶叶等。 配合新关税实行的，是政府升级的收税手段，比如大英的海关官员可以随便进入殖民地的任何场所：民居、店铺、仓库，去搜查没收走私物品。

汤森显然不是来平息事态的，他往北美的革命火种上又浇了一桶汽油，遗憾的是他看不到自己闯的祸，因为1767年，这伙计突然死掉了。接班帮他灭火的英国首相，是诺斯勋爵。

新的这轮抗税行动，不仅是原来的波士顿地区了，纽约和费城都加入响应，后来连一向不掺和，跟伦敦保持友好关系的南方种植园主也加入行动，联合抵制被“汤森关税”加价后的所有商品。

北美的抵制行动总是能快速奏效，英国议会权衡厉害，只好预备再次低头，将“汤森关税”取消，可惜这个态度还没传到北美，就出了大事了。

热血波士顿

北美地区尤其是波士顿的殖民者，对抗税的行动铁了心，动作也不断升级，英国海关被骚扰得无法正常工作。于是，四个常规军团进驻波士顿，随时预备镇压乱党。

前面说过，英国派驻在北美的军队，是一群身份尴尬的家伙。他们替英政府打工，薪水却要在殖民地领取，还要在殖民地自主解决吃住问题。殖民地人从来不待见他们，军饷也难以保障，生活相当艰苦。大兵们恨“美国人”不拥军，“美国人”恨大兵们百无一用还浪费食物，互相都看不顺眼。而一发现有制造事端的苗头，《波士顿纪事报》之类的媒体就大肆渲染英军的丑陋，让两边的梁子越结越深。

1770年3月的一天，几个可怜的英国士兵想去波士顿一个帆船厂找个工作，领不到军饷也要吃饭吧。帆船厂的工人们驱赶他们，街上那么多失业的“美国人”，有工作机会也不能便宜了英国大兵啊。于是两边发生了口角，也许还有肢体冲突。

3月5日，猜测是工人大哥们咽不下这口气，跑到海关大楼的岗哨去闹事。当地的孩子从懂事就知道英国兵是大坏蛋，看见大人们去吵架，绝对不能落后，有个孩子就往岗楼里丢掷雪球。

驻守在敌意环伺中的英国上尉已经被培养出草木皆兵的反应，一不留神还反应过激，他认为工人们搞不好就是以雪球为武器要攻占海关大楼了，急吼吼地下令英军做出防御动作。

这绝对是一场混乱，其间的细节，老杨一直找不到权威的现场描述，英美两国的史书更是各执一词，自己肯定是占理的，对方是粗鲁的，责任绝对不是己方的。事件的结果看上去是英国人理亏，因为他们用枪支对抗雪球，还向人群开了枪，有5个居民被打死，6人受伤！

公平地说，这个事怎么看都像是群体斗殴失手。但波士顿的造反总部不这么想，《波士顿纪事报》第一时间为事件定性，称之为“波士顿大屠杀”和“波士顿惨案”，专拣惊悚的字眼。波士顿方面找到了言之凿凿的当事人和目击者描述事件经过：这就是一起，英国当局蓄谋已久、精心策划的对手无寸铁的北美居民的屠杀行为！

事件越传越广，越传越远，整个北美很快都风闻了各个版本的“惨案”。借着这个事件，塞缪尔组织了波士顿通信委员会，既然叫“通信委员会”，显然塞缪尔不满足于在波士顿组织打砸抢烧了。因为抗税活动表现积极，“翰塞组合”先后被选为马萨诸塞议会议员，并成为中坚，所以现在他希望殖民地之间能联合行动，向所有13个殖民地宣传大英政府的“暴政”和“暴行”，号召殖民地紧密团结在由塞缪尔领导的马萨诸塞周围，继续而持久地跟政府对抗。

“波士顿大屠杀”之后，英政府非常严肃认真地对肇事军官进行了审判，特别需要说明的是，在审判中，约翰·亚当斯主动请缨为英军的上尉辩护!约翰·亚当斯当然跟“翰塞组合”是一条藤上的,为什么要为“敌方”辩护呢?

约翰·亚当斯说得好,必须保证审判是公平公正的。虽然在殖民地开审，但也不能让伦敦那边觉得殖民地人治不讲法制,就算我们都不喜欢英军,认为他们是坏蛋,他们也应该受到公平的对待,而不是制造黑幕弄死他。法律是不应该受到任何激情或者个人恩怨干扰的！在约翰·亚当斯精彩的辩论下,英军的上尉还获得了无罪释放。英政府迫于翰塞组合的强大压力，撤出了安置在波士顿的军团，而且几乎是同时，中止了“汤森税法”，仅仅留下了“茶叶税”这一项。

不能不说，英国议会息事宁人的态度非常友善，可事态已经发展到这个程度，翰塞组合是不会罢手了，因为他们已经有非常明确的目标了，那就是，让北美大陆完全彻底脱离英政府的统治和辖制，虽然这个想法，在当时肯定让很多“美国人”震惊和不能接受，甚至塞缪尔都不敢公开地发表这个终极理想。

翰塞组合在等待，在预备，他们知道，英政府的傲慢和财政窘况，一定会导致他们再次犯错。果然，诺斯勋爵不负众望，为北美的革命添上了重要的一把干柴！

祸起于“汤森税法”没清理干净的“茶叶税”，主要肇事者，是曾经风光无限的东印度公司。

英属东印度公司受女王特许，几乎代表英王君临印度，既是商业机关，又有行政职能，机构越来越大，内部的问题也越来越多。到18世纪中晚期，东印度公司遭遇了严重的经营困难，几乎不能再为帝国制造效益。印度是英王王冠上的明珠，东印度公司就是明珠的守护者，印度有多重要，东印度公司就有多重要，为了保护大英的头号国企渡过难关，1773年，国会通过了《救济东印度公司条例》，而其中最重要的内容就是认可东印度公司的茶叶在北美贸易的垄断权，让他们在最短的时间内，将库存的1700万磅茶叶沽清变现。

以前北美殖民地人想喝口茶叶流程是很复杂:东印度公司从印度一带收茶叶—运到英国—英国的茶商从东印度公司买入茶叶，算是一级批发商—美洲的进口商跟一级批发商购入，这是二级批发商—二级批发商将茶叶进口到殖民地—殖民地的零售商到进口商手上进货卖给殖民地居民，总算是喝上了。大家算算，上面四层买家都要赚钱，美洲的主妇买茶叶掏钱时，手难免会哆嗦。

好在东印度公司不光英国有哇，荷兰的东印度公司也风生水起的，他们也贩茶叶，美洲商人不都是走私高手嘛，他们联手荷兰，绕开英国霸道的《航海法》，为北美殖民地提供便宜好茶。

英政府想出来扶植英国东印度公司的方法简单有效，以后东印度公司的茶叶，经过英国转运的，英政府给退一半的关税，然后直接拉到美国的港口去，找北美自己喜欢的代理商，想怎么卖就怎么卖！

东印度公司直接对消费者，没有中间商，关税可以减免，所以，这些库存茶叶进入北美，价格是非常低的，甚至还低于荷兰走私茶。

便宜茶叶发往北美，这应该算是巨大的利民举措吧，在伦敦方面看来，殖民地人民应该欢欣鼓舞才是。他们怎么也想不到，北美人反应这么大，拒绝得如此强硬。

“美国人”为什么拒绝便宜茶叶？首先，它肯定是直接伤害了殖民地茶叶商的利益，本来卖茶叶卖得好好的，突然你政府帮着一个公司玩恶意垄断，让美洲茶叶商集体倒闭！今天政府可以用立法权整死茶叶商，那以后所有的产业都有被整死的风险，为了英国的利益，整个北美殖民地都可以被牺牲。这不算反应过激，是合理联想，政府背景的垄断，是对产业和消费者最大的荼毒！

东印度公司的茶叶船陆续来了，北美各个主要港口都采取了抵制措施：在费城、纽约、查尔斯顿，有的港口不许船只卸货，有的直接封存了茶叶。1773年12月16日，当地人阻挠无效，三艘茶叶船驶进了波士顿港。

“自由之子”可不是吃素的，塞缪尔马上组织了一伙人，化装成印第安的莫霍克人，吱哇乱叫张牙舞爪就上了船，在船工惊愕的围观下，价值18000镑的茶叶被倒进了大海！18000英镑啊，在当时可是巨大的一笔款项，而这么多茶叶倒进海里，以后沿岸居民随便抓条鱼上来煮煮，鱼汤就能当下午茶喝了。

波士顿港的运动给其他港口开辟了思路，他们纷纷开发出了适合自己地区情况的，修理东印度公司茶叶船的玩法。消息传到伦敦，再多的茶水也平息不了议会老爷们的怒火，假发都差点烧着！

在向波士顿索赔无果后，议会以绝对多数通过了《强制法案》，共四条：一、波士顿港立即关闭；二、大量削减殖民地自治权利；三、派往殖民地的皇家官员，如果在当地犯法即使是杀人放火强奸妇女被指控，也可以回英格兰受审；四、殖民者有空闲房屋或者货仓，必须提供给驻军使用！

以上这四条不算震动？那看看第五条，著名的《魁北克法案》，规定：魁北克殖民地边界扩充到俄亥俄和密西西比河之间，那里的法国居民全部被划入其中，授予这些天主教徒以信仰自由，并给予天主教徒政治权利。

清教徒因为宗教迫害来到北美，这么长时间了，也许他们跟天主教之间的对立隔阂已经有所缓解，但是记住，宗教永远是问题，也许授予天主教徒以平等地位算不得大事，本来殖民地的宗教气氛已经非常缓和，可在英美开始对立，矛盾一触即发时，英政府对天主教这种暧昧的开放态度，无疑会让事情更糟！

既然是强制法案，当然要有强制保障，原来统率着所有殖民地英国军队的盖奇将军被任命为马萨诸塞总督，乔治三世已经宣布“美国人”为叛逆，盖奇将军领兵入主马萨诸塞，就是预备从这个叛逆的中心点开始镇压。

神秘第一枪

马萨诸塞州成为严打对象，貌似应该被孤立，谁知塞缪尔发出邀请，通过“通信委员会”的运作，12个殖民地（佐治亚因为总督的阻扰没能参加）居然派出代表于1774年9月在费城木匠会堂召开了第一届大陆会议。

这一次碰头开会，整个殖民地对英政府的态度是这样分布的：大约三分之一认为应该脱离英王独立；三分之一认为还是跟英王和解，以后有事商量着办；剩下三分之一呢？打酱油的，等看哪边强势再选择立场。

虽然在要不要造反独立这个大型问题上没有达成一致，但与会代表都认同，要让英王了解北美疾苦，修正统治方式，所以最后就拟定了一份关于殖民地权利和怨恨的宣言，跟英王撒娇：王上，我们对您的忠诚日月可鉴，可您对我们像后娘生的，我们殖民地苦哇，那些控制压制限制我们的法例，真不能拿出来了，受不了啦！

这是一次向大英帝国表达忠诚的大会，其间最不敬的内容就是，殖民地商定在诉求达成前，继续抵制英货，禁止英货进口，马上组织地方委员会，对出售和消费英国货的人以制裁或侮辱；风口浪尖上的马萨诸塞更是预备组建民兵，以防御英军可能的对波士顿的进攻；而且大家还约定，“大陆会议”就算是殖民地的常设机构了，有时间要再开。

本来互相嫌弃的殖民地居然组团开会了，还发表联合宣言了，稍有政治远见的政客就应该明白，此时要适可而止，安抚民意。但诺思勋爵以为自己更聪明些，既然北美这些反贼有温和派和激进派两种，就完全可以分化他们，《强制法案》不用废止，稍微协调一下，先满足温和派的要求再说嘛。

诺思勋爵的新思路即使会奏效，他也没机会看到了，因为这些协调方案还没送达北美，那边已经开火了。

盖奇驻扎在波士顿，有兵有枪，可波士顿人一点不怕，他们该怎么闹还怎么闹，居然还组织了民兵预备搞对抗。伦敦高层们对盖奇很不满，认为这伙计不作为。盖奇给逼急了，行啊，我就主动出击吧，当时英军很多人都认为，对付北美刁民，揍他们几次，烧几座城池，绝对能让他们永远老实了。

却说自从马萨诸塞开始组建民兵，翰塞组合就更忙了，征兵、训练、装备，都需要组织呀。最近这几天，他们在波士顿西郊的列克星敦一带活动，而在距离波士顿18公里的康科德镇，已经预备了大量的军火。

1775年4月18日夜，英军少校皮特·凯恩带着1000人出发了。英军一直在“自由之子”的监视中，1000人的调动，很快就惊动了眼线。威廉·道斯和保罗·里维尔收到报信的任务，策马飞奔，赶到列克星敦，让翰塞组合赶紧跑。塞缪尔脑子很清楚，抓他们两个反贼，1000人太多了，此次出动，多半是为了康科德镇的军火，所以两人一边逃跑，一边组织向康镇报信，快速转移军备。

英军达到列克星敦时，民兵们已经列阵以待了，训练了好一阵了，还没实战过，第一次上战场，端着枪手会不会发抖呢？

那神秘的一枪终于响了，谁开的？不知道！这种状况下，枪声一旦响起，必是一场乱战，英军显然更精良更专业，很快民兵就死亡8人，伤10人，迅速撤退。

英军首战告捷，乘胜前往康镇，军火果然已被大部分转移。而列克星敦的死伤消息也惊动了很多人，赶回波士顿途中，大批的民兵躲在树后、屋后、石头后对英军放黑枪，英军像活靶子一样被袭击，逃回波士顿要塞时，有273人伤亡失踪。

到现在为止，所谓北美独立战争第一枪的列克星敦事件都是迷案，这载入史册的第一枪好像不代表荣耀，英美两国谁也不领这个功劳，都指责是对方先动手。而在列克星敦事件中，最明星的人物不是翰塞组合，而是当晚骑马报信的保罗·里维尔。因为19世纪时，美国著名的诗人朗费罗写下了一首长诗《夜骑送信的保罗·里维尔》，将保罗·里维尔塑造成美国英雄，千古传奇，朗费罗这首诗很红，连带着保罗·里维尔就大火了。

从1763年七年战争结束到1775年列克星敦枪响，中间只有短短的12年时间，英美两边就由同根同种的同胞，变成了敌人，从老杨上面讲述的过程来看，要说英国人真是以暴政和苛捐杂税逼反了美国人，多少有点儿冤枉。

在对待暴政和苛捐杂税这个问题上，中国人的神经是最大条的，以我们的角度看，这点子破事就哭着闹着还造反，美国佬真正是群玻璃心，相信大英政府也理解不了这些玻璃心，至少两边在对某些事物的理解上出现了严重的逻辑分歧。

美洲殖民地为何会反，是研究美国革命史一个比较热门的问题，各种流派都有，从政治体系上研究的，从意识形态上研究的，从社会学角度研究的，当然也有从经济层面研究的，现在看来，这些因素都起作用，不过在当时，作用都不是决定性的。实际上，列克星敦枪响时，不管英国人还是美国人，他们都还不知道，这就是第一战，北美的革命已然拉开了大幕，而即使是最有准备，最不怕翻天覆地的翰塞组合，恐怕也没料到这场战争的辛苦和意义。

八　常识和独立宣言

人类天生都是自由、平等和独立的，如不得本人的同意，不能把任何人置于这种状态之外，使受制于另一个人的政治权力。

任何人放弃其自然自由并受制于公民社会的种种限制的唯一的方法，是同其他人协议联合组成为一个共同体，以谋他们彼此间的舒适、安全和和平的生活，以便安稳地享受他们的财产并且有更大的保障来防止共同体以外任何人的侵犯。

当某些人这样地同意建立一个共同体或政府时，他们因此就立刻结合起来并组成一个国家，那里的大多数人享有替其余的人做出行动和决定的权力。

——约翰·洛克《政府论》

约翰·洛克是17世纪英国著名的哲学家思想家或者还有其他什么家，他官方认证的身份，是经验主义的祖师爷。经验主义是有关人的认知的一种学说。西方人嘛，最早信奥林匹斯诸神，后来又信基督，当时他们认定，人的很多认知是生来就有，携带在基因里的，是天赋。上帝造了万物，在造的时候就给予了他老人家认为适当的配置。经验主义这派认为，上帝没那么辛苦，人生下来就是白纸，后来的知识性格思想种种，皆是成长中对外部世界的反应和吸收。

经验主义跟本篇书关系不大，约翰·洛克对美国历史的影响，还是因为他关于政治和政府的研究，也就是这部著名的《政府论》。整本书的中心思想非常容易提炼，一句话就可以说明白：人是生来自由的，拥有生命、自由、财产三大权利，但为了保护这三大权利不受其他人侵犯，大家就选一些为大多数接受的人，组成一个政府，保护大家的权利；政府是民众间根据契约产生的，当大多数人发现政府不能提供大多数人需要的保障时，这个政府就可以被炒鱿鱼。

列克星敦的枪声让殖民地激愤，有些按捺不住的民兵从四面八方赶到波士顿增援，局势显得更加紧张了。1775年5月10日，第二届大陆会议再次召开。

怎么办？宣战吗？当然不，到此时此刻，与会的绝大多数代表都没想到要跟国王翻脸拼命，按老规矩，他们又通过了一份看起来很㞞的《橄榄枝请愿书》，再次向英王宣誓忠诚，并希望大英议会能认真考虑殖民地的诉求，平心静气解决争端。

美国人此时很纠结，他们一方面组建民兵组织军备，跟英军动了手。马萨诸塞议会因为波士顿局势向大陆会议寻求增援，大陆会议立马通过了任命43岁的弗吉尼亚种植园主乔治·华盛顿为大陆军的总司令,6月上任,对抗英军；另一方面呢，还跟英王抛橄榄枝。英王并不傻嘛，听其言观其行，你们这帮小刁民一边组织军队在波士顿与英军总部对峙，一边你们说自己忠诚日月可鉴，谁信哪。

大陆会议和英王,你来我往,预备缠缠绵绵到天涯,可波士顿的战况却是一触即发的。列克星敦一战后，英军退守波士顿，美国民兵非常高效地将他们包围，并在邦克山附近的布里德山上设置了据点，不久，3000英军向1000民兵发动了攻击。

邦克山战役是北美独立战争开始后，双方第一场正式的战役，虽然从士兵素质、战备等方面来看，显得一点儿都不正式。

殖民地民兵浴血奋战，造成了1000多英军伤亡，可毕竟实力上的差距太明显，最终邦克山和布里德山两个阵地还是被英军占领。

战斗中，殖民地战士们表现出来的战斗精神让盖奇将军害怕，他发给伦敦的战事报告中说，在对付英国人的时候，美国人表现出了反抗法国人时从来没有过的精神和斗志！

可以想象，邦克山的事传到伦敦，橄榄枝肯定就变成了烧火棍。实际上，在橄榄枝送出后不久，听说英王对请愿书看都不愿看，大陆会议已经发出了另一种声音，宣告北美大陆可以拿起武器对抗英王暴政！虽然拿起武器，但，依然没说要独立！

只要没说独立，其实一切都可以挽回，英王和伦敦的大部分人被北美“刁民”气糊涂了，失去了冷静的政治思考，先是英王宣布北美大陆为“叛逆”，居然开始在欧洲大陆招募雇佣军平乱，3万来自德意志黑森的雇佣军被派上了美洲大陆；随后又通过了《禁止法案》，禁止与殖民地的所有贸易，封锁港口，并宣布殖民地的船只在海上不受大英政府保护！

显然是不能调和了，大陆会议预备怎么办？“美国人”有什么打算呢？

1776年来了，年初，一本小册子在北美大陆风传，这本册子应该是美国历史上第一本实至名归的畅销书，因为它出版一个月就卖出了12万本！不要嘲笑这个数字，以今时今日的中国，13亿人口的规模，能卖到10万本的书都算是让出版社狂笑的畅销书了，当时的整个北美，不过200多万人而已！

这本册子就是著名的《常识》，作者托马斯·潘恩。

托马斯·潘恩是个裁缝的儿子，家族生意是紧身内衣，小生意，最多维持温饱而已。潘恩一辈子都没富裕过，即使他成为美国史上第一畅销书的作者，他也没发财。

潘恩出生在英国本土，成年后干了不少工作，跟塞缪尔·亚当斯一样,属于干啥啥不成的，有政治热诚，喜欢街头行动，喜欢听政治演讲。总在这种场合晃悠，他就容易遇见政界人士，他遇上了真正的伯乐，大名鼎鼎的本杰明·富兰克林。

富兰克林是我们熟悉的老朋友哇，他的故事，我们后面会详细说。作为北美殖民地的外交官，那段时间他是在英国活动的。潘恩当时是个税吏，吃了上顿没下顿的，找个工作不容易，他还不好好干，说话也不注意安全，因为思想“反动”被辞退了，富兰克林看他可怜，给他写了封介绍信，他以“契约奴”的身份到北美打工去了。

潘恩之前写过些东西，也算是有点影响，要不然也轮不到他被政治迫害了，加上富兰克林这种级别的介绍信，比大学文凭管用得多，潘恩进入北美就到了费城，给《宾夕法尼亚》杂志当编辑，那是1774年年底的事。

因为这种生活经历，潘恩跟土生的美洲人不一样。美国人最早因为宗教迫害来到新大陆，跟自然争斗了快一个世纪，终于建立了自己的家园，勉强让自己吃饱穿暖，作为在新大陆土里刨食的乡下人，很多美国人还是以世界第一强国的子民为傲的，对他们来说，能平静地生活，殊为不易，就算有不公，也不期望发生翻天覆地的改变。

潘恩没有平静安详生活的经历，他在英国就生活窘迫，政府还迫害他，他离开英国时，心理上已经对那个岛国产生了莫大的嫌恶，来到北美后，他正好又亲眼见证了大英政府对这片平静土地的步步紧逼，所以，当他反思北美和大英之间的关系时，他可以彻底而决绝，没有拖泥带水的暧昧情感。

《常识》是什么书？彻头彻尾的反书，核心内容就是煽颠！在这本书里，潘恩以强大的逻辑和逐层立论驳斥了当时北美大陆盛行的“和解说”、“效忠说”等消极态度。在潘恩看来，不管是英王室还是大英政府，都已经且会更加严重地成为美洲的发展阻碍和大敌，不能再对大英政府抱有任何幻想，独立是唯一的出路！

在《常识》之前，诸如此类的书不是没有，开篇引用的洛克的《政府论》就是对亚当斯、华盛顿等革命大佬都产生过影响的启蒙书，而殖民地不依不饶非要跟大英政府纠结出结果，也正是被《政府论》严重洗脑后的结果。不过，《政府论》这种书，从作者和内容看，都太高端了，没有一点哲学社会学基础的不会去读，它充其量就是影响了一批精英，而这批精英非常认死理的就是：不可与大英政府决裂，但他们必须内部改革。

《常识》没给人纠结的机会，潘恩没在英国议会要不要改革，到底如何才能使大英政府改良对殖民地的态度，端正对殖民地的统治方向这些事上浪费时间，他所有的论点论据都是基于：北美必须脱离英国政府独立，成为一个自由的主权国家。

《常识》最大的特点就是通俗易懂，他振臂一呼“王侯将相，宁有种乎”，就吸引了无数百姓。老杨读《常识》是中译本，有个深切的感受，那就是，如同一个口若悬河又激情洋溢的激进分子在你面前演讲，声如洪钟，言语犀利，反应奇快，似乎你心底闪现一个质疑或者迷惑，他马上就会以非常清晰的论据让你打消疑虑，100多页的书读下来，擦一擦被喷了一脸的唾沫星子，老杨一拍桌子叫道：这娃说得对呀！

就是这么个酣畅淋漓的阅读感觉，行文果决流畅，风风火火，情感四溢，没有丝毫矫揉造作。有些措辞虽然粗鄙，读起来却是相当过瘾，因为你想不到会在一本思想类的书籍上读到这样的句子，比如，文章的第一部分，先驳斥君王论，认为国王并不是无瑕的，也不是必须存在，提到英王威廉一世，潘恩是这样写的："一个法国野杂种带了一队武装土匪登陆，违反当地人民的意志自立为英格兰国王，我们可以毫不客气地说，这是个出身卑贱的人。"再说到，有人说我们原来作为大英的子民，经济很繁荣，所以不能离开大英的庇佑时，潘恩的比喻也很形象，"那你还不如说，如果一个孩子是吃奶长大的，那他一辈子都不该吃肉了"，诸如此类，精妙有趣的句子非常多。

老杨读的虽然是中译本，其实原版也不难读，潘恩自己说了，为了照顾整个北美大陆的阅读水平，他刻意回避了深奥的词汇和句子，努力让这本小册子明白简洁通俗易读。据说这本书本来的名字叫《朴素的真理》，被一位叫本杰明·拉什的天才改成了《常识》，这名字绝对醍醐灌顶啊，一般人读完都会觉得，是呀，这些事不就是基本常识吗，我怎么原来想不明白呢？

老杨是个千里之外千年之后的外人，读这本小册子，都想拍案叫好，如果在当时当地的北美乡间，想到大英政府刚刚要跟我们收印花税，还派军队杀了我们老乡，再读这册子时，怎能不涌起对作者的滔滔不绝敬仰之情。

从《常识》的销量看来，跟潘恩共鸣的人不少，它出版于1776年年初，英美的战争实际已经开始，大陆会议的老少爷们对战争的目的还在纠结。是《常识》让他们终于算清楚了这笔账，因为《常识》说了，花这么大的代价，牺牲这么多人力物力，如果仅仅是为了促进大英政府改善态度，是不是有点不值呀？好吧，我们独立吧！

要跟母国分手了，总要发个分手宣言吧，要是大英政府还存着对殖民地的恻隐之情，打仗的时候不肯下狠手就不公平了嘛。

来自弗吉尼亚的著名律师托马斯·杰斐逊因为文笔不错，接受了草拟独立宣言的任务，他花了18天时间写作整理润色，约翰·亚当斯和本杰明·富兰克林都加入了自己的意见，1776年7月4日，这个众所周知的伟大日子里，费城的第二届大陆会议通过了《独立宣言》，正式向全世界宣告，北美大陆要不惜一切代价，争取属于自己的自由独立和幸福。

《独立宣言》无疑是世界历史上最值得记录的文件之一，内容很简单，两个部分：第一部分，讲述独立革命的基础：因为人生来平等，有生存、自由、追求幸福的权利，政府的存在就为保障这些权利，如果不能保障还祸害这些权利，人民有权废除并改变，成立符合广大人民要求的新政府，显然，这个论调来自约翰·洛克的《政府论》；第二部分，表达了殖民地百姓对英王的不满，列举了英王的斑斑罪行（其实大部分罪名应该问责大英议会），不管谁该负责，反正是英政府让殖民地的百姓别无选择，必须取得独立主权，自己掌握自己的命运。

《独立宣言》不仅宣布要独立，还给自己的新国家都预备好名字了，以后北美这片热土就叫“美利坚合众国”了，这个名字是潘恩提议的。

宣言发布了，矛盾就没有回转的余地了，即使这个未来的“美利坚合众国”里还有大量的亲英派，对于这个宣言的发布捶胸顿足，如丧考妣，所以，未来的战斗中，不仅是北美的民兵要真枪实弹对抗大英的军队，北美大陆的内部，爱国者们还要对抗时时刻刻预备破坏革命的保皇党。

美国革命的各位先贤们，后来大都成为国父，受万世敬仰，并在建国后的美国历史中，再次出镜表演。只有可怜的托马斯·潘恩，他和他的《常识》几乎主导美国革命的道路，改变了北美历史的走向，可在以后的美国进程中，他就不会再出现了，出于对这位先贤的尊敬，我们草草了解一下他后来的故事吧。

《常识》之后，潘恩就成了职业革命家，这个革命家还是世界级的。

独立战争开打后，潘恩加入了军队，写了一系列的小册子鼓舞士气，这些小册子就是《美国危机》，洋溢着战斗的激情，战中华盛顿将军会向士兵朗读这些文字作为战争动员，跟《常识》的效果一样，再次证明了在煽动情绪方面，潘恩是个天才。

战后的潘恩志向远大了，他说，如果给他时间，他会给所有国家写出一本《常识》来。这话直接说就是：我有能力让所有老百姓造反（幸好这家伙不会用中文写作，要不然会被当时的乾隆爷诛了九族）！

他可真没吹牛，美国独立后，潘恩回英国定居，在英国大搞人权言论，被英政府通缉，他只好辗转到了法国。正得其时呀，法国大革命爆发了，潘恩当然是积极分子，被选入了国民公会。

潘恩虽然带头反对国王，可法国大革命，他却支持吉伦特派，不认为非要剁掉法王的脑袋，以致被罗伯斯庇尔送进了监狱。在狱中，他写下了《理性时代》一书。书的内容从副标题就知道了：关于真伪神学的探讨。

潘恩是个彻头彻尾的反对派，反国王、反政府，他还反宗教。他本人是个自然神论者，也就是说，他相信有个上帝，但不认同上帝安排了所有事，自然神论认为，上帝造物后就休假去了，让世界万物都以自己的规律运行。可以想到，18~19世纪间，不管在欧洲的哪个国家，不管潘恩对任何革命或者人权斗争贡献过多少力量，他的这套自然神论，一定会让他很不受待见。

罗伯斯庇尔倒台，潘恩被释放，拿破仑当政又让他不满，法国也不好住了，只好又回到美国。如果此时美国能接受他，美利坚独立后，他就不用跑回欧洲了，晚年的潘恩并不好过，受尽了侮辱和白眼，还有人想杀他。1809年，72岁的潘恩在潦倒中死去，由房东太太埋葬了他。

这位革命家的悲惨没有因为死亡而结束，有位英国记者，是潘恩的粉丝，感念他生前凄凉身后冷清，就想把他的遗骨带回英国，发起募捐，为潘恩修一个纪念碑。遗骸是被装在一个小箱子里带回英国了，可对于潘恩纪念碑这个事，没人感冒。潘恩和一个盒子，在记者的院子里日晒雨淋的，记者死后，家产被儿子拍卖，这盒子死人骨头，没人愿意接手，再后来，潘恩就不见了。倒是隔了几年，有人宣布自己拥有潘恩的颅骨，还有人宣布自己拥有潘恩的手骨和大腿骨，听起来，这位欧美历史上影响了无数人的伟大斗士竟是被肢解了！潘恩是标准的“世界公民”，如今他如果真是散落在世界各地，这个结局算不算得其所哉?

九　革命!

萨拉托加大捷

《独立宣言》颁布，北美大陆13个英属殖民地正式宣告反叛，从此他们就以“州”自称。北美大西洋沿岸群情激昂，一片欢腾。虽然历史上就把这个日子当作美利坚合众国的建国日了，但的确有点自说自话，因为高兴也好得意也罢，大部分的美国人都没底，英政府已经组织军队要杀来了，殖民地拿什么抵抗?

第二届大陆会议第一个要解决的议题，就是在波士顿的近2万民兵。这显然是未来抗英的主要力量了，所以必须将他们正规化，组织成大致合格的军队，给个编号叫大陆军吧。

谁能统率大陆军?当然是华盛顿阁下，他看起来最职业。整个会议期间，他坚持穿着旧军装，保持着严整严肃的军人态度，丝毫都不松懈。会不会打仗，能不能打仗，谁也不知道，华盛顿的军人生涯里，貌似也没有傲人的战绩，但所有认识他的人都知道，这位43岁生活富裕的种植园主，有一颗坚定的心，能在此时临危受命，领导大陆军以卵击石，心理素质比军事素质重要多了。

华盛顿说他自己不配，但也知道此事不容拒绝。接受任命后，他就马不停蹄赶往波士顿上任，在路上，他听到了邦克山战役的消息，大陆军虽然因补给不足撤出了高地，但在战损上要比英军少多了，这对华盛顿来说，是个让他振奋的好消息。

好消息没让他兴奋多久，7月3日到达前线，华盛顿见到了大陆军。要不是华大叔性格坚毅，当场他就会哭出来。统一的军装肯定是没有的，这些农民军穿得五花八门，褴褛得风格各异，好在造型“犀利”，士气并不低落。最麻烦的是军备的奇缺，大约15000人的军队，每人配发的弹药还不到30发。

华盛顿打仗也许不行，但他是天生领袖，有个人魅力，一接手大陆军，先整饬了军纪。在大陆会议配合下，武器装备稍有增加，1775年底，大陆军就占据了波士顿的战略制高点，向波士顿的英军发动进攻。

波士顿这个城市本来就难以据守，加上英国人感觉，这地方是个反英中心区，太不适合作为平乱大本营了，所以1776年3月17日，大陆军没费什么劲，就让英国军队撤退了。

英国人撤离大陆，对大陆军来说算不得有价值的胜利，此次英军撤离，表明他们态度上的转变。驻守波士顿，是为了在反叛中心镇压反贼，现在既然撤出去，就不为简单平乱了，英军预备调整战术，组织一场正式的战争。

1776年8月，英国世家名将威廉·豪将军带着3.2万人，其中有不少来自德意志黑森的雇佣军，并几百艘军舰在长岛登陆。

如果说北美哭着喊着要独立，是大英政府的一个接一个糊涂错误造成的，那此次派豪将军领兵出征，不能不说让人怀疑英政府脑子又短路了。不论此时两边如何叫嚣要开打，对战双方的很多人都是同根同种的同胞，从英格兰那个小岛上论，转着弯，都有共同的熟人和朋友，甚至亲戚，这样的兵戎相见，加上英国人的绅士做派，就很难下死手。而这个豪将军，偏偏还是个同情美国革命的英国贵族，他的家族跟殖民地有千丝万缕的暧昧联系。

果然，豪将军登陆，态度很温和，一点不像来打架的。他希望殖民地直接投降，大家就省下这一场劳民伤财兼伤筋动骨的战争。

这是18世纪末，英军已经在欧陆各种战役中证明过自己，英国海陆军加起来的综合实力，可算是天下第一。而北美大陆军，1.9万散兵游勇，军备钱粮捉襟见肘。不管现在美国人玩经济玩得如何驾轻就熟，独立战争期间，殖民地的财政状况基本可以用混乱不堪来形容，所有人都认定，如无外援，大陆军会越打越穷，越打越衰。豪将军出身世家，法印战争就享有盛名，他本人还是伯爵，面对殖民地乡下的种植园主——华盛顿大叔，应该有极大的心理优势。这样天差地别的对阵，豪将军一登陆就劝降，是一种仁慈。

华盛顿拒绝了，一边拒绝，一边在登陆英军的兵锋下，撤离了长岛，放弃曼哈顿，跨过特拉华河，退至宾夕法尼亚。

1776年的战事，如无意外肯定是节节败退的。根据18世纪欧洲人的习惯，进入冬季是不打仗的，军队休整，过圣诞节。华盛顿没心思过节，所以他趁对方放假发动了攻击，夺取了普林斯顿和特伦顿，虽然不久这两个城市又失去了，但这次出击对一直败退的大陆军也是个不小的激励。

1777年，英军心里更有谱了。他们定下策略，控制哈德孙河流域，大陆军和新格兰殖民地的东西两部分就被切割分离，不能相顾。具体方案是，豪将军北上包围奥尔巴尼，英国的北方军司令伯戈因南下在奥尔巴尼和豪会合，同时对奥尔巴尼发动进攻。

计划启动了，但伯戈因被放了鸽子，因为豪将军改主意了。劳师以远跑去奥尔巴尼干吗？眼前不就是费城嘛，大陆会议所在地，相当于叛军心脏啊，直接打过去占领，可以威慑整个殖民地，说不定就全体投降了呢。豪将军是个喜好安逸的军人，消极怠工，总想着让对方直接投降，他好提前下班回家，就算对方不投降，他觉得他只要封锁海岸，不用动手，也能拖垮北美。

豪将军占领费城几乎是手到擒来，大陆会议被迫迁移到宾夕法尼亚的约克敦。进占费城的途中，大陆军也不能不作为，双方有个仓促的交手，这场战事我们勉强称之为“费城保卫战”吧，结果是华盛顿带着残余部队，撤入了一个地形险要的山谷，是美国旅游著名的红色经典——福吉谷，那里现在是个国家公园。

占领费城，豪将军是牛了，可伯戈因不愿意了，他认为死守费城是没有进取心的表现，还是决定按原计划攻击奥尔巴尼。伯戈因大军远离了自己的大本营，又没有接应，相当于孤军深入了人民战争的汪洋大海。出发后的军队，一边要打仗，一边还要寻找粮草，难免就成为民兵游击队的活靶，在手下著名将领被北美的狙击手射杀后，不得不撤入萨拉托加，眼看就要弹尽粮穷时，伯戈因非常聪明地选择了放弃。

1777年10月17日，伯戈因及其部属6000人向美利坚投降，世界历史上称这个事件为“萨拉托加大捷”，美国的历史书称之为“弗里曼农庄大捷”。说是大捷，双方战损也就是几百号人，战事也不算激烈，之所以要冠之以“大捷”，实在是这场战役改变了很多事。所有人都说这是独立战争的转折点，不是单纯指军事上的，因为伯戈因和6000人的投降，并没有改变英美军力的对比，华盛顿和大陆军还在福吉谷猫着呢。那这场战役究竟改变了什么事呢？

战场之外

战火已经燎原，英军当然是有自己完善的指挥系统，包括战术人员和后勤保障，熟门熟路的。北美方面呢，大陆会议跌跌撞撞成为了指挥中心、临时政府，他们有能力领导这场实力悬殊的战斗吗？

打仗要钱，殖民地没钱，各州也不愿意联合起来统一财政；打仗要人，殖民地有人，都是民兵，一时热血上脑可以冲锋，时间一长，拿不到军饷，还随时有性命之虞，开小差也是人之常情；打仗要枪炮，北美地区根本没有自己的军事工业，临时上马的工厂也远远不能满足需要，怎么办？

按道理，大陆会议是北美的临时政府，政府是有权征税的。可大家都还记得，到底是什么导致了北美和英国翻脸，所以，税这个事谁也不敢提，不敢开头。那就发行纸币吧。被英政府停发的北美货币可以恢复嘛。问题是，货币不是想发就发的，在北美这么个飘摇动荡的时期，谁也不会傻乎乎地认为大陆会议印出来的钞票比废纸值钱。除了大陆会议发纸币，各州也根据自己的需要发行纸币，结果可想而知，这些花纸头后来只能用来糊墙。实际上，大陆会议在整个战争中，都不能建立一种有效的财政体系配合战争，这其中一个很大的原因，是各州之间的猜忌，打仗可以并肩上，说到钱，就丁是丁卯是卯，都是穷人出身，谁都不宽裕。

一个政府，不能征税，不能印钞，如果需要钱，就只剩下一个办法了，那就是借债！

大陆会议作为一个新诞生的政府，财政是搞得一塌糊涂，但在外交方面的努力却是可圈可点的，这要感谢美国历史上最优秀的外交家——本杰明·富兰克林。

写美国历史，如果要为国父们立传，90%以上的会从华盛顿开始，但，老杨一直认为，北美的独立，最活跃的头号功臣、个人形象始终保持完美、综合实力暴强的，应该是富兰克林。

富兰克林是一个移民家庭的第十个孩子，家境普通，供应不起这么多孩子的教育费用，所以富兰克林10岁多一点，就到父亲在波士顿的肥皂厂做工了。

爱学习是一种天赋，不管什么样的条件，好学的人都会想法设法学到东西。富兰克林是个悟性很高的人，各个行业的手工业者都是他科学方面的启蒙老师，而他更是抓紧一切机会阅读和学习写作。

后人冠给富兰克林的各种“家”的头衔，数不胜数，富兰克林却总是自称是个印刷工，这个光荣称号来源于他在几年后进了由哥哥编辑的《新英格兰报》，成为一名印刷工，而后，他就一辈子没有离开过排字版。在做印刷工时，他已经开始匿名向《新英格兰报》投稿。

随着成长，富兰克林的思想也在成熟，他显然是个“自由主义者”，政治倾向危险，哥哥对他也颇多挑剔不满，于是，17岁的富兰克林开始了游历。边打工边学习，从纽约到伦敦再到费城，他做了多少份工作涉足了多少个行业数不清楚，跟他共事过的人都说他是个自律、勤勉、聪慧的人。

三十而立，富兰克林留在了费城，开始了政治生涯，出版了费城第一份报纸《宾夕法尼亚报》。殖民地和英政府矛盾开始后不久，富兰克林就已经站在独立派一边，主张适当的暴力解放北美人民了。

在费城安家的富兰克林做了很多事，科学上的研究和政治上的事务可以列出很长的清单，但人生最大的经历肯定是结婚生子，而让他实现了财富自由的，是出版了一部畅销书《穷查理年鉴》，在当时的受欢迎程度仅次于《圣经》。

《穷查理年鉴》是一本历书，从1733到1758年，富兰克林假托一个穷星相家查理之名，连续25年编写年鉴，配合着日历有天气、诗歌、占星、食谱、谚语、心灵感悟之类的内容，以老杨的理解，就算是那个时代的微博型黄历了，里面有许多箴言警句，有的来自富兰克林原创，有的是他转发的，在18世纪后期的美国相当有共鸣，几乎家家都有一本，富兰克林因此收入颇丰。

最让富兰克林名震江湖的，就是惊人的费城试验。我们的小学课文里都有这个内容，富兰克林带着儿子，用丝绸做成风筝，风筝顶端固定一根铁丝，在风筝线上再绑了一枚铜钥匙，在1752年7月一个雷阵雨的夜晚出去找闪电玩，冒着生命危险验证了，天上那道闪电，不是所谓的上帝之怒，就是普通的电，他因而发明了避雷针。

这个试验百多年来一直受人争议，试验当时当地，只有富兰克林和儿子威廉两个人，关于试验的报告，也是富兰克林自己提交的，到底有没有这么一项试验，并没有其他的目击证人。因为根据现有的研究，如果真按富兰克林描述的那样玩，这老伙计必死无疑，费城试验后，有个俄国科学家就一模一样学了一次，当场死亡。

后人总是多疑，在当时，不论是北美还是西欧，都认为是富兰克林蒙主庇佑逃过了死神，试验是真实的。这种为科学的献身精神，以及富兰克林带给世界的各种研究成果，让他不仅在北美地位尊崇，在欧洲他也享有盛名。当大陆会议想组建一个外交团队，帮助新的合众国获取支持摆脱困境时，富兰克林当然是对外的最佳人选。

战争正式开始时，富兰克林已经是70岁高龄，1776年，他作为民间代表被派往加拿大，希望能说服北方殖民地加入北美独立战争。

大家应该还记得激起殖民地怒火的《魁北克法案》，这项法案旨在保障加拿大尤其是法裔的权益，并给予这些天主教徒以平等权益，所以，加拿大一直是保皇派。英美开打后，美国军队曾尝试北上进攻魁北克，战事最终失利，大陆会议无奈之下派出富兰克林，希望借助他的声望拉加拿大入伙。既然到现在为止加拿大也不属于美利坚合众国，并且还一直是英联邦成员，就说明他的这次外交行动失败了。

在加拿大失败不要紧，在欧洲不能失败。1776年年底，富兰克林在两个孙子陪同下，历经艰难的航行，到达了法国，开始了整个北美独立战争最最要紧的外交斡旋。

英美开战，欧洲人怎么看？当然是拍手叫好哇。大家别忘了，大英帝国成为霸主，那是得罪了很多人才实现的。西欧主要国家，大佬法国、老牌大佬西班牙、新兴小弟荷兰，哪个都跟英格兰有新仇旧恨，当然其中以法国最甚。

听说英格兰的北美殖民地造反，法、西、荷在家捂在被子里狂笑了好几天。笑归笑，心里也祈祷着让英格兰惨败，但让他们明着支持北美，他们是不干的。公开支持殖民地独立，成立共和国，对西班牙和法国这样的老牌王国有点不好接受，荷兰呢，他们心里没底，怕押错了宝，北美输了，回头英格兰找自家算账。于是，他们三个整齐划一地选择了偷偷向北美地区提供军需品和物质，这钱赚得还是挺舒服的。

政府的态度不明朗，可有些欧洲贵族却很明白。此时的法国，所有人生活都困惑。路易十六天天躲在宫里玩锁，玛丽皇后玩开心农场养奶牛（参看《闻香法兰西》之二十四），巴黎是奢华中心，衣香鬓影，纸醉金迷，整个欧洲都在追随法国时尚，法国人感觉到了古罗马那种颓废。就是这段时间，启蒙思想像一阵清风，吹散了巴黎迷眩的香氛，让好多人心神为之激爽，突然看明白了好多事。

被启蒙思想，尤其是卢梭洗过脑子的贵族们，看北美的独立战争，意义就不一样了。一群北美的乡巴佬要跟强大的母国军队对抗，争取自由和平等的权利，这不就是启蒙思想宣扬的精神？这绝对是一项值得为之付出的了不起的事业呀！

第一个被感召的就是法国贵族拉法耶特，不顾法王的禁令，自掏腰包，买船，召人，闪避着海上的英国军舰，跑到了北美，这个19岁的年轻人甚至英语都说得不灵光。

后来的战事，漫长而艰苦，难得的是，这个孩子一直坚守在华盛顿身边。拉法耶特加入北美军队，纯粹起到广告宣传作用，一个19岁的世家子弟，能吃苦就很了不起了，不能指望他还会领兵作战。

欧洲来的志愿将领中，给予大陆军帮助最大的，应该是普鲁士男爵冯·施托依。来自普鲁士本身就是金字招牌，他成为大陆军的训练总长，将北美那些衣衫褴褛的农民军调教成了合格的战士。

来自欧洲的同情和个人帮助是杯水车薪，美利坚需要能真正并肩战斗的同盟，富老来法国前，北美已经派了代表在法国工作。当时著名的喜剧作家，《费加罗婚礼》的作者博马舍，是巴黎最支持北美独立的人，他配合法国代表成立了贸易公司，以跟西印度群岛的贸易为幌子，向大陆军提供了不少枪支弹药。

英国人当然知道这项贸易，多次抗议，但贸易公司非常聪明地没有留下任何证据让英国人抓到把柄。销毁记录是把双刃剑，别人抓不住把柄，自己也无法自证清白。大陆会议派出了阿瑟·李参与法国的事务，说到美国早期历史，所有姓李的大家都要注意，这是一个强大的家族，著名的李氏兄弟，《独立宣言》都是他们兄弟提议下才成文的。可惜，李家在后来的美国历史里，形象都不太好，我们以后还会说到。

阿瑟一到法国，诸多不满，他认定了北美驻法代表和博马舍有猫腻，账目都没有的公司，怎么可能没有中饱私囊之类的勾当，尤其是博马舍，他凭啥这么积极帮助北美呢？如果这中间没有好处，他图啥？

因为阿瑟这一通搅和，博马舍也觉得很没劲，对呀，图啥呀？渐渐地，博马舍就不太和美国佬共事了，法国对北美的援助，遭受很大的打击，就是在这个背景下，富兰克林到了法国。

富兰克林驾临，引起了轰动。声名赫赫的老科学家，来自一片淳朴大陆，衣衫落伍，看着挺土，可就是这么个如同老村长般的大爷，他曾经“从天空中拉下闪电”，此时为争取自由人权不远万里来到巴黎寻求帮助，带给了法国不一样的感动。不到一个月时间，巴黎就兴起一股富兰克林热，街上开始售卖他的小像，有人模仿他的衣着，贵族妇女开始戴印有富兰克林头像的耳环；伏尔泰专门在法兰西科学院安排了与富兰克林的会面，两位世纪哲人留下了经典的拥抱画面。

法国人不好拒绝老人家的请求，但路易十六的班子还在顾虑，真跟北美同盟，就是对英宣战，倘若再次战败，法国怕是吃不消。

老爷子运气好哇，他再怎么游说，也比不上一场胜仗来得有效。1777年年底，萨拉托加大捷的消息送到了巴黎，法王舒坦了，他的大臣们也说，可以跟英国人算总账了！

1778年2月6日，法美正式签署条约，结成同盟，法兰西承认美利坚合众国独立，路易十六对英格兰宣战！

西班牙不愿意贸然宣战，老牌君主国家对帮别国反叛的事还是有底线的，但他们又不愿错过收拾英格兰的机会，英国人还拿着西班牙的直布罗陀海峡呢！于是西班牙跟法国签订了一个协议，愿意帮着法国牵制英国。

至于荷兰，他家比较务实，考虑得更多的是商业利益。战争中他们一船船的军火发了大财，不介意反馈一部分给殖民地，希望这个新国家站稳后，更跟荷兰继续保持亲密的贸易联系。于是，在大陆会议财政系统几乎崩溃的时刻，荷兰对他们提供了数量巨大的贷款，直接支撑了大陆会议的运作和独立战争的继续。

欧洲其他国家就更离谱了，由俄国女沙皇牵头，丹麦、瑞典、奥地利、普鲁士、葡萄牙成立了一个所谓欧洲武装中立同盟，虽然名字是中立同盟，可谁都看得出来，这个同盟的目的旨在打破英格兰对北美的海上封锁，钳制英国，后来荷兰也公然加入了这个同盟。

所以说萨拉托加大捷是美国革命的转折点，就是从这一点起，英国人的战斗性质不再是平乱，它真是在欧、美、非等几大洲的战场，栽进了一场传统的欧洲战争。

约克镇大捷

回到北美，豪将军在费城过着花天酒地的生活，并找到了一位情妇。费城也许比不得伦敦浮华，但小城风光，空气新鲜也是个休憩的好地方。现在有美女相伴，远征军的生涯更像度假了，比困在福吉谷的华盛顿日子是好过多了。而我们必须了解一个事实，豪将军不管是故意还是无意的放水和不作为，是华盛顿和大陆军能够在跌跌撞撞中存活下来的重要因素之一。

福吉谷里的华盛顿艰苦异常，他后来回忆，福吉谷前后，是他人生中最艰难的生涯，实力悬殊的对战，飘忽莫测的前途，时断时续的给养，都让大陆军经常弥漫悲观情绪，开小差溜号的官兵越来越多，华盛顿当时说，他很担心也许某一天，大陆军就剩他光杆司令一个了。

所谓兵熊熊一个，将熊熊一窝，对此时的大陆军来说，最强悍不可战胜的，是他们意志力惊人的统帅，虽然华盛顿也顾虑，也闹心，偶尔也动摇，还遭到大陆会议的猜忌和政敌的黑手，但他对军队表现出来的镇定和坚毅是从来没有变过的。

那几年也奇怪，北美大陆的冬天是变态地酷寒，大陆军军饷都不能保障，更别说过冬的装备，福吉谷更是冷得像冰窖，没想到这里却成了大陆军难得的休养生息的冬营地，在这里，大陆军除了每天由总司令兼政委做政治思想工作，安抚心绪保持斗志，还能见到司令夫人——北美最富有的女人，穿着朴素的衣衫，在军营里来回走动，跟士兵们聊天，帮着缝缝补补地打杂；此外，来自欧洲大陆最强的普鲁士军队的军官，自愿来到这里，每天投入极大的热情训练这些农民军。这也算卧薪尝胆吧，从福吉谷出来时，大陆军的精神面貌整个都不一样了。

福吉谷冬训的成果在蒙茅斯战役表现出来，那时，时间进入了1778年。豪将军终于被下课，亨利·克林顿爵士成为新的北美战区英军司令。

克林顿对于英军龟缩在费城休假很不满意，计划将军队调往纽约，在北方战场组织新的战斗。就在这支英军北上的途中，大陆军主动发起了进攻。从英美开战，大陆军从来都是游击战法，打一枪就跑，欺负英军人生地不熟不敢全力追击。而这一次的战斗，英美双方都按欧洲传统打法排兵布阵，举枪互射，大陆军居然没有落下风，双方战损相近，反而是英军怕僵持不利，趁夜溜走了。

英军溜进了纽约，华盛顿在哈德孙河“S”形的转弯处，筑起堡垒阵地，这个阵地被称为西点营地，若干年后，这里诞生了一所举世闻名的军校。

城里的人想出来，城外的人想进去，由此时起，双方隔空瞪眼珠子，北方战场几乎就没有值得记录的战斗了。

到现在为止，似乎欧洲美洲全部都加入了战团，我们突然想起，打得这么热闹，北美的原住民在哪儿看热闹呢?印第安人依然没有学乖，北美打成这样，他们也想不到要联合起来坐收渔利。纽约州西北部的易洛魁部落，是由六个印第安部落组合的部落联盟，因为团结友爱不内讧，所以成为印第安族群的好榜样，得以存活发展。

易洛魁本来是预备中立，但他们有部分人又很傻很天真地相信，如果英国人获胜，他们会控制美国人西进，保留印第安人的地盘，所以比较多数支持英军，而其他人因为故交或者利益联系，选择了支持美国人，于是这个印第安族可贵的大好联盟在一场明明有利于自家的战争中，被稀里糊涂毫无意义地四分五裂了。

支持英军的印第安人做事比较绝，1778年的某一天，他们跑到怀俄明的谷地去，杀了一批美国人，拉来新的仇恨。1779年，华盛顿命令沙利文将军领兵出击，按总司令的说法，杀光印第安人，剥他们的皮做靴子，还要彻底摧毁印第安人的居住地，让没死的印第安人也无处安身。沙利文将军不辱使命，完全是按“三光政策”在易洛魁人的家园里推进，一部分印第安人被做成靴子，更多的易洛魁人在美军光临前流亡加拿大，后来就再没回来过。

随着法美联盟成立，欧洲联手支持独立战争，英国人转变了思路。北方战场都是些反贼，他们从来跟英政府就离心离德；南方的种植园主们就忠诚多了，有大量保皇派，如果将战场开辟在南方，北方无所不在的民兵和人民战争就不存在了嘛。

1780年，南方的中心港口查尔斯顿被英军占领，南部真有不少亲英派系拿着枪加入了政府军。不过，南方绝对不是英国人的完美乐土，虽然种植园主很多都支持英军，可在乡间，农民们组织的爱国游击队也时刻在行动，所以，跟之前的战斗一样，英军主力根本不敢离开自己的大本营和沿海的舰队保护，向西向内陆征战，怕再吃了萨拉托加的大亏。

到此时为止，英军依然占据战场的主动，因为13州所有主要港口都被控制在英军手里，在克林顿看来，守住这些港口，北美的军队，包括来自法国的远征军，都成不了气候。这种打法最大的变数就是，法国人派来舰队支援！

1780年，法国远征军登陆，指挥的是有40年军旅经验的罗尚博伯爵。老爷子战斗经验丰富，在对北美大陆不熟悉的状况下，他选择留在法国海军可以关照到的区域内活动。等到第二年，罗尚博部与大陆军才在纽约北方白原市会师。

虽然法军对大陆军的窘迫多有了解，初见这支征战了6年的军队，法国人还是吓了一跳。到此时，大陆军都还没有统一制服，好多人没有鞋，队伍中甚至有十四五岁的孩子！

应该说，罗尚博是上帝送给北美的礼物。这位老帅战斗经验丰富，头脑清楚，最难得的是，他定位很清晰，他是帮着大陆军打仗的，所以总指挥还是华盛顿，即使不能同意华盛顿的战斗思路，他也绝对不会公开质疑华盛顿的权威。

按华盛顿的想法，此时会师，第一次重大行动就应该攻击纽约，他天天盯着纽约看，眼珠子都快瞪出来了。罗尚博分析了纽约的驻防状况后，非常聪明建议放弃纽约，跟法国的舰队配合，奇袭南方的约克镇，英军的南方军指挥中心就在那里。

法国在美洲水域的舰队司令格拉塞上将也这么想，在纽约和约克镇之间，当然是攻击约克镇更容易，更容易产生效果。

华盛顿比较能听取行家的意见，于是联军加上法国舰队，于1781年10月6日就将约克镇围了个结实，水陆两头都堵上了。

之前英军占领沿海城市之所以这么顺利这么流畅，主要原因就是大英海军的制海权，而此次法国舰队选择约克镇的原因就是从西印度群岛赶来的法国舰队实力大于约克镇海域的英国舰队，有极大的优势。果然，英国舰队一看到法国舰队群，非常识相地选择了撤出。占据海面后，法国舰队向约克镇的工事开炮，应该说，这一战，胜利属于法国海军。

10月17日，英国的南方军司令康华里伯爵宣布投降，传说克林顿将军已经从纽约送来增援，只是康华里坚持不到那一天了。

约克镇投降颇为戏剧，康华里伯爵自恃身份，可以向法国的罗尚博伯爵投降，却不愿向华盛顿缴械，可以理解，人家是贵族，华盛顿再有钱也是个乡下地主，带着一群民兵。来帮助华盛顿的法国和普鲁士贵族们都非常绅士地坚持，康华里必须向华盛顿投降，康华里放不下架子，最后称病不出，由他的副官出面交出了将军佩剑，华盛顿也不示弱，派了自己的副官享受这个光荣的时刻。

约克镇是真正的大捷，因为这是北美独立战争的最后一场大战。此战后，虽然英国继续占领着主要港口，英国舰队随后在海上战胜了法国格拉塞上将率领的舰队，但，英国人被打清醒了。

在伦敦，反战的呼声越来越高。整个战争中，英王乔治三世一直在前台，掺和了很多意见，约克镇战败后，追究责任，却是诺思勋爵辞去了首相之位，继任首相向法国派出了特使，希望能跟北美代表坐下来谈谈。

巴黎条约

大量的历史书，尤其是英国本国的历史书，喜欢将北美独立这么大的一桩罪过，全部推给乔治三世，还让这个可怜的英王最后把自己憋屈疯了。客观地说，在整个北美独立的过程中，乔治三世没起什么好作用，的确是有点张狂且专断，也许影响了大英议会不少决定。但我们都知道，作为一个君主立宪制国家的国王，乔治三世就算再勤政，也不可能完全左右大势。英美这场战争，不管开战的缘由是政治经济还是思想意识形态的问题，一定是因为大英议会多数人支持才开打的。

有人支持也有人反对，有些理性的政客在开战前就不看好结局，法国及欧洲加入战团后，对前途就更加悲观，而且，稍有战争经验的人都看得出，这几乎是一场不可能取胜的战争。

英国要想彻底征服北美，军队肯定是要实现全占领，北美的人民已经有反叛之心，全民一心战争对抗，英军跨越大洋，千里奔袭去打仗，补给全靠海军，根本不敢离开海岸，想进入内陆并站稳脚跟几乎不可能；而北美军队借助其他国家的帮助，完全可以打破英军的海岸封锁；战中，欧洲国家还趁机发战争财。英国人权衡之下，觉得说到底，美国人还是自己的子民，有什么事自家不能商量，非要便宜了别人呢？约克镇失陷后，英国国内停战的要求占了上风。

虽然是英美战争，可停战不是英美两个国家说了就算的。大家想想，法国这么搏命地帮忙，又出钱又出力，它的目的何在？第一当然是复仇，它要洗刷七年战争的战败之耻，它更想拿回战争中失去的地盘。而跟它共同进退的西班牙呢？第一目的肯定是拿回输给英国的直布罗陀海峡。如果法西两家的要求都没有达到，它们会答应停战议和吗？

答案是不会。所以在法美结盟时，就有条款确定了这个内容：英美如果停战谈判，每个阶段都要跟法王路易十六商议、通气。

现在英国和美国都面临一个难题，英国人在想，谈判要不要给法国或者西班牙一点好处？美国人也在想，如果法、西阻挠谈判怎么办？

欧洲人有契约精神、绅士风度，白纸黑字落实的内容，一般不会反悔。但在此次谈判中，虽然富兰克林老爷子认为，偷偷摸摸很不地道，但为新的合众国考虑，也顾不得老脸了。

于是，英国和美国几乎是背着法国人谈妥了协议，在1783年9月3日双方同意，一揽子办法解决北美殖民地要求独立的问题：大英承认美利坚独立；北到加拿大，南到佛罗里达，西至密西西比河的领土成为新国家的合法领土；西班牙占据米诺卡岛和佛罗里达；大英继续保留加拿大、纽芬兰和西印度群岛的岛屿。

西班牙没有得到直布罗陀，法国更是什么也没得到。法国人对于美国佬鬼祟的行为十分不满，好在有富兰克林呢，老爷子巨大的人格魅力抚平了法国人的忧伤，英国这么大的殖民地独立了，英国的扩张效率也得到了抑制，想到英王在伦敦气得发疯了，全欧洲都在笑他丢人丢到姥姥家，路易十六又觉得这一仗打得值了。

十　宪法的诞生

仗打赢了，合约签订了，美利坚合众国就这样诞生了，从此走上了如火如荼的大国崛起之路吗？没有，北美13州，从决定联合在一起对抗宗主国那一刻起，就一直在迷茫和混沌中挣扎，不知道这条革命之路最终会走向哪里。

棋盘格的新大陆

现在翻开美国的地图，会看到阿巴拉契亚山脉以西的各州都像棋盘格一样方正整齐，大部分州界都是笔直的直线，像是五彩拼图。

我们见惯了中华大地曲曲折折的各种边界，看到直线边境就感觉有点儿古怪。在世界地图上，被直线切分的地方不少，比如非洲大陆、拉丁美洲的一些岛屿。这些地方有个共同特点就是，都有被殖民过的历史，后来独立分家时，它们的宗主国，一般是英法这两家，不负责任拿尺子在地图上一画，就确定了新独立国家的边界了。

北美虽然也是殖民地，西部的直线却不是宗主国画的，而是美利坚国家的人民本着极大的智慧和妥协精神，整体规划出来的。

说到西部的土地，我们不得不提到，北美大陆的第一部宪法《邦联条例》。

1776年，北美宣布独立，并正式对英格兰开战。原来各自为政的13州，眼下需要团结协作成一体来革命了，所以肯定是需要相应的文件来保障联合，而且，既然美利坚已经独立成为国家，总要有部宪法吧。第二届大陆会议就弄了一部《邦联条例》出来。

我们现在一想到美国宪法，脑子会出现一个高高在上，闪着金光，须仰视敬畏的形象，它是被自由女神捧在手里的圣典哪。而《邦联条例》肯定不是，它最大的特点就是尿。

条例说起来是为13州建立一个中央政府，可这个中央政府几乎什么都不是。北美13州各自为政习惯了，都有自己的法律法规财政体系，甚至货币。而且它们之所以联合起来反英，就是希望保持高度自治、独立自由的生存现状，所以，如果现在必须存在一个中央政府，那这个政府也最好能让地方上保持自我，不许横加干涉，也就是常说的小政府大地方。

中央政府只有宣战或者和谈的权力，偶尔可以调解一下州之间的贸易纠纷，而这也必须是有州委托时，中央才能插手。虽然赋予了中央发行货币、统筹邮政、修路搞工程之类的权力，但这些权力基本上各州也都有。条列最最坑爹的内容是:中央政府，不许收税，可以发债！也就是碰上有钱人，就大胆跟他们借钱，至于你到时候拿什么还，各州应该平摊一些，可没有硬性的规定，各州有富裕，想赞助一下中央就施舍点儿，大部分的时候，是啥都要不到的，13州都会哭穷推诿。

美利坚从出生那天就不愿意惯坏了中央政府，这么一份不敢给任何州找麻烦的《邦联条例》，13州还磨磨叽叽拒绝接受，等13州全体通过时，条例已经出炉了4年，独立战争都快打出结果了。条例中，中央政府高瞻远瞩地将邦联定为14个州，它们为加拿大的魁北克预留了一个位置，遗憾的是加拿大人一点面子都不给。

在《邦联条例》下运作的美利坚政府，跌跌撞撞，磕磕碰碰，每一天都过得无比艰难。前面介绍过，大陆军一直到战争结束还是一副叫花子的行头，可见政府手头相当拮据。

1781年,独立战争进入最艰苦的时间,美利坚中央政府几乎破产,这时,一位叫罗伯特·莫里斯的富豪被选出来,出任政府的财政总监,让他接手一个烂摊子。

虽然我们总是说，那样艰苦的环境，大陆军得以维持，独立战争能够坚持，华盛顿将军的坚定执着与个人魅力起了决定性作用，但我们不能因此忽略了其他人，尤其是莫里斯的努力。就任财长后，莫里斯制定出了温和不得罪人的税收和财政计划，并利用自己在商界的关系寻求各种援助和支持，终于平复当时的财政恐慌和混乱，将一场窘迫的战争坚持到胜利。

战后，中央政府依然穷，这时，莫里斯等人想到了搞钱的最佳办法，那就是卖地。

美利坚政府连税都不敢收，征兵都要求爷爷告奶奶，哪里来的土地呢？英国人让出来的呀。《美英巴黎条约》中，美利坚获得了阿巴拉契亚山脉以西、密西西比河以东40多万平方英里的土地，让疆域翻了一倍。这些土地是英国交给美利坚的，当然属于中央的。

话是这么说，可这片土地并不是无人区呀。实际上，这里人来人往挺热闹的。这片被称为旧西部的地区当时住着三股势力，第一股显然是原住民印第安人，第二股则是东部13州不知死活向西寻找更好的家园的垦荒者，第三股则是附近州疆域的延伸。原来说过，最早殖民新大陆时，英王的特许状只规定了南北界限，没注明东西界，所以，有几个州非常不自觉地向西扩展，如今自说自话地当作自己的领土，咬死不松口。

对中央政府来说，第一股和第二股势力不足为惧，麻烦的是第三股。大约有7个州，号称自己对这些土地有领土权，因为是自说自话决定的，所以很容易产生领土纠纷，我说这块地是我的，你说这块地是你的，眼看要打起来，这时候只能找中央政府调解了。调解什么呀？这块地跟你们双方都没有半毛钱的关系，交出来，中央统一规划！

《美英巴黎条约》签订时，英格兰让出这大片土地，是憋着坏的。因为从英格兰的角度考虑，西部土地盘根错节，麻烦多多，美利坚政府根本解决不了，矛盾激发到一定的程度，极有可能发生内战，所以英格兰乐得让老西部的土地成为北美分裂的导火索。

英国人没猜错，土地问题真就局部激化了，甚至东西部开始敌对了。好在北美这帮人吧，虽然玻璃心还自私自利，可遇上大是大非的危急时刻还是能以妥协商量大局为重。当这几个在西部争地的州发现，纠缠下去后果堪忧时，它们陆续宣布放手，将土地交还给了中央。最牛的钉子户是佐治亚州，到1802年才宣布放弃。

1784年，以托马斯·杰斐逊为首，建立了专门的委员会，从国家的角度为西部土地制定政策。第二年，美国历史上著名的《1785年条例》颁布，正式建立了政府测量并出售西部土地的制度。要做到公平出售，首先在面积上不能坑人，第一步就是要制定科学的测量方法，而这种测量方法界定的地块，当然就有直线的边界了，也就形成了我们现在看到的美国整齐的棋盘格地图。《1785年条例》成为后来美利坚政府处理新土地的基础，于是美国大部分的地区，都勘分得方方正正的。

这么大片的土地，不能光售出就由着地主们胡作非为了，要制定相应的法则保障移民。1787年《西北条例》通过，为西部建州制定了更详细的规则：开始时，国会向每个地区派遣州长、法官等；该地有了超过5000名成年男性自由民时，就可以通过选举，组建自己的议会，立法，不过国会保留否决州法和任命州长的权力；到自由民人口超过60000时，那就可以正式申请成为联邦州，享受跟之前13州一样的权利义务。

《邦联条例》大约正式存在了9年不到，如果它真能保证北美新旧土地的健旺发达，就不会出现后来的美国联邦宪法了。这个特殊时期的特殊产物，一直被当作是美利坚年轻不成熟的一次体验，它虽然引导美利坚走过了最艰难的初生岁月，但后人说起它来，还是批评的较多，很多人甚至认为它引导初生的美利坚走入深渊。不管对《邦联条例》有多少不满和诟病，它对西部土地的解决办法是带着极大的智慧，并得到了大多数人的认可的。

穷孩子怎么当家

既然美利坚独立了，就别指望再跟大英帝国套交情了。美国的货物要出口，所有英格兰的地域都要征收相应的关税。日不落帝国呀，全球都是它的码头，美国人此时感觉到，不做大英子民，突然增加了很多费用，出口贸易变得很难做。

好吧，既然英国人收美国货的关税，那美国也应该收英国货的关税吧，问题是，怎么收？13个州是独立的，它们要求各收各的税，人家的货物如果是发往13州的，难道要交13次税？西部不临靠码头的州又怎么收呢？

美利坚不能统一对外征关税，这13州之间就互征关税吧。既然现在欧洲国家处心积虑要组成欧盟，取消内部关税，大家就可以知道，当时在北美，13州之间的关税，是如何麻烦如何制约彼此的贸易和经济发展了。

关税纠结已经让商人们头痛，货币更让人崩溃，13州都发行了自己的货币，通货泛滥，在北美大陆做贸易，要认识各种钞票，文化水平差一点的，光看钱就能看晕了。而13州如果不屈从于统一的财政管理，这种各自为政的印钞行为，可以想象会造成何等剧烈的通货膨胀了。

可还有最最麻烦的，那就是，债务怎么处理。战时，欠士兵们的军饷，欠老百姓的物质款，借当地善长仁翁的钱，怎么还，谁还？战争是中央政府负责的，战时债务当然是中央还。欠自己人的钱还能慢慢商量，欠外国的钱呢？到《巴黎合约》签订的那一年，新生的美利坚欠国内国外各种款项高达7700万美元，而美利坚政府一年的收入，用来支付利息都不够。

中央政府有债，地方政府也有债，中央别指望地方能帮忙，好在地方政府是可以征税的，所以就不断提高税收来平衡自己的财政。独立后，离开英国的关照，美国的经济贸易都不太景气，政府催债、加税，还乱印货币，人民的生活不太安逸，战后各地都有些骚乱和暴动。

1786年，一位退伍的大陆军上尉谢斯，在新英格兰地区发动了起义，年底，吸引了1.5万追随者，占领了马萨诸塞州不少城市。波士顿的有钱人看到形势危急,自掏腰包组建了一个政府民团,终于遏制了起义军的势头。

起义是被镇压了，给新英格兰的冲击还是很大的，尤其是当地的权贵阶层。谢斯被捕后，得到了豁免，因为政府高层都认为，不宜再激化矛盾。前面说过，美国从建立开始最大的特点就是能变通，从不一根筋，谢斯事件后，很多人产生了改变现状的想法。

捂出来的宪法

1783年，马里兰和弗吉尼亚因为波托马克河的航运问题发生了争执，后来宾夕法尼亚也加入了这场纷争。最后，在和事佬华盛顿的安排下，大家愿意坐下来和解谈判或者尝试建立一种对所有人都有利的公共商业规则。

1786年，马里兰州的安纳波利斯，5个州派代表开了三天会，这个会议说了什么不重要，最重要的成果是，让美国建国时的两位天才相遇并联手了，他们一位叫詹姆斯·麦迪逊，另一位大名是亚历山大·汉密尔顿。

这两个人性格经历都各有不同，但对现状的想法一致，就是必须召开全国代表大会，修改《邦联条例》。

安纳波利斯会议谈不上成果，但与会者基本同意，第二年到费城去集中开个特别会议，讨论麦迪逊和汉密尔顿的提案。与会的才5个州，其他还有8个州根本没兴趣到费城去。好在，美利坚再一盘散沙，还有一个主心骨，面子很大，也就是华盛顿将军，只要他振臂一呼，大家都不太好意思拒绝。

1787年5月~9月，除了死硬分子罗得岛州之外12州的51名代表齐聚费城，美国历史上最为重要重大的制宪会议，在炎热的天气中偷偷摸摸地开幕了。这次会议网罗了美国开国史上几乎所有的名人，为后来强大的美利坚奠下厚实的基础，而当时，他们的平均年龄不过44岁，如果将其中唯一的老人家、81岁的老富兰克林抛开计算，这个平均年龄还会更低。

为什么会议要偷偷摸摸地召开呢？因为会议要审议汉密尔顿和麦迪逊抛出来的计划，计划的核心要点就是建立一个强大的集权政府，这个会议，不是要修改《邦联条例》，它是要将其推翻重建一套美国宪法！与会代表都认为这个决议会引发不可估计的状况，为安全计，决定在讨论时，闭门磋商，严格保密。还真是闭门，在没有空调的费城盛夏，美国国父们衣冠楚楚地被关在门窗紧闭的房间里挥汗如雨地进行了4个月的头脑风暴。

这是美国历史上最伟大神圣的4个月，可惜会议却规定不能留下任何现场记录，感谢麦迪逊超强的记忆力，后来他将4个月的所有辩论写成日记留存下来，50年后才被公开。根据麦迪逊的记录，会议中争执非常激烈，天气炎热，空气还不新鲜，代表有时真会拍桌子撂挑子。能够艰难地维持4个月并取得成果，除了大家给会议主席华盛顿将军面子，还要感谢老人家富兰克林，代表们说话过头导致吵架时，老富兰克林的智慧和慈蔼都能让局面缓和下来。

美国宪法是美国精神的代表,是美利坚的柱石,研究美国历史,美国宪法是不可回避的重中之重。那4个月美国国父们吵得热闹，我们局外人看着会觉得枯燥，不管最后产生的文件有多么伟大。

制宪会议经过了几个主要方案的讨论，第一个是麦迪逊提交的《弗吉尼亚方案》：国会建立两院，众议院由人民直选，参议员由州议会提名；议会可以否决州议会的法律；立法机关选举国家首脑，并指派最高法院。这项方案几乎就奠定了美国宪法的主框架，麦迪逊当之无愧地成为美国宪法之父。

《弗吉尼亚方案》没让所有人满意，如果众议院直选，那人数少的州、规模小的州，就明显吃亏，于是他们的代表就抛出了《新泽西法案》，一顿争吵后，被否决了。

大州小州，大户小户，大资本家小工商户，南方北方，吵吵嚷嚷，唇枪舌剑，天气热的好处就在于，吵得再激烈，大家也不会上手干仗，因为都懒得动。

1787年7月，三项最后的妥协案被妥协出来了，第一项《康涅狄格妥协案》：众议院每州代表数目由自由民加一定比例的奴隶数量决定；参议员则由每个州议会选两位代表，每州在参议会都有平等的一票权；第二项《五分之三妥协案》：起因是南北方的争执，因为南方蓄奴州有大量黑奴，那么，黑奴算不算州人口？南北方吵架的结果是：黑奴的五分之三算进州人口，也就是说，一个黑人相当于0.6个白人。这种搞法相当侮辱黑人兄弟，制定宪法的国父们可能也是觉得不妥，所以虽然这个方案通过实行了，在宪法文本上，还是没有留下黑奴之类的字样；第三项妥协则是最重要的《总统选案》：汉密尔顿这一派的目标是建立一个集权政府，但美利坚大多数人都不愿见到一个权力过大的政府，于是，最后的政府还是要建立在孟德斯鸠所说的三权分立的基础上。汉密尔顿不算完败，因为在总统这个职务上，他几乎达到了自己的目的：总统被授予了对国会立法的否决权和广泛的行政权力，虽然总统是被人民选举出来的，但他的权限几乎是可以独裁的，美国总统真有点野心，他可以拥有比英王甚至法王大得多的权力,神奇的美国制宪会议,领先法国人开创了民主选举君王的新政体。

9月17日，与会代表中的39位在新的宪法上签字。但宪法还不算成立。早先的《邦联宪法》是在全部13州通过后才成立的，立法委员们非常清楚，有那么几个州，油盐不进，孤僻不合群，政府说什么，它们都不买账，跟它们较劲，非常伤不起。于是，本着务实的态度，新的宪法规定，只要13州中有9个州通过，新宪法就正式成为联邦的基本法。

拉票比立法难

即使是争取9个州同意，也是不容易的。因为对于成立一个强势联邦政府，削弱地方权力这件事，大部分州议会是想不通的。制宪会议认为，既然是人民的政府，人民的宪法，就应该交给全民去讨论，所以，宪法不仅仅是下发到各州议会，并发布给全体人民，呼吁大家公开讨论，发表意见。就这样，宪法被批准的过程，成为美利坚历史上第一场思想政治领域的大party，一场热烈壮观的公共辩论。

支持宪法成立联邦政府的，当时就被称为了联邦党人，代表人物有汉密尔顿、麦迪逊等，华盛顿和富兰克林两位大佬也是这个方阵的。

对宪法有顾虑，认为这样的政府蕴藏着危机的，自然就是反联邦党人，一手挑唆出独立战争的两员大将，约翰·汉考克和塞缪尔·亚当斯是主要代表，人数和影响力也都不小。既然分成两派开始争论，大家可以隐约感觉到，这两伙人再发展一下，就是两个党派的雏形了。

有了帮派组织，就需要公共媒体来宣讲自己的想法，1783年，费城《晚邮报》问世，美国有了自己的第一份日报，报纸上开始有关于宪法大争论的专题文章。

联邦党人概念清晰，撰文更是理直气壮，通过不同风格的文章，向民众详细讲解了政府、行政、立法、司法等名词和彼此之间的关系，以及政府与人民的权力分配，联邦政府的方向和目的。在这群人看来,之前邦联的那种小政府,就是一种无政府的状态,必将导致混乱,而民众的权利如果泛滥不受约束,社会肯定动荡不安无法正常发展。联邦党人以各种笔名发表文章，汉密尔顿和麦迪逊就在其中选取了85篇最精彩最有代表性的，结成《联邦党人文集》，以书的形式出版发行，成为美国历史上极其重要的一部文献，也是第一部政治理论著作，是了解美国宪政的必修课本。

反联邦党人的反对思路是什么呢？这群人大部分都是独立战争最早的鼓动者和参与者，是最早坚定的独立派。他们认为，他们的斗争不是为了建立一个取代英政府的政府，他们认定政府强权必会引发腐败或者独裁，任何一种形式的极权，都是专制的基础和源头，人权就势必得不到保障。可这些人也看到了之前邦联的弊端，没有一个强大的中央政府，也的确会出现很多问题。

实际上，在对于政府或者政府首脑会不会成为独裁头子的问题上，两派都有一个保障，那就是华盛顿。虽然宪法还没有成立，但大家都认定，未来的政府，华盛顿一定是首脑，而所有人相信华盛顿的操守，他不会成为一个恺撒之流的人物，虽然有些联邦党人恨不得华盛顿就是北美的恺撒。

反联邦党人纠结归纠结，从务实的角度考虑，他们知道，必须要让宪法成立，不过需要对人权增加一重保障。政府虽然是人选的，毕竟是人治的，横竖信不过，而这部被讨论的宪法中，关于公民人身自由和安全保障的内容几乎是没有的。所以，必须为保障人权订立相关的法律。于是，联邦党人马上承诺，只要宪法通过，第一届国会的任务就是起草《权利法案》作为宪法的修正案，并确保让大多数人满意。

两派大的壁垒基本消弭了，开始投票吧。没想到，依然是阻滞重重，很多州，即使是通过，也是微弱多数。1788年6月21日，关键第九州新罕布什尔通过，新宪法终于可以落地生效了！好在只需要9个州，因为著名的刺头罗得岛州甚至拒绝讨论新宪法要不要通过的问题。后来的大势所趋也由不得刺头淘气，迫于压力，1790年，34票对32票，罗得岛州终于认可了宪法，而此时，宪法的修正案都已经出炉了！

伟大的第一修正案

作为世界上唯一的超级大国，美国有游弋于全球大洋的11个航母编队，看谁不顺眼就在谁家门口搞演习；华尔街的行家们打个喷嚏，全球的金融市场就感冒；美元把持着唯一储备货币的地位，牢不可摧；好莱坞造出了各色超人组成联盟专心对抗外星侵略者。但是，美国人肯定不是因为这些而成为全世界最骄傲最得意的公民，美国佬的自豪和嘚瑟，来自于他们几乎是世界上最自由最不憋屈的大国公民，而这种让美国佬活得自在随性的待遇，就是来自于从建国起就拟定并不断修正的《人权法案》。

1789年国会批准了麦迪逊拟定的12条《宪法修正案》，1791年年底，其中的10

条获得各州通过，构成跟《独立宣言》和《联邦宪法》齐名的《人权法案》，这10条的内容非常简单：

第一条：言论、宗教、和平集会自由；

第二条：持有与佩带武器的权利；

第三条：免于民房被军队征用；

第四条：免于不合理的搜查与扣押；

第五条：一罪不能两判、禁止逼供、禁止剥夺私人财产；

第六条：未经陪审团不可定罪以及剥夺被控告方的其他权利；

第七条：民事案件中要求陪审团的权利；

第八条：禁止过度罚金与酷刑；

第九条：未被列入的其他权利同样可以受到保护；

第十条：人民保留未经立法的权利。

虽然1791年，第一修正案就被美国通过，但真正在美国成为一条法律被实施和使用，最终成为美国精神的一部分，也是经过了很多斗争和波折的，以后我们还会说到。

十一 开市大吉

美国政府开张了，这是一单人类历史上从来没有过的生意，美国人需要摸着石头过河，需要领路人相当靠谱，头脑清晰。

华盛顿

美国历史的人物传记，第一位必须是华盛顿。

第一国父的生日很好记，1732年2月22日，别以为这个日子生出来的人一定很"二"，四个二在手，仅次于双王！不过华盛顿不会斗地主，因为他自己就是个大地主。

华盛顿"富二代"出身，"富二代"没有不闯祸的。小时候，他父亲送给他一柄小斧子，他欢喜之下，就拿父亲心爱的樱桃树练斧头功。没想到小斧子还真管用，三两下，那棵苗条的樱桃树就腰折了。父亲看到樱桃树惨死，当场就宣布要对凶手严惩不贷，而此时华盛顿勇敢地站出来自首，父亲认为，儿子勇于承担责任和诚实的品质，要比樱桃树更珍贵，所以原谅了他。也有后人分析，父亲没有发作的原因是，华盛顿还举着那把斧子呢！

又是一个关于名人成长的扯淡故事，华盛顿家族是弗吉尼亚著名的庄园主，老华盛顿自然是个有身份有地位有教养的人，没听说过送给未成年人一把斧子做礼物的，除非华盛顿未来将是斧头帮的继承人！

父亲在华盛顿11岁时就去世了，华盛顿的家庭教育，主要来自母亲玛丽，华盛顿很小就是个有条不紊、一丝不苟的人，偶尔有点坏脾气。

华盛顿是所有美国总统里唯一没有大学学历的，他的大学最多算是进修，短暂的学习让他掌握了土地测量的技能，成年后，他就成了一个土地测量师。野外工作，风餐露宿舟车劳顿的生涯磨砺了这位公子哥的精神意志，后来在各种恶劣的环境下，他比许多贫穷出身的士兵还吃苦耐劳。当年华盛顿的土地测量记录现在还收录在一些县志里，数据精确严谨是最早的土地权威资料。工作辛苦，收入不错，借工作之便能优先购得不少好土地，不到20岁，他就已经是大地主了。

华盛顿受同父异母的哥哥劳伦斯影响颇深，父亲死后，这位兄长就成为华盛顿生活中的慈父。劳伦斯是个军人风格的英国绅士，参加了英国在西印度群岛对西班牙的战斗。回到弗吉尼亚后， 是弗吉尼亚政界响当当的人物。他在波托马克河畔盖起了一幢庄园，用自己海军部队老上司弗农上将的名字命名为弗农庄园。 受哥哥的影响，当英法在北美的殖民地预备拔剑相向争夺地盘时，华盛顿也毫不犹豫参加了军队。

军事训练期间，为了陪伴劳伦斯养病，华盛顿去了西印度群岛，不幸染上天花，脸上留下了些轻微麻子。劳伦斯因病去世后，弗农山庄就留给了弟弟，这里就成了华盛顿的家，再后来就成了国父故居，现在每年美国总统在感恩节会在这里放生两只火鸡庆祝节日。

1753年，法国在俄亥俄地区扩张，华盛顿代表弗吉尼亚总督去劝阻，坏脾气没忍住，跟法国人动手，涉嫌杀了对方的指挥官，因此引发了英法长达7年的血战。祸闯得有点大，事后战斗过程也有些窝囊，但华盛顿却因此声名大噪，成为弗吉尼亚军界的头号明星，大名甚至传到了伦敦和巴黎。

法印战争还没结束，华盛顿就当选为弗吉尼亚议会议员，辞掉军职，大婚了。华盛顿自己是个大种植园主，他迎娶了弗吉尼亚最大的种植园主的遗孀，两边合并后，华盛顿夫妇成为弗吉尼亚最财雄势大的一家人，婚后，他们移居弗农庄园，温馨地生活。

名气越大责任越大，不知道从什么时候开始，北美殖民地一有事就想到拉华盛顿出来救场。43岁的华盛顿穿上了旧军装，成为大陆军总司令，领导殖民地对宗主国的战斗。

战争的过程前面已经大致叙述过了，华盛顿是统帅，绝对不是战神，好在对大陆军来说，最需要的是坚持忍耐，终于等到了法国和普鲁士这些专业军队来帮忙的那天。

虽然1777年，独立战争赢得了可贵的萨拉托加大捷，可对华盛顿，状况更糟。在没有获得任何军需补充的状况下，他将部队带入福吉谷休整，监视费城，伺机而动。

这是华盛顿人生中最苦的冬天，士兵们衣不蔽体，食不果腹，经常有人开小差溜走，而总司令自己，还要忍受来自大陆会议的质疑和猜忌。

当时欧洲大陆很多国家的散兵游勇混到北美报名参加大陆军，部分人是为了某种精神事业，更多是投机。这帮人一过来，首先就要求待遇、军阶等，达不到目的就叽叽歪歪，在军队内部制造不团结。

在政界混，不可能不树敌。即使是华盛顿这样的人，也有敌人。军需总长米福林就一直跟华盛顿不对付，他拉拢了来自爱尔兰的康韦——一个想投机被华盛顿打击过的军官，想趁机整翻华盛顿。

华盛顿在福吉谷的蛰伏被认为是惧战，当时很多军官就劝他，不蒸包子争口气，我们豁出去对费城发动一场攻势，让大陆会议闭嘴。华盛顿马上召开了军事会议，批评了这种冲动冒进风。对华盛顿来说，他个人的声誉和荣誉都不重要，他不能再让军队无端折损。随后，他写了一封信，开诚布公地质问康韦，是不是在背后搞小动作。

康韦心商太低，不适合玩阴谋诡计，在华盛顿大义凛然的人格魅力前，顿时融化了，提出了辞呈。这一场华盛顿政治生涯中著名的“康韦阴谋”就算被粉碎了，从此后，华盛顿的地位没再受到任何撼动，不管他有没有打胜仗。

独立战争后，华盛顿再次脱下军装，返回弗农山庄。日子也并不平静，因为他的江湖声望和江湖地位，在邦联政府磕磕绊绊的那段时间里，总有人来找他平息各种纠纷。当他过去最信任的副官汉密尔顿张罗开制宪会议时，华盛顿刚开始并不感冒，是谢斯起义让他紧张了。不仅是他，其他跟他一样的大资产者都觉得被威胁，于是，华盛顿决定出席，而就是因为他作为会议主席镇在现场，这个吵吵闹闹的会议才终于坚持开出了结果。据说华盛顿在会议期间，不管争论多么激烈，他都尽量一言不发，淡定旁观。他知道自己的地位和影响力，担心自己随便说出来的话左右会议的走向。这种谨言慎行，让他更受尊重。

前面说过，联邦宪法一不小心就搞出一个选举君主制，而即使是很在意政府权限的反联邦党人也没有提出质疑，因为虽然选举还是要走程序，但所有人都清楚，美利坚的第一任总统，必须是华盛顿，因为除了他，没人可以同时压服左右上下南北所有人。

1789年3月4日，新选举的第一届国会在纽约召开，月底，在联邦大厦的台阶上，华盛顿众望所归宣誓成为美利坚合众国的总统。

欠债很愉快

作为人类史上第一个总统，华盛顿没有教科书，他只好参照老宗主英国人的办法，组织一个内阁给自己帮忙。这是美国历史上最寒碜的内阁，三个部门，四大金刚。三个部门分别是国务院、财政部和战争部。四大金刚分别是：国务卿——托马斯·杰斐逊，战争部长——亨利·诺克斯，总检察长——埃德蒙·伦道夫，财政部长——亚历山大·汉密尔顿。

四大金刚都是了不起的人物，而其中最忙最热闹的，是我们的老朋友，杰斐逊和汉密尔顿。

杰斐逊出生于弗吉尼亚的富足之家，14岁就继承家业成为农场主，一直接受着全面而正规的古典教育。16岁时，杰斐逊进入威廉和玛丽学院，数学和哲学是主修课，熟悉希腊文，还会拉小提琴。美国国父中，说杰斐逊是智慧最高的人，应该没有争议，他被选为《独立宣言》主要撰稿人时，不过31岁。有钱有势有才华，杰斐逊明显应该是精英阶层的代表。

汉密尔顿就可怜了。出生于英属的西印度群岛，母亲跟一位苏格兰落魄世家子同居，而后又被遗弃，汉密尔顿是个实实在在的私生子。大家都知道，在18世纪的欧洲，私生子不是个好词儿。13岁时，母亲死了，私生子沦落成孤儿。

凤凰男的能量是不可估量的。汉密尔顿从小就有野心有抱负，即使是艰苦的打工生涯，他也不放弃读书，在朋友的资助下，他终于获得了进入国王大学学习的机会。汉密尔顿是把锥子，任何袋子都装不下，很快就在国王学院脱颖而出，成了明星学员。加上时势造英雄，汉密尔顿踏上了一条北美仕途的捷径——加入大陆军，并步步高升走到华盛顿身边，成为总司令的副官。

副官这个位置，有巨大的操作空间，汉密尔顿一点没浪费。23岁那年，他娶到一位望族的小姐，鱼跃龙门，跻身北美的上流社会、权贵阶层。

一个孤儿私生子的奋斗史，自然是充满了艰苦和磨难，而汉密尔顿从社会底层一步步走上来的经历，会不会让他成为劳苦大众的代表呢？

基于出身的分析让我们全错了。杰斐逊和汉密尔顿这绝代双骄在美国第一届内阁狭路相逢时，出现了非常诡异的错位：杰斐逊，出身显贵的老爷，居然时时处处考虑的是普罗大众的利益，反对强势的政府，反对特权阶层，希望将更多的权力下放给各州和人民，是反联邦党人的带头大哥；而汉密尔顿呢，这么辛苦才跻身上流圈，如果不能让这个阶层享受到特殊的利益，并维持他们高高在上的地位，那奋斗还有意义吗？年轻人还有励志榜样吗？于是汉密尔顿成为了集权政府的积极拥护者，是联邦党人的中坚力量。

根据我们对美国政坛的了解，国务卿的行政级别是很高的，肯定在财长之上，也就是说，杰斐逊应该是汉密尔顿的领导，只是，汉密尔顿根本不需要买国务卿的账。

美国的第一届内阁，首先要处理什么事？钱！空空如也的国库、咄咄逼人的债主、铺天盖地的债券，谁能解决这个问题，谁就是政府的核心，所有人要为他提供配合。这是一个复杂无比的烂摊子，7700万美元的各种欠款能还清吗？汉密尔顿说，我能！于是，财长成了本届内阁的老大。

汉密尔顿必须被我们每个中国人膜拜一下,因为这个伙计整出来一套高明的财政系统,直接让300年后的中国人陷身其中，不能自拔,这个东西,就是神奇的美国国债。

国债嘛，顾名思义，国家债务。政府发行债券，买下来就成为该政府的债主。根据人类历史发展了千年的老规矩，一般都是欠债的闹心，见到债主还要装孙子。现在，中国是美国国债最大的持有者，也就是美利坚最大的债主，但实际情况却是，谁是孙子还状况不明。在对待这笔天文数字巨债时，中国显然比美国焦虑多了，而且，全世界购买了美国国债的国家，都显得比美国焦虑。能让自己欠债欠得这么帅，就是美国国债的神奇之处，这种神奇，就是由汉密尔顿创造的。

汉密尔顿一上任就说了：债务如果操作得当，可以是福音！于是，他开始拿美国政府7700多万的各种债务当魔方玩。

首先是欠国内国外各种债，怎么办？现在没钱哪，打死我也没钱还，但如果您再借给我点，我就有钱还您了嘛！一点不无赖，汉密尔顿没准备还债，他预备建立一个庞大而稳定的体系，让欠债这项业务长期持久地发扬光大。

旧的债还说不清，新的债怎么还会借给你呢？如果能保证还清本金还能让你赚到利息，你借不借？这个当然可以借，但，你美国政府需要非常好的借款信用，不准空口白牙乱许诺！

好，思路很清楚了，要还债，先借债，要借债，先建立信用，要建立信用，联邦政府必须有稳定的收入和金融体系！

第一，建立一个全国性的银行，统一并稳定货币，为政府储备联邦基金提供保障，还能为商业活动提供贷款和资金，并协调各地银行。

它必须是由私人董事领导，避免由政府控制产生的腐败。这是美利坚第一银行，美国最早的央行，经过后来几次变身后，成了大名鼎鼎的美联储。

第二，光有银行不行，钱也不是凭空印出来的吧。政府要收入，怎么来？收税呀！关税和消费税。关税可以理解，现在13个州统一到联邦旗下了，可以以美国政府的名义对进口货物征税，正好还能保护美国的本土工业。

收消费税有点儿麻烦，国会激烈讨论后，决定先对酿酒业开刀。在宾州、北卡、弗吉尼亚这些地区，因为道路不通畅，粮食作物运出来不太便利，于是当地人就用谷物酿造威士忌。一听说消费税的第一刀要砍在这些小酒坊身上，这几个州的酿酒商马上发扬了当年对抗英国印花税的精神，组织暴动，并造成伤亡。

第一届内阁不会允许英国人的“悲剧”发生在自己身上。华盛顿果断采取军事行动，征召了一支比当年大陆军人数还多的军队前去镇压，听说政府来真的，这次所谓的“威士忌酒叛乱”就自动鸟兽散了。于是，汉密尔顿的税收计划又成功了。

第三，政府有收入了，国家还要发展哪，要不然怎么保障收入的持续，国债的持续呢？汉密尔顿提出，要发展制造业。

跟要不要成立银行一样，这个提议也曾遭遇了巨大反对，因为很多美国精英都认为，美国是个农业大国，土地是最值得信赖的。而工厂里，谁知道资本家会打什么坏主意。

虽然争议不断，但最后美国制造业还是在第一届内阁的各种保护政策中逐渐发展起来了。

现代人看汉密尔顿，是不世出的金融天才，但在当时，他却是备受质疑的，他的每一条政策想法都要顶住巨大的压力。

前面说到美国建国时有各种债务7700万美元，这笔债除了邦联政府欠国内国外的，还有很大一部分是战中各州欠下的。这笔欠债，成为汉密尔顿处理得最头痛的问题。

汉密尔顿是主张集权政府的，在他看来，最好各州不要有任何权力。如何保证中央政府让各州臣服？借条拿来，联邦政府全额帮你们还债！

这话一出口，全国炸锅了。债务很大一部分是战时欠士兵的军饷或者是农民的物资款。士兵和农民拿着这些白条，早就对兑现没什么指望了。如果这时，有些投机客乐意帮忙，愿意打折买走这些债券，没有不答应的。也就是说，如果汉密尔顿原价兑现这些债券，投机客可就发大财了。

并不是所有的州都欠钱，南方某些条件好的州，在战后已经兑清了债券。如果中央政府顶下这笔债务，以全国的税收去偿还，那么事先清偿了债务的州摆明就是吃了大亏呀。

一般认为，低价收购了债券的投机客，以北方联邦党人居多，汉密尔顿是他们的代表。而以杰斐逊为代表的反联邦派坚决不答应。

汉密尔顿和杰斐逊说起来是内阁同事，同事之间有龌龊，有个很好的办法就是找个中间人，摆一桌饭，喝一顿酒来解决问题。吃吃喝喝在哪个国家都管用。

1790年6月的一个早上，汉课长和杰总长在公司门口相遇，虽然两人一直不和，不过这天汉课长意外地客气，一把抓住杰总长，跟他神聊了一早上，眼看要迟到了两人还意犹未尽，决定晚上，杰总长请吃饭，叫上麦迪逊作陪。

这是史上著名的饭局之一，野史最喜欢渲染的，是当天杰斐逊请客的红酒相当不错，绝对不是三公消费，红酒是杰斐逊庄园自酿。

汉密尔顿的偿债计划希望杰斐逊通融，而杰斐逊正好也有事找汉密尔顿办。话说，美利坚成立后，首都一直设在纽约。杰斐逊为代表的这帮，尤其是来自弗吉尼亚的大佬们，一直希望能在弗吉尼亚和马里兰交界的波托马克河畔，建一座新的首都。

饭局在亲切友好的气氛中进行，最后，杰斐逊答应帮汉密尔顿的计划过关，而汉密尔顿说服北方佬，都城迁出纽约，先搬到费城去，然后在总统亲自选定的地点，建立新的首都。

汉密尔顿成功了，他的计划迅速恢复了美国的信用，保障了工商业的强劲发展，美利坚在国债这个超级引擎帮助下冲上了强势崛起之路。

美国人从此后玩国债玩得出神入化，而美国国债可以这么多年畅行不衰，跟它稳定良好的收益是分不开的，现在美国欠债16万亿多美元，创出了一个惊人的高位，估计汉密尔顿复生听说这个数字，他能当场再次吓死。它还能不能维持之前的良好声誉，谁都说不准。但如果从历史角度来看，中国持有大量的美国国债，也许不是最好的选择，但也肯定不是最坏的。

党争很闹心

联邦宪法并没有关于党派的内容，在建国之初，美国的两个党派就已经非常明显形成了。从制宪会议开始，两帮人就产生了明显的分歧和壁垒，而为了自己这一派的利益，终于走上了组团伙建党之路。

前面已经说过，汉密尔顿明显领导着联邦党，他们认为政治就应该是精英权贵管理国家，宪法可以弹性解读，以建立强大的中央集权为终极目的。联邦党人的势力范围主要在美国东北部，因为正副总统都是联邦党人，汉密尔顿还在内阁说一不二，所以，第一届美国政府，显然是联邦党人的江山。

跟汉密尔顿对立的杰斐逊则是反联邦的代表，因为他们一直呼吁要控制政府的权限，增加地方的自治权，让民众享有更多的权益，于是他们就开始自称民主共和派，简称共和党。

两个萌芽状态的党派从制宪会议开始就吵架，到汉密尔顿的经济政策时，吵得更凶。宪政财经之类的事，普通老百姓是不懂的，把美国整个卷入党争的，是因为欧洲大陆出大事了。

就在华盛顿宣誓就职后没几天，法国人攻陷了巴士底狱。法国是欧洲封建制度的巨型堡垒,如今被革命推翻,其他老牌的封建制帝国感到了危险，连英国人都不能接受。虽然英国人经历了光荣革命，将王权关进了牢笼，其目的还是让资产阶级政治精英掌握政权。而法国大革命中，底层百姓的蠢蠢欲动，让英国人也不爽，随后欧洲主要国家锲而不舍地组织反法同盟，一次又一次要把法国拉回原地。

按说法国人算是踩着美国人的脚步走上了革命之路，当年美国革命得到法国的大力襄助，如今法国人闹革命，美国人正应该投桃报李。

美国人务实，不会随便头脑发热，跟其他事一样，联邦党和共和党又产生了分歧。共和党人自然是为革命叫好，号召美国人民全力支持法国人革命到底；联邦党人则忧心忡忡，认为新的合众国卷入法国的事态，没什么好处。

刚开始仅仅是论战，进入1793年，情势迫使两党必须明确站队。这一年，第一次反法同盟组建，英格兰对法兰西宣战了。

北美对英国宗主宣战时，法国和美国是签订过同盟条约的，如今英国对法国宣战，美国人于情于理都应该加入法国一边，可华盛顿总统非常果断地选择了中立。法国派了一位外交官来到北美，希望像当年富兰克林一样争取到美国支持时，汉密尔顿非常清晰地告诉对方，同盟条约是跟法王路易十六签订的，既然法国大革命推翻了法王，同盟条约就自动作废了！

对以汉密尔顿为核心的联邦党人政府来说，跟法国人切割是必须的选择，根据政府既定的关税和工商业计划，对北美的商业发展最有实际帮助的国家依然是老宗主英国。在联邦政府看来，不仅不能跟着法兰西向英国宣战，而是应该趁着机会找老东家修好。

整个美国社会分成了亲英和亲法的两派。可惜像富兰克林那样拥有强大个人魅力的外交官太少，法国大革命中，一会儿雅各宾派一会儿吉伦特派乱得不可开交，看着都不靠谱，让亲法派的支持也有点找不到北。亲法派大佬杰斐逊发现想帮忙也无从下手，还有可能搭上自己的利益时，不得不宣布了辞职，全力开始组织规划共和党的发展前景。

亲法派无从着力，亲英派也不好过。虽然英国承认战败，认可了美国独立，可他们依旧占领着西部的要塞不撤离，战时掠夺的北美的奴隶和财产也赖着不还，1794年，英国海军甚至扣留了在西印度群岛贸易的几百艘美国商船，如果顺应合众国内一部分人的情绪，对英国的战争恐怕是一触即发的。

前面说到，对联邦党人和政府的经济政策来说，英国人的重要性是不可言喻的。汉密尔顿更不敢想象，跟英国人翻脸，对刚刚有起色的美国经济是什么样的重创，于是，政府派出了首席大法官约翰·杰伊去伦敦谈判。

谈判肯定是要签条约的，完全公平双赢的合约几乎没有。1794年11月19日的《杰伊条约》就让很多美国人觉得又被英国欺负了。条约规定：1796年6月1日前，英国从美国西北地区撤军；英国赔偿他扣押的美国船只损失，但密西西比河向英美两国开放；美国人不准在美国的港口装备针对英国的海盗船；美国在英属东印度群岛可以享受贸易优惠；在西印度群岛，美国人只能以载重70吨以下的船只进行贸易，棉花、可可、食糖等商品不得插手；而一直悬而未决的美英加拿大间的边界，则两国成立一个委员会来讨论。

密西西比河是美利坚的内河，允许英国人随便航行，已经算是出让了部分主权，而西印度的贸易还要看英国人的脸色，则更是屈辱。

合约一出，美国国内骂声四起，不过说到骂人，美国人比不上大革命之后心烦意乱的法国人。整个巴黎的怒火找到了集中点：美国佬就是一群奸佞小人，当年我们辛苦帮他们打败英国佬独立，如今他们不但不感恩戴德帮助我们，居然跟我们的仇家和好联手了！

《杰伊条约》也许屈辱也许很㞞，但不能不承认，在当时的环境下，它保障了英美两国没有发生第二次战争，英美的贸易顺利进行，为刚刚诞生的合众国赢得了宝贵的发展机会。也因为这个条约，让很多之前有些摇摆的人对联邦党人失望，纷纷加入共和党，帮助杰斐逊这一方发展壮大了。

在北美大陆的纠结中，除了英法，还有西班牙。有了《杰伊条约》这个蓝本，美国和西班牙也达成了协议，一切都以和平共处互助共赢为目的：西班牙认可美国对密西西比河以东地区所有权利；沿北纬31度确认佛罗里达的边界线；美国商船航行密西西比河，可以在重要港口新奥尔良囤仓，然后装船出海。

根据这两个协议，美国不仅避免卷入了欧洲各国的纷争，还在英西两个大国间争取到了宝贵的发展空间，基本可以说，这两个老大哥认可了北美向俄亥俄河、密西西比河流域的全面西进。

以现代的角度看，这两份协议无疑是智慧而伟大的，但在当时，华盛顿却是要顶住国内国外巨大的压力。日益壮大的共和党处处跟政府闹别扭，让华盛顿这位花甲之年的老人家也不堪重负。第二届总统任期，他已经有点儿勉为其难，1796年，当所有人让他第三次出任总统时，他坚定地拒绝了，这一生太劳碌了，能不能让老爷子回弗农山庄过几天清静日子呀。

1796年9月，第二任期即将结束时，华盛顿发表了他著名的告别演说，为后来百多年的美利坚发展奠定了基调，三条重大注意事项，希望后任者谨慎遵守：

1. 以国家为重，多想国家利益，不要只为自己的州打算；

2. 以大局为重，不要为自己党派的利益影响政府决策；

3. 在欧洲各国的乱局中，独善其身，千万不要去掺和，而且要时时防范欧洲各国。

华盛顿的清静晚年并没有多久，卸任的第二年，他再次接受了费城的征召，帮助即将开战的国家建设军队。好在战争没有真正爆发，华盛顿得以在弗农山庄度过了真正惬意轻松的晚年，这个晚年，甚至都不到一年时光。

1799年12月，华盛顿在风雪中巡视庄园，老爷子不服老，他忘了，他已接近古稀之年，不是当年福吉谷那位年富力强的总司令了。12月18日，华盛顿平静辞世。现在的医学证实了，老爷子是受凉导致的扁桃腺化脓并引发肺炎，而当时的美国医生为他进行了坑爹的放血治疗！

第一国父对美国的贡献不用赘述。老杨原来说过，大部分老人家，到了晚年，不是贪财就是贪权，很多人甚至到了病态不惜荼毒生灵的程度。而华盛顿每每国家需要，他都冲在最前面，而到该放手的时候，他对权力宝座毫不“恋栈”，“不僭位份，不传子孙”，不以太上皇自居，不要求保存自己的遗体，放下得干净利落，为后世的美国留下没有强权没有独裁者的大好传统，从这一点上讲，华盛顿比任何人都配被称为灯塔或者舵手，甚至圣人！

1885年，在首都华盛顿建立了550英尺高的华盛顿纪念塔。

十二　第一修正案不好玩

上篇说到，美利坚险些陷入战争，跟谁的战争呢？联邦党的政府忙着跟英国、西班牙修好，得罪的肯定是法国人。面对法国困局的，是第二任总统约翰・亚当斯。

作为美国独立的“三杰”之一，在上面一段历史里，亚当斯跑哪去了？他不幸成为了华盛顿的副总统。大家都知道美国的副总统基本上就是个总统备份。华盛顿内阁汉密尔顿和杰斐逊拥有全部的风头，亚当斯纵有惊天动地之才，也只能当布景。

1797年，华盛顿卸任，美国才真正出现了第一次实际意义上的总统选举。第一对竞争对手，就是亚当斯和杰斐逊。

大家可能会问，明明联邦党人的核心是汉密尔顿，为什么是亚当斯代表联邦党人参选呢？汉密尔顿是个聪明人，他知道自己的分量。工作能力可能不错，但想要凝聚联邦党人，自知还不是这块料，而且他貌似更愿意幕后操纵一切。其实他也不支持亚当斯，只是不管联邦党人谁当选，汉密尔顿都是联邦党的实际老大。

第一次选举，美国人还不算太清楚这个玩法，他们简单地认为，得票第一是总统，得票第二的就是副总统呗。选举结果，美国人谁也不得罪，亚当斯成为总统，杰斐逊成了副总统，也就是说，总统的副手和备份，是自己最大的政敌！直到1804年，美国人才意识到这种搞法很犯傻，总统和副总统应该出自一党。

亚当斯是个激进的反法派，对法国大革命非常嫌弃。而法国人也开始报复美国人的背信弃义，美国的商船如果和法国船只遭遇，肯定是凶多吉少。

听说前后有300多艘美国船只被法国人扣了，联邦党人憋不住了，天天吵闹着，要对法国宣战。当然共和党是坚决不同意宣战的。亚当斯自己也觉得，战争还是能免则免，所以他派出代表团去法国交涉。

美国代表团三个代表来到法国，他们想见的，是督政府的大佬，主管外交的塔列朗。在《闻香法兰西》中，老杨介绍过塔列朗，整个法国大革命，从头到尾，不管政权如何转换，他起起伏伏总能安全地站在风口浪尖上，是长期赢家，超级狠角。

塔列朗不是随便见的，他也派了三个代表来迎接美国的三个代表。法国三个代表见面就索贿，像婚介所安排相亲一样，塔列朗可以见，但要先给巨额的见面费，另外，美国还应该给法国提供数量不菲的贷款。

美国三个代表不愿助长法国人的不正之风，正告法国佬：没门！

谈判破裂，亚当斯向国会报告，其实也就是给共和党人看看，你们支持的法国佬，都是些什么货色。法国三个代表肯定是有名字的，不过亚当斯的报告里称呼这三位为“X、Y、Z”(类似路人甲乙丙)，这个让美利坚和法兰西正式翻脸的事件，就被称为“XYZ事件”。

“XYZ”的丑行，让美国人很激愤，共和党人没话说了，打就打吧。也就是在这个背景下，退休干部华盛顿被返聘回来，领导训练美国军队，并在此时组建了美国海军部，正式发展美国海军。

此时的法国是最不靠谱的国家，“XYZ”索贿时,塔列朗是督政府的外交官,一转眼,他又变成执政府的外交官了。政府变了，塔列朗也与时俱进，所以亚当斯再派代表去做开战前最后的努力时，塔列朗顺势给了大家一个台阶，达成协议：废除独立战争时法美签订的同盟条约，允许美国中立，美国给法国一个最惠国待遇。虽然彼此肯定是结下了梁子，但总算战争是擦肩而过。

法国大革命让共和党人像打了鸡血一样冲动,联邦党感觉共和党这帮子就是北美的雅各宾派,也想煽动一场法国这样的街头事件。为了压制共和党，也为了在1800年的大选中让联邦党人顺利连任，亚当斯政府用了10天的时间高效通过两项特别法律，一个是《客籍法》，一项是《反煽动叛乱法案》。

《客籍法》指向明确，外国人申请成为美国人，以前等5年，现在要等14年，而且总统有权逮捕或者驱逐不受欢迎的外国人。显然，不受欢迎的外国人，肯定是法国人或者他们的盟友爱尔兰人。

《反煽动叛乱法案》则激发了轩然大波。法案规定：禁止出版发布任何针对联邦政府、国会、总统的恶意、虚假诽谤性的言论，不得散布藐视丑化政府、国会、总统的言论，禁止煽动善良的美国人民对联邦政府、国会、总统的仇恨。

我们前面说过，美国宪法最牛气的部分，就是第一修正案，因为即使是现在，任何国家都不敢无边界地开放言论出版的自由。

在18世纪末的北美，这样一项法案，不算太逆天。虽然宪法的第一修正案已经通过，但对联邦党人来说，他们一向崇尚弹性解读，也就是说，有些条款总统可以拥有最终解释权。比如有人说“总统礼炮最好能打中亚当斯总统的屁股”，这个就太不懂礼貌了，不处理容易引发整体道德水准降低嘛。

宪法就是宪法，宪法是铁律，不是橡皮筋，哪里会有弹性呢？杰斐逊领导共和党人，举起捍卫宪法的大旗，发起了对新法案的攻击。

这个事件应该说是美国两大党派的公开宣战，从这个时段开始，两党基本都忘记了，自已是有英国绅士血统和传统的，在国会在两院在州议会，一有争执，对骂和互啐口水已经是低级水平的对抗了，绅士们开始用拐杖互殴。

虽然弗吉尼亚和肯塔基的州议会强悍宣布《反煽动叛乱法案》无效，但在该法案实施的两年里，还有14名共和党的编辑和记者因为言论不当被捕被罚款。联邦党人以为这样就能让共和党的人闭嘴，在1800年的大选中，削弱他们的声势，然而他们错了。用第一修正案冒险，是个“杀敌一万，自损一万二”的做法，联邦党人作为执政党，一般是小心谨慎避免偏激，让对手即使反对，也不能找到具体的由头。可这个法案的出炉，正好是给了共和党一个抗议的目标和明确的斗争方向，而且随着共和党人被捕被“迫害”，反而让他们内部更团结更有斗志。

1800年大选，联邦党人大败，共和党的杰斐逊成为第三任总统。亚当斯虽然落败，但他还是将亚当斯家族打造成美国第一政治世家，以后的美国历史中，我们还会认识许多亚当斯。

十三　国土开拓者杰斐逊

杰老爷的大观园

1998年，一份DNA报告震惊了全美。《独立宣言》起草者托马斯·杰斐逊的后代被发现跟杰斐逊的黑奴莎莉·海明斯的后代有血缘关系，最合理的解释，海明斯的后代应该是来自杰斐逊。

美国的国父们喜欢把人生来平等放在嘴边说，可不论是“圣人”华盛顿还是民主之父杰斐逊，在他们的概念里，众生平等肯定不包括黑人。偶尔他们可能会认为把黑人当奴隶用不厚道，但在他们心中，黑人依然是比白人低级的物种，即使他们中有些人可以获得自由民的身份，也绝对不能跟白人待遇相同。

托马斯·杰斐逊跟华盛顿一样，是从弗吉尼亚政坛起家的政治家，大种植园主，也娶了有钱的寡妇。杰斐逊的岳父有不少黑奴，老爷们白天觉得黑人黑得低贱，夜晚关上灯就不介意肤色，不少面容姣好的女黑奴上了老爷的床并产下后代。在中国古代，丫鬟如果怀了老爷的孩子，一般可以封为姨娘，孩子纵然是庶出，也能享受准小姐准少爷的待遇，不至于继续为奴。早期美国地主比较绝情，女黑奴就算生下老爷的混血孩子，还是奴隶，偶尔老爷善心大发，在孩子成年后，可以给他自由，只是黑色的自由人，也没什么社会地位。

杰斐逊太太继承了老爸的种植园和奴隶们，其中有不少可能是自己同父异母的弟弟妹妹。其中有个叫莎莉·海明斯的小黑奴，长得白净清爽，不使劲看，还真看不出是黑人，她被杰斐逊留在身边使唤。

39岁那年，杰斐逊成了鳏夫，他坚持对妻子的承诺，没再续弦，但他一直把海明斯带在身边。两年后，杰斐逊成为驻法国公使，海明斯也随着来到法国，得老爷亲自教授她法语和各种知识。海明斯是美国历史上最牛叉的学生，因为公认的智慧最高的国父是她的家庭教师！

杰斐逊返回美国时，海明斯坚持留在法国，老爷哄丫头总是有办法的，他承诺，回到美国，他会给海明斯自由。不过根据历史记录，老爷显然是食言了。海明斯生了5个孩子，杰斐逊给了其中几个自由，1998年的DNA检测证据确凿地证明了，不管总统认不认，这5个真是杰斐逊的种。

这个劲爆的八卦可不是1998年才爆出来的，前面说过，1800年的大选，两个政治派系已经剑拔弩张了，爆料揭老底这种竞选手段也开始使用。好在当时没有DNA

技术，杰斐逊对这个传闻采取了不理不睬不回应的态度，没妨碍他战胜亚当斯当选。

杰斐逊的胜利，是共和党的胜利，作为美国的民主之父，杰斐逊一向认为，共和党战胜联邦党取得政权，是为美国杜绝了一个可能会走向独裁的政府，具有革命的意义，所以他称之为“1800年革命”。

虽然拿到了总统之位，但联邦党绝对不能算完败，因为他们留在共和党政府里的，是真正的狠角色，比如联邦最高法院首席法官约翰·马歇尔，他曾是亚当斯内阁的国务卿，在亚当斯离任时，这位新的大法官就是杰斐逊政府里一个堵心的对手。

最高法院

看美国的新闻，奥巴马总统比手画脚、神情激动地在国会发表演说，下面坐的议员们偶尔会起立鼓掌。但，有两帮人是不能为总统或者其他任何中央干部的发言鼓掌的。一帮是军人，因为军人不能干政；另一帮是中间就座的9位大仙，一律头发花白，黑袍冷峻，神情淡漠。就算奥巴马突然戴上墨镜，大叫一声“奥巴马style”，而后大跳骑马舞，他们也应该面无表情，视同无物，这9位酷得不可接近的人物，就是美国最高法院的9位大法官。他们代表着美国神圣的司法独立，就算他们在心里认同或反对演讲的内容，脸上必须毫无表情。

司法独立也不用这么酷吧？人家当然可以酷哇，按实际的权限来说，他们几位比总统要牛多了，因为他们拥有对伟大的美国宪法的最终解释权；国会冥思苦想小心谨慎制定的法律，这几位可以否决；总统的权力要随时置于最高法院的监督之下。

让高院和大法官拥有如此超然的地位，是因为美国史上最成功的大法官马歇尔的建设，后人说，马歇尔和杰斐逊的对峙状态，造就了如今的美国宪政，起因就从杰斐逊刚上任时迎面遇上的“马伯里诉麦迪逊案”开始。

亚当斯竞选落败，明里向杰斐逊真诚道贺，暗地里忙着搞小动作。他应该在1801年3月3日离开白宫，就在这最后一天的任期，他火速任命了42名联邦党人成为治安法官，企图将一股强劲的控制司法的势力留在杰斐逊政府内。

按规矩，委任状需要国务卿盖上公章下发生效，可上届国务卿还有几张委任状没盖章，杰斐逊就入主白宫了，总统的死党詹姆斯·麦迪逊是新的国务卿。杰斐逊就跟麦迪逊商量，既然没下发，就扣下别发了，杰斐逊会在共和党内选拔任命新的治安法官。

亚当斯这个行为被称为“午夜任命”，鬼祟得很，而杰斐逊这个反击动作也不算体面，还没做到保密，几个没拿到委任状的治安法官听到了动静。被任命为哥伦比亚特区治安法官的马伯里就是其中之一，他预备不依不饶，向高院控诉麦迪逊。

那年的高院，挺可怜的，在首都都没有自己独立办公的地方。两院从国会大厦一楼给开个房间，让他们开庭。这个案件交到马歇尔手里，绝对是极高的智商测验。

宪法规定了立法、司法、行政有同等的权力，立法和行政都已经确定了自己的位置，司法还没有得到准确定位。从表面上看，这个案子有两个断法：一、承认行政机关的指令最大，高院不能干涉总统的行政命令，驳回马伯里的诉讼；二、马伯里告得有理，命令麦迪逊把委任状下发。但马歇尔知道，杰斐逊和麦迪逊这两个“逊”人绝对不会搭理高院的指令。这两个断法，都会让高院显得比行政机关或者国会低一级，司法权沦落。

本来都认为这是个无解的题，没想到马歇尔找到了第三种解法，马大法官说了：高院驳回马伯里的诉讼，但原因并不是行政权力大于宪法，而是因为高院只能接手“上诉”这种业务，马伯里要求高院判决麦迪逊发放委任状，这应该是“初审”法院该干的事，马伯里告得有理，不过告错了程序。

在案件审理过程中，马歇尔坚持以宪法为基准，而其他的法律，一旦跟宪法有冲突，则可认为无效。就是这种坚持，让高等法院终于获得了崇高的司法审查权，也就是说，高院可以质疑否决国会制定的法律。

在欧美学习法律，这个案件几乎都是第一个要学习研究的案例，在古今中外关于宪法的案件中,有非常高的被引用次数，是盖世名案。现在美国最高法院的墙壁上，还刻着马歇尔在此案后的结语：解释法律显然是司法部门的权限范围和责任。

西部的呼唤

马歇尔虽然是个联邦党人，但在对马伯里案件中，给足了杰斐逊面子，在道理上让两党都无话可说。因为对杰斐逊来说，根本不存在宪法弹性解读，宪法就是最大的，他这个总统，更是要严格按照宪法行事。可如果遇上宪法没有明确规定的事，总统该如何决断呢？杰斐逊就真碰上这么一件愁人的好事。

1799年,拿破仑发动雾月成为第一执政,科西嘉的小个子虽然还没有进位为法皇甚至欧洲之主，但已经让大部分欧洲感觉到了寒意，杰斐逊当然也听说了这家伙不好惹，好在天高“皇帝”远，隔着大西洋总能相安无事吧。

可拿破仑就是有办法把他的强大气场送到杰斐逊鼻子下面。

跟黄河、长江一样，美国人也有一条母亲河，这就是纵贯美国大陆南北，最后进入墨西哥湾的世界第四大河——密西西比河。

17世纪末，法国人最早沿密西西比河南下，而后宣布了密西西比河流域为法国所有，这片地区被命名为路易斯安那，向当时的法王路易十四溜须。

法印战争的失败，法国人不得不出让密西西比河以东的地区，如今成为美利坚的领土；战中西班牙给法国帮忙，跟着成了输家，不得不让出部分佛罗里达，法国人为补偿西班牙人，就将密西西比河以西、落基山脉以东，北至加拿大、南到墨西哥湾的广袤领土转给了西班牙人。

拿破仑成为法兰西之主后如何威风请参看《闻香法兰西》。这个寂寞高手想到美洲有大块土地失去得不明不白，更加寂寞。路易斯安那东部现在是美利坚的领土，要回来难度很高，但如果跟西班牙拿回路易斯安那西边那一块，应该是可以实现的。杰斐逊总统上台时，望向密西西比河对岸，他犯愁了。

原来虽然说这片土地是西班牙的，如今西班牙是个没牙的老虎，管不了这些地方。美国和西班牙刚刚签订了条约，美国人可以使用新奥尔良港，所以，美国那些总喜欢乱跑、向往新环境的拓荒者，早就划过河，在路易斯安那建设自己的家园了。可这块地区要落在拿破仑手里，这个小个子的想法可有点猜不透。

杰斐逊是个民主派，是个简单的人正直的人，脱离了低级政治手腕的人。显然这块土地对美国比对法国更有价值，那就别在家憋着想鬼主意了，大大方方地去问科西嘉人，他想不想出让这片遥远的海外土地呢？

总统的好友詹姆斯·门罗领下了这个任务，去找拿破仑谈买卖。

老杨虽然在这个时候介绍了门罗出场，可对这单旷世的地产生意，门罗的贡献并不大。更有远见和操作技巧的，是当时的美国驻法大使——利文斯顿。

一听说路易斯安那成了法国土地，利文斯顿大使就考虑向法国政府购买了。当时对美国有个重大利好，整个巴黎都在预言这样一个情形：英国会再次对法宣战，开启新的战斗，他们这次会第一时间出手占领北美的路易斯安那，而美国很可能会跟英国结盟联手；路易斯安那有大量美国人的货栈货物，如果法国真占着不松手，美国人肯定不惜一战。

这些说法在微博上风传，拿破仑和他的政府班子很快也知道了。就算没有这些风传，拿破仑自己也能分析出，留下路易斯安那，肯定是祸大于福；转让给美国佬，不仅能收到一笔巨款用来专心收复欧洲，还可以卖美国佬一个面子，避免他们跟英国人结盟。

门罗一到法国，他的说辞还没用上，人家就直接让他报价！

没有物价局的指导标准，谁知道这片土地应该多少钱哪！那就拿破仑坐地起价，美国佬就地还钱吧！议价的过程出乎意料地顺利，两边达成的最后价格是6000万法郎折1500万美元成交！看到这个凯子的价格，我们不禁哀叹，拿破仑再牛，也超越不了他的岛民出身，眼皮子太浅，他是以每英亩3美分的价格售出一片宝地呀！这败家孩子真活该憋屈死在岛子上！

美国佬占了天大的便宜，按道理说应该回家狂笑几天。可美国国会中的联邦党人阵营却发难了。

前面讲过，联邦党人是维护资本主义的，工业和金融业是他们认为的重中之重，对他们来说，西部的土地比不上跟欧洲的贸易对国家更有利，而且在西部开荒的，都是支持共和党的，西部的土地越多范围越大，共和党的势力也跟着增长。

共和党人，尤其是杰斐逊，他们是不信资本家的，只要有工厂和雇佣关系，就一定有剥削和不平等，这跟他们的民主共和理念很抵触。只有发展以小农经济为主的农业，美利坚才是一个真正自由平等的国度。建设农业大国，当然是土地越多越好！

宪法没有规定总统有权买地，拓展国土，杰斐逊有没有资格签字支付这1500万美元，成为两党的争论焦点，甚至新格兰地区还威胁要分家独立。

美国的政客们总是有解决问题的智慧的。宪法没规定总统可以买地，但规定了总统可以签约，所以签字有理，签吧。

1803年12月，新奥尔良，合众国的旗帜缓缓升起，美利坚的领土就此扩大了一倍，终于完整占有了密西西比河流域。

因为杰斐逊的大农业国思路，他对西部探险很上心，在他任内，有两次重要的西部勘测。

在购买路易斯安那之前，杰斐逊已经计划组织一次横跨美国大陆，并到达太平洋沿岸的探险。

从合众国向西这一路，英国、法国、西班牙都有势力参与其中，他们还各自扶持印第安人跟拓荒的美国人对抗。杰斐逊政府感觉到，如果美国大陆要向西延伸，局部战争恐怕是不可避免的，有必要先去探探路。

刘易斯是杰斐逊的私人秘书，他选择一位跟他一样对西部充满遐想的战友克拉克，连同西班牙语和印第安语翻译，一行45人，渡过密西西比河，穿越落基山脉，顺斯内克河、哥伦比亚河而下，到达了太平洋沿岸。

这是史上第一次，美国人从东到西，横向探访了他们即将拥有的国土，这一路的经历、见闻、风土等各种资料，对美国后来的向西拓展，无疑是有巨大指导意义的。

除了刘易斯和克拉克这支队伍，西部探险的小分队还有一支，小队队长叫派克。他们先是北溯密西西比河的源头，而后也一路向西，在现在的科罗拉多州，遭遇了落基山脉的一个高峰。派克感觉翻不过去，就以此为终点开始折返，这个高峰，后来就被称为派克峰。派克显然是个懈怠的人，他转了一大圈，带回给总统的汇报是：密西西比河到落基山脉这片荒野，毫无价值，还是留给印第安游牧部落玩吧！

三国演乱

杰斐逊想象着西部苍凉，开荒的悲壮，一转眼4年就过去了。1804年，又是大选年，看来对于国土的拓展，大部分美国人还是喜悦的，所以杰斐逊连任得非常顺利。

不过在1804年，总统连任不算大新闻，最大的新闻，是有两位政坛大佬决斗，搞出了人命！

这都19世纪了，决斗out了，接到决斗通知，一般正常人心里就会想，不过是约架嘛。不幸的是，历史上存了只是去打架而不是拼命想法的人物，最后都死得比鸿毛还轻，我们基本可以认定，决斗而死的人实际是蠢死的。1804年，蠢死的这位，是汉密尔顿，杀人的那位，是杰斐逊的副总统伯尔。

伯尔和汉密尔顿的恩怨，说来话长，老杨没有篇幅详细介绍。这位伯尔，应该说是美国历史上第一位真正意义上的政客，为了私利上下钻营，无所不用其极，所以即使同为共和党人，还是杰斐逊的副手，杰斐逊本人跟他都不和。联邦党人知道伯尔的德行，拉拢他跟联邦党私下勾结，虽然用他，但联邦党人的老大汉密尔顿打心眼里看不上他。伯尔的政治生涯钻营过程中，受到汉密尔顿的挤兑和中伤，伯尔终于有一天爆发了，向汉密尔顿约架。

汉密尔顿在决斗之前就发表了书面声明，不管伯尔怎么对他，他都不会率先开枪。决斗过程有点历史迷雾，细节不详。结局是汉密尔顿中枪倒地，第二天就失血过多而死。伯尔被控谋杀，浪迹天涯。

成为浪人的伯尔破罐子破摔，妄图组织人马从西班牙手中夺取墨西哥，建立一个自己主政的帝国，杰斐逊先下手为强，以叛国罪逮捕了伯尔。这项叛国大案被送到了大法官马歇尔手上审判，因为限制了某些证据，最后陪审团竟然宣布伯尔无罪，这也成为马歇尔经办的著名案例之一。审判后，伯尔流亡欧洲很多年。

亚当斯下课，汉密尔顿蠢死，联邦党失去重要核心。在杰斐逊的第二个任期，党争带给他的困扰不大，可就在这一年年底，拿破仑称帝了，欧洲的时局益发紧张，美利坚想独善其身并不容易。

1805年，特拉法加海战后，拿破仑妄图同时雄霸陆地和大海的理想彻底破灭，英法双方只能勉强认可对方的优势，拿破仑是陆上雄狮，英国是海上大白鲨（参看《老大的英帝国》及《闻香法兰西》）。

拿破仑不敢下水，想起英国人又咬牙切齿，头脑发热之下，颁布了《大陆封锁令》：关闭欧洲大陆对英格兰的贸易；英国议会毫不示弱，还以颜色：所有去往欧洲的船只，必须停靠英国港口，缴纳税款，否则扣押；拿破仑一听急眼了，又追加一条《米兰赦令》：所有船只，敢听英国的，法国一律没收！

英国人对欧亚的海上贸易风生水起，对美洲有点顾不上。19世纪，美国的商船队乘势而起，掌握了欧洲对西印度群岛的大部分生意。英法之间的争斗，有一部分就是针对美国的，他们都怕美国跟对方的贸易太紧密，最后勾结到一起与自己为敌。

现在的局面是，美国商船直接驶向欧洲大陆，则肯定被英国人报复；如果停靠英国的码头，按他家的规矩办事，一定会被拿破仑收拾，里外不是人，躺着趴着都中枪。

英国法国都让美国人难受，但如果非要分清楚英法两家谁更坏，大部分美国商船会说是英国人。原因很容易想，因为英国人在海上更有优势，对船只下手，英国人肯定更狠。最可恨的是，英国人不仅扣船扣货，他们还抢人。

英国维持庞大的海军，征兵是个大问题，英国海军很强大，最出名的是刻薄，英国船被称为“漂浮的地狱”，水手们的生存环境比猪好不了多少，就算没死于海战，也可能死于极差的卫生状况，船长对水手也是想打就打想骂就骂。英国人不是走投无路是绝对不会当水手的，英国海军一直是靠强拉壮丁来维持。

悲惨的是，美国人长得和英国人完全一样，说的还是同一种语言。英国人截住美国船，说船上的水手是英国逃兵，美国人是一点辩解都没有，因为他们没有带着身份证和护照出海的规矩呀。美国船上条件稍好些，被英法封锁后，胆大的走私客更是收益惊人，还真有不少英国水手跳槽到美国船上。所以，英国人要到美国船上查逃兵，美国人也不敢理直气壮地喊冤。只要碰上英国舰队，能逃出生天，绝对是上帝的庇佑！

应该说，拿破仑和英国都不够冷静，贸易战肯定是双刃剑，能治死敌手的招数，自己也不容易占到便宜。面对这样一场混乱，其实任何人都不容易冷静，于是糊涂毛病也传给了杰斐逊，他居然也加入了这场乱战，而最奇怪的是，他的这些糊涂法案，还都能在国会通过！

1806年，美国凑热闹抛出《不进口法案》，禁止所有非美国的船只进出美国港口。英国船不需要进美国的港口啊，他们可以在外海上继续欺负美国船。

惹不起躲得起吧？1807年，《禁运法》干脆禁止美国船到外国港口去，禁止了美国的对外贸易。因为英法都指望美国的谷物和棉花过活呢，杰斐逊心想，我不发给你们，看你们还敢欺负我们？这下麻烦了，本来美国船提着脑袋走私，还是有几艘船能实现交易，获得极其丰厚的收益。如今全体船只不准出海，船员，水手，码头工人一律失业，而南方种植园主的玉米、棉花、烟草等作物自然也只好烂在货仓砸在手里，欧洲的工业品因为不能进入美国，导致本地价格狂涨，美利坚毫无悬念地整个陷入萧条。

《禁运法》这种馊主意，我们每个人看着都摇头，杰斐逊这么聪明的人他就觉得合理。因为他们共和党人对国际贸易是不屑的，他们崇尚小农经济自给自足！

萧条中，大选年又来了。联邦党没有起色，如果杰斐逊想连任第三届，也没什么障碍。但他也厌倦了，也许是出于对前任华盛顿的敬意，杰斐逊在两届任期满后也选择了归隐山林，回到自己的庄园。

老神仙杰斐逊

杰斐逊退休那年66岁，他为美利坚工作了40年。可悲的是，这么一个老革命老干部，居然没有安稳的晚年，他恐怕是美国史上最穷困潦倒的退休总统了。

作为一个全科天才，杰斐逊在政坛之外还有很多才艺爱好。最著名的，就是他对建筑的悟性和热爱。

5美分钱币正面是杰斐逊的头像，背面则有一座四平八稳的大房子。这栋房子就是杰斐逊的庄园，著名的蒙蒂塞洛，它已经进入了世界遗产名录，是美国旅游的名胜。

这座庄园之所以出名，不仅仅因为它是一位受历史评价很高的总统的府邸，而是因为，它是杰斐逊一手设计制造的。

杰斐逊在美国建筑史上的地位几乎可以说跟他在政治史上的地位不相上下，根据杰斐逊的性格和他对古典文化的个人理解，蒙蒂塞洛是真正融入了主人独特理念的新颖的建筑作品。在弗吉尼亚夏洛茨维附近的小山上，绿树掩映中，白色的大圆屋顶和门廊上一根根的圆柱，能看到罗马和希腊建筑对杰斐逊的影响，而房屋整体低矮的红砖结构，又透着古朴平静。实用主义和古典主义的糅合，就形成了所谓杰斐逊式的建筑。

蒙蒂塞洛是美国建筑的标本之一，可在当时，很多人看它就是个笑话。杰斐逊太聪明了，他在房间里设计了许多自动偷懒的装置，好不好用不说，但让房间的格局看起来有点奇怪，这幢外表挺漂亮的建筑，其居住的舒服程度，很让人质疑。

最可笑的不是设计，而是工期。这么一个自家居住的宅院，杰斐逊从1784年开始设计，到1824年才算大致完工，还毛病多多，后续的维修工作不绝。最要命的是，近半个世纪的工程下来，杰斐逊的身家银子全砸在里面了，在他当选美国总统之前，他就已经债台高筑，入不敷出。8年总统当下来，离任时，债务还增加了！

跟蒙蒂塞洛齐名的杰斐逊式建筑，在弗吉尼亚的夏洛茨维还有一片——弗吉尼亚大学，也入选了世界文化遗产，这所著名大学，也是杰斐逊退休后建立的。1819年，为了实现自己一生秉持的理念，杰斐逊为平民能够接受高等教育而建立了弗吉尼亚大学。大学的中心建筑——图书馆，也是一幢圆顶带柱廊的建筑。

根据最近的排名，弗吉尼亚大学大约可以排进全美公立大学的前三，其中的达顿商学院，更是全球MBA的圣殿之一，几乎可与哈佛商学院齐名。一所大学被选入世界文化遗产，在全世界是绝对不多见的，更可贵的是，它是全美第一所让教育与宗教独立的大学。杰斐逊自己是个教徒，支持自由的宗教信仰，推崇政教分离。

修房子让杰斐逊负债累累，办大学更是入不敷出，后来他只好跟国会商量，将自己数量巨大的藏书以24000美元出让，以此建立了国会图书馆。

杰斐逊几乎可以算作是启蒙思想在北美的旗手，反对压迫，宣扬平等，痛恨权贵和君主制，创立民主共和党的目的就是是为了反对专制暴政。8年的总统任期，他抛弃了所有的排场，经常衣衫简陋不修边幅地出现在重要场合。华盛顿的官邸对所有人开放，杰斐逊鼓励全国人民有事都可以给自己写信，他亲笔回复。杰斐逊的民主思想带着人文主义光芒，他是真正伟大的思想家。可就是人穷志短，虽然在任内他签署了废除奴隶贸易的法令，但自己还是拥有大量奴隶，因为需要这些奴隶帮他抵债，不能不说，对黑奴的态度，让这位美国民主教父形象留下瑕疵。

在美国历史上，杰斐逊跟他的前任亚当斯经常被同时提及，他俩的恩怨敌对是当时美国政坛的重要内容，也是美国历史的重要花絮。这对盖世仇家在退休后达成了和解，晚年还成了笔友，惺惺相惜，互相写信玩，这些信件成为研究美国历史和社会的珍贵资料。

1826年7月4日，《独立宣言》50周年神奇的日子，约翰·亚当斯在自己昆西的庄园逝世，留下一条著名遗言："托马斯·杰斐逊还活着呢！"临死都惦记着这位亦敌亦友的对手。不过他不知道，至少在寿数上，他赢了，因为在他留遗言的几个小时前，也是这一天，杰斐逊逝世。上帝是让这两位老伙计在另一个世界继续纠缠吗？

十四　英国佬又来了

2012年3月，英国首相卡梅伦国事访问美国，之前英国内部有人质疑，英美的同盟关系是不是略有疏远，为了打消英国人可能失去一个强势阔亲戚产生的惊恐，卡梅伦此行，处处显示出与美国人特殊的亲近，而奥巴马也非常懂事地配合秀亲密。

在白宫的南草坪，奥巴马开玩笑说，200年前，英国人就来过这里，他们还想放火。卡梅伦赶紧回应：我的祖先放火是挺让人尴尬的，不过我看出，如今这里防卫严密多了，你们不敢对英国佬掉以轻心了。

午餐时，国务卿希拉里也觉得200年前的往事，的确是一个不错的话题，于是接着聊起：总统麦迪逊夫人听说英军要来了，赶紧收拾了些白宫值钱的物件逃跑，留下一顿给丈夫和同僚预备的晚餐。英军放火前，还先品尝了第一夫人的手艺！

奥巴马和希拉里念念不敢忘的，就是美国史上一次耻辱的战败，200年前，1812年，美国和旧宗主再次发生了战争,英国军队进入华盛顿，火烧白宫。

上篇说到，《禁运法》引发的萧条中，麦迪逊接了老领导的班，成为总统，在这段时间当美国总统，要随身配备头痛药的。

《禁运法》肯定行不通，换成“不交往法”吧，重新开放跟所有国家的贸易，就是不准搭理英国和法国；还不行，再换“梅肯2号法案”，可以跟英法恢复贸易，授权总统，如果发现这两家有些不友好的动作，总统有权马上中止贸易。

从这些法令的颁布速率看，当时的美国政府，脑子是够乱的。乱归乱，仔细梳理，意见最后可以归为两派，一派是觉得英国佬欺人太甚，要跟他打一架，让他知道美利坚已经不是当年那个被他殖民的蛮荒地了；另一派当然抵制干仗。

任何国家对于自己主动宣战而后落败的战争，都会用些解释粉饰一下，美国人也不例外。主流的美国历史说起1812年的英美战争，喜欢自称是二次独立，认为是英国人还放不下宗主国的野心和念想，变着法子欺负美国人，想让他们再次就范。实际的战争原因是什么呢？

英国人放不下北美殖民地，是其中一个原因，但美国人主动宣战，还是因为共和党的政府产生了一群鹰派的势力，他们想通过战争实现自己的利益目标。

美利坚东北部，尤其是新英格兰地区，是联邦党人的大本营，在他们看来，与英国和欧洲的贸易是美利坚经济的重中之重，按道理，对于英国人在海上欺负美国人，他们应该最生气。可奇怪的是，他们生气归生气，坚决不同意跟英国翻脸，就算英国对海上贸易处处设限，他们也不太激愤。大家别忘了，殖民地时代，他们就是走私行家，如今不过是重操旧业，难度稍大点儿，但收益更高了。如果跟英国翻脸打起来，那走私也做不成了。

共和党要建立一个大农业国，需要大量的耕地和广阔的国内市场，对南部和西部的很多美国人来说，要扩张再扩张，最好让美国的土地延伸到自然疆域。

美国的自然疆域在哪里？当然是囊括整个北美。从独立开始，美国人就觉得，加拿大地区是流落在外的游子，早晚要回到家里来。英国继续殖民加拿大，美国人要帮这些“同胞”脱离魔掌。南部的美国种植园主则深刻地感觉到，应该拿回西班牙还控制的佛罗里达剩下的部分。

英国感觉到美国内部的激进情绪，预感加拿大岌岌可危，只好先下手为强，明里暗里教唆并装备美国西部的印第安人找美国发难。对印第安人来说，看着步步西进、目光贪婪的美国人，他们的确需要英国人的支持来捍卫最后的家园。

麦迪逊刚接班的那两年，西部印第安人对白人造成了几次恶劣的流血事件。美国的鹰派势力得到一个结论，印第安人不可怕，讨厌的是加拿大的英国人，只要收复加拿大，将英国人彻底踢出北美，印第安人就嘚瑟不起来了。

1810年，不少“好战分子”被选入国会，看得出，打架的情绪已经是美利坚主流。顺理成章，1812年6月18日，打心里不愿打架的麦迪逊总统，迫于国会的压力，向不列颠宣战！

其实，在美国人宣战之前，英国议会已经通过废止《枢密令》的动议，预备缓和与美国的关系。遗憾的是，茫茫大西洋，再一次让和平的消息晚到于战争的冲动。

以火还火

19世纪初那阵,很适合给英国佬添乱。为了防御拿破仑，英国军队的精锐都必须留在欧洲。独立战争后，部分英国军队在西部死赖不走，在美国人的第一目标加拿大，英国正规军有4500人。

英国兵不算多，美国兵也不富裕。这次宣战，叫得最凶的是前总统杰斐逊，可就在这伙计任内，他大规模削减了陆军和海军。他一直认为，中央政府不需要太强大太强势，国家军队也不需要养太多人。

此时的美国正规军不过12000人，宣战后国会批准征兵扩军，政府不能强拉壮丁，只能征召志愿兵。志愿兵相当有觉悟，犯我家园者，必不轻饶，但要出国到别人家打架，就不太愿意配合。战争第一年，陆上战争，美国以多打少全部失败，还丢失了底特律。

让人意想不到的是，美国海军神奇地强大，居然面对世界上最强的海上军队，打出了威风。美国人海战的几场胜利，让不列颠不敢小觑，从欧洲急调增援，竟然也没有完全取得制海权。

1812年，英国炮击巴尔的摩的港口城市麦克亨利堡，当地一位律师斯科特·基在清早的晨曦中，看到炮火与黑烟中飘扬的美国国旗时，一时激动，写下一首诗歌《星条旗之歌》，后来这首诗歌被美国作曲家史密斯谱曲，1931年，成为美国的国歌。

五大湖区的战斗是最帅的。因为安大略湖舰队的支援，美军终于冲进了加拿大，并攻占其首府约克镇，也就是现在的多伦多。美国佬农民秉性不改，攻进首都，居然放火烧掉了人家的国会大厦，连带烧毁不少无辜民房。不仅放火，还抢劫，让平民遭殃。

1813年，一支小型舰队在伊利湖迫使英国舰队投降，控制了伊利湖。舰队司令向国会发了一份急件报告战况，标准的美国人腔调：我们遭遇了敌军，现在，他们是我们的了！

占领伊利湖，英军进攻的补给线被切断，不得不退守加拿大。美国人得意了，以为可以乘胜追击。可在进攻蒙特利尔时，遭遇了沉重打击，不得不掉头回家。

留给美国人的时间并不多。1812年，北美的战事根本不算热门景点。真正的大戏是欧洲的俄国卫国战争，拿破仑进攻莫斯科，损兵折将撤退，反法同盟几位大佬开进巴黎。英国人终于可以空出手来收拾北美的局势了！

英国人依然殖民的加拿大地区，是分成两部分的，一部分是被称为下加拿大的东部，居民主要讲法语；西北部人少，居住着讲英语的居民，被称为上加拿大。美国佬自我感觉良好，他们认为，杀进加拿大，那是帮着加人独立，带他们回家，上加拿大人对英王有感情，不愿作反，下加拿人这些法国人，肯定被统治得很憋屈，他们一定会打开大门迎接，一头扎进美国怀。

实际上，英国人对加拿大地区一向是怀柔的，对宗教信仰也宽容。下加拿大人，都是些虔诚天主教徒，怀念波旁王朝，视拿破仑为罪大恶极的篡位者，他们坚定地支持英国人对法国作战，更不会在此时跟英国的敌人联手添乱。

美国人自作多情地“革命”，让加拿大地区空前团结，上下加拿大和印第安人都愿意配合抵抗美军，英国军队里，数量最大的是当地的民兵。所以虽然美国人在多伦多大闹了一场，可“收复”加拿大的终极目的，显然是遥不可及。应该说，没有这场莫名的战争，也就没有后来的加拿大。而加拿大这个国家整个历史上就打了这么一场正式的战争，还是打退了美国佬，也让加拿大人学历史的时候很得意。

英军来真的了，1814年拿破仑退位，5000多英军登陆切萨皮克湾。英军登陆前绝对没想到，这趟是公费旅游，还是狂欢节性质的。

听说英国人登陆了，华盛顿的政府官员们以树倒猢狲散的画面卷逃，前面希拉里说的往事很能代表当时的情形，第一夫人打破了画框，抢走了华盛顿的画像，拯救了一份珍贵的历史文物。

8月24日，英国人进入华盛顿。华盛顿并不是不设防的城市，有8000陆军在此驻守，他们的问题在于，还没看到英军，就第一时间逃跑了，让英国人觉得很没劲。

英军进入华盛顿，看这首都也不太像样，有一所灰蒙蒙的大屋子，据说是总统府。有人提醒老杨，错了，人家那是白宫，它怎么会是灰蒙蒙的呢？

杰斐逊等一伙弗吉尼亚派大佬，处心积虑将首都挪到了华盛顿，这是件相当坑爹的事，因为第一任总统选的这个地方，根本就是一片沼泽地，建设了好几年都不像个样子。倒是总统府，集中了英美建筑的特点，灰色的沙石建筑，有点儿庄严。亚当斯是第一位入住的美国总统，在没完全装修好的简陋和潮湿中，屁股还没坐热就下课了。

英军看到总统府就想到了多伦多大火，二话不说，举枪对着窗户一阵乱扫，随后也开始放火。总统府、财政部大楼、海军造船厂都淹没在熊熊火光中，多亏半夜一场雷阵雨，要不然还真剩不下什么了。

总统府被烧得只剩下骨架，后来维修时，为了掩盖火烧的痕迹，当时的总统门罗就下令整个刷上白漆，如此，白宫就出现了。

在这个美国总统恨不得找个地缝钻进去的羞辱时刻，还是多亏美国海军，以少胜多，在尚普兰湖区战胜英军，迫使英军也转入加拿大作战。

老胡桃

迄今为止，这场美国人自信满满发动的战争进行了两年，基本可以说没占到便宜，场面也不精彩，每到此时，都需要大明星出来救场。

美国独立战争时，驻守南卡罗来纳州查尔斯顿的美军投降英军，有一位出生在南北卡罗莱纳州交界处的苏格兰—爱尔兰裔平民子弟，和他的兄长一起，被英军俘虏。英国军官要求这名战俘为自己擦皮靴，遭到强硬拒绝，英国军官一气之下，挥刀砍伤了俘虏的头部和左手，留下永远的疤痕。

倔强的战俘，大名叫作安德鲁·杰克逊，他的兄长在获释后死去，母亲及家中其他人也死于战乱。杰克逊一辈子心心念念地，就是要找英国人报此深仇大恨。

杰克逊没有家世背景，想在美国出头，只能在西部边区找机会。田纳西成就了他，他成为一个律师，而且是位作风硬朗彪悍的律师，在西部那些打架斗殴争地夺产的官司中，往往能占据优势。

田纳西是美利坚后来收并的土地，按照《西北协定》，人口超过6万，就正式成为州。杰克逊随着田纳西一起成长，成为该州成立后第一位进入联邦的众议员，后来还成为田纳西的大法官。

即使是美国早期的政治家，杰克逊也属于比较野性的，有暴力倾向，喜欢找人决斗，出名手黑。除了幼时被英军留下的伤痕，身上还有政界同人决斗留下的五花八门伤，体内还留着子弹，引发长期的肺部囊肿、骨髓炎等疾病，投笔从戎后，还光荣地染上了疟疾。

杰克逊成名于对印第安人的战斗，既然跟同人决斗都不留情，对印第安人就更不会手下留情了。杀人、烧村庄、毁坏庄稼，杰克逊憋在心里的仇恨都发泄在印第安人身上了。就是杰克逊的工作，让密西西比河以东的印第安人彻底覆亡。战斗中他坚韧而强悍的做派，被赋予了光荣的“老山胡桃木”的绰号，山胡桃被认为是木质最硬的树木。

取得对印第安人的胜利后，杰克逊终于等到了寻仇英国人的机会！1814年，华盛顿最上心的是找英国人和谈，而杰克逊却看到，南方重镇新奥尔良几乎没设防。他不理会华盛顿方面的指令，自作主张带兵进入新奥尔良，并大规模布置防卫。1815年初，60艘战舰和14000名英军就真的杀奔新奥尔良而来。

新奥尔良攻防战前后四次，英军损失惨重，美军伤亡轻微，获得了大胜。杰克逊的大名威震大西洋两岸，成为美国人心目的战神，英雄。

新奥尔良战役成就了杰克逊，对大局并没有决定性影响。因为在头一年圣诞节前夕，英美两国都不堪重负，在比利时的根特缔结了合约。等对方在停战条约上签字后再发动进攻，毋庸置疑是一种必胜的打法！

《根特条约》是一部白开水一样平淡无聊的条约，跟1812年的这场战争一样。结果是，双方认可战前的状态，一切照旧吧。如果一定要找个意义，那就是美国放弃了“解放加拿大”的痴心妄想，承认加拿大是一个与美国完全没关系的独立存在。现在，美加之间拥有世界上最长的不设防的国界线，双方在国界附近都没有军队，看来美国人是真不想“收复”加拿大的事了。

十五　门罗主义

美英战争期间，联邦党人可是露脸了。开打前反对战争，赤裸裸地亲英，战争爆发后，仍然坚决反对战争，还趁机扩大对英贸易，甚至供应入侵的英国军队，大发战争财。战争中这帮人召开会议，居然提出要新英格兰独立，美国分裂；分裂不成就想趁着战乱修改宪法。

1816年大选，所有人惊奇地发现，所谓联邦党，已经没有可以抗衡共和党的力气，好像是一夜之间这个党派就不存在了，不知道在什么时候，被自己的政敌共和党包容兼并了。麦迪逊的国务卿跟他的前几任一样，轻松赢得大选，成为总统，他就是门罗，干净利落地控制一党领导下的政府，这段没有党争的岁月被认为是难得的“和谐时代”，所以门罗也同样轻松地获得了第二个任期。

门罗任内，最大的挑战来自1819~1820年，因为共和党对国家银行的认识不够，导致金融混乱，引发国内严重的经济萧条，接着，美利坚再次面临来自欧洲的挑战。

拿破仑虽然被放逐荒岛，他发动战争造成的影响却流毒深远，持久不散。当年他下达大陆封锁令，发现西班牙和葡萄牙两国居然还偷偷跟英格兰贸易，光火之下，挥军伊比利亚半岛，囚禁了西班牙国王斐迪南七世，让自己的大哥约瑟夫主掌该地。西班牙人拒不驯服，发动游击战对抗波拿巴兄弟，让拿破仑深陷半岛，狼狈不已。

西班牙此时已然没落，当年他们有遍布全球的殖民地，控制起来就力有不逮。比如路易斯安那就被拿破仑弄去卖了，对佛罗里达的控制也似有似无。不过，在他家传统的势力范围——南美地区，虽然现在只剩几艘邮船零星来往，但南美的西班牙领地还保持着对母国的忠诚。

听说国王被关，拿破仑还对南美派出新的总督，南美人民跟西班牙人一样义愤填膺，跟宗主国人民隔岸呼应，他们也发动起义，要求独立。脱颖而出领导南美独立运动的，就是著名的英雄——西蒙·玻利瓦尔，他曾经走访美利坚，从革命成功的前辈那里，吸取经验（拉美的独立运动，将在拉美卷时具体叙述）。

1811年的委内瑞拉起义，正式拉开了南美独立运动的大幕，到拿破仑倒台，斐迪南七世拿回王位，南美的自由渴望已经被点燃，自由之火熊熊燃烧，热不可当。

反法同盟最终胜利，让欧洲君主国家的几位萌发了莫名的责任感，他们觉得必须组建一个协会，联手压制各国危险的反对皇室的忤逆行为，这就是1815年，由沙皇、奥地利皇帝和普鲁士国王组建的神圣同盟。

神圣同盟听说南美要造反，可找到用武之地了，马上提出对斐迪南七世提供军事援助，帮他镇压起义。

因为俄国卫国战争，沙皇亚历山大在欧洲大出风头，在神圣同盟内部，他就是大哥大。不管神圣同盟成立的意义是什么，亚历山大突然如此关心美洲事务，肯定是跟自己的利益有关。

17世纪，俄国已经占据了阿拉斯加，并沿太平洋海岸向南勘探，蠢蠢欲动，在离金门海峡很近的地方，建立了小据点。虽然当时当地还是无人区，但美国人的西进目标已经非常明确了，俄国人未雨绸缪，开始禁止外国船只穿越这一地区，当然也包括美国船只。

亚历山大操纵神圣同盟插手美洲事务，就是为将来自家跟美利坚有可能在太平洋沿岸的纠葛做准备呢。

看起来欧美世界几个主角都现身了，抢殖民地最牛的不列颠哪去了？他家最务实，对于亚历山大发出的加入神圣同盟的邀请函，客气地予以拒绝。南美革命一启动，原来这一地区日常的欧洲用品供应，就转到了英国商船上，英国人笑眯眯地坐收了南美革命最肥的渔利。英国人一想，神圣同盟如果帮西班牙收复南美成功，那这门到手的生意就黄了，英国商人只有抢来的业务，没有让出去利润，所以他们在伦敦一鼓噪，英国国会就考虑，要阻止神圣同盟的动作。

神圣同盟是个相当嘚瑟霸道的反革命帮派，英国要同时得罪三位老大需要点儿技巧。英国人高明的外交手段发挥了作用，他们跟美利坚传了几次私信，让美国出手阻扰同盟。

利益还真挺一致的，对美利坚来说，佛罗里达和太平洋沿岸的事，都不能让来自欧洲的势力得逞。

英国人玩政治太老谋深算了。门罗的国务卿昆西·亚当斯警觉到，英国人的目的，也不过是想渗透进美洲，既要防备同盟，也要防备英国人。所以，虽然英国人的意思是，英美两家联合行动，亚当斯还是觉得，美国最好是独立发表声明。

1823年12月2日，门罗送交国会的咨文中，非常明确严肃地警告欧洲：欧洲任何人想把自己的制度扩展到这个半球的任何部分的企图，都可视作是对我们和平和安全的危害；南美已经是独立自由的国家，就不再是欧洲任何国家的殖民对象了；美洲是美洲人的美洲，既然美利坚不搅和欧洲的事，欧洲最好也不要来美洲现眼，否则大家都不好看。

这就是著名的“门罗宣言”，不管在20世纪变成“门罗主义”后多么别扭，在当时还是对南美独立起到了积极进步的作用的。

美国单方面独立发布了宣言，神圣同盟火眼金睛看到了背后英国人的意图，可以预见，同盟如果真要动手，那就是逼英美联手了，想到美国的地主之便和英国强大的海军力量，后果难以意料，于是，门罗宣言成功了。从1804年海地到1825年的乌拉圭，前后17个拉美国家获得了独立，大致形成了现在那一带国家的格局。

门罗任内,关于被解放的黑奴去向有了新思路。

前面说过，从独立开始，这个一直以自由平等为建国之本的国家，对家中大量被奴役的黑人心态是异常矛盾的。一边剥削黑奴，一边高呼“人生来平等”，很不和谐，但真要解放所有的黑人，又怕这些黑人满世界溜达，搞乱社会治安，影响白人的生活，反正想让白人承认黑人完全和自己平等，是不太可能的。

美国北方的资本主义经济对黑奴倚重不高，乐得表达自己平等博爱，所以积极呼吁废奴。19世纪后，不少美国黑奴获得了自由。

怎么处理自由了的黑人呢？干脆，美国人也去占一块殖民地，把这些黑色自由人输出，建立一个黑色美国吧。黑人是从非洲来的，再还给非洲去。

1820年，第一批黑人到达非洲西部的利比里亚，被最早的葡萄牙殖民者称为“谷物海岸”的地方，盛产象牙和马拉克塔胡椒。第二年，更多的黑人被搬迁到这里，开始按美国模式建设一个非洲家园，费用由美国殖民协会负担。

到1845年，美国殖民协会钱紧，不堪负担，利比里亚提出了独立，美国人深明大义地同意了。这个叫利比里亚的新国家，是真正的美利坚山寨版，宪法和国家形式基本都是复制的美国模式，是个老山姆变异的双胞胎。因为这层美洲近亲的关系，后来在整个非洲被欧洲人分割殖民的时代，利比里亚没有列强敢染指。只是，直到今天，利比里亚也不算是太平乐土，看来这个美国模式，不见得放在哪里都好用（利比里亚的故事，到非洲再说）。

十六　民主美国

从华盛顿到门罗5位开国总统，全部来自弗吉尼亚的政界，美利坚刚建国这段时间的中央政府，被称为“弗吉尼亚王朝”。

说是王朝，并不夸张，这5位总统，皆出自世家，不是“富一代”就是“富二代”，名校教育（只有华盛顿没拿到文凭），经历显赫，还都参与过合众国和宪法的缔造，是真正的精英。虽然没有英国那样世袭的爵爷称号，但在北美的社会阶层中，他们算是“本地贵族”。

随着西部的发展，某些来自西部平民家庭的政治家慢慢崛起了，比如我们前面提到的杰克逊，他是草根出身的政治人物代表。而这位“老山胡桃木”在新奥尔良之战后，去哪里高就了呢?

佛罗里达回家

新奥尔良的胜利，让杰克逊成为南部最高军事长官，以这伙计历史上对印第安人的态度，他驻兵佐治亚地区，少不得会有些种族清洗之类的活动。

加拿大指望不上了，佛罗里达就志在必得，不容有失。现在佛罗里达西部大部分已经被美国人实际占领，东部的西班牙人，杰克逊从来没放在心上。

想出兵总有借口的。南方的黑奴喜欢向东佛罗里达逃跑，南部的印第安人在西班牙和英国的唆使下，跟杰克逊找麻烦，打不过也往西班牙的领地跑，这些都是打架的理由。

1818年，没有宣战，不用办手续，杰克逊的“胡桃木”军队追击一股印第安人，就杀进了西属佛罗里达，吊死了两位英国商人，“老胡桃木”称，这俩英国人是印第安人犯罪集团的幕后黑手。

美国宪法有规定，战争或者媾和都需要国会批准，这个杰克逊，随便跟门罗总统打了个招呼，就杀进了另一个国家，发动了一场越境战争，严重触犯法律，简直可以等同暴动，至少应该送上军事法庭。

门罗也觉得，这厮太虎了，不处理他，以后这样的军阀还不知道怎么闯祸呢。门罗的国务卿亚当斯摇着羽毛扇，露出了微笑，对总统说：“主公宽心，此乃天助我朝。”

西班牙提出，要严肃处理杰克逊，亚当斯不阴不阳地对西人说，这“老胡桃木”是个硬茬，你们又不是不知道，他现在已经进驻了你们的领地，我想揍他也够不着，不如你们多派点军队过来守土，如果实在守不住，这么小一块地方也不值当费工夫，卖给我们得了呗！

此时的西班牙也人穷志短，看着佛罗里达的领地莫名地越来越小，心里清楚，剩下的这部分，实际上已经是被老美咬在嘴里，咬碎都不肯松口的，如果还能换点钱，那已经算是及时止损了。

佛罗里达风波不了了之，西班牙人开价500万美元，将这座阳光岛屿拱手相让，从此美国人可以去迈阿密棕榈海滩看比基尼美女了，后来甚至从这里出发，去月亮上看嫦娥了。至于杰克逊“违法行为”呢？不用追究了，他将是未来佛州的最高行政长官，佛州的中心城市用杰克逊的名字命名。

1824年大选

写美国历史呀，4年一次的大选总是不能回避的，这不，又要迎接新总统了。美国已经走过了5位总统，那到底，美国的总统是怎么选出来的呢？

其实，著名的民主国家美利坚，总统并不是全民直选的，它是通过一种美国特色的阶梯选举办法弄出来的。存在两党的时期，由各政党选出自己的候选人，有选举权的公民们投票选举一个选举人团，每州的选举人团数目，等于这个州在参众两院的议员总数。大选当天，是选举人团选举总统，要求总统必须获得半数以上的选举人票，如果所有候选人都没有获得半数，则由众议院决定总统的人选。

美国这种选举人团制度，两百年来一直遭到各种质疑，历史上可能有几百份关于改革这种选法的议案，可是，到现在为止，美国总统还要这么选。

之所以不改，是因为一时可能还不容易想到比这更公平的选法。如果全民直选，那些人口众多的大州几乎可以主导选举的形势，只需要维护几个大州的利益，就可以保障自己的团体入主总统府；随着美国国土不断扩张，在地广人稀、交通不发达的那段时间，真要全民普选，选票在路途中也难保不出乱子；就算现在可以网络投票，网络的安全则更靠不住。选举人团当天投票当天点票当天宣布结果，这种效率也能在一定程度上杜绝舞弊风险。这是独立之初，大州小州南方北方协调出来的一种大家都能接受的办法。

1824年，早年参与建国的元老们都老得差不多了，再看不到那种德高望重众望所归的候选人。之前“弗吉尼亚王朝”的总统，基本都是上届推选出下届，政权和平移交,竞选一说几乎谈不上，鞍前马后跑得很辛苦的上届国务卿最容易成为下届总统。按照惯例，这一年，门罗的国务卿昆西·亚当斯就成了1824年大选第一候选人。

亚当斯是太子党，“红二代”，第二任总统亚当斯的长子，年轻时就活跃在政界，在上面说到的佛罗里达事件处理中，我们能看出他的决断和智慧。

大家应该还记得，我们很熟悉的布什家，就是总统父子档，而小布什当选的时候，还有些说不清的选票猫腻，这位小亚当斯会不会比布什顺利点儿呢？

美国的早先选举制度借鉴英国，对选民有财产和纳税的要求，“弗吉尼亚王朝”5位总统和国会议员们，不管隶属什么党派，他们大部分还都是精英们的代表，天经地义地认为，选民们多少要有点身家，一个穷鬼，连自己的日子都过不顺当，还要给整个美利坚当家，未免太扯。

19世纪，国土快速扩张，新的州陆续加入联邦，西部逐渐崛起。东部世家老爷们是不会去西部开荒的，在西部成了气候，构成新的州府而后进入国会参政的，有大批草根出身的政客，进入国会后，想要跟老精英们抗衡，必须依靠自己出身的阶级，总要为草根主张些权益。

19世纪20年代，几个州提出放弃或者降低财产要求，应该让所有白人男子都有选举权，呼声越来越高，有些州在这段时间就真的放弃了对选民的财产要求。

这样一来，1824年的大选就空前热闹了。因为选举人数增加了，候选人自然也要增加，而且范围更广。田纳西州推选了明星候选人，当然是“老胡桃木”杰克逊！

联邦党莫名消失，或者也可以说他们稀里糊涂被共和党融合，美国政府内一党独大。单一党派的风险就是，没有敌人，就内讧，容易产生各种派系，为了都照顾到，共和党还推举了亨利·克莱和克劳福德一起参与竞选，如此共产生了4位候选人。

克劳福德曾在门罗政府任战争部长和财政部长，老伙计身体不太好，竞选前犯了病。而亨利·克莱在美国早期历史上，绝对是可以占据一席之地的硬角色。碍于篇幅限制，老杨不能详细叙述亨利·克莱的事迹，基本可以说，从英美开战前算起，美利坚家各种大事，都有这位的身影。亨利·克莱的问题是，做政客，他太成功了，以致影响了形象，一辈子参选总统五次，五战皆败。

1824年是亨利·克莱第一次出征，他的政客智慧帮助亚当斯入主了白宫。

话说这一年杰克逊以其强大的声望，获得了99张选举人票，占据第一位，亚当斯84票紧随其后，克劳福德得票41，亨利·克莱垫底。

最高得票没用，因为这四位，谁也没有过半，要麻烦众议院合计出总统来。宪法规定，只有得票前三的候选人才有资格进入众议院评估，亨利·克莱自己没机会了，但他还有机会引导出对自己最有利的结果，因为此时他是众议院议长，是共和党在国会的领袖！

三名候选人中，虽然小亚当斯跟亨利·克莱算不得和睦，但在多数问题上，他俩的理念更接近，所以亨利·克莱鼓动他在众议院的支持者力挺小亚当斯上位，他成功了！

高票落选，杰克逊虽然接受了失败，心中却不可能不悲愤。他和他的支持者们认定，被东部那些贵族精英们耍了，他们通过“腐败的交易”，侮辱了平民的权利。大英雄杰克逊的委屈落败,让他罗致了更多的支持者,在他们看来,跟亚当斯、亨利·克莱这一党人,在很多方面都已经话不投机了，不如组建新的党派表达诉求，也能在亚当斯执政期间，保持自己的影响力。就这样，美国迄今为止历史最悠久的主要政党——民主党就诞生了，并延续至今。杰克逊是民主党之父。

总统之恋

历史上，小亚当斯因为国务卿任内的工作表现被高度赞扬，被认为是史上最优秀的国务卿之一。至于他的总统任期，也许是因为杰克逊的宣传，多少有点儿名不正言不顺，而且，既然他只获得了一个任期，对于他的总统表现，老杨这部简单通史中，就不费笔墨了。倒是亚当斯离开白宫后要赞一下，这伙计退而不休，参选众议院回到国会，后来心脏病发作倒在工作岗位上，“革命”到了生命最后一刻!

有1824年垫底，1828年的竞选更好看了。随着老牌精英的逐渐减少，新兴的政客抛弃了节操，大胆秀下限。这不是一场选举，这是两个老男人的骂街表演，史上这轮著名的谩骂竞选，还出了人命。

再次对垒，杰克逊的民主党已经颇有系统了，有属于自己的报纸和媒体队伍，他们可以全方位打探亚当斯的私生活，然后大肆攻讦。亚当斯被指控的罪名包括：暴君、赌棍、拉皮条的（传说是亚当斯在圣彼得堡搞外交时，将一位美国少女介绍给沙皇）。预备拿私生活做文章整死对手,一定要先保证自身比圣人还清白，可惜相对于小亚当斯，杰克逊的私生活更容易被诋毁。

杰克逊出生自蛮荒垦殖地的爱尔兰移民家庭，亚当斯阵营不知道在哪里搞到猛料，说杰克逊的老妈是个妓女，被英国士兵带到美国，嫁了黑白混血人，生了杰克逊(叫杰克逊的在黑白的问题上都有点纠结)!

既然下决心搞政治，就知道自己的老母肯定是首当其冲会经常被对手问候的，而即使是强悍如“老胡桃木”，他看到这份报道，也忍不住流出了眼泪。

最让杰克逊心痛的是老婆。这里要隆重推荐一本小说，美国大师级的传记作家欧文·斯通的著名作品《总统之恋》。小说写的就是杰克逊和蕾切尔的爱情故事。

蕾切尔来自从东部到西部拓荒的家庭，17岁时，嫁给了肯塔基州颇有家世的罗伯茨。罗伯茨是个小心眼的老男人，天天防范老婆，总怕别人打老婆的主意。时间长了，蕾切尔受不了压力，要求分居，罗伯茨张罗着提起离婚诉讼。

1791年，坠入爱河的杰克逊迎娶了蕾切尔，很快，他就知道，他们的婚姻是无效的，因为罗伯茨的离婚手续还没办好，蕾切尔还是别人的老婆呢！从此，杰克逊就落下了通奸的恶名，即使是1794年，在办好所有手续后，两人重新举办了合法的婚礼，可通奸两个字却如影随形，永远洗不掉了。

这是杰克逊的软肋，他的政敌们总喜欢找这里下手。上篇说到，杰克逊体内留着一颗子弹，就是因为有人说蕾切尔是荡妇，激怒了“老胡桃木”，他要求决斗,并在身中一枪后，将对方击毙。

政界对嘴吵急了可以决斗，取对方性命，可总统大选，就由不得你杀人了，对方再狠，都是游戏规则。杰克逊必须忍，蕾切尔忍不了。从背上“荡妇”骂名开始，这个美丽而快乐的姑娘就日趋颓废，沉溺于抽玉米芯香烟解忧，渐渐落魄为一个邋遢憔悴的老妇人。1828年，杰克逊做足了保密功夫，防止蕾切尔读到报上那些不堪入目的内容，可这些内容实在太强大了，就在蕾切尔听说杰克逊赢得了大选，预备为自己的第一夫人形象置办行头时，读到了关于自己言辞恶心的报道。

1828年圣诞节前夕，虽然以绝对优势战胜了亚当斯，成为下任美国总统，可杰克逊没有一丝欣喜之情，他可怜的一直有心脏病的妻子，终于没能战胜这一轮又一轮的人言可畏，溘然而逝，杰克逊将没有第一夫人的陪伴，孤独黯然地入主白宫。

*美国沿袭欧洲风尚，虽然公开禁止决斗，但真要约斗，警察不会现场抓人，如果决斗的过程是公平公正的，没人告官，官家并不追究。之前伯尔和汉密尔顿的决斗，是因为汉密尔顿事先公开宣告了自己在任何状况下都不会先开枪，过程上已经不公平，所以伯尔杀人要被问罪。

关税危机

作为史上最成功的总统之一，杰克逊任内大事不少，最大的一件应该是将不可避免的南北战争推迟了30年，至少在自己任内，虽然一触即发，毕竟，没有发生。

南北分裂，起源于国内争执已久的关税问题。

美国的工业从无到有，蹒跚起步，面对强大的来自英国的工业品，毫无半点竞争力。立国时汉密尔顿拟定的思路，要对进口物品开征关税，一是可以保障本土工业的发展，二是为联邦政府增加一笔收入。

1816年，政府正式拟定了关于关税的法规条例，在随后的几年里，关税逐年增长，到1828年，关税已经到了45%的高位。

美利坚从建国起，南北就别扭，随着国家越来越大，政府越来越稳定，南北分歧一直没有消弭。如今东北部新英格兰地区，是工业资本家的中心，出现了不少本土工业，他们对于英国货物的高关税，异常欢迎，恨不得年年涨，年年高；中西部的农场主呢，他们种植玉米小麦之类的作物，对进出口的事不敏感，农产品市场能对来自欧洲的产品制造障碍也是好事；只有南部的种植园主，对关税深恶痛绝。

南部种植园，只种一种作物，那就是棉花。棉花大部分出口英国，再从英国交换回南部需要的工业产品。美政府不断调高关税，对南部的进出口影响很大。南部因为垦殖的时间过长，土地有些透支，棉花种植园日渐式微，西部也开始有些很兴旺的棉花产区，让南部心里更烦躁，全部迁怒于政府的关税政策。他们突然想到，宪法里并没有规定可以收关税，政府的关税政策是违宪的！

杰克逊的副总统卡尔霍恩就来自南卡罗来纳州，他认为此时此刻，他必须站出来捍卫州权。于是他提出了著名的《南卡罗来纳的声明和抗议》，指责"可憎的关税"违宪，并强调，既然联邦政府是各州推举的，那州权就应该大于联邦权力，联邦法令如果违宪，则各州可以拒绝执行。

卡尔霍恩是作为杰克逊的革命战友，随他竞选一起成为副总统的，一直大力支持杰克逊，他感觉这次的南卡事件，杰克逊应该支持自己一回，最关键的是，都知道杰克逊虽然强硬，但一直是个州权的积极拥护者，强烈支持扩大州的权力，要求联邦政府管得越少越好。

没想到的是，杰克逊在沉默了一阵后，立场鲜明态度强硬地表示了自己的态度："联邦必须受到保护！"

对于老领导跟自己翻脸，卡尔霍恩是有心理准备的。杰克逊不是文盲大老粗，可跟学院派精英相比，他言谈举止都透着粗鄙，经常措辞错误，招人笑话。这样的人，他的办事方法有自己的体系。他几乎不相信那个官方的内阁，国家大事，他喜欢把亲信叫到白宫边吃边谈，这几个亲信，被政敌们叫作总统的"厨房内阁"。厨房内阁中，战争部长约翰·伊顿是杰克逊的老友,也是总统最信任的一个幕僚。

卡尔霍恩认为，杰克逊在关税的事情上居然不跟自己一条心，就是厨房内阁的主意，他预备将这帮人个个击破，消灭所谓的"厨房内阁"。

第一个下手的目标就是约翰·伊顿。伊顿的夫人佩吉是二婚的，老公死后嫁给伊顿，江湖上有传闻说，佩吉第一任老公死前，伊顿就已经跟佩吉有了一腿，所以，伊顿夫妇又是一对"奸夫淫妇"。以卡尔霍恩的太太为首的华盛顿政界太太团，集体抵制佩吉，不许她参加圈内的活动。

这件事直接触了杰克逊的霉头，蕾切尔临死时无奈的目光他铭记于心难以忘怀，他不会允许另一个无辜的女人再遭受一样的诋毁，更何况这还牵涉自己最信任的朋友。总统甚至专门为此召开了一次内阁会议，叫来牧师和当事双方，详细了解到底伊顿两口在婚前，有没有睡在一张床上，而且有现场目击者！

大约就是经过这件事，杰克逊和卡尔霍恩正式翻脸了，卡尔霍恩追随杰克逊的目的就是惦记着下届总统大位，杰克逊对他心寒，提拔了自己的另一个小弟国务卿马丁·范布伦做继承人，因为在"佩吉·伊顿事件"和其他大小事件中,范布伦总是坚定地站在总统一边,揣摩圣意，从不添乱。而发现自己在联邦政府已失去前途的卡尔霍恩，索性辞去副总统的职务，回到南卡，全力经营他的州权大业。

1831年，杰克逊以绝对多数选票获得连任。南卡的抵触情绪似乎也越来越暴躁，当地立法机构召开大会，投票取消了联邦政府的关税法，还禁止本州缴纳税款，公然跟联邦政府对抗。

虽然脱掉了戎装，杰克逊骨子里还是军阀脾气，他扬言要绞死卡尔霍恩，并向查尔斯顿派出了战舰和税收船，加强了军事防范，摆出了武力清理门户的造型。1833年，国会通过了一项法案，授权总统使用武力解决这种叫板的行为，眼看着，南北战争一触即发。

幸好此时有个神通广大的和事佬，找到了让两边都体面下台的梯子。这位大仙就是亨利·克莱,他提出，联邦关税不能废止，但可以逐年递减，争取到1842年下调到1816年的水平。

看到总统兴兵防御查尔斯顿，南卡已经有民众质疑卡尔霍恩这种以单一州对抗整个联邦的犯傻行为，卡尔霍恩也知道，逼着老军头杰克逊玩武力，自己会死得很轻佻。既然联邦表现了松口的态度，自己就别再犟着找抽了。于是，一场危机就这样被化解了。而其他州受了教训，以后再用州权叫板，要先谨慎掂量!

央行生死劫

杰克逊是美国历史上第一位平民总统，他的上台，标志着美国从精英政治转向平民政治，宣告一个平民的政府，也可以完好地运作一个国家，不会比贵族差。而在整个美国历史中，杰克逊可能是权力最大的总统，用美国的标准衡量，他已经是个独裁的“暴君”了，有人甚至称呼他为“国王安德鲁一世”。

美国建国时确定了三权分立的制度，核心就是总统和国会的关系，按建国时精英们的想法，总统的权力应置于国会之下，国会最大。而前面说过，美国的宪法，其实是留下了大bug（漏洞），可以成就一个强势甚至独裁的总统，杰克逊就成功地实现了总统权力的最大化。在他任内，总统轻松控制了国会，频繁人事变动，让内阁成为总统的听话班子，杰克逊更是空前地使用了12次总统否决权，让自己大部分意愿都顺利落实。

以美国这样的体系，就算出一两个“独裁者”，他们也不可能像法王或者德皇那样，因一己之私闯出大祸，可只要是“独裁”总会犯错的，也可能遗祸无穷。杰克逊任内除了打击州权叛逆，还继续大力清洗驱赶印第安人，无情掠夺原住民的土地，使之成为白人的新庄园，这些事对美国人民来说都不算太坏，可杰克逊对央行的偏执认识，却让美国的金融体系几乎面临瘫痪。

杰克逊是平民总统，是代表最大多数人的政府，是举着打击东部权贵的大旗上台的政府，他反对联邦政府权力过大，更反对与政府有关的贵族权力机构掌握着让少数人投机暴富的权力，比如美国的央行，联邦银行。

大家还记得，汉密尔顿最早提出建立一个国家银行时，是遭到了当时反联邦党人极力反对的，虽然第一合众国银行带着政府的股份顺利开张，并获准经营20年，但这期间，反对央行的声音还在持续。所以第一央行合同到期后，因为反对派阻挠，有4年时间央行停办。1815年，英美战争中的经济混乱，大家发现没有央行的约束和总揽还是不行，于是当年反对过央行的麦迪逊签字批准再建央行，1816年，第二合众国银行获得了20年的权限。

杰克逊任内，第二合众国银行的行长是尼古拉斯·比德尔,在他的银行世界里，他是跟杰克逊一样的铁腕男人，这两个男人的碰撞对峙，势必会让局面不容易控制。

第二银行的合约在1836年到期，杰克逊很早就明白表示，他不会允许合约继续。比德尔急坏了，赶紧联系央行的高层顾问斡旋，都是国会能说得上话的大员，其中就有亨利·克莱，他们预备将央行问题上升到政治高度，争取国会支持。

亨利·克莱在国会的影响力是不容小觑的，国会真通过了延长银行宪章的议案。

美国的宪法对总统有特殊福利，对于国会的法案，总统享有有限否决权，也就是说，如果参众两院的法案，不是超过三分之二的绝对多数通过的，总统可以否决。杰克逊毫不客气地使用了这项总统特权，让国会法案变成废纸。

要跟总统在关于央行的事情上打持久战，亨利·克莱和他的班子认为,必须紧密团结共同进退,最好是结成一党便于管理。那就组建一个新政党吧，因为杰克逊的铁腕和独断，亨利·克莱等已经在背后称呼总统为“国王安德鲁一世”，要组建一个反对“国王”的政党，就按英国的传统，叫辉格党吧（辉格党的来历参看《老大的英帝国》）!

民主党和辉格党，又有两个政党，这就是美国历史上的“第二党系”，当下核心争论议题也有了，这不大选年又来了，1832年，很明显，就是一次要不要取消央行的全国民意总调查。

亨利·克莱再度成为杰克逊的对手,获得了不到杰克逊四分之一的选票,再次败北。就是这样一个结果，让杰克逊认定了，摧毁央行是众望所归，一个民主派的总统，自然要配合民意，合众国银行保不住了。

虽然合同没到期，但杰克逊已经动手。政府的存款都在央行，总统下令，财长给转出来，转到跟总统关系很好的几个州银行去，这些银行被辉格党称为“宠物银行”（辉格党善于策划各种刻薄外号）。

财长比杰克逊了解美国经济，拒绝执行命令，总统马上换掉了财长，换上新的；第二任财长也不执行命令；还有谁能比老山胡桃木更硬呢，他果断再次撤换。好在第三任识时务，马上完成了任务。

行长比德尔不信邪，他预备硬碰硬。政府撤出存款，比德尔马上声称银行资金不足，要召回贷款，还要加息。这下，商业环境严峻了。

比德尔的反击的确是造成了金融环境的恶化，总统并不着急，因为他知道，比德尔更窝囊。因为召回贷款的客户中，跟央行的业务是息息相关的，尤其是商业阶层，他们真想联手找麻烦，比德尔也不好过。总统和行长扯皮，对一般人来说，肯定是主要找行长吐槽，不会直接去见总统，所以，比德尔的日子也难熬。

对抗的终极结果出炉了，比德尔没有山胡桃木硬，他低头了，扩大了贷款规模，条款也宽容了。

既然比德尔低头了，就说明总统赢了，1836年，第二合众国银行关门！

突然关闭银行，会不会引发危机呢？杰克逊说，不会，有国家统计局数据为证！1835~1837年，美国政府抛出的财务报表让所有人惊叹，也能让汉密尔顿汗颜。因为在这两年中，美国政府完全摆脱了债务，国债为零，国库还有大量存款！

政府怎么发了大财呢？前面讲过，巨高的关税是个重要收入，但最日进斗金的，还是土地销售。通过各种办法兼并的西部土地，被政府测量后出售，是联邦政府巨大的财源。

钱多了也麻烦，联邦政府要这么多钱干吗用呢？民主政府自然有公平的处理办法，中央的收入部分来自地方嘛，既然中央有钱不欠债，就把多的钱还给各州呗。各州欢天喜地拿回了政府发的红包，都投入了基本建设，经济骤然繁荣，到处欢歌笑语。

经济繁荣，一定要防止过度投机。杰克逊非要将央行置于死地有个重要根源是，这伙计痛恨纸币！可能跟他自己早年的投机生意失利有关，反正他觉得，银行就应该经营金银通货，而不是以开印刷厂为主，就算为了便利要使用纸币，纸币也必须要有相应的硬通做支持。所以离任前，杰克逊再次颁发总统令：再有人跟政府购买土地，必须使用硬通货！

大家都能感觉到，杰克逊这一轮针对经济的动作，不算太高明，肯定蕴藏着巨大的危机。只是杰克逊虽然独裁专断铁腕还暴脾气，可他坚持站在平民的立场反对权贵反对贵族政治，反对联邦集权，最后，他还是将自己超高的民众支持率保持到离任。

杰克逊是史上第一位遇刺的在职美国总统。枪手近距离射击，子弹还卡壳了，老军头杰克逊反应更快，举起拐杖劈头盖脸打将过去，刺客被打得鼻青脸肿。这个事不能推论出有人恨毒了杰克逊（恨毒了这个词是跟《甄嬛传》学的），后来查出，刺客是个当天没吃药就跑出街的精神病患。

1836年，一片大好，各项事业欣欣向荣，杰克逊选定的继承人范布伦战胜辉格党各路对手，接班入主白宫，也看出了杰克逊不衰的人气！

十七　越穷越光荣

把1837年美国遭遇史上第一次严重经济危机完全归罪于杰克逊并不公平，实际上，杰克逊最后那两年，这个大农业国的农业收入并不高，甚至可以说是歉收的。本土作物不够，就必须大量进口外国主要是欧洲的农产品，美国的工业品还构不成去国际市场竞争的能力，所以美国的对外贸易实际上出现了逆差。

不光美国不好，这一年，欧洲也正赶上资本主义社会周期性的经济危机。所谓由资本主义根本矛盾引发的这个周期性危机，并没有那么多意识形态的内容，只要有市场有供求就一定会出现。比如猪肉，价格上涨，大家发现猪肉有利可图，所有人都养猪，第二年猪肉价格暴跌，猪农亏死，于是又都不养了，改行，猪少了，价格又涨了，诸如此类循环。说是资本主义特有的，不过是因为自由市场经济的环境下，政府不好出手调控这些涨跌罢了。

美国的欧洲贸易伙伴陷入危机，忙着从美洲撤回资金，而杰克逊总统刚规定，买地交税，政府只收硬通货，硬通货数量有限哪，市场上的钱越来越少，官方说法叫作流动性严重偏紧，有钱好办事，没钱自然什么都办不成了。

遇上这种事，范布伦倒是很淡定，恐怕是他自己也知道，他着急也想不出办法来。因为州银行陆续倒闭，政府的钱存在哪家银行都不方便了，范布伦任内最大努力，就是致力于建立一个独立金库，来保存政府的钱。这个独立金库大部分的功能跟当年的央行差不多，只是范布伦绝对不敢重开央行，要不然太不给老领导面子了。

面对危机，范布伦跟遭遇股票大跌一样，选择卧倒装死，想看危机能不能自己过去，只是没想到，这场危机前后持续了5年多，几百家银行倒闭，大量工厂关门，基础工程大都停工，失业的劳工比比皆是。缺乏硬通货，政府的土地买卖又只收硬通货，所以土地销售也受影响，政府的收入也跟着萎缩，很快，赤字重新出现，从此以后的美国国债只见大涨，再没见过清零那样的奇迹了。倒是有一件事符合了当初杰克逊的理想，经济都这样了，投机也跟着被遏制了！

不出意外，范布伦这个德行还能连任就没有天理了！1840年的大选主题词是：越穷越光荣。辉格党改变政策了，杰克逊的超人气都来自平民，显然这是大选获胜的基石，于是辉格党也开始走平民路线。前次选举，辉格党选了好几个候选人，以图适应不同种群的要求，结果选票分散，反而便宜了范布伦。这次他们预备从平民的审美角度选择候选人，所以，当亨利·克莱以辉格党老大的身份要求再次参选时，辉格党其他大佬一致建议这个老政客在家好好休息。

辉格党推举出身弗吉尼亚贵族后裔哈里森参选。这个出身能感动平民吗？能啊，关键看怎么包装了。哈里森出身军旅，在打击印第安人的斗争中，战绩彪炳，这让他跟杰克逊一样拥有很高的声望。最关键的是，辉格党此时在选举方面已经很专业了，民主党攻击哈里森是个喜欢在小木屋里喝苹果酒的粗人 ，辉格党马上表示，我们哈里森大叔，还真是这么个人，豪爽亲民，辉格党还在全国发起了苹果酒和小木屋的集会给哈里森拉票，大得平民选民的欢心。在打击对手方面，辉格党也定位精准，针对哈里森这个朴素亲和的形象，辉格党在报纸上发布漫画，将范布伦塑造成一个用银质器皿喝着法国葡萄酒，还装模作样的阔老头。

范布伦阵营很发蒙，作为代表平民参选的民主党，他们没想到对手会以彼之道还施彼身，看来党派的理念是什么已经不重要了，从此时起，选举的技巧才是第一位的，跟不上形势的范布伦只能黯然离去。

苹果酒和小木屋听着浪漫，对健康可能不利，因为总统哈里森大叔就职一个月后，就肺炎死翘翘了，第一次在美国政坛最没有存在感的副总统，实现了接班。接班的副总统叫泰勒，这伙计原来是民主党的，后来因为对杰克逊的做法有点意见，就跳槽到了辉格党。等泰勒上台，辉格党就暗暗叫苦，原来这伙计是个无间道，虽然加入了辉格党，骨子里还是向着民主党！

泰勒任内，美国开始跟中国建立贸易联系，那年头，任何一个西方国家跟中国打交道，都别指望是公平正常的贸易邀约，1844年的《望厦条约》，美国佬加入了英国带队的殖民大军，到中国分割利益，随后的岁月中，中国屡受欺凌的场景里，不再缺乏老山姆的身影。

十八　拥抱太平洋

整个19世纪，美利坚的主旋律就是史诗般壮丽的西进运动。前面说过，从美国建国起，很多人就存了“自然疆域”的野心，他们认为，“天命所归”美国人应该完全拥有北美地区。因为打不过加拿大民兵，向北发展没戏了，老山姆只好就跟北部的加拿大兄弟一起，并驾齐驱向西边扩张，要拥抱另一片大洋。

在任何国家，国土能越来越大肯定是好事，任何国民都不会拒绝自家拥有广袤的国土。而在19世纪的美国，随着国土不断增加，国内总有些别别扭扭的人，人为制造障碍，让政府西进征程掣肘。为什么？就因为美国长期悬而不决的一国两制的古怪形势，哪两制？一方要蓄奴，一方要废奴。

对北部尤其是新英格兰地区来说，他们重点发展工业运输业金融业等现代产业，除了帮自家打扫院子，黑奴几乎用不上。而对南部来说，大种植园大庄园，那是劳动密集型产业，挣的全是黑奴的卖身血汗钱。要不准养奴隶，谁能雇得起一帮子白人自由民种棉花呀？

产业形式不同，市场环境要求不同，自由的地区和蓄奴的地区，对政策有不同的要求，最怕国会厚此薄彼，让自己吃亏，所以，两种势力在国会也是不断在调整中均衡的。西部土地的增加，并陆续变成州后，因为当地垦殖经济的要求，国会内蓄奴派的力量也跟着增强了，让北部地区很无力。虽然1808年，总统废止了奴隶贸易，但西部对奴隶的需求总是存在的。而南部，如今因为土地透支，棉花种得也不如西部丰满，所以，干脆他们调整结构，专门饲养并向西部提供黑奴了。如此一来，南部和西部在奴隶的问题上态度是一致的，很容易在国会占大头。好在美国政治是最务实的，都知道平衡是一切的根基，他们试着用各种手段不断调整，总要让两方的势力大体均衡。

密苏里妥协

1819年，密苏里地区人口达到6万，可以申请建州。密苏里是全美第23州，之前正好22个州，11个蓄奴州和11个自由州。早先宾夕法尼亚州和马里兰地区曾因为自留地界限不明发生过矛盾，后来动用天文学家进行测量，才确定了界限，根据测量的天文学家的名字，这条线被称为“梅森—狄克逊线”，不知道什么时候就成了自由州和奴隶州的分界线，也就是常说的南北分界线。

这条线只说划到宾州和马里兰一带，如果向西延伸，大约密苏里州应该是属于北部的，应该是自由州。可路易斯安那也是垦殖地区，密苏里开荒种地也要人哪，不知不觉中该地已经容积了上万的奴隶了。按道理，这一定是个蓄奴州。

凭空增加一个蓄奴州，自由州肯定是不干的。事件的转机来自东北部的缅因地区，他们原来属于马萨诸塞州，现在想成立独立州。局面很清楚，如果北方阻止密苏里以蓄奴州加入联邦，南方也绝对不会同意缅因州诞生，但如果双方都让步，缅因显然是自由州，如此则国内就有了12个自由州和12个蓄奴州，还是平衡态势。

皆大欢喜了，就这么通过吧。这就是著名的“密苏里妥协案”。以后的美国历史，我们会经常看到“妥协案”这种字样，在美国早期，最纠缠不清，理不清又不敢剪断的南北纠结中，屡屡以双方高度智慧相互妥协，维护了联邦的整体统一。不过，这些矛盾没有根本解决，每次妥协也只是延缓了危机的到来，大家都知道,南北双方最后还是没有躲过一场你死我活的战斗。

一颗孤星

美国人感觉自己“天命所归”要统一北美，第一个原因是对自家政治体制的高度自信,认为向周边输出推广是必须的;另一个原因,则是他们盎格鲁–撒克逊人种的莫名优越：黑人已经为奴,南北美原住民那种黑不黑黄不黄红不红的肤色,也上不得台面,不配与高贵的来自北欧血统的白种人为邻,而最可气的是,美利坚向西不断建立新家园的旅程上 ,迎头碰上了墨西哥人,美国人爱上了得克萨斯。

墨西哥也算是没落世家了，南美神秘梦幻的玛雅和阿兹特克文明都起源于这里，16世纪，一位西班牙神仙，以区区千人不到，就摧毁了强大的阿兹特克帝国，墨西哥沦为西班牙的殖民地。

随着南美地区如火如荼的造反运动，墨西哥1821年获得了独立，成为墨西哥第一帝国，接收了西班牙留下的大部分地盘，从得克萨斯到加利福尼亚的地区。

墨西哥刚立国，没什么经验，看着北方得克萨斯这么大片的土地，还没什么人，心里着急了。抬头一看，东北那些美国佬最喜欢乱窜，不如勾引他们过来玩吧。老墨还真是了解美国人，在西部混的美国佬，最大的特点就是永远不满足，总觉得还有其他更好的地方可以去闯一闯，而且他们对土地的渴望是没有极限的，越大越好，越多越美。

老墨想老美所想，1824年，大方地颁布了移民政策，对美国佬低价出售土地，还免他们的税。老墨想得美呀，让美国佬过来垦荒，开放边疆，可以给墨西哥政府交税，将来万一美国人想武力西进，打起来的时候，这帮子傻移民正好是缓冲。

这个故事又叫“引狼入室”，到1835年，得克萨斯土地上的美国人已经超过3万，是墨西哥人的好几倍了。

老墨的人权水平比美国人高，人家国家是不准让黑人当奴隶的。可来得克萨斯的垦荒美国人，大部分都来自南部，天经地义地觉得，家里不养着黑奴，简直没法过日子。

1830年，动荡的墨西哥局势，成就了圣安纳将军成为独裁者，得克萨斯一直挺自治，新墨西哥政府希望加强中央政府统治，有些激进移民开始提议，干脆得克萨斯独立。圣安纳于是将美国人在当地的一个领导者抓捕关起来。小规模的纠纷时断时续地在部分地区爆发，墨西哥政府开始向得克萨斯增兵，1836年，被惹毛的美国人宣布，得克萨斯独立。

面对墨西哥的政府大军，得克萨斯的移民武装七零八落，不成规模，经常被揍。圣安纳对反叛绝不留情，即便美国起义者投降了，他们也杀无赦。

这时，有位叫山姆·休斯顿的美国人站了出来，这是美国历史上著名的牛仔。

休斯顿出生于弗吉尼亚的军人家庭，少年时，跟随寡母西迁到田纳西东部定居。休斯顿不爱读书，居然逃学到印第安人的部落去，跟印第安人打得火热，学会了印第安语，还被一个老酋长收为义子！

英美战争中，杰克逊在田纳西招募民兵，休斯顿加入了老山胡桃木的队伍，并成为他忠实的战士，一直追随杰克逊。战后回到田纳西，休斯顿自修了法律，顺理成章成为公诉人，而后进入田纳西议会加入政界，还成了田纳西州的州长。

虽然有点印第安人气质，休斯顿到此时应该还算是走的主流美国政治家的道路，杰克逊顺利入主白宫，作为他派系亲信的休斯顿又当上了州长，大有机会被当作杰克逊的接班人来培养。

可这位老兄爱上了老友的女儿，老友非常够意思地安排了他们的婚事，婚姻维持了非常短的时间，老婆就跑回家了。婚姻破裂的原因是个谜，休斯顿从此就沉沦落魄并酗酒，后来竟然辞掉州长之位，跑回到印第安部落去了。

一个州长成为邋遢的酒鬼有点惊人，但在印第安部落，可能不算太严重的问题。休斯顿娶了一位不嫌弃他的印第安姑娘，成为所在部落与华盛顿的联络人。他穿着印第安服饰在首都溜达，老领导杰克逊见到他，多少有点儿伤心寒心，于是给他出个主意，让他到得克萨斯去，那个广阔的天地，会适合这个牛仔并让他建功立业。

牛仔是个大地主，他进入得克萨斯后就购入了大面积的土地，建立了自己的庄园，成为当地权贵。得克萨斯独立战争中，休斯顿成为一股民兵的司令。1836年4月23日，在现在的休斯顿市（可以猜到休斯顿这个城市就是用山姆·休斯顿的名字命名的）附近，休斯顿的美军战胜了圣安纳的墨军，还生擒了圣安纳。圣安纳此前杀了不少同胞，休斯顿的手下都劝他报仇雪恨，而休斯顿非常理性地留下了圣安纳的性命，逼他签下合约，让得克萨斯独立。

既然独立了，就赶紧回到美利坚大家庭吧！没想到，休斯顿热情的笑脸竟贴了华盛顿的冷屁股。

得克萨斯必将是个蓄奴州，且是个巨大的蓄奴州，北方人肯定不愿意他们加入，增加南方的力量。没想到一直主张扩张的老领导杰克逊总统也是不同意的，他认为，如果接收了得克萨斯，那就是给美利坚预订了一场与墨西哥的战争。而后的两位总统范布伦和哈里森基于一样的原因，都不同意得克萨斯加入，只是勉强承认了得克萨斯共和国。

不能回家的休斯顿只能勉为其难成为得克萨斯共和国的第一任总统，仿效美国国旗，用一颗孤星旗代表自己这个不伦不类不知如何自处的国家，这里也叫孤星共和国。

孤星其实并不孤。这样一个位置这样一个国家，美国人不要，欧洲大把人欢迎，对英法来说，这实在是抑制美国西扩的一个大好办法，所以他们纷纷向这颗孤星展示了温暖的笑容，告诉他，你不会一直这么孤单。

英法一插手，美国人就感觉不妙了，泰勒总统任内，就忙着说服得克萨斯再回来，求北方的议员们松口，这一转眼，就到了1844年，看来得克萨斯的问题，会是大选的核心议题了。

“黑马”波尔克

美国人在西进,加拿大人也在西进,平行扩张,彼此不冲突,在太平洋岸边,两边终于撞上了,他们撞在俄勒冈。

俄勒冈地区在现在的美国西北角，包括如今的俄勒冈州、爱达荷州、怀俄明州、蒙大拿州和华盛顿州。18~19世纪之间，这里最多就是溜达着美加两国的兽皮商人。

当初英美战争后，美国和加拿大已经彼此默许北纬49度分界线。后来的历届美国总统都认为，这条线从大西洋拉到太平洋，所有的土地都这么分就行了。可没想到，已经在俄勒冈地区驻扎并生活的美国人并不答应，他们认为，美国应该全取俄勒冈，要以北纬54度40分为界，将加拿大西部的温哥华港都纳入其中，如若加人不许，可以考虑再次揍他们（他们忘记上次是谁揍谁了）！

虽然国会因为各自的政治目的，对扩张是有人同意有人反对，但广大的老百姓对扩张是一百个欢迎的，这其中还包括北部那些不种地的城市人口，他们当然也会喜欢主张兼并了得克萨斯和俄勒冈的总统，最好是态度强硬，拿不到不惜一战那种。

如所有人预料，1844年大选，民主党派出前总统范布伦出战，辉格党再次出动了老油条亨利·克莱。在全国人民最关心的西部扩张问题上，范布伦在任上时就不赞成得克萨斯回家，而亨利·克莱本来是个坚定的扩张主义者,不知道出于什么目的，在西进的问题上，他突然变得很保守，应该说，这两位，都不是美国百姓愿意支持的人选。

民主党反应比较快，斟酌后，他们果断放弃给范布伦第二次机会，而是另外推举了一匹黑马。

鉴于民主党的核心，都是杰克逊嫡系的人马，大都是当年在田纳西追随他的小弟，干脆选一个最像杰克逊的吧，曾经的田纳西州州长，江湖人称小山胡桃，就他了，正好杰克逊也是这个意思，詹姆士·波尔克横空出世，对决亨利·克莱。

范布伦在扩张的问题上态度暧昧，而亨利·克莱则是在参选以后，突然宣布他支持兼并得克萨斯，让人怀疑这个政客的真诚。只有波尔克，从现身就高呼，不仅要合并得克萨斯还要全取俄勒冈！全国人民都high（高歌）了，波尔克当然就是总统了。

在任总统泰勒太没存在感了，虽然他对得克萨斯的大业付出了最多的努力和口舌，眼看这一场大功劳要落在波尔克手里，泰勒很不服。而他赶在下课前，终于让两院同意接纳得克萨斯，而后在任的最后一天，亲自派人送信给休斯顿，让自己成为那个兼并了得克萨斯的总统。1845年12月，得克萨斯州成为美利坚第二十八州。

得克萨斯的事没赶上，波尔克上任，就全力处理俄勒冈的事。波尔克竞选时很强硬，真做了总统就谨慎了。偏执于54度40分线，英美开战的概率很高，好在此时此刻，两国都不愿意开打。英国人态度好，发邮件给新总统，说既然你们原来就认可49度线，那我们就坚持这条线嘛，也不能你家喜欢哪条线就哪条线吧。波尔克赶紧把信转给国会，看英国人够客气的，把关系弄僵并不好。波克尔向英国和加拿大释放了最大的善意，没理会国内日益喧嚣的主战派，与英国人达成协议，从此美加之间的北纬49度分界线就确定下来，延续至今。

俄勒冈没打起来，得克萨斯那边开打了！得克萨斯入美，墨西哥火死了，最可气的是，在边界划分上，两边还说不清楚。波尔克愿意息事宁人，承认墨西哥认可的边界——纽埃西斯河，但马上派军队驻扎在河边，号称是保护得克萨斯。

老墨再傻也能想明白，军队过来，保护得克萨斯是假，美国人继续觊觎新墨西哥甚至加利福尼亚是真。这两个地区因为老墨早先“引狼入室”的政策，也到处都是美国人，美国商人在这两个地区收益颇丰，此时也正力劝政府，务必将这两片土地收进美利坚的版图，他们可不希望永远变成墨西哥公民。

波尔克先礼后兵，他先派遣特使到墨西哥打商量，看老墨愿不愿意出个价，把老美看中的地区卖给美国算了。墨西哥的领导人居然不肯卖。1846年5月，国会以绝对多数通过对墨西哥宣战。终于，老山姆在用过各种和平手段扩张后，想尝尝武装占领的滋味了。

这场美墨战争没什么精彩之处，老美揍老墨优势很明显，大约在当年秋天，美国军队对新墨西哥和加利福尼亚地区已经实际占领。对墨西哥来说，新墨西哥和加利福尼亚属于北部边疆地区，就算被占领，也不能低头，还可以持续战斗。于是，波尔克派出海军，在墨西哥海岸建立基地，全力攻击墨西哥的核心地带，并顺利占领了墨西哥的首都墨西哥城。

墨西哥在1847年投降。1848年2月2日在墨西哥城附近的小镇瓜达卢佩-伊达尔戈，双方签订了条约。老墨含泪出让了加利福尼亚（下加利福尼亚半岛仍属墨西哥）、内华达、犹他的全部地区，科罗拉多、亚利桑那、新墨西哥和怀俄明部分地区。美国佬不算太欺负人，付了1500万美元算是购买，墨西哥欠的325万美元债务也一笔勾销。需要特别记录的是，按波尔克初衷，他是希望把整个墨西哥吃掉的，可没想到国会又不给力，北部认定如果墨西哥全部入美，则南方的势力未免太大了，北方就不愿意跟南方在一个联邦内耍了。波尔克知道，南北问题必须妥协，哪个总统也不敢太犟，非常郁闷地答应签约，让墨西哥还留在地球上种仙人掌。

淘金加利福尼亚

随便在地球上拉个人问问,这个世界上最有价值的东西是什么?大多数人的第一反应肯定是黄金(这是市侩级的答案,小朋友不要学。老师要是问你这个问题，正确答案可以回答为知识或者美德等等诸如此类）！

黄金这个东西是很可爱的，它密度大，很重，所以，即使是小小的一块，也不容易被风刮走被水冲走，在有黄金的地区，河道水流舒缓尤其是拐弯处，它们就可爱地沉积下来，希望被人带回家。挖石油还需要建个钻井平台，而黄金，如果不是大规模开采，想发一笔小财则只需要平底锅（平底锅这东西，杀人放火采金打老公都用得上）。把河底沙土弄在锅里，平行摇动，多淘换几次就能让金子和沙子分离，几乎没有技术含量和投入成本，男女老少咸宜，唯一的前提是，首先要发现一个金矿，还要保证自己不要在这个过程中搞丢了性命，有命淘金没命花钱。

1846年，居住在加利福尼亚的美国定居者已经组建成立了自己的国家——索诺玛共和国，用一面印有大熊的旗帜作为国旗，这个大熊成为了加州特有的标志，现在去加州旅游，还随处可见这头大熊在州旗上随风飘扬。

1848年2月，老墨将加州卖给了美国人，签字不久，墨西哥人就开始在家撞仙人掌，撞得头破血流，悔青好几条肠子，而美国人在家里高兴得快疯了。

合约签订前的1月份，一位美国人在加州一条河边查看自己的磨房水车，为了保证运转，他要把水里的杂物稍稍清理一下，突然，水中沙砾里，一些金光闪闪的东西亮花了他的眼睛，他再三再四地确定自己没花眼没做梦后，认定这附近，有金矿！

这娃精啊，虽然兴奋得快疯了，也忍着没满世界嚷嚷，他告诉了自己的老板，两人商量好保守秘密。后来证明，他俩的保密工作仅仅是对墨西哥人发生了作用，让他们傻不拉几地1500万美元卖掉了几乎是世界上储量最丰富的金矿之一，而且，黄金热过后，加州地区还发现了石油。

我们对加州淘金热不陌生，很多老美的电影描述了这段疯狂的岁月。从金矿的消息传遍全美，对加州的移民比钱塘江潮还凶猛。“去西部，年轻人，去西部”成为当时最振奋人心的口号和战斗动员。东部人农村的就放下盖了一半的房子种了一半的地，城里人则是立马炒了老板的鱿鱼，或者老板自己也跟着跑了，都你追我赶你抢我夺地跑到加州去找黄金了。加州那些原来静寂的边区小镇，顿时热闹起来。因为淘金业不仅吸引了淘金客，还有些卖盒饭的卖饮料的卖设备卖工具帮着打杂的开酒廊KTV的都自动为产业配套，那是一片热火朝天的抢钱风景啊！

加州淘金热吸引的不光是美国人，风闻的欧洲人不少，不过其中最可怜最受气的，就是不远万里揣着发财梦去美国冒险的中国人。

鸦片战争后，大清濒临崩溃，又赶上太平天国闹得社会动荡，百业凋敝，南部沿海地区，尤其是广东福建一带，有大量的失业手工业者和农民。海边的人是不怕跑路的，听说大洋对岸居然黄金遍地，那是怎么都要去闯闯的。中国劳工以人身抵押，购买船票，长途飘零到达加州，吃苦耐劳的中国人，从来都舍得拼了性命为家人赚取一份好生活，子孙的未来能通过这一次出洋得到保障。在他们看来，美国就是“金山”，第一批华人上岸并驻扎的地方——圣弗朗西斯科从此就被我们称为“旧金山”。

不是意淫，整个加州的淘金活动，真的是因为中国人的参与，才有了轰轰烈烈的效果。因为中国人实在是特别能吃苦，特别能投机，在相同的机会下，尤其是这种一窝蜂没有组织的密集劳动中，中国人往往能产生其他族群产生不了的个体能量。赤贫的卖苦力，稍有积蓄的开店做生意，中药房、中餐馆、中国茶楼也都应运而生，成为淘金时代的一部分记忆。而因为淘金这个起源，此后的中国人，一批批都向往着太平洋东岸那片神奇的土地，到现在这种热望也都没有消减过。随着中国人不断登陆，华人与美国社会的矛盾也开始逐渐显现，中美关系的各种因果也在缓慢培养中。

十九　成长中的年轻共和国

交通成就美国

美利坚的版图不断向西，新的州络绎加入了联邦。在19世纪前，不断增长的版图带来的是让人头痛的距离问题，距离不会产生美，只会产生莫名的隔阂和各种费用。

比如新英格兰地区土地不太好，农产品不丰富，但工业和金融业都发展得不错，而向西越过阿巴拉契亚山脉的俄亥俄州、印第安纳州那边就有广袤的耕地和价廉物美的各种作物。如果这几个地区要展开贸易，早先是很难的。

运输是最大的问题，俄亥俄州、印第安纳州、伊利诺伊州这些地方加入联邦时，政府卖地都获得了几年免税，作为回报，联邦投入一部分土地款，帮着修建公路。现在美国的大部分公路都可以免费通行，在18世纪，美国人上马路，也要三步一岗五步一哨地掏过路费的，当然那时候走的是马车。

走收费公路运输货物，最常见就是到了目的地，运费严重超过货物本身的价值，生意很容易做赔本。而且以美国越来越巨大的疆域来说，赶着马车走陆路，显然跟不上发展的需要。

走不起陆路的，还有水路。北美这块宝地，河流山脉平原高原什么地貌都不缺。还有像密西西比河这样贯穿南北的巨大河流，和它那些密布分叉的各支流，为南北运输提供了便利。

原来在密西西比河上穿梭的，都是木质帆船。这些船，沿河从北南下，倒是一路顺溜，可逆流而上，回到北方，就有点困难。小一点的帆船，到了南方的新奥尔良港后，一般就拆了报废，反正是回不去的，只有大船能缓慢地，一步三摇地漫溯，大约要花4个月的时间才能走完密西西比河。

18世纪末，英国人詹姆斯·瓦特发明了蒸汽机，并设想可以将其用作轮船的动力。1802年，美国人富尔顿制造出了世界上第一艘蒸汽轮船，以每小时6.4公里的速度，在哈德孙河上试航，虽然比马车的速度慢，但这绝对是运输业的一场革命了。

有了蒸汽船，水运就显得格外重要了。隔着阿拉巴契亚山脉的东西两方，他们的贸易交流方式是这样的。俄亥俄州和印第安纳州的玉米、小麦，从密西西比河下水，南下一路到新奥尔良，换上海轮，从墨西哥湾绕过佛罗里达半岛，送到新英格兰地区去。同理，新英格兰地区的好东西，也用这个办法送到西部去。

这个过程，听着都累死了。贸易的双方更加不满意，时间长，费用也不低，容易赔本，长此以往，东西两边的贸易就一点儿意思都没有了。

不用单纯靠天吃饭哪，这都18世纪了，人力可以改变很多事了，我们开运河！

开运河是人人都会想，可这样的工程，投资都是天文数字。1817年，纽约州新州长德维特·克林顿就职（不用联想，跟后来那位克林顿没啥子关系），他带领的运河派也终于在纽约州议会取得胜利，他在任的重要工作就是开运河。

为什么是纽约呢？

第一是地理位置，纽约州正好位于阿巴拉契亚山脉的一个断口处，州内有哈德孙河穿过，运河就是将哈德孙河与五大湖连接；纽约本身就是出大西洋的良港，如果能和五大湖区联通，则西部的产品能顺利出洋出口。

第二，纽约州率先解决了融资的问题。克林顿州长去找联邦要钱，开出运河预算700万，联邦政府哭丧着脸告诉他："俺们一年才2000多万的收支呢！"当时所有人都认为，克林顿的这项宏图大业只能是梦想了。

克林顿万般无奈，死马当活马医，他去找华尔街了！

就在克林顿当选州长这一年，华尔街40号，才被每个月200元租金租下来，成为纽约证券交易委员会的总部。之前虽然华尔街已经有经纪人从事证券和高级商品的交易，他们还都是打游击借用一个俱乐部安身。到1817年，才算有个正经办公室安顿下来。

克林顿来到华尔街40号，他知道来对了。纽约证券交易委员会嗅到了巨大的机会，他们向州长保证，将全力承销运河的债券。虽然当时的"纽交所"很小很简陋，可人家不说大话，运河债券卖得非常好，甚至卖到了伦敦。

天时地利人和都有，美国史上最大的工程，伊利运河在1817年7月4日破土动工。

19世纪初，开工这么巨大的工程，其艰辛和挑战不必说了，1825年10月，经过8年的建设，伊利运河比计划提前2年正式通航，584公里的水道上，88个大闸巍然耸立，控制着河段内的落差。这88个大闸，也是运河的收费点。

伊利运河连接了5大湖区和纽约港，东西货物的运输时间减少了三分之一，费用减少了四分之三，从开通之日起，运河上的船只就往来如梭，仅仅用了7年时间，运河就收回了全部投资。

运河沿岸的城市全都跟着风生水起，尤其是纽约，因为排队一眼望不到头的商船进出穿梭，从不停歇，纽约港几乎战胜新奥尔良，成为北美人气最高的港口，连带纽约迅速跃升为美国最繁华的大都会。

伊利运河引领了美国的运河狂热，俄亥俄州、印第安纳州受到启发，也开凿运河，将伊利湖与俄亥俄河连接，于是，俄亥俄河沿岸的商品，也可以非常畅顺地进入纽约，甚至进入欧洲。

有了运河这种交通方式，东西部的社会状况也都跟着转变。新英格兰土地不适合耕种，那就什么都不用种了，想种的，都去俄亥俄州种去。纽约全力发展工业、金融、国际贸易，西部就给提供各种农产品，更多的白人也可以没有顾虑，去西部发展了。

运河的成功在很多地方可以复制，但大部分地方还真复制不了，地理环境不给力，总有几座不识趣的大山横亘在中间。

运河开不了，另想办法。不是有个英国人已经发明了蒸汽火车了嘛，可以发展铁路运输啊！

1828年7月4日，查尔斯·卡洛儿，当时硕果仅存的《独立宣言》签署者，颤巍巍地铲下了第一铲土，宣告美国的第一条专线铁路巴尔的摩—俄亥俄线动工！

铁路一开通，就构成了对运河的直接竞争。大家都知道，铁路运输在便捷便宜方面，是其他任何交通方式都不能比的，当越来越多的铁轨铺出来，而蒸汽机车经过改良速度越来越快，越来越安全稳定后，铁老大就能牢牢占据运输界的统治地位。

1830年后，北美地区的运河热被铁路热取代，如火如荼的铁路建设在各州各地热火朝天地展开着。进入50年代后，尤其是加州等最西边的土地进入版图，铁路的建设更是要大干快上，保证让新来的西部和东部紧密相连，尤其是要以最快的速度把加州的黄金运出来，淘金的设备和淘金汉要运进去。

1869年，被英国人评为世界第七大工业奇迹的工程，美国太平洋铁路贯通。长达3000公里的铁路，横贯美国东西，原来从纽约到旧金山要走大半年，铁路开通后，一个星期就走到了。而这项堪称奇迹的大工程，原本计划14年完工，实际7年就实现了通车。

将工时缩短一半，不是什么工业奇迹，是人力的奇迹。太平洋铁路的铁轨下，有多少华工的白骨，无法计算。如果太平洋铁路建设是一部史诗，则华工的付出和努力是其中最壮丽的篇章，连最排华的美国人都必须承认，没有华人的拼命，这条铁路不会这么快为美国创造惊人的财富。太平洋铁路通车后，美国的东西部才算真正意义上成为一体，保障了经济的快速发展，为大国崛起做好准备。对美国这个移民国家来说，华人对它的贡献和其他来自欧洲的移民至少是一样重要，且值得敬重的。

交通发展自然就会联想到通信的发展。美国东西间隔着几千公里，没有合适的交通工具，是很容易做到老死不相往来的。可如果由着西部在大西洋沿岸，一点消息都没有，这块领土收回来可有点不牢靠。且不管大型的人员货物往来，至少要先实现邮路通畅吧，尤其是淘金热开始后，看在黄金的分儿上，一定有聪明人能想出解决的办法。

在美国西部电影中，我们会看到一个著名的快递公司，小马快递。加州的某个参议员投资，建立了一条从密苏里州的圣约瑟夫市到加州的州府萨拉门托的快速邮路。原来公共马车送陆上邮件，走这段距离需要25天左右。小马快递成立后，在路上建立了190个驿站，购置了500匹好马，征募了年轻勇敢的骑手。跟中国古代的800里加急一样，每次急赶20多公里，换马或者换人，人马不眠不休翻山越岭，接力赶路，10天完成这趟穿越5个州的苦旅。

小马快递是西部发展史上的一道亮丽风景，尤其是小马快递的骑手们，更是西部电影里风采奕奕的帅哥英雄。可惜，这么帅的快递公司，却是很短命的，人力马力，最后都干不过科技。

塞缪尔·莫尔斯，全世界知名的“莫尔斯电码”的发明者，可能很少人知道，他本是个画家。不是穷酸落魄，死后画才出名的那种，他曾任美国画家协会主席。41岁那年，为了研究出一种长距离传送信息的办法，莫尔斯开始投身科学事业，还是最高深莫测的电磁学！

一个外行从零开始搞科研，困难是可想而知的，莫尔斯耗尽了积蓄，真的变得穷困潦倒了。

1844年5月24日，在华盛顿国会大厦联邦最高法院会议厅里，年过半百的莫尔斯颤抖着手调试着他的电报机，进行人类历史上第一次远距离信息发收试验。莫尔斯在预先约定的时间，向巴尔的摩他的助手发了电报，助手很快收到那份只有一句话的电文：“上帝创造了何等的奇迹！”人类从此就有了电报了！

电报实验一成功，西部联合电报公司就应运而生，1861年，直达加州的第一条电报线路开通，获得了巨大的成功，电报公司的老板为了感恩回馈社会，用这笔盈利创办了康奈尔大学。另一方面，失败的也有，小马快递自然是被硬生生地挤倒闭了。

铁路方面反应快，他们马上想到，电报和火车是可以配合运作的，电报线路完全可以沿着铁路线延伸。东部的精英们也想到，随着交通和通信的发展，是新闻业的重大机会，于是美国最大的通讯社——美联社也就在那前后成立，并开始在全国范围内收集整合各种消息，报业自然也就跟着快速发展了。

工农业革命

1851年，伦敦的万国博览会在伦敦的海德公园开幕。史上第一届世博会的重要内容，就是东道主向全世界炫耀他家工业革命的巨大成就。目的达到了，世人都为不列颠的新技术新设备感到振奋。卡尔·马克思在参观完会场后，敏锐地感觉到，来自美利坚的工业产品更让人讶异，毕竟，那只是个成立了不到一百年的新国家。马克思因此断言，早晚，欧洲经济发展中心的地位，将向美国转移。

建国后的头一百年里，不断收获西部大片土地，对主流美国人来说，认定了自己是一个农业国家，只要勤恳老实地在土地上耕耘，就能建设自己的乐土。

发展农业，美国有几个和其他地区不一样的地方，比如欧洲，他们人口多土地少，所以充分利用土地是头等大事，美国则相反，人口少土地多，如何最大限度使用劳力是重点考虑；再比较中国这样农民普遍文化程度较低的农业国，美国佬大都不算是文盲乡民，很多种地务农的，有文化有头脑。综合这两个条件，可以预计到，美国农业发展一定是以大力发展农业科技为基础的。

美国人随时要面对新土地的垦荒，他们需要了解当地的气候、地理、水文等情况，华盛顿配套的史密森学会成立了，它是一家专门为农业生产提供历史资料和基础数据的科学研究机构。

19世纪之前，美国的农民手工劳动居多，1800年后，从金属犁开始，美国的种地设备就络绎不绝地涌现出来。

30年代，收割机出现，一天能收割15英亩的土地。到50年代，巴黎世博会时，一台美国收割机，收割一英亩燕麦只用21分钟，而欧洲的同时代产品，需要花费接近一个小时的时间。而就在这段时间，美国农民已经开始使用联合收割机，将打谷和扬场两个工序结合完成。也是美国人，率先将蒸汽动力使用在土地的机械化耕作上。总之是到了50年代，虽然英国还是地球第一的工业老大，但在农业机械化方面，美国已经赶上并超过了它。

这个阶段，美国人在农业科技上的发明数不胜数，其中有不少，不仅对农业发展，甚至对历史的进程都产生了影响。

介绍大家认识一位美国著名发明家，他叫伊莱·惠特尼。

说到惠特尼，要先说到棉花。英国的工业革命，第一个全产业实现了机械化的行业就是棉纺业，英国的棉纺业发达，当然也就带旺了种棉花的。美国的一些南方种植园，就靠着给英国人提供棉花，共同致富了。

英国要供应全世界的棉纺织品，南方种植园使劲种也跟不上需要。因为美国南方地区气候所限，只能种植“高地棉”。高地棉的特点就是棉绒的纤维短，和棉籽纠缠在一起很难分离。另一种叫“海岛棉”的棉花，因为纤维长，可以被欧洲现有的轧棉设备分离，而高地棉只能靠黑人奴隶用手指头剥。手工剥离棉绒棉籽，可以想象一下，这个效率是多么低。在很长一段时间里，明明棉花的市场更加好，南方地主也只能重点种烟草。

出生于马萨诸塞，对棉花没什么了解的工程师惠特尼不知怎么的，就被南方种植园主看中，被邀请制造新型的，能对付高地棉的轧棉机。

惠特尼不懂棉花，可他是机械天才，10天他就造出了模型机，6个月后，大型的轧棉机就问世了。

轧棉机的问世，改变了整个美国南部的格局。其实，美国南方是很适合种棉花的，就是这个棉籽纠结的问题不好解决，如今突破了瓶颈，南方骤然一片开朗。

所有烟草、稻谷、靛蓝的种植都为棉田让路，这种可爱的作物有很长的生长期，采摘时，又不需要特别的技术，随便拉一船啥也不懂的黑奴，丢进棉花地里，就能产生经济效益。

于是，美国南部渐渐形成了棉花帝国，必须以大量黑人劳作为基础的棉花帝国。黑人成了南方必不可少的资源和财富，南方的蓄奴州会越来越多，且越来越顽固，大家也都知道，南北方终究会因为奴隶的问题而翻脸。要是惠特尼没有捣鼓出这么一部机器，水稻靛蓝这些低收益产品负担不了大量黑奴的费用，烟草种多了又搞坏土地，南方的奴隶自然也就慢慢少了，那时候，谁知道美国历史会怎么样呢。

惠特尼发明出一部改写了历史的机器，按当时的影响，跟乔布斯发明苹果电脑一样神奇，他应该轻松进入某个富豪榜才对。然而他没有，机器太轰动了，吸引五里八乡所有人都来参观，设备也没那么精密复杂，好多人现场就能学会原理，并山寨出一模一样的。19世纪之前，美国的专利保护不算完善，轧棉机挣的钱，全被惠特尼用来打官司诉讼，保护自己的权益，最后，这么重大的发明，带给发明家的居然是负债。

有手艺的人是饿不死的，惠特尼的天才很快被用在其他方面。19世纪初，美国人跟欧洲有点战争风险，打不打的，国会感觉要先解决武备，找工厂生产点枪支备用，预备生产4万支滑膛枪。

4万支枪，当时可是个大工程。那个时候的生产工艺是很笨的，一支枪，从头到尾在一个工人手里完成，磨具、定型、打磨、抛光、装配都是一个人，高级定制，每把和每把都不一样。一支枪损坏了，找不到相同的零件更换，要临时对应着实物加工，才能生产出换修的零部件来。所以，4万支枪，当时大型的军工厂也不敢说能按期交货。

惠特尼有信心，他毛遂自荐要接这个订单。当时的情况比较着急，首都的官员也有点病急乱投医，就给他一万订单，其余的分给20多个承包商去完成。

2年的合同期转眼而至，惠特尼根本拿不出成品交工。但他一点不郁闷，他背着10支枪到了华盛顿，给当时的总统杰斐逊表演了一个绝活：他将10支滑膛枪拆开分解成零件，混乱地摆放在一起，而后蒙上自己的眼睛，从零件中随手抓取，很快组合成一支完好的滑膛枪。所有人一看就明白了，不是惠特尼有最强大脑，记住了所有零件的搭配，而是，他生产的，都是标准件，任何一个部位的零件都能跟其他零件组合。

杰斐逊总统更明白，他不仅看懂了惠特尼的展示，他马上想到，惠特尼是为工业生产开启了一片新天地。原来，生产枪支必须是非常熟手全能的技师才能完成；现在不需要了，任何产品，任何工人都只需要熟悉一个部分的加工工艺，然后由这些标准化组件任意组合成产品，且能完美地解决零部件维修的问题，这将极大地降低成本并提高生产效率，这不是普通的工业革新，这是一场工业生产的革命啊。

国会不再追究惠特尼延误了工期，还追加拨款帮他继续研发。这种“标准化”方式启发了很多人，不少发明家开始投身研究生产“标准化”件的机床。

惠特尼的生产“标准化件”，而后组装的生产方式，对世界工业甚至人类发展产生的影响肯定是要大于他让美国南部种满了棉花。这种方式刚传到欧洲时，一直以工业老大自居的英国人是不以为然的，直到他们听说，美国普通工人，一天能装50支枪，而英国工人，熟练技师累死了一天装两支!

新人类新事物

18世纪末期开始，酗酒似乎成了美国人的一种状态。

在西部地区，土地增加了，农业新技术广泛采用了，谷物产出也出现了剩余。在铁路还不发达的时代，剩余的谷物没地方销售，只好自家酿酒喝了。

作为一个由清教徒构建的宗教国家，经济增长、物质富裕的环境中，一定会存在个性解放和个性克制之间的矛盾纠结。西部人狂放不羁，酿酒豪饮可以理解。在东部呢，对清教徒的社会来说，已经风靡欧洲的各种舞会、沙龙、戏剧表演甚至写作绘画之流，都有可能让自己的信仰蒙尘。东部的工业渐渐有了起色，出现大批产业工人，这些工人同志们下了班，不准斗地主不准打麻将不准泡KTV，似乎唯一的乐子，就是自己找点小酒喝喝了。根据前文的记述，酿酒这一行，还算得上是美国的一个极其重要的传统工业部门呢。

酗酒的危害就不用讲解了，尤其是对一群循规蹈矩的基督徒来说，酒量和酒品恐怕都不是来自上帝的恩赐，平时越压抑的人，喝醉了往往越离谱，更有些借酒装疯趁机释放情绪的，这都会导致一些伤及风化或者社会治安的行为。

喝醉了胡说八道胡作非为，大都到不了惊动警察的尺度，可这是个宗教国家，教会是不能坐视的。这似乎又到了信徒们被物质世界诱惑失去灵性的时刻，旨在再次强调宗教的重要，并再次复兴宗教的地位的大觉醒运动又很有必要了，这是第二次大觉醒运动。

1826年，美国戒酒协会成立了，在宗教教义的帮助下，成功地帮助一些人戒酒，这些人又被请去现身说法，声泪俱下地“忏悔”酗酒时的罪孽，收到了很好的效果。跟酗酒行为一样轰轰烈烈的戒酒运动开始了，有超过百万的人自愿签字立誓参与戒酒。

看美剧，发现到现在酗酒问题在美国的社会各界还比较普遍，似乎酗酒在美国人的文化里，已经上升到了道德甚至罪恶的高度。美国人戒酒的办法是加入一个“互助小组”，酗酒的成员交流自己的“失足过程”，下定“痛改前非”的决心，戒酒成功的会当作监护人，一对一地监督，貌似效果挺不错。这种戒酒方式在中国肯定行不通，但如果大家了解美国的宗教文化对救赎尤其是自我救赎的重视，则可以理解了。

19世纪初在美国的历史上，我们喜欢称之为“战前”，都知道，一场惨烈的内战即将爆发，战争的焦点，就是要不要解放奴隶的问题。美国宪法提出众生平等，没有限制种族和性别的条款，但具体的内容进入各州，就有不同的操作方式。比如对民主国家来说最基本的选举权，黑人是肯定没有的，妇女也没有。

跟黑人不一样，那个年代的美国妇女虽然没有政治权利，但大都是受人尊敬的。除了来自欧洲大陆绅士风度对女士的基本态度，在清教徒开天辟地的垦荒岁月里，女人因为坚韧、忠贞、纯洁、辛劳当然还有逆来顺受这些“优秀品质”，虽然没有财产、啥事说了都不算，也依然是一个家族的重要维系，还经常被当作道德的代表，文明的标志。当美国人考虑要不要废奴、要不要戒酒这类关于道德的议题时，女人们说话了。

女人们不是想走出家门就可以了的，1840年在伦敦召开的废奴大会上，几位来自美国的女性代表遭到了会务组的阻拦，不给她们代表资格，不准她们参与大会。

这是废奴大会，也就是说，与会代表都是开明进步的废奴派，都已经预备给奴隶们自由了，居然还不能接受几个走出家门的女人！

这几个美国女人愤怒了，她们坚定了一个信念，不仅要解放奴隶，更要解放跟奴隶一样地位的自己。就这样，美国的女权运动算是正式启动了。1848年，她们在纽约开会，成立了相关的组织，发表了女权运动的宣言，掀起了一场长达半个世纪的争取女性权利的运动。过程很坎坷，直到1920的第十九修正案通过，美国女人才获得了投票的权利。

基督教在发展过程中，形成很多派系，每一次运动都各领风骚。戒酒运动主要由福音派的基督徒参与，而女权运动，惊动了大量贵格派教徒。大觉醒这样的运动，让宗教界各派系都受到不同的挑战和洗礼，也都潜移默化地做着自身的微调，当然更不可避免有新的宗教思想乃至新的宗派产生出来。比如战前这段不太平静的岁月里，摩门教诞生了。

2012年，跟奥巴马竞选美国总统的马萨诸塞州前州长罗姆尼吸引了很多人的视线，他的卖点在于，他是个摩门教徒，让摩门教这个神秘的宗派成为全球的谈资。一个黑人和一个摩门教徒竞选美国总统，这个画面拿到19世纪初去给当时的美国人看，一定让很多人信仰崩塌，三观尽毁。

摩门教的起源跟所有宗教一样，要有个先知，还要有个故事。

1820年，约瑟夫·史密斯14岁。他当然是个基督徒，但基督徒也有宗派，不确定就不晓得应该去哪个教会教堂参加活动。史密斯向上帝问祷，请上帝指引他正确的教会。谁知上帝说，没一个教派是真正纯粹的基督教，所以上帝安排这个14岁的孩子，自己去建一个让上帝满意的宗教。

很多年后，史密斯在纽约的小山丘上发现了一套金质的刻写版，靠着上帝派来的天使的帮助，史密斯看懂了刻写版上的文字，并在1830年将其翻译出来，这就是摩门教的圣典——《摩门书》。

刻写版上讲述了这样一个故事，在哥伦布发现美洲大陆的几百年前，有个以色列的部落迁居美洲，并建立了成功的文明社会。耶稣死而复生后，来到了美洲大陆，让这个美洲的部落沐浴在神的光辉中。后来时间长了，人们在信仰上有了偏失，放弃了耶稣为他们指引的正确的道路。为了惩罚这些跑偏的罪人，耶稣将他们变为深色皮肤，大约也就是后来的印第安人的祖先。史密斯的任务，就是重建这片美洲文明。

叫摩门教显得比较简洁响亮，摩门是传说中美洲的先知，这部金质刻写版的作者。摩门教的正式学名叫基督教后期圣徒教会，以《圣经》和《摩门书》为行动纲领。

《摩门书》被翻译出来那年，摩门教就算正式成立了。冷不丁冒出一个新的教派，新的先知，还网罗了不少人，教主史密斯还公开宣言可以一夫多妻，根据当时的宗教环境，毋庸置疑，主流教派直接将其定义为邪教。对付邪教手段都是比较粗暴的，摩门教徒生活在其他教派环伺的社区，肯定也是受尽非议和白眼。为了保全摩门教的发展，史密斯带领他的教徒们开始在美国大陆上颠沛流离，找寻属于摩门教的“耶路撒冷”。

摩门教向西寻找圣地的旅程，是壮美的美国西部开发史的重要篇章，可以媲美中国的万里长征。

纽约待不下去了，摩门教徒们跟着教主到了俄亥俄州，开荒垦殖，吸引了不少信众，迎来了第一个发展高峰。可是摩门教徒注定跟周围格格不入，还有他们的一夫多妻制，在19世纪已经比较文明的美国，怎么看都诡异，渐渐地，俄亥俄州也不干了，驱逐了摩门教徒。

离开俄亥俄州，迁徙到了密西西比州，这里的人更不友善，只好搬到伊利诺伊州。伊州宽容多了，不仅接纳了他们还有人赠予土地，摩门教徒勤劳肯干，有拓荒精神，三两下，一片荒地就被建设成一个小镇叫作纳府（Nauvoo）。

有了自己的镇子，生活还是不算正常。史密斯教主坚持一夫多妻制，又让其他居民觉得不可忍受，就在摩门教内部，似乎也出现了分化。摩门教的内部斗争和外部的扯皮，造成了当地的不安定，史密斯教主的处理方式不算太好，矛盾激化演变为暴力事件，史密斯被捕关押，一个暴徒袭击了监狱，史密斯和他的兄弟被打死。

闹成这样，伊利诺伊州也不愿意收留摩门教徒了，教徒们在新的教主百翰·扬的带领下，决定到西部去，到没人干涉他们信仰的地方去。要想没人干涉他们的信仰，肯定是没有人烟或者只有印第安人的蛮荒之地。

1846年离开伊利诺伊州时，摩门教徒超过15000人，拉家带口，行李辎重，老弱病残，一路走得跌跌撞撞。这种翻山越岭挑战未知的旅程，肯定是需要成年男性在前面逢山开路遇水搭桥，此期间遭遇不测惨死最多的，当然也都是成年男性，一家之长。

到这里，我们就可以客观地讨论一下摩门教的一夫多妻制度了。摩门教到处寻找存身之地，大部分的时候都是在没人去的地方垦荒，根据当时的美国环境，就算是摩门教，分配耕耘土地也都是以男性户主为标准，西行这一路，成年男性死得比较多，留下大量没有户主的孤儿寡妇。其他的男人，收留孤儿寡妇，关照他们的生活，帮他们开荒种地，虽然不合理，但很合情。仔细想想，要不是这一夫多妻的制度，摩门教怎么能在这么艰辛的流浪中发展壮大呢？

在西部探险者的指引下，摩门教徒终于找到了上帝应许的“圣地”——盐湖城。当然，在该时，那里不是城，就是一片盐沼，完全看不出适合安居乐业。好在摩门教徒是可以开天辟地的，他们从山上引来淡水，改良土壤，居然让这一片不毛之地焕发出了勃勃生机。

也许这真是上帝应许之地，本来盐湖城只是摩门教徒世外桃源的修行地，能养活大部分教徒就不错了。幸运的是，突然加州就发现了黄金，突然东西的交通特别重要了，突然，被摩门教徒建设得挺方便的盐湖城小镇就成了进入西部的重要路口！就这样，盐湖城成长为繁华都市。

城市大了，外来的人口也多了，非摩门教的教徒当然也都来了，联邦有必要对这里正规管制了。摩门教徒愿意加入联邦，并要求一片很大的土地建州。对于这个教派依然存有顾虑，联邦只能同意划一小片区域，比周边的州都小，按当地一个印第安部落，称之为犹他州，这已经是1890年的事了。加入联邦不是没有条件的，摩门教徒必须放弃一夫多妻制。现在，虽然大部分教徒们都放弃了这个“教义”，但还是有些信徒纠结不放，每年似乎都有摩门教引发的这一类问题。

摩门教对美国西部的格局影响不仅仅在犹他州，1854年，为了对西部地区传教，几个摩门教徒穿越沙漠在一个绿洲里停驻，随后，他们本着摩门教开疆辟壤的精神，将绿洲建设成兴旺的小镇，这片沙漠明珠就是现在的拉斯维加斯。有了拉斯维加斯，摩门的传教士们就可以穿越内华达的沙漠进入加州，一直走到太平洋岸边，走出一条著名的“摩门通道”。

现在的摩门教早就洗掉了邪教诋毁，作为第一个在美国本土诞生的宗教，现在它发展壮大，在全世界有千万信众，反而在美国发源地只有600多万信徒。听上去虽然人不算多，但几乎都是精英，在政商界地位显赫，除了罗姆尼，原来的驻华大使洪博培，以及著名美国畅销书《暮光》的作者斯蒂芬妮·梅耶都是摩门教徒。想想他们在颠沛流离中表现出来的坚持和坚强，以及他们不可阻挡的开拓精神，成功是非常自然的结果，这一点，他们与犹太人非常类似。

二十　文化的独立运动

乡音无改

相比较美国建国大半个世纪的各种成就，可能对美国人来说，最了不起的，是终于形成了属于美利坚民族的语言，也就是我们现在常说的美式英语。

美式英语的形成原因非常容易理解，清教徒在新大陆落地生根，很多新事物是他们从没见过的，大英的百科全书或是词典上也找不到，殖民者为了生活方便必须为之取一个大家都能懂的新名字，其中大部分，应该是参考了印第安人的叫法。现在美国50个州，超过一半的州名就来源于印第安语。

除了印第安人，新大陆吸引了络绎不绝的欧洲各国移民，各种语言很难不交互影响，比如boss(老板)这个词就是荷兰语，spuke(鬼魂)源自德语，cache(地窖)是法语，hicienda(种植园)是西班牙语，也不要忽略来自非洲黑人的贡献，buckra(白人)这个词，就是他们经常说的。

在形成期的美利坚版图上，没有文化中心，没有文化权威，华盛顿虽然是首府，也并没有让其他州仰视的地位，没有任何一种说法或者是口音是可以引导整个大陆的，华盛顿口音也算不得什么“官话”，美式英语是美国人不断向西扩张中，口耳相传被逐步建立发展起来的，这就决定了，美式英语，首先是以口语为基础的，那就别指望这种“新语言”还能够严格地遵从来自英格兰的苛刻语法和使用方式。

外国人学习美语时，经常会为花样繁多的各种俚语头痛，俚语似乎已经成了美语的一个特色。“俚”这个字，在咱们中文的字典里，最常用的解释就是民间的、通俗的，可以引申为不正式甚至不文雅的。将美国英语中的一些口语词汇定名为俚语（slang)，似乎也说明了这些新晋的殖民地英语词汇在大家心目中的看法。

美国人自己当然不会这么看，大部分俚语是吸收了中下层阶级比较随意的说法，听起来形象生动通俗易懂。比如伦敦老爷们这么说话：那美利坚原是蛮荒，人性粗鄙，不善雅言，方音怪诞，真乃奇葩也。美国人问：会不会说人话？俺们那疙瘩说话老好听了，老招笑了，不听这一嗓子，全国人民都过不好年呢！

至于像“喜大普奔”、“不明觉厉”、“累觉不爱”这些新词汇，不管语言学家大叔们怎么看不顺眼，它们早晚会被收录进各种词典，以后的人类会使用如常。

美语中，“OK”这个词应该是地球上被使用的最广泛的一个词汇。而这个热词的起源依然是美语文化中一个未解之谜。

有两种说法比较靠谱，第一是来自第八任美国总统范布伦，他在参选总统时，他的团队成立了一个Okay club来支持他，OK这两个字母源于范布伦的出生地 Old Kinderhook（老肯德胡克地区）。

第二个说法是认为跟第七任美国总统老山胡桃杰克逊有关，杰克逊曾经是法庭文书，他审核过的记录如果没有问题，他就批上OK两个字，表示Oll Korrect（All Correct）。杰克逊虽然后来一直否认他这样写过，但当时还是有人以此攻击他，显然他是写了错别字。

虽然如今美国已经成为第一超级大国，地球霸主，并以强大的压力向全世界辐射自己的文化，但很多老派英国人还是认为美语就是一种郊县腔，上不得台面的。好在美国人从来不计较来自没落母国的看法。1828年，生于美国本土，在耶鲁接受教育的地道美国佬诺亚·韦伯斯特，编撰出了两大本厚厚的《美国英语词典》，收列了5000多个英语词典从来没有过的词汇，到1840年，编修后的《美国英语词典》增加到7万个单词，随着后来的不断增加，这部《美国英语词典》终于跻身《牛津英语词典》的身畔，成为英语词汇的另一个权威，也同时让美国英语——美利坚民族自己的语言正式宣告诞生了。从此后，牛津腔英语似乎代表着学院古老保守，而美国英语则代表着随性时尚和朝气，仿佛也就是这两个国家的状态。

虽然英美的语言原是一体，但有部分现代美国人表示，英语已经听不太懂了。倒是越来越多的英国明星逆袭好莱坞成功，成为卖座大腕，而他们的口音似乎是重要因素之一，根据角色设定，说英式英语的人大都是高雅性感还有文艺范儿的，就算反派，也是邪魅狂狷那种，绝对不会蓬头垢面歪瓜裂枣，这是个很奇怪的现象。

俺们屯里的文化人

按人类发展的规律，有了属于本民族的文字，自然就会产生属于本民族的文学。18~19世纪之交，欧洲已经闪耀过的文学巨星，我们就不用再回顾了，反正咱们的主人公老山姆家此时是没什么特别值得阅读的东西，之前那些《联邦党人文集》啥的，我相信很多人是用来催眠的。

美国是教徒为主的国家，生活是去娱乐化的，喝酒打牌泡K固然是“有罪”了，就是读小说看画报也要小心，既然已经有了《圣经》，大家还需要阅读其他东西吗?

不管美国人看不看小说，英国的小说是挺发达的，好在大家都是使用英文的，所以英文书籍进入美利坚总要影响一些技痒的写手。

那阵子英国最流行的作家是沃尔特·司各特。出生于苏格兰的司各特原本是个诗人，可惜生不逢时。按老杨在英国卷里的说法，很多人不幸，是因为活在了拜伦的时代，不论男女。司各特自知，在写诗这个业务上，他再努力，也越不过拜伦这座巅峰了，所以赶紧转行，开始写小说，主要是历史小说。

在当时，不论是英伦三岛还是美利坚，小说的地位都不算高，但司各特的著名作品《韦弗利》仅在美国就出版销售了20万册，此时的美国，全部人口才600万。

美国最早的本土作者率先受到司各特的影响，最明显的就是华盛顿·欧文。

欧文出生于18世纪晚期，从小喜欢读书，尤其崇拜司各特、拜伦等人物。年轻时，欧文游历了欧洲主要国家，在1809年写出了《纽约外史》。

根据当时英国人的说法，谁会看一本美国人写的书呢？美国人的书能写些什么呢？《纽约外史》真是一本美国书，讲述的是荷兰的殖民者在纽约的统治，是真实的美国故事，有道地的美国风味。

既然我们现在会谈到这本书，显然它在当时是获得了成功的。如果说列克星敦打响了美国独立的第一枪，《纽约外史》就算是美国文学诞生的初啼了，巧的是，这两种革命还都是华盛顿领导的。

《纽约外史》是欧文的昙花一现，他后来的作品大部分还都是以欧洲题材为主，让他在欧美两边都赢得了极高的肯定，他是第一位被欧洲人认可的美国作家，按规矩，大家会称他为美国文学之父。不过，这位美国文学之父并没有坚定不移地将美国的本土风貌描述给欧洲人，他的地位有点儿值得商榷。

说到正宗的美国文学，我们都喜欢从詹姆斯·费尼莫尔·库珀开始。

库珀是个在纽约州长大的“富二代”加官二代，他的父亲带着全家建设了自己的小镇，小镇旁边就生活着印第安部落，为他后来的作品提供了素材基础。

自己是个“富二代”，库珀还娶了个富家千金，有钱又有闲的库珀在31岁完成了第一部小说。跟欧文一样，对自家的文化没底，库珀的第一部作品臆想欧洲贵族生活，写出来不伦不类。他随后端正了思想，开始从美国本地寻找灵感。

不久，库珀的战争小说《间谍》问世，因为小说是讲述独立战争时的故事，接了美利坚的地气，让读者接受了。受这个启发，库珀找到了更接地气的题材——西部探险故事，并写就了《拓荒者》一书。

美国人开拓西部的历史，是全世界绝无仅有的探险故事，一旦打开这条创作道路，灵感一定会源源不绝，新奇而且独特。

库珀塑造了一位由印第安族抚养长大的白人英雄——纳蒂·邦波，绰号鹰眼，也叫“皮裹腿”（印第安人打着裹腿）。以鹰眼为主人公，创作了5部长篇小说，1823年的《拓荒者》是第一部，其他四部分别是《最后的莫希干人》(1826)、《大草原》(1827)、《探路人》(1840)和《杀鹿人》(1841)，5部小说被整合成《皮裹腿故事集》。

《皮裹腿故事集》讲述了鹰眼冒险和战斗的一生，其背景，当然是美国从建国到西部拓荒这段瑰丽的历史。

鹰眼的故事中，以《最后的莫希干人》最为大家熟悉，也被认为是小说系列中最好的一部。故事发生在英法战争的第三年，北美的印第安人继续愚昧地分帮站队帮助自己的敌人，有些印第安部落帮助法国，有些印第安部落帮助英国。不管帮哪边，很多印第安部族都凋敝得差不多了。鹰眼此时已经是英军的侦察员，他和莫希干酋长父子俩穿梭在哈德孙河畔的密林中，打探法军的消息。莫西干部落，也就只剩下了酋长父子俩。一位英军的少校要护送两位美丽的英国小姐到她们父亲驻守的要塞去，误信了一个休伦族（支持法国的）的印第安导游，走进歧途，遭遇危险。

鹰眼带着莫希干酋长父子解救了英国少校和两位少女，一行六人向要塞进发，沿途有各种见闻、冲突，还要战胜各种困难。到了要塞后，又发现法军正在围攻，鹰眼和莫希干人加入了战斗。最后经过一场惨烈的大厮杀，女主角和酋长的儿子惨死，莫希干部族只剩下酋长一人，而投靠法军的“反派”——休伦族也被灭绝。

严格地说，作为一部世界名著，硬伤不少，有些情节也编得过火，但必须承认，作为一个殖民地阔少，库珀在作品出表现出来对印第安族的同情是很可贵的。

除了对土著的感情，库珀更强烈的，是表达对他生活的这片大陆的欣赏和敬畏，在他的文字中，对风景的描绘是不惜笔墨的，山脉巍峨，深谷幽翠，大河汹涌，小溪淙淙，这样的环境中，有帅哥有美女，有跨越文化的爱情和血肉横飞的厮杀，虽然大家都知道库珀绝对没有在印第安荒原耍过短斧子和匕首，完全是凭空编出来的探险，但也是好看的。

库珀塑造出了慷慨豪迈、激情热血、追求自由还乐观向上的西部英雄形象，并以此为核心开发了出了美国文学最重要分支——西部文学。当库珀的小说和他的西部英雄风靡美国，成为每个美国男孩的必读作品后，这种性格特征也在极大地影响着美国人性格的形成。我们甚至可以说，西部小说是美国精神的滥觞。

1824年，库珀创作了一部描写海上冒险的小说《舵手》，虽然没有《最后的莫希干人》有名，但著名作家、诗人木心给予这样的评论：“凡英文写海的作家，都以库珀为领袖。”于是，美国文学的三个重要组成，革命历史小说、西部探险小说、海上历险小说基本都是由库珀开宗立派的，库珀才是名正言顺的美国文学奠基人！

……牢门一下子从里面打开了……到了牢门口，她用了一个颇能说明她个性力量和天生尊严的动作，推开狱吏……她怀里抱着一个三个月左右的婴儿……她的裙袍的前胸上露出了一个用红色细布做就，周围用金丝线精心绣成奇巧花边的一个字母A……

稍微读过些小说的人，对这个场景当不陌生，它出自美国名著《红字》，作者是纳撒尼尔·霍桑。

霍桑出生于马萨诸塞州的塞勒姆市，这个地名在本书前面曾出现，17世纪晚期，那里发生了著名的女巫案，霍桑的祖父，曾是审判女巫的一名法官。父亲早逝，霍桑在亲戚家过了几年寄人篱下的日子，后受人资助进入大学，毕业后在海关做小公务员。

出生于一个清教徒家庭的霍桑，必须是个清教徒，但他这个清教徒的程度如何，就不得而知了。

霍桑在写了几部优秀轰动的短篇小说后，在1850年创作了第一个长篇《红字》。依现在的眼光看，《红字》是个有点儿病态的虐恋故事：殖民地时代，海斯特是个高贵美丽的没落贵族小姐，她嫁给了又老又丑的有残疾还有钱的老学者奇林沃斯（别问海斯特为什么嫁给奇林沃斯，在那个时代，女人总有无奈）。奇林沃斯预备举家搬到波士顿，搬家途中，奇林沃斯被掳失踪，音信全无。在殖民地，海斯特跟年轻英俊且前程远大的牧师丁梅斯代尔相爱了，这种隐秘的禁忌之恋导致海斯特怀孕并生下了一个女婴。

通奸罪主要问责男人，殖民地有关当局裁定，只要海斯特供出奸夫，并向牧师虔诚忏悔，可以考虑赦免。可面对刑狱和各种屈辱，海斯特顽强地保持了沉默。即使她被判示众，抱着孩子看着审判她的人群里，等着她忏悔的那个“奸夫”。

海斯特拒不招供，坦然领下所有的罪责，她将终身佩戴一个“A”字，代表着她是个Adultery(通奸)的淫妇。海斯特用自己精湛的绣花技术，将一个考究精致的“A”大大地绣在自己胸口，并戴着它住进郊外偏僻的茅舍，靠做手工安静地抚养天使一般美丽的女儿。

奇林沃斯在海斯特受审这天回来了，他勒令海斯特保密他的身份，他要秘密查出让他戴了绿帽的奸夫，并用自己的办法报复。

海斯特受审，丁梅斯代尔也崩溃了，他不敢承认自己的罪孽，但无时无刻不在私下折磨自己的肉体，绝食，用鞭子抽自己，他还在胸口烙下了一个“A”。奇林沃斯很快就感觉到牧师就是他的仇家，他开始用各种变态手段折磨这对可怜人。

在女儿珠儿7岁后，海斯特不忍看到丁梅斯代尔被奇林沃斯折磨，她提出一家三口私奔。丁梅斯代尔答应在新总督就职当日，他做最后一次布道后离开。那一天，丁梅斯代尔以他渊博的知识和出众的口才激情四溢完成了一次辉煌的布道演说，信众仰视他如同敬神，他的职业生涯走到了顶峰。

布道结束后，丁梅斯代尔突然召唤珠儿和海斯特来到身边，他走到7年前海斯特受刑的刑台上，当众承认自己就是当年的“奸夫”，并沉痛忏悔，他撕开自己的衣襟，露出胸口的红字，而后心力交瘁倒地身亡。奇林沃斯生命的全部意义就是报复折磨海斯特和丁梅斯代尔，如今牧师经过忏悔而死，让奇林沃斯的生命支撑立时崩塌，一年后他也死了，将财产都留给了珠儿。

在早期殖民地的清教徒社会里，清规戒律是非常多的，清教徒生活的克己复礼，简朴压抑。从《红字》开篇时围观群众的言行来看，这些自以为蒙主恩宠的人，生活中更缺少阳光。

《红字》中，海斯特显然是个完美形象，霍桑塑造这样一个带着“罪”而完美的女人，似乎是对清教徒社会的某种抨击。其实，霍桑并没有摆脱清教徒家庭带给他的桎梏。整个小说的设定中，霍桑认同海斯特是有罪的，但她凭着自己的坚忍和努力，完成了自我救赎，不管周边对她多少侮辱多少白眼，她一直友善地对待那些憎恶她的人，直到她的努力终于让她重新赢得尊重，她胸口的“A”不再代表通奸，而是象征着能干（Able）和天使（Angle）。

而牧师呢，在小说的大部分，他都是个无能的孬种，让人就怀疑，海斯特怎么还能如此痴恋他。可在最后的忏悔后，拉开衣襟露出“红字”的那一刹那，他也完美了，读者和上帝都原谅了他。

所以，《红字》是一部特别能代表霍桑纠结心态的作品，一方面，作者已经意识到，清教伦理对人性是个极大的束缚，必须批判；可另一方面，他潜意识里还是认同清教的道德观，执着于原罪和赎罪的宗教信条，除了给可怜的珠儿一个美好的结局，霍桑对于他自己的矛盾心态和现实也表现出了无可奈何的悲观。

18~19世纪，欧洲的浪漫主义大行其道，霍桑的出现，基本算是让美国文学赶上了欧洲的潮流。霍桑的浪漫主义更高阶，他被称为是“象征浪漫主义”大师，因为他的作品大量使用象征手法。就算读者看小说完全不动脑筋，也都能感觉到，《红字》这部小说里，藏了很多明喻、暗喻、象征的手法，最明显的，就是文章中多次反复出现的“A”。象征手法的小说最具娱乐性，可以让很多文学评论家闲着没事找谜底玩，不怕累的话，可以让整本书每句话都是谜面，所以，史上研究《红字》揣度霍桑心思的文字，可比霍桑自己的作品多得多了。

霍桑可以当之无愧被称为大师，作品不少还风格各异，除了象征主义，在心理描写方面，也开了美国文学的先河。

虐恋和西部风情英雄救美，听起来都不错，但老杨最偏爱的还是侦探悬疑类的作品，我经常告诫自己要锻炼身体，力保长寿，因为“坑爹”的《名侦探柯南》还没有结局呢！

一个日本侦探干吗叫柯南，真相只有一个，作者要致敬英国的悬疑小说家，柯南道尔，世人谁能不爱福尔摩斯？

老杨也爱福尔摩斯，但更爱19世纪美国的作家爱伦·坡，而且我总认为，是爱伦·坡一手创造了福尔摩斯！

埃德加·爱伦·坡，生于1809年，死于1849年，人生的主要岁月以卖文字为生，活得乱七八糟、穷困潦倒。

埃德加的生身父母是一对英国演员，父亲在他一岁时离家没了音信，母亲不久死于肺病，他被一个苏格兰商人爱伦收养，名字变成了埃德加·爱伦·坡。

养父母对养子的爱是带着情绪化的，高兴时就宠溺，不高兴时就漠视。爱伦·坡幼年时跟随养父母在苏格兰和伦敦等地游历，最后又回到了美国。养父的生意情况不太稳定，爱伦·坡进入弗吉尼亚大学就读后，无法收到全额的学费生活费。爱伦·坡不会勤工俭学，倒是学会了赌博，落下大笔赌债，养父更不愿意替他偿还债务，一年后爱伦·坡就辍学了。

生活所迫，爱伦·坡只好去当兵，养母死后，养父跟爱伦·坡缓解了关系，帮助他退伍，进入了西点军校深造。

人生遭遇坎坷，爱伦·坡的性格不会太随和，年轻气盛时，喜欢惹是生非。他语言文字天赋过人，之前已经正式出版过颇受好评的诗集，进入西点后，炫耀才情，喜欢写滑稽诗讽刺教官和学校，居然让其他同学很崇拜。当然，他这么闹，也如愿以偿地再次被西点开除。

军校里不光是同窗之谊战友之情还有粉丝之爱，爱伦·坡的西点同学居然凑钱资助他出版了第三本诗集，里面就有爱伦·坡著名的诗篇《致海伦》。

此后爱伦·坡就开始尝试职业作家的生涯，在美国历史上，他是第一个想用写文章糊口的人，可惜这位大哥酗酒好赌还作，而且，根据当时那个版权保护的状态，就是当个啥恶习都没有的作家，也很难吃饱。

挣钱不多并不妨碍爱伦·坡生活精彩，26岁那年，他第三次婚姻，娶了自己的表妹弗吉尼亚，表妹13岁！在爱伦·坡的各种好坏名声中，又多了一项：萝莉控。

让爱伦·坡大红的是长诗《乌鸦》，发表于1845年的《明镜晚报》。乌鸦这种动物，不管在哪种文化里都代表不祥，总是跟死亡相随。爱伦·坡的长诗，描述了一个惊悚片的场景：萧瑟的冬夜，炉火明灭，紫色的窗帘在摇曳，一个男人困顿地翻着书页。这时，寂静中响起叩门声。打开门，门外除了风什么都没有。男子以为是他死去的爱人来探望，他低声呼唤，只收到黑夜里的回声。这时，突然飞进来一只乌鸦，它阴森森地停驻在门顶的雅典娜半身像上。孤寂的男子认为乌鸦可能带着另一个世界的消息，想跟它沟通，他与乌鸦展开了一段关于生与死、聚与散、痛与伤的对话，乌鸦从头到尾只回答了一句evermore(永远不再)。

老杨的英文水平，仅仅限于将这首长诗看懂，体会不到更深层的伤痛和美感。从网上找到一个朗诵版，静静地听了一次后，这个黑夜的画面会在眼前缓缓展开，它是僻静的、孤独的、阴冷的、抑郁的，更是痛彻心扉的。

爱伦·坡的诗歌首先胜在技法，他熟练地使用英文诗歌的格式和韵律，《乌鸦》这首诗朗诵起来有音乐的旋律，而这种黑色阴暗惊悚的表现方式，使之成为一种哥特式音乐，爱伦·坡是哥特风诗歌的开创者。诗中大量的象征暗喻手法，似乎比霍桑的《红字》更适合猜谜，爱伦·坡当然也是象征主义的重要代表。

爱伦·坡命运多舛，饱经离丧，幼时丧母，暗恋的女人、姨妈、养母都先后离去，当他觉得表妹是生命中唯一的一道阳光时，结婚刚7年的弗吉尼亚也染上了肺病——一种专门夺取他身边女人的疾病，爱伦·坡知道，弗吉尼亚也会终告不治，《乌鸦》就是诞生在这种情绪中。

《乌鸦》的成功对爱伦·坡的财政状况没有任何改变，1847年，弗吉尼亚死去。两年后，爱伦·坡在失踪了几天后，突然神智不清地出现在街头，表情痛楚，说话含糊，不知道穿了谁的褴褛衣衫。他反复念叨着一个人名：Reynolds(雷诺兹)，一直成谜。

1849年10月7日早晨，爱伦·坡逝世，留下的遗言是：请上帝拯救我卑微的灵魂。

上帝没有可怜他，活的时候穷困潦倒，死后也没有安宁。他的敌人，某个编辑文学评论家，想尽办法玷污爱伦·坡的名声，甚至用捏造的资料出版了爱伦·坡的传纪，将他描述成一个酗酒、吸毒、怪诞下流坯。传记居然还卖得非常不错。

写书诋毁死人是很容易的，因为死人不能为自己辩白。可爱伦·坡不受影响，对他的读者来说，如果爱伦·坡是个很正常很阳光很正能量的人，他写的东西，就不太有说服力了。

前面说到，老杨认为，是爱伦·坡一手创造了福尔摩斯，为什么这么说呢？

除了诗歌方面的成就，爱伦·坡写了60部左右的短篇小说，大致可以分为冒险恐怖小说、罪案推理小说和神秘悬疑小说三类，看看这些小说的类型，读者还能要求爱伦·坡是个阳光少年吗？

爱伦·坡统共写了5部罪案推理小说，这5部小说就成了推理小说界的宝典，它建立了推理小说的基本写作方式和五大推理形式，到现在为止，推理小说再创新似乎也没有超出这五大公式构建的框架。

首先，爱伦·坡塑造了一个叫杜宾的侦探，他智商卓绝，观察力超人；杜宾身边有个朋友，对杜宾的一举一动是不明觉厉，怀着崇拜之情记录他的思考推演过程；必须还要有个在办案方面不算太灵光的警察，偶尔需要借助外脑的帮助。看到这个配置，大家的脑子里第一时间想到的应该是福尔摩斯、华生和苏格兰场的雷斯垂德探长。

杜宾的第一个故事，是发表于1841年的《莫格街谋杀案》，讲述了一个密室杀人案。

第二个故事是发表于1842年的《玛丽·罗杰疑案》，在这个故事里，杜宾没有勘测杀人现场，仅通过报纸上对杀人案不同角度的报道，就推理出了真凶。这种不去现场，根据已知条件纯推理的办案方法，有个专业名词叫“安乐椅侦探”，顾名思义。

2011年，日本有部很火的电视剧《推理要在晚餐后》就是这种模式。而据说爱伦·坡是根据真实案件写下了这部小说，虽然后来还是没有抓到凶手，当事人和警方都说“杜宾”的推理基本是正确的。

第三个故事发表于1843年，《金甲虫》。爱伦·坡用这部小说参加了一个征文比赛，获得100美元的大奖，这恐怕是他写作生涯里最大的一笔稿酬了。金甲虫是一个密码解密而后发现宝藏的故事，密码探秘的故事几乎被后人写烂了。

第四个故事是1844年的《你就是凶手》。案件一发生，作者就用各种方法影射了第一嫌疑，读者的思路被带走，也认定了作者指向的凶嫌，最后发现凶手是大家完全不会想到的人，真凶是通过死者“复活”指认，惊吓招供的。这种心理战的模式，在各种罪案作品中屡见不鲜。

第五个故事也在1844年，主角还是杜宾神探，关于一封《失踪的信》，情节很简单，讲述了心理盲区的事，一言以蔽之，眼皮子底下的东西反而最难找。英国新版的《神探夏洛克》中，艾琳初见福尔摩斯时，全裸出现，而后在福尔摩斯要打开艾琳的保险箱时，他意识到，艾琳已经告知了他保险箱的密码，也就是她自己的三围。

柯南道尔说：“在这条狭窄的小路上（指写推理小说），一个作家必须步行，而他总会看到在他的前面有爱伦·坡的脚印。”如果读者是熟读了这两个人的作品的，应该会感慨，柯南道尔哪里是踩着爱伦·坡的脚印在行走，他简直就是偷了爱伦·坡的鞋子！

公平地说，爱伦·坡创造了推理小说这个模式，但的确是柯南道尔将其发扬光大了，不管是故事情节还是人物塑造，到福尔摩斯时，都丰满了很多。可作为公认的文字精致、语言优美的大文豪，爱伦·坡作品中表现出的文学性，是柯南道尔不可企及的。有人说，爱伦·坡写小说都带着诗歌的意境和美感（当然他的美感大都是些黑色的抑郁美），所以，柯南道尔算是通俗作家，而爱伦·坡绝对是文学家！

对于爱伦·坡一辈子的成就来说，推理小说还算不得是顶点，公认他的恐怖小说写得更好，没有一个字的装神弄鬼，文字舒缓平静，可读完就是不寒而栗。比如世界文学名著《黑猫》，这篇小说发明了一种杀人抛尸方式——将尸身砌进墙里！天晓得爱伦·坡这伙计每天心里在想啥。

爱伦·坡在20世纪才洗刷了恶名，获得“昭雪”，而后火箭般蹿升到美国文坛的顶点，现在人送给他的桂冠，他的脑袋绝对不够戴：侦探小说的鼻祖、恐怖小说的大师、科幻小说的开创者、哥特风的最佳代表、唯美主义、象征主义、浪漫主义他通通是中坚人物，更不用说，在文学评论和诗歌写作方面，他还确定了某种标准。萧伯纳认为，美国文坛只有两个大家，爱伦·坡和马克·吐温！

爱伦·坡死后近100年后，从1942年开始，每年爱伦·坡的诞辰，都有一个戴着头巾披着斗篷的神秘人出现在爱伦·坡墓前，他会带一瓶白兰地，自己喝一口，剩下的和三支玫瑰留在墓前。神秘人的神秘祭奠坚持了60年，直到2010年，终于有好事之徒想把此人当场抓住揭破真身时，神秘人就不再出现了。

后世被爱伦·坡影响的作家不止柯南道尔一个，悬疑电影大师希区柯克也是爱伦·坡的追随者，好在爱伦·坡虽然穷，留下的鞋子不少，只要你敢穿，就能穿上走下去。

在欧洲几卷中，介绍文化历史时，最不能忽视的就是哲学这个范畴。19世纪初，欧洲文坛似乎认可了美国的几个作家作品，但对于哲学这种高大上的问题，欧洲的态度是很明确的：美国哪有哲学家呀？

有没有哲学家，首先看看有没有属于本土的哲学思想。18世纪初欧洲开始启蒙运动，到这个世纪之交时，基于启蒙运动和法国大革命的影响，欧洲哲学一会儿唯心，一会儿唯物，又有存在主义、实用主义、马克思主义各种主义，看着一个比一个艰深。这些艰深的字眼，生活在美利坚乡下的老乡怎么看呢？

19世纪初，美国的知识分子自立自强自尊自爱，他们开始考虑，除了国家要独立，一定要有属于美国大陆自己的思想体系。只是欧洲的哲学家太强大，对美洲的辐射太强， 美国人的思路很受压制。只有康德、黑格尔、谢林这些大拿说出来的，那才是哲学嘛！

好吧，既然想不出新的，我们就尝试在欧洲现有的主义上拔高、超越，好在哲学这东西，有的时候跟玄学真假难辨。

新英格兰地区的知识分子提出了“超验主义”。拿这四个字问百度，收获的答案可难懂了： 主张人能超越感觉和理性而直接认识真理，强调万物本质上的统一，万物皆受"超灵"制约，而人类灵魂与"超灵"一致。超验主义者蔑视外部的权威与传统，依赖自己的直接经验，强调人的主观能动性。

看不懂？换成中国话就懂了，就是万物有灵，人可以靠着自己的修行达到天人合一的境界（这是要修道啊）！

提出这套“玄学”理论的，我们姑且称他为美国的本土哲学家——拉尔夫·沃尔多·爱默生。

爱默生是个牧师的儿子，长大后子承父业也是一个牧师。不过，他很快发现，除了读《圣经》布道，他应该有更全面的东西分享给美国人。

还俗后的爱默生致力于一件事，就是让美国的文化和思想彻底独立。且不论他的超验主义在欧美的哲学体系中地位如何，他至少有两个出发点，塑造了真正的美国精神：1.他坚信就算美国没有欧洲那样古老的历史，依然可以建设出属于美利坚民族的艺术辉煌；2.人要充分相信自己，通过自我的努力和完善，达到某种高远的目标。

爱默生是真正美国化的学者，他喜欢演讲，善于演讲，所以当他著书立说时，他的文字更倾向于让所有的人能听懂，这也算是打造了美国文学的一种特质。

1836年，爱默生出版《论自然》一书，讲述了超验主义的思想，虽然这个“主义”一直没有系统的理论，但它仍然吸引了不少美国本土学者的拥护。第二年，爱默生在哈佛大学演讲，主题是“论美国的知识分子”，被誉为美国知识界的独立宣言。

《论自然》一书没有被完备地保存，现在只剩残篇。以至于要了解超验主义，最佳的读物就是《瓦尔登湖》。

1989年3月，作家海子卧轨自杀，随身携带了四本书，引发很多人对他意图的猜测，其中一本就是《瓦尔登湖》。不知道是不是几年前的海子热，顺便带热了这本书，当时在机场、星巴克等“高档”地方，该书出现的频率非常高。有一次飞往北京，延误无聊，老杨也买了一本跟风媚俗，在飞机上一口气读完，掩卷叹息：真是本好书，即使变成另一种语言，也能感觉到她的美。

亨利·大卫·梭罗，出生于马萨诸塞州的康科德城，这里也是爱默生和他的超验主义的中心。梭罗来自苏格兰清教徒的家庭，毕业于哈佛，曾经是爱默生的助手兼弟子，深受导师影响。

1845年7月到1849年9月，梭罗在康科德森林瓦尔登湖畔用斧子搭建了一个棚屋，自给自足，过了两年神秘而招人非议的“隐士”生活，并以此经历写成长篇散文《瓦尔登湖》。

读《瓦尔登湖》容易魔怔，如同一些俗气的饮品广告，在酷暑的夏日里挥汗如雨，一口不知道什么的饮料喝下去，周遭立时变成了森林和清溪，人也立马精神了。打开《瓦尔登湖》，你会沉浸在一种画面想象中难以自拔：小山腰，森林边，一座小木屋，木屋旁是苍松和山核桃林，屋门口有条窄窄的小路通向湖边；小路两边有精细的小花，到秋天挂着会闪光芒的野樱桃；鹰在半空盘旋，野鸽子在视线里乱飞；屋里的人早起发现地板脏了，就将家具搬出来，顺便晒晒被褥，用白细沙将地板扫干净；忙完家务就去砍木头、种豆子；黄昏时，到湖上泛舟吹笛，有几条鲈鱼在船边游弋；晚上回到木屋，桌上摆着一本《伊利亚特》。

这不是“隐居”，这是神仙过的日子！老杨读时神往了很久，幸而及时想到，蚊叮虫咬，没有网络的日子，一点不神仙！

从文学和哲学的角度看《瓦尔登湖》，它是超验主义的经典，但似乎在如今这个社会状态下，更有意义。首先，工业科技的快速发展，已经牺牲了环境，《瓦尔登湖》描述的静谧纯净，只能去19世纪的读物中寻找了；随着物质财富的不断增加，人类正在失去自由，离开中央空调、汽车、电脑、网络的我们，寸步难行；人在对功利的追求中，精神日益枯萎，每天想的不过是房价涨了、油价涨了、肉价涨了钱怎么总不够用呢？就算真看到了青山绿水的瓦尔登湖，估计很多人第一时间考虑的是，如果开发出来做农家乐，应该很赚钱吧！想到这些，似乎突然明白了海子的离去，不知道此时此刻，他有没有找到他自己的《瓦尔登湖》……

超验主义讲究天人合一，人与自然和谐共存之美，但也有人认为，对待自然，尤其是暴风骤雨，邪恶难测的大自然，人类必须战胜而且征服，哪怕付出自己的生命。这个题材来自19世纪中叶的美国作家，赫尔曼·梅尔维尔的《白鲸》，讲述了一个有点偏执的船长，被一条白鲸咬断了腿，他憋着复仇之火，满世界寻找那头仇家，终于同归于尽，大仇得报的故事。

且不说人和一头鲸这么较劲是不是健康，从小说的角度看，描写大海上的各种探险和捕鲸这个高危行业的种种，听上去还是挺刺激的。《白鲸》在当时没有引起轰动，到20世纪才被重视，大约是因为这是一部百科全书式的浩大作品。剑桥文学史称之为“世界文学史上最伟大的海洋传奇小说之一”。英国的毛姆更是将其定义为唯一能进入世界名著前十的美国作品！

除了以上密集爆发的文人，美国文化还有其他的亮眼风景，美国诞生了有浓郁美利坚风情的画家和画派。

对绘画来说，美国有先天的优势，那就是取之不绝的自然奇景，欧洲随处可见的精美乡村、整齐城镇、喧闹人群，美国人不稀罕，他们有欧洲人想都想不到的大气景致，大山大河、无边荒原。

19世纪早期，哈德孙画派诞生于纽约，那时的哈德孙河谷，人烟稀少，景色天然，落在画上有种苍凉之美。后来这些画家发现，深入西部有更宏伟的画面，大峡谷、落基山脉、黄石山区都为他们提供了无限灵感。美国本土的风景画，可能没有欧洲浪漫主义、抽象派之类的讲究，可就是精准地描绘了本土的自然景色，让美国人很喜爱，流传到全国各地。

二十一　汤姆叔叔的小屋

老杨每次打开电视，必须抱怨：现在的电视剧一天到晚就是男男女女家长里短这点破事！我抱怨完，就会想到，200多年前，有个跟我一样抱怨的家伙，他就是霍桑。他抱怨的是：美国如今的读者，就是为那些胡编乱造的女人着迷！

这种霍桑郁闷存在于所有19世纪早期的男作家心里。现在我们说到19世纪的美国文学，前面那几位爷都被捧上天，可如果真要以市场和销量论英雄，这几位大师、文豪统统是笑话。霍桑的《红字》，讲述牧师通奸的故事，够轰动了吧，费好大劲卖掉了一万本，也号称是畅销书了。可跟他同时代的部分女性作家，随便一出手，就有几万甚至几十万的销量。

18~19世纪的美国，是女性作家的天下，她们的作品，有个学名叫“情感小说”，说白话就是“言情小说”。

那个时代的美国，工农业都快速发展，社会经济也突飞猛进，男人们是很忙的。下层男人，为生计打拼；中层男人，为小康打拼；高层男人，为地位打拼。不打不拼的时候，要关心政治，考虑选情，更闲的时候，大部分有点阅读能力的男人，肯定是首选来自欧洲的“高端”读物，不管什么时候哪个国家，你在路边咖啡店坐着，不拿本高大上的书，怎么好意思跟人打招呼。

男人忙，女人也忙，但女人的忙有点单调。那个时代的美国女人，不管出身如何，一嫁人，必须相夫教子打理家务。如果还有清教徒的规矩限制，女人们只要一嫁人，跟软禁区别不大。大部分白人妇女，实际上并不需要扫地做饭带孩子的，有黑奴用人帮忙。这些中产女人，养尊处优，一天闲得发慌，看小说是最大的娱乐，读者群是巨大的。

居家女人爱看什么？家长里短、婆婆妈妈、鸡毛蒜皮，当然还有男欢女爱。如果再考虑宗教背景下大部分女人的虔诚心态，那些带有慈善性质，充满社会关爱的言情小说，则算是升华了。主人公最好是女人，出身良好，家道中落，美丽非凡，略有才情，通过自己的努力，尤其是善行感动周边，收获爱情，最后重回锦衣玉食的生活，这是主要题材，三角恋之类的也不能少。文字上走明媚忧伤体的路子，悲伤如果逆流成河，则更感动无数读者，这类东西，大部分时候是女人能写得更顺手。所以19世纪的美国畅销小说，都是些女人写给女人看的东西。

老杨绝对没有看不上女性作家的意思，因为这个时代，奥斯丁、勃朗特姐妹正在欧洲文坛缓缓上升，她们的地位，是任何一位男作者都不敢贬低的。而严肃艺术总是被通俗艺术逼入冷宫，这在任何时代都不稀奇。

介绍畅销书作家，就从最畅销的那本开始——《汤姆叔叔的小屋》，当年销售了30万册，流传到英国后，一年售出120万册！放在今天，也是超级畅销书。

作者哈里特·伊莉莎白·比彻·斯托，习惯称之为斯托夫人。她出生于一个牧师家庭，成人后嫁给了神学院的教授，也是个牧师，所以她的一生都生活在浓郁的宗教环境中，她嫁的斯托教授，是个比较激进的废奴主义者。

斯托夫妇居住在俄亥俄州的辛辛那提，隔着俄亥俄河，对岸就是肯塔基州。肯塔基是蓄奴州，俄亥俄是自由州，俄亥俄河就成了分界。

1850年，美国国会颁布《逃奴法》，规定各州都有缉拿逃跑奴隶的义务。这项法案让南方黑奴的北逃由地面转入地下，南北间出现了许多秘密通道——“地下铁路”。从肯塔基州，只要越过俄亥俄河，就到了“解放区”，自然有支持废奴的善心人士接应救助。

斯托夫妇就是善长仁翁之一。逃过来的黑奴讲述了自己在种植园的遭遇，斯托夫人也亲身到肯塔基的庄园参观过黑奴的生活。因为斯托夫人之前一直为杂志撰稿，也写过不少有影响力的小说，所以当有人建议她，写一部反映黑奴的生活，呼吁解放黑奴的作品时，她很快就完成了创作。

《汤姆叔叔的小屋》几乎翻译成了世界上所有的文字，相信老杨的读者都已经读过。它讲述了一个黑奴汤姆被原来那个还算仁慈的主人卖掉后的种种遭遇。汤姆不仅是能干亲切的奴隶，更是虔诚的基督徒，不管遭遇任何苦难，他都不放弃自己的信仰，最后甚至付出自己的生命。

不管小说被拔高到什么位置，《汤姆叔叔的小屋》在整个情节结构上，并没有超脱出当时家长里短的情感小说的局限，看文字和对白，总有啰啰唆唆的感觉。它的价值在于，黑人的苦难，被一个女人，尤其是一个牧师太太写出来，就有一种极度伤感的悲悯情怀，更可信更有说服力。而汤姆作为一个忠诚的奴隶，虔诚的教徒，最后以“殉道者”的姿态死去，更增加了悲剧的力度。

小说最初只是在一本反蓄奴的周刊上连载，因为太受欢迎，于是在1852年整书出版，创下了当时小说销量的纪录。

南北双方对小说的反应各不相同，北方反蓄奴派当然是发现，这本书将成为对付南方的利器，尤其是小说进入欧洲也成为畅销书后，南方奴隶主的形象极为恶劣，北方废奴主义者占据了道德的至高点。南方激愤了，他们质问斯托夫人：你见过几个奴隶主？你到过几个庄园？你认识几个黑奴？当然还少不了，你一个女人家掺和这些事干吗？

小说的真实性最遭质疑，斯托夫人一辈子也就去过肯塔基一个蓄奴州，貌似真算不得调查了解得比较透彻。为了反击南方，斯托夫人在弟弟的帮助下，整理梳理了媒体上来自南方的各种案例，真实故事，编成200多页的《汤姆叔叔小屋的钥匙》（A key to uncle Tom’s cabin),也就是俗称的《××解密》之类的东西，在1853

年出版。这本“解密”的主题思想就是：你认为我夸张了，其实真实情况比我写的还惨呢！这本“解密”也成为当年的年度畅销书！

一本书红到这个程度，它就不是一个畅销书的问题了，它是一个社会文化现象，而且肯定跟当时的局势息息相关。

1862年，斯托夫人见到了当时的总统林肯，据她后来说，林肯总统当时称她为：写了一本书发动了这场战争的小妇人！

大战是不是因为一本小说开打的，不好分析，不过，小说发表后不久，大战是实实在在地开打了！

二十二　无法妥协

大荒野

从墨西哥手里搞来大面积的国土，分明是件大好事，却把美利坚政府愁得够呛。比如加利福尼亚，从淘金热开始，这里就是全球热土，吸引了三教九流各路人马逐鹿，无法无天的状态令人发指。若没有官家约束，后果堪忧，联邦政府希望加利福尼亚地区能够快速建州，纳入联邦的管理体系。

老问题又来了，未来的加州允许不允许蓄奴？波克尔总统实在烦不过这个问题了，1849年，他拒绝了连任竞选，第一次参选时的承诺都实现了，不用再来四年证明自己，或者说折磨自己，他非常清楚，他任内收来的那些土地，蕴藏着巨大危机。

墨西哥战争中表现醒目的老军头泰勒将军代表辉格党入主了白宫，他请求加利福利亚能以自由州的身份入联邦，南方人当然不干，如果加州是自由州，那以后的新墨西哥、俄勒冈、犹他州都是自由州了，废奴的问题就可能随时在国会被通过，南方种棉花的还活不活？好吧，逼急了，我们南方就脱离联邦！老军头泰勒行伍出身，最不怕威胁，他也放狠话，南方如有异心，他将“御驾亲征”平定他们。

保住联邦的统一不要内战是头等大事，国乱方显忠良，每到这个时候，又是亨利·克莱勇敢站出来想办法。这伙计活该当不了总统，他注定就是个职业消防员。

1850年，消防员又搞出一份救火案，共有5条，其中的焦点是：加州以自由州入联邦；政府出台《逃奴法》，用法律规定美国司法部门不论是自由州还是蓄奴州，都有责任抓捕逃跑的奴隶；哥伦比亚特区内废除奴隶贸易，但不是废除奴隶制等等。

妥协案就是指望大家妥协，可泰勒总统也不让人省心。这位爷在烈日暴晒下参加了国庆典礼，回去后感觉有点中暑，吃了大量的水果、卷心菜、黄瓜，狂饮冰水，5天后，因为急性肠胃炎，在剧痛中死去。想想随后会发生的故事，不免让人出冷汗，泰勒这样突然的死亡，真可能是上帝心机深重的安排。

总统死了，妥协案也通过了。1850年的妥协案，算不得胜利，这就像是给中暑的人大量吃黄瓜冰水一样，吃着可能暂时舒服，随后搞不好会要命。

不久，妥协案就遭到了冲击，因为堪萨斯—内布拉斯加之争。

现在的南北问题，其实已经不仅仅是蓄奴废奴这么单一的层面了，南北方在关税、税收、基础建设投入等各种项目上都要争出个短长。当国会就建设跨西部的铁路发生讨论时，各州为了自己地区的利益更是抱团的抱团结伙的结伙，都希望让自己的家乡成为东西铁路线上的枢纽，为了实现私利，各种敏感事务都被用来当作工具，把南北问题整得更加复杂无比。

有个叫斯蒂芬·道格拉斯的政客脱颖而出，他来自伊利诺伊州，现在他是西部民主党的重要领导人之一。他想的是，如何能让伊利诺伊州成为铁路上的重要站点。

伊利诺伊州以西是艾奥瓦和密苏里，隔着密苏里河，对岸则是大荒野地带，美国中部的平原区。美国人不敢对印第安人做得太绝，还是要留给他们一点存身之所，按早先美国政府和印第安人的约定，大荒野留给印第安人安家。

道格拉斯知道，如果这里全是印第安人，是不值得修建一条铁路的，最好是让美国人移居这里也成为州，这样一来，从芝加哥起步的铁路，就会贯通伊利诺伊，让其成为东西交通的一个重要节点。

白人移居印第安的土地，对美国人来说简直是天经地义，可问题是，这个地区位于密苏里妥协议定的界限以北，按道理，这将又是一个巨大的自由州，南方人绝对不会答应。

道格拉斯早就想好了，他预备挑战之前所有的妥协案，他提议，以后任何州，到底是废奴还是蓄奴，都不用国会扯皮干仗，州内全民公决不就行了嘛。

全民公决听起来很合理，但，密苏里妥协案已经存在了，在很多人心目中，它跟宪法的高度差不多，随便一个政客一拍脑门想个主意，就可以否定一条已经存在的法律?

别吵别乱！道格拉斯还有B计划，这么大的荒原，一个州用不了，分成两个吧，北部叫内布拉斯加，南部叫堪萨斯，内布拉斯加如果是自由州，堪萨斯就全民公决，看民意吧！

就这样，堪萨斯—内布拉斯加法案（简称堪—内法案）最终成立，成为法律，既然都通过了，就不闹了吧?

共和党和堪萨斯血案

不能，既然密苏里妥协和1850年妥协都可以被推翻，那这项法案也可以作废！

道格拉斯自己绝对没想到他策划的这件事有惊天地泣鬼神的效果。在支持或是反对堪—内法案的问题上，本来分裂的美国政界分得更碎了。刚立足未稳、根基不深的辉格党首先扛不住这种冲击，四分五裂，1856年后，像早年的联邦党一样，消失了。民主党内部也因为这个事分裂，产生不同的族系。

所有反对堪—内法案的人，立场是鲜明而坚定的，认定这个法案将是对美利坚不可预想的灾难，来自各个党派各个族群的反对者，决定集合在一起，他们成立了共和党，预备持续斗争抵制堪—内法案。对，就是现在这个共和党诞生了。

党派不是项目小组，不会为了一个工程暂时性地结合在一起，他们一定会有一个预备长期秉持的核心理念。

核心就是两个字“自由”，自由的国民自由的土地，对资本主义经济来说，大量的黑奴存在，不仅是个不安定因素，也让白人劳工失去很多机会。共和党是联邦的支持者，他们认为，州权不宜太大，应让所有的州紧密团结在中央政府周围，保证联邦的统一，绝对不能分裂。

支持废奴的党派和人群，都有明确的意识形态，认定黑奴是民主社会发展的巨大障碍。而南方蓄奴派的支持者，他们原来可能只是从经济角度考虑问题，可扯皮了这么多年，有些东西在他们心目中也形成了意识形态，在他们看来，让黑人作为私有财产，由奴隶主安排他们的工作和生活是一种非常人道的态度，北方的资本主义工厂里，环境恶劣，工人生活狼狈不堪，还不如南方的奴隶；劳资纠纷才是社会不安定的因素呢，南方根本不会发生这种问题！

既然已经是意识形态领域的分歧了，那就别指望调和了，动嘴谁也说服不了谁，那就动手吧！

第一滴血洒在堪萨斯的大街上。不是要全民公决堪萨斯的性质吗？旁边的密苏里州派了几千人到堪萨斯帮着投票，赞成蓄奴的自然成了多数。政府里有位赞成蓄奴的将军还在密苏里组建了一支军队，到堪萨斯“镇压”呼吁自由州的积极分子。

蓄奴的可以去堪萨斯，废奴的当然也要去。俄亥俄州的激进人物，约翰·布朗带着儿子们到了堪萨斯，趁着月黑风高，布朗父子杀了5个外州过来的蓄奴者，将尸体留在大街上，警告不准其他的蓄奴者再进入堪萨斯。

这是“波塔沃托米枪杀事件”，事情一进入以暴制暴的程序，就不受控制了，整个堪萨斯成了角斗场，顺便还衍生了大量抢劫偷盗的犯罪活动。

堪萨斯在流血，国会也在战斗，北方的废奴派政治家口才好，将南方蓄奴派贬得很难看，南方派觉得多费口舌无益，索性挥着拐杖，将北方派议员打翻在地，头破血流，差点残废。被打的成了北方英雄，打人的被举为南方好汉，两边都存了灭掉对方的想法。

高院选择阵营

泰勒吃死，副总统菲尔莫尔接班。新总统人缘还不错，1850年的妥协案能通过，多亏他上下游说、周旋。菲尔莫尔是聪明人，知道自己任期不长，犯不着让自己不痛快，妥协案这东西，能让局势平静一天算一天，过一天是一天。

1852年大选，辉格党的竞选能力微弱得可怜，民主党的皮尔斯轻松成为总统。皮尔斯任内遇上的大好机会是夏威夷。太平洋上夏威夷周边几个岛子联合成为夏威夷王国，也吸引了大量的美国移民。1854年，他们答应加入联邦，可这时蓄奴州闹得沸沸扬扬，皮尔斯没有这么强悍的心理，再忍受一场暴风骤雨，于是只好放弃了。据说针对加拿大的兼并行动，也因为蓄奴的问题被中止。

1856年的大选，流血堪萨斯成为焦点，民主党派出了法宝——布坎南，战胜了头次参选的共和党，再次入主了白宫。

布坎南为什么是法宝呢？因为南北方闹得激烈的这几年，布坎南正作为公使被派驻伦敦，他没在政局中心掺和，因而没有大面积树敌，新兴的共和党以其激进的反蓄奴主张,输在了经验不足上。

大选成功并不值得庆祝，布坎南是个老政客，当选时已经65岁了。这样的老人家进入此时已然风雨飘摇的白宫，实在不是老来福，而作为老政客的谨小慎微，左右逢源，也会让他在这样的环境下，把局势搅得更糟。

地方上在流血，国会在斗殴，总统换得快，三权分立中的两大部门都混乱，剩下的司法部门，最高法院能继续超然而外吗？这时，我们不能不提到引发南北内战的一个重要事件，斯科特诉桑德福案。

斯科特是个黑奴，在密苏里州被卖给一个叫桑德福的美国军医。桑德福一家迁居伊利诺伊州和威斯康星地区（那时还不是州），根据密苏里妥协案，这两个地区都是自由州，不许蓄奴，所以按常理分析，斯科特进入这两个地区后，他的奴隶身份就应该自动解除了。

军医桑德福中途死了，斯科特和老婆孩子被当作遗产留给了遗孀，而后又被转给桑德福的弟弟，也是桑德福，回到了密苏里州。

这时斯科特不干了，说我一家现在应该不是黑奴了，怎么还被当作猪马牛羊一样到处转手呢？斯科特因此到法院告状，要求自己的自由身份。密苏里的巡回法院判主人要给斯科特自由，桑德福不服，上诉密苏里高院，密苏里高院推翻了巡回法院的判决。斯科特无奈之下，向最高的联邦法院上诉。

最高法院的9位大法官再次被推上风口浪尖，这9位象征着美国司法的最高权威，很多人认为，这一场官司，能让不可随便表态的高院，对喧嚣无解的南北纠纷，提出一个终极的判断标准。

9位大法官7票对2票，驳回了斯科特的上诉，理由是，斯科特是个黑奴，属于公民财产，不属于公民，他没有起诉的资格呀；黑奴能随便起诉主人，以后阿猫阿狗桌子椅子难道都能来告状了？最狠的结论是：宪法规定了，人的财产权是受到保护的，而密苏里妥协随便让黑奴获得自由，那是剥夺公民财产的行为，所以，这个被大家顶礼遵从的法案是违宪的！

可以想象，全国立时砸锅了！蓄奴派上街扭秧歌，废奴派拍着桌子骂娘，此时已经有人预言：这也许是奏响了彻底推翻整个蓄奴制度的序曲！

二十三　大个子来了

美国人的规矩,每四年一次国会和总统大选,国会议员的选举正好比总统选举早两年,也就是每两年,美国就要遭遇一次不同种类规格级别的选举。之前一直说总统选举，其实，国会的选举也非常热闹。

这一篇，我们从1858年的国会说起。

1858年伊利诺伊州的参议员选举是全国的一个亮点，民主党和共和党公开展开了竞争，民主党派出的候选人有名声有人气，正是因为堪—内法案搅得地动山摇的道格拉斯。共和党派出一个身高193厘米的瘦高个子，举手投足不甚协调，走路还别别扭扭的，这家伙大名叫亚伯拉罕・林肯。

道格拉斯心里暗暗叫苦，虽然从表面看，道格拉斯在风度气质上更像个政治家，可这个叫林肯的怪家伙，平时说话着三不着四的，一碰上辩论或者演讲这种场合，他就会突然口若悬河激情四射，长手长脚打起手势像个大蜘蛛，很具煽动性。最让道格拉斯郁闷的是，林肯显然不如自己有知名度，可他死乞白赖总要搞公开辩论，显然就是拉道格拉斯帮自己炒作。

道—林辩论经过7次交锋，前后持续了10个月，走遍了伊利诺伊州各地，林肯终于让自己跟道格拉斯一样红了。在最敏感的蓄奴问题上，道格拉斯捍卫“全民公决”的处理办法，认为共和党的激进态度对南方压力太大，会挑起地区争端。最后，林肯输掉了这次选举，道格拉斯成为伊州的国会参议员。

大个子林肯生于肯塔基州一个普通的木匠家庭（木匠家庭的孩子都不容小觑），他的家庭像很多其他的西部家庭一样，都经历过一段盲流般到处乱窜不能安定的时光，林肯4岁时，这一大家子又开始迁徙，这次他们选择了土地肥沃的印第安纳地区。

历史上的伟人大部分都有一样伟大的母亲，林肯有两位，生母和继母。作为一个拓荒的家庭，家中的男女孩子都被当作劳力培养，读书学文化，倒是其次考虑的。南希・汉克斯，一位终日操劳的家庭妇女，平时逆来顺受的，在儿子读书上学的问题上，表现出了罕见的偏执。因为母亲的坚持，林肯获得了最基本的教育。

9岁那年，南希去世，幸运的林肯遇到了善良的继母，她对林肯和姐姐视如己出，还尽己所能支持林肯读书。

家庭环境决定了，林肯不大可能获得完全正规的教育，少年时代的林肯已经做过五花八门包括伐木工、船工、木工、屠宰工、店员、种植园工人等各种工作。

21岁时，这个喜欢漂泊的家庭迁入了伊利诺伊州生活，作为一个大小伙子，更应该外出打工维持家计，于是林肯受雇于一个船主，乘木筏顺河南下,到了南方的新奥尔良。应该说，这一路的见闻对林肯影响甚深，传说他沿途看到被欺辱的黑奴和南方普遍的对黑人的不人道待遇，而在心里埋下了要让黑奴自由的种子。

写人物传记时用这种春秋笔法很正常，老杨照例是不太信一个出身贫寒的船工，看到不平后能想得那么深远。林肯的父母都是虔诚的信徒，而且是出自某个抵制奴隶的教会，从小受家庭影响，看到黑人的遭遇，林肯心有戚戚焉倒是可能的。

二十四　1860年大选

1860年，气氛来得诡异。

前一年的冬天，约翰·布朗在弗吉尼亚法庭,包括叛国在内的三项罪名成立,绞刑处死。这位爆脾气的老人家早先参与著名的“地下铁路”活动，帮着南方黑奴逃向北方，堪萨斯闹得火爆时，他跑去杀人立威，最后他预备号召一场黑奴起义，一举推翻奴隶制。

约翰·布朗还真是组织了美国历史上“声势最大”的黑奴起义，1859年，他带着20个人，其中4个是他儿子，加上5个黑奴，占领了弗吉尼亚哈珀斯渡口的联邦军火库，可歌可泣地坚持了两天，最后，逼得政府调动罗伯特·爱德华·李上校带领一支正规军过来结束了这场混乱。

对北方废奴者来说,约翰·布朗是英雄是烈士是殉道者,整个北方废奴地区都为他哀悼,直到现在还有关于他的纪念活动。

对南方来说，约翰·布朗当然是暴徒无赖恐怖分子，尤其是问吊前,他的一番豪言壮语,更是让南方心里有点发寒。他大意是说，本来我以为不用流血就能洗清这个国家的罪恶，现在看来，不流血是不行的了!

到底约翰·布朗的行为怎么定性,是个麻烦的问题。随着老杨最近既圣母又玻璃心，对于这种打着“爱国”旗号的杀人放火，忍不住地嗤之以鼻。不管世界历史上对布朗的行为如何推崇，我看他，感觉就是家族恐怖分子。对美国历史不太了解的人，好多都认为，约翰·布朗本身就是个黑人,否则对于他杀掉白人争取黑人解放的行为，多少会有点儿困惑。需要特别一提的是,约翰·布朗虽然没机会参加后来正式的南北大战,但他是北方第一个跟南方第一名将李将军交过手的,泉下有知,也当过瘾了!

南方本来以为,蓄奴废奴的这一场争执,最后可能会以美国政治家一贯务实灵活的方式解决,现在看来,有些事一定要提前着手准备了。

在这个思维指导下，民主党1860年4月在查尔斯顿召开的总统提名大会，就有了分崩离析的结果。

前面说到，林肯靠缠住道格拉斯辩论而扬名立万，所以毋庸置疑，道格拉斯是民主党内最热的人选。他倒霉就倒霉在被林肯缠上了，虽然赢得了参议员的选举，可在辩论的某些议题中，明显掉进了林肯的辩论陷阱，在主要政治纲领上，含混其辞或者无法自圆其说，让南方民主党认为，作为总统候选人，道格拉斯太面太屃。

南北方的民主党在竞选纲领上无法同步，墨西哥湾沿岸各州加上南卡和佐治亚的代表直接翻脸走人，另立候选人，此时此刻，美国唯一的全国性大政党民主党在联邦分裂之前，先分成了南北两部（共和党此时充其量只算是一个北方的政党）。

党派政治，一个党分裂，另一党几乎是必胜了。共和党还是觉得有必要小心为上，虽然他们手里有几张大牌，有资历有名望有金主，但最后，他们还是统一选出了党内资历经历都普通的林肯。林肯成为候选人，最大的原因是：他从来没说过要废奴！

对，共和党是新的，可政治家都不是雏儿，在南北剑拔弩张的时刻，过于激进绝对不是好事。林肯当然反对奴隶制，但他一直说的是，要控制南方蓄奴地区的扩张，南方有黑奴的地方，继续保留黑奴，可以逐步将废奴推进一个温和的进程中，而不像其他的激进候选人，总是吵吵着，一举将南方地区所有的黑奴都解放！

民主党南北两部加共和党，1860年的大选已经冒出了三个总统获选人，其他的人还不怕事大，老的辉格党消失后，遗老遗少无处安身，自说自话组建了一个所谓宪政联盟党。这个党是蓄奴还是废奴呢？这么复杂的问题，人家直接回避，这党的总纲领就是，联邦要团结，不要搞分裂，他们也推了个候选人出来！

两个人竞选就够乱的了，一下子四个候选人，这样的格局，稍微懂事的都知道，最后当选的那位，在选票上说服不了全国人。对，林肯当选，选举人票他是过关了，可是选民的票，他只获得了40%不到，也就是说，这个美国史上最伟大的总统，是被少数人选出来的。在广袤的10个南方州，大个子得票为零！

这么低的票数当选，显见局势是不好控制的，南方也早已放话，只要林肯当选，他们就退出联邦。1860年11月，当宣布林肯获胜后，南方陆续开始撂挑子走人。不过此时此刻，他们可没说马上要干仗啊，只要没有真正翻脸，一切都还有机会挽回！

谁能挽回？谁说话最好使？当然是此时民主党的总统布坎南。可怨不得美国历史将布坎南描述成窝囊废，在这伙计剩下几个月的任期内，他索性更窝囊了！

我们还是要批判一下这种政权更替的“候任制度”，很不科学。上任垃圾时间无所事事，候任没有正式接班也不敢指手画脚，这段时间最容易无组织无纪律无法无天。

这是生死攸关的4个月时间，1860年12月，南方最激进的州南卡罗来纳宣布脱离联邦，第二年一二月间，密西西比、佛罗里达、亚拉巴马、佐治亚、路易斯安那、得克萨斯陆续脱离。

布坎南欲哭无泪，通知国会说，任何州都没权力这样说走就走，脱离联邦；但既然当初联邦政府是契约政府形式成立的，“合同”约定就是好合好散，如今南部觉得不爽，想要分家单干，貌似也没违反宪法，拦着也不合适呀！

到底南方脱离联邦违不违宪，这是千古难解的政治难题，迄今没有正确答案，而对于布坎南这样的庸人，更是想解题无法下手了。

出于对战争和联邦分裂的恐惧，布坎南小打小闹做了几项军事方面的部署，基本可以说，这些部署，让南方各州更团结更齐心了。

候任四个月，布坎南难过，林肯也不好过，他当然知道即将接手什么样的烂摊子，焦虑而无能为力，只好蓄了一脸大胡子，此后成为大个子的重要标志，后来的岁月，他几乎没空也没心思收拾自己的造型了。

二十五　无法命名的战争

梦想合唱团

不满现状的同胞们，内战的这个重大的问题,掌握在你们而不是我们手里。政府不会主动攻击你们,如果你们不做侵略者,就不会遭遇冲突。你们并没有对天盟誓要毁灭政府,但我们却要立下最庄严的誓言来“维系保护和捍卫它”！

我不愿意结束我的演讲。我们是朋友，不是敌人，不用是敌人。虽然激情可能退去了，但不会割断我们感情上的纽带。那神秘的记忆的琴弦，在这片广阔的土地上延伸，从每个战场和爱国者的陵墓到每一颗跳动的心房和每个家庭，我们善良的天性会再次拨动这根琴弦，将联邦团结的合唱奏响！

1861年3月4日，林肯在国会大厦的台阶上发表了就职演说，上面这段，是演说的最后一部分。林肯善于演讲，他的讲稿是每个想考托福的同学要读要背的内容，因为从英文的角度看，写得是真心好。

在文章中，林肯哀怨而又不失自尊地表达了对南方的友善之心，对时局的挽救之意，煽情得像是一个妇人挽留他变心的丈夫。可惜的是，南方的老爷们儿不懂这么抒情的英文，这节骨眼儿，这大个子还想组织一个“梦想合唱团”？南方认为还不如一炮轰掉这根“琴弦”，免得北方动辄“乱弹琴”！

林肯就职的前一个月，脱离的南方七州成立了自己的新国家——美利坚联盟国，我们俗称之为邦联，推举了密西西比的参议员杰斐逊·戴维斯为首任当然也是唯一一任总统。

南方七州宣布脱离联邦的同时，就以最快速度占领了州界内联邦政府的各要塞、兵工厂、政府办公大楼以及连带的各政府要地。到林肯上班的时候，南方7州界内，只有两个军事要塞还控制在联邦军队手里，一个是位于南卡查尔斯顿港一个小岛上的萨姆特要塞，一个在佛罗里达。

萨姆特要塞由联邦军队的安德森少校带着一群士兵把守。邦联态度强悍，但要一上来就对联邦军队动手，好像还做不到。于是邦联派代表到华盛顿，要求当时的布坎南总统把要塞直接交给南卡政府。

布坎南这次一点都不㞞，不但没答应，还派了一艘商船补给萨姆特要塞，查尔斯顿海口的邦联大炮对商船开炮，使其被迫返航，虽然起了硝烟，但两边还愿意斡旋并和解，这次没打起来。

林肯接班入主白宫，他首要面临的，还是萨姆特要塞问题。此时，林肯考虑得更深远。战争已然不可避免，谁先动手谁是反派，这是定理，有没有办法让邦联先动手呢？

林肯也派了一艘商船开往萨姆特，上面没有士兵和军火，只有粮食。联邦政府对邦联政府放话，出于人道考虑，为饥肠辘辘的要塞士兵提供一些食物，想必贵方不会阻拦。邦联这边犯难了，让船进来，等于向联邦低头，不让进来，难道让萨姆特要塞的守军饿死？

南方的爷们儿办事是很果断的，说穿了，不就是要不要最后撕破脸吗？都到这个份上了，还绷着给谁看哪？行！坏人，我们南方做了！

4月12日，查尔斯顿的邦联军队直接对萨姆特要塞开炮，两天后，安德森少校投降，1860年4月14日这天，就算是官方认证的，美国南北战争正式开打！

数据分析

南北战争够好些人研究一辈子了，研究历史的，研究宪政的，研究军事的，研究经济的都能找到契合的“点”发展出各种不同体系的高论。

为什么打？该不该打？能不能避免？到底是什么性质的战争？南方是否违宪？总统是否违宪？战争到底是关乎经济还是政治还是宗教……请地主们恕老杨不能将这些问题一一找资料分析给大家，因为实在是浩如烟海，上天入地，无所不有。老杨这种入门级的历史书，只能罗列最浅显最皮毛的。

大战伊始，当然要先看双方战力、装备、经验值、属性、成长当然还要选择英雄和攻略（这是要打DotA（对战）吗？）！

其实，以开战时的数据来分析，稍有常识的人都知道，南方必败，第一，肯定是输在经济上。

战争爆发时，南方邦联11个州，北方联邦有23个州，900万人对2200万人。北方拥有完备的工业体系，钢铁、纺织、军火等工业全部在北方手里，1862年开始，战争需要的全部军备物质，北方都可以实现自产。南方在战中，以大跃进的态度增加工业投入，但毕竟没有基础，所以大部分东西还需要依赖进口。

依赖进口就是软肋，北方还掌握重要的码头，进口商品一般是进入波多马克河北面的仓库，然后才发往南方，所以，一旦北方禁运，南方就被扼住了咽喉。

北方拥有更好的交通系统，铁路要比邦联多两倍，布局也更合理，在调配资源方面，会更轻松从容。战争一开始，基本都是在南方的地盘里作战，本来没有几条铁路的南方，交通被毁坏得更糟糕。

打仗，归结到底打的就是谁钱多。这方面，南北双方看不出高下，两边都很穷。北方有个优势，至少有个全国性的通货系统，有国库和税收体制；南方一切从头开始，钱从哪里来？除了借贷，似乎只能收关税。在战中，关税是最没有保障的，只要北方封锁了南方的港口，没有进出口，关税就无从谈起了。

北方同样捉襟见肘，逼急了只好放大招，开印刷机印钞票，没有硬通货支持的“绿背美钞”诞生了。这种废纸般的东西一进入流通，其贬值的速度如同高山流水，伴随着所有物品的价格一飞冲天，到1864年，3元绿钞能值1美元就不错了。

印纸钞是贴救命药，北方能印，南方当然也能印，悲惨的是，南方的科技水平差挺远，印刷水平尤其明显，纸钞印刷如果没有高科技作保障，那是多巨大的混乱哪。

经济上看着不行，南方也不能说完全没有优势。林肯虽然做了战争准备，可他接受政府时，看着债台高筑国库空空，海陆军都破破烂烂的，还是很想哭的。有人分析，是上届总统布坎南政府内的南方官员，知道早晚南北必有一战，搞了不少破坏动作。

南方人早就准备要打，在林肯拿他的破烂军队头痛时，南方的枪支都上好膛了。尤其是西点的不少名将，都来自南方，不管态度是蓄奴还是废奴，他们肯定是要为南方一战。

这些还都不算是南方最大的优势，南方最牛的，还是棉花。不要忘记，英国的棉花百分之八十从美国进口，南方的种植园被打废了，对英国的影响也挺要命的。而英国还拥有世界上最强大的海军，如果不列颠想保住自家的棉花地，肯出手，局势就不一样了。

南方棉花帝国的老爷们儿都这么想，可惜英国人跟他们想的不一样。南方人低头种棉花，不知道抬头看市场。在南北开战前，英国国内的棉花库存出现了过剩，除了美国南方，英国人还发现，来自埃及和印度的棉花都不错，尤其是英国人感觉到，南方美国佬越来越傲慢了，有你离了我就活不了的优越感，分明是个买方市场，怎么能由着你卖家这么横呢。

英国对南方棉花的依赖缓和，可欧洲市场对美国北部小麦的需求却很旺盛。纠结的贸易关系，加上这场战争舆论上还是关于奴隶制的，说起来是一场关于人权和民主的战争，欧洲列强也不敢盲目站队，于是，南方寄予厚望的欧洲援军，从头到尾也没见出现。

谁是大Boss

背景很重要，主角更重要，有请双方的大Boss出场。

林肯的大致情况，前面已经介绍过了，他的伟大不用说了，但也不能不说，这个老伙计的一生，是极其苦逼悲惨的一生。

即使是在政治和军事生涯之外，林肯也没过什么好日子，他那位望夫成龙的老婆是个脾气暴躁、嚣张跋扈的女人，看不起林肯的家庭，更看不上林肯的朋友，公然发飙让总统难看是常有的事。战争期间，林肯的小舅子们还都在南方的军队里积极跟自己作对！

有些人说，林肯之所以能成为伟大的总统，完全得益于娶了一个泼妇老婆，自己卧室枕边就有个需要随时对付的“敌人”，必须24小时保持备战的清醒头脑！

一个成功的男人身后通常站着一位优秀的女人，一位成为圣人的男人身后一定叉着腰站着一位泼妇！

作为即将战败的南方地区大Boss戴维斯，就算家里没有一个喜欢骂人的泼妇，也谈不上是幸福的。

戴维斯出生于1808年6月3日，双子座，按星相学，他是极可能跟同是风象星座生于水瓶的林肯惺惺相惜成为好朋友的，更何况，这两位还都出生于肯塔基州，老乡见老乡。

只是，戴维斯不见得会看得上靠耍嘴皮子上位的北方小律师——林肯，戴维斯是标准的南方绅士，毕业于西点，崛起于军界。

戴维斯的成名过程比林肯含金量高些，他参加了黑鹰战争。

黑鹰战争发生在1831年~1832年，是伊利诺伊地区驱逐印第安人的战斗。印第安部落出了一名颇有传奇色彩的酋长——黑鹰，领导当地的两大部落联手跟美军对抗。说是两大部落，不过是300名印第安武士和近千名家眷。而这支“游击队”利用山区沼泽树林，打了一场出神入化的游击战，让美国军队付出了惨重的代价。后来因为弹尽粮穷，黑鹰被俘虏。

战俘黑鹰和儿子被押到东部受审，这对土著酋长父子凛然不屈和彪悍不驯的风度，令沿途围观的白人莫名敬仰，也让这父子俩在美国历史上留下大名。都知道，美国那些很牛的军用直升机都以印第安人和部落命名，最著名的有阿帕奇、科曼奇，抗震救灾更少不了著名的黑鹰。后来的艾奥瓦州被称为“鹰眼州”也是源于纪念黑鹰。

围剿黑鹰，是美国军队当时最风光的战事，林肯和戴维斯都参与其间，林肯主持的是民团，戴维斯则是正规军的中尉。民兵和正规军在地位上总是差点儿的。黑鹰被俘后，由戴维斯负责押解，因为小戴对酋长礼数周到，得到黑鹰高度评价，也连带出了点儿名。

作为军官，戴维斯不会虐待战俘，作为一个农场主，他更不会为难黑奴。戴维斯家族种植园内，黑人的生活条件和待遇是非常不错的，主人客气，干活不累。所以对戴维斯来说，解放黑奴，让他们失去白人主家的照顾，对他们实在是一种残酷！奴隶制不仅不应该被废除，反而应该在美利坚大地上蔓延，让黑人永远依附白人生活，这才是真正的人道！

出于这个想法，戴维斯随后又参加了对墨西哥的战争，战中负伤成为英雄。随后他进入政坛，帮助皮尔斯参选，皮尔斯入主白宫，戴维斯被任命为战争部长。

林肯赢得大选，戴维斯也不爽，可他当时还是反对南方脱离联邦的。后来赶鸭子上架，被南方联盟国举为大Boss，不立场分明不行了，这才正式成为“分裂者”。分裂者的几个舅子也都在北方军队为联邦军队作战。

成王败寇，既然后来戴维斯是输家，肯定是个糟糕统帅。后人评价南方之败，都认为戴维斯至少要背一半的罪责。这个老伙计出身军旅，对军事工作自然是自信满满，加上都说他脾气暴躁，独断专行，终于把南方带进沟里。

从开战开始，戴维斯就坚持，南方之地，寸土不可让！根据我们之前讲的南方的各种条件，以人力物力如此地匮乏，防御这么大片的土地，肯定会拖死自己。

而对林肯来说，战争的目的就是战胜南方军队，根本无须占领南方的领土，所以他愿意结合优势，对南方实行穿刺般的进攻。南方的战线拉开，单点防御稀薄，北方军团的战法，正好奏效。

戴维斯还喜欢记仇，西点军校期间，所有跟他有过节儿的人，他都刻意刁难，弃之不用，以至于军队和内阁，经常在人事安排上被人诟病。待到美国历史上最惊艳的名将罗伯特·李将军终于被戴维斯拿来救场,已经大势去矣,神仙都无力回天了。

大Boss的个人水平的高低，应该是很明白了，战中，南北两边名将如云，高下难判，他们的个人魅力和战史地位并没有因为输赢受到任何影响。现在就让我们进入那个美国史上本土最血腥残酷的战场，随着每场战役瞻仰那些名将的风采吧。

血染的风采之一

虽然老杨笔下，最明星的李将军已经出场首秀，但在南北战争开打后，先大放光彩的南方将领，名叫杰克逊，人送外号“石墙”。

萨姆特要塞开打后，战争局面就形成了。南方的首都里士满和北方的首都华盛顿几乎是邻居，开战之初没预备全国开花，打得翻天覆地。对南军来说，北上直取华盛顿，像1812年英军入侵一样，让华盛顿从总统到士兵全都落荒而逃，战争就可以省了。于是南军步步北上，驻扎在离华盛顿30英里开外的马纳萨斯。

华盛顿城外，北军有3万人驻守，这支军队可没当年那么㞞了。这次他们预备先下手，干掉马纳萨斯的驻军，南下里士满，也考虑让战争直接中止。

1861年7月中旬，北军南下，马纳萨斯的驻军转移到北部的布尔河南岸，等来了增援的部队，双方在人数基本均衡的情况下开打。

第一场血战检验了南北两军的成色，应该说，都不怎么样。面对北军刚开始的进攻，南军表现得比较混乱。因为北军是要强渡布尔河，所以守住河上的几个桥梁是重点。在南军乱纷纷的战阵中，指挥官指着一位守桥的军官对南军喊道，看哪，杰克逊像石墙一样立在那里呢！

这位被拿来鼓舞士气的榜样，就是弗吉尼亚军团第一步兵旅旅长杰克逊准将，经过几个小时的混战，杰克逊和他的军队在混乱中进退有度，顽强不屈，而石墙散发出来的强大气场，让猛攻了几个钟头已经疲乏的北军突然士气溃散，乱七八糟手脚并用地败逃，跌跌撞撞跑回华盛顿，关起门来惊魂不定。

南军虽然是赢了，状态也好不了太多，加上没有合适的交通工具，无力追着北军杀进华盛顿，两边交手后快速分开，各自回到本垒。

这一战南军打出威风，石墙打出了威望，弗吉尼亚军团第一步兵旅借老大的名号被命名为“石墙旅”，整个南北战争，东部最精彩的战斗都有“石墙旅”的表演，参加大小近40次会战，甚少败绩，而最后上尉以上军官几乎无人生还，也让这支部队成为美国战史上最卓绝的战队。

北军在家门口输得是丢人又现眼，指挥官立即下课。首都的安全不可掉以轻心，赶紧整合附近的几支部队，成立波多马克军团，找麦克莱伦将军统帅这支东部主力。

乔治·麦克莱伦将军,精力充沛的小个子。在西点军校时，麦克莱伦正好是杰克逊的同班同学。

杰克逊农民出身，几乎是自学成才，进入西点后，成绩也不好，还在班里垫底，后来是凭着不服输的倔强性格，在临近毕业时迎头赶上，以中等偏上的成绩毕业。

麦克莱伦同学是“富二代”，在西点一直是优等生，第二名毕业。麦克莱伦成名也比杰克逊快一步。

1861年7月初，上面说的那场布尔河战役即将打响的时候，麦克莱伦进入弗吉尼亚州西部，战胜南军，成功平乱，“解放”了不愿意跟着弗吉尼亚州叛国造反的先进群众，并帮着在西弗吉尼亚成立了忠诚于联邦的政府，1863年，西弗吉尼亚作为一个正式州加入联邦。

因为成功地抢回了部分弗吉尼亚，麦克莱伦红了，被当作最合适的人选用来保卫首都。

1864年，麦克莱伦参加了总统大选，跟自己的老领导林肯对着干。他当时抛出的纲领就是，马上停止战争，即使是让南方独立。这个傻想法肯定是被毙掉，他的总统之路也随之终结，可在1861年当时，林肯一点儿没想到，他是将联邦军队主力交给了一个反战甚至疑似惧战的人手里。

麦克莱伦训练军队是行家，波多马克军团看着特别像样，于是林肯不断催促麦克莱伦，把波多马克兵团拉出去遛遛，跟南方军队干一场。奇怪的是麦克莱伦将军一会儿说是装备不够，一会说是人员不齐，终归是打不起来。

1862年初，面对急得跳脚的总统，麦克莱伦慢条斯理地抛出了春季作战计划，这个作战计划非常符合麦克莱伦的性格，几万大军避开正面战斗，从海上绕道，迂回进攻南军首都里士满。

人一做到大Boss，对自己的能力多少都会有点不切实际的自信。作为北军的统帅，林肯也做不到充分放权，他也有他自己的一套战略构思，林肯此时最牵挂的是京畿安全，而麦克莱伦觉得，只要对里士满构成实际威胁，南军自然不能对华盛顿动手。

麦克莱伦和林肯虽然思路不同，有一点是一样的，那就是小心为上。打仗这东西，很多时候，就是会打的怕不要命的。

话说麦克莱伦终于说服了总统，从波托马克河入海的一个小半岛取道里士满，发起一场巧妙的半岛战争。主意挺好，可麦克莱伦虽然带着7万大军，他心里还是不踏实，他就央求老大，再给增援。其实里士满的守军看着麦克莱伦心里已经发毛了，在北军即将上岸的地方，南军只有15000人马。

南军这会儿就是不要命的，邦联深知北军那对将帅的小心和磨叽，所以制定了一个老鼠戏猫的战术。半岛的南部守军，装腔作势来回调度，麦克莱伦看着眼花缭乱，更是确定了，他即将攻打的地方7万人是肯定不够，所以总统的援军不来，死也不能动手。

林肯愿意给他援兵，援兵要从首都附近派出去，可援兵走不动啊，他们被“石墙”牵住了。杰克逊根据高人的指点，也开始调戏北军。

杰克逊连续发起了几次“气势恢宏”的主动攻击。这种虚张声势的任务太适合杰克逊了，“石墙”冷峻镇定杀气腾腾的气质，他要唬人，怎么看都像是真的。北军认定杰克逊手握重兵，随时会杀进华盛顿，威胁白宫，不仅军队不能随便调走，最好再调些帮手过来。

在1862年5到6月这一个月的时间里，“石墙”带着区区17000人，挺进350英里，四次主动挑衅兵力比自己多两到三倍的北军，四战皆胜，缴获物资无数，将60000北军拖在原地，不能动弹。而当林肯终于反应过来，预备布置一张天罗地网围剿“石墙”时，他从四面八方的北军包围中，安逸地溜走了！

这无疑是南北战争最精彩刺激的一场秀。杰克逊牵住了援兵，麦克莱伦等不到人，更加不愿妄动，对北军有利的战机，就这样过去了。

倒是里士满的南军有点熬不住了，6月初，对麦克莱伦发起主动攻击。这一轮攻击，北军貌似是赢了，因为此战南军统帅受伤，戴维斯总统临阵换了个统帅。

北军的好日子这才算真开始了，换来的新长官，就是罗伯特·李将军，之前他一直是总统的军事顾问，而前面南军老鼠戏猫的战法，基本都是他的主意。

李将军出身显赫，李家从英国本土算起来，跟英王室有点飘忽的血缘关系。放眼整个北美地区，要说血统之高，家世之贵，李家绝对是排得上头号。独立战争开始，“李”家更是美国政商界的要紧人物。传说华盛顿曾追求罗伯特的祖母，祖母嫌弃华盛顿门第卑微，而嫁入李家。

可怜罗伯特含着金汤匙出生，并没有过上贵二代的日子，他的父亲深受华盛顿重用，在独立战争中是英雄，著名的“轻骑亨利”，战后更成为弗吉尼亚州的州长，都知道弗吉尼亚州在联邦中的特殊地位。

“轻骑亨利”是个纨绔，不上战场他就投机倒把，到处骗钱，华盛顿也是受害者之一。只是出来混，早晚要还，到最后自己的钱也被骗光了。罗伯特成长的岁月，顶着“李”家的显赫头衔，过着有点窘迫的生活。他后来不得不进入西点军校学习，是因为军校不用缴学费。

罗伯特是个完美的人，家世完美，操行完美，成绩完美，甚至连模样都是完美的。西点的同学称之为“大理石模特”，尤其是后来一脸白胡子，加上182厘米的身高，披上白袍他就可以进入古罗马的元老院。而全优生罗伯特在西点求学期间保持的各项纪录，至今没有人可以打破。

这么完美的男人，婚配只能娶公主，美利坚真有一位公主嫁给他了。能在美利坚被称为公主，当然是要出生于华盛顿家，还记得华盛顿迎娶玛莎，带来两个儿子吧。罗伯特娶的，就是他们的孙女，算起来是华盛顿的曾孙女。

联姻让罗伯特成为华盛顿家族的代言人，接受了华盛顿家族的财产，也将维护弗吉尼亚的使命扛在自己肩上了。

罗伯特是个悲情英雄，作为李家和华盛顿家的传人，他把联邦看得比什么都重要。李家虽然曾经是美利坚土地上拥有黑奴最多的人，罗伯特对黑奴的态度却一直很明白，因为他在接手岳父家产几年后就释放了继承的所有黑奴（释放之前，有些关于他对黑奴不太友善的故事）。

战争终于不可避免地启动时，罗伯特收到了林肯的邀请，带领北军作战，罗伯特拒绝了。对他来说，这场战争，可以不用考虑黑奴之类的因素，他的家族使命要求他捍卫弗吉尼亚，既然联邦要对弗吉尼亚动手，他只能加入南军保卫家园。

需要说明的是，南军中很多将领都是废奴派，“石墙”杰克逊出身贫寒，一直对黑奴抱以同情，甚至还给自由黑人建过一所学校。

罗伯特接手了里士满城外的南方军，调回了自己最倚重的“石墙”，部队重新整合，定名为北弗吉尼亚军团，主要任务就是保护里士满和弗吉尼亚，正好对应北军的波多马克军团。四年内战，东部战场重要战斗，都来自这两支著名的军团。

独立指挥大军团作战，李将军也是第一次，他一点没露怯，8.5万的北弗吉尼亚军团毫不犹豫地发起了对10万人的波多马克军团的进攻。

这一轮对决，麦克莱伦还真没含糊，在海军的支持下，横扫半岛，攻到了里士满25英里开外的城下。

这是著名的“七日战役”，麦克莱伦像是嗑药一样雄起了7天，药劲儿一过，他又尿了。所有人冲他挤眉毛瞪眼睛，让他抓紧战机一举攻占里士满，可他又故态重萌，开始罗列各种客观条件，就是不作为。

林肯看着麦克莱伦拿鞭子抽都抽不动，干脆自己制定了新战法。他从来就是希望能从陆地上直接攻击里士满的，军团调度到弗吉尼亚北部，跟当时已经攻击进入弗吉尼亚并站稳脚跟的弗吉尼亚军团会合，再次攻击里士满。

知道麦克莱伦打仗就喜欢人多，能有帮忙的，还不快去呀。而搅局的李将军最喜欢搅和麦克莱伦的援军，所以南军率先扑向了弗吉尼亚军团。弗吉尼亚军团的指挥官跟麦克莱伦正好两个极端，麦克莱伦是磨叽，这位是冒进，于是，北军非常配合李将军的表演，在马纳萨斯，第二次布尔河战役，联邦军队再次被邦联军队挫败。

麦克莱伦再磨叽，也不得不面对李将军在北方的势如破竹，终于两支军团的主力遭遇在安提特姆。

安提特姆之战，创下了惊人的单日伤亡数据。当天有6000将士殒命战场，伤者近2万。联邦军在战局中大部分时间占据上风，有多次毁灭北弗吉尼亚军团的机会，因为麦克莱伦缺乏乘胜拼命的血性，在杰克逊火速驰援后，南军得以撤回弗吉尼亚。而杰克逊这支所谓援军也已经被打得支离破碎了。

实际上,此战之前,麦克莱伦意外获得了李将军的一份军事文件,知道李将军将犯下一个致命错误,就是在兵力严重不足的状况下,分兵作战。麦克莱伦当时欣喜若狂，夸下海口，这次如果不能干掉南军，他宁可回家。

到底麦克莱伦是神人还是废材，后人对他评价很矛盾。我们如果尽量给他一个善良的评价，可以说，这个伙计从开始对战争的态度就有点模糊暧昧，说到底，这是一次兄弟阋墙，手足相残，即使是开战到了1862年，好多人都还觉得，如果能在政治上解决问题，是不是可以不用血肉横飞。

1862年这几场恶战打下来，就算是兄弟手足，也因为中间那些鲜血和尸骸产生了隔阂，独立战争对抗英国也没有这么血腥的场面，这已经不是政治或者意识形态之类的争执了，这是战争，如果不杀死对方，自己就可能没命！

林肯也醒了，这么打是打不赢了，第一，麦克莱伦这个神仙必须下课，这个家伙看着都像是南军派来的无间道了；第二，要在政治上想出狠招，对南方釜底抽薪!

武斗不如文攻

虽然北军在战场上表现明显不如南军好看，林肯也没什么精彩绝艳的军事谋划，但他在政治上的出手，的确是北方最后胜利的重要基础。

对南方的第一发重型武器，是《宅地法》。

南北战争怎么打起来的？本来南方雇佣黑奴，过着旧贵族的生活，北方做高尚的人文明的人不用黑奴的人，两边可以相安无事，在国会也基本达到均势。不就是因为突然多了偌大一片西部的土地，南北双方都想争取西部嘛。

之前为了解决联邦财政问题，西部的土地被切割出售，可出售的单位面积太大了，一般老百姓买不起。北方多次想把西部土地无偿分配给广大移民，碍于南方种植园主的阻力，总不能成功。

现在好了，南方退出联邦了，西部的土地，联邦可以重新计划了。 凡是年满21岁，没参加叛乱的合众国公民，先宣誓，获得土地就是为了开荒种植，然后缴纳10美元费用，就可登记领取总数不超过160英亩宅地，该人在宅地上居住并耕种满5年后，就可获得土地执照而成为该项宅地的所有者。此外还规定：如果登记人提出优先购买的申请，可于6个月后，以每英亩1.25美元的价格购买。

能想象这是一种什么政策吗？近百年以来，美国人前赴后继从东部向西部移民，餐风露宿，不惜与印第安人搏命，不就是希望有一块真正属于自己的栖身之所。

既然生生世世都是自己的土地了，耕种的时候，就不能那么粗放了，最重要的是可持续发展，对土地生态也有了一定的保护。在北方倡导的自由市场经济的环境下，西部有了这许多的自耕农，又建立了强大的小农经济的基础，自然农业资本主义也就迅速发展了，对整个北方的资本主义经济也是一个巨大的促进。

而对南方最致命的是， 如今联邦政府帮着农民实现了耕者有其地的目标，西部的农民当然会选择加入北方军队，帮着联邦战胜南方，因为如果南方赢了，土地又给弄回去种棉花了。而后的战争，西部向北军提供了半数的兵源和大部分的补给物资。

当然，老山姆家也没那么纯洁，因为有后一项优先购买的法案，西部的土地也存在大量的投机。

安提特姆之战，联邦军虽然没输，肯定也不算赢了。李将军的南军已经进入北方作战，这对南方和支持南军的人都是一个巨大鼓舞。跟南部有密切棉花往来的欧洲诸国都惦记着，如果李将军再一次北上成功，他们就可以考虑承认美利坚联盟国，趁机获得一些未来谈生意的筹码。

南北方说起来是内战，无所谓好人或者反派，南方也不觉得自己是不正义的战争。但是林肯知道，他的王牌可以打出来了，只要亮出这张牌，这场内战自动变成北方维护人道主义的正义之战。

对，战前是碍于南方容易发飙，解放黑奴的事，大家都憋着不敢提。如今已经撕破脸，横尸遍野了，还有什么事不敢提呢？

1863年1月1日《解放奴隶宣言》正式生效， 其主张所有美利坚邦联叛乱下的领土之黑奴应享有自由。

注意呀，是叛乱的领土的黑奴享有自由，也就是说，没有叛乱的蓄奴州，不用遵守。而叛乱中还没有被北军攻陷控制的地区，更不会遵守。所以这份宣言实际解放的黑奴非常有限，而且，大家还都认为，总统颁布这种法律，肯定违宪。

这篇古今最伟大的文字仅仅是一篇“宣言”，还涉嫌违宪，那么，只好通过新的法案，让奴隶解放切实落实。

后来的1864年4月8日，参议院在共和党控制下，以远超三分之二的多数光速通过了宪法第十三修正案，也是最言简意赅掷地有声的修正案：“不论奴隶制还是强迫劳役，今后及永远都不应当存在于合众国中。”虽然至1865年12月18日，才经过众议院并四分之三州通过正式成立，但宣言和法案真正成为了对付南方的大杀器，获得了巨大的成功。

最明显的效果体现在外交上，联邦已经打着解放奴隶的旗号作战了，再有支持南方的国家，那就是逆天了，19世纪三观端正的欧洲老百姓绝对不答应。

而最狠的作用是以一个南方不能模仿的方式解决了征兵的问题。南方黑奴一听，都跑到北方参军去了。本来南方最大最有优势的特产就是黑奴，如今他们自己不能征来打仗，还为北方提供了巨大的兵源，还能不输吗？

南方的惨败似乎已经注定，可神勇的南军绝不会让北军轻易获胜，即使是形势向好，北方联邦还是心惊肉跳地煎熬了整整一个1863年。

血染的风采之二

李将军头脑一直很清晰，他知道，防御是解决不了问题的，南方想获胜，只需要一次战机杀进华盛顿，逼联邦答应南方的要求；就算不能占领华盛顿，能占领东部那些重要工农业基地，也对后来的战争更有利。所以李将军一次又一次地北上尝试，虽然没有成功，也把林肯骚扰得不轻，炒了麦克莱伦的鱿鱼后，他就左一个右一个换军团统帅，结果这些家伙看到李将军统统哑火。

从华盛顿国会山到里士满的国会大厦，170公里，开车不用两个小时，可在1862~1863年的那些战争岁月，这个距离比天地还远。

钱瑟勒斯维尔，弗吉尼亚一个小村庄，1863年5月。

新的北军指挥官叫胡克，江湖人称“善战乔”（名字叫“乔”）对阵李将军，联邦军队的人数正好是邦联军人数的两倍。

李将军显然是没学过孙子兵法的，在人数如此不利的情况下，他居然采用了一个分兵两路夹击的打法。

“善战乔”这个名字后来成了天大的讽刺了，开战两天不到，联邦军队就崩溃，要不是南军自摆乌龙，波多马克军团可能就彻底葬送了。

南军自摆的乌龙非常惨痛，悍将杰克逊被自己人的流弹伤了左臂，因为战场医疗条件所限，伤口感染引发肺炎，石墙坍塌！

北弗吉尼亚军团善战，很大的原因是李将军随时可以倚重“石墙”，这是个永远不会掉链子的钢铁战士，听说“石墙”牺牲，李将军沉痛地说，我失去了右臂。

杰克逊虽然牺牲，联邦军也最多只剩了逃跑的力气，再次窜回华盛顿躲起来。李将军率军得以北进马里兰，目标直取北部的工业重地——宾夕法尼亚。

波多马克军团不能不作为呀，换个指挥官，赶紧北上，屡败屡战，盯死李将军。

两支军队都在北上，一不留神又撞上了。宾夕法尼亚州南部小镇盖茨堡，联邦军抢占了有利山地，自信的李将军预备大举进攻。

李将军是个随和绅士，他的作战口令都是和风细雨式的，不像命令，像是建议。他的这种指挥方式，很适合“石墙”这种硬汉，对杰克逊来说，既然你说了，不管是祈使句还是陈述句，我都豁出命去都为你实现。李将军忘了，此时此刻，他已经失去杰克逊了。

盖茨堡战役，南军大败，损兵折将近三分之一，慌忙向大本营撤军。林肯听说后，大喜之下催促波多马克军团乘胜追击，不知道是不是麦克莱伦的毛病传染，联邦军队最后还是坐视北弗吉尼亚军团安全地撤离了。

既然老杨连这位指挥官的名字都不愿意介绍，就别追究其责任了。这是南北战争转折的一战，从此，南军就失去了北上的锋芒，只能守御。

盖茨堡的胜利不算完美，好在北军的将领不都犯毛病，终于有一个不掉链子不犯浑能跟李将军争短长的高手出现了。盖茨堡胜利的第二天，维克斯堡的南军向格兰特将军投降，北方战场的正牌男主角总算是登场了。

尤利西斯·辛普森·格兰特，中国人民的老朋友，第一位造访中国的美国总统。那时候，中国官名叫大清，此时，格兰特也还不是总统。

大家注意，格兰特名字很长，首字母正好是US，所以他是名正言顺的老山姆。

大战中，东部战场因为李将军和“石墙”两位战神，一直被南军占据主动，而在西部，密西西比河流域，格兰特率领的北军才是真战神。

1862年4月，北军从墨西哥湾登陆北上，出其不意占据了新奥尔良，不仅占据了密西西比河的河口，还将南方最大的城市和金融中心控制。

随后的征战，就是沿着密西西比河一线清理南军的要塞，1863年7月4日，也就是盖茨堡李将军兵败之日，南军在密西西比河上的最后要塞——维克斯堡因为长时间的围困和炮轰，投降。宣告整条密西西比河被北军清理干净，并牢牢掌控在手里。因此脱离联邦的11个州，至少有4个州被格兰特部队切断了跟南军大本营的联系。此时可以说，南方想获胜几乎已经不可能。

格兰特在西部战场名声越来越响亮，林肯终于发现了可以抗衡李将军的北军总司令。跟之前几个北军统帅相比，格兰特最大的特点是，不怯战，更不怕巨大的伤亡。

李将军有自己的右臂杰克逊，格兰特也有一条右臂，跟他一样下得了狠手，敢杀人敢放火，敢叫大军过后寸草不生。

1864年，新上任的联邦军总司令格兰特策划了两条战线。在北方，他亲帅波多马克军团进军里士满，逼李将军带北弗吉尼亚军团决战；在南方，格兰特西部军团的悍将谢尔曼将杀进佐治亚，直取亚特兰大，而后，穿越佐治亚，进军海上，夺取重要港口萨凡纳，最后，北上清剿南方剩下的地区，并在弗吉尼亚与波多马克军团会师。

且将波多马克军团在北部牵制了李将军的事按下不表，单看整个佐治亚州如何成了谢尔曼的游乐场。

大家都读过小说《飘》，对于谢尔曼将军的作为，应该不陌生。谢尔曼将军围攻亚特兰大的过程，从“思嘉”这个南方贵族小姐的视角，有细致的描写。1864年9月，在那个闷热无比的日子里，北方佬攻克了亚特兰大，南部最繁华最美丽的城市。

格兰特和谢尔曼在对待战争的态度上是出奇地严肃认真，战争是最泯灭人性的东西，既然已经开打，就无所谓慈悲了。想快速结束战争，除了打败对方的军队，破坏对方的资源，更要尽快摧毁对方的战斗之心，最奏效的手法，就是对平民的伤害。战士们可能不怕死，愿意赔上性命，可如果赔上的是自己的家人父母姐妹，以及他们赖以生活的家财，就难免不肝颤。

进入亚特兰大，谢尔曼要求居民放下武器，撤出城市，所有人都知道，这伙计按习惯要放火。亚特兰大城里，除了“瑞德”和“思嘉”两个离经叛道的男女，其余都是传统绅士，谢尔曼的行为在他们理解之外，他们认为，如果自己留在城里不走，谢尔曼断不敢说烧就烧。

谢尔曼才不受胁迫呢，对一个喜欢放火的来说，烧亚特兰大这么大的城市，简直就是提前过圣诞节了。最后逼得瑞德带着思嘉穿越亚特兰大的大火，逃出城外。而就在这个过程中，瑞德这个一直有点小自私玩世不恭的精明商人，突然就义无反顾地放下他最爱的女人，加入已知必败的南方军队作战去了！

亚特兰大的大火烧了足足半个月，即使是通过《飘》的描述，我们也无法想象大火前这座城市的盛华光鲜，衣香鬟影。但它被焚烧的画面居然刺激了瑞德这样的人，在战争末期投身军旅，跟南军一起做最后的挣扎，至少是说明，谢尔曼圣诞节有点high过头了。

最狠的不是火烧亚特兰大，是随后而来的海上进军。谢尔曼给自己劈出一条宽约60英里的进攻线路，一边推进，一边摧毁，人挡杀人,神挡杀神,人畜同理，管杀不管埋；拿不走的物质全部烧毁；至于设施和建筑，谢尔曼是只恨没有趁手的工具，他想，要是能买到大型挖掘机，再从某个东方古国雇佣一支拆迁队就更好了。

这条60英里的死亡地带，草木不生，形同焦土，之前所有人都不会相信，自己人打自己人，可以用功到这个程度！

谢尔曼能在佐治亚玩这么爽，显见是李将军在北方战场态势胶着。李将军仅仅是统领北弗吉尼亚军团，戴维斯总统一直将邦联军队的全盘控制权掌握在自己手里。直到1864年初，李将军才真正成为南方邦联军队的总司令，可以制定全盘战略，此时此刻，就算拥有拿主意的权力，李将军也只剩苦笑而已。

格兰特出击里士满，长达一个月的荒野战役，让北方军付出了5.5万人的代价,南军也损失了3万多人,里士满依然安全。

换个思路吧，里士满够不着，就绕过里士满，攻打其南部的彼得斯堡。这里是里士满通向南方的铁路枢纽，只要占领，里士满就成为联邦包围中的孤岛。

知道这里是枢纽，李将军察觉格兰特的目的，当然是退守该城，这一来，双方你来我往又变成了持久战，从1864年7月到1865年4月，整整10个月的围攻，格兰特才收获了这份艰难的胜利，死伤又是一个惊人的数字。

李将军手上还剩2万多人，3月时，谢尔曼烧杀抢掠一路北上，与格兰特大军胜利会师，已成合围之势，切断了北弗吉尼亚军团南下跟北卡的南军汇合之路。

再打下去,徒增伤亡而已。格兰特可能不怕死人，李将军却不能不考虑，留下些南方子弟，重建他们的家园。

4月9日，李将军穿上最正式的制服，全身披挂，以一位老军人最端正的仪容向格兰格要求投降。

这可能是历史上最有爱的受降仪式，弗吉尼亚州的阿波马托克斯镇，一栋二层红砖楼里，格兰特非常恭敬地迎接了白发白须的李将军。格兰特给予这位德高望重的败军之将以最高的礼遇，并答应给予南方投降的军官以最后的尊严——同意他们在投降时保留手枪和佩剑。最后，李将军提出，他的士兵如果还乡，能不能带走马匹，格兰特毫不犹豫地答应了，而且明白原理：士兵带着马匹回家，抓紧耕种，还能赶上下一季的庄稼。

李将军来之前是做好成为阶下囚准备的，谁知投降文书签字后，格兰特率北军将领脱帽恭送李将军离去，不能回忆过去四年那些血肉横飞的战场画面了，美利坚需要和解，回到联邦的南部，需要疗伤和重来。

李将军参战开始的目的就很明确，不为黑奴也不为联邦的态度，他只是非常狭隘地想保护他的弗吉尼亚家园。所以整个战中，李将军的眼光从来没有离开弗吉尼亚这一亩三分地，攻击北方，也是为了缓解北方对里士满的压力。作为南军的主要大脑，他对西部战场缺乏足够的重视，而北方几乎就是在取得了西部战场后奠定了最后的胜利。

美国历史所有资料中，李将军都是一个没有瑕疵的人，南方爱戴他，北方敬重他，虽然南方战败，似乎谁也不愿意归罪于这位尊贵的老人家。

脱下戎装的李将军远离了政治远离了喧嚣，他回到弗吉尼亚，成为华盛顿学院的校长，本来这是不算太出名的普通学校，李校长用了5年时间，将之建设为全美第一所拥有商科、新闻科和西班牙语课程的著名大学。1870年，李校长中风并发肺炎，长眠于华盛顿学院教堂下。

现代战争

军事专家认为,南北战争是世界历史上第一场现代战争。现代战争这个概念很难说清楚，如果大家熟知两次世界大战，就算是最佳解释了。

南北战争之前，打仗就是打仗，雇用几个大兵，摧毁一个目标，干掉对方的军队，速战速决。而南北战争则是进入了一个总体战的格局，也就是采用征兵制募集军队；国家所有的资源包括金融税收都为战争服务（有专门配合战争的货币和税收政策）；不仅消灭对方军事体系，还要摧毁对方的经济体系；除了打击军事目标，还可以摧毁民用设施；既要对付军队，也要威慑平民；总之是只要一打仗，上至国王下至乞丐谁都朝不保夕，就是现代战争了。

联邦对维护州权没有偏执，一发动就是全面协调的体系，最成功的就是一开始就对南方实施了海上封锁。因为联邦知道，南方能维持的基础就是与欧洲各国的棉花贸易，只要堵住港口，让南部的棉花无法外运，则南方折腾不了几天。

事实证明，联邦这个名为“蟒蛇计划”的海上封锁，还真是卡住了南方的咽喉。

开战时南方没有海军，但南方非常清楚必须突破海上封锁，他们听说欧洲已经考虑舰艇装上铁甲，于是就提出了装甲舰的思路。

弗吉尼亚脱离联邦，北方人撤离时，将诺福克港不能离港的炮舰凿沉。南方的兄弟们可怜兮兮地把一艘护卫舰捞出来，洗干净，用铁皮加个盖子罩上，这艘护卫舰原名“监视者号”，现在取个名字叫“弗吉尼亚”号，大模大样开出海，去找北军的舰艇练手去了。

当时的舰艇也不过是些木船，冷不丁碰上一个有铁皮装甲的怪家伙，炮弹打过去又伤不到它，北军一时还束手无策。“弗吉尼亚”号出海当天就击沉了两艘联邦海军的舰艇。

很快北军也听说有装甲舰这东西了，正有个瑞典的发明家在帮着华盛顿捣鼓呢。就在“弗吉尼亚”号出海炫耀不久，北军的装甲舰也下海了，几个小时后，抵达了弗吉尼亚海岸，预备跟“弗吉尼亚”号一较高下。最戏剧的是，这艘北军的装甲舰，还叫“监视者”号。

1862年3月9日，史上第一次装甲舰的正面交锋，两艘黑乎乎很猥琐的铁家伙，互相发射炮弹，你来我往打了半天，“监视者”号无法打沉“弗吉尼亚”号，“弗吉尼亚”号更是拿“监视者”号没辙，最后双方算打平，撤出战斗，南方想要突破海上封锁的计划也被拍死。

除了装甲舰，南方还真想了不少办法，比如发明了小型鱼雷舰和手动潜艇，虽然思路挺创新的，可因为没有强大的工业和技术做基础，这些小发明创造也最多就是偶尔困扰了北军一阵子。必须批评的是，最穷凶极恶的时候，南军还使用过毒气弹！

南北战争创出过很多第一次，比如第一次用火车运兵。北方密集发达的铁路系统，让这一项优势从战前保持到战后；格兰特将军在战中已经非常娴熟地使用了电报系统，让军事指令在白宫和军营之间传递得非常流畅迅速，相比之下，工业发达的北方显得特别欺负遍地棉花田的南部乡下。

从滑膛枪到来复枪的广泛运用，再开发出卡宾枪和霰弹枪，杀人武器也在战中不断实验升级。士兵们发现，如果挖一条战壕躲在后面，可以保全自己并干掉不少对方冲锋的敌人，所以除了枪械，挖坑铲子也成为战场必不可缺的装备，后来的第一次世界大战，我们就看到了熬尽岁月悠悠的漫长堑壕战。而谢尔曼在佐治亚州那种疯狂动作，我们也可以理解为是“二战”时两颗原子弹丢进日本岛的基础。

南北战争让62万美利坚子弟失去了生命，还有170多万肢体残缺，经济损失更是不可计算。要不要死伤200多万人去解放300万黑奴如果是个判断题，我相信没有人知道正确答案。这一战倒是给了美国人一个很好的教训，以后打架,务必离开本土到别人家去打,因为收拾起来是异常地艰难。

成也是空，败也是空

1864年,战中,联邦大选如约而至。战争成就了美国历史上最伟大的总统，林肯无悬念连任。林肯的第二任期有点短，最光彩的篇章就是连任的就职演说，4年的战时总统生涯太锻炼人了，不仅是演讲的功力达到了顶峰，措辞和气概也完全不一样了：

我们天真地希望，我们热诚地祈祷，这场战争浩劫尽快过去，但是，如果上帝让它继续，直到奴隶们250年没有报酬的艰苦劳作所积累的全部财富化为乌有，直到鞭子抽出来的每一滴血都被利剑放出的另一滴血来清偿，那么，正如3000年前人们说过的，现在依然可以说，主的审判是完全准确和公平的！

第一次就职演说，林肯主打温情牌，看尽了伏尸千里的画面后，林肯要求的，是以血还血!

林肯不是战争狂，内战变成高烈度的鏖战，他承受的心理压力不可想象，而白宫并不是个适合安居享天伦的地方。

林肯有儿子4个，4年的第一任期内，就死去了两个，林肯太太因此几乎崩溃。林肯最钟爱的四儿子也就比父亲多活了几年。天塌下来有高个子顶着，林肯长这么高的个子，就是为了顶起这最沉重最艰难的家国苦难。

罗伯特是林肯的长子，也是唯一活到成年的儿子，可就在南北战争即将结束前的几个月，他也差点没命，让老林家彻底绝后。

在新泽西的一个火车站，因为人多推搡，罗伯特跌落了月台，此时紧挨着他的一列火车，已经徐徐启动了。幸好不知哪里伸出来一双有力的大手，抓住罗伯特的衣领将之拽到安全地带。罗伯特一回头，真是吓了一跳，因为救他的这位，是个大明星——埃德温·布斯。

你现在去美国挤任何交通工具，碰上好莱坞一线明星的概率几乎为零，因为他们多半有私家的交通工具。不过在当时，因为明星都是戏剧演员，需要满世界乱跑下基层走穴，所以，即使是埃德温·布斯这样的大明星,他也要亲自挤火车。

几天后，埃德温·布斯收到了中央来信，他这才知道，他随手拽出来的这个愣小子，居然是总统的大公子。以埃德温·布斯当时的名声和社会地位，恐怕这场火车救人的场景中，罗伯特公子更应该觉得荣幸些。

布斯家族是来自英国的演艺世家，在文艺圈享受盛名。对埃德温来说，解救了总统长子对票房也没有明显刺激，在当时的他看来，布斯家和林肯家的缘分，也就是如此了。

尊贵的李将军卸甲远去后的1865年4月14日，林肯因为战争即将结束兴奋得难以自抑，非要去华盛顿的福特剧院看戏，那天正上演一部喜剧《咱们的美国亲戚》。

安保人员都说时局混乱，街上什么鸟都有，还是不要随便离开白宫去人群扎堆的地方添乱。可是林肯此时心情是太好了，狂喜之下人的智商情商都不容易控制，仅仅是带着随行武官就和太太进了包厢，门口守着一位男仆。

一位演员向男仆出示了自己的名片就进入了总统包厢，掏出手枪，对着总统的后脑扣动了扳机。随后拔出刀子，捅了武官，跳出包厢。

能用一张名片进入总统包厢的，自然不是普通人，他是威尔克斯·布斯，著名演员埃德温·布斯的弟弟，他自己也是个演员。

两周后，联邦军队在弗吉尼亚北部一个牲口棚子将威尔克斯包围,并击毙。

总统却没能活这么久，中枪后，林肯被抬进街对面的一所住宅，经过9小时昏迷，停止了呼吸。

威尔克斯自诩是个南方爱国者，伙同几个人谋划了好几天，没想到得手如此顺利。不管威尔克斯如何自诩，后人研究他行刺的深层原因，还是因为这伙计是个总演不红的演员。大家都知道，演员这行业，红是终极目的，如果总是达不到目的，容易抓狂，导致最后行为失控，女的会当众爆乳露点，男的则秀床照，逮谁跟谁闹绯闻。如何证明威尔克斯其实是想红想疯了呢？这伙计杀了总统，跳出包厢扭伤了脚，他居然还一瘸一拐冲上了舞台，大喊了一声“这就是暴君的下场”！毋庸置疑，他这次是真红了！

政府可不分析小演员的内心。这样的行刺，幕后黑手必须是南方，就算没有组织或者个人宣布对行刺负责，也可以认定，濒临绝望边缘的邦联总统戴维斯是第一嫌疑。

在4月1日，戴维斯就将老婆送离了“首都”，送别礼物是一把手枪和若干子弹。他自己在第二天离开里士满，预备组织南方打游击。

对罗伯特·李这种把军人的尊严看得比什么都重要的人来说，卷着裤腿，深入丛林沼泽，找机会放黑枪这种打法是绝对不能接受的，所以，李将军义无反顾地盛装向北军投降了。

将行刺林肯这项美国大罪钉在戴维斯头上是没有证据的，他虽然战败了还预备胡搅蛮缠打游击战，但绝不是会用下三流手段的恐怖分子头目。5月10日被俘时，他将身上最后一枚金币送给一个小男孩，大义凛然地被戴上了沉重镣铐。

在对待敌人的态度上，戴维斯可以节制，林肯会更有节制，所以，如果林肯不死，戴维斯被俘后的日子会好过很多，而不是被打入监牢，经历了两年多苦难的囚徒生涯。

南北战争的官司在法律上是个难题，不管拿宪法怎么玩，它都几乎无解。戴维斯不知道算是战犯还是叛国，好多人还都坚持他无罪，最后联邦政府也只能将之释放。

戴维斯获释后游历加拿大和欧洲，写一本关于邦联的回忆录来颐养天年。1889年81岁时逝于新奥尔良。南方为他举办了史上最大规模的葬礼，当天有25万人为其送葬。

另一个世界里，美国史上最不幸的总统，最悲惨的男人林肯见到戴维斯时说，哥们儿，我赢了你，可我羡慕你！

*威尔克斯·布斯随便就被联邦军队打死了稍显轻率，于是历史揭秘的热门说法是，死的那个只是长得有点儿像威尔克斯罢了，真凶改名换姓，活到1903年才自杀身亡。要验证这个事情非常容易，只要挖掘埃德温·布斯的遗骨做DNA检测就能断定，当年打死的是不是他兄弟。联邦法官说挖埃德温的坟会破坏其他墓穴，不予批准，暂且搁置，好在只要埃德温的遗骨存在，总有真相大白的时候。

二十六　小院丁香正盛开

当紫丁香最近在前院开放，
而那颗巨星晚上很早便在西天陨落的时候
我曾经哀悼，而且还要在今后年年回来的每个春天哀悼。
年年回来的每一个春天，你一定会带给我三件东西，
一年一度开放的紫丁香和西天陨落的星星，
以及对我所爱的他的思念，三位一体。

紫丁香开放的季节，林肯逝去了，从此有个叫华尔特·惠特曼的诗人，年年岁岁，在每一个紫丁香的花季里，悼念着，怀缅着。

惠特曼出生于美国长岛海滨渔村的农民家庭，家族有遗传精神病，他是9个兄弟姐妹中的老二。惠特曼全部只读过6年书，他才情的培养是来自系统教育之外的大量阅读。

在19世纪的美国文坛，诗人当然是以爱伦·坡这类为尊，讲究格式韵律和旋律，字字珠玑，有音乐美，相当考验诗人的文字功力。像爱伦·坡这样写什么都像写诗的天才毕竟少，惠特曼也不愿意借别人的鞋，于是，他创造了新的诗体，也就是我们常说的现代诗，自由体。

现代诗对格律要求少了，断句也没有特别的节奏，文字倾向散文化，而且，惠特曼的现代诗，还有大胆直白描绘性的内容。

惠特名著《草叶集》发表于1855年的美国独立日。初版的草叶集只收录了序言和12首诗。到1882年第9版时，收录的诗歌达到383首。

发行了9版，算是诗集中的畅销书了，不过其初版仅印了1000册，还是自费出的，一本都卖不掉，大都当了赠品。即使是赠品，当时那些受赠大家们，只怕也用来垫桌子或者烧壁炉了，在他们看来，惠特曼是粗野下流的乡巴佬，他写的根本就不叫诗（侥幸保存下来的初版都成为珍贵的文物，价值数万美元）！

慧眼认识到《草叶集》价值的，是爱默生，他看到了《草叶集》表现出来的野性天然自由的品质，恰好暗合了他主张的超验主义。

《草叶集》的核心是一首著名的长诗，《自我之歌》，共有1336行，包含52首短诗，第一人称自述，囊括了惠特曼一生所有的思想。

惠特曼用自信豪迈的语气，向“你”介绍“我”，“我”的想法、态度、价值观、道德观，“我”对理想的追求，对美好世界的赞美，对民主平等的向往等等。这

个“我”是不是惠特曼本人呢？诗人在开篇第一节就讲明白了：我赞美我自己，我歌唱我自己，凡我接受者，你也将接受，因为属于我的每一个原子也属于你。“我”就是“你”，代表诗人描绘的所有人，是超越现实充分完善了自我的所有人。这也就是爱默生超验主义理论提出的，相信自我，提升自我，天人合一的过程。

在《自我之歌》的第十七节中有一句：哪里有水，哪里有土，哪里就长着草。联想到美国人从欧洲来到美洲大陆，一步步向西艰苦拓荒的历程，美国人正如野草般的强韧，更如野草般的随性自由，“草叶集”就成了诗集的名字。从《草叶集》开始，美国人写诗不再遵循来自英国的清规戒律，建立了自然开放的美国独立风气，既然诗歌是文字的最高境界，诗歌的突破才是代表美国文化的真正独立，因此说，《草叶集》是美国历史上最伟大的诗篇。

惠特曼的作品中满满都是对自由民主的追求，同样追求自由民主的林肯总统就成了惠特曼最敬仰的偶像，林肯死后，他写了三首悼亡诗，其中最出色的一首，就是《当紫丁香最近在前院开放》。

支持总统支持战斗，惠特曼在战中是非常积极的，他年龄大了不能上战场，只能到医院当护士，被他照顾过的伤兵对他都十分爱戴。战后，惠特曼进入内政部上班，当某天他的部长知道他是《草叶集》的作者后，果断地炒了他鱿鱼！

是因为诗人名声太大？不是，是因为名声太差。惠特曼从来不避讳描写性，不仅写男女之爱，他还热情讴歌男男之爱，他著名的诗作《芦笛集》更是基情四溢。在希腊神话中，河神卡拉莫斯要跟自己的同性情人比赛游泳，情人溺亡，卡拉莫斯悲恸之下化为芦苇。诗集叫《芦笛集》，不看内容就让人怀疑了。

爱默生赏识惠特曼，可看到他的诗稿时，想努力说服他放弃关于“性”的内容，惠特曼当然是“拒不悔改”，以致第一版诗集没人敢发行，也让“淫秽”诗人这个“桂冠”永久地挂在了惠特曼名字之后。惠特曼毫不避讳地承认，战后他在一次搭乘马车时，见到马车夫彼得·道耶尔，第一眼就认识和接受了彼此，后来成了最亲密的朋友，出双入对一起生活了很多年。

惠特曼的性倾向是个争议话题，不管惠特曼爱谁，都不妨碍他作为诗人的伟大。我们或者可以说，惠特曼是在宣扬一种博爱的理想，爱异性爱同性，爱自己的敌人，根据上帝的安排，爱和宽容似乎是解决所有问题的钥匙，可总是有人对这钥匙视而不见。

二十七　重建是另一场战争

一个裁缝的逆袭

之前经常说，美国的副总统是地球上最没存在感的人之一，大部分时候要躲猫猫，不能骚包。但是当美国的副总统，又是地球上最刺激的赌局之一，你可以赌总统莫名其妙被爆了头，副总统一步登天，从阴暗的角落直接走向灿烂的中心。

没有哪个总统在竞选时首先考虑自己万一不幸中途翘辫子，自己的副手够不够担当大任的，对于副总统的考量，大多是出于他配合程度的考量。

林肯遇刺，中了头彩的副总统，叫作安德鲁·约翰逊。

安德鲁绝对是配合度相当高的副总统，出身寒微,没受过正经教育,职业生涯最可圈可点的,是一位优秀而成功的裁缝。18岁结婚后，在老婆的鼓励下，一边裁衣服，一边读书，一边涉猎政治，经常到街口站在树桩上演讲，就这么的，安德鲁一步步走进了美国政坛，走向了上流社会，成为州议员，国会众议员，田纳西州州长，国会参议员。

安德鲁的美国梦在南北战争开打后巅峰盛放，作为一个出身南方的民主党人，安德鲁正是应该背上缝纫包加入邦联，帮南军战士补军装和鞋袜，谁知他居然站在了北方共和党一边，成了林肯的支持者。

战端开启时，全美国只有一个南方的民主党政治家站在北方这边，就是我们的安德鲁，他因此成了北方的英雄，引发各种关注，林肯自然而然将安德鲁拉到身边，让他成为自己的副手。

不管是逆袭成功的屌丝或者是一步登天的凤凰男，因为经历太辛苦，难免不留下些不健康的心理痕迹，在林肯连任的就职典礼上，安德鲁借着酒兴宣誓，当众吐槽超越出身的奋斗过程，藐视那些出身良好的政要，让林肯和典礼官一头的瀑布汗，恨不能找根针把裁缝嘴缝上。猜想那个时候林肯就在心里默默念叨：俺可不能随便死了，这伙计接班可不靠谱！

是否靠谱先不说，到现在为止，安德鲁肯定算得上是命数极佳的人。不过，在这个节骨眼儿上接下总统之位，他不见得会说自己“命好”。

林肯遇刺前一段，战争结局已定，他最重要的工作就是考虑南方如何重建，南北方往后如何相处，政治局势会向哪个方向发展。

站在一个国家领袖的角度考虑，林肯认为,仗打完了，让叛国者受到教训了，就无谓再扩大隔阂。叛乱各州，选民人数中只要有10%宣誓效忠联邦政府，这些选民就可以重建自己的州政府。南方各州都可以通过这种办法恢复，重回联邦。

10%的效忠就既往不咎了，这个门槛太低了吧？北方部分共和党人不能理解林肯宽恕，对于战后南方的地位，共和党人分成了两派，嗓门最大的是激进派：南部邦联可是竖起战旗跟北方决裂的，如今他们回归联邦，也是被打回来的，可视为北部的武装占领，旧的南方州可以认为不存在了，如何处理南方的土地，要不要让南方诸州恢复，如何恢复，几时恢复，那要等国会商量考虑；南方犯下这样的“滔天罪行”，别想逃脱惩罚。这一派有两位大佬，一位是萨拉姆，在参议院霸气十足，一位是斯蒂文斯，在众议院一呼百应，这两位激进的大哥，是国会的领袖。

激进派虽然对南方有满腔仇恨，不报仇不能活，但此时此刻，他们并没有自己系统的重建办法，只好先把10%这个门槛往上抬抬。

1864年国会通过了“韦德—戴维斯法案”，50%以上的白人男性宣誓效忠，这个州才能召开立宪大会。会上，选民们要赌咒发誓：再用武力对抗中央，天打五雷轰，这样才可以组建自己新的州政府，回归联邦。

不过共和党的大部分人，比激进派温和，比总统代表的宽恕派严厉，他们认为，战争并没有消灭南方各州，虽然千疮百孔，都还在嘛，只是暂时失去了宪法权利，国会要听其言观其行，看看表现是不是幡然悔悟痛改前非，在适当的时候恢复他们的权利，一切照旧。

新上台的约翰逊总统什么立场呢？他对得起死去的领导，他坚持了林肯的路线不动摇，大家别忘了，这伙计说到底，还是个南方的民主党人呢。顺便说一句，此时共和党虽然是一党独大，但民主党并没有消亡，南北两派的民主党倒是比战前团结了，坚定地跟民主党的总统站在一边。

因为战时，1865年的总统权力还是挺大的，约翰逊不管国会激进派的吹胡子瞪眼，趁着夏季国会休会，发起了由总统主导的重建。

总统为所有的叛乱州委任了临时州长，让他们各回各家，找到愿意配合的50%选民，按要求赌咒发誓，而后收拾烂摊子，恢复新生活。新生活有三个重要方面：一、必须通过《宪法第十三修正案》（废除奴隶和强制劳役）。二、废除奴隶制。三、战前和战中联邦欠南方的债务一概不还，作为叛乱的罚款了。

最让总统爽歪歪的，是他的特赦案。南部有些嚣张叛乱分子，不能不小施惩戒。总统发布了对南方的特赦，但是有些家伙不在其中，比如主要作战人员、军事干部、邦联的中央骨干、政府要员，诡异的是，这其中居然还包括纳税财产超过20000美元的南方人。总统的解释是，南方都是些有钱的阔佬控制的，要不是他们无法无天，捣鼓叛乱，怎么会打起来呢？

总统很大度，这些人也不是完全不能原谅，只要他们怀着谦卑的心面见总统，当面敬茶赔礼，约翰逊总统是可以考虑放过他们的。

这一下可热闹了，白宫赶上庙会了，1865年9月，平均每天有100人低眉顺眼到总统御驾前认㞞，有自带眼药水痛哭流涕的，有让老婆出面梨花带雨的，有拉关系走后门的，有加塞插队的，前后有15000人匍匐在总统面前，约翰逊居然赦免了其中的13500人！这些叛乱中坚毫发无伤回到了老地方，预备重新将南方控制在自己手里！

这一幕不光是让激进派，连温和派看着总统都无力吐槽了。约翰逊的行为很容易理解，作为一个出身卑微的小裁缝，当年他穿针引线缝破褂子的时候，看到南方的权贵们，他是何等的自惭形秽呀。如今他一步登天，成了这些权贵们命运的主宰，不让他充分享受一下，好像挺说不过去的。

南方人性本桀骜，被痛扁了一顿，又见身边的繁华顷刻疮痍，此时心里多少有点发虚。但总统是如此怀柔客气，南方人缓解了内心创伤，地主老财的劲儿又有些上来了。

南方被迫解放了奴隶，没有了奴隶，南方有些阔佬，饭都不知道往哪儿吃，更何况大宅子大院子，天天多少活计要做，他们十指不沾阳春水，日子怎么过呢？

而黑人奴隶呢？解放是解放了，他们干吗啊？从出生他们就知道，虽然生活苦点，工作累点，可吃喝拉撒都有主家罩着呢，大部分黑奴还是饿不死冻不坏的嘛。

其实解决这个状况很简单，改变一下雇佣形式，前奴隶主出钱雇佣黑奴劳动就好了。可对前奴隶主来说，雇佣黑奴，给他们发工资，这就等于承认，他们是有正当合理地位的“正常人”了，按月给黑奴发工资感谢他们的劳动，这个景象怎么都不好接受哇！

于是，新恢复的南方诸州颁布了一个《黑人法典》，一听名字就知道，这是一部约束黑人的教条。

法典里规定：没有工作的、到处游荡的、贼眉鼠眼的、文盲屌丝的黑人，一概都有罪，要被抓起来，送到私人雇主那里做工代替刑责或者罚款；有些州黑人不能拥有或者租赁农场；有些州，黑人不能从事种养殖或是家仆以外的工作；黑白人绝对不能通婚。

在这项天才的法典之下，南方的黑人生活跟做奴隶时没啥区别，有的甚至更惨，因为好些原本良善的主家，经过战事，对黑奴恨之入骨。

联邦难道不知道这个情况？知道哇，所以联邦派了南下干部，组建了一个“自由民局”。这基本就是个毫无规范的慈善机构，不，它就是个路边的施粥棚子加一个调解办，他们只管给黑人发粮食，安排他们遮阴避雨之地；黑人实在被原奴隶主欺负得厉害，有个说理的地方；黑白纷争闹得太过，这个局出面调解一下。这样不伦不类的单位无法从根本上解决黑人问题，而且像这样的机构，钱花起来是没数的，南下干部们不趁机捞上一笔，都对不住自己。

一个慈善机构比一项法典的作用，显然太微不足道了，于是激进的国会共和党也弄一部法典，跟南方对抗。“第一人权案”提出，黑人是合众国公民，联邦政府为保护公民的权利，可以干预各州的事务（前面说过，美国宪法规定，正常的州事务独立，联邦是不能随意干预插手的）。

约翰逊总统在潜伏数年后，终于被组织上恢复了身份，他此刻完全是以南方总统的立场对待国会了，对于国会的“人权案”和在南方花钱如流水腐败说不清的“自由民局”，他毫不留情地给予了否决；国会也不示弱，对总统的否决给予否决。

好吧，不管再怎么伪装，总统和国会肯定是公开决裂了，约翰逊不过是捡漏上来的总统，毫无民意基础，激进派决定，抓住有利机会，一举肃清国会内缓慢重生的南方民主党力量，并最终将南方总统踢回南方去！

国会当家

什么是有利机会？1866年国会中期选举，只要共和党人在两院占有三分之二的多数席位，大部分理想就可以实现了！

为配合中期选举，国会肯定是不断加码攻势，4月份，他们弄出了《宪法第十四修正案》。

美国历史读到现在，地主们发现，美国的解决问题方式，如果不打架，就是时不常地给宪法增加修正案，有的修正案之间或者修正案跟宪法之间，看着还矛盾，非常纠结，也很枯燥。老杨提醒大家，到21世纪，美国通过的宪法修正案有27条，咱们这艰辛的取经之路，才走了一半。但是大家千万别把书丢了，因为这第十四条修正案，所有人都应该了解，因为它几乎可以说是美国宪法的核心。

第十四修正案规定：凡出生在美国或者是归化美国的人，都成为美国公民，受到州法律和国家法律的保护；任何州，如果拒绝州内男性公民的选举权，则国会可以减免该州的议员和选举人席位。

之所以这第十四号是宪法的核心，就是因为它首次界定了美国公民这个概念。

十四修正案的地位我们暂且不说，国会激进派憋着整南方，整总统，他们捣鼓出这样一条修正案，目的何在呢？

主要目的就是一个：黑人可以投票！

激进共和党大爱无疆？当然不是，政治永远不要和“爱”“美”“善”这些词儿粘连。南方黑人已经解放，他们按人头计入了州人口数，国会的席位是按州的人口数拟定的。南方骤然增加了这么多黑人选民，如果他们不能亲自投票，被当地的白人代表，则南方民主党肯定是议员数量倍增，逆袭国会了嘛。

让黑人投票，别说南方各州接受不了，北方很多州都吓一跳。不管是南方北方，废奴的蓄奴的，从骨子里说，全美大部分白人，对黑人还是嫌弃和轻视的，就算不是奴隶，黑人也绝对是二等公民，有什么资格决定国家大事和国家领导呢?

北方各州可以继续争辩，南方没有争辩的余地，国会说了，不通过这第十四修正案的，不准其返回联邦。

总统国会剑拔弩张，南北双方剑拔弩张，此时的国内环境，并不比南北开战前轻松。只是南方被打残，无力再争强，只能在心里不断积累仇恨。南方人想到，战前受到的不公正待遇，战时兄弟手足的牺牲，战后生活困难重重，说到底，就是“黑鬼”惹出的麻烦，最该死的就是“黑鬼”。

1866年，南方大城市此起彼伏到处种族血腥冲突，白人暴徒们对黑人发起了残酷的攻击，打人杀人烧房子。很快，针对黑人的行动就形成了有组织的犯罪团伙，大名鼎鼎的“三K党”就这样现身江湖。“三K党”白袍加身，昼伏夜出，身藏利器，打砸抢不眨眼，恐吓谋杀是常备手艺，专门针对黑人社群。冤冤相报没完没了，终于让白黑矛盾不可调和，南北内战结束了，种族间的内战，刚刚开始。

南方暴力密集，北方人包括老百姓都觉得是政府不够铁腕，激进派占了上风，当年的中期选举，虽然约翰逊总统声嘶力竭为温和派拉票，共和党激进派还是完胜，如愿取得超过三分之二的席位，如此一来，国会终于可以完全主导南方重建了!

因为田纳西州态度良好地接受了第十四修正案，接受它回到联邦。其他10个州的州政府全部无效，这10个叛徒被分成5个区，每区由一个联邦的军事将领负责，完全军管。在此期间，有关人等重新注册成为合法选民，必须是没有参加过反叛行动的成年男性，黑白都有；注册好后，选民就选出立法大会的代表，开始拟定州宪法；州宪法报国会通过，另外必须通过第十四修正案，然后国会就可以考虑让这个州回家。

1867年，历史性的时刻，美国的男性成年黑人终于首次投出了自己的选票，到1868年，有7个前叛州向国会低头，回到了联邦。

国会既然是激进国会，由不得南方的效忠是磨磨叽叽的。眼看着还有几个州就是不驯服，他们又把宪法第十五修正案弄出来了!

“各州和联邦政府，不得以种族、肤色和以往的奴隶身份为由，限制公民的投票权”。

毋庸置疑，这也是伟大的法律，但大家可以发现其中的硬伤，那就是，只说到“种族和肤色、身份”之类的问题，没有提到“性别”，也就是说，这一轮对美国公民和选民的确认，没女人什么事，不管是白女人还是黑女人，而其实，在内战期间，全美的女权运动依然如火如荼地进行着。

十五修正案引发的轰动不仅仅限于女权组织的反对，在北方各州，很多州政府也抗拒这一条。新英格兰地区，资本家们认为，如果投票权没有财产限制，穷鬼不就翻天了吗？在西部，最艰苦劳累的岗位上，随处可见梳着小辫、黑黄色面孔的华人，他们吃着最粗糙的食物，过着最艰苦的日子，可依然保持着惊人的繁殖和迁徙能力，这个种群没文化的能跟白人拼体力拼吃苦耐劳的精神，有文化的可以跟白人拼智商拼手腕，正以一个让白人们惊愕的速度不断壮大。十五修正案如果让这些华人投票，那将是一支可怕的政治力量。所以，西部某些州，拒绝华人投票。

国会虽然可以一条又一条发布修正案，貌似把南方收拾得很憋屈，但总统毕竟是国家最高行政长官，他还是有否决权的。落实了重建的重要条款后，国会预备把这个不跟国会一条心的总统彻底废掉。

要炒掉美国总统需要经过几个程序：第一，整理总统罪状；第二，众议院提交这些罪状；第三，参议员研究罪状并投票，三分之二的参议员认为总统有罪，则该总统可以直接下课。这个程序有个专用名词叫作：弹劾。

1868年的美国众议员们很团结，年初他们就把罪状整理好了，乖乖，整整11条。这是美国史上首次弹劾总统，大家没啥经验，终极目的是总统下课嘛，所以不管参议院怎么判，共和党们已经屎盆子尿罐子都往约翰逊头上扣，侮辱谩骂更是每天都有。约翰逊本来就有点不着四六的，工作生活上能被挑剔的地方不少，想整他的黑素材并不难。

2月份交给参议员，5月份才投票出结果，35票对19票，感谢上帝，离三分之二仅一票之差，史上第一位被弹劾的美国总统约翰逊长出一口气，终于能“享受”完自己的任期。

虽然没让约翰逊提前下课，好在他也没几天了，因为1868年，又是大选年，共和党这次可要找一个靠谱好用的总统了。

中国人民的老朋友

1872年，咱们的大清和日本就琉球王国也就是现在日本冲绳的归属争得如火如荼，不知道是缘分还是宿命，美国人总是不可避免地出现在中日之间，即使那时的美利坚还不是世界警察或者街坊大哥。

以当时清政府的羸弱，失去琉球已势不可当，大清海外关系最好的官员李鸿章大人，正好接待了来自美国的前总统——尤利西斯·辛普森·格兰特先生。

中堂大人有点病急乱投医，他求格兰特帮忙斡旋，看能不能让日本人对琉球放手。相比现在日本安倍首相一脸卑微地面见美国总统，19世纪时日本的气质硬朗多了，还就没给格兰特前总统面子，该怎么欺负清政府就怎么欺负，绝不留情。

格兰特见没帮上忙，也很不好意思，但美国人不会说客气话，格兰特留给中堂大人的书信，希望中国人能够自强！收到这样的信，全体炎黄子孙都应该觉得羞耻。“得道多助，失道寡助”是个天真的想法，互相帮助尤其是国家间的，基本都是以利益交换为基础的，羸弱到不可救药的国家，找人帮忙不是引狼入室就是自取其辱！

1868年大选没什么悬念，约翰逊总统的作为让战后政治动荡，时局混乱，比战时还迷惘。国家需要强悍的领袖，最合适的就是格兰特将军这种人。

作为南北战争的国家英雄，格兰特没什么特别的政治立场，什么党派都不是，不过显然共和党的重建计划更符合他作为一个老军爷的眼光，所以他愿意作为共和党的代表参加大选。特别要说明的是，这一次大选，北方的资本家开始全力支持共和党，而这个支持延续成为传统，一直到现在。

格兰特人缘不错，支持率也高，可军人玩政治总不让人放心，最后他能以微弱优势赢得大选，完全要感谢新加入的南方50万黑人选民。

格兰特出生于俄亥俄，父亲是个鞋匠，有个小农场。格兰特从小看不出什么大出息，资质平平，但因为是家里的老大，还是要谋个前程，父亲找熟人走关系，将格兰特塞进了西点军校。

前面说过，罗伯特·李将军是西点校史上最优秀的学生，至今无人能敌；而作为校友和学弟的格兰特，在学校的表现就不值一提了，格兰特最大的毛病是酗酒，酗酒的人不犯错误几乎是不可能的，仅从学校的档案看，格兰特和李将军好有一比，那是萤虫之光与日月争辉。格兰特同学这时叼着大雪茄（这伙计酷爱雪茄）轻蔑地看了老杨一眼：后来好像是日月向萤虫投降了吧？提起这段往事，老杨鼓励所有在校差生，别看成绩，人生是长跑，谁是冠军不一定呢！

格兰特参加了美墨战争，战争太短暂，没让他过足瘾，和平时期不适合格兰特，他活得毫无目标浑浑噩噩，还赔掉了父亲留给他的小农场。要不是南北战争开打，格兰特一辈子就是个浑身烟酒臭气的Loser（无能的笨蛋）了。

战中，大部分西点军官加入了南方作战，留在北部的西点人显得挺金贵，格兰特升职有点快，他在战场上的表现并不辜负对他的升迁。

战后，格兰特荣誉更加多了，他现在是格兰特上将，顶着美国军队的最高军衔，当然最大最牛的荣誉还是：美国人用选票将他送进了白宫，他比李将军更加为西点军校争光，因为他是第一位入主白宫的西点毕业生。

西点真能培养出合格的美国总统吗？哈佛和耶鲁都等着看笑话呢，这个笑话还真让他们等到了。

一脱下戎装，格兰特就毫无自信，尤其是战后这个复杂的局面，对一个政治菜鸟来说，根本无从下手。格兰特军旅出身，讲哥们儿义气，只相信自己身边的亲戚朋友，尤其是那些围在他身边找机会的有钱人。第一个任期，格兰特任人唯亲这种用人方式，让他收到大量批评。

在当时的态势中，格兰特不作为，也没什么大事，因为国会还是牢牢控制着大局，按他们的激进想法重建南方。

第一任期能不能算及格不好说，但因为激进派共和党大旗不倒，他们扶持的格兰特也还是顺利地拿到了第二任期。

这第二任期可就不太好混了，国会重建的各种弊端，南方的腐败混乱，格兰特的政治无能都充分发酵，产生出一个个带着臭气的丑闻气泡，让格兰特过得狼狈不堪。

第一件丑闻爆发在1872年，起因是联合太平洋铁路公司。

1862年林肯总统签署了“太平洋铁路法案”，成立联合太平洋铁路公司，计划用铁路打通密西西比河和太平洋海岸，为内战中的北方提供支援。1869年5月10日，第一条横贯大陆铁路正式贯通。

联合太平洋铁路得到了不少政府补贴款，在1872年就爆出为了获得这些补贴，公司用股份向国会议员行贿，其中甚至包括格兰特的副总统。

副总统还没说清楚呢，总统的私人助理又栽了。有人揭发出，格兰特的有钱朋友和他的官员们建立了一个专门经营酒的所谓“威士忌酒圈”，通过各种办法做假账，偷税漏税，瞒天过海，发着横财。

格兰特自己出身一般，Loser时代对金钱可能还是挺有渴望的，功成名就后，结交了一群富豪朋友，当时的美国，官商勾结能搞出好多名堂的。

1873年，格兰特的一位顶级富豪密友，搞出了一个震动全世界的大名堂。

在之前的几部欧洲国家史里,老杨大致介绍过了,从资本主义诞生以来,每隔七八年必然会出现的经济危机,大都是经济过剩引发的。从19世纪开始，这个毛病已经普及到了全世界，美国也不可避免地传染上，比如战前的1857年，就是著名的危机年，也是南北战争的诱因之一。

在全世界的经济危机史上，1873年是明星年份，因为这一年的经济危机比较猛，引发了大恐慌，触发了大萧条，而后又启动了美国的大发展，这一年几乎是美国经济历史的一个分水岭，这一年经济危机的中心，从以往的欧洲英国，转移到了北美地区，从此以后只有美国人危机了，才算是真正的世界经济危机了！

经济危机都由过剩引发，1873年，美国什么过剩？该时该地，一个握着一把钱的傻蛋，不用任何思考任何建议，他就会义无反顾地投资铁路。之前的铁路建设已经让美国人尝到了甜头，而日益发展的西部，也让这项生意前景被无数人看好，一窝蜂地投进铁路建设的滚滚大潮中去了。

要想富，修铁路!以当时的美国人口计算,1873年前后,每500口子美国人就有1英里的铁路,对当时还有大量人迹罕至的荒原的美利坚来说，这个规模,就算是过剩了。不是铁路就能赚钱，万一选错了地址修错了线路，一样血本无归。

当时全美最大的银行的创始人杰伊·库克是总统格兰特的密友,也是国内的顶级富豪,更是最大的铁路建设投资人之一。

杰伊·库克因为上层关系,靠承销政府债券发家,在格兰特总统任内混得风生水起。这么精明的人偶尔也犯糊涂，他跑到美国西北部的蒙大拿去修铁路，那里印第安人战患不绝，坐个火车随时有生命危险，显然是错误投资。这个北太平洋的铁路计划拖垮了杰伊·库克和他的银行。

1873年美国的大恐慌，就是源于杰伊·库克银行的倒闭破产。全美最大银行的倒闭是个什么情形，大家是可以想象的，因为这几年，美国纷纷上演规模不等的同类好戏。当时的人们没我们这么见多识广的，全都吓惨了，铁路公司倒了一批，为它提供贷款的银行也跟着倒闭，多米诺骨牌现象，破产的各种机构一家接着一家，没破产的企业，股票价格也纷纷暴跌，几近腰斩，纽约证交所惊慌之下，不得不将股市关闭了整整10天!

美国的铁路投资吸引了大量的欧洲资金，不用说，这轮多米诺骨牌的坍塌，会一直延伸到欧洲大陆。

1873年的危机来得猛，砸得凶，随后的5年时间里，美国都在萧条中盘整。

以格兰特总统的水平，不管是丑闻和危机，他基本都只能静观其变，无力回天。同时美国人民发现，这几年的美国，不管南北，官员腐败和局势混乱似乎都比战时更严重。总统肯定是无能而迟钝的，这些丑闻的主角还都是他的身边人，会不会这个国家英雄也参与了这些贪污腐败的事呢？难道我们错看他了？

没有证据证明格兰特的腐败，但既然遭怀疑，一个政治人物的生涯就算完犊子了。1876年，格兰特想继续留在白宫，只是大家不给他机会了。格兰特是在新的总统上任后，才不情不愿地搬出了总统府。据说他不肯搬走的原因是“没地方去”，除了白宫，没有自己的家。看来这位扶持了好几个“官办富豪”的大老板，自己并没有落下什么好处，摧毁自己成全别人，很让人怀疑格兰特的智商。

格兰特的傻故事并没有随着退休结束，他在全世界转了一圈后回到美国，预备进军商业。

不怕狼一样的对手，就怕猪一样的儿子。格兰特当总统的时候被手下和朋友坑，退休了就被儿子坑。跟其他坑爹的傻儿子一样，小格兰特容易招惹一些巧舌如簧的骗子，骗子将自己的投资业绩说得天花乱坠，小格兰特就鼓动老爸跟骗子合伙成立投资公司，老格兰特没钱就跟人借，用他英雄和总统的声誉做担保。

这就是一个简单的庞氏骗局，华尔街长存常在的老伎俩，只要人的贪念不灭，这个骗局永远有受众。结果当然是骗子蓦然消失，格兰特父子血本无归。

格兰特落魄潦倒，甚至要拿自己战时将军的佩刀去抵债，承载着如此巨大荣誉的一件抵债品，债主都不太敢受。民众记得他在战时的功绩，全国各地都有人接济他。

最有效的帮助来自韦伯斯出版公司的董事马克·吐温，他预付2.5万美元,让格兰特写自传。动笔不久，老格兰特就发现自己得了喉癌，他是真正用生命写作呀，终于在临死前四天完工交稿。

老格兰特没有机会看到自己作为一个作家的成功，自传大卖，让格兰特的后人得到了40多万美元的收益，在当时是一笔巨款。

武能领兵作战，文能著书卖钱，要是不当总统，不混华尔街，格兰特该是个多么幸福而成功的人。

又见妥协案

格兰特的8年，是失败的8年，耻辱的8年，但责任不在格兰特，要问责，最该检讨的是共和党的激进派，因为这8年，说到底，美国的头号大事，还是由共和党激进派主导的南方重建。

激进派重建方式的终极目地就是想让共和党占领南方，遏制南方民主党死灰复燃。可是激进共和党的做法，似乎让南方更混乱了。军事管制让以3K党为代表的针对黑人的行动不断升级，限制压制黑人的运动不断扩大，此起彼伏。共和党对黑人又没有一个长远规划，就是单纯地为他们提供基本食粮，离开了援助的黑人自由民根本无法自由生活。

战后联邦对南方黑人的援助，很有慈善的性质，但慈善这个东西，一般都是在自己手头宽绰的时候才会做的，自身难保谁还天天想着接济别人呢。1873年的经济危机，让北方受到重挫，联邦政府也财政吃紧，这个时候，想再维持南方的慈善机构，就比较难了。

其实，在1870年第十五修正案颁布后，很多北方白人已经感觉，对黑人的帮忙，可以功成身退了。既然黑人们都拥有选举权了，他们应该有能力照顾自己，管理好自己的生活，不要成为联邦政府的负担。

就这样，随着北方政府削减各项社会福利，南方被解放黑奴的好日子就越来越远了。而一直被压制的南方民主党，也在国会不得人心的激进重建中慢慢重建了自己的民意支持，1874年国会选举，民主党12年以来首次取得了众议院，南方各州也陆续回到了民主党手中。

格兰特总统在任的8年,被认为是美国史上最贪腐的一段,贪污腐败已经浸润了美国政府的上下各个部门。而两党的党魁们更是通过政治操作，让自己的亲信把持城市的重要衙门，而后大发其财。除了前面介绍过的那些丑闻，当时的美国，各主要大城市都有党派控制的团体，控制城市政治经济的各个方面，通过各种手段丰满自己的腰包。这个基督教的国家突然信仰模糊了，整个社会充满对金钱的崇拜，弥漫着急功近利的铜臭味。

当时最大的城市纽约是由一个民主党的帮派控制的，这个帮派就是声名显赫的坦曼尼协会，大佬是做消防起家的老板特威德。特威德老大自己不担任任何职务，可整个纽约的官员体系都在他操作中，纽约的市政工程、城建项目、官员调动、贸易事务甚至是税款收集，都能让特威德插手并赚去大头，很难计算这个伙计最后到底搞了多少钱。

好在美国的媒体舆论总还是有一线自由和底线，特威德做得太过，有些小报开始发布些小道消息或内幕传闻。有些言论甚至说，当时的纽约州长蒂尔登也不是个好东西，他跟特威德绝对是一伙的！

纽约州长蒂尔登还真没跟特威德同流，对坦曼尼的行为私下也颇有微词，借着这个机会就洗清自己，成为了专门的委员会，扳倒了坦曼尼，将特威德送进了大狱。

蒂尔登成了英雄，1876年大选，他自然成为大热，将代表民主党争夺白宫。

共和党那边呢？格兰特老爷子再三表示，自己完全可以再辛苦一届，可共和党真不敢拿这位名声有点尴尬的老英雄去冒险。面对国会重建的混乱和贪腐横行，所有人都认为，美利坚需要改革，于是共和党预备找一位改革派来接替格兰特，这位改革派还必须是跟格兰特任内所有的丑闻都没有任何干系的清白者。

三次出任俄亥俄州长的前联邦军军官海斯，进入了大家的视线，这是一位公认人品正直的人，而且他一直是行政改革的积极倡导者。

海斯和蒂尔登都是改革派，两人的政见也没有特别大的区别，到底谁能为自己赢得一个改革的机会呢？

以前说过，美国人选总统，是在某个州获得了大多数的普选票，就获得那个州所有的选举人票；在全国获得185张选举人票，则可宣布当选。

蒂尔登借着打击坦曼尼的超高人气，明显获得更多民众支持，一举获得了184张选举人票，眼看就要获胜，可这时，出现了美国历史上最大的选票争端。

在南方的路易斯安那、南卡罗来纳和佛罗里达州三个州，出现了截然不同的统计结果，共和党和民主党都说自家的候选人赢得了这三个州，这成了一个谜案，谁也说不清到底谁赢了。

要命的是，美国宪法没有解决这个麻烦的条款，皮球只能踢给国会。国会也傻眼了，如今众议院由民主党控制，参议院是共和党的天下，到底哪个院决定呢？

好吧，组建一个特别委员会吧，找5个参议员、5个众议员、5个高院法官来投票。这15个大神也都分属两党啊，他们的投票都带着倾向性，他们分别有7名民主党，7名共和党，剩下那位就什么党都不能是了。

这场投票归根结底就是那位无党派支持谁，换言之，找个什么倾向的无党派来投票是最重要的。

局看起来无解了，好在美国政治一直有个大好传统，那就是：妥协！南北战争就是因为大家破坏了传统，结果整个国家付出惨痛代价。双方都有需求，总有利益可以交换，有什么不能谈判的呢？

1877年，8票对7票，海斯代表共和党入主白宫。共和党赢了吗？不算，根据妥协案，共和党要从南部完全撤军；海斯的内阁至少要有一名南方要员；联邦要对南方的各项工业化建设提供补贴赞助！

经过一场恶战，南方民主党学明白了，早日让南方恢复并快速发展，让南部尽快工业化，是比跟激进共和党置气更重要的事。

民主党当时绝对没想到，他们将海斯送进白宫是民主党的完胜。这位海斯总统一上任就宣布，他要推进改革，为了保障改革的顺利推进，不要给自己掣肘，他只会担任一届总统。

因为不考虑连任的事，没有后顾之忧，海斯做了让共和党跳脚的事，那就是完全支持南方民主党拿回南方，并按这些老白人种植园主的思想“复辟”南方。失去了北方军队的庇护，虽然任何人都不能再把黑人变回奴隶了，可黑人的境遇并没有改善，或许，遭遇更恶劣了。

整整10年的喧嚣混乱，南方还是白人的南方，还是南方民主党的天下，1877年的妥协案正式宣告，由国会主导的南方重建，彻底失败。

无欲则刚，只做一届的美国总统海斯，顶住来自共和党内部的各种批评叫骂，推进着他的改革方案，海斯任内，美国走上了健康的发展轨道，并从此在世人的惊叹注视下， 持续了30多年高速而稳健的经济扩张、科技发展，一步步走上世界头号大国之路。

二十八　美利坚崛起

跑步进入现代化

内战不是北军挫败了南军，是北方的资本主义顺应历史潮流干掉了南方的奴隶主经济。资本家赢了，当然就将美国带入资本主义快速发展的时代。

整个美国的工业革命，是围绕着铁路的发展进行的。内战之前，联邦政府对地方建设没太多的话语权，在战中，政府权力增加了。铁路是战争胜利的重要条件，当然是优先关照的。中国的某大型国企动辄说自己是共和国长子，在南北战争时期，美利坚也有个长子，就是铁路。

为了加快铁路建设，联邦政府除了大笔拨款，还慷慨赠地，更少不了来自欧洲的各种投资或投机的资本。到1860年，美国基本可以说拥有全国性的铁路网，1885年，有4条铁路线，从东部延伸到太平洋，到1890年，美国铁路总里程数达到16万英里（1英里=1.609344公里），总投资超过90亿美元。对美国东西辽阔的国土来说，不管是经济还是政治，铁路显然是维稳的关键。

作为起步晚的小弟，美利坚能充分吸收欧洲老牌资本主义国家发展的经验教训，而发展工业科技为先，几乎是一条人类进化的公理，美国人对先进技术是非常敏感的。

19世纪末，资本主义进入以电力的广泛应用为标志的第二次技术革命时代，在用电这个项目上，美国人一直走在前列，有个叫富兰克林的老前辈，早就用风筝跟电玩过了。玩得更出神入化，将电直接带进每个普通人生活的，则是爱迪生。

爱迪生是荷兰人和苏格兰人的后裔，出生在俄亥俄州。爱迪生小时候的故事可多了，都挺励志的，比如他8岁才上学，上了3个月，老师就觉得他是个弱智，给劝退了，以后就在家上学，好在妈妈曾经是小学老师。

为了补贴家用，爱迪生12岁就在火车上当报童，这个时候发明家的天赋已经初露锋芒，他在火车上做试验，尝试制作火药，引发小型火警，差点烧了火车，火车管理员一怒之下扇了他耳光，从此爱迪生的耳朵就不太好用了。

这又是我们小时候学到过的故事，并没有获得过爱迪生本人的证实。更多人是说，爱迪生幼时的猩红热，导致他很早就有听力问题。不管是真是假，这个故事都不该当学生教材用，在火车上玩火药，那是标准的熊孩子。

爱迪生的第一份工作是电报员，因为他听力障碍，他可以完全忽略周遭的杂音，发送电报又快又好。

天才是百分之一的灵感加百分之九十九的汗水，这是爱迪生的盖世名言，中小学都将其贴在墙上。如果从爱迪生本人来看，他的天才灵感至少应该占50%。21岁他就申报了自己的第一项发明专利，到1910年，他名下的各种专利在全世界多达1500项，状态最巅峰时，每隔11天，他就能拿出一项创新方案。

这1000多项专利不能说是爱迪生一个脑子里出来的。爱迪生的头脑在于，他从不蒙着头挥洒汗水，在新泽西的门罗公园，他建立了世界上第一个工业实验室，招募一群跟他一样的天才，集思广益，专门搞发明创造。50多名助手，每天睡4~6小时，非常辛苦，爱迪生对待他实验室的员工，绝对不比任何一个资本家仁慈。估计那99%的汗水，说的就是他那些可怜的雇员。加入实验室的人，每一项发明，其专利权都归属爱迪生。

第一项重大发明是留声机，诞生于1877年，但对于1879年问世的白炽灯来说，留声机就黯然了。1882年，爱迪生在纽约建立了第一座发电站，向整个曼哈顿地区供电。

说到灯泡，就要提到爱迪生发明的直流电，就会同时想到交流电。直流电是指大小和方向不随时间变化，不能用变压器改变电压的电流。用干电池的那些电器，都是直流电。直流电如果要长途运送，为了保持稳定，就要每隔一公里建设一座发电站。而交流电则是大小和方向随时间做周期变化的电流，因为可以用变压器改变电压，利于长途运送，我们现在使用的大部分电器，冰箱空调，都是交流电。

这样听起来，似乎交流电作用更大。这话要当着爱迪生的面说，他能啐你一脸！作为一个盖世的天才，爱迪生很郁闷，上帝既然造了我，何必再造特斯拉！

尼古拉·特斯拉，不管当年他如何被轻视，科学史上他的地位如何被低估，最近几年他赢回了属于他应得的荣誉。即将引领全球新工业革命的电动汽车以他的名字命名，特斯拉现在象征着至炫至酷的未来生活方式，全人类都期待着公路上跑满特斯拉轿车的那一天。

美国的崛起一定要归功于它开放包容的移民政策（对华人的态度不在此列）。

特斯拉是塞尔维亚人，父亲是个东正教牧师。什么是天才？特斯拉在18岁时就学会了6种语言！

1884年，特斯拉到了美国，进入爱迪生的工业实验室工作。特斯拉和爱迪生的矛盾，从老板和雇员这种关系时就开始了。传说爱迪生作为老板在金钱和待遇上颇为刻薄，最糟的是，他不喜欢雇员有超出他理解之外的创造。比如爱迪生已经把直流电搞得风生水起了，你特斯拉非要捣鼓交流电，分明是挤兑自己的老大。

特斯拉最后愤而出走，自立门户专心搞交流电去了。交流电成功后最大的工程，就是堪称伟大的尼亚加拉水电站，1897年，在尼亚加拉大瀑布，第一座10万马力的水电站建成，为35公里外的水牛城提供电力。随着这组水电站不断扩充，每日可提供美国纽约州和加拿大安大略省四分之一的用电。这组电站历经100年正常运行，稳定而源源不断地提供着真正的清洁能源。

交流电的成功，让爱迪生失去了平常心。在很长的一段时间里，他的天才都用来变着法子诋毁特斯拉和交流电。特斯拉在功利心方面似乎少很多，他也不和爱迪生较劲，在长途电缆传输电流成为可能后，他就考虑不用电缆传输电流了。

1891年，他点燃了一只没有电线连接的灯泡，这种不通过导体，能量从一点到另一点的现象，就是著名的特斯拉效应。

特斯拉一生也有700多项发明，对现代社会影响很大，比起爱迪生，特斯拉是巨超前的发明家。可能就是太超前，他的很多发明当时不被理解，无法应用，但其他剽窃者只要摘取其中的一部分，就能让自己暴富，反而特斯拉本人一生清贫。

特斯拉拥有交流电的专利权，每生产一匹交流电就必须向特斯拉缴纳1美元的费用。可当时的大财团想独占这个项目牟利，就纠缠特斯拉转手。交涉无果，特斯拉最后决定放弃交流电的专利权，让其成为免费的发明，贡献给了人类。

1912年，诺贝尔奖同时将物理学奖授予特斯拉和爱迪生两个人，被特斯拉高傲地拒绝了，因为他不愿跟他看不起的爱迪生共享这一荣誉。

直到1960年，特斯拉死后近20年时，巴黎度量委员会正式将磁场强度的衡量单位命名为“特斯拉”，让他终于享受到了世界一流科学家的荣誉。而爱迪生在临终前，也忏悔了他对特斯拉不公正的态度。

特斯拉的事迹非常多，看他捣鼓的那些东西，忍不住怀疑这伙计是潜伏在地球的外星人。他几乎是无所不能的，有一阵子，很多人猜测1908年发生在俄罗斯西伯利亚的通古斯大爆炸，根本就是特斯拉远距离输电试验造成的！

特斯拉说过：“我可以将地球劈成两半！”如果你稍微了解一下他的事迹，就会知道，这不是吹牛！

因为拥有爱迪生和特斯拉这两大天才，美国在电力时代跑在欧洲前面。而其他方面也毫不逊色，从1860年到1890年，美国政府批准了44万项各种专利，这些发明创造，让整个美国的社会景观短期内翻天覆地。

1903年，地面上，杜里埃兄弟造出了第一辆汽油动力机动车，天空中，莱特兄弟在北卡罗来纳飞行了第一架飞机。1906年，福特生产出第一批以他名字命名的汽车，10年后，有500万辆汽车在美国的道路上奔驰。

现代化进程伴随着大都市的出现，芝加哥和纽约赫然已经成为超大城市。1871年，一头奶牛踢翻了草堆上的油灯，点燃了牛棚进而点燃了整个芝加哥。作为早期的重要港口和都市，芝加哥的建设还算用心，就是满大街木头房子早晚是隐患。这场大火让300多人死去，10万人无家可归，经济损失不计其数。

从另一个方面考虑，这头闯祸的奶牛等于再造了一个城市，如果没有这场大火，芝加哥不会有改头换面的重建，从木头屋小城进化为世界顶尖的豪华都会。

芝加哥重建吸引了全美的设计师、工程师、建筑师，以白地为根基，塑造属于美国的繁华，最标志的景观，就是摩天大楼。

建筑大师路易斯·沙利文，出生在波士顿，毕业于1865年建校的麻省理工学院。麻省理工开办了美国第一个建筑学院。

沙利文的建筑思想对后世影响很大，他认为“形式要服从功能”。他为圣路易市设计的温赖特大厦被认为是开启了摩天大楼这个概念。但史上第一座公认的摩天大楼是芝加哥家庭保险大厦，它钢架结构带电梯，设计者是沙利文原来的老板——詹尼。以至于到现在，詹尼和沙利文谁该被称为“摩天大楼之父”都是个问题。

在建筑史上，显然沙利文的成就更高，芝加哥的主要地标，如芝加哥的施莱辛格和迈耶百货商店（C.P.斯科特百货公司）大楼就是他的杰作，芝加哥被认为是摩天大楼规划得最好的城市，而纽约，则是摩天大楼最摩天的城市，毕竟大公司大财团都以纽约为基地，他们需要更敞亮更巍峨的门面，盖的房子一幢比一幢高。导致了后来，看一个都市的豪华摩登程度，摩天大楼是最重要的指标。

牛仔很忙

延伸到太平洋后，美利坚的国土，东海岸到西海岸近5000公里，是一片广袤的大陆。美国人一直在向西进军，联邦政府也用各种行政手段和经济手段加强对西部的整固。铺天盖地的铁路建设，其中最重要的原因，就是希望铁路线织成大网，将西部网罗其中，牢牢控制。

虽然之前一直说到美国人对西部拓荒，其实到内战开始前，真正的西部开发不算开始，风闻加州有黄金，吸引了一批人，摩门教建了几个小镇子也有点儿人气，大部分东部人对西部还是无动于衷的。1861年那会儿，从艾奥瓦州到加州之间这么大的一片土地，大约只有50万人，这里依旧是印第安人和野牛的逍遥天堂，没感觉到白人的威胁。

随着林肯总统颁布的《宅地法》，西部才真正变成一片热土，有人说，19世纪60年代，东部和南部是“可怕的60年代”，而西部是“沸腾的60年代”，因为东部南部打得水深火热，西部则在这段时间快速繁荣。

西部建设热火朝天的修铁路就不用说了，更热火的，是西部进军时，对印第安人的态度。

林肯的发令枪一响，西部的土地就以最快的速度被插上了各种桩标围栏，宣布该土地有主。土地这东西，再多都是不够分的，白人发现，印第安人还好整以暇地放牧呢，他们还占着好大一片地呢。根据美国人的传统，占据印第安人的土地，一般不打招呼不申请，于是桩标围栏逐渐逼近印第安人的家门口。

白人先骚扰到的，就是居住在密西西比河到落基山脉之间的平原印第安人，他们在大平原上狩猎野牛，是游牧部落。随着白人的越来越多，印第安人赖以生存的美洲野牛越来越少，印第安人在失去土地之前，首先要失去生计。

小范围冲突到大规模群架，终于意识到自己终将失去家园的印第安人不再忍耐，他们三四十人组合在一起，向白人发动袭击。当然以他们的力量也只敢向小型孤立的牧场，或是落单的邮车、货车下手。

双方的仇恨日渐增加，白人移民也下定决心，一不做，二不休，杀光印第安人独占他们的家园。

联邦政府不能做事太绝，他们提出一个方案，干脆建两个保护区，把印第安人圈养起来。两个保护区，一个建在俄克拉何马州，一个建在达科他州。要命的是，达科他州的印第安保护区发现了金矿，要进入淘金的人，拦都拦不住。印第安人被逼上绝地，血性让他们决定放手一战，虽然大家都知道，结果一定是种族灭绝。

为占据西部，白人和印第安人的战争陆续打了30年，印第安人最荣光的一次战斗是小比格霍恩之战又叫小巨角河战役：北部的平原印第安人，是苏族部落，算是北美印第安族群中最强大的一支，因为不满白人的不讲信用和白人官员的腐败，1875年，他们集体撤出了保护区，并在“疯马”和“坐牛”两位酋长领导下，跟白人对抗。

1876年，三支联邦军队包围了这支印第安“造反军”。第七骑兵团有位叫卡斯特的上校，是南北战争时的英雄，他大概是觉得对付几个印第安人，直接开枪打完收工，完全不用战略战术，所以不顾上级给他的包围指令，率先发动了进攻。没想到印第安人的反击这么生猛，他和200多名白人士兵很快就被印第安人团团围住，以全军覆没告终。

不能说卡斯特上校是草包，他对付的是2500名印第安战士，而这支印第安战队，可以算得上是美洲大陆存在过的人数最多的一支印第安“军团”。

“军团”存在是短暂的，印第安人习惯了分成小股行动，一分散就被各个击破，又被关回了保护区，“疯马”和“坐牛”最后也死在保护区的骚乱中。

最后的抗争是在1890年，苏族人预备以宗教觉醒的方式复兴，有个“先知”教苏族人跳群舞，猜想可能是像“跳大神”，苏族人一度坚信，他们通过“跳大神”可以跳回过去的生活，驱逐白人，拿回家园。

舞蹈鬼气森森，跳得白人心烦气躁，又是第七骑兵团，将苏族350名印第安人围起来，想驱逐印第安“广场舞”。不知道怎么两边就动了手，最后是白人士兵用新型机枪展开屠杀结束了战斗。到此时，对印第安人的战斗就算是结束了，因为还能还手的印第安人已经不存在了。

到底是个大国，做事不能太流氓，联邦政府觉得，至少在表面上，要做出一个对印第安人的交代。美国人最会搞法案了，针对印第安人搞一个吧。

《道斯法案》可以说是对印第安人智商的严重侮辱。法案将保留区内的土地切割成小块分给印第安人，接受了土地的印第安人即成为美国公民。

印第安人是以部族为单位生存的，土地一分，各家过各家的日子，部族自然瓦解，法案的真正目的，就是打散印第安人的联合，让他们单一地融入白人的社会，永久消除威胁。

印第安人是游牧的，给他们土地他们也不会种，拿到土地，大部分都被白人欺骗出售，自己落得生活无着，日益潦倒。而白人，终于全取了西部的土地，可以任意妄为了。

也不怪白人太狠印第安人太笨，面对巨大的诱惑，再文明的族群，也会露出狰狞。白人这么狼吞虎咽吃相难看，实在是因为西部的富饶超出大家的想象。

西部的经济发展经过几个过程，而新的机遇在这里是一轮接一轮。

最早的西部，是不断地发现金矿！内战开始前，加州发现了金矿，1858年，科罗拉多州又有金矿，1859年，大家的注意力又被内华达州的金矿吸引，1874年，达科他州的黑山又冒出金子，也就是因为黑山的黄金逼疯了白人，也逼得苏族人拼死一搏。

除了金子，还有铜矿，铅、锡、锌、石英，都找到了储量不错的矿床，以采矿业为主要经济活动的几个州，快速发展起来。而在大部分矿挖不动后，美国西部还有丰富的石油资源！

第二个让西部兴隆的产业是畜牧业。印第安人只知道捕杀野牛，美国人是主动饲养大型牲畜的，并发明了带刺的铁丝网这种高科技畜牧设备。东部对西部的牛羊肉需求旺盛，内战结束时，得克萨斯州的草原上，有成群的牲畜。

养牛羊供应东部，这个生意要解决的最大难题就是运输。铁路线是挺发达的了，把牛羊赶上火车，一路向东，就上了纽约人的餐桌。可不是每条铁路都经过牧场啊，所以，将牛羊赶到某个火车站，是一项技术含量很高的工作。

这时，戴着宽檐帽、穿着帆布裤、蹬着马靴的牛仔们就出现了。他们平时在农场打工，放牧、修栅栏、管理牧场，到牛羊需要交易的季节，他们就组织一个团队，驱赶上千头的牛羊千里迢迢赶往目的地。

牛羊沿途都有草吃，进食运动都不少，到了目的地还长膘。牛仔们就辛苦了。最多的时候，12个牛仔驱赶2500头牲畜，沿途风餐露宿自然是不用说了，闹印第安人的时候，随时操着家伙投入战斗，人和牛一起死半道上这种事是很多的。路上牛羊走得缓慢，辛苦动辄就是几个月。

到了目的地，交割了牲畜，牛仔们顿时有了大把钱，怎么都要补偿一下这几个月受的罪。于是，在交割牛羊的城镇里，牛仔们一进城，就跟过年了一样。酒馆、餐厅、赌场到处都等着牛仔光顾撒钱，那些操皮肉生意的女子，更是爱死了这些粗犷豪爽的异乡人。牛仔喝高了少不得惹是生非，比武决斗打群架时有发生，小镇被他们搅得昏天黑地。

牛仔会赶牛会放羊，会跟印第安人战斗，还会耍帅，谁不爱呀。东部的男人道听途说后，对牛仔的生活也浮想联翩，就是到现在，穿上马靴戴上牛仔帽纵横荒原，肯定还是好多美国男人的少年梦想。

牛仔们天生爱秀，赶牛的时候，经过一些市镇，如果遭遇围观，他们就自动自觉地做些马术、套牛之类的表演，现场尖叫声一片。有人看到这个商机，索性组织专门的牛仔巡演。

有个早期驿马快递的骑手科迪，深谙西部，他就组建了一个西部大漠巡演团，非常轰动受欢迎。他设计了各种节目，其中有关于和印第安人战斗的，他还真找来印第安人客串，据说，“坐牛”酋长就参与过巡演。科迪外号叫“水牛比尔”，成为当时的牛仔帅哥的象征，不过在1960年的西部史诗巨片《西部开拓史》上映后，男演员约翰・韦恩成了美国牛仔的终极象征。

除了东部和西部的发展，战后，美国人还幸运地遇上了一段冰雪奇缘。1867年4月4日，俄国以720万美元将阿拉斯加卖给了美国。

2014年，乌克兰内乱，克里米亚全民公投，脱乌入俄，重回了俄国的怀抱。克里米亚公投的行为，激发了很多敏感地区的情绪，比如在美国的阿拉斯加，大约有十分之一的东正教徒，在俄国有关社团的煽动下，阿拉斯加有些人就号称，他们也要公投，让阿拉斯加回到俄国去。

世界局势诡异地轮回，在《最冷和最热的俄罗斯》中介绍过，就是因为克里米亚战争的旷日持久，才将俄国的经济拖到崩溃的边缘，让沙皇不得不出售阿拉斯加搞钱。

阿拉斯加面积近172万平方公里，占美国全部领土的1/5，虽然有一部分在北极圈内，但因纽特人是很可爱的，不会给任何主家找麻烦，反而是帮助本来就很多彩的美国增加了文化多样性。

俄国人肯出让，除了自己经济上有过不去的坎，急等钱用，更重要的原因肯定是觉得，在那么远的地方维护一个大冰箱毫无意义。而美国人愿意接手，首要的考虑是，把北美的土地尽量控制在自家版图内。当时对美国人来说，阿拉斯加也是个没用的大冰箱，力主购买阿拉斯加的国务卿西沃德，被美国舆论大骂了很久，因为内战后的美国自己手头也很紧。直到十几年后，“冰箱”里居然发现了金矿，现在更探明有北美最大储量的石油及其他各种矿藏，尤其是当地肥美的鲑鱼，轻轻松松就形成了一个很赚钱的产业。

只是在占地这个问题上，美国佬一贯是得了便宜还傲娇的，这么一片宝地，他们从1867年到手，到1959年，快100年后才正式承认它为美国的一个州。为了感念西沃德的坚持，每年3月的最后一个周一，被定名为西沃德日，成为阿拉斯加的正式节日。

也许是地理位置的原因，对阿拉斯加，美国政府的关注是明显不够的，到现在为止，也只有一条砂石路让阿拉斯加与美国本土连接。最近有人翻出，当年的交易过程，值得商榷的地方很多，要较真儿，美国人根本不算支付了全款，所以，俄国人要跟美国打阿拉斯加的官司，并不算荒唐。更有人玩笑说，阿拉斯加现在可不是随便哪个国家能买得起的，中国可以考虑，等美国人欠债还不起时，拿阿拉斯加来抵债。

二十九　托拉斯

内战基本扫除了资本主义的发展障碍，美国工农业迅猛发展，到19世纪末，虽然美国还拥有全球1/4的小麦产量，但它的确是完美地实现从农业国向工业国的过渡，1894年，美国的工业生产占据世界首位，到20世纪初，美国的工业产值占全世界的1/3,欧洲的老牌资本主义国家已经是远远地跟不上了。

自由资本主义就是自由竞争，自由竞争发展到白热化的状态，资本和生产力被高度集中，伴随残酷的竞争和淘汰，最后就发展为资本主义的高级形式——垄断资本主义。似乎，美国也该进入这个阶段了。

既然要垄断，小型企业肯定不行，那必须是一个大型的企业集团，各种企业整合在一起，成为一家。整合一般有两个方向，一种是把同类的企业都绑一块，加多宝跟王老吉握手言和，再拉上和其正，组成一个企业，就可以垄断中国人的凉茶。另一种方向就是，产业链上下端联合，卖凉茶的，把种草药的熬草药的做易拉罐塑料瓶的组合在一起。当然，最成功的整合就是两种方式的综合。

在竞争激烈的19世纪晚期，美国的企业尝试各种联合的方式，效果都不好，直到，托拉斯出现了。

托拉斯来自单词“trust”，就是信托，信任委托。一个公司兼并、控股大量的同行企业达到在该行业垄断的目的。

19世纪末，石油作为燃油的功能还没被充分开发，当时钢铁工业发展迅猛，原油被当作工业润滑油市场也很大。

美国最早的油田发现在宾夕法尼亚州，随后在俄亥俄和西弗吉尼亚都有收获，很快原油就成为美国排名第四的出口商品。

在宾夕法尼亚州的某个商人发现浮在河水上的那层黑油可以提炼出石蜡和润滑油，并计划用它赚钱的时候，旁边的俄亥俄州，有个16岁的小店员不满足于一周5美元的薪水，开始下海倒买倒卖，存储自己的创业资金了。

宾夕法尼亚州竖起第一口油井的两年后，22岁的小店员看到了石油行业的前景，带着他的存款进入了这个行业，小店员的名字叫洛克菲勒。他先是在俄亥俄州的克利夫兰建立了炼油厂，似乎从一开始，洛克菲勒就觉得，这个行业，还是适者生存比较好，所以他一边炼油，一边清理其他的炼油厂。31岁时，他创立了俄亥俄标准石油公司，克利夫兰本地的25家炼油厂，被他吃掉了20家。

很多人理解的兼并方式是这样的，我实力雄厚我就大力压价，竞争对手拼不起了，退出市场时，我就能任意涨价了。洛克菲勒不喜欢这种方式，他比较光明正大地用真金白银收购对手。标准石油公司运作得科学良性，同行都看在眼里，被标准石油收购，似乎并不坏，用这种办法，还能让大量的人才聚集在洛克菲勒旗下。

洛克菲勒开始向全美收购油企，包括上下端企业，油桶、油库、管道、物流，到1880年，美国生产的石油，95%出自标准石油。

吃掉这么多企业，公司越来越大，对庞然大物应该有不同的运作方式吧，更何况，美国不同的州，还有些预防垄断和不当竞争的条款呢。

洛克菲勒的律师在研究了各种《公司法》后，提出了“托拉斯”这个垄断组织的概念。

1882年1月20日，洛克菲勒召开“标准石油公司”的股东大会，组成9人的“受托委员会”，掌管所有标准石油公司和附属公司的股票，洛克菲勒成了委员长。就这样，洛克菲勒创建了一个史无前例的联合事业——托拉斯。托拉斯以更大的胃口消化了40多家厂商，垄断了全国80％的炼油工业和90％的油管生意，洛克菲勒本人，就成了美国史上第一位亿万富豪。

从一个杂货店的小伙计到石油大王，美国的高速崛起期，造就了很多瑰丽的美国梦。还有个来自苏格兰的小孩，他叫安德鲁·卡耐基。

作为一个穷苦的移民家庭小孩，卡耐基13岁出门打工的时候，比洛克菲勒苦多了，他在纺织厂做绕线工，一周才1.5元的薪水。

卡耐基靠艰苦的打工仔生涯，完成了原始的“财富积累”，这笔财富，是他在28岁那年积攒的47860美元，体力活赚不到这么多钱，其中的绝大部分，来自他对股票的投资。卡耐基决定不再打工了，他要创业。

在卡耐基成长的这段时光，钢铁在美国算是奢侈品，桥是木头做的，房子是木头做的，船也是木头做的，但卡耐基敏感到，钢铁必会成为生活必需品，所以，他选择了进入这个行业。

50年代，英国的贝西默发明了一种工艺，用鼓风机向熔铁中吹入空气，去除杂质，炼出了很好的钢。两年后，美国的专家又发明了平炉炼钢工艺，钢铁行业因此而发生了一次革命。卡耐基了解到这些新技术后，预感炼钢业的机会来了，他立即成立了自己的钢铁公司。

卡耐基深知技术的重要，他从德国聘请化学家，专门操作鼓风炉，卡耐基算是最早将实验室技术人员用于企业生产的资本家。

内战时，美国的钢轨全凭进口，大铁路网的建设，多数还是使用铁轨。战后，钢轨迅速取代了铁轨，产量急速攀升。卡耐基也采取收购、兼并等方式清理着自己的竞争对手，到19世纪末，美国钢产量的1/3来自卡耐基的高炉。

现在卡耐基已经成为成功学的偶像，有大量名言，全都可以放在桌上当座右铭，其中最牛的一句是：人必须有一个偶像，积累财富是最糟糕的偶像崇拜之一，没有比崇拜金钱更掉价的了！为什么说这句最牛呢，因为这话如果不是从一个财富积累到富可敌国的人嘴里说出来，肯定会遭板砖。

卡耐基用实践践行了他的名言，1901年，66岁的卡耐基将他的钢铁公司售出，售价4.47亿美元，他晚年的全部生活，就用来花掉这笔钱，其中大部分是通过慈善回馈了给了社会。

先不说卡耐基的慈善生涯，这篇既然介绍美国的商业巨头，我们应该更感兴趣的是，谁花近5亿美元买走了卡耐基钢铁？

J.P.摩根，如雷贯耳的名字，不光在今天，即使在19世纪中后期那段日子里，美国政治经济任何一件事，都脱不掉来自摩根的影响力，摩根家族对美国乃至世界的影响力都是不可想象的。

跟前两个苦孩子出身的老板不一样，摩根世家子弟，犹太人后裔。摩根祖辈来到新大陆，积累了不少土地，摩根爸爸在伦敦售卖美国债券发家，因缘际会，得贵人扶持，在伦敦金融界呼风唤雨。摩根遗传了他父系的金融血统和母系羸弱的体质，小时候体弱多病的孩子，尤其是不缺吃少穿的富家孩子，容易暴脾气。

摩根爸爸在伦敦混，少不得跟那几个控制了全球金融的人打交道，比如罗斯柴尔德家族。玩金融的一般都是家族生意，要对别人的终生财富负责，声誉特别重要，家族血统是个很好保障。摩根爸爸为了让摩根家族也成为世界金融领域的一支重要力量，他必须全力培养他唯一的儿子，唯一的接班人——摩根。

摩根人生的第一次大买卖，发生在新奥尔良的大街上。有个往来巴西美国运送咖啡的船长，看摩根穿得精致，像个有钱人，就说他有一船咖啡从巴西运来，可美国的收货方破产，他问摩根愿不愿意半价接手这船咖啡。船长拿出来的样品不错，可这个事怎么听都像骗局。摩根决定赌一次，摩根爸爸毫不犹豫地在金钱上给予支持。后来到底这船咖啡有没有挣钱，历史资料有争议，主流记录说摩根大赚了一笔，也有人说，他最后是亏本脱手了。

说他赚钱的，将这定义为摩根天才的经典故事，粉丝们都说充分显示了他商业冒险精神和准确的眼光。就算这船咖啡真卖了好价钱，也不过是个“富二代”交了狗屎运的故事罢了，摩根爸爸愿意花钱陪儿子赌博，摩根家也赔得起。

投机冒险几乎贯穿着摩根全部生涯，只是早先他必须服从赌局，后来他自己坐庄操作赌局罢了。

摩根从德国哥廷根大学毕业的礼物，是老爸在华尔街证交所对面为他预备了一个商行。正逢南北战争，兵荒马乱的战时，一个头脑精明、胆子贼大，又不怕落下恶名的投机者，很容易发家。摩根的成功，来自于他几次倒卖黄金。炒黄金消息是关键，黄金的涨跌大部分时候都是源于大众对时局的态度，这几次交易中，摩根私下搞了些小动作，自然离不开他老爸通过各种关系的鼎力帮忙。在华尔街的道德观里，既然是投机生意，不择手段是必须的。

战后工农业迅速发展，资本需求增加，传统的商业银行有点跟不上形势，投资银行很快弥补了服务空缺，成为华尔街最受欢迎的机构。

投资银行，也就是神秘的投行，到底是干吗的？商业银行主要是存贷业务，投行不涉足，它主要是针对企业的融资服务。最核心的业务就是帮着企业发行股票、债券等，并负责包销，以解决长期资金问题，投行做中介为收购并购牵线搭桥出谋划策，随时提供商业咨询等。

从投行的性质就决定了，它跟实业是密不可分的。如果操控得当，实体很容易被控制在一些高明的金融家手里。

摩根先切入的，肯定是美利坚的长子——铁路。1869年，连接纽约州首府奥尔巴尼到宾州北部城市宾加姆顿的萨斯科哈那成为华尔街投机家眼中的香饽饽，宾加姆顿有几条通往煤炭产地的铁路，所以萨斯科哈那线就是一条连接东部工业区和煤炭产地的黄金线路。

当时的铁路大王比尔德在华尔街几名悍将的帮助下，想将萨斯科哈那线抢在手里。萨斯科哈那的总裁遭到排挤，无奈之下，他也到华尔街求救，他找到了年轻的摩根。摩根没辜负信任，上演了一幕神奇的虎口夺食，从铁路大王手里抢下了这条黄金铁路线，他被任命为副总裁，从此正式进入铁路行业，并因此战成名。

铁路过热，竞争恶劣，造成了严重的资金困难。几次出手后已经成为铁路界重要人物的摩根，觉得他有义务为铁路行业重新规划一下秩序。摩根在麦迪逊大街219号自己的家里，组织了一次盛大的饭局，座上客包括来自英法和美国的投资银行家和全美主要铁路的所有人。

这顿史上著名的饭局吃完，美国铁路业自我毁灭的削价竞争停止了，因为主要的铁路都易主了，新主子都是来自华尔街的狼。从此，美国的铁路经营进入“摩根化”的模式。必须说，由投行控制的铁路，服务质量还是相当不错的。

铁路可以摩根化，其他各行业也可以。“托拉斯”这个概念一上脑，它就不是整合一个行业那么简单了，它恨不得控制所有能赚钱的东西。

1901年，卡耐基萌生退意，摩根顺势将卡耐基钢铁收在手里。卡耐基打心眼里不喜欢摩根，两个人的矛盾是出名的，但谁能在出价上高过摩根呢？当时，洛克菲勒也想买下卡耐基钢铁，虽然洛克菲勒看起来个人资产雄厚得多，可对摩根来说，就算他的口袋里一毛钱都没有，他也能调动亿万资金为他活动，这一点，是洛克菲勒很无奈的。

摩根一拿到卡耐基的毕生心血，就成立了美国钢铁公司，也是个巨型托拉斯，先后吞并了各种钢铁企业700多家，控制了全美3/5的钢铁生产。

1878年，摩根支持爱迪生建立电灯公司并建立了世界上第一个集中供电的发电厂。10年后，爱迪生将旗下的电灯公司、照明公司、机器制造公司整合成通用电气公司。摩根显然是不会放过“电”这门新兴产业的。据说是在爱迪生并不知情的情况下，摩根就谈定了并购业务，在整合了三家企业后，就成了我们现在都很熟悉的通用电气。

摩根主导了多少收购并购是算不清楚了，全美的主力企业里，都有摩根系的董事，1929年大危机之前，摩根系拥有780亿美元总资本，占美国全部资本的1/4。而摩根在华尔街的中枢地位，更是不容置疑的，摩根获得了一个很霸气的绰号，他被称为是华尔街的朱庇特。朱庇特是罗马神话中的众神之神。

到19世纪结束时，美国基本已经被托拉斯牢牢控制，到20世纪初，8个主要财团控制了主要行业90%以上的产量，除了石油钢铁电气这些大业务，连糖、罐头、谷物加工、烟草等生活用品，也都被托拉斯垄断着。

三十　镀金时代

为时代命名

战后到19世纪末，是一段风风火火热热闹闹的岁月，东部人骚包西部人浮躁，到处都是喧嚣，神人牛人骗子赌徒各种人物都在很努力地生活。这篇开头，老杨讲一个当时在美国很热门的故事：

有个叫吉姆·斯迈雷的矿山屯子混混儿，酷爱赌博，不，是痴迷赌博。见什么赌什么，狗打架赌、猫打架赌、鸡打架也赌，万一哪天在路上看到屎壳郎在爬，他随手抓一个人就赌这屎壳郎要奔哪去，只要有人接了赌局，哪怕屎壳郎是爬去墨西哥的，他都一步不落地跟着！

这伙计赌马、斗狗，后来他抓了只癞蛤蟆，激发了创意。他闭关修炼三个月，专门在家练癞蛤蟆，终于让癞蛤蟆能飞了——只要从尾部一点它，它就激灵灵地向上跳，有时空翻一周，有时空翻两周，可能偶尔空翻还加转体，然后稳稳落地，四脚纹丝不动，参加跳水或者体操比赛应该都没问题。

癞蛤蟆完成集训后，斯迈雷就重出江湖，回归赌坛。癞蛤蟆，对不起，现在它有个名字叫丹尼尔，在蛤蟆蹦高这个赌博项目上，丹尼尔遇神杀神，遇佛杀佛，果然没有对手。斯迈雷从此就拎着个笼子，带着丹尼尔满大街找对手开赌。

有天，斯迈雷遇上个外乡人，外乡人还以为拎着癞蛤蟆瞎逛悠是独特的本地风光，所以上前搭话，言语间他对丹尼尔的优秀天赋表示了严重质疑。斯迈雷容不得有人叫板，他让外乡人找头蛤蟆来PK。外乡人人生蛤蟆不熟，哪找去啊，斯迈雷服务态度好，他把笼子交给外乡人，说“你帮我拿着，我去帮你抓只蛤蟆来”。

外乡人也是老江湖，不打无准备的赌，他拎着丹尼尔想了一会儿，就用随身携带的猎枪铁砂，灌了丹尼尔一肚子。过了一会儿，斯迈雷满身臭泥跑回来，为了刨一只癞蛤蟆，他可费老劲了。

赌局开始了，不管斯迈雷如何喊叫跳脚拍桌子，丹尼尔定在地上纹丝不动，倒是那只野癞蛤蟆傻兮兮地一蹦一高，动作轻快。外乡人耸耸肩，拿了双方下赌的钱走了，临走他还说：哥们儿，我真没觉得你那只蛤蟆比别的蛤蟆强！

故事很有趣吧，讲这个故事的人更有趣，他叫马克·吐温。故事发表于1865年的纽约《星期六邮报》，短篇小说，标题叫“卡拉维拉斯县著名的跳蛙”，文字鲜活幽默，全纽约的读者都笑翻了，文章的作者马克·吐温此后就算是小有名气了。

1835年，马克·吐温出生于密苏里州的乡村。父亲是个穷律师，要养活7个孩子，马克·吐温是老六。屡遭离丧的人，性格普遍不会太开朗，有幽默感就更难了。马克·吐温是个异类，他遭遇的亲人夭亡可太多了，母亲在他4岁时亡故，兄弟姊妹在他幼年时就死了4个，11岁那年，父亲死于肺炎。

生活贫穷而艰辛，父亲死后，12岁的马克·吐温到印刷厂当小学徒。20多岁时，马克·吐温在密西西比河上跑船，他是领航员。

密西西比河上的木船时代，要防止明火，天黑也不好点灯，夜间行船，考的就是领航员的导航水平，技术含量很高，在当时，是一份高薪的工作。

马克·吐温在英语中是“Mark Twain”,是航船的术语，大约就是指船吃水两英寻（折12英尺），是船只安全的水位。这名字一听就是笔名，会用这个笔名，可见领航员的生活对马克·吐温影响至深。当时他本人的确是看好这个行业，还说服唯一的弟弟一起跑船，不幸后来弟弟死于轮船的锅炉爆炸。战中，密西西比河的运输萎缩，马克·吐温上岸到内华达的银矿去做了矿工。

写稿投稿有了点小名气，马克·吐温从蓝领转行为白领，开始记者生涯，文学作品也就一部部面世了。

要介绍马克·吐温的重要作品太难了，因为部部经典，《竞选州长》依然在中国的中学语文课本上，出于对学校教育的尊重，老杨决定照搬教案对本文的评价：“揭露了美国‘民主政治’的虚伪，也暴露了美国‘言论自由’的虚伪，撕开了资本主义国家‘两党制’的画皮。资产阶级政党在本质上都是一样的，都不能反映广大人民的意志。这篇小说的思想意义远远超出了它所产生的那个时代，今天，它依然是我们认识资产阶级民主的虚伪和欺骗性的好教材。”

本书不评价中国几十年如一日的语文教育水平。不过，到马克·吐温这一辈，美国的作家真的是开始揭露和批判了，也就是在这个时代，浪漫主义逐渐向现实主义进化，这个时代，马克·吐温给它起了个名字叫“镀金时代”。

19世纪70年代初，马克·吐温带着一家人迁居到了康涅狄格州的首府——哈特福德，这里被马克·吐温称为美国最美丽的城市。此时的马克·吐温除了是个知名的写手，还是个很受欢迎的演讲家。在那个时代的美国，演讲绝对是个正儿八经且易受瞩目的行业，包个大厅卖门票，除了财务收益，也能让人快速成名。马克·吐温言语幽默，偶尔还带点儿愤青的毒舌，估计看马克·吐温的演讲能有现在看德云社演出的效果。

1873年的一个晚上，马克·吐温拜访他的邻居查尔斯·华纳。马克·吐温和华纳都是《哈特福德新闻报》的编辑，工作上私底下关系都不错，华纳也是个作家。两个作家凑在一起，一定是大骂文学界各种不公，为什么那些小三小四的无聊滥情故事就那么受欢迎呢？纯文学还能不能写了？两个太太在旁边听不下去了，说，你们嫌别人写得不好，你们就自己写一部呗！

虽然之前写过随笔、游记、短篇小说，但真要独立完成一部长篇，马克·吐温心里有点没底，他觉得拉着华纳一起，有个帮手能壮胆，于是他俩就合作创作了《镀金时代》，马克·吐温的第一部长篇小说。

一般作家第一次创作长篇，都脱不了自己熟悉的生活。马克·吐温按自己的生活经历塑造了一户西部穷人——郝金斯老爷一家。

郝金斯家原本住在田纳西州，跟其他西部居民一样，郝金斯会盲目地买下一片土地，反正不贵，然后梦想在这片土地能发现什么矿藏因而暴富。郝金斯守着75000亩贫瘠的土地，家里还是衣食难续，于是他听从一位朋友塞勒斯上校的建议，举家迁到密苏里州去寻找新的机会。

塞勒斯上校是个乐观热心的人，只是他的热心和乐观都透着不靠谱。在密苏里州，他一样带着一屋子孩子过着贫瘠潦倒的生活，可在他嘴里，他自己的生活如同王室，每天业务繁忙，“分分钟几千万上下”，结交的不是高官就是显贵。

郝金斯在塞勒斯的“忽悠”下，举家辛苦搬到了密苏里州，途中还收养了一个男孩克莱和一个女孩萝拉。郝金斯将全部的钱投入了塞勒斯的骡子生意，起起落落没个保险，跟着不靠谱的塞勒斯，生活状况改变不大。生活艰苦时，有人愿意出价一万购买郝金斯在田纳西的土地，被他拒绝了，他坚信这块土地可以彻底改变他孩子们的生活和未来，这个念头，一直维持到他贫困而终。

这时华纳的故事开始加入小说，华纳是个理想主义者，他愿意为马克·吐温的小说带来一点正能量，他塑造了一个东部的有为青年斯特林。虽然是耶鲁毕业学的法律，斯特林还是揣着去西部的发财探险梦。

斯特林和朋友到了西部，碰上了“无所不能”的塞勒斯上校。塞勒斯“忽悠”两个东部的年轻人，修一条铁路到他们的社区，就能让他居住的社区繁荣起来，他们可以在工程中大赚一笔。

这种铁路建设，最好是有国会的拨款，他们设法搭上了一个叫迪尔华绥的国会参议员，参议员从私利考虑，答应跟这几个西部人联合起来玩票大的。迪尔华绥的能量很大，他真的搞到了20万美元的国会拨款。

可等塞勒斯他们拿到这笔钱，一算账，都哭了，因为这20万美元打点了议员、中间人、各种拉关系走后门的关联人物后，连工人工资都付不出了！

而迪尔华绥更是看上了郝金斯老爷留下的那片地，他决定继续上下活动，争取拿到更多的钱，在那片土地上盖一座给解放的黑人的大学。当然，他的出发点绝对不是为黑人谋划未来。在贿赂的过程中，迪尔华绥被他的政敌揭露，计划破产。只是他的能量足够他自保，虽然被揭破，不但自己没受损失，他还把他的政敌整翻了。

在华盛顿上下活动时，迪尔华绥发现郝金斯收养的女儿萝拉颇有姿色，就将其带入首都，让她成为一个“国会说客”，谁会拒绝一个美女的意见呢？可是萝拉自己的感情生活不如意，被骗被抛弃，后来她终于一怒之下射杀了负心男人，自己也陷入官司。好在以她的背景和后台，此时的她完全可以通过各种关系保护自己顺利逃过杀人刑责。虽然逃过了官司，萝拉还是抑郁而死。

郝金斯老爷的长子终于发现，那片田纳西的土地是万恶之源，他下决心卖掉了地。倒是正能量斯特林在西部吃了很多苦头后，终于挖出了煤矿，又娶得了美人归，算结局完美，不过，塞勒斯上校肯定还是认为自己是最成功的，他现在计划着要学习法律，预备当大法官了。

《镀金时代》维持着马克·吐温幽默讽刺的文风，全书的亮点就是对塞勒斯上校的塑造，像个漫画人物，夸张而生动。可惜这是两个人的作品，是两个文风和思路都不太一样的人的作品，强行合在一起，结构情节语气上都有漏洞，所以仅从小说的技术角度看，它的地位并不高。

技术上地位不高，但在整个历史上的地位是非常高的。《镀金时代》发表后，引起了轰动，小说里讽刺的各种人都表示了自己的意见。传说，有记者问马克·吐温，你把国会议员写得太离谱了吧？马克·吐温答了一句：美国有些国会议员就是狗娘养的（Son of a bitch)。记者们赶紧把这句劲爆的语录发表出来，引发国会极为不满，他们要求马克·吐温赶紧道歉。马克·吐温态度很好，第二天就登报道歉：我错了，应该说，美国有些国会议员不是狗娘养的。

为什么小说叫《镀金时代》？因为所有人都认为，从战后到20世纪初，美国处于发展的黄金时代，到处欣欣向荣，而在马克·吐温看来，这种繁华都是虚表，其社会内部，堕落、腐败、邪恶一样欣欣向荣地滋生着，这个时代金玉其外败絮其中，它是个镀金的假货。从此，美国历史上的这个发展时期，就被各种媒介甚至官方称之为“镀金时代”了。

马克·吐温是多面手，写批判小说，写游记，写儿童文学都是高手，《汤姆·索亚历险记》《王子与贫儿》是老杨小时候很喜欢的小人书。在美国的文学界，老马牢牢占据着武林盟主的地位，数一数二，老杨原来说过，同样是作家，批判现实的似乎地位要尊崇些，不过，马克·吐温的江湖地位应该有其他的构成条件。

一说到马克·吐温，就会说到他文字幽默，可真正读下来，马克·吐温的幽默能让人笑不能让人快乐，他的幽默是带着悲情色彩的，有许多的无奈和无助。能让人笑着流泪，才是煽情的最高境界。在《镀金时代》中，冷得要命的日子里，塞勒斯一家围住一个壁炉，炉子里居然只点了一支蜡烛。塞勒斯解释说，根据他对法国最新资料的研究，冬天室内温度太高，容易风湿，所以点根蜡烛，造成烤火的假象，而温度又不会让家里人生病。塞勒斯的孩子们，冻得鼻青脸肿，都认为老爸说得对，一家人还很快乐！

马克·吐温的文字极其口语化，带有浓郁的美国乡土气息，它是真正属于美国英语的小说，是彻底美国化的作品。马克·吐温在世界文学史上的地位充分说明，就算是严肃文学，也不用措辞太严肃，文学作品说到底，还是给人阅读的，把文字写得艰深晦涩一点不深入群众，算不得能耐。

不负好时光

根据历史经验，社会转型期文坛最繁荣，最容易出文豪。马克·吐温的出现也是因为到了马克·吐温应该出现的时代。镀金时代的美国文坛，还有其他很多高手。那个时候说马克·吐温是武林盟主、文坛泰斗，他绝对不敢受领，他一定会将这些称号送给他的挚友兼导师威廉·豪威尔斯。

豪威尔斯地位尊崇，但作品让人不感冒。这老伙计有个让老杨最恨的理念，他总感觉，文学要承担教化责任，总要让人从他那里学到什么才好，现实主义的作品要非常现实。这也许是他的作品略显平庸的根源。但如果不从作家的角度看，豪威尔斯绝对是眼光独到的评论家，他提携指导了那个时期很多优秀的年轻作家，他的尊长地位是不可撼动的，也就是因为这个，1909年，他成为美国艺术文学学会的第一位主席，按行政级别，他是当之无愧的美国文坛一把手。

在文学的所有形式中，小说影响最大，成果也最多，诺贝尔文学奖，大部分时候还是会颁给小说及其作者。但因为小说的出现晚于诗歌和戏剧，在一段时间里，小说地位并不高，有点下里巴人，大约17~18世纪，法国的高等学府还认为小说是给刚认识几个字的下层贱民消遣的。

在19世纪末，随着小说作品的不断增加，看小说的人越来越多，渐渐有人开始研究小说的理论，但真正把小说提升到艺术门类的高度，将其当作艺术研究的，是美国作家亨利·詹姆斯。

詹姆斯常年生活在欧洲，喜欢写美国人和欧洲人交往的故事，美国人在欧洲生活的故事，他最好的作品出现在20世纪初，三部重量级小说《鸽翼》《使节》《金碗》问世，1998年世界上最大英文出版商业集团——兰登书屋评选20世纪百佳英文小说，詹姆斯这三部作品全部上榜。

“我们在事前可以要求一部小说承担的唯一约束，而不致受到独断专行的责难的，就是它必须让人感到有趣。”这是詹姆斯的《小说的艺术》中的一句话，表达詹姆斯小说创作的重要理念——首先要有趣，一本小说如果故事不好看，情节不生动，读者没共鸣，表达的思想再高端都毫无价值。

世界文坛大都以长篇小说华山论剑，老杨坚持认为，短篇小说才是最考功夫的。所以，文学艺术发展了上千年，作家出了无数个，能称得上短篇小说高手的，只有三个，还都显身在19世纪末20世纪初这一段。法国的莫泊桑和俄国的契诃夫，已经介绍过了，剩下的这位“三哥”就是来自美国的欧·亨利。

欧·亨利也是笔名，他原本跟英国的天才魔法师同姓，叫威廉·波特，生于北卡。高中肄业，善于绘画。

异常丰富的人生经历，可能是欧·亨利小说好看的原因。欧·亨利干过药剂师，在西部放过牛，跑过记者，经营过报社，当过银行出纳。不知道是不是数学不好，欧·亨利算不清楚账目，34岁时，他受到亏空公款的指控。问题本来不大，欧·亨利居然选择弃保潜逃，还一直跑到洪都拉斯去藏匿了！

一年后，听说妻子患上了肺结核，欧·亨利回国，入境就被捕，半年后，妻子去世。欧·亨利入狱服刑，也就是在狱中，他开始创作短篇小说，不是因为他写不出长篇小说，而是短篇来钱快，他要独立抚养女儿，第一篇小说的起源，是他想给女儿买一份圣诞礼物。

欧·亨利小说的最大特点是故事好看，行文通俗，富有时代特色，而结局往往出人意表。以至于，现在文学作品中突如其来出乎意料的结局，被称为欧·亨利式结尾。

虽然也算是现实主义作家，作品也讽刺也揭露，但总感觉，欧·亨利的小说不缺正能量，不缺爱。

看欧·亨利的小说可以一组一组看，比如《麦琪的礼物》和《爱的牺牲》是一组，都是讲年轻贫贱小夫妻心酸的爱情。在《麦琪的礼物》中，为了给对方预备圣诞礼物，妻子卖掉长发为丈夫的祖传金表配了一根表链，而丈夫为了给妻子买一套梳子梳理她美丽的长发卖掉了金表；《爱的牺牲》则是两个艺术家夫妻，为生活所迫，妻子去洗衣店做粗活挣钱养家，支持丈夫画画，回家谎称自己是在一位将军家教授钢琴，而丈夫呢，也号称自己的画卖出了好价钱，其实，他也去做一份苦工挣钱。

《汽车等候的时候》和《华而不实》又是一组，前者讲述一个男青年在公园找一位姑娘搭讪，姑娘号称自己出身高贵，地位尊崇，看不上男青年普通卑微，其实姑娘不过是对面餐馆里的小出纳，而男青年是真正的阔少；后者则是讲述一个城市打工仔向往上流社会的生活，每星期攒1元钱，等攒够10元，就将自己打扮成上流社会的绅士，去高档的餐厅，照上流社会的排场让自己奢侈一晚上。有天他搀扶了一个在冰上摔倒的姑娘，出于对爱情的渴望，他请姑娘和他一起奢侈。他将自己介绍为一个百无聊赖的上流社会闲人。虽然他对姑娘有好感，但考虑到姑娘穿着打扮不过是个女工，饭后自然也就打消念头，其实，姑娘是穿了用人的衣服跑出来的富家小姐，她对请自己吃饭的男士印象不错，就是不喜欢他是个有钱的闲人。

至于经常出现在各种文摘、鸡汤之类的刊物上的世界经典——《最后一片藤叶》则更是温情美好，一个病重的女孩数着窗外的落叶，她觉得最后一片常青藤叶落下，她的生命就会随之而去。邻居的一位老画家在北风呼啸的寒冷夜晚爬上墙，在最后一片叶子的位置画了一片藤叶。叶不落，女孩逐渐恢复了健康，只是老画家得肺炎死去了。

其他的如《警察与赞美诗》、《双料骗子》、《感恩节的两个绅士》等都是读完可以叫好的作品。欧·亨利在世的最后一年创作了《红毛酋长的赎金》，讲述两个笨贼绑架了一个熊孩子，被折磨得死去活来，后来不但不要赎金，反而倒贴给熊孩子家里250元，把孩子送回去的故事。欧·亨利的文字很幽默，他的幽默还可以很快乐，一点不夹枪带棒的。

不管是宗师还是盟主，碰上游侠全都完犊子。马克·吐温和华纳凑在一起大骂通俗文学搞坏读者的审美；詹姆斯一边提升小说的艺术地位，一边无奈于通俗小说——粗俗艺术的畅行不衰。

不管是什么档次的历史书，在介绍镀金时代的文学时，漏掉了霍拉肖·阿尔杰是不严肃的。因为以上介绍的这几位大佬，他们的书销量加起来，可能还抵不上阿尔杰的零头。而如果说阿尔杰作品的影响力，恐怕更不是上述几位大家可以比的。

之前说过，美国的家庭妇女喜欢看女人写的家庭生活小说，意淫一个落魄美女，经过生活的磨难，又过上了锦衣玉食的贵妇生活。人类从直立行走到现在，进化了千万年，有一点是绝对不会进化的，那就是人艰不拆，意淫无罪。

女人喜欢意淫灰姑娘变成王妃的故事，男人们当然是意淫屌丝逆袭，草根升天。阿尔杰就是写这个的：流浪的穷苦孤儿，因为善良聪慧有信仰，在流浪的过程中，得遇贵人，而后翻身成为富豪。不用自卑出身，不要在意背景，只要你努力，就会有机会，人人都能成功，这就是著名的美国神话——美国梦。

镀金时代，垄断当道，10%的人控制着90%的社会财富，在这个状态下，很难有人通过自我的努力改变命运，甚至控制命运，于是，这种超越了出身超越了阶层获得成功的梦想，还真是挺吸引人的。

阿尔杰的作品可能销售了几亿，但相信没有任何一个文学评论家说他是个好作家，说他是美国历史上最差作家的倒是有。其实，阿尔杰小说写得好不好，是不是恶俗已经不重要了，他已经成为美国文化的某种象征，提起他的名字，大家自然联想到的是美国的机遇和成功，他是真正美国梦的代言人。

文学能影射经济和技术的发展，而经济和技术的发展影响深远的几个行业中，新闻界应该最是敏感。镀金时代，美国的新闻界发生了一些不知道如何评价的转变，反正当时的老百姓是感觉，报纸越来越好看越来越热闹，似乎，也不太看重底线和节操了。

1867年，出生于匈牙利偷渡到美国的普利策加入了美国籍，1878年，31岁的普利策创办了自己的报纸《圣路易快邮报》，几年后，成为当地销量最好的报纸，普利策也晋身报业新贵。

以前的美国报纸，要么为政治政党服务，要么为商业经营活动服务，基本都是“喉舌”。普利策发现，取悦普通大众对报纸的销量刺激是最直接有效的，提升报纸的影响力也是最快的。于是他开始将报纸的身段放低，主要报道老百姓感兴趣的家长里短、鸡毛琐事。考虑到底层百姓的文化水平，报纸上刊登大量漫画和图片。而最重要的是，普利策聪明地选择了立场，就是帮着老百姓挤兑富豪。想想看，是不是跟老百姓一起跳脚骂权贵的报纸会更受欢迎？

1883年，普利策到了纽约，买下了摇摇欲坠的《世界报》，从此，纽约有了一份对富豪权贵阶层喷射炮火的纸媒。没几年，《世界报》成为美国新闻界的当家大报，普利策甚至高票当选纽约的众议员。

普利策一直认为新闻学可以当作专门的学科系统地学习深造，所以他向哥伦比亚大学捐款，成立了新闻学院。现在，大家都知道，哥大的新闻专业是全世界最牛的，世界级的名记大都出自那里，而哥伦比亚大学的新闻学院每年还要负责主持新闻界的最高荣誉颁奖——1917年设立的普利策奖，奖励在新闻界也包括艺术界对新闻采访报道有卓越贡献的人。

镀金时代末期，美国有超过3800个百万富翁。美国人有钱了，跟现在中国人有钱了一样，也附庸风雅。中国人的附庸风雅玩收藏：黄花梨、鸡血石都成为投资热点，19世纪美国人附庸风雅，还是脱不了去欧洲花钱，购买欧洲的奢侈品和艺术品。有些美国人遗憾美国没有宫殿城堡这些东西，他们干脆到欧洲收购古堡的廊柱、屋顶、墙砖，到美国来复原，在他们看来，这样的建筑就算是有传统有历史有价值了。

美国的收藏品多了，像J.P.摩根、卡耐基、洛克菲勒这几位大佬又有做慈善的心，愿意拿出来几件造福普通百姓，于是在纽约第五大道的1000号，大都会博物馆开张了。虽然成立于1880年，在世界上所有著名的博物馆中都算后进，可现在，它与大英博物馆、法国卢浮宫、俄罗斯冬宫齐名，并称世界四大美术馆。

欧洲的主要博物馆，布满抢来的赃物，参观大都会博物馆时，不用这么激愤。大都会博物馆究竟有没有抢来的文物不清楚，但展出的那几件中国宝贝，真不是美国人抢去的。

在美国，中国和东方艺术品展出最多的，是华盛顿的弗利尔和赛克勒美术馆（Freer & Sackler),现在去这间艺术馆参观，东方艺术倒不是重点关注，很多人都奔着这里有专门为惠斯勒开辟的两个展室。

大约是因为美国的富豪们喜欢盯着欧洲的画家，总认为来自法国的绘画作品才有含金量，所以，很多美国颇有前途的画家，不得不到欧洲去发展。

惠斯勒出生在马萨诸塞，跟着铁路工程师的父亲到处漂泊。15岁时父亲病逝，根据他的遗愿，惠斯勒必须进入西点军校学习。一个未来画家进了西点，想让他守纪律有点难，三年级时，惠斯勒被劝退了。通过关系，他到地图处找了工作，都知道他会画画，画地图算是辍学生很好的出路了。要命的是，惠斯勒画的地图，空隙里乱七八糟被他填满了各种人物动物，他把地图当画纸练笔了。

1855年，21岁的惠斯勒总算找到了他的路，到法国正式学习绘画，从此，他再也没有回到美国。42岁时，绘画技巧成熟的惠斯勒为他的母亲画了一幅侧身像，根据他的习惯，用音乐标题，让画作有色彩和旋律糅合的美感，他将这幅画命名为："灰与黑的协奏曲——画家母亲的肖像"。这幅画在法国受到极高评价，并获得了一项艺术大奖。惠斯勒觉得，他的画作，应该由自己的祖国——美利坚收藏。可惜当时美国的大都会博物馆馆长看不懂，认为惠斯勒简直不配叫画家，让他自己留着，不用送回纽约来现眼。最后是在法国艺术家的大力支持下，让"惠斯勒的母亲"留在了法国，现展出于巴黎奥赛博物馆。作为19世纪肖像画最杰出的代表之一，惠斯勒这幅作品价值如今难以估计，而每每想到这样一幅伟大的美国人作品流落于巴黎，大都会的历任馆长都应该有现在俄国人对阿拉斯加的感觉。

惠斯勒出走法国的第二年，在欧洲游学的阿尔伯特・比尔斯塔特回到了美国，随后他开始了前后六次西部之旅，创作了大量以美国西部风光为主题的写实油画，也为哈德孙画派奠定了风格基础。比尔斯塔特是真正走出去的美国画家，他的西部画作在欧洲巡展，吸引了很多欧洲人举家移民到美国西部去。老杨的卧室放着儿子临摹的比尔斯塔特的名画《落基山脉》，虽然手法稚嫩，但我每天看着，也有苍凉豪迈的感觉，有穿越回那时美国西部的冲动。

镀金时代也是消费时代，有钱人玩艺术品，中下层老百姓也要找乐子。这个时期，美国的公共娱乐发展迅速，最吸引美国人群体围观的，就是各种体育活动。

19世纪40年代，纽约棒球俱乐部成立。棒球号称是发源自英国，进入美国后，被改良了。现在美国棒球遵循的所有规则，都由当年的纽约棒球俱乐部制定。

棒球在战后日益盛行，很快就职业化，1903年，著名的美国职业棒球大联盟成立，让职棒成为美国人最热爱的运动。第一支职业棒球队就是"辛辛那提红袜队"，好多球队的名字都跟"袜子"有关。现在美国的大联盟有30支球队，东部的纽约洋基队最为我们这些外国外行熟悉。

而第二受欢迎的橄榄球，一看就是荷尔蒙过剩需要释放的运动，它自然是发源于美国的大学校园。小伙子们不垒成一堆抢东西发泄一下，还不知道会闯什么祸呢！

大学生玩橄榄球的时代没想过这比赛有搏命的潜质，随着对抗性越来越高，打一场球伤筋动骨抬下去好几个，到1870年，美国也出台了关于橄榄球的各种规则，还慢慢发展出一身盔甲般的护具，渐渐形成了现在职业联赛的格局。

到1891年，有人感觉，打球哇，还是要有点技术含量，不能敢拼就能赢啊，一位在美国的加拿大人发明了篮球，谁知篮球成了美国文化最有攻击力的武器之一，席卷全球。

这三大项球类——正式进入美国人的生活并职业化产业化后，伴随着相应的体育博彩业也跟着发展起来。除了看打球，美国人也喜欢看拳击赛下注，似乎拳击这种狂躁的运动很适合这个时代。

喜欢体育的看球，不喜欢体育的选择更多。1883年，纽约大都会歌剧院开张，有3000多个座位，标志着在欧洲人最看重的歌剧欣赏上，美国人也后发先至了。40年代，纽约成立了自己的爱乐乐团，卖掉了产业专心做慈善的卡耐基正好要盖会馆，1893年，卡耐基音乐厅矗立在纽约第五十七街，纽约爱乐乐团开张表演，宣告所有欧洲的艺术，不管是阳春白雪还是下里巴人，美国人都能玩了！

三十一　进步时代

描述一个画面：经济快速发展，GDP年年攀升，国家的影响力不断增加，越来越多的巨富让欧洲老牌贵族们羡慕嫉妒恨；垄断企业横行，小微企业几乎没有机会；官商勾结，腐败丛生；环境严重污染，自然资源日渐枯竭；食品安全令人揪心，连婴儿奶粉都不能保证安全；贫富分化严重，底层生活日趋艰难……

这正是19世纪末期一场盛宴即将结束时的美利坚！

上篇介绍了，在内战结束后的那个镀金时代里，美国人用短短二十几年的时间创造了惊人的发展成就，顷刻间就打造了一个现代化的工业帝国。到20世纪初，美国的制造业总产量超过英国、德国、法国三个欧洲老牌帝国的总和，加上金融等虚拟经济产业的配套发展，说美利坚是当时世界上最发达或者是“经济权力”最大的国家，它是当之无愧的。

正如非典和禽流感都有些感冒症状一样，一个国家有了病，症状也都大同小异，但是造成这些症状的病菌却是不尽相同的。

美国这场恶疾，犯病的根源就是“自由”。

脱胎于英国的美利坚，坚守着标准的资本主义自由经济的发展方式，一切都应该是自由的，买卖自由、经营自由、模式自由，个体的自由永远是最大的，有市场经济那只“看不见的手”调控一切，根本不需要政府任何干预。

既然不需要政府干预，政府的权力最好是越小越好。即使是南北恶战之后，美国人还是坚持青睐小微政府，安分守己，大多数时候可以忽略不见。

内战之前，美国社会小商人、小手工业者、小农场是经济的主流，跟小政府正好搭配，大家在小小的世界里很和谐。19世纪末，和谐被打破了，小政府还在小世界里自得其乐，经济社会里的主宰可都变成庞然大物了，财富的力量大到已经可以控制国家了！

庞然大物怎么养成的呢？不是有达尔文那套优胜劣汰的自然法则嘛。美国社会认为，市场就是丛林，不管用什么手段，你能存在并盈利没被竞争对手整翻了，你就是好样的。

如果你是开肉场的，你就售卖病猪病牛肉，毒死的老鼠肉还做成火腿肠，降低了成本赚了大钱，这些钱去行贿官员，没人敢查你，还能有效地偷税漏税；那些真心实意做生意的，没法跟你打价格战，他就死定了，你就壮大了；卖牛奶的就更简单了，掺水、掺三聚氰胺、掺什么都行。老杨在此并非借机讽刺中国的奶制品企业，我说的还是美国。当时的美国妈妈没有现在的中国妈妈路子野，可以去香港去欧洲去新西兰扫货，当时的美国妈妈只能用低劣的奶制品喂养孩子，很多美国宝宝冤死在美利坚成为世界上食品最安全的国家之前。

从内战结束到20世纪初，美国政府在做什么，美国总统是谁，是非常没有意思的话题，因为在几十年里，美国的实际控制者，就是几个大型的私人利益集团。有了财富就有了权力，有了权力当然也是为私利服务，所以有财富就有一切，整个社会唯一的信仰就是钞票！

富人高高在上，拥有特权，还不断地掠夺底层，普通老百姓难道会麻木地逆来顺受？当然不会，美国公民尤其不会，因为如果没有对公平、自由、幸福生活的追求，这个地球上就不可能出现美利坚这个国家了。

英国的税赋不公，美国人可以造反，遇到权贵当道时呢，美国人当然可以要求政府出面收拾权贵，遏制他们的无法无天。美国人可以这么做，因为他们有两个撒手锏，公民拥有这两件武器，感觉是最后的保障，一是选票，二是言论自由！

泰迪熊

几乎所有的孩子，特别是女孩子，幼时都喜欢小熊的玩具，而基本可以说，所有熊样的公仔（布偶），其灵感大都来自美国完美玩具公司出品的泰迪熊。这头造型简单的憨熊，到现在100多岁了，陪伴了全世界好几代人的成长，即使老到老杨这个程度，偶尔看到泰迪熊，心中还是会涌起一种莫名的温柔，这是卖萌的鼻祖，告诉全世界，萌是一种多么强大的软实力！

泰迪熊算是世界上少数出身显贵的玩具，它的名字和设计灵感都来自20世纪初的美国总统西奥多·罗斯福。

1902年底，罗斯福办完了他总统生涯中一件非常要紧的大事，心力交瘁，想找地方度假。

罗斯福出身豪门世家，学业优等，名校毕业，可从幼时就病歪歪一直身体不好，小时候哮喘，长大心脏病。以他的学历背景，正应该找份坐办公室的工作，养尊处优。可罗斯福是个很作的人，比起哈佛的学历，他更希望做一个成功的牛仔。在第一任妻子死后，他不管女儿，跑到达科他州真的去当牛仔了，戴宽边帽，系丝绸围巾，一手左轮手枪，一手来复枪，腰里别着镶银的猎刀。猎刀是著名的珠宝公司蒂凡尼出品！

这个牛仔绝对不是普通的拗造型，外表风骚，内心狂野，猎熊、骑马、酒吧打架、抓捕盗贼，传说中西部牛仔会干的事，罗斯福基本都涉猎了一下，过了把瘾，也算是锻炼了身体吧。

因为这段牛仔经历，入主白宫后，大家都知道这位总统最喜欢打猎，尤其是猎熊。所以，当他感觉要度假休整，自然有懂事的人请他去屠杀黑熊。

密西西比州的州长有幸请到了总统，可进入森林寻找熊踪，而后合围击毙，这个过程太漫长了，总统很不耐烦，要求州长赶紧找到熊，让我一枪命中，活动结束。州长无奈之下，费老大劲找到一头黑熊，将其揍个半死然后绑在树上，请总统御驾开枪，亲自将黑熊超度了。

罗斯福来到现场，看到这个画面，热情一下子降到冰点。我堂堂一个牛仔，对一头将死被捆绑的熊开枪，传出去还怎么混哪?

随着报业越来越市民化八卦化，20世纪初的美国媒体，已经有狗仔随时追踪总统了。总统不愿意对黑熊开枪的光辉事迹，顷刻传遍了全美。

在纽约的布鲁克林区，有一对犹太夫妇，开着一家糖果店。因为是犹太人，他们的思维绝对不会单纯停留在卖糖果上。连夜，犹太妻子用丝绒做了一头小熊的玩具，放在店里。因为罗斯福总统的昵称是泰迪，小熊就起名为泰迪熊。

客观地说，最早的泰迪熊长得狰狞透着猥琐，可它带着总统光环呢，居然引起很多顾客的兴趣，并表示希望购买，犹太夫妇觉得，用总统的名字来命名一头丝绒熊这么大的事，怎么也要跟白宫写个申请报批吧。

罗斯福总统完全不介意为一头气质屌丝的熊代言，大度地批准了泰迪熊的诞生，犹太夫妇勤劳地做了好些玩具熊上架，很快售罄。商机来了，还卖什么糖果呀，专心做熊吧，著名的Ideal Novelty and Toy Company（完美玩具公司）就这样成立了，泰迪熊走进了无数孩子的生活。泰迪熊变成现在这个萌样，当然是几代设计师不断修改调整的结果。

跟泰迪熊的诞生一样，罗斯福成为总统也是戏剧性的。1901年9月，麦金利总统出席布法罗的泛美博览会，跟排队等候的粉丝们握手寒暄时，被一位“无政府主义者”开枪击中，几天后身亡。虽说麦金利被认为是美国繁荣期的总统，但之前已经说到美国社会出现那么多问题了，有个别激进的认为干掉总统能解决问题也是可以理解的，所以，对于这场美国开国后的第三次总统行刺案，就不用多解释了。

罗斯福本来是副总统，一个很作的人在美国当副总统本来是很憋屈的，好在麦金利在适当的时候让罗斯福出来透气了，横空出世成为总统的泰迪那年才42岁，是史上最年轻的白宫主人。

改革派泰迪

在美国中部的南达科他州，有一座花岗岩的小山，叫作拉什莫尔山，这里现在是著名的国家公园，因为山上4座高达18米的总统头像，成为美国的地标之一，经常被称为总统山。

4个总统的头像雕塑开工于1927年，距美利坚正式立国151年，中间经历了30任美国总统，选择哪4位总统站在山上日晒雨淋，是个课题。

第一尊，毋庸置疑华盛顿会当选，第二位，当然应该是起草了《独立宣言》的托马斯·杰斐逊，第三位最有资格的是解放了黑奴，并主导了南北战争的林肯，而第四位，就是我们的泰迪熊——西奥多·罗斯福。

都知道美国有两个叫罗斯福的著名总统，较多的人比较熟悉"二战"中那位轮椅上的美国英雄，作为一位连任了四届的美国总统，他的功绩我们会在后面的章节里大书特书，但是大家也不要忽略了眼下的这位罗斯福总统，他能够被供在总统山上，肯定是对美国的发展进程做出了突出而明显的贡献。

泰迪喜爱牛仔，就去了达科他州进修牛仔课程，虽然牛仔很少戴眼镜的，但显然"四眼"并不影响这位"贵族牛仔"的气场；泰迪还喜欢海战，有海军情结，于是麦金利总统任命他为海军副部长。当时的美国，恐怕只有泰迪看出了海军的重要作用，正好海军部的正部长是个喜欢清闲的主儿，泰迪大权独揽，为美国海军建设大提速，美西战争，他还想方设法凑到战场上，过了把打仗的瘾。

古巴回来，仕途进入正轨，泰迪成了纽约市长。此时美利坚，我们上面说的"美国病"已经病入肌肤，19世纪末期，美国农民组建了主张自己权益的党派，工人阶级也蠢蠢欲动，社会问题层出不穷，只是，因为权贵富商们已经控制了政府和行政机关，就算有政治责任感的人想要做出一些改革，也要考虑一下自己党派的前途和自己在党内的前途。

泰迪虽然牛仔，却算不得反骨，他当然也要忌惮党派的利益。可他就任市长后，还是提出了要限制大企业，改革食品安全，保障工人妇孺权益等主张。

共和党觉得这个伙计有点碍事，就想将他请出纽约，最客气的办法，就是让麦金利邀请泰迪作为副总统，以后永远安分守己无声无息地生活在白宫的小黑屋里。谁知道，上帝不让泰迪这样的人无声无息，于是，麦金利总统用生命成全了泰迪的抱负。

泰迪这样成为总统，不服的很多，想让他好看的更多，刚接班，他就遭遇了几乎无解的难题。

1902年春天，美国无烟煤行业大罢工，工人们要求改善煤矿安全条件并增加工资。罢工维持了很长时间，煤矿主们坚决不低头，根据美国自由商业的传统，各种劳资纠纷，政府一般不干预，即使干预，大部分时间也都是站在雇主这边。

根据当时的美国社会气氛，贫富分化严重，这次罢工，大部分底层百姓甚至是中产阶级都站在了煤矿工人一边，谴责煤矿主无良。大家都知道，国内外的煤矿主都一样，无良且心理素质极佳，被人骂成孙子了，还就是不低头。

眼看着，随着罢工的僵持，美国的冬季燃煤供应要受到影响，泰迪不得不出手，将煤矿主和工会领袖拉到白宫调解。

煤矿主不知道牛仔的厉害，在总统苦口婆心几轮劝告无果后，泰迪给予了煤矿主一个惊人的警告：如果煤矿主不能同意政府的调解，则联邦军队将进驻矿山，安排生产，因为美国人不能过一个没有煤的冬天！

虽然煤矿工人没有100%实现自己的诉求，但总统以出动军队令煤矿主低头，应该也算是很给工人帮忙了。

对一个小政府的自由资本主义国家来说，泰迪做出这个决定，是冒天下之大不韪，所以事后他也感觉到筋疲力尽，上文说的，他必须去猎熊才能缓解的让他心力交瘁的大事，就是这一桩，泰迪熊的成功也有煤矿工人的功劳。

泰迪在纽约市长任内就想限制大企业，成为总统后，他理想更大了，他预备收拾雄霸美利坚的那几个大托拉斯。

都知道，托拉斯这种大怪兽，几乎是无敌的，他们操控价格，垄断原料、把控运输和市场，不管是打工者还是竞争者还是消费者，都只能承受他们强加的各种待遇，而大财团和银行等金融机构勾结，组成一股特权势力，又可以影响政治，更轻松地玩弄广大民众。按说托拉斯是自由竞争的产物，而它的出现又恰恰损害了自由竞争，为了维护美国赖以发展的"自由"，也为了照顾占选民大多数托拉斯的受害者，美国政府不得不对托拉斯有所控制。

美国经济腾飞的基础是铁路，铁路行业也成为几个大托拉斯的龙头。19世纪末的美国，几乎所有的商业都要依赖铁路运输，地主们应该很熟悉，当铁道成为垄断行业，将面临一个什么样的境况。比如，铁路大佬只需要控制运输煤炭的车皮，则煤炭价格必然暴涨，并引发抢购。同样的道理，粮食、禽蛋、猪肉、木材、棉花，所有的必需品，只要铁老大们愿意，都可以操控价格。对中小农场主来说，产品放在仓库里，迟迟不能发运，最后只好降价出售，而铁老大们预备了大量货仓，低价收购这些"便宜货"。

1890年，有点良知，当然也是迫于舆论压力的国会通过了共和党参议员谢尔曼提交的《谢尔曼反托拉斯法》：凡以托拉斯形式订立契约、实行合并或阴谋限制贸易的行为，均属违法；凡垄断或企图垄断，或与其他任何人联合或勾结，以垄断州际或对外贸易与商业的任何部分者，均作为刑事犯罪。

这是美国历史上第一项授权联邦政府干预经济的法律，按说应该有改天换地里程碑般的意义，只是，这个法律出台后，托拉斯的大佬们看了直乐。

对于立法很专业的国会来说，这部法律有点儿戏，相当于，你颁布了一项法律：不准欺负人，欺负人会被抓起来。可并没有说怎么算是欺负人，言语侮辱算不算呢？找水军上网黑他算不算？扇了一耳光砸一板砖我非说是出于爱行不行？所以，托拉斯怎么界定，垄断又怎么界定，完全没有明确的说法，这个法律在很长一段时间里成了笑话，最牛的是，那些被托拉斯控制的法院还能通过这个法律针对工人运动！

泰迪上任之初，为了安抚共和党内对他的不满情绪，曾公开说过，对托拉斯这个东西还是要给予适当的保护。站稳脚跟后，泰迪就预备对托拉斯下手，他瞄准了当时最张狂的北方证券公司。

北方证券公司是个巨型托拉斯，掌控着世界上最庞大的铁路联合体。它的诞生起源于一场收购战。

美国西北的两大铁路财团，联合太平洋铁路公司和大北方铁路公司是死对头，他们都想全取西北铁路的控制权。这两边背后都站着一位华尔街的大佬，联合公司是洛克菲勒罩的，而大北方是摩根罩的。

这两头大鳄在资本市场收购相关铁路的股票，打得不可开交，整个证券市场当时是跌宕起伏，腥风血雨，引得无数散户卖掉其他股票，追逐这场托拉斯盛宴。

恶斗相持不下，仿佛要两败俱伤时，最有大局观的摩根发话了："哥几个，停火吧，打啥呀，咱们两边合并，天下无敌，有多少钱挣不到呀？"是啊，既然是托拉斯，当然是规模越大越好嘛，这样内耗太傻了。于是，北方证券公司就这样成立了，以上两家铁路公司的网络全部被纳入其中，从此汽笛一响，黄金万两。

1902年2月，泰迪指示司法部长根依据《谢尔曼反托拉斯法》对北方证券公司起诉。华尔街没想到总统突然袭击下狠手，当时就乱了阵脚，证券市场应声大跌。摩根有责任心哪，他一手安排的合并计划，岂容轻易打断。这边厢一边重金组建律师团应诉，一边亲自跑进白宫，跟总统说好话。

总统也组建了律师团，这场官司，注定要载入美利坚的发展史。1904年，最高法院那9位大法官，以5票对4票裁决北方证券公司兼并案不合法，泰迪赢了。官司足足打了两年，可见这其中的艰辛。

1904年，泰迪竞选连任胜出，选战中，美孚石油公司（标准石油公司更名）非常懂事地向这位有点嚣张的总统送出10万美元的赞助，泰迪义正辞严地要求把钱退回去，并且释放了一个信号：别以为你们打点10万过来就没事了，下一个就收拾你们！

没错，既然要让自己成为托拉斯的毁灭者，当然要对托拉斯之母下手，洛克菲勒注定将为泰迪开启辉煌的第二任期。

1906年，在各种证据资料准备到位，媒体配合充分，民意被调动得热情高亢后，罗斯福政府对美孚石油公司提出起诉。

这是美孚石油的生死战，如果输掉官司，洛克菲勒一手组建的这个石油帝国将被分拆，所以老洛赔上老命也要殊死一搏。这场旷世的官司惊动了当时美国所有的法律界精英，出庭的证人超过400位，最后的法庭材料有10000多页。

直到1911年5月，罗斯福已经卸任离开白宫，最高法院才给出结果。美孚石油在

6个月内解散，罚款2924万美元（在当时是一笔惊天的数字）。

美孚解散，应该是泰迪的大胜。虽然，不管是分拆还是罚款，对美孚都没有造成严重伤害，独立出39个公司的美孚，其实际控制权还是掌握在原来那几个大佬手里，而分拆后的美孚股票还飙升，应该说比之前更强大了。

对洛克菲勒来说，自己辛苦经营的巨型航母被解体，心里多少有点伤感。不知道是不是这种伤感，让这史上第一位亿万富翁更看轻了财富，后来的岁月，他的工作就是不断地将家产往外捐，终于让自己从一个托拉斯大鳄鱼的形象成功地转变为一代大善人，并在美国社会的不少领域，深刻地留下自己的影响。而对美国人来说，连美孚这种公司都可以被解体，说明公平自由的商业环境还是可以指望的。

泰迪任内，发起了45次反托拉斯的行动，为自己赢得了“托拉斯驯服者”的美名，而更高的荣誉来自挪威的奥斯陆，泰迪获得了诺贝尔和平奖。

诺贝尔奖由瑞典化学家诺贝尔设立于1901年，最开始设5个奖项，其中4个奖项，在瑞典颁发，而只有和平奖在挪威的奥斯陆，由挪威议会选举出5人委员会来拣选。

物理、化学、生理医学甚至是文学，都能找到一个大致公平的评选标准，和平奖却是个抽象的东西，在人类的发展史上，有的时候，战争不见得是不和平的，而和平也不见得是安全的，加上这个奖诞生在挪威的议会，它或多或少会带着北欧的认知观念。大家都知道，咱家和北欧或者地球上大部分发达国家在某些价值观世界观方面都有些差异，所以，由挪威议会选出来的和平奖，很多时候，挺考验咱们的三观。

1906年，奥斯陆将史上第六次诺贝尔和平奖授予了美国总统泰迪，奖励他的原因是他出面调停了日俄战争（日俄战争的故事，请读者们参看《最冷和最热的俄罗斯》之二十二）。日俄战争的结果大家都知道，倭寇和老毛子瓜分了咱家的东北，所以，泰迪的动作基本可以说是，充当了两股强盗的分赃参谋，挪威为了表彰美国从犯，颁给泰迪一届诺贝尔和平奖。

泰迪是史上第一个拿到诺贝尔奖和平奖的美国总统，后来，和平奖这东西挺青睐美国总统的，因为大部分时候，这个地球和不和平，全看白宫里那位大佬的心情，越来越多的美国总统发现，自己稍微扮个乖就能骗来和平奖的奖金，钱放好后，该打谁照打不误，挪威的议会就没有那种敢把和平奖收回去的胆量。倒是泰迪任内做过的影响世界的大事真不少，他甚至还修改了世界地图呢。

美利坚是地域广大的国家，国土从东海岸到西海岸也就是比中国版图的形体稍微瘦一点点儿。19世纪末，横贯美国大陆东西的铁路分别从两头开始修建，1869年在犹太州接轨，将大陆东西方向的交通捋顺了。

铁路通车只是陆上方便，可海运没有解决，从东海岸到西海岸，费老大劲哪，必须绕道南美的合恩角，一不留神跑偏就到南极了。所以呀，全世界有脑子的人都知道，如果在南北美之间找个狭窄而低洼的地方开条运河，那可真能省不少路费，大笔银子。

最开始承接这个工程的是法国人（参看《闻香法兰西》第三十五），因为巴拿马运河公司的经营不善，还搞了些黑幕，导致工程可能烂尾。

运河工程对美国的意义显然更大，所以，美国人比法国人还想挖运河。可既然法国人已经选择了黄金宝地——大哥伦比亚共和国的巴拿马省动工，美国人只好另寻地点开工。

美国人本想在尼加拉瓜开挖，可这地方不争气，居然火山爆发，这显然不适合拥有一个世界级的工程。正好，法国那边资金链断了，于是美国人就跟法国公司的人一勾搭，接手了法国人未完的工程。

接手归接手，现在是美国人要在哥伦比亚挖河，肯定要经过人家批准哪，批文要另办哪。这个批文谈判一谈就是9个月。最后，还是在美国人威胁说不跟哥伦比亚玩了，预备再回头找尼加拉瓜谈，哥伦比亚这才低头，同意划给美国一条宽10公里的地带，允许他们使用100年，另支付哥伦比亚1000万美元，每年再给25万的租金。

听上去挺好的生意，可哥伦比亚人太聪明了，他们一签完约，就觉得自己被美国佬坑了，吃亏了。怎么办？反悔呗，要2000万美元才准开工！

本来泰迪总统就很看不上拉美人，觉得他们离文明还是略有距离，如今出尔反尔，坐地起价，实属无赖。

既然哥伦比亚先无赖，美国人就做什么都可以了。正好巴拿马是在脱离西班牙统治后并入哥伦比亚的，没什么忠诚度，一直想独立，哥伦比亚让这个小地峡地方自治，但巴拿马一直吵着要彻底脱离哥伦比亚。

1903年11月3日，巴拿马人起义了，三天后，美国就宣布承认巴拿马为独立国家。美国人当然没有明火执仗帮巴拿马人独立，只不过美国炮舰停在巴拿马的重要港口，随时预备“帮助弱小”，确实是巴拿马独立轻易得手的关键。

巴拿马一独立，美国人就把跟哥伦比亚签的运河协议改了个甲方，再把征地面积扩大到16公里，美国拥有永久控制权，交给了巴拿马政府。

新政府敢不接受吗？不管巴拿马人有多不情愿，必须签字，然后坐看运河开工，美军入驻运河区，使之成为美国领土，巴拿马人不得入内。

开通并占有巴拿马运河让泰迪非常得意，他应该得意，巴拿马运河工程被认为是世界七大工程奇迹之一，它让大西洋到印度洋之间的航线缩短了一万公里，产生的经济效益更是无法计算。再多的荣光和收益巴拿马人都只能看着，利益基本都归了美国。

泰迪可能以为他为美国永久取得了巴拿马运河，他不知道，不到100年后，美国人即使发动战争，也再不能占有这条“世界桥梁”了，这事后面再说。

运河不能占有100年，但泰迪还有其他的百年大计。泰迪是第一位提出了“可持续发展”的美国总统，他率先认识到，必须善待环境保护资源，“不仅要保持现有的繁荣，还要保障未来的成功”，而这个保障，就是对环境和资源的合理利用。泰迪任内，有专人研究如何保护水土，有效灌溉；成立了专门的林业管理部门，设立了大量的国家公园和自然保护区，壮美的大峡谷森林公园就是其中之一。就是因为20世纪初的这位“环保总统”，让美国人在激烈迅猛的发展途中，依然保持了环境和水土的安全，没有掠夺子孙后代！

说了泰迪这么多丰功伟绩，他应该也称得上是伟大的总统，相信在当时，饱受各种列强蹂躏的大清，也会觉得泰迪是个可爱的伙计。1901年，也就是泰迪上任那一年，包括美国在内的八国联军在中华大地上开了个大party，烧杀抢掠忙完后，大清政府还签下《辛丑条约》向各路洋大人支付辛苦费。

没听说敲诈的嫌苦主钱给多了的，老山姆家还是厚道，在家里算了几天，哎哟，有点要多了哈，黑社会也要讲道理嘛，要多了就该退一点给人家。但是退给清政府那帮废物呢，早晚还不知道会便宜了谁家，于是，就用这笔“庚子赔款”的退款，在北京开设了清华学堂，专为培养对美国的留学生。

当然大家不要因此觉得泰迪对中国人民有某种特殊感情。当时清政府废了科举，好多孩子跑到日本留学去了，美国人大约是怕中国孩子跟日本人学坏了，所以出钱鼓励大家求学转向美国。

建立清华学堂对美利坚的功绩绝对还在保护森林之上，即使是今天，中华民族已经不受外敌屈辱，赫然以大国姿态屹立世界的今天，在学堂被改名为清华大学高居华夏第一高等学府近百年后，还是保留着为美利坚输送人才的优秀传统。一茬茬中国最优秀的学生在自家完成基础教育后，还是愿意跑到美国发光发热，为美利坚贡献青春，并创造了有目共睹的巨大财富，偶尔还能帮着美国佬挤兑中国同胞，不能不说，这实在是泰迪最了不起的成就！

因为泰迪对镀金时代末期腐败恶劣的美国社会进行了良性的改革，并进行了一系列的制度建设，所以从19世纪末到20世纪20年代初这段时光，被称为是进步时代。

扒粪运动

1906年春天，在华盛顿的一场重要典礼上，泰迪总统被邀上台讲话。天气不错，气氛也喜气，可老泰迪分明是一脑门子郁闷加暴躁，上台就吐槽：先生们记得吧，英国人班扬在《天路历程》一书中，描述过一个扒粪者，整天低头扒粪，死盯着地上的污秽物，从来看不到高尚和洁净的东西，即使有人用天国的王冠换他的粪耙子，他也不换！现在我们有一帮子新闻记者就是扒粪者！

英国人班扬写的《天路历程》是著名的英国古典文学名著，讲述了一个基督徒历经艰辛寻找天国和救赎的寓言故事，是基督教世界著名的灵修书，在整个宗教世界影响力可能仅次于《圣经》，书中班扬刻画的扒粪者，显然是个负面形象。

老泰迪有文化，骂人不带脏字，可他没想到的是，被他指责为“扒粪者”的这群人，不以为耻反以为荣，他们还就以扒粪者自居了，还就给他个天国的王冠他们也不换了，即使是到今天，那些敢于顶住各种压力，披露揭露社会阴暗面的记者文人们还都认为，“扒粪者”这三个字，就是桂冠！

从19世纪末到20世纪初，美国的传媒业爆炸式地发展，尤其是报纸。1850年的时候，美国只有260种日报，到1910年，每天有2600种报纸出笼。根据普利策的成功经验，必须是符合了广大底层读者的口味，这个行业才能如此迅猛增长，老百姓眼里揉不得沙子，还都有道德立场，于是就造成了报纸和杂志对美国社会秩序的约束，似乎比政府和立法更加有效。

开篇说到，镀金时代末期美国社会的种种不堪，大约从1880年开始，报纸和杂志上就有专门对社会这些阴暗面的调查，记者卧底、暗访、买通线人，发布内幕，按现在的话说，就是行业大爆料。

出生在旧金山的林肯·斯蒂芬斯从欧洲留学回来后，加入了美国报界。先是在华尔街采写金融新闻，而后又被派到警署盯犯罪新闻，让他认识见识了纽约商界人士、警界人士及犯罪界人士。斯蒂芬斯发现，财阀、警署、黑帮有着千丝万缕不可告人的联系，钱权交易让双方暴利，犯法作恶的人可以通过行贿逃避制裁。斯蒂芬斯恍然大悟，原来整个城市都由一个极其腐败堕落的圈子控制着。

斯蒂芬斯开始挖掘腐败的背景和黑幕，并撰文发表，这些揭黑的文章，让报纸销量剧增。不久他接受杂志《麦克卢尔》的邀请，成为该刊编辑部主任。

《麦克卢尔》是一份面向底层读者的低价杂志，因为这样的定位，它在揭黑扒粪方面，肯定是最狠的，斯蒂芬斯的城市腐败系列报道在这里继续连载。在扒粪运动最热闹的时候，《麦克卢尔》每月发行量都超过300万份，它当之无愧成为运动的桥头堡。

其他著名的“扒粪”刊物还有《人人》和《科利尔》，这三份杂志在20世纪初发表了1000多份各种揭露文章，爆出来大量猛料，涉及工商界、劳工界、种族歧视、性别歧视、童工、物价、假冒伪劣等社会各个方面。

本来，对于一心社会改革的泰迪来说，扒粪者的所为是他欢迎的。有个叫厄普顿·辛克莱的作家，写了一部小说《丛林》（The Jungle），描写了一家立陶宛移民在美国生活的悲惨遭遇。

立陶宛人约吉斯带着美国梦来到芝加哥，在一个肉类加工厂打工，他本以为凭着自己辛苦的劳动就能获得美好的生活。谁知，芝加哥肉类工厂里，条件恶劣、工作辛苦、收入低微，长时间高强度工作导致工伤事故频发。肉食厂老板是个黑心奸商，腐烂发臭的肉，被他化学加工后，做成罐头和肉肠卖给居民。小说之所以叫“丛林”，寓意芝加哥的肉食厂，就是一片血腥丛林。

泰迪读完这部小说很受触动，虽然是小说，可大家心知肚明，这是美国社会真实的写照。泰迪下决心要改良美国人的食品卫生，他努力促成了《肉类检验法》和《纯净食品与药物管理法》通过，在美国社会掀起了一场“纯洁食品”的运动。

扒粪者既然认定要揭黑幕，越是高层就越有价值，泰迪没想到，自己也很快被“黑”了。泰迪自以为很清廉，没有把柄，所以他答应斯蒂芬斯造访白宫，做总统访谈。泰迪在访问中吐槽，说自己为了某些法案的通过，不得不与两院的议员周旋，有时需要满足他们的一些条件。作为老牌记者，斯蒂芬斯在“诱供”方面颇有手腕，他迫使泰迪承认，某个参议员总与总统作对，后来泰迪不得不委任此参议员情妇的弟弟为某地方检察官，从此这个参议员对总统态度好多了。

这个是猛料，斯蒂芬斯评论指出，总统用公职贿赂，是典型的腐败行为。报道一出，轰动是正常的，泰迪差点气疯了。这的确是他自己“招供”的原话，他又不能告斯蒂芬斯诽谤，更不能把斯蒂芬斯抓起来送监。于是，在不久后的记者招待会上，他就将斯蒂芬斯之流命名为“扒粪者”。更让他生气的是，斯蒂芬斯之流，对这个称呼扬扬得意，他们认为自己现在进行的，是一场道德革命，其地位不亚于当年的独立战争，越是受到当局的诋毁压制越是体现自己斗争的价值。

的确，轰轰烈烈的扒粪运动十年，让美国人看清了社会的黑暗和腐败，也激发了人们与之斗争的信念，手握选票的选民们，用他们的权力迫使政府订立有关的法律，挽救不断滑坡的社会道德。更重要的是，越来越多的腐败，已经让美国社会矛盾剑拔弩张，扒粪运动揭黑打黑，也让这些社会矛盾得到了略微的缓解。扒粪运动让美国人很骄傲，他们骄傲于美国社会的自我纠错自我调节自我治疗能力，让大病恢复后的美国走上了健康稳定大道。

毋庸置疑，中国似乎也处在一个需要有人“扒粪”的时代，各种新旧媒体上，已经出现了几个知名的“扒粪者”，我们希望，“扒粪者”这顶桂冠应该授予一颗正直正义的良心，而不是成为某些阶层的喉舌，或是纯为一己私利。

三十二　美帝国主义

跟“日本鬼子”一样，“美帝”是中国人从小到大在语言系统中约定俗成的词组，而对美国人来说，他们从小到大也知道一个词组，叫“Manifest Destiny”，从字面理解就是“显然命运”，最有才的翻译为“昭昭天命”，再翻译得通俗点就是，上帝安排的，你敢反对？！

说到美国的“天命”，我们随口提一个组织——共济会。这几年，尤其是《货币战争》一书大火后，共济会成为地球上最高端最神秘的组织，根据各种传说，这个组织几乎是地球之主，可能再过几年还能统治银河系！2011年，从伦敦流传出一个耸人听闻的“盎格鲁—撒克逊计划”，中心内容是，共济会预备利用其对国际政治、金融、科学技术等的控制力，发起一场对有色人种特别是华人的灭绝计划，甚至还包括细菌战争！

如果要介绍共济会，恐怕一本书都不够写，而且很容易写成一部纯野史（因为没有经过验证的实据）。而老杨出于对宗教的敬畏，一直尽量回避评价任何一种宗教组织，在这里提到共济会，是因为不知道从什么时候开始，或者就是现代共济会在17~18世纪成型开始吧，地球上的人突然就三六九等分级了，占某种统治地位的主流思潮认为，所谓盎格鲁—撒克逊这个人种，才是地球上最优质的生物种类，可以凌驾在其他人种之上（关于盎格鲁—撒克逊的来历，参看《老大的英帝国》）。

本篇的主人公美国佬，甭管他们早先被英国同胞整得多么狼狈，多么流离颠沛，建立了山姆帝国后，他们全忘了，光记得自己就是来自盎格鲁—撒克逊那支“高贵”的种族，而因为美国人率先在地球上建立了最民主最自由的国度，所以美国人更应该是盎格鲁—撒克逊族群中的佼佼者，这么优秀的人种，是带着使命向全世界扩散的，这，就是美国人心中的“昭昭天命”，这个“天命”也一步步激励着老山姆终于进化成为著名的“美帝”！

Aloha 和 OMG

从越过阿巴拉契亚山脉开始，一路吞食路易斯安那、佛罗里达、得克萨斯、俄勒冈、加利福尼亚、新墨西哥、阿拉斯加，老山姆偶尔会消化不良，可并没有影响胃口，很快它就从趴在大西洋东岸的一条瘦带鱼，暴饮暴食成为一头巨鲸。到19世纪末，除了加拿大实在咬不动，北美主要地区，已经找不到它的食物了。

老山姆在北美的扩张，最开始还都是遵循一个接壤的原则，就算是阿拉斯加，跟加拿大人打个招呼借个道，也能散着步溜达过去。到19世纪，转变思路了，干吗要连着呀？上帝给了美国人两片大洋，可不是为了把美国人夹在中间的，“天命”肯定是说，海上的小岛，也拿去吧！

这都19世纪了，想在本土范围之外占地盘，难度很高，非洲、南美大部分地方，都被欧洲亲戚们瓜分了，老山姆虽然入伙晚，好在还跟上了最热闹的盛宴——对大清帝国的分食。不管是欺负清政府，还是到中国去赚钱，穿过太平洋还是挺费劲的，于是，“天命”就将夏威夷群岛送到美国人跟前。

浩瀚的太平洋并不荒芜，散落着大小岛屿，这些岛屿按位置关系基本可以分为三大岛群，分别是波利尼西亚、密克罗尼西亚和美拉尼西亚。其中最大的就是波利尼西亚，美丽的夏威夷群岛，就是波利尼西亚岛群中面积最大的一个群岛。

波利尼西亚人当然就是夏威夷的土著，1810年，一位酋长统一了夏威夷所有的小岛，建立了夏威夷王国。当年的夏威夷岛，阳光明媚，海水蔚蓝，各色蝴蝶舞翩跹，遍地芙蓉别样红，波利尼西亚人种地打渔生活美，扎上草裙舞起来！夏威夷土著男的女的都不穿上衣，喜欢在身上刺青，逢人就说“Aloha”，没心没肺得一塌糊涂。

夏威夷王国的酋长帮着美国人和中国建立了贸易关系，让夏威夷成为中美贸易的中转站，也就将喜欢乱跑的美国人，引入了这个世外仙源一般的小岛。

先头部队依然是传教士，一落地就大叫一声“OMG”！然后汗都顾不上擦就教导土著什么是文明什么是素质。现在我们去夏威夷旅游，找不到原始半裸的草裙舞了，应该去找美国政府退一半的旅费。

吃掉夏威夷的进程跟美国西部大致一样，越来越多的美国人上岛，这种热带的气候最适合种甘蔗，顷刻间遍地都是美国甘蔗园。甘蔗园需要大量劳工，土著自由懒散，而来自亚洲，尤其是中国的劳工是什么苦都不怕吃的。中国人、日本人、菲律宾人五颜六色的人群都有了，五光十色的各种病菌也都跟来了，如同西方人灭绝南美人，夏威夷土族也大量死于外来病菌。

当甘蔗出口美国成为夏威夷的经济支柱时，美国人就可以绑架夏威夷很多事了。1891年，夏威夷王国回光返照，得到一位女王，叫利留卡拉尼。她登基后就胸怀大志想要反美重获王权，抗争持续了两年，美国人取消了对夏威夷岛蔗糖的最惠待遇，岛上各种哭爹喊娘。鉴于这种情况，岛上的美国种植园主们就对华盛顿喊话：“京城的大爷们，行行好，收了俺们吧！”

在1894年前后，美国基本同意了兼并，可美国的事没有痛快的，国会两党日常工作就是事无巨细地扯皮，最终敲定是在1898年克利夫兰总统任上，到1959年，夏威夷才正式成为美国的第五十个州。

夏威夷这么好的地方，觊觎的肯定不止有美国，只是从地理位置方便上考虑，最容易下手的，是美国和日本。小日本不是不喜欢草裙舞，它是太忙了实在顾不上了，大家注意时间，1894年，美国人收了夏威夷的那一年，小日本在干吗？1894、1895，中日甲午！其后的时间里，有中国这么巨大的肥肉摆在眼前，夏威夷就只好先放手了。心不甘情不愿的，要不然他后来干吗去炸珍珠港呢，即使是到现在，在夏威夷群岛上，日本人还是非常主流且人数众多的一个族群。

波西尼亚岛群的第二大群岛，是夏威夷南边的萨摩亚群岛。现在这个群岛在政治上分为两部分，靠西边一点的，西萨摩亚是一个独立国家，而靠东那部分，近200平方公里的地区，东萨摩亚又叫美属萨摩亚。

萨摩亚比夏威夷不幸，它同时被英国、德国、美国看中了，三方各施手段，挑唆着群岛上各个部落内斗，打得昏天黑地。眼看小岛要被打沉了，三个大佬决定和解，美国和德国给英国和其他看热闹流口水的经济补偿让他们退出，美德两家瓜分了群岛。

两次大战，德意志都是人民公敌，新西兰从“一战”就不客气地占领了当年的德属萨摩亚，“二战”后，萨摩亚人争取独立自治，终于在1962年成为独立的国家。至于美国人占领下的东萨摩亚，现在他们大力发展金枪鱼经济，椰子、芋头也有销路，生活也没什么好埋怨的，就跟着美国人混吧。

姜兰和茉莉

姜兰和茉莉是老杨最喜欢的两种花，因为它们纯白且郁香。而老杨也是最近才知道，姜兰和茉莉分别是古巴和菲律宾的国花，这让人郁闷，在老杨的印象中，古巴和菲律宾都是热乎乎、黑黝黝、牛哄哄的（热乎乎是气候，黑黝黝的是肤色，而牛哄哄的是这两家都敢跟自己强大的邻居叫板）。反正跟这两种洁白无瑕，柔软纤弱的小花应该是没什么关系的。

古巴和菲律宾一个在加勒比海地区，一个位于西太平洋地区，本来八竿子打不着，多亏了地球上隔三岔五地出现几个帝国，把这两家联系在一起了。

西欧的殖民主义源于资本主义的高度发展，产品需要广大的海外市场和原料产地。当美国发展到这个阶段时，当然也面临这个问题。尤其是在19世纪末遭遇了经济危机后，美国人意识到，国土之外的空间是关乎发展存亡的大事，瓜分了亚洲固然重要，可近在咫尺的南美还有西班牙的势力呢，西班牙这种落魄子弟，凭啥还赖在美洲啊，他们听不懂门罗宣言吗？

19世纪，落魄子弟西班牙在南美剩了两块地盘，古巴和波多黎各，在亚洲，还剩下菲律宾。而古巴人早就开始有组织地“反清复明”了，古巴的“天地会”——古巴革命党，党部就设在美国纽约，虽然美国政府并没说他们公开支持。

西班牙人脑子不好用，他们千里之外控制一个殖民地，在经济上还没有话语权。古巴的主要经济产业也是甘蔗园和其他种植业，最大的市场是美利坚。美国对古巴的蔗糖和作物免税，则古巴是明朗的天，一旦增加关税，就阴霾压顶。

1894年，美国人通过一项关税法，以后古巴的作物进口，要征收40%的关税了，立竿见影，古巴立即陷入混乱。古巴不能怪罪老山姆增加关税，他们只怨恨西班牙政府无能，于是要求独立的各种运动又开始了。西班牙政府在全世界的地盘都被抢跑了，更不能容忍拉丁美洲仅存的领地失去，分外焦躁，镇压古巴起义下了狠手，还成立了不少集中营，收押暴动分子和异见人士。

美国人从立国开始就揣着“齐家治国平天下”的心思，他们觉得自己反欺压反强权，建立了这么伟大的一个国家，不仅是全地球的榜样，更应该把这种为自由独立而斗争的美国精神传递到全世界。家门口就有个被欺负的兄弟，跟当年不列颠欺负北美一样，美国人感同身受，义愤填膺。

在那个言论自由如火如荼大发展的时代，新闻工作者当然是紧跟老百姓的关注焦点。老百姓最近就关心拉美局势，报纸上就煽风点火添油加醋地连篇报道，加上流亡美国的古巴革命党到处游说，很多美国人开始觉得，自己对古巴兄弟有道义责任，美国政府就该出面帮古巴人主持公道。

民间的情绪容易受挑唆，政府总是要理性的。该时美国刚刚经历一场经济危机，这一段时间的美国总统都小心谨慎，生怕卷入一些不必要的风波，影响了自己的任期和连任。

1897年，麦金利总统上台，严厉谴责西班牙的粗暴行径。作为一个没牙的老虎，西班牙觉得唬人唬得差不多就行了，还真敢刺激美国杀过来吗？于是，西班牙也态度适宜地表示了悔改，那一年，美西很平静，战争似乎遥远了。

1898年，事情变化了。西班牙驻美国公使给自己在古巴的朋友写了一份信，这封信不知怎么的辗转落入美国媒体手里，信上西班牙大使说麦金利总统是个懦弱无能的人，满脑子想的不过是利用选民赢得选举而已。

因为麦金利对西班牙的态度，国内很多人，包括他的副总统都说他是个没种的尿货。自家人说自家人，怎么难听都没问题，可一个外人这样说美国总统，就是赤裸裸地制造仇恨了。

信件这个事还沸沸扬扬没有完结，又发生了更大的灾难：

年初，因为西班牙的局势，为了保护在西班牙的美国人人身财产安全，美国派出了一艘战舰“缅因”号停在哈瓦那港。

2月15日夜晚，一声巨响后，“缅因”号变成一个火球，船上的官兵毫无防备，混乱中死伤260多人。

跟许多年之后的韩朝“天安舰”事件一样，美国人一口咬定爆炸是因为西班牙的水雷袭击，西班牙抵死不承认，要求上舰调查。美国人不接受西班牙调查，把“缅因”号拖到大西洋中间，沉入海底了。

“不忘‘缅因’号！”“为‘缅因’号复仇！”“跟西班牙人决一死战！”这些作为报纸标题都让人热血沸腾，世界上最磨叽的美国国会在三个月的时间里批准了5000万美元的军备拨款，4月25日，向西班牙宣战。

这就是美西战争，在我们学习的帝国主义发展史上，是狗咬狗的第一战，不管美国人怎么讲，我们看来，就是一场殖民地重新分配抢地盘引发的械斗。

西班牙调来杀气腾腾的舰队，都以为他们会直接打击美国的主要港口或者是运输线，谁知他们一路驶进圣地亚哥湾驻守，逼得美国人封死了航道瓮中捉鳖，在一场很不严肃的海战后，西班牙舰队几乎全军覆没，而美国舰队可以说没有任何损失。

陆上部队进入古巴还是吃了点苦头，跟西班牙军队没关系，主要是自然条件太恶劣，伙食水土都不服。陆上战场主力是古巴革命军，已经占据了优势并进入古巴的美国大兵，有几个是黑人军团，不怕苦不怕死，即使被白人大兵欺负，也愿意流血淌汗卖命，所以陆上战场也很快有了结果。

陆上最著名的战役是圣胡安岭战役，这场战役的明星就是泰迪·罗斯福。这伙计从加入麦金利的政府就是主战派，成为海军部长助理后，更是摩拳擦掌地鼓动加快海军建设，力争美利坚成为海上强国。终于如他所愿开打后，泰迪兴奋得立刻辞职，组建一支骑兵部队，冲上了战场。也就是圣胡安岭的战役胜利，让西班牙失去了战斗之心，终于投降，而泰迪也因此役成为战斗英雄，回国成为纽约市长，而后进入白宫。

整个美西战争，泰迪玩得最high，他不仅亲自上阵，打了一场面对面的血战，还运筹帷幄，决胜于千里之外。

泰迪在建设太平洋海军时，一直做着战争准备，他早早指令亚洲舰队的司令员，一旦这边宣战，啥也不管，一门心思驶向菲律宾，并快速占领马尼拉。

对西班牙正式宣战5天后，太平洋舰队的司令乔治·杜威就出现在马尼拉湾，轻松打败了驻守在当地的西班牙舰队，几个月后美国大兵登陆后不久，菲律宾就算易主了。美国人能打得这么轻松，跟古巴一样，当地的起义军都死磕得差不多了。

古巴的西班牙军队投降后不久，美军就无惊无险无所事事地占领了波多黎各，打了三个月，占领隔着大洋两个洲的三个国家，美帝国主义横空出世了！

根据西方的习惯，打完了照例去巴黎谈协议，西班牙虽然是霜打的茄子，可听说老山姆除了古巴和波多黎各之外还要菲律宾，还是挺震惊的，只是对付一个落魄的贵族，砸钱一般都有用，西班牙含泪收下了2000万美元，连再见都没跟菲律宾人说。一并打包奉送的，还有关岛。

古巴和波多黎各就在家门口，有事都好办，菲律宾可远哪，怎么控制怎么管理是个问题。关键是，当初美军登陆，打的可是帮助菲律宾独立自由的大旗哦，如今跟西班牙支付2000万元，而后军队留下不走，似乎还要设立美国总督，这是什么情况啊？

占领菲律宾后的三年，让美国人愁死了。之前他们抨击西班牙殖民者在古巴大地上的种种暴行，等轮到他们亲自殖民的时候，他们不得不感慨，西班牙人太厚道了，太妇人之仁了。美军开始在菲律宾清理门户，发现游击队，一律杀掉，扫荡村庄，把不老实的看着碍眼的丢进集中营。本来自诩素质挺高的美国人在菲律宾发现了自己深藏的兽性，美国大兵开始视杀菲律宾人为某种乐趣，根据当时的资料，在这种惨烈的屠杀气氛中，杀人比赛之类的兽行，很可能也发生过。

直到1906年，美国对菲律宾的占领才算稳固，选举了符合美国人意志的总督。美国政府非常清楚，他们不方便彻底兼并菲律宾，更不容易将其变成自己的一个州，只好对菲律宾增加建设，改善营生，扩大贸易联系，最后导致，菲律宾即使完全独立了，它对美国的依赖也是非常严重的。

大棒和金元

抢了西班牙的地盘，美国终于进入帝国主义序列了，但美国人还不敢妄自称老大，他们始终感觉自己是安于现状的保守国家。终于让美国人自信爆棚，重新定位的，就是泰迪。

之前我们讲了泰迪的很多工作，对后世的美国乃至世界都影响巨大，而其实最终让泰迪成为泰迪，美国成为现在的美国的，是泰迪外交工作的态度。

泰迪就是我们前篇说的，喜欢给地球同类分三六九等的人，他认定白人，尤其是盎格鲁—撒克逊的种族更优等，其他有色人种各方面差点儿，所以注定了，白人发展工业，其他二流种族只能提供原料，当然生活质量教育水平个人素质都有差距。而白人也不能光顾着自己享受就完了，二流种族脑子不好用，容易犯错误，需要白人们经常提点他们，教导他们，为了上门授课方便，美国应该大力发展海军。

对，老山姆如今能有11个航母编队纵横地球的水域，基础就是泰迪任内对海军建设的重视，虽然起步晚，但在1906年美国的海上实力已经仅次于不列颠。1907年，美国16艘最先进的战舰组成一个编队，绕着地球航行了一圈，震慑了所有人，尤其是刚刚战神附体，觉得自己可以称霸太平洋的日本人。

说到由泰迪开始的进攻型的美国外交政策，要从泰迪引用的一句谚语开始：Speak softly and carry a big stick, you will go far，老杨翻译为，手持大棒说软话，走遍天下都不怕。对，这就是著名的大棒政策，而能够提出这个政策，首先是，你的那根大棒已经在手里了。

回忆一下，从调停日俄战争到全取巴拿马运河，如果不是泰迪彬彬有礼地举着大棒，欧洲诸国和日本恐怕不会这么配合。

1902年，委内瑞拉换了个政府，因为连年内战，局势混乱，债台高筑。主要债权国英国、德国催债无果，又借口本国侨民在内战中受损，叫上意大利，组成联合舰队封锁了委内瑞拉的海岸，炮轰港口，德国人甚至宣布，他们预备在附近建立永久的军事基地。

欧洲还不太适应一个新老大的成长，华盛顿及时站出来吹哨叫暂停，泰迪一边举着大棒，一边从眼镜片后面射出幽幽的目光，在委内瑞拉封锁的欧洲舰队就非常识趣地离开了美洲。可到了1903年，多米尼加欠钱不还，舰队又来了。华盛顿只好又举了一次大棒。

虽然没动手，欧洲列强已经实实在在感觉受了一闷棍，而泰迪，他本人受的刺激更大。他本以为门罗宣言已经把规矩界定得很清楚了："美洲是美洲人的美洲，也就是我美利坚的后院，没什么事，欧洲人最好连看都不要看过来！"可欧洲人还是对拉美色心不死，未来可能会花样百出地找借口，把舰队送到门口来，原来棒子不够大，不能放狠话，现在既然大棒能奏效，就要换个态度放话了。

1904年，泰迪决定，为门罗主义加上一个注解：美国反对欧洲国家插手西半球的事务，如果南美国家内部出了失去控制的问题，美国可以亲自干预！

这就是著名的罗斯福推论，也就是在这个著名推论中，泰迪提出了给美国人重新定位的"国际警察"概念，工作职能就是"野蛮干预别国内政"，不过他当时只决定在西半球履行"义务"，后来的美国总统不断给自己任命的这个"警察"头衔增加辖区。

罗斯福推论成立后，在其后的很多年里，成为笼罩在拉美上空的阴云，根据这个推论，美国人到拉美去办了不少"实事"。比如接手古巴后，虽然允许古巴人政治独立，可还是随时插手他家的大小事务。借着帮古巴镇压暴乱，美国强行租借了关塔那摩基地，即使是古巴和美国横眉冷对这么多年后的今天，关塔那摩依然是美利坚在拉美最重要的军事基地，卡斯特罗不管多么横，还就是拿不回去。

虽然没有写入宪法，泰迪之前的历任美国总统都自动自觉地在两个任期后不再争取白宫，泰迪因为功绩卓越，他所在的共和党想让他在1909年的大选中，再次出战。但泰迪有自己的想法，他看好自己的陆军部长，最信任的副手——威廉·塔夫脱接班。

塔夫脱是泰迪班子里不容易被忽视的人物，因为他实在太胖了，身高虽然有180厘米左右，但体重达到了惊人的152公斤。直观地描述一下这个体型吧：这老伙计在泰迪扶持下入主白宫后，洗澡时被卡在白宫的浴盆里，后来白宫只好重新安装了加大号的浴盆！

泰迪卸任时才50岁，大好青春还没结束呢，所以他不会留在他纽约的家里养老，他跑非洲打猎去了，带着大量的战利品标本回国，美国的各博物馆还都留有他的猎物。

老泰迪这么悠闲，显然是认为，塔夫脱会严格复制他的政策，安分守己帮他再完成一个任期，没想到塔夫脱是个脑子非常僵化的人，崇拜法典，法律至上，不会灵活，又没有手段，几面不讨好，到处得罪人，等老泰迪从非洲回到美国时，共和党已经因为塔夫脱的不着调面临严重分裂。

大棒政策玩得不算完美，让拉美人很抱怨，塔夫脱觉得他应该缓和跟邻居的关系，所以在他前任的大棒政策之下，通过了一种“金元外交”策略。

想要市场和资源也不是非要硬抢，美国的企业家和银行家，走出去，到别人家里去投资，招募当地的工人，向当地交税，慢慢地当地政府就会上赶着求美国了，慢慢地也能绑架地区经济了，控制了经贸，比枪炮战舰都好用。

这么多年的历史证明了，大棒加金元的外交政策，还真挺有益于一个超级大国的发展壮大。

塔夫脱在白宫的工作乏善可陈，他在法律方面的偏执和热爱，终于让他在离任白宫后，成为了美国的首席大法官——他一直梦寐的职务，他是史上唯一担任过总统的首席法官。

塔夫脱对后世美国的影响最明显的是审美，他之前的美国男人，大杯喝酒大块吃肉，胖点就胖点，没人觉得不好，自从塔夫脱作为全美最有权势的胖子天天出现在报纸首版后，美国人发现每日面对一个胖子要比餐餐吃肥肉腻歪；而塔夫脱出名的嗜睡，经常白宫开着会，他就鼾声如雷了，比起老泰迪保持良好的意气风发，是有点让人觉得这胖子不着调。于是，很多美国人，尤其是中产阶级以上的男人，渐渐开始控制自己的体型，让自己保持一个精干的状态，而其后的美国总统，几乎没有大胖子了。到奥巴马这一茬，他和普京所代表的新时代领袖，更是动不动就脱衣露点搏版面，好身材成为他们争取选票的重要道具！

三十三　魔婴降世

美国的故事，总是从每个大选年起始或终结。转眼到了1912年，又是大选，这一年什么故事开始了呢？

从1897年麦金利总统，共和党把持白宫整整15年，民主党的少壮精英熬白了头，这一年，他们有机会实现一个政客的终极理想吗？

前面说到，老泰迪代表着美国共和党内比较进步的势力，他以为继承者塔夫脱跟他一条心，会牵着自己的衣襟向前走，谁知塔夫脱体型太大，谁的衣襟也牵不动他，他越走越慢，最后几乎停滞不动了，于是，一群本来也不喜欢“进步”的共和党，自动地跟在塔夫脱周围，形成了一帮不爱动弹的保守派。这样看来，共和党似乎是分裂，摆明不和谐了，民主党的反攻机会就在眼前。

候选人是选举制胜的关键，塔夫脱是个法学家，精通法理，西方的法学是基于哲学的，而法学理论发展到一定的高度又转化为哲学，所以，对付一个法学家，最有优势的当然是一位哲学家，而且应该是一位学院派的大知识分子。

新泽西州的州长伍德罗·威尔逊获得了民主党内的提名，这位州长，曾经是普林斯顿大学的校长，在北美学术界颇有名望的哲学博士，根据柏拉图在《理想国》一书中的说法，一个国家的管理者，最好是哲学家。

威尔逊最终为民主党赢回了白宫，却跟柏拉图和《理想国》一毛钱的关系都没有。不是哲学家太牛，实在是对手太菜。

却说塔夫脱终于适应了白宫的浴缸，没住满8年还不太想搬家。那天他睡醒了觉，吃饱喝足后就摩拳擦掌预备投身选战，很快，他就收到了一个晴天霹雳般的消息：老上司罗斯福从非洲回来后，对现任总统甚为不满，在不明身份的各路人士的挑唆下，他居然自组“进步党”加入了竞选！

塔夫脱当年上任是罗斯福一手扶持，如今共和党内还有大量拥趸，老泰迪出山，对民主党是惊天利好，因为他分走的，必然是共和党的选票！

泰迪可不是闲着玩票，在1912年的这次竞选中，有人向他行刺，子弹进入胸腔，老泰迪竟然不叫救护车，他压着伤口完成了一个多小时的演讲！这种用“绳命”拆台的精神，让共和党很无奈，民主党都很咋舌。后来去了医院，医生通知他，坚持完演讲是对的，因为这个子弹的位置邪门，医生也取不出来，以后就留着玩吧。好在那阵子还不能飞机旅行，否则老泰迪喜欢满世界乱走，怎么过安检呢？

也许是共和党的内耗，让威尔逊的胜利显得不那么帅，所以他奋发图强，争取做总统比泰迪帅，并亲身证明，一个哲学家真的很适合做领袖。

上任第一年，威尔逊就办了两件影响美国发展的大事，而其中的一件，让后来的世界随时心惊肉跳。

伴随威尔逊进入白宫的，是一个小魔怪呱呱坠地，威尔逊抱着它慈爱微笑时，似乎已经感觉到了这个魔婴的强大的魔性，也许会祸害全美的百姓，而新总统没想到的是，这熊孩子长大后能祸害全地球的老百姓。小魔怪的名字叫美国联邦储备局，大家都叫他FED，到2013年，正好100岁。

最早的中央银行诞生于1694年的英格兰，是由英王特许成立的。至于中央银行为什么会成立，是一个非常简明的问题。工厂靠生产产品赚钱，商行靠贸易流通赚钱，武大郎卖烧饼，刘皇叔卖草鞋，总能有个进项。而在这个世界上，不管哪国的政府，它都是无法赚钱的，它还最需要钱。

政府缺钱收税嘛。是呀，政府可以收税，而且苛捐杂税都行，可前提是，你要有本事压住老百姓不反哪。人类的进步都反映在底层的老百姓胆子越来越肥上了。别人兜里的钱总是不好随便要的，只有自己的钱自己才说了算。普天之下，莫非王土，英王没钱，他不会自己印哪！感谢中国人居然能发明出印刷术来！

金融专业的人士对央行可能有大篇复杂而花哨的定义，在老杨看来，央行就是印钞票的，如果这些纸片必须能保证承兑黄金，咱们就少印点儿，如果跟黄金不相干，就把印手纸的原料都用来印钞票，想怎么印就怎么印，为了表示不是乱印的，出台一个学术名词叫：量化宽松。

英格兰银行成立后，其他国家一看，还有这么好的事呢！于是欧洲大国陆续都开设国立印钞厂了。

回到北美。随着美国两党政治的成熟，在20世纪前大部分时间里，美利坚的国家大致形态是随着执政党的不同而变化的。

从联邦党到辉格党再到共和党，这帮子人是做梦都希望中央集权，有个强悍的政府，由政府主导巨高的关税，控制外来商品进口，补贴与政府合作默契的民族大企业，说明白点就是，政府要管事，能控制大局。这一派既然是从汉密尔顿流传下来的，当然是支持政府大规模欠债，而且最好是有一个央行。

至于民主党，从杰斐逊到杰克逊，他们是坚持自由的，自由市场、自由贸易、去中央化、小政府，政府应该无为而治。这一派最怕银行家合谋搞鬼，以为货币就应该老老实实地建立在相应的金银数量基础上，哪个银行都没有特权。

两党的分歧在1900年前后变得不太明显，因为此时的美国政治，两党沦为了配角。没钱就不能竞选，哪个党派上台都需要财团支持，进入白宫的，不是党派的代表，而是财团的代表。此时的美国，两党幕后的最大势力正是两个财团，一个以摩根家族为核心，一个以洛克菲勒家族等为核心。

这两个幕后老板一现身，所有的事情都可以解释了，老泰迪为什么对洛克菲勒步步紧逼下黑手呢？因为泰迪是摩根系的总统。而上文说到，老泰迪在不知道什么力量的挑唆下，突然掺和1913年大选，直接在背后插刀塔夫脱，显然是摩根财团预备收拾塔夫脱，并保送伍德罗·威尔逊上位了。

前面介绍过J.P.摩根的发家史，可能对于他到底有多大的能量，读者们感觉不是太清晰。举个实例吧：

随着美国从镀金时代到进步时代大量新兴工业的崛起，创业机会很多，投机的创业者更多。大量品质不高的个人企业转变为股份公司，发行掺水股票，牟取暴利。欧洲资本通过提供短期信贷来美国资助创业投机，1906年，金融投机吸引到美国的资本总额达5亿美元，美国信贷机构投入的资金约为3亿美元，大家都不陌生，这种热钱投机的结果就是泡沫，泡沫总是会碎的。1907年10月，纽约一半的银行贷款都被押在信托投资公司的各种股票债券上，金融市场岌岌可危。

随着美国第三大信托公司即将破产的传言喧嚣，惊恐的投资者彻夜排队在信托公司门口要求撤资，银行也手忙脚乱催收贷款，到处都要钱，到处都没钱，货币紧张，借款利息飙涨，混乱中，股市只能暂时停盘。

一直在欧洲旅行的老摩根此时晃晃悠悠回到美国，不吭声不评论，在家等着。没几天，他就等到了上门的纽交所主席，主席脸色蜡黄，带着哭腔：“摩根先生救我！要不然纽交所只能关门！”

救世主摩根不会让人失望的，按他做事的规矩，一个通知，全球主要的银行家火速来见，坐下开会。16分钟以后，摩根就向美国金融界宣布，他的系统开闸放水，货币管够，纽交所一片欢呼。

1907年的经济危机是资本主义世界几次重大的经济危机之一，而在美国，几乎就是老摩根的力量，一手将美国从金融系统崩溃的边缘拉回来。懂行的一眼就看出来了，在这个事件中，摩根的系统承担的就是央行的角色。

1913年，摩根和洛克菲勒难得地目标一致，那就是送威尔逊进宫，让他为美国央行接生。

话说摩根和洛克菲勒都权倾朝野富可敌国了，为啥非要整出一个中央银行来呢？讲个简单的故事吧，比如，某个地区卖肉包子的组成了一个肉包子托拉斯，实力彪悍，很容易就控制了原料和市场，号称包子是皮薄馅大十八个褶，一个只卖两块五。因为一家独大，所以买包子要拿号排队，拿号说不定还要交钱，有关系的提前把大量包子都买走了，你要吃包子还要约黄牛；拿到手的包子就算是咬一口没馅，咬两口到头了，你也没处投诉。

如果在一个自由市场的环境下，有个叫王二麻子的青年头脑灵活又勤劳，他肯定可以想办法弄到原料，在自己家门口摆个小包子摊，真材实料，一个八毛。

结果可想而知，大量的吃货都被王二麻子吸引过去了，而原料供应商之类的，之前被托拉斯欺负苦了，王二麻子愿意现款现货跟他们买猪肉和面粉，还能保持进货量，长此以往，慢慢发展，王二麻子是会对托拉斯造成有效冲击的。

托拉斯不急，它有绝杀。它只需要跟它一直“保持良好关系”的政府打个招呼，为肉包子设计一个准入标准，比如，银行里没有1000万存款的，上年缴纳利税低于500万的，脸上长麻子的，一律不准卖包子！王二麻子被轻松收拾掉。为了防止以后再有张三李四出来卖包子，政府规定，以后只有托拉斯能生产包子，政府给他们补贴，包子降价5分钱，算是照顾广大消费者。

一个不受干预的自由市场，能公平地调控很多事，不想公平的人，就会想各种办法，打乱自由市场自由竞争的自然规律。在这个故事里，摩根和洛克菲勒的共同目的，就是建立一个由政府保驾护航的金融托拉斯，保证他们的银行可以漂亮地规避任何市场风险。所有的生意都是为了赚钱，赚钱是没有尽头的，但如果能拥有印刷钞票的权力，直接控制其他人的财富水平，大家评估一下，这是一门什么样的生意啊！

1910年11月22日，老摩根又盛情地发起了一次富豪聚会，地点在摩根名下著名的度假圣地：佐治亚州的哲基尔岛。哲基尔岛上有个猎鸭俱乐部，虽然野鸭不算什么保护动物，可这里作为一个打野鸭子的狩猎会所，显得太高端神秘了。

该俱乐部提前撤换了所有的服务人员，安保工作严密紧张，更是不准任何记者狗仔队接近小岛，连受邀的嘉宾都必须用假名，登上一辆私人名义租下的火车，沿途紧闭窗帘，一路南下直接上岛。

受邀的嘉宾名单就不用公布了，因为每一个拿出来都够老百姓仰视、记者跟踪的，而他们的权势和控制的财富，也几乎不能计算。

这些政界和金融界的大拿打鸭子打得悄无声息，有一周的时间，岛上几乎没有任何动静。而就是这一周的会议，这些人制定了详尽的美国央行成立法案，从此后，对这些顶级富豪来说，猎取全美国人的财富要比猎鸭子刺激多了。

从哲基尔岛上的法案到美联储正式成立，财团寡头们还是费了脑筋的：历史上美国人民，尤其是中西部居民，对东部的金融寡头是非常怨怼的，对华尔街更是痛恨，连带绝对不接受中央银行。那我们就不叫美利坚中央银行，我们叫美国联邦储备系统；既然大家都不喜欢纽约，那就不会让纽约的银行一家独大，找各地12家银行来组建这个系统，连总部都设在华盛顿，看起来跟纽约和华尔街毫无关系；为了显得更像一个政府部门，美联储的当家和12家银行的董事必须由总统任命！提醒大家注意一个bug哈，这个所谓国家机构的美联储，除了由总统任命主席，其他任何事都是独立的，也就是说，大小事，他们自己定夺，不用惊动国会！财团选举推出总统，总统决定联储局主席，联储局决定美元的大小事，财团还坚持说联储局是个美国的国家机构，这真是一个完美的计划。

1913年，12月23日，新上任的威尔逊总统以惊人的速度签下了参院刚刚通过的联邦储备法案，美联储在华尔街的欢呼中呱呱坠地了！签字时的威尔逊在想什么？或许是初入白宫的喜悦战胜了所有的想法，他脑子或是空白的或是无奈的，晚年的回忆录上，他写道：我一时大意，摧毁了我的国家！没错，他让一个国家失去了最重要的货币发行权！

阴谋论当道的时候，什么都有阴谋。老摩根有钱后到处投资，游轮泰坦尼克号的大老板就是摩根。泰坦尼克号神秘沉没，疑点甚多，除了老摩根的骗保理论，最吓人的就是老摩根将他不愿意出现在美联储核心机构的几个人送上了船，让他们葬身大海，死得无声无息。最大的证据就是，世界第一豪华游轮的下水典礼，请了这么多贵宾，作为主人家的老摩根居然没上船，他当时的借口又显然站不住脚！敢下手让2000多人陪葬，有了这个故事垫底，美联储成立时的故事怎么编都不能算离谱了。

在咱家，最“权威”（因为看的人多）的经济书籍《货币战争》中，我们了解到，1913年的大选是阴谋、1907年的美国经济危机也是阴谋，所有的一切都是罗斯切尔德家族一手操作的，摩根和洛克菲勒两大财团也不过是罗家在北美的代言人，我们大概可以说，美联储这个魔婴，是罗家的骨肉。

前面说到威尔逊一上任就完成两件惊天动地的大事，另一件虽然比不上魔婴降世来得震动，但对后世美国的影响也是很大的。

威尔逊是民主党总统，虽然幕后财团纠缠不清，但上任后的动作总要跟共和党有所区别吧。共和党一贯是支持高关税的，威尔逊上台后，降低了关税。关税一降低，政府收入就减少，亏空怎么补？开征所得税呀。

大家都知道，从成立之初，在美国收税就是个敏感话题，如果不敏感，美利坚都不能独立了。所得税能够最终被美国人民接受，威尔逊和民主党起了关键作用，他们非常聪明地选择了对有钱人征税。即使是现在，美国两党在竞选时，征税的议题依然是扯皮的主要科目，奥巴马竞选时，说的最多的就是向富人征税，这几乎成了民主党的一个核心思路了。

上任第一年，威尔逊很忙，可国际局势一点儿也不体谅他，1914年，他会更忙。

三十四　美国在“一战”

中立的火药库

1914年所有的大事都比不上6月28日，没落的奥匈帝国王储在萨拉热窝被刺杀，欧洲分派对立的两大阵营，立时以这件事为契机，搅起一场天翻地覆的大战，为欧洲绵延了百年的局部战争做一次阶段总结。

“一战”的起因和背景以及欧洲战事的大概，在其他几部欧洲史中，老杨已经介绍过了，这一篇，单说美国人的事。

自从门罗宣言后，美国人一直奉行一种“孤立主义”。欧洲人不要插手美国的事，美国人对欧洲大陆那些钩心斗角也没兴趣，你们爱打谁打谁，跟老山姆不相干。但对于高速发展的美国资本主义经济来说，欧洲是太重要的市场了，老山姆奉行的原则就是：你们打你们的，我照常做我的生意，你们打架需要的物资，俺家统统有，送货上门，质量保证。

可当欧洲真打成一锅粥，美国的商船越过大西洋探头一看，同盟国比较悲惨哪，德国、奥匈帝国、奥斯曼帝国（土耳其）都被堵在中间了，最便利的生意伙伴还是英国和法国，而美国是英国最大的贸易伙伴，从赚钱这个角度看，好像还是跟协约国保持友好的贸易来往比较重要。

大约从1915年开始，虽然美国人还号称是中立，但全世界都发现，老山姆家已经成为协约国的军火库了。

赚钱是第一重要的，往往是钱的走向决定了历史的走向。说美国人满脑门子都是钱，那人家可不答应，人家在数钱数得手软，偶尔休息之余，还大声抗议：“俺们跟协约国关系好，就不关钱的事！那同盟国，德意志、奥匈、奥斯曼哪个不是腐朽落后不开化的帝制国家？俺们美利坚领导着全世界的进步、自由、民主，俺们能和那几个臭皇帝为伍吗？你说协约国的俄国也是帝制呀，所以俺们也对协约国不满哪，俺们这不是保持中立吗？”抗议完了继续数钱去了，因为太多了，不抓紧时间数不完。

老杨不是讥讽美利坚虚伪，当时当地，美国人赚钱归赚钱，他们还真是这么想的。在美国人眼中，自由的北美代表着和谐、美好与希望，欧洲代表着混乱、腐败与没落，跟欧洲人为伍，美国人还真有些许不屑。

在美国国内，因为跟不列颠和法老西的历史情缘，同情协约国的真不少，但德裔的美国佬也多呀，还有在北美混得很牛叉的爱尔兰人，他们一向对不列颠不满的，所以，这部分顶同盟国的力量也强大。

威尔逊总统站哪边？都说他是最英国化的美国人，可他绝对不敢公开支持协约国，以该时的态势，中立，是他唯一的选择，为了提升美利坚的国际影响力，他还要时不常地站起来，貌似诚恳地劝欧洲兄弟们：有话好好说，先生们快停手！

美利坚一边看热闹，一边数钞票，一边欧洲劝架，一边国内斗嘴，忙忙碌碌又迎来了1916年的大选。

这一年的大选，对欧洲大战的态度肯定是决定性要素。威尔逊团队高呼着“他使我们免于战争”的竞选口号，再次将威尔逊送进了白宫。

虽然是微弱优势，这个结果也反应了大部分美国人的态度：美国不准参战，继续数钱看热闹！

威尔逊以反战姿态重新当选，其实他心里比谁都想加入欧洲战团打一场。漫说到1917年，协约国欠美国各种债务超过20亿，欠债的被弄死了对债主不利，威尔逊还想得更深远：这一场大战后，欧洲势必疲弱，之前的世界领导地位动摇，美国正好乘势而起，主导一个国际新秩序。而要想在战后说了算，看热闹是不行的，不仅要进场，还要战胜！

如何说服美国老百姓加入欧洲群架？欧洲协约国方面提供了大量宣传资料：战事艰苦、惊人伤亡、欧洲大陆满目疮痍，美利坚的朋友们，伸出援手，尽早结束这场地狱般的鏖战吧！

美国人看完也热泪盈眶，但，不够。没想到，最终将美国人推进战争的，是来自同盟国方面的鼓励。

英国和德国在大洋争锋，不列颠控制水面，德意志只好在水下使阴招。德国潜艇干掉英国商船的效率是很高的，而往来英国的商船，大家都知道，船上大量都是美国货和美国佬，有的干脆就是美国商船。逼急了的英国开始以武装商船贸易，而更被逼急了的德国，启动了如狼似虎的“无限制潜艇战”！

所有开往英国的商船，一旦被德国潜艇发现，没有警告不打招呼，直接击沉！实际上，德意志出此狠招，他们已经在针对美国了。德国人明显感觉到，老山姆政府参战之心蠢蠢欲动，不可遏制，德国人企图不惜任何手段，在美国人参战之前，打废英国先。更毋庸说，这一轮潜艇疯狂乱打，中弹的美国商船不少，甚至还有豪华游轮。

明明自称中立，却往来穿梭给英国人送军火，德国人动手，似乎也没有不合理，还有其他非参战不可的理由吗？

有，英国人马上送来一个：1917年1月，德国外交部官员齐默尔曼给当时的德意志驻墨西哥大使发了一封密电，密电的大意说，一旦美国人参战，希望墨西哥能跟德国联手，作为感谢，打赢后，德国人做主，将新墨西哥州、得克萨斯州、亚利桑那州归还墨西哥（这都是墨西哥的故土）。

这封电报在很长一段时间内被认为是骗局，因为墨西哥当时连成建制的军队都没有，国家几乎是一种无政府状态，真要对美国宣战，他们恐怕还找不到对哪个方向叫板。

连威尔逊总统都不信这电报是真的，满以为是英国人为了拖美国下水搞的鬼，谁知道德国人忠厚老实，他们居然就承认，这份电报“可以有”！

既然日耳曼开始对美洲大地指手画脚，事情的性质就变了，而且当年的事态也顺着威尔逊希望的发展了：2月份收到电报，一公开，全美喊打；3月份俄国推翻了沙皇，意味着，美国人加入协约国阵营，也不算是与封建帝制国家为伍了；这个月，无限制潜艇战还击沉了三艘美国船，其中一艘游轮不是被直接击沉，而是德军上舰将财物搜掠一空后，将炸弹投置在油箱里。妥妥的了。4月6日，美国政府宣战，美利坚进入“一战”！

远征

就这样，威尔逊打着反战的旗号赢得了白宫，一上任，就把美国带进了世界大战。他之所以这么毫无压力地参战，最先考虑的也许是战场并不在北美大陆。

德国人干掉了美国人的船，当然是先在海上报仇，更何况，来往英美的商道，是要优先维护的。

1917年春天，德意志疯狂潜艇战，已经让海上霸主英格兰露出了疲态，美国的军舰一出现在战场，没几周，局势就开始逆转，协约国的船只损失不断降低。

如果仅仅是在海上帮忙就能奏效，老山姆可真是赚翻了。可事情并不如他所愿，经过几场绞肉机式的血战，协约国的陆上军队有点跟不上了，美国人诚心帮忙，就要派军队亲临前线。

“一战”之前，美国人是没有那么多大兵的，1917年时，正规军也不过12万人。美国人也听说了，一个索姆河战役，双方就是130万人的伤亡，区区12万的美国大兵，拿到欧洲去，当啦啦队都不够用。

威尔逊促使国会通过了一项征兵法案，全美征召新兵。现在的各种影视作品里，美国大兵一直给我们一种很潇洒随意自在的形象，跟常规循规蹈矩、纪律齐整的一般军人有点区别，这是美国人的基因决定的。一听说要去欧洲打仗，到大洋对面那片大陆探险，报纸上还说已经死了不少人，尸横遍野了哦，美国人竟有些孩子气的冲动和激动，如果不是美国人骨子里热衷冒险的精神，北美这片大陆就不是美利坚了。

西部走完了，去欧洲冒险吧，居然有300万新兵入伍，还有200万志愿兵加入各种后勤机构服务。

新兵们组建了美国远征军，浩浩荡荡越过大西洋，登陆欧洲作战。意义重大呀，当初是欧洲人越过大洋登陆北美，帮助美利坚取得了独立，如今，美国大兵来回访欧洲了。

领导美国远征军的，是有丰富作战经验，镇压过菲律宾和墨西哥起义的潘兴将军，人送外号“铁锤将军”。

美国派上欧洲大陆的军队最多时是200万人，出发有先后，大约是在1918年中，军队人数才达到协约国希望的规模。时间上配合得很悬，大家都知道，1917年11月，俄国十月革命胜利后，列宁同志第一时间就退出了战场，德意志东线松绑，调整了全部兵力砸到西线，美国佬再磨叽一阵，后果不堪设想。

潘兴将军带着美国大兵是支援欧洲的，他的人马应该哪里需要哪里去，分散在协约国的部队里。显然潘兴将军不愿意这样，他希望美国远征军是作为一支独立部队参战的。第一次出远门，打这种强度的战役，美国大兵还有点吃不消，所以刚开始，没什么体面的成绩。

美国人不信邪呀，潘兴再次要求，他将美国远征军的16个师整编成美国第一集团军，主动请缨发起圣米耶勒的战役。

德军在1914年就占领了圣米耶勒，作为德军战线的突出部分，这个地方扼住了巴黎和东部战场的交通，协约国军队发动了几次收复行动，都没有成功。

在很多地主的知识里，圣米耶勒战役比较冷门，但它对于美国军队的意义是巨大的。首先，这次战役里，潘兴手下精英如云，比如有位上校叫马歇尔，还有个旅长叫麦克阿瑟，坦克旅还有位叫巴顿的神仙。

不管这三位在“二战”如何出风头，“一战”，美国大兵初出茅庐，扬威立腕的第一场大战，明星肯定是威廉·米切尔，他是美国空军的创始人之一。

莱特兄弟1903年底完成了试飞，标志着飞机被发明出来。“一战”开打时，飞机诞生刚刚十年。当时的飞机，都是用木板和胶布制造的，看着像玩具模型，这样的东西虽然飞行高度不超过5000英尺，速度也就是每小时60英里，可要带人上天，其风险是可想而知的。

飞机走出美国后，被欧洲国家发扬光大了。有个法国飞行员在飞机后座安置了一挺机枪，专打在空中碰见的德国飞机的螺旋桨，居然成功地干掉了5架敌机，成为史上首个“王牌飞行员”。此后空战的规矩就是，打落5架敌机，就给个“王牌”的职称。

德国人反应快，他们很快就在机枪战机的基础上升级改良，渐渐就出现了战斗机或者轰炸机的雏形。我们现在一想到现代战争，就是无数密集的战机蝗虫般地升空，而后轰炸，尤其是无人机和隐形战机发明后，飞临别国上空更是炸得肆无忌惮，但在“一战”刚开打时，大家对飞机的理解，不过是运点东西或是敌后侦察，就算飞机上配了机枪或者炸弹，也没指望飞机作为一支独立的作战力量战场建功。而米切尔当时就想到，有一支凶悍的空中力量掌握制空权，不论是战术层面还是战略层面，其作用都应该是巨大的甚至可能决定一场战争的结局。

米切尔说服了英法，三国联合，让他拥有了1400多架飞机的控制权。1918年9月11日，在恶劣的天气中，圣米耶勒战役以美军飞行员玩命冒险的起飞轰炸配合地面坦克的进攻开始。特别需要说明的是，飞机虽然是美国人发明的，美国本土的航空业起步却很落后，直到“一战”结束，似乎也没有made in USA的战机进入战场，这次米切尔操作的，大部分是法国产品。

战役进行了四天，作为美军第一次大规模的进攻型战役，50多万人的进攻规模，好像也没把德国人怎么样，帮助协约国的战线缩短了24公里，德军伤亡5000，美军伤亡7000。其实这次战役，德军在人数上是远远低于美军的，而且，几乎还没开打，德军就处于撤退的状态。客观地说，在正面干仗这个项目上，美军比德军差得还是有点远。

胜败不论，米切尔的空中理论在战中得到了证实，也就是从这次战役开始，美国空军逐渐成型，并在各种战场发挥巨大的力量，但是正式的美国空军成立，则是“二战”结束后的事了。

圣米耶勒战役，让美国第一集团军作为独立的战斗单位被认可。1918年9月底，长达7个星期的墨兹—阿尔贡攻势开始，英法美联军在200英里的战线上向德军反击。一万多美军主要集中在阿尔贡森林一带，将这个位置的德军压回了德国境内，再努力一把，美军就进入德国作战了。

德国人非常有效率地在国门将破时投降，英法都感觉没有必要进人家屋里闹腾。

11月11日，“一战”结束。英国损失近100万子弟，法国少了140万儿郎，中途退赛的俄国更是有悲惨的170万伤亡，而美国大兵统共损失了11.2万人，其中好些还死于流感和水土不服，还有不少染上了性病，对美国大兵来说，公费去趟欧洲，总是要照顾一下传说中的法国女郎啊。

潘兴将军战功显赫，美国军队的最高军衔是五星上将（1944年设立），潘兴将军的地位应该稍微高于此列，他和前面说到的，占领菲律宾的乔治·杜威将军，被授予特级上将的军衔，在整个美国历史上，他们的军衔地位，应该是仅次于唯一的六星上将乔治·华盛顿（由1976年福特总统追授）。而军事爱好者都知道，潘兴不仅被用来命名坦克，更是一种极牛的战术导弹！

三十五　离老大还差点儿

说到美国的崛起，全世界公认的是“一战”末期“摘取胜利的果实”，发了战争财，一跃成为世界霸主。

战争财肯定是发了，经济上肯定是霸主了，但至于街坊老大这个位置，真的还差点儿。

前面说到，威尔逊费了老大劲儿，将美国大兵送上欧洲战场，最大的目的，是想在战后让美国获得“话事权”。1918年初，战争还看不出结束迹象时，威尔逊已经想好重组世界权力格局的思路，这一年他陆续完善了著名的“十四点和平纲领”：

（1）公开订立和平条约，无秘密外交；

（2）公海航行绝对自由；

（3）取消国家间的经济障碍并建立贸易平等条约；

（4）裁减军备；

（5）调整对殖民地的要求，平等对待殖民地人民；

（6）德国撤出俄国，调整俄国问题；

（7）德军撤出比利时，恢复比利时之独立性；

（8）德军撤出法国，阿尔萨斯一洛林也还法国；

（9）根据民族性原则，重新调整意大利边界；

（10）奥匈各族自治，允许独立；

（11）同盟国撤出罗马尼亚、塞尔维亚和黑山；

（12）奥斯曼帝国民族自决；

（13）恢复波兰之独立性；

（14）成立国际联盟维持世界和平。

到1918年末，德意志和奥匈帝国觉得战争难以维持之际，这十四条真有点救命稻草的意思。根据这十四条，同盟国虽然惨败，但国土损失不大，像阿尔萨斯-洛林这片是非之地，德意志身子骨硬朗的时候都有点hold不住，此时千疮百孔，更不指望能在法国恶毒的目光中保留了。

对英法来说，虽然这十四条有便宜了德意志的意思，但此时英法都耗到极限，战争的格局完全由新进场的美国军队主导，美国既然做和事佬要求大家停战谈判，就给它个面子吧，但是，肯定不会让它说了算。

仔细分析一下这十四条，老山姆的思路还是比较清晰的。第六条到第十二条几乎是欧洲这场乱战的起因，而第十三条显然是针对俄国苏维埃。

第一条可以理解为老山姆很着急：欧洲街坊喜欢玩私下交易，张三图谋李四家的自留地，拉上王五签个协议并肩子上，事后给王五分一陇院墙；或者是汤姆用自家的水井换杰克家的猪圈，条件是杰克帮着把彼得家的茅厕弄过来。街坊们躲起来内幕交易，老山姆是踮着脚跳着高好多事都听不到，相当郁闷，所以规定以后不管什么事，大家台面上说话，不许秘密外交。潜台词就是:好多事俺家是不知道，知道了怎么也要插一脚啊!

第二条和第三条当然也是利好老山姆，作为世界第一经济大国，海上被人辖制，贸易上被人限制，肯定影响收益。

第四条还算是积极的，经过这么一场死人无数的恶战，适当减少杀人武器也算顺应发展形势了。

而全球范围内，好的殖民地都在英法德手里，美利坚下手慢了，在这个项目上颇为落后，如果能给殖民地订规矩，打破殖民地的平静和平衡，说不定一动荡，老山姆就有机会捡漏了。所以第五条似乎也有照顾美国的意思。

第十四条是重点的重点，由美国倡议成立国联，美国在其中当然是不可或缺的重要角色，那也就是说，全地球的街坊，只要加入这个组织，美国就可以或多或少或公开或隐蔽地过问一下别家的“私事”，老山姆自然就进入了街道领导班子，是带头大哥之一了。

1918年12月13日，威尔逊带着十四条进入了巴黎，受到了法国历史上罕见的群众盛大欢迎。威尔逊也是第一个任内出国出长差的美国总统。

巴黎和会虽然名号是“和平会议”，却是地球历史上打嘴仗、扯皮最激烈的地方。作为第一位来自北美的元首，在巴黎市民的欢呼中，威尔逊怕自己露怯，一直端着架子，欧洲那几个巨头很快就觉得这厮很傲娇，不好相处。

英法要求屠了德意志，威尔逊是来做和事佬的，怎么能接受这么暴力的结果呢。对于英法要求的天文数字战争赔偿，威尔逊一直不支持。可最后的事实证明，在欧洲，光态度傲慢是没用的，英法两国就算被打成残废，他们还是能主导大部分事务。于是在要求德意志巨额赔偿的问题上，威尔逊也只能让步。

唯一让威尔逊欣慰的是，他最重要的计划——成立国际联盟被欧洲接受并通过了。国联内部设五个常任理事国，美国是其中之一，至于运作的细节和如何确保联盟的各种效力，威尔逊觉得问题不大，只要启动了，总归能解决的。

和会结束，威尔逊回到美国，参加了“一战”胜利的庆典，他驾驶一辆凯迪拉克轿车穿越了波士顿大街，从那以后，凯迪拉克就被荣誉地固定成为美国总统专用座驾了。

庆祝归庆祝，华盛顿的扯皮形势并不比巴黎和谐，从巴黎拿回来的《凡尔赛和约》虽然欧洲有关国家签字了，美国还没签呢，还没有经过国会呢！而威尔逊因为性格的原因，跟国会长期有芥蒂，有几位参议员甚至跟他有私人恩怨。

“这么好的和约，谁不签谁是浑蛋，全世界都鄙视他！”威尔逊斜睨着国会。

国会态度更轻佻：“总统阁下，你老图漾图森破（Too young too simple)!”

1918年国会中期选举，更要命的刺激来了，竟然是共和党取得了参议院！

其实当时以整个美国的民意来看，和约是应该可以通过的，可那些决心整死威尔逊的参议员们，用了个美国国会的三十六计，拖为上。和约这么重要的东西呀，当然是要一个字一个字地推敲，逐条审议，300多页呢，我们要慢慢看！

参议员的确是要了威尔逊的老命，为了和约能通过，威尔逊发起大规模全国巡回演讲，希望取得民众的支持，三个星期8000英里路的旅程，平均一天有四场演讲，对一个64岁的老人来说，脑力和体力都透支到了极限，在巴黎和会期间，因为压力太大，威尔逊已经发生过一次轻微中风。

1919年9月，威尔逊在一次演讲后一头栽倒在地，送回华盛顿后，又心脏病发作，引发了左半身的偏瘫，右眼失明。

这样的搏命争取没有得到他想要的结果，参议院回馈了一份《凡尔赛和约》修改稿，威尔逊当然是不干的，参议院只好耸耸肩，那好吧，咱们就不加入国际联盟了！

美国一手主导了国联的成立，自己又没有加入，这件事对整个历史走向的影响是巨大而且深远的。因为美国没有加入国联，国际事务完全由英法意日主导，英法无所顾忌地死逼德意志时，少了一股温和的力量中和欧洲的势力，以至于德意志忍无可忍无须再忍，让希特勒横空出世，血债血偿；至于意大利和日本，大家都知道那俩货的德行。

美国国会不同意加入国联的原因，当然不是为了和威尔逊较劲这么简单，在美国未来的发展大计上，显然美国议员们的眼光和野心都比威尔逊差得太远，他们还是感觉，美国既然一向奉行“孤立主义”原则，就继续维持下去，美国人自得其乐过好自己的小日子，管其他国家怎么翻天覆地呢。上帝安排一片大洋将美洲和欧洲分隔开来，绝对是有原因的，不是为了让两边掺和在一起的！

现在分析这件历史大事，不能简单地说威尔逊和国会孰是孰非，实际上，就算国会的野心能配合总统，想在当时取得整个街坊“话事权”成为大哥大，也是不容易的，英法不会由着美利坚这么轻易上位，而美利坚当时也不具备做大佬的综合实力。

现在美利坚的国际地位，应该是威尔逊的梦想，可惜他看不见。从1919年发病开始，大部分事他就已经看不见了。从发病到任期结束近18个月的任期，白宫的行事做派都有点鬼祟，威尔逊的健康状况如何？究竟能否理事？到底有没有在理事？都成了谜。

美国总统作为普通人上位，有普通人的七情六欲，他们的私生活就算偶失检点，也没有欧洲那些传统帝王来得精彩，老杨都不屑于八他们，但威尔逊的私生活关系国事，还是要提一提。

野心大的男人似乎都好色，威尔逊就是其中之一。他的第一任老婆也算个人物，当时结婚结得挺轰动。婚后不久，威尔逊去他最爱的百慕大地区度假，结识了一位有夫之妇玛丽，两人在百慕大过了几天如胶似漆的日子，离开后也不能忘怀，还时不常地勾搭在一起。

威尔逊大选时，这个丑闻已经被曝出来了，传说他的竞争对手，主要是西奥多·罗斯福感觉用这种事攻击对手，胜之不武，竟然让威尔逊带着情妇进入了白宫。

一年后，第一夫人去世，小三这下乐了，以最快的速度跟自己的老公离婚，预备上位成为白宫的新主妇，谁知小四横空杀出，一位42岁的富商寡妇伊蒂丝等到了总统的求婚，这位高大丰满的女人成了新的第一夫人。伊蒂丝可不是善茬，一结婚发现老公跟小三还有勾搭，立即翻脸，不知道用了什么办法，威尔逊竟然老老实实跟小三了断了情缘。

伊蒂丝书读得不多，胆子挺大，有进取心。从进入白宫后，她就经常插手总统事务，包括巴黎和会期间。1919年威尔逊成了偏瘫，几乎失去了语言能力，伊蒂丝做主封锁了消息，她几乎是将老公“软禁”在白宫里，而对外所有的事务，都由她负责“转达”！

到底伊蒂丝有没有将国家大事转达给总统，或者那些伊蒂丝字体的签字回复是不是威尔逊自己的意思，都无法追究了，既然威尔逊的副总统几乎可以说派不上啥用场，第一夫人“篡夺大位”似乎也挺合理的。

第二任期结束时，威尔逊还想再接再厉，显然他的状态和人气都不允许了。这样一个本应该在全球事务中意气风发指点江山的人物，可以说是在欺骗和失败中结束了自己的政治生涯。

三十六　盖茨比的时代

2013年，好莱坞拍摄的第五版《了不起的盖茨比》登陆中国，因为有莱昂纳多和“蜘蛛侠”（饰演尼克）的担纲，吸引了不少人去看，这给老杨介绍这部英文世界的旷世名著提供了方便，因为在这部电影之前，我确信很多同胞认为《了不起的盖茨比》讲述的是比尔·盖茨的奋斗经历，类似《中国合伙人》或者是《社交网络》！

一部小说被翻拍5次，可见其影响力。20世纪末，美国出版界的一次对20世纪文学作品的评论评比中，《了不起的盖茨比》高居英文小说的第二名，仅次于神作《尤利西斯》！

爱尔兰人写的《尤利西斯》，三部十八章，翻译成中文一百多万字，还是那种把读者搞晕，显得高端大气上档次的意识流。而《了不起的盖茨比》全篇不到6万单词，翻译成中文就比《故事会》厚一点儿。将小说写成砖头，考验的是毅力，将一个最简单的故事写成名著，考验的是才华。老杨一直以《了不起的盖茨比》的作者菲茨杰拉德为真正的大牛。

名著的成立有一个最不可或缺的要素，那就是故事简单不要紧，必须映衬一个特色鲜明的大时代。大部分人读《了不起的盖茨比》都认为不过是个屌丝逆袭的故事，但如果你了解美国的历史，就会发现，它其实是非常巧妙聪明地描述和记录了20年代的美国，一个溢彩流光的新时代，充满了许多欣喜和变迁的闪亮十年，它被历史书称为咆哮的时代。

先放下盖茨比的故事，我们好好研究一下20年代为什么精彩。

渣男作死　闲人沉默

历史上评价威尔逊，都说他是美国历史的分水岭。威尔逊之前的美国社会，靠自我的力量开发自有的资源，自我更新，自我完善，自得其乐自由而随性，在地球上遗世而独立。威尔逊这八年，其实从老泰迪开始，美国经济、政治、外交、国际地位都有了巨大的变化。

1920年大选，其实是民众对于威尔逊时代这种变化的反应，美国应该按照威尔逊的思路往下走，积极参与国际事务，增加国际影响力，还是回到保守孤立的老美国时代呢？

不管“一战”让美国赚了多少钱，老百姓看到的是，十几万北美子弟去了欧洲就没再回来。战后为了国联的事，举国上下喧嚣混乱，连总统都被累倒了，何苦呢？

何必呢？放着好日子不过折腾啥呢？

美国人用行动表达了立场，1920年的大选，来自俄亥俄州的参议员哈定帮助共和党拿回了失去多年的白宫。这次竞选也创造了一个纪录，哈定胜出的优势是压倒式的，选民票几乎胜出两倍，而选举人票404对127，胜出了三倍还多！

这个创出历史的竞选优势并不是哈定在美国历史上最大的荣耀，因为后来的历史中，大部分美国总统功绩排名，哈定都可以名列前茅，不过是最差的美国总统排名，从哈定的在任表现来看，我们不禁要怀疑，有的时候，民选国家领导人不见得靠谱。

相比大部分的美国总统，哈定算是个凤凰男出身，凤凰男要想混好，最要紧是长得好。哈定高大英俊，有古罗马雕塑式的五官，以这个有利资源，他找到了一个改良出身最快捷便利的方式，娶了个“富二代”。

白富美肯定是够不着的，但仅仅是富，长得丑脾气坏年纪大的剩女，就大有机会下嫁。哈定夫人出名的专横跋扈嚣张暴躁，但哈定既然是本着以婚姻上位，他也算求仁得仁了。

以这种方式成功的凤凰男，一旦得势，不偷吃劈腿就不正常了。哈定步步高升的道路上，还真没断了各种情妇。其中有一位情妇，最近还被披露出，居然是德国的间谍，“一战”期间，在美国搞了不少小动作。在哈定预备竞选总统时，共和党帮着清理外围，将间谍远远打发到了日本，还要年年出钱供养。

大部分凤凰男有极强的上进心和野心，遗憾的是，除了泡妞专业外，哈定在总统工作的各方面都很一般。

这分明是个渣男嘛！美国人怎么会选他当总统呢？其实，共和党推他出来，还就是因为他渣。

国会跟威尔逊这种强势的狠角较劲，觉得很累；美国百姓被威尔逊的全球野心带得也累。上下一心，集体对威尔逊说，大哥，跟着你挺好的，就是太累！于是，哈定就因为“不累”胜出了。

无能的总统势必要依靠亲信的内阁，亲信的内阁很难做到不徇私舞弊。哈定任内的关键词就是各种丑闻。最著名的就是内阁部长将美国海军的石油储备基地私自租给两个美国富商，收了50万美元的“租借费”，落了自己的腰包。

这算是被炒出来的大丑闻，各种小丑闻，包括白宫成为总统小集团的棋牌室之类的说法，让哈定的任期很难看。1923年，哈定走出白宫，到西部做巡回演讲，声称是对美国人民做一个“自我反省”。

共和党内的“批评与自我批评”真不是闹着玩的，不仅仅是伤及皮毛了，哈定在西雅图演讲时，因为两次心脏病发作后，在旧金山逝世！反省很深刻，连命都搭上了！关于哈定的死因，还有一种被接受的说法是，哈定太太，也就是第一夫人的投毒。至于原因，大家用脚后跟都能猜到了。

副总统柯立芝接班了，他命中注定该成为总统，因为他生于美国独立日。

1923年8月，被通知去白宫成为美利坚总统时，柯立芝正利用假期帮父亲的农场割草。这个佛蒙特州农村长大的男人，一辈子就喜欢闲适的田园生活，日出而作，日暮而归，下午最好睡个长午觉，空闲时可以钓鱼。

哈定是个放荡不羁的人，共和党给他选配的副手就自然是沉稳低调的。性格上虽然差异大，两人对总统的定位倒是一致，都以为，美国政府应该越小越好，最好是什么事都不要管，也不用管。而柯立芝，他几乎把当总统当作负担了，有人评价他："他立志成为历史上最不管事的总统，并成功地实现了这一目标。"

柯立芝的无为而治是成功的，从接手哈定死亡后两年任期，到1924年大选取得胜利，他在白宫注视着美国在20年代突飞猛进，高速发展，而因为市场繁荣和消费激增，这几乎是一段纸醉金迷的岁月，如果说20年代是个咆哮时代，柯立芝任内，是最咆哮的6年。

时代在咆哮，总统却沉默。柯立芝私下本就寡言少语，做了总统后更是谨言慎行。美国媒体经常会以这个几乎不说话的总统打趣。1927年，柯立芝将30名记者叫到白宫。记者进场后，被要求沿左侧排队站好，总统一言不发地给每位记者发了一张小纸条，上面写着：我不准备参加1928年的总统选举。然后不许提问，不许废话，大家解散。这么重要的大事，总统都不愿意多说一句。

尽管柯立芝任内他啥也没干，但大多数人认为，这位闲散安静的人若想再次参选，大有可能再次入主白宫。事实证明，话少的人看得更清晰更高远，柯立芝应该是看到了咆哮时代正走向疯狂的顶峰，顷刻间可能就会迎来毁灭和颠覆，以他的能力和性格，当然是能躲多远就躲多远了。

柯立芝跟哈定还有一项最重大的区别就是对家庭的珍视，第一家庭虽然也碰上过至亲离散的悲剧，但夫妻恩爱是公认的。有趣的是，柯立芝被命名了一个心理学名词——柯立芝效应，这个名词恰恰成为很多像哈定那样的渣男的借口。柯立芝效应意思就是说，全世界所有的哺乳动物，如果发现新的性伙伴，就能保障高亢的性欲和高效的性行为。换言之就是说，如果老公在床上不够生猛，别怀疑他身体出故障了，买驴鞭啥的进补也没用，那完全是因为面对的是自己的老婆，你给他换上公司新来的女大学生试试！

话说某天柯立芝带老婆参观一个养鸡场，总统夫人诧异于养鸡场可以用少量的公鸡产生大量的可以孵化的鸡蛋。农场主介绍说，那是因为每只公鸡每天要工作好几次。总统夫人听完后，对农场主说："请把这事转告给柯立芝先生！"

柯立芝虽然沉默寡言，可作为一个美国总统，他的嘴绝对不笨，他马上询问农场主："一只公鸡一天只为一只母鸡服务吗？"农场主回答，那当然不是。柯立芝跟农场主说：“请把这事转告柯立芝太太。”

虽说喜新厌旧是哺乳动物不可改变的基因，但咱们到底是高级哺乳动物，在对待异性方面至少可以做得比鸡更文明，所以咱们要尽量掩盖压抑这个柯立芝效应。

流行是王道

到20年代末，美国的大街上跑着3000多万辆汽车。美国的汽车业发展可以用光速形容，在1899年，计算汽车行业的产值，在全世界，美国还排不上名次，可不到10年的时间，美国汽车工业进入了世界前端，这样的进步，几乎可以说是亨利·福特一人之功。

1863年福特生于密歇根州，父母是爱尔兰移民。生于农庄的福特，从小就表现出在机械方面的惊人天赋。

16岁那年，福特到了底特律，底特律在当时就已经是美国一个机械工程中心，后来发展为汽车城，可惜如今是有点没落了。福特从学徒开始在底特律生活了7年，其间对内燃机表现出了极大的兴趣。学成的福特加入爱迪生照明公司升职到主工程师，1892年，他建造出了第一台汽油发动机，几年后，他造出了他第一辆汽车。

跟同时期别的汽车公司不同，那些品牌首先定位是为有钱人服务。农庄出身的福特觉得，美国地广人稀，数百万的农业家庭过的几乎是与世隔绝的生活。他希望能提供一种方便便宜易操控的交通工具，让农村人能走进城市，增加城乡互通。

在汽车行业摸爬滚打了10年后，福特于1903年成立了福特汽车公司，正好标准石油公司在跟其他同行的竞争中，不得不降低了价格，供应低廉的汽油，于是，1908年，福特推出了“T”型轿车，售价850元美元一辆。农庄里的农民伯伯们发现，这个小车子，很容易开，连没文化的老婆、老妈都能学会，有时候逼急了她们还会自己动手修呢！这价格在中国连QQ都买不到呢。

1913年，福特向整个工业界展示了一场革命，他的装配厂引入了流水线。第一条流水线启用后，装配一辆“T”型轿车由原来的12小时28分钟缩短为10分钟！成本再次降低，“T”型车的价格直降到360美元，根据当时的工资水平，一个普通工人，干4个月就可以考虑购置一辆福特车。到1927年“T”型车停产时，福特卖掉了1500万辆车，成为美国普通家庭的标配。

福特号称“汽车大王”，但跟他同时代竞争的汽车公司也不可小觑，比如通用汽车公司（GM）。如同大哥和二哥的竞争容易弄死三弟一样，福特和通用的竞争，让此时如雨后春笋出现的汽车公司生存压力很大，优胜劣汰几轮后，到1929年，虽然市场还有这么大，可汽车企业只有不到50家了。

《了不起的盖茨比》了不起在，它网罗了20年代美国社会的各种热点。比如，这本小说之前，文学作品描述的交通工具一般是马车、轮船或者火车，而汽车在《了不起的盖茨比》里却是非常重要的道具，其中关键的场景还是个汽车修理厂，描述了美国快速增长的汽车时代。根据小说，盖茨比发达后，开了一辆劳斯莱斯，它是一种原产英国的德国车，豪车的代表。而在2013年电影版的《了不起的盖茨比》中，盖茨比开了一辆艳黄色的道森伯格，非常招摇。

道森伯格品牌由德国移民在美国创立，跟福特的思路不同，道森伯格坚持高端，为有钱人量身定制，纯手工工艺，没有两辆道森伯格是一模一样的。尤其是1928年公布的“J”型轿车，号称“经典之王”。

如果按小说真实的背景，盖茨比这样的暴发户，一定是首选欧洲豪车。但道森伯格品牌却是真正的美国本土一线豪车，跟它比肩的是宾利和布加迪。道森伯格的盛衰就是一场美国梦，一个移民在美国白手起家打下家业，在随后30年代的经济危机中遭遇灭顶之灾，以至于，现在我们能看到的道森伯格轿车都是古董，只能在拍卖行找到。

有了汽车，很多人第一个可能会联想到汽车广播，现代人大约只有在开车的时候才会收听电台广播了，可是在20年代汽车兴起的时候，听广播是美国人最潮流最热门的娱乐。

无线电广播的发明，是很多科学家心血的集合，关键的人物是费森登，生于加拿大的美国物理学家，虽然他的名字比较生僻，但他在发明创造方面，在当时恐怕也就仅次于爱迪生。跟其他同时期的许多发明家一样，他也是从爱迪生的公司成长起来的。

1906年12月25日，费森登送给能收到无线电信号的人一份神奇的圣诞礼物，他在马萨诸塞州国家电气公司128米的无线电塔上，用小提琴配乐，朗读了一段《圣经》故事，标志着无线电可以用来大众娱乐了。

1920年，美国的第一个商业电台开通在匹兹堡，3年后，共有500家电台，信号覆盖美国所有地区。1929年，1200万美国家庭有了收音机。

当时美国的广播节目应该是很精彩的，但光听声音没图像总是遗憾，尤其是当时的人们已经听说，有了电影这种东西。

淘金热和后来的资源开发，西部也出现了跟东部一样繁华，但景象又截然不同的大城市，比如旧金山和洛杉矶。

加州的发展离不开它周边的水利建设。加州地区石油丰富，大部分石油储量丰富的地区，水资源都比较匮乏。好在加州周边不缺少大河，科罗拉多河、哥伦比亚河水量丰沛，只要能科学引导，不仅能解决水的问题，还能解决电的问题。现在去美国西部旅游，加州附近的大坝是著名的观光景点，而就是这些大坝不仅让洛杉矶成长繁荣起来，也直接导致了好莱坞的诞生。

1886年，一个地产商买下了洛杉矶郊区一片地，开放成一个田园住宅区。他的太太将之命名为Hollywood（冬青树），因为她喜欢冬青，还从苏格兰进口了不少树苗。冬青树需要湿润阴凉的气候，加州干燥晴朗，冬青树很难存活。后来地产商决定在这里建一个小城，沿用了这个名字，我们翻译为好莱坞。

地产商铺设了现在的好莱坞大道雏形，并开始招商招租，到20世纪初，好莱坞吸引了500多居民，大家投票决定，城市就正式定名为“好莱坞”了。

好莱坞距洛杉矶西北11公里，当时洛杉矶已经有10万人口。好莱坞人本来可以自给自足成为一个小城，可是他们遭遇了巨大的危机——水源枯竭了，1910年，好莱坞人再次投票，同意跟洛杉矶合并。

1907年，美国人也预备拍电影了，他们首选的场地，肯定是繁华都市，虽然他们拍的是《基督山伯爵》。在芝加哥拍摄时，天气很不给力，公司听说加州风和日丽，晴空万里，就搬过来完成了拍摄。效果真不错，加州除了天气好，蓝色的晴空下，有海滨、有沙滩、有丘陵、有湖泊、有树林，大部分的自然景观都能找到，尤其是，加州用电还非常便宜。

加州渐渐吸引了很多拍摄队伍，更有人看中了好莱坞这个清秀的小镇，驻扎下来的摄影队越来越多，都七手八脚地搭建自己需要的场景，大约1915年前后，第一家大型制片厂——环球影城就基本落成了。好莱坞后山坡上巨大的“HOLLYWOOD”标志，原本是当地房地产商的售楼招牌，一直没拆，在1949年修整后成为好莱坞的地标。

最早玩电影这门生意的，苦孩子和移民比较多，他们的美国梦是最辉煌的，他们的大名后来让全世界每一个角落都能听到，他们对美国文化的对外扩张也是功劳最大的，我相信一说出他们的名字，每个读者的脑海里都会浮现出他们的经典“logo”和他们曾经创造出的经典画面。他们是：米高梅公司、二十世纪福克斯公司、派拉蒙公司、华纳兄弟公司、哥伦比亚公司等等。

其中地位最高，混得最牛的是一位捡破烂出身的俄籍犹太人，他叫路易斯·梅耶，就是他一手缔造了米高梅的传奇，我们现在熟知的克拉克·盖博、费雯丽、嘉宝、伊莉莎白·泰勒都是他当年一手提携的巨星，他被称为“好莱坞之王”。

1926年，随着好莱坞产生巨大的经济效益，电影从业人员越来越多，劳资纠纷成了电影公司老板最头痛的问题。梅耶提议，成立电影制作人的行业工会，同时，也需要对已经成为产业的电影艺术有一个专业的机构评估。好莱坞接受了这个想法，人类历史上第一个电影学术机构——美国电影艺术与科学学院成立了，梅耶是策划委员会主席。

1929年，奥斯卡金像奖第一次在美国颁奖，此后这个美国的小金人代表着电影的世界最高荣誉，每年年初的洛杉矶，都会因为这项小金人的盛事吸引全世界的目光。

在人类很长的一个历史时间内，都是法国引领世界纯艺术的风尚。美国崛起后，经济和文化都想进入世界前列，它自知玩高雅是怎么也玩不过法国人了，干脆，另辟蹊径，玩大众艺术。

快速征服了世界的大众艺术就是爵士乐，它是最早的流行音乐。整个美国的20世纪20年代，又被称为是爵士时代。

爵士乐起源于美国南部，中心是新奥尔良，来自黑人。黑人在非洲没有被卖身为奴之前，过着闻歌起舞的日子。来到美国南部，繁重的劳役也没有压抑他们唱歌跳舞的热情，音乐融入了他们的劳动号子，加上他们从家乡带来的班卓琴等乐器，棉花种植园里，应该是挺热闹的。种植园主们可能也发现这样的发泄有助于提高劳动生产效率，很少加以约束，至少让黑奴保留了享受音乐的自由。

来自非洲的劳动号子，来自西欧各种民谣，来自基督教圣灵感应的圣歌，都是爵士乐重要的组成部分，也正好是美国社会的重要构成。

黑人一边摘棉花一边唱歌，心里肯定想的是遥远的故乡、离散的亲人和自己黯淡的命运，就算是劳动号子，想特别激昂振奋也是不可能的，大部分是忧伤的，是blue（蓝色的、忧伤的）的，于是这一类音乐我们叫它布鲁斯。

黑人的音乐天赋首先表现在对节奏的掌握自如上，黑人乐者玩节奏玩得出神入化。当时有黑人在钢琴上演绎欧洲的经典名曲，那些庙堂大气的古典音乐，在他们手里被演绎出全新的风格，更灵动更通俗。黑人们完全不搭理乐章上规整严格的节奏要求，他们随心所欲地打散这些节奏，于是就出现了所谓“散拍乐”，又叫拉格泰姆（Ragtime)。

布鲁斯和拉格泰姆组合在一起，就大致形成了Jazz。黑人们大都不识谱，他们玩音乐，随意性非常高，那种漫不经心的风格似乎就是爵士的精髓，无招胜有招，越是漫不经心的东西，往往越难。

美国白人虽然也觉得爵士挺好，但对于由黑人主导的这门艺术，总有些排斥，爵士乐发展起来后，很多白人乐者尝试去黑人化，努力抹杀黑人在爵士乐中的位置，基本上是以失败告终。现在我们一说到爵士乐，脑子里最自然浮现的画面肯定是一个黑人扭动着身体吹萨克斯管，很少会想到白人的爵士乐者。

有歌不能没有舞，19世纪末，除了社交舞蹈，芭蕾依然是最主流的肢体艺术，它标准而刻板，看多了感觉像做操。只是舞蹈这东西有它的特殊性，如果不是有规矩的标准动作，在当时的思想环境下，张牙舞爪地乱扭，可能让人感觉是抽风。

有个生于旧金山的美国小姑娘，从小就很有舞蹈天赋，可她就是不喜欢大家都在学习的芭蕾。20多岁，她游历欧洲，从古希腊的雕塑和绘画中感悟到了最自然的舞蹈方式，她认为肢体动作发自内心的才是完美的，技巧和标准是对舞蹈的玷污，这个一辈子以舞蹈充分释放自己的精灵叫伊莎多拉·邓肯。

“最自由的身体蕴藏最高的智慧”，邓肯的动作，来自海、来自风、来自鸟类的飞翔，来自微风中的枝丫，她全身心追逐自然之灵，整个天地都是她的舞台。

在欧洲，邓肯薄纱轻衫，在古典音乐的伴奏中，披散长发，赤着脚，翩然而舞，让观众似乎看到了希腊神话中那些自在的女神。邓肯的舞蹈自由随性，是最美国化的艺术，可美国人自己并不觉得美，邓肯最后还是成名于欧洲，让全部的艺术生命闪耀在欧洲。

邓肯绝不是突发奇想创新了几个动作的普通舞者，她有自己完整的舞蹈思想和舞蹈理念；而作为舞台上少有的才女，后人通过《邓肯自传》了解到了一个追求自由勇于表达的现代女性形象，她被称为现代舞蹈之母。

酒、女人和共产党

既然是盖茨比的时代，我们还是从盖茨比说起。盖茨比是个土豪，钱来得不明不白，小说里并没有记录盖茨比的发家史。盖茨比的钱究竟哪来的呢？

根据对小说中线索的分析，我们几乎可以肯定，盖茨比发财，靠的是黑帮渠道卖私酒。卖酒可以挣这么多钱，说明当时卖酒跟现在贩毒一样，是违法生意。

美洲殖民能在北美大陆站稳脚跟，酿酒业有重大功劳。随着酒越酿越多，越酿越好，喝的人肯定也越来越多，城市乡村到处都有各种小酒馆。

美国是以清教徒为根基的国家，对自律有要求。酗酒喝得烂醉，不管有没有闯祸，总归是堕落的。到20世纪，酒的问题似乎严重了，很多“专家”认为，酒导致了美国社会不安定，家庭不和睦，工作效率差；酒是犯罪和贫穷的根源，不禁酒，国家没救了。

禁酒令由各州开始，到1918年末，大约四分之三的美国人生活的地区，都颁布了严格的禁酒条令。当时美国的政界被酒闹成了两派，根据老百姓通俗的区分，同意禁酒的，就叫“干的”，不同意禁酒的叫“湿的”，不管私下本人喝不喝，反正在当年的美国国会里，干的比湿的多，于是1920年国会通过了让人膜拜的宪法第十八修正案，又叫“沃尔斯特法案”： 禁止在合众国及其管辖下的一切领土内酿造、出售或运送作为饮料的致醉酒类；禁止此类酒类输入或输出合众国及其管辖下的一切领土。

一说到美国宪法及其修正案，都会加上“神圣”二字，盖因为美国的宪法体系，可以说是世界上最成功的，可就是这第十八修正案，让“神圣”二字大打折扣，到现在都让美国人羞愧。

酿酒喝酒都违法，可酒并没有禁绝呀。私酒贩子应运而生，酿酒运输销售一条龙，加上黑白两道各种渠道，对有钱有势的人来说，喝酒不但没受影响，还添了一种特别的富贵感。去朋友家做客，他掏出一瓶上好的威士忌招待你，就是没有菜，你也感动得热泪盈眶。有些政客，表面上是“干的”，等禁酒令一下，他领头酿私酒，顷刻就发了大财。比如黑帮势力强大的芝加哥，在市长的保护下就成了私酒中心，生意红红火火，日进斗金，培养了很多暴富的土豪。有些研究美国黑道的人甚至说，禁酒导致的私酒贸易，是美国大规模有组织犯罪崛起的起点，后来名震全美的著名芝加哥教父、黑帮老大阿尔·卡彭就是“成才”于芝加哥的私酒生意。

私酿酒质量有高低，好酒供应权贵，不合格的假酒也能进入底层酒鬼的胃里。这样喝出毛病来的人，当时也不知道有多少。事实证明，在维护社会治安、挽救社会道德、提高人民体质方面，禁酒令比酗酒危害更大。

贩私酒的有，老实戒了不喝的当然也有。好在，此时你就是不喝酒，在美国，你也能找到替代的饮料。

1885年亚特兰大一个老药剂师用古柯叶的汁液和可乐果的汁液混在一起，加上糖浆和水，又不小心加入苏打，配成一杯味道有点怪但挺刺激的饮料，冰冻后喝下去，在佐治亚州闷热潮湿的气候中，消暑解乏，宁神醒脑。

老药剂师认为他只是配了一种糖水，而一个叫钱德勒的商人就看到了无限的商机。钱德勒用283.29美元买下了糖水的专利和配方。这个配方十几年后再转手时，价值2500万美元。如今做这种糖水的公司市值接近1500亿美元。

大家猜到了，这肯定是可口可乐。不管这东西当时是什么味道，它是碰上好时候了，行销全美的时候，它只需要说自己是“伟大的国家禁酒饮料”，立时被所有人接受。作为宗教系统反酗酒建设教徒道德的重要工具，可口可乐在早先推广时，得到了教会的大力支持，以至于后来很多无酒精饮料都想复制这条路，变着法子傍上教会。

再成功的产品都不缺竞争对手，北卡罗来纳州的药剂师也混合了一种饮品，说是能调理胃部。这个是不存在的，我喝完百事可乐，胃更不舒服了。

百事可乐一问世，就陷入与可口可乐无边无际的争斗中，百事没有可口可乐一帆风顺，中间两次几近破产，被挽救重生后，焕发出更强大的生命力。现在百事坚持青春时尚的形象，号称是“新一代的选择”，被那些时尚动感的广告一忽悠，我们经常忘了，百事可乐和可口可乐都已经100岁高龄，是我们爷爷辈喝的古代饮料。

很多人都想不到，在美国这样一个倡导自由民主开放的国家，居然能由政府强制禁酒，到现在美国政府都不敢禁枪呢。

在20年代这一轮禁酒活动中，有一群人起了很重要的作用，而就从这时候起，起的作用越来越大，这群人就是女人。

女权运动战前就开始了，从废奴运动开始，女人开始发出自己的声音。但当时，就算很多女人觉得，除了全职主妇相夫教子，女人还能干点别的，她们也很少人想到，应该争取政治权利政治地位，到男人的世界去踩一脚。

第一次世界大战，让女人们彻底出门了，男人去欧洲打仗了，女人们要工作养家。产业大军中，女性的数量越来越多，自然而然，面向她们的产业培训也越来越多。有条件有追求的女性，甚至可以进入大学，取得学位，涵盖各种职业，产生了一个女性知识分子、女性精英的族群。

从内战前到“一战”后，美国的女权运动者们，一代又一代地努力争取着选举权。前面说到，美国女人虽然没有选举权，毫无政治地位，但她们在社会上实质地位并不低。她们代表着道德高尚和信仰虔诚，当时的欧洲人都觉得美国女人挺独立自负甚至有点儿跋扈的。在废奴运动中，女人的呼声起了很重要的作用，在禁酒的问题上，女人们也表现得立场干脆，斗志昂扬，谁不想让家里那个死酒鬼老公戒酒啊！

当美国女人铁了心要获得选举权时，她们的能量再次得到证实，女权组织在全国号召民众，不要投票给反对女性参政的国会议员。议员们立刻就怕了，算了算了，别跟女人斗了，要不回家没人做饭洗衣了。

1920年，宪法第十九修正案，女人们成功了：“美国公民禁止以性别为因素被剥夺选举权。”选票是拿在手里了，大部分女人还不太适应自己的地位提高，突然增加了这么多新选民，当年的投票率也没有明显升高，此后很多年，大多数家庭的女人都是跟着老公填选票，当家的支持哪个党我就支持哪个党，毫无独立意识。从获得选举权到参与公职的热情，到让妇女阶层成为政坛一支重量级的力量，美国女人还有漫长的路要走。

酒和女人都可怕，但，资本家都觉得没有赤色分子可怕。20年代的资本主义社会，心理上遭遇的最大冲击是1917年的俄国革命，居然苏维埃实实在在可以变成一个国家政权！

共产主义是全球运动，红旗要插遍全世界的，美国当然不能例外。从19世纪末开始，主要资本主义国家的工人运动就有点刹不住车。1880年，美国工人就上街要求8小时工作制，可政府的法案似乎管不到资本家们，工人们还是被强迫加班，很多人一天要工作14小时。

1886年5月1日，芝加哥爆发了20多万工人参加的罢工大游行，再次要求8小时工作制。让商界巨头们十分恐慌，最后警察向游行人群开火，打死了几个人。冲突升级后，一枚炸弹丢向警方，有7名警察被炸死。这样一来，政府必须深究了，数百人被捕，法院裁定了“真凶”，虽然证据不足，其中4人还是被处以绞刑。为了纪念工人们流血的抗争，第二国际宣布，每年的5月1日为国际劳动节。这个节日虽然是纪念芝加哥工人罢工，可美国人是不过的，美国的劳动节在每年9月的第一个周一。

1919年，美国共产党成立了。这一年，美国的主要城市又发生了产业工人的罢工，进而引发骚乱；还有些地方发生了针对政客、资本家的爆炸行动，虽然产生的危害不算很大，但引起了由资本家主导的政府的高度戒备。共产分子是这些事件的主要嫌疑人，美国政府感觉到不断逼近的赤色恐怖。

这个时候不能讲人权和民主了，一定要将共产主义扼杀在摇篮里，1920年1月2日，在总统威尔逊的首肯下，司法部长帕尔默亲自牵头率领联邦军队，发动了一场激烈高效的全国大搜捕。

后来被称为“帕尔默大搜捕”的行动，虽然下手时间不长，成果却颇为丰硕，全国抓了几万人（这个数据是历史之谜，待考）。传说共产分子藏了大量的武器弹药，最终军队搜出来可疑武器是三支左轮手枪。后来抓的人大部分也都放了，实在没有证据证明人家是骚乱或者恐怖分子，因为赤色并不违反美国宪法呀。

经过这一轮镇压，刚出生的美国共产党只好转入地下活动，以后的很长时间，美国共产党和中国共产党一样，都要在地下活动。最红火的时候，美国共产党有党员近10万人，中间也出现过不少社会精英，比如，著名作家杰克・伦敦。

革命同志杰克・伦敦的成长过程简直可以说是黄连树上结苦瓜，要多苦有多苦。

杰克・伦敦首先是个私生子，怀孕时，妈妈以自杀威胁，也没让亲爹接受这个孩子，爱尔兰的占星学家扬长而去，除了文学基因，啥也没留下。

妈妈带着8个月大的杰克・伦敦嫁给了一个中年鳏夫，从此，杰克・伦敦就随继父姓伦敦了。家里还有两个年长的继姐，其中的伊丽莎对杰克・伦敦非常亲厚，给予他因妈妈脾气暴躁喜怒无常缺失的母爱。

10岁时杰克・伦敦就必须出门打工补贴家用。卖报、打零工，在街上混大的孩子什么都敢干，他酷爱大海，找人借钱自己买了一艘小船，加入了盗窃团伙——在加州海滨偷人家养殖的蚝。后来他又被警方招安，成为专门抓蚝贼的水警。

1894年美国遭遇经济危机，大批失业，西部人组织起来向华盛顿进军请愿，这么遥远的长征，没人赞助路费伙食费，少不得沿途化缘，就是这个化缘的经历，奠定了杰克・伦敦某种思想的根基，他发现这一路上，他跟有钱人请求一点温暖往往被拒，倒是那些自己吃不饱穿不暖的穷人，很同情他，一碗剩饭也愿意分一口给他。杰克・伦敦当时就唱道：天下农友一条心，穷不帮穷谁照应。心里从此埋下了革命的小火种。

当然，一个革命战士不能没有牢狱经历。杰克・伦敦被抓起来不是因为宣扬什么思想，而是因为他在尼亚加拉大瀑布一带流窜，疑似盲流。监狱的生活让杰克・伦敦悲惨的生活又多了一道苦逼的体验。

1896年，阿拉斯加的克朗代河流域发现金矿，全美大地又掀起一场轰轰烈烈的淘金运动，杰克・伦敦加入了这支大军。不同的是，人家是去找金子的，杰克・伦敦是去冰天雪地里读书和锻炼革命意志的。在零下四五十摄氏度的帐篷里，杰克・伦敦读书并组织讨论会，什么书能让他在这种温度下热血沸腾？那必须是《共产党宣言》啊！

生活所迫，杰克・伦敦没受过系统连续的教育，他的自学能力惊人，努力程度也惊人，阿拉斯加的读书岁月，对他有巨大的提高。所以，当很多人都带着黄金和财富离开阿拉斯加，杰克·伦敦除了冻伤什么都没有时，他还说他找到了马克思主义这座金矿。

杰克·伦敦开始参加美国社会主义党的活动，成为积极分子，受到当局的“特别关照”。著书立说并演讲，1904年，28岁的杰克·伦敦甚至被当作社会党的总统候选人获得提名。

虽然杰克·伦敦写了大量关于阶级斗争、底层人民要苏醒摧毁现有社会之类的文章，但他另一面依然是个畅销作家，如果当时有作家富豪榜，杰克·伦敦应该是榜上有名的。

一个对共产主义社会怀有梦想的人，有钱了，他就想建个乌托邦。买下几个庄园几片地连在一起，这是一个有福同享有难同当，共同劳动，公平分配的共产主义家园。所有人都可以入住，要求一份工作一张暖床和一份口粮。这种地方我们不用描述，不管杰克·伦敦自己策划得多么美妙，基本上就是个养懒人养废柴的收容站，注定失败的。

杰克·伦敦一辈子都对大海情有独钟，心心念念地想开船环绕地球。他像个冤大头一样，用一笔巨款造了一艘破船，好不容易开到夏威夷，大修后，颠簸到了澳大利亚。船看着随时会解体，杰克·伦敦只好宣布他的环球旅行计划提前结束。虽然旅行没有成功，但不得不说，杰克·伦敦是作家中最好的水手了，他的海上游历也为他的文字增色不少，他走过的地方，尤其是太平洋上星罗棋布的大小岛屿，好多美国人听都没听说过呢。

给别人建了乌托邦，自己也需要一个完美家园，杰克·伦敦又斥巨资修建一座豪宅，有人抨击他，住这种豪宅，你还是社会主义者吗？这不堕落成资本家了吗？

上帝没让杰克·伦敦堕落，在豪宅终于竣工的当天，一场突如其来的大火将其烧为废墟。

1916年11月，40岁的杰克·伦敦在寓所服用过量的吗啡身亡。官方结论是自杀，原因至今不明。

说杰克·伦敦会自杀没人相信，因为提到杰克·伦敦，第一部想到的作品，肯定是《热爱生命》。

一个淘金客在山谷中被同伴抛弃，他没有食物、没有弹药，扭伤了脚踝，一瘸一拐行走在冰天雪地里，周围出没着熊和野狼。他艰难地寻找着生路，甚至不惜抛下了辛苦寻得的黄金，在他要坚持到极限时，遇上了一头跟踪他的病狼，这对冤家且行且算计，都指望把对方熬死，用对方的身体延续自己的生命。终于是人的毅力胜利，淘金客用最后的力量扼死了狼，幸存并获救了。

从战后到20世纪，美国文学的大部分作品，气氛都是平和安静或者浪漫精致的，杰克·伦敦带来的风气却是粗粝野性的。雪原上衣衫褴褛，面容憔悴的淘金客，伤痕累累地将一头狼压在身下，直到病狼的血流进他干涸的胃里，即将熄灭的生命重新焕发出光彩，炙热而壮烈。这样一个画面，对于看多了都市小说男欢女爱，上流社会装模作样的读者来说，是一种锐利的刺激。杰克·伦敦因此成为畅销书作家，据说连足不出户的大家闺秀都喜欢读他的作品，想象着作者应该是多么硬朗刚毅的一条汉子。而另一位革命同志列宁，在最后缠绵病榻时，就是靠听别人读《热爱生命》来提振自己的精神。

《热爱生命》只是短篇，公认杰克·伦敦的巅峰著作，应该是《野性的呼唤》。故事讲述的是一位加州阳光海岸的富家公子如何意外地沦落到一个艰难的环境后，战胜懦弱战胜自我，脱胎换骨成为顶天立地的男子汉，并成就了自己伟大事业的故事，非常励志，尽管，这位富家公子是一条圣伯纳犬和苏格兰牧羊犬杂交的大狗，名字叫巴克。

巴克原本是法官的爱犬，在加州的舒适庄园里过着贵族的生活。有一天，它被拐卖到了阿拉斯加，沦为一条雪橇犬。从最初的惶恐无助，到看惯了人类和狗界的各种争斗厮杀，生死残酷，巴克意识到，要活下去，尊严地活下去，就要会使用自己的利齿。

从扑杀猎物开始，巴克身体内蕴藏的野性逐步释放，这股野性让巴克越走越远，越走越坚定。

巴克成长为最孔武有力的雪橇犬，在阿拉斯加傲视同类，但它也需要人类的爱，它遇到最好的主人——淘金客桑顿。桑顿救过巴克，巴克也可为了桑顿奋不顾身。巴克和桑顿建立起一种超出人和动物之间的感情，他们更像是兄弟亲人。桑顿跟别人打赌，巴克为了主人赢得赌局，以150磅的躯体拉动了1000磅的面粉。

桑顿的死再次改变了巴克的命运。巴克回到营地，发现印第安人突袭，杀死了桑顿。他咆哮着，以闪电般的动作撕开了印第安人的喉咙，大开杀戒后的巴克知道，自己不再是一只狗了，他体内，狼的祖先所有的野性都被激活了。

复仇后的巴克决定回到它的生命的起点，它攻击了一个巨大的狼群，鏖战后，狼群接受了巴克的回归和登基。此后的阿拉斯加雪原上，巴克率领着狼群纵横，似乎它天生就是这里的自然之主。即使变成了头狼，巴克总记得桑顿的惨死，它的狼群总是不断攻击印第安人的营地，撕开印第安人的喉咙。

《野性的呼唤》是老杨最喜欢的小说之一，读过很多遍，每一次都能热血沸腾热泪盈眶，作为一个狗痴，老杨从没觉得巴克是一只狗，我看到的就是一个充满智慧的生物不屈不挠的抗争。杰克·伦敦也没觉得巴克是一只狗，他没从一个人类看狗的角度去写作，我相信，整个创作过程中，巴克就是杰克·伦敦，杰克·伦敦就是巴克。

巴克的故事看得人激动，可有人会说，巴克受野性驱使回归了狼群，难道是象征真正的强者是让文明倒退回归原始？杰克·伦敦很聪明地否定了这个说法，因为他写出了《野性的呼唤》的姊妹篇《白牙》。

《白牙》的故事正好和巴克相反，讲述一只有狗血统的凶残狼如何历经磨难后，被仁爱的新主人救走，进入文明社会，过上了居家宠物的生活。

两个故事一点不矛盾，杰克·伦敦说了，巴克战胜自然战胜自我取得荒野的统治地位，是一种适者生存，优胜劣汰的进化，而适者生存不一定非要恶劣的自然环境，能适应文明社会，融入文明紧跟文明的发展，这更是一种进化。两部小说孰优孰劣还经常引发争论。

显然达尔文对杰克·伦敦影响至深，而杰克·伦敦塑造的各种战胜自我的形象，似乎隐隐有尼采（超人）的痕迹，底层人民靠斗争改变自己的境遇，推翻不公，这当然是来自马克思主义思想。达尔文、马克思、尼采就这样不同程度地影响着杰克·伦敦。而美国文化的多样性有大量素材，大陆、雪原和海洋又为他提供了各种不同背景，杰克·伦敦自己的人生经历还丰富多彩，虽然40岁就英年早逝，但其作品之丰富高产是作家中罕见的。当然，需要用钱的杰克·伦敦也不乏粗制滥造的作品，而他对黄种人尤其是中国人的恶意想象和敌意，也是他招人非议的地方，他当时肯定没有想到，他撰文大书特书的“未来邪恶中国”恰恰是他信奉的共产党建立的。

迷惘中的绿灯

1896年，菲茨杰拉德生于一个中落的商人家庭，17岁时，考入了普林斯顿大学。家道中落是最别扭的，还拥有富人的心态和习惯，可已经没有了富人的能力和底气。普林斯顿大学有点贵族范儿，大部分都是有钱人家的孩子。

菲茨杰拉德初恋的女郎，是芝加哥的富家小姐，很快他就知道，富家千金正是他消费不起的几个奢侈品之一。

不幸的是，再次堕入情网，菲茨杰拉德看上的，还是矫情傲娇白富美。此时的菲茨杰拉德入伍成为军官，虽然没有机会亲临“一战”战场，但军装确实是个挺好的泡妞道具，菲茨杰拉德模样不错，还有才气，他吸引了这个叫泽尔达的姑娘并订婚。

对20年代前后的大部分女孩来说，不管贫富，对物质总有些难以满足的渴望，她们看男人，钱和地位是最重要的标准。菲茨杰拉德身无长技，只能卖字，随着不断收到退稿信，泽尔达果断提出中止婚约。

24岁时，菲茨杰拉德的小说《人间天堂》终于受到了瞩目，他成了文坛冉冉上升的新星。泽尔达回眸冲菲茨杰拉德展颜一笑，俩人顺利步入了婚姻殿堂。

他俩天雷地火一相逢，便胜却人间无数。菲茨杰拉德成了当红作家，收入不错，两口子挥霍的气派让人觉得其爸是洛克菲勒。夜夜笙歌，纸醉金迷，两人都好酒，双双沦为烂酒鬼。都是放纵的真性情小孩，喝高了什么疯事都敢干，当时的报纸，以追踪这两口子的疯狂为乐，不费劲就能上头条。

1925年，菲茨杰拉德全力创作《了不起的盖茨比》，泽尔达从不收敛“作”的本色，在这段时间里，花蝴蝶一样在异性中穿梭，招惹些让作家老公心烦意乱的桃花。

《了不起的盖茨比》刚出版时，并没有现在这样的褒奖，而这部小说似乎也抽空了菲茨杰拉德的精神，他更加酗酒沉沦，太太泽尔达呢，出现了精神上的不正常症状。让两口子生活最郁闷的是，作家的收入跟不上消费了。

1930年，泽尔达终于被诊断为精神分裂症。1940年，盛名尽褪的菲茨杰拉德也因酗酒死于心脏病，那年，他才44岁，参加葬礼的人寥寥无几。7年后，精神病院失火，泽尔达被活活烧死。

《了不起的盖茨比》有非常深的作家本人的烙印。主人公盖茨比，出生于中西部的农家子弟，“一战”时参军，去战场之前，认识了一个叫黛西的富家千金，两人发展了一段短暂而热烈的小爱情。

盖茨比随部队去海外作战，黛西嫁给了名门富商汤姆。退役的盖茨比知道后，痛心疾首，他认为是金钱让黛西迷了眼，他发誓要将金钱这个怪兽打败。于是，盖茨比开始疯狂地追逐金钱。对一个出身卑微，没有一点背景的穷小子来说，在当时的美国环境里，想快速发财致富，倒也不是没有办法。

发财后的盖茨比购置了豪华的别墅，隔着一片海湾，跟黛西住的别墅遥遥相望。为了吸引黛西的注意，盖茨比将自己的豪宅变成了当地最大的夜场，天天宴宾客，晚晚有party，盖茨比家成了当地一道风景，盖茨比也火速上位成为神秘富豪。在人头攒动、衣香鬓影的喧嚣中，主人盖茨比落寞孤单地穿行，仿佛这一切都跟他不相干，他总是热切地望着对岸，黛西家的码头上，有盏暗淡的绿灯，缥缈地明灭着，盖茨比似乎总看不真切。

像盖茨比这么高调，想勾搭到黛西并不难，不久，黛西就在盖茨比的豪宅中，扑在绫罗绸缎上号啕大哭，她是为盖茨比打造的这份豪华兴奋而落泪。

黛西开始经常到盖茨比的豪宅密会情郎，她的丈夫汤姆也不闲着，早就跟汽车修理厂俗艳的老板娘勾搭成奸，汽修厂老板有怀疑，只是一直抓不到真凶。

汤姆虽然劈腿，但不能容忍老婆的背叛，他花了点时间调查盖茨比的背景，然后将盖茨比约到城里摊牌。盖茨比沐浴失而复得的爱情晕了头，他要黛西永远离开汤姆，而且告诉汤姆，她从没真正爱过他。此时汤姆揭穿了盖茨比的老底，他不过是靠违法生意发财的黑帮暴发户。

听说盖茨比的秘密后，黛西退缩了，盖茨比再有钱，他也无法拥有汤姆的社会地位，他永远是被上流社会嘲笑的土豪，且毫无安全感。

在回去的路上，心烦意乱的黛西开着盖茨比的车子横冲直撞，不幸撞死了突然冲出马路的修理店老板娘。汤姆和黛西两口子空前地团结一致，共度难关。汤姆暗示修理店老板，他老婆的奸夫就是肇事逃逸的盖茨比。本来盖茨比做好了替黛西顶罪的打算，但没料到惩罚来得这么快，他被汽修店老板开枪打死。

黛西和汤姆在事发后立即离开住所去旅游，仿佛这个事跟他们毫无相干，连盖茨比的葬礼也拒绝参加。不论盖茨比曾经好酒好菜招待过多少朋友，他的大宅里容纳过多少狂欢的醉客，愿意参加他葬礼的，只有寥寥数人。

小说的最后一句： 盖茨比信奉这盏绿灯，这个一年年在我们眼前渐渐远去的极乐的未来。它从前逃脱了我们的追求，不过那没关系——明天我们跑得更快一点，把胳臂伸得更远一点……总有明朗的早晨……于是我们奋力向前划，逆流向上的小舟，不停地倒退，回到过去。

简单地理解，《了不起的盖茨比》就是个真心被狗吃的爱情故事。名著之所以成为名著，就是要扛得住各种解构。

20年代的美国，清教徒的社会体系崩塌，信仰、道德标准之类的东西非常落伍，社会主要风气就是拜金和及时行乐。美国梦在此刻找到了最简洁的解释：不论何人，不论出身，不论手段，赚钱就是成功。

穷小子盖茨比认识了富家小姐黛西，黛西和她代表的生活，对盖茨比来说是个梦想是个美国梦，这个梦想让他付出很多。为了快速搞钱，他进入黑道涉足违法生意，可他对自我的约束非常严格，锻炼身体，学习仪态，不喝酒不赌博，竭力把自己打造成上等人，让自己的气质终于有一天能配合巨大的财富。

努力证明是白费了，因为不管盖茨比暴发到什么程度，他和黛西、汤姆之间，永远存在着天然鸿沟，盖茨比高估了上流社会的素质，他将自己打造成高尚人，恰恰在上流社会显得怪异而突兀。盖茨比天真地相信爱情，天真地相信他爱过的那个纯美姑娘，只是对那个姑娘来说，钱固然重要，社会地位和家世背景更重要，让她抛弃汤姆跟盖茨比走，从此成为私酒贩子的老婆，她想都不愿意想。

盖茨比的可贵在于他执着与单纯，他执着地爱一个姑娘，执着地为这个姑娘努力，执着地相信他会获得他渴望中的爱情；他单纯，单纯地认为，这个世界跟他一样简单，姑娘喜欢有钱人，我就变成有钱人，我这样地爱她，她一定也会同样地爱我，我夜夜开party，善意招待所有人，他们至少会视我为朋友。现实社会给他毁灭性打击，失去一个女人不是最可怕的，最可怕的是，梦想被无情地砸个稀碎。

20年代的，爵士乐的时代，所有人的思想回归到最原始的欲望，《了不起的盖茨比》正是这个时代的寓言，盖茨比盛极而衰，大约也昭示着这个喧嚣浮躁的繁华时代维持不了多久了。

在一个物欲横流的时代混，就算是随波逐流，心里也容易空虚迷惘。对于经历过“一战”和爵士时代的美国青年，有个作家称他们为迷惘的一代，而菲茨杰拉德就是这群人的代表人物。

三十七　大萧条

怎么这么惨

哈定政府闹尽了丑闻，柯立芝上台后最重要的是让民众恢复对政府的信任。虽然是这个思路，但柯立芝还是什么都不用干，只要有个靠谱的内阁就好。所以，当柯立芝宣布不再竞选后，他的商务部长胡佛被认为是最好的候选人。

胡佛毕业于斯坦福大学，初出社会时，是个采矿工程师。采矿这业务，哪个时代都容易发财，胡佛40岁之前，踏遍世界，主要矿山都留下他的足迹，还到过中国的开滦煤矿，他当然也因此发家致富。

读过《最冷和最热的俄罗斯》的读者们先行认识了胡佛，在俄国刚成立不久的1920~1921年，因为内外势力对新政权的“剿杀”和天灾，出现了大规模饥荒。作家高尔基向西方世界求助，第一个回应的，就是当时的美国救济署署长胡佛。尽管附加了点儿条件，胡佛还是向美国最不待见的苏维埃俄国政府提供了人道援助，救助了几百万俄国人。

其实在“一战”后，胡佛就停止了开矿的工作，全力在欧洲从事救济工作，这一段经历，让他在欧美社会赢得了极高的声望。

胡佛从哈定时代进入内阁成为商务部长，服务了两代总统。可据说，两代总统都不喜欢他。因为哈定和柯立芝都是推崇小政府的，希望最大可能减少政府动作，政府干预。胡佛不敢泡妞也不喜欢钓鱼，他总是忙碌的，他的商务部在柯立芝的小政府时代，竟然还能持续地增加工作人员和开支。

在1928年柯立芝任期结束时，胡佛俨然是内阁的一位闪亮人物，共和党内部经过分析认定，只要胡佛代表共和党参加竞选，铁定能继续保留白宫。

就1928年共和党的形势来说，是不是胡佛都不重要，在20年代那些沸腾的日子里，美国走在康庄大道上，前景光明得耀眼，这当然可以归功于共和党政府的领导，胡佛不过是在正确的时代出现在正确的位置罢了。

胡佛也这么想，所以他宣称：今日的美国，比任何时期任何国家都接近摆脱贫困的目标，贫民救济园正在我们眼前消失！

伴随胡佛对未来展望和竞选胜利的，是华尔街股票市场的疯牛行情，1928年5月到1929年9月，股票平均价格涨了40%，主要工业股票翻了一倍。那个行情咱们可见识过，出门遇见熟人，如果你没炒股，或者是炒股还没挣到钱的，你都不好意思跟人打招呼。随便在马路上拉住一名环卫工人，他都能给你推荐几个第二天涨停的票！

有钱的炒股，没钱的搞钱炒股，不吃饭可以，不炒股不行，把房子押上炒股，到银行借钱炒股，要是老婆孩子能典当，肯定也当了炒股！必须炒股，因为华尔街那些分析师说了，美国的股市还在低位呢！

现在大家都知道了，股市一到这个程度，离崩盘就不远了。

1929年，世界证券史上那些血淋淋的著名日子如约而至，10月21日~23日，股市大幅下挫，10月24日，“黑色星期四”，股票交易所显示器的显示速度已经跟不上股票下跌的速度，这一天，大约有11位华尔街老狐狸自杀。

看着情势不妙，老摩根的接班人小摩根学着父亲的做派，又发英雄帖牵头组织几大银行带着2.4亿美元跑步入场，联手托市，当时的确产生了些许的效果。谁知，经过一个周末，10月29日再开盘时，“黑色星期二”又来了，这次市场对所有的救市举动反应冷漠，所有人只有一个指望，将手里的股票不管什么价格卖出去。此后的一周，美国股市失去了100亿美元，到11月中旬，近300亿美元灰飞烟灭，相当于整个“一战”美国的总投入，很多股民失去的是前半辈子积累的所有财富。

华尔街的崩盘只是一场巨大经济危机的开端，此后的4年，美国经济以惊人的速度向低谷坠落，连带整个美国社会美国人民都陷入异常苦难的深渊，银行倒闭，工厂关门，青壮失业，孩子失学，遍地盲流，很多人在垃圾箱里翻找食品，甚至有人饿死，正如美国人自己说的，美国“冲进了地狱”。

这就是胡佛这个倒霉孩子上任后遭遇的现实——美国史上最艰难的大萧条时代。

资本主义发展到20世纪20年代，大家对经济危机都不陌生，这种慢性顽症，大约10年必然来一次。马克思告诉我们，这是资本主义的生产方式注定产生的结果。好在呢，这病不死人，不打针不吃药，经济规律那只看不见的手会自然地调节，一年半载自己就好了，几乎每次危机都会引发一些新的产业诞生，旧的产业更新，让资本主义经济重新上马，再创一轮辉煌。

1920年哈定上台时，美国也在经历经济危机，哈定啥也没干，他就是控制了点政府开支，刺激下消费，很快危机就过去了，美国走进咆哮时代。

而1929年以股票崩盘开启的这一轮经济危机，却似乎不是原来那个慢性病了，它不仅来势凶猛，波及面广，还绵亘了4年，实际上，4年后，它虽然得到了缓解，也没有被根本治疗，最后真正治愈它的，是一剂无与伦比的猛药——第二次世界大战！

研究大萧条的成因，是一门很神奇的高端学科，众说纷纭，流派很多。而那些历史上研究大萧条的各种家们，因为没有经历过我们曾经经历的2008年危机，所以可能看得还不如我们清楚。

现在我们大部分人都可以用最通俗的话来解释这个危机了：

“一战”后，美国发达了，全球的资本热钱都跑到美国玩了，玩啥呢？不是股票就是房子呗，股市自然就被推高了。

经济蓬勃发展，工农业生产因为科学技术的发展，效率不断提高，可需要的人工就越来越少了。产业工人失业不能换个工作吗？不能啊，20年代的美国，经济发展缺乏多样性啊。两大产业，一个是汽车，一个是建筑，这两项产业不用人，大部分就真找不到事做了。

失业的人渐渐多了，怕失业的人更多了，所以有点钱也要存起来，说啥也不能乱花，当然消费就少了。

虽然号称是纸醉金迷的咆哮时代，可美国经济的高速发展并没有惠及大部分底层百姓，根本没有形成与工业生产完全匹配的消费群体，消费层次。

为了卖掉产品，工厂主只好降价，产品价格降低了，为降低成本，只好减少工人工资，这样即使暂时有工作的人也不敢消费了，恶性循环。

分期付款的逐步兴起，又让一部分美国人学会了借贷和过度消费，形成虚假繁荣，错误引导了企业的继续增加生产。

产品不断生产出来，买的人越来越少，自然就过剩了。

自家产品都卖不掉，更不能让外国商品进来抢钱了，共和党不是喜欢玩高关税嘛，关税一提高，别人家的东西进不来，人家最正常的反应当然就是不让你的产品过去。国内卖不掉，国际市场更紧张。

大家别忘了，这个时候，欧洲还在“一战”的萧条中没走出来呢。欧洲各国都指望美国人给贷款过活，或者是把德意志顶到墙角要账呢。1929年危机后，美国人给不出新的贷款，欧洲的三角债链就断了，美国的大萧条自然就传染给欧洲，全球主要资本主义国家抱在一起哭了。

以上是老杨自己的分析，为了显得本作品严肃学术，还是将主流的专业研究结果发上来给大家了解一下：

公认的最权威解读，来自1976年诺贝尔经济学奖得主弗里德曼的巨著《美国货币史》。弗里德曼认为，大萧条必须问罪美联储，因为在经济危机刚发端时，他们就应该降低利率，维持货币宽松，可他们正好相反地提高利率，紧缩了货币，让一场普通的危机演变成大萧条。所以说货币政策是解决所有经济问题的总钥匙！这帮人掉钱眼里了，总认为钱是万能的。

还有一派来自消费学观点。货币紧缩是加剧了萧条，但绝对不是萧条的起因，起因恰恰是消费不振，投资下降。遇到这种事，政府就是应该增加消费，刺激购买，财富再分配。显然这一派，也影响了现在很多国家。

另一派是历史学家的观点，看着也靠谱。说这个大萧条就是倒霉催的卡点上了！汽车和建筑业势头刚过去，而新产业比如航空、石化、电子等新兴产业还没跟上，这个空档期肯定萧条哇。所以再遇到经济危机，全世界人就念叨着要发展新型产业来克服。

事情是这么个事情，情况就是这么个情况，胡佛总统阁下，你摊上大事了！

胡佛计划

“购买力是繁荣强盛的基础”，刚经济危机时，胡佛是支持消费学那一派的。他号召广大资本家、商人、工厂主，千万不能降低产量，更不能降低工资，劝说工会，这个时候别闹，稍微延长点儿工时是很正常的。

心是好的，主意是蠢的，外面这个市道，你要求资方不降工资，还维持生产，你是逼人家破产哪，好在大部分人不听总统的，这第一招，很快就没戏了。

第二招，咱家最熟悉，那就是扩大财政消费，增加对基础和公共设施的投入，现在美国旅游著名的景点，胡佛水坝、洛杉矶湾区大桥等，都是当时的建设。

胡佛接手美国政府的时候，柯立芝给他留下的是7亿美元的盈余，胡佛不像现在奥巴马对政府赤字有极好的心理承受能力，他担心他当几年总统把政府败光了怎么办。所以这些基建投入，他是小心又谨慎，想做又不敢做，畏手畏脚的，在1932年大萧条最严重的时候，这个伙计甚至提出增加某种税收来保障政府的收支平衡！胡佛同学要是听说，后来有个国家用4万亿的投入来抵御经济危机，他会不会被吓一跟头？

第二招用得不太彻底，好像作用也不是很大。

胡佛的问题在于，他是自由资本主义理论的拥趸，在他看来，政府就是保障个人自由和公民机会均等，而资本主义经济，一定是由它内部的规律调节的，政府千万不要插手，乱插手会把事情搞糟。至于1929年的这场危机，也不过是一次普通的规律危机，闹这么大，跟美国没关系，完全是因为国外的经济环境恶劣，所以美国人不要被外围搞乱了阵脚。

其实在1929年之前，美国农业就率先出现了过剩的危机。当时有人提出，可以考虑由政府主持将农产品向国外倾销，国内由政府控制农产品的生产种类和生产规模，以平稳价格。当时的柯立芝政府里，胡佛俨然已经是核心，他听着不爽，当时就否决了，他认为这种做法是他最恨的社会主义，绝对不能纵容！

到他主持白宫时，农业不景气可是必须直面解决的大问题了，因为中西部的选民已经明显对他不满了。于是，胡佛提出了一项“农业直销法”：联邦政府设个农业局，把主要的农产品生产者组织起来，拨5亿的政府基金，购买过剩的农产品，保障产品的价格。为了美国本地的农产品价格不受外来产品的影响，再提高一些农产品的关税。

这个办法刚开始是有用的，但依然是愚蠢的。本来农场主种了一茬小麦，发现卖不出去了，下一季他自然就转向种植玉米了。可如果小麦种出来，横竖有人收，我干吗转种玉米啊！小麦过剩就会一直过剩，堆满联邦农业局的仓库。

而保护性的关税更是害人，你不准别人家的大米进来，人家会接受你家的小麦吗？小麦继续堆着吧，别再种了！报告总统，没人听咱们的，5个亿的资金不够用，还有钱下拨买小麦吗？

这招又失败了。到1931年，胡佛的支持率降到冰点。偏偏这个伙计还天天跑出来，报纸广播地号召全体国民要乐观，要相信政府，要情绪稳定。

美国人的乐观天性于是都发泄在胡佛身上了，没有住处的流浪汉在公园和野地里宿营，身上盖着些旧报纸，这些旧报纸被称为“胡佛毯”；捡破烂的盲流手上提着装垃圾的袋子被称为“胡佛袋”；用薄铁皮、碎木板、烂树枝临时搭建的住所被隆重命名为“胡佛村”，这个美国历史上最艰难困苦的时刻，充斥着饥饿疾病和绝望的时刻，永永远远地被烙上了胡佛的大名。当时街上有人想搭顺风车，会写个牌子：“你要是敢不搭我一程，我就给胡佛投票！”

不管怎么窘迫，胡佛都不认为是美国本身出了问题，他觉得根本问题在于：欧洲欠美国的债，利滚利还不清，美国一中止贷款，欧洲银行连串倒闭，他们就纷纷从美国撤走黄金储备，而为了还钱，他们还需要抛售美国股票。

针对这个结论，胡佛又出了一招：欧洲各国向德意志和奥匈帝国要求的战争赔款和他们的战争贷款都可以延长一年期限，给大家一个休整的机会。

这招太迟了，欧洲的危机已经产生，这一年的休整，没帮上忙。

到1931年底，危机还在探底，似乎是深不见底。胡佛发出了最后一招：政府成立“复兴金融公司”，为要倒闭的银行、大企业、大型商业团体提供政府贷款，为地方政府的基建项目注资，建立贫困救济基金。

这个计划一看就会失败，因为政府贷款不可能随便发放，肯定需要抵押，能获得政府贷款的，还是大银行和大企业，那些无望的可能没有偿还能力的企业，是得不到任何关照的，对漫及全社会的经济崩溃，这几乎是杯水车薪。而这个“复兴金融公司”自己本身，需要小心维持稳健的财务操作，不能把自己整破产了，以致对地方基建和贫困救济的投入小里小气，几乎看不到效果。

到1932年，胡佛所有的动作，都没能让经济危机得到任何缓解，他本人的支持率都快接近负数了。这样大的危机，一定会引发社会动荡，尤其是恶性群体事件。

话说1924年，美国政府通过了一项拨款法案，给予参加第一次世界大战的老兵，每人1000美元的补偿金，但是这笔钱，要从1945年开始支付。

1932年，生活在水深火热中的“一战”老兵们，想到政府还欠自己这么一笔钱，就组织在一起约25000人，到华盛顿请愿，希望政府提前支付，帮他们度过眼下的困境。

胡佛正为他任内巨大的政府赤字闹心呢，怎么会答应提前给钱呢。被拒绝后，部分退伍老兵留在华盛顿，搭起了窝棚，组建了简易的“胡佛村”，预备跟政府耗一阵。反正回家也是缺吃少穿，到哪里都是一样。

因为这些人当年都是美国远征军，如今成了盲流，架势还在，这次叫“补偿金远征军”！

总统每天够烦的了，打开窗户还要面对这么一帮子捣乱的，胡佛从政治家的角度分析，这是国内左翼势力挑起的一项针对他本人和美国政府的恶性挑衅行动。

事件一被定性，对于那些衣衫破败生活狼狈的老兵和家属，胡佛就一分钱的同情都没有了。

本来只是派出警察维持秩序，布设了屏障，见不解决问题，一不做，二不休，上军队吧！

陆军参谋长麦克阿瑟将军带着副将艾森豪威尔亲自指挥了这一行动，派出了第三骑兵团为先锋，进攻“补偿金远征军”，能对自己战友下狠手的必须不是普通人，领头的是骑兵团少校——乔治·S.巴顿。

人类从记录历史开始就知道粉饰历史，美国这么发达的国家，粉饰技术当然也不会差。这场美国现役军队对美国退伍老兵的维稳行动，美国历史倒是没有回避，因为这么大的一件事，想彻底从历史记录上删除，未免太轻率了。最聪明的办法就是，弄很多说法混淆视听，其暴力等级、伤害程度、伤亡人数都算是美国历史上一个暧昧不清的话题。麦克阿瑟火烧连营，将“补偿金远征军”在华盛顿的“胡佛村”烧了个干净这事倒是公认存在的，中间是不是如传说中的，对无辜家属包括孩子使用过刺刀之类的东西，就真不容易追究了。

至于事件之根本是不是左翼共产主义分子在华盛顿策划的活动，更不用研究了，反正不管胡佛怎么解释，也挽救不了自己的政治危机和共和党的颓败，1932年的大选又来了！

三十八　轮椅上的美国

海德公园的王子

17世纪初，欧洲殖民者纷纷越过大西洋来到北美。出门在外，老乡最亲，在北美择地而居时，都是以出发地的渊源来抱团。比如现在纽约的哈德孙河谷地带，当年就是荷兰移民的一个聚居点。

最早参与了北美建立的外来客，很多都生发出巨大的家族，成为美利坚的“本土贵族”。来自荷兰的这群人里，后来最引人注目的，就是罗斯福家族。

罗斯福家族最早的移民者落地生根后，到孙子辈，分成了两支，一支在长岛的奥伊斯特湾，另一支在海德公园一带。

我们熟悉的老泰迪总统，他来自奥伊斯特湾这一支，这一篇我们要介绍他的远房堂侄子，来自海德公园的富兰克林·罗斯福。

作为早期移民，罗斯福家族算是纽约最古老富有的家族。富兰克林的爸爸詹姆斯在第一任太太去世后，迎娶了德拉诺家族的大小姐萨拉。德拉诺家族出自法裔，几乎是来到新大陆最早的胡格诺派教徒（胡格诺派的故事参见《闻香法兰西》），萨拉的爸爸从早期的印度茶叶贸易到后来的中国鸦片生意，发了大财。作为一位身家显赫的法国女郎，萨拉小姐在美国上流社会有极高的美誉度和辨识度，她甚至是一种社交风度的代表。

詹姆斯二婚，年龄几乎是萨拉的两倍，萨拉是带着百万美金的嫁妆嫁入罗斯福家族的，当时的百万美金，真的是很多钱。由此可见，罗斯福家族的身份地位，还是要超越一位鸦片商人的，不管商人有多富。

富兰克林含着金汤匙出世，是这对显贵父母唯一的孩子，而他同父异母的哥哥，跟母亲萨拉同岁，富兰克林还有个比自己大两岁的侄子。大概可以想象，富兰克林受到的宠爱关注和他的生活质量，不会低于一个欧洲普通国家的王子。

母亲萨拉对富兰克林影响很大，因为他老爸詹姆斯实在太老了，没力气陪他玩耍和成长。王子的教育轨迹都差不多，萨拉终于舍得放手时，富兰克林进入了著名的格罗顿学校，这所到现在依然在全美数一数二的私立高中，最大的特色就是每年为哈佛输送高才生。富兰克林当然也就顺理成章地进了哈佛。也就是在哈佛就读期间，他的远房堂叔泰迪入主了白宫，而罗斯福家族的所有男丁，不管之前是不是从政的，此时似乎都要以一个政治家族的成员自居了，更有野心的，可能会考虑，罗斯福家族的白宫之路，是不是要延续下去？靠谁延续下去？

富兰克林肯定是想过接班的，他奉泰迪为英雄和偶像。1902年，富兰克林在白宫遇上了泰迪的亲侄女埃莉诺。在1905年富兰克林哈佛毕业进入哥伦比亚大学学习法律后不久，他就强烈要求跟埃莉诺结婚！

富兰克林和埃莉诺的故事，应该是美国历史上最引人入胜的总统夫妇逸事，可能萨拉从一个母亲的高度，早就发现了这桩婚姻的“悲剧性”，从一开始就百般阻挠。可惜没用，埃莉诺还是由叔叔泰迪亲手送到了富兰克林家里。后来的美国野史，在富兰克林和埃莉诺两口子的各种绯闻之外，还有第一家庭各种婆媳矛盾的插曲，这些八卦故事我们说完正事之后再聊。

上帝很公平，没有人能拥有完美的一生。1921年，在加拿大度假的富兰克林遇上了一场森林大火，他参与了灭火行动，火灾扑灭后，他跳入海中游泳，加拿大东部海岸冰凉的海水，正适合烈火灼烤后的肌肤。

爽是挺爽，代价太大。上岸后不久，富兰克林就感冒发烧大病一场，最后发展成了“脊髓灰质炎”，也就是我们常说的“小儿麻痹症”！这位王子正当壮年，却永远不能正常行走了，甚至连站立都需要扶持！

疾病是世界上最平等的东西，不会因为权势金钱和地位，就绕开某些人，到1954年，“脊髓灰质炎”才被研发出相应的疫苗，在富兰克林的年代，他除了漫无目的毫无结果地花钱建各种医疗机构、水疗中心，似乎也没有别的办法。

老泰迪有个能猎熊的好身板，可侄子富兰克林站都站不住，他能延续罗斯福家族的事业吗？

他不仅延续了，他甚至是复制了叔叔的成功之路。1913年，富兰克林就在威尔逊的政府里担任了海军助理部长，1920年获得了民主党内副总统的提名。

虽然那年大选民主党落败，第二年富兰克林身体还瘫痪了，但没妨碍他的政治道路顺利。1929年到1932年，坐着轮椅的富兰克林作为纽约州州长，领导着纽约人与经济危机战斗。

新政

1932年大选对共和党来说，是一场必输之局。经济危机没有任何遏止的迹象，当年有四分之一的劳动人口失业，几乎没有银行营业，支票都没地方兑现。纽约的联邦储备银行都不敢开门，因为受不了民众的挤兑。

对于民主党来说也是个难题，虽说大家都有把握，民主党内随便拎一个人出来竞选都足够干掉那位在白宫愁眉苦脸的胡佛总统，但接下来的事呢？这样深重的危机，这样毫无希望的萧条，会不会把民主党也拖进深渊？说不定下一任总统，会被骂得比胡佛还恶心，而这一届，民主党已经取得了两院的多数，也就是说，如果干不好，民主党要背下所有的责任，没得推搪，可能会死得更难看。

如果非要找一个有点靠谱的候选人，那就纽约州州长吧，因为整个大萧条的4年，纽约州各项指标都还没有崩溃，几乎没有银行倒闭，比起其他地区，这已经是非凡的成功了。

罗斯福就这样成了新的美国总统。如果放在现在这个媒体发达的时代，国家已经是一艘破船了，再找个残疾人船长，大多数人肯定不干。

不过罗斯福是最早重视媒体关系的政治人物之一，他跟记者保持着良好的交往，记者们懂事，从不公开他在轮椅上的画面，在电视没有被发明出来的时代，罗斯福成功地掩饰了自己的身体状况，好多美国人是很多年后才知道，自己的国家是由一位轮椅上的总统领导的！即使是现在，存世的罗斯福轮椅拐杖照，都不算太多。

美国的政权交替有个大bug，也就是新总统当选和旧总统到期之间，有4个月的时间。这个时间段是相当尴尬的，因为新总统绝对不会插手给自己找麻烦，而旧总统因为已经是明日黄花，更不敢造次，尤其在大萧条的日子里，这4个月几乎是个迷茫的真空期，经济崩溃的速度似乎加剧了。

这4个月中，胡佛屡次向罗斯福求援，毕竟国会现在是控制在民主党手里的，他最后的任期想稍微挽回点儿声望更是难上加难了，只有罗斯福愿意帮忙，他才可以走得不那么难看。可罗斯福并没搭理他，这样不伦不类地插手前政府有什么意义呢，总统是新的，一切都是新的，当然是在万众期待的就职演说中盛大登场嘛！

1933年3月4日，罗斯福的就职演说也被列入名人堂，成为美国总统演讲稿中的名篇，其中的名言是：除了恐惧本身之外，没什么需要恐惧的！

罗斯福在竞选时就承诺，要给美国人民“新政”，新在哪里？

演讲不足以抵抗恐惧，但是酒精可以的，所谓酒壮㞞人胆嘛！罗斯福一上台就解决了多年悬而不决的禁酒令问题，宪法第二十一修正案颁布，酒精含量低于3.2%的含酒精饮料，可以酿可以卖可以喝。生活这么苦，还不让喝酒，太不人道了！而一个修正案废掉另一个修正案的宪法，听上去比喝酒还爽呢。

有酒喝了，大家情绪稳定了，政府就可以解决问题了。第一个要面对的是，国家金融系统濒临崩溃，没有银行敢开门营业了，在新总统入主白宫的那天，连纽约证券交易所和芝加哥商品交易所都关门了！

3月6日，上任的第二天，罗斯福宣布，所有银行关门4天，等国会讨论银行改革的事。

罗斯福的幕僚们很聪明，知道时局混乱，政治对手和群众情绪都不会给总统的新政以空间和时间，而这种时刻，最是谣言、小道消息肆虐的时候，最容易造成不可控制的危害。坦诚和透明是消灭谣言最好的办法。所以罗斯福选择当面跟所有的国民分析经济局势，解释政府的行为，感谢当时美国已经普及了无线电广播。

总统很淡定，思路很清楚，说话很亲切，态度很真诚，美国人还有什么不放心的？反正也没工作没事做，喝点小酒，听总统闲聊也能打发个时间。从此后，罗斯福特别喜欢广播讲话，恨不得兼职一个电台DJ，而他的幕僚们就觉得，总统亲自主持的电台节目，总要有个名目吧，为了显得亲民和谐，就叫："炉边谈话"吧（如果总统愿意半夜不睡觉上节目就叫"床前私语"）。名字是温馨的，就是不知道有几个听众能点得起炉子买得起酒！

就在4天的银行假期中，国会通过了紧急银行法案。如此快速高效地通过一项法案凸显了一党独大的好处，总统是民主党的，国会也是民主党的，当年的胡佛和现在的奥巴马都羡慕不来的。

紧急银行法主要工作是防止大银行被小银行拖垮，清查所有的银行，没有能力维持的小银行倒闭，能继续营业的大银行，由政府担保其存款安全，并因此成立相应的联邦储蓄保险公司。

经济危机后，所有人都不相信银行了，有点储蓄也拿回家藏起来了。"紧急银行法案"通过后，罗斯福总统在"炉边谈话"节目里打广告了：把钱存回来吧，放在重新开张的银行里，肯定比藏在床垫下面安全。

要不怎么说媒体是有魔法的呢，就这节目一结束，美元就如潮水般回到了银行，联邦系统内四分之三的银行重新开业，一个月内收到了10亿美元的现金和黄金！

既然有钱了，就要解决一下关于钱的问题。

这时，我们必须要提到一个金融著名词汇：金本位。

所谓金本位就是说货币的本位是黄金，不管钞票印什么面额，它的价值总是以相应的黄金为基础的。简单说，你有多少黄金，你就印多少钞票。

金本位这个制度，本来是1861年英国人确立的，而后全世界大多数国家都这么办了。本来印纸币是个挺容易的事，可如果非要跟黄金挂钩，就不好乱印了。而且黄金这个东西，它储量有限，又经常被攥在少数几个大国手里，这让黄金储量小的国家就很被动。随着资本主义经济发展，商品极大丰富，消费越来越多，对流通的要求越来越高，全世界黄金的储备又没跟着增长，这样一来货币就不够用了。

第一次世界大战时，各国都要钱买军火，有黄金才能有货币，每个国家都控制自家的黄金不准外流，既然黄金是货币的保障，货币的意义就在于流通，流不通，就不好玩了。

英国人一想，这个事是我自己搞出来的，自己订的规则自己完全可以打破。

1931年，不列颠一不做，二不休，果断宣布放弃金本位，英镑随便印，而后大幅度贬值，给所有被货币困扰的国家指点了一条明路。

这条路，胡佛不敢走；罗斯福敢，银行恢复后的4月18日，总统发布行政命令，让美元与黄金脱钩，美元也开始贬值。不管货币贬值的利弊有多少种说法，可以肯定的是，对出口商品是有利的，能增加本国商品的海外竞争力，对一个经济危机的虚弱国家来说，这应该是很补血的。

上任一个月就基本稳住了飘摇欲坠的金融业，国民对罗斯福信心大增。再往后的工作，就很顺手了。

“农业调整法”立时推出，政府要限制农业生产，重新分配主要农产品的种植面积，防止过剩，以保障价格。

这项法规落地实施时，已经是秋收季节，来不及从头调配了，面对过剩的猪和作物，怎么办？老办法呀，多的猪杀掉销毁，多种的棉花全拔掉，多出来的牛奶倒进密西西比河。虽然美国政府知道，此时此刻，好多的美国百姓吃不饱穿不暖，严重营养不良中。这个行为一点都不怪异，我们上学时老师批判资本主义制度的时候，已经有足够多的对这个行为的解释了。

美国政府不管怎么作为，它的性质决定了对经济领域的动作幅度是有限的，但就是这有限的调控，1934年，就产生了明显的效果，当年农产品价格回升，而此后的三年，农民收入增长了一倍。

急剧下滑形同崩溃的工业经济似乎问题更大，解决起来难度更高。政府再次显示了神一般的效率，1933年6月，“国家工业复兴法”通过。

法案规定了最低工资，缩短工作时间，确定工资应该随着物价上涨，工人可以组织工会跟资方谈判，还要落实各种生产规章制度，不准用童工，杜绝血汗工厂。只要工人的利益能保障，他们就有稳定的收入和消费意愿。

这招难道不是胡佛用过的吗？胡佛没办法让国会通过他的立法呀，他只是提倡而已。而罗斯福这种立法可是有明确的执行机构的，专门为此成立了著名的国家复兴署。

虽然是法案，美国政府也不能用枪指着资本家令其执行。国家复兴署的署长想出个带点宗教性质的做法，他设计了一个图标，一只蓝鹰，这只蓝鹰代表着你认可“国家工业复兴法”并愿意配合执行。同意合作的雇主，将这个蓝鹰标挂在窗户上，宣布自己是国家复兴大业中的一个志愿者，要和国家共度难关。

不要小看这个蓝鹰标志，在那些艰苦的岁月里，这个标志带着点儿自愿牺牲的悲壮，因为在当时的情况下，按工业复兴署的要求维持一个企业，难度非常大，愿意接受蓝鹰，实实在在是种爱国精神。

对于大量的危机人口，直接救济很重要，但国家也不能养懒人。授人以鱼不如授人以渔，雇主提供不了工作岗位，政府想办法提供，公家投资开工程，大量招募失业劳工。这个做法，就是著名的“以工代赈”。

还是胡佛那一套嘛，难道罗斯福想建个罗斯福大坝？没那么简单，罗斯福建的，是个堪称典范的巨大的国家工程——田纳西河流管理局，简称TVA。

田纳西河是全美第八大河流，发源于阿巴拉契亚山脉，注入俄亥俄河，全长1046公里，流域面积10.5万平方公里。

河流上游落差大，河道狭窄多急流，中游多险滩，加上流域内降水非常丰沛，这种特征的河流一般都挺祸害的，洪涝灾害时有发生，以至于主要流域内的田纳西州，是美国最穷的一个州。

很早就有人讨论过，田纳西河流域，发展水电开发森林渔业资源是大有潜力的，但投入大见效慢，私人的电力企业一时光顾不到这里，不如国家出面开发它，还能保证附近大面积地区的供电。

在共和党当政的时代，这个事基本没有讨论余地。经过20年代的咆哮时代，共和党的无为而治让巨头们更巨，自然让共和党跟大资本家和各种寡头成为盟友。电力大佬们都知道，国家出面的电力公司，自然是低价供电，那些私人电力公司的高电价还不被人骂死？

罗斯福的新政就将国家工程的落点放在了这里。正好1932年，有个电力巨头因为腐败丑闻曝光而倒闭，激发了老百姓对电力公司的极大不满，民间大声呼唤公共电力设施的建立。

1933年6月，田纳西河流管理局通过。像这样跨州的国营企业，在美国可是个新鲜玩意儿。一方面是总统领导下的政府职能机构，董事会直接向总统和国会负责；另一方面田纳西流域管理局又是一个独立核算的大企业，独立法人资格，人事权独立，直接从事全流域的各种项目运营，比如森林的保护和开发，水土保持，防洪防涝等等。

田纳西河流管理局建设了水坝和排水系统，基本排除了洪涝灾害，周边从来没用过电的贫困地区都通上电了，更重要的是，它的电费定价成为了一个标准，其他的私营电力公司，再也不能想怎么收就怎么收了。

以上这些事，基本都在罗斯福进入白宫不到4个月的时间内发生的，一定要再次提名表扬美国国会，没有一个全力配合绝不拆台的国会，这个效率几乎是不可想象的。第一年就确定了新政的大框架，剩下的就是看效果了。

第二新政

效果并不好，至少没有达到所有人希望的效果，虽然罗斯福的个人威望空前高涨，可不能否认的是，萧条还在蔓延中，复苏的迹象似乎并不明显。

罗斯福新政是改革，自然规律，改革就要遭遇两派，一派是保守的拦着不让改，一派是说你改得不到位。在美国，很明显是共和党和他们的幕后大佬们，对这种新政深感忧虑，等看到新政效果不佳，争先恐后地跳出来攻讦，希望借着打击罗斯福和新政，重新拿回失去的江山。

过去的80年间，虽然看着两党你来我往的势力均衡，其实，共和党占据国会控制大局的时间更多，经济危机和1932年大选让共和党被闪了一下腰，可他们在美国的势力和由他们主导的美国社会的某些习俗是不容易改变的。

1935年开始，社会上抨击罗斯福的声音嘈杂了，著名说法是："罗斯福的新政充满了共产主义俄国的臭味。"

既然第一轮新政没达到效果，为了应对越来越激烈的民众指责，罗斯福预备开启他的第二新政。

这年5月，来自波兰的犹太人谢克特兄弟将国家工业总署告上了法庭。

谢克特兄弟俩在纽约布鲁克林区经营家禽生意。这兄弟俩可不是贩鸡杀鸡这么简单，他们的家禽店只做犹太人生意，雇员也都是犹太人和专门的犹太屠夫。因为是犹太规矩的生意，要遵从犹太的礼仪和规矩，所以这里的价格比别处高一点儿。

复兴总署的工作是要限制竞争控制价格呀，犹太人的鸡鸭店为啥价格比别处高呢？政府对卖鸡卖鸭有规定，消费者不准随意挑选的，除非你一次买走一笼子。谢克特兄弟只好按国家规定卖东西，他的主要消费者犹太人肯定不答应，影响了生意，谢克特兄弟跟复兴总署发生了争执。这个复兴总署是政府衙门，是新政下的政府衙门，权力可是很大的，原来政府管不到的大小生意，现在复兴总署都可以管的，拒不接受整改是吧？好，我告你！（老杨松一口气，我很怕这时美国衙门说出找工商局查封你的店这种话。）

总统和国会是一条心了，最高法院还没"沦陷"，还能独立公正。这场小官司越打越大，终于来到了最高法院。估计是大法官等这一天等很久了，最后的裁定居然是，国家工业复兴法违宪！

不能不说，这场官司是美国精神的胜利，在罗斯福新政那个随时可能将国家导入专制和独裁的时刻，独立的司法系统有效地遏制了这个危险的方向。此案后，罗斯福非常之气急败坏，他觉得高院不整改，再多的新政都没用。他花了大量的时间和精力通过各种办法将他支持的新政派法官"填塞"进最高法院，到1941年，最高法院的9位法官中，有7位是罗斯福钦点的人马。罗斯福身后的历史评价虽然很高，但他对最高法院的动作，让他留下一个不小的政治污点，受人诟病。好在强大的美国司法独立，还是最终得以保全了。

复兴法案是允许工人们组建工会跟资本家谈判的。大萧条时期，欧洲各国的工人运动是如火如荼的，美国工人既然能组织工会了，相应的工人运动自然也就应运而生了。复兴法案是被废除了，可组织起来的工人就不容易解散，全国的劳资纠纷似乎有越演越烈的迹象。

为了缓和这些矛盾，罗斯福只好又签署一项法案——《全国劳工关系法案》，又叫“瓦格纳法”， 该法规定:雇员可以组工会、可以跟雇主平等谈判；雇主不得压制工会，不得禁止罢工，不得歧视工会会员；设立全国劳工关系局等。

这才是整个罗斯福新政中最亮眼的法案，直接确定了美国经济社会的劳资关系。前一阵美国好莱坞的编剧们集体罢工要求增加薪水，就让老杨很闹心，生怕这帮人真撂挑子，好多美剧看不到结局了！所以它是整个美国历史上最重要的法案之一！

4年弹指即过，忙碌而充实。美国还在大萧条中挣扎着，但仿佛美国人已经习惯了节衣缩食、温饱难续的生活。90%的家庭都贫穷，还有大量家庭纯靠政府救济过活。罗斯福的新政也许没产生作用，可共和党的反击也没产生作用，1936年的大选，美国人还是投票给罗斯福，给他的第二新政一个机会。

第二新政没什么新鲜的，罗斯福只是将美国抱上自己的轮椅，踉踉跄跄地踯躅而行而已。他也知道，常规药物肯定是治不了这场病入膏肓的恶疾了。这个病是个世界范围内的传染病，现在抬起头来看看其他国家是怎么治病的吧！

三十九　中立也痛苦

爱上日本人

这一篇要补上之前的章节没有写到的重要内容，美利坚和我天朝（大清“帝国”）之间的关系。

美国1898年不惜吃相狰狞地取得了菲律宾。到底菲律宾对老山姆来说有什么价值，老山姆需要大量菲佣？当然不是，他的终极目标再明显不过了，就是加入欧洲对大清的分食，路有点远，菲律宾是个跳板。

从鸦片战争开始，在天朝大地上捣乱的坏蛋，数得着的全是欧洲人，老山姆不敢强出头，跟着敲边鼓也捞了不少好处，搞到了所谓“最惠国待遇”，为他家的在华贸易服务。

等到他家把菲律宾捯饬清楚了，要对大清下手时，欧洲列强固然是排排坐好，据案大嚼，连海上那个小岛国日本，也盘踞了一张大桌子，贼眉鼠眼吃了一嘴油。

老山姆可不能干看着流口水，他努力挤进来，给英德法俄意日六个吃货发了个照会，你们吃你们的，但不要妨碍我美国人做生意，要让中国“门户开放”，所有这些国家在华贸易机会均等，所有利益均沾，除了不用考虑大清的感受，最好互相都关照一下，不要有人吃肉，有人啃骨头，还有人只能喝汤。

美国人是很聪明的，欧洲列强加日本，在中国动辄就要操家伙教育清政府，那点好处很多都是打出来的，美国人掺和的群斗比较少，尽量跟在后面溜达，人家有的，他一口都不少，吃得也挺爽。

全世界都盯着中国是块肥肉，最痛苦的除了大清政府（也没看出多痛苦），就是隔海的邻居日本。

明治维新后，小岛子像吃了兴奋剂，雄起得有点找不到北。它也不关心哪里是北，它天天盯着西边。

高速发达的资本主义经济被挤在小岛狭小的空间里，那憋得是相当难受。对日本人来说，西进的那片大陆，是日本人美好的未来，想要争取那个未来，除了富国，更要强兵，而后大大方方地踏上大陆，日本人的空间将骤然开朗。大清政府不可怕，就是欧洲来的那帮子蛮夷讨厌，现在连太平洋对岸的都跑过来了！

瓜分天朝的盛宴中，大部分人都好商量，最让日本人烦躁的是北极熊——俄国（日俄的纠结，请大家参看《最冷和最热的俄罗斯》），对于后面挤进中国的美国，日本给了个很友善的笑脸，因为可以跟老山姆联手遏制俄国。

对俄国佬的厌恶，其他国家都有，日俄战争一开打，英、法、德当然还有美国都上赶着借钱给日本，鼓励他揍死北极熊。

日本人竭尽全力拼了一架，看着像是赢了，可要把北极熊完全放倒，还是差点儿。这时候，上一个罗斯福，也就是泰迪冒出来了，他充当了日俄战争的调停人，自说自话地在咱们东北的地面给两家分赃，明里暗里都是帮着日本人的，他还给自己搞来一个诺贝尔和平奖！

列强对日本人的支持，让日本坚定了侵华的信念。而后日本在中国步步为营地推进，到跟袁世凯达成的“二十一条”，美国人看着都挺闹心，因为日本有点违反了“机会均等利益均沾”的分赃铁律，加上“一战”后，欧洲列强顾不上东亚，日本人有点坐大想独吞的意思。

大家都是强盗，出来混，花花轿子互相抬。日本人跟美国人没仇，美国在华的利益，日本人绝对不会妨碍，你美国人也别管我在这片土地上怎么行动了。美国人耸耸肩，好吧，只要美国的贸易正常，你随便吧。

1931年，日本人毫不客气地发动九·一八事变悍然占领了中国的东北。美国人着急不？急呀，不小心中国就落日本人手里了！必须阻拦日本人，怎么拦？出兵打他？那怎么可能，美国人不喜欢打架，最好连制裁都不要，把日本人逼急了，他们下手更狠。

日本人对美国态度好哇，你不就是要门户开放嘛，我保证你门户开放。你们都看着共产主义俄国碍眼，我大日本帝国不怕费事，替你们挡在中国东北的前沿，随时盯着他们，不准共产主义“泛滥成灾”！

正如英法各国的“绥靖”姑息了法西斯德国的壮大，美国对日本的姑息，也为亚洲培养了一头恶魔。

到1934年，日本人就不愿意再提“门户开放”了，因为“日本对于中国有特殊地位”，其他国家不要插手，最好“连技术和财政援助都不行”，你美国人不是有个门罗主义嘛，我日本人也搞一个“东亚的门罗主义”，这片地区，是我大日本帝国罩的，你们就别费心思了！

1937年7月7日，卢沟桥事变，日本全面侵华战争启动，就到此时，美国人还在为日本提供战争物资，当然美国同时也关照着蒋介石政府。经常给日本人发照会，大意就是，你打你的，我美国在华的工商利益，你要保全！

全世界都知道，日本人英语学得不好，估计美国政府对他们的友爱和善意，日本人一点儿也没看懂。

1937年12月12日，美国炮舰“帕奈”号在长江中被日本战机炸沉！

美国战舰怎么跑长江上去了？是呀，自从闹了义和团，欧美列强都觉得，必须有枪有炮有军队保护自家的在华业务，美国人组建一支叫长江巡逻队的舰队，游弋于长江，号称是保护美国油轮。

1937年12月，日军迫近，眼看南京就要失守。美国人恐怕是预计到了，日本人一旦攻陷南京，就会撕下人皮露出野兽面孔，所以赶紧调度“帕奈”号到南京帮着撤侨。装满了美国商人、传教士、新闻记者后，“帕奈”号紧急逆流而上，自以为找到个安全的地方避开了战火。结果日本人还没到南京就先对“帕奈”号下手了，在那个江南冬日的午后，晴朗的星期天里，“帕奈”号缓缓沉入江中，舰上3人死亡，27人受伤。

这个数字对美国人的刺激太小了，罗斯福虽然很光火，但大部分美国高官都认为，那是人家误炸，跟之前的“缅因”号事件不可同日而语，让日本人道歉赔偿就行了，他们忙着呢，别打扰人家了。

日本人当然会道歉赔偿，心里说：“误炸你妹呀，你们船上挂的美国国旗比圣诞节还花哨，你当我们日本人近视呀？”这次试探，让日本人坚信，大洋彼岸看着挺财大气粗的那帮人，都是些㞞蛋，比“支那人”强不到哪里去，亏得以前还对他们那么客气。炸一艘船真不过瘾，等过几年有空了，我们去他家本土看能不能炸掉一个舰队！

不想打架

历史上，天灾人祸总是并肩接踵而行。在美国大萧条的这几年里，先是西部粗放的耕植破坏了水土，遇上1930年的干旱，就演变成漫天的风沙。1934年的沙尘暴，几亿吨的黄土被一路风卷，从得克萨斯、俄克拉何马州一带蔓延到了美国东部的纽约华盛顿，甚至连海上的货轮都沾上了内陆的沙尘（好眼熟的画面）。

整个30年代，几百次的沙尘暴，让大量中部农民走上了向加州谋生逃荒之路（美国版走西口），在那个经济大萧条的年代，这无异于雪上加霜。

1938年9月，就在全世界都在关注希特勒把英法请去开会，通知他们德意志想要对捷克下手的关键时间点，一场飓风袭击了美国东部长岛、纽约和新英格兰地区。

后来被命名为“长岛特快”的飓风，最高时速达到了近300公里，海面上卷起9~15米高的海浪，几乎是正面袭击了纽约。好在有长岛这个屏障稍微阻挡了一下，让这个新兴的大都会逃过一劫。风灾造成了700多人死亡，6万多人无家可归，直接经济损失按现在的物价算，大约是450亿美元。

到1939年，总算有点好事，美国同时开了两个世界博览会，一个在旧金山，一个在芝加哥。罗斯福总统陪着来自英国的贵宾到处转悠，这位英国贵宾出身高贵气质优雅，就是说话不利索，是个结巴，但谁也不好笑他，因为他来自伦敦的白金汉宫，他是大不列颠的国王——乔治六世。

罗斯福1933年进入白宫，也就是这同一年，希特勒成为了德意志至高无上的元首。同样是面对国内的经济危机，罗斯福守着自家的一亩三分地抓破了头皮也没找到解决办法，而希特勒则是用一个快捷有效的办法解决了德国的问题，那就是大力扩军而后一统欧洲。

“一战”后在美国占主导地位的孤立主义随时提醒美国人：美国之外的世界，就算闹翻了天，美国人也只是围观，绝不掺和，不结盟也别结仇，中立加孤立，遗世而独立。但同时，威尔逊时代的进取，也让美国政府偶尔也会想想，自己是不是应该提升在国际上的说话分量。把这两个意思综合起来看，就是美国的外交态度了：绝对不惹麻烦上身，但在重大事务上，美国人也不能置身事外。当然最好是光捡便宜不担责任。

从20年代开始，美国政府最热衷的事，就是把世界几大国招呼在一起开裁军会议。各种军备，如果削减到最低配置，大家自然就相亲相爱不打架了。可惜这些家伙都不给美国人面子，罗斯福上台后不久，先是德、意，而后日本都陆续退出了裁军会议。

退出裁军会议，其实就等于说，坚持战争不放弃。美国人一看，不好哇，这帮人可能会随时开打哦，怎么办？1935年，美国国会通过了中立法，随后的1936年、1937年，不管国际风云如何变幻，意大利入侵了阿比西尼亚、西班牙内战，罗马—柏林轴心成立，日军大规模侵华，美国人拍拍心口：“好怕好怕，幸好我们中立的！”

不光美国人怕，英、法也怕，希特勒把英、法两家叫去开会，当元首谦逊地说出，捷克的苏台德地区，是“我在欧洲需要的最后一片领土”时，英国首相张伯伦和法国总理达拉第眼泪都差点流出来，元首太客气了，只要他拿回苏台德地区，他将赐予全欧洲和平和安宁！

当慕尼黑协议这个绥靖政策的耻辱文件正式出台后，远在华盛顿的罗斯福也欢欣鼓舞啊，战争威胁终于消除了！

第二年的3月，希特勒全取了捷克并威胁波兰，在与苏联达成了邪恶的“合伙”协议后，发动了对波兰的全面进攻，英法被迫宣战，不管美国人愿意不愿意，世界大战在1939年底，正式开打了！

这次必须是真正中立！“一战”的时候，就因为美国人想发战争财想疯了，凑得太前，所以稀里糊涂被裹挟进了战场，这一次看戏或者卖东西都不准到前排去。

但无论如何，生意还是要做吧，尤其是英国参战了，罗斯福总统说：“国家保持中立，但我不要求每个美国人在思想上保持中立。”意思很明确，从总统到平民，大部分的美国人还都是喜欢盟国，还是倾向于，能帮就帮人家一把。

1939年，中立法稍微改改，美国船不要进入战区，军备物质的贸易必须是“现金+自运”，就是要买美国人的军火，带现金和自己的船来提货。

开战后没有美国人想得那么吓人，战争压力似乎不大。到1939年底，虽然英法两国哆哆嗦嗦咬着牙跟德意志宣战，可并没有真的战。波兰沦陷英、法也不敢上去帮忙，希特勒顺便扫清了丹麦和挪威，而苏联借此机会一举占领了拉脱维亚、爱沙尼亚、立陶宛三个波罗的海小国。美国人表示了愤慨，号称要对苏联采取某些“禁运”。

英、法、美的态度一点都不重要了，元首淡定地从北欧转向了西欧。1940年的初夏，几个星期的时间，德意志就轻松占领了法兰西，并将这个曾经的欧洲霸主一分为二，切割统治。

法国沦陷给美国的刺激大了，不管多好的想象力，战前他们都预计不到那个叫希特勒的家伙这么悍！从收音机里天天听到德国军队在欧洲大陆上的摧枯拉朽所向披靡，美国人终于兔死狐悲了，大多数人开始担忧，那个说话咬牙切齿的德国人（美国人从收音机里听过希特勒演讲）要是统治了欧洲，大有可能打到美国来呀！

未雨绸缪的美国人开始呼吁美国政府，赶紧帮忙吧，不能让英国也亡国了。

到1940年，战与不战的争论似乎有点儿势均力敌了，而这一年，又是大选年。

美国人不傻，这个节骨眼上，随便给白宫换人，祸福难料，还不如让罗斯福继续顶着，总要等欧洲的战事打出个眉目再说吧。

虽然前任的美国总统们仿佛是暗中立下了约定，两个任期后就不再竞选，罗斯福还是勇敢地挑战了这个暗约，他再次参选，并第三次获胜。

而此时，美国的立场已经有了鲜明的转变，虽然打不打还在犹豫，但希特勒是条毒蛇，美国人应该站在同盟国一边拯救欧洲大陆这个思路是统一了。美国现在能做的，就是增加对盟国的援助。

1940年底，英国虽然没有沦陷，但已然破产，现金+自运这种采购形式，他家是实在负担不起了。这时美国政府想出了一个慷慨的援助办法——“租借法”，所有的军备，主要是武器，英国没钱买，就先租借，先用着，打完了还给美国就行。1939年6月，德意志突然对苏联动了手。美国人原来是对苏联颇为嫌弃的，可面对吓人的德国军队，这个不招人待见的国家居然选择了死磕不降，而且几乎是凭一己之力牵住了整个德军！美国人立时被感动，苏联是同盟国的战友，也是需要援助的国家了，也适用“租借法”。

办法固然好，可这些东西运到英国也是个大工程啊，如今大西洋底到处是德意志的潜艇，狼群战术，野狼密集出没。罗斯福认为，好事做到底，送货送到家。美国就应该用舰队护送军需物质上欧洲大陆。

这么大张旗鼓地用武装商船发送军备物资到同盟国，还坚持说自己是中立的，德国人表示很受伤很气愤，所以在海上，美国旗号的商船也成了德军目标，美国的船只当然不会挨打不还手，大西洋上，虽然没有宣战，但美国和德国已经动了手。

前篇说到美国的“帕奈”号被日军炸沉，那段时间，被日军轰炸的战舰不光只有美国的，英国战舰也没有幸免。事后，虽然美国人号称是原谅了日本，但私下开始和英国军方接触，双方都认为，小日本是疯了，英、美两个正常国家应该理性地合作，保障自家在太平洋上的权益。

这次私下接触，打开了英、美军事合作之门，后来谈了几次，越谈越热乎，越谈越亲密。如今太西洋上又出了个疯子，为了保障英美两家在大西洋的利益和安全，更要谈谈了。

1941年8月，在加拿大纽芬兰岛的一艘英国军舰上，英美两国首脑，罗斯福和丘吉尔秘密会面了，此时的丘吉尔，只揣着一个强烈的盼望，就是美国人再组远征军，重上欧洲大陆，帮着抵抗希特勒。罗斯福没松口，不敢给予这个英国“远亲”任何军事上的承诺，不过他答应一起谴责法西斯，并与丘吉尔联合发表了著名的“大西洋宪章”，号召全世界人民团结起来，摧毁法西斯暴政，重建和平。

这篇宣言一发布，对希特勒的打击是巨大的，因为他知道，这份东西就是通知他，美国或早或晚一定会加入战团，就差一个入场的契机了！

四十　珍珠港

到1938年，80%的美国居民家里都有收音机。收听广播节目，是当时的主要日常娱乐活动。

这一年万圣节前夜，10月30日晚上8点，哥伦比亚广播公司的新闻节目突然被插播新闻打断。当时正是《慕尼黑协定》签字不久，欧洲局势依然诡谲，广播节目插播突发新闻也是很正常的。只是今晚这个突发新闻太惊人：一个巨大的、炽热的物体跌落在新泽西州格罗弗岭附近的农场。现场的记者绘声绘色地描述了体型像熊，眼睛像蟒蛇的外星人从太空船里爬出来的情形。外星人一登陆就杀人，先期到达的警察40人被残忍地杀死，国民警卫队7000多人也瞬间没了命！记者颤抖的声音无比惊悚，就是不知道为啥外星人不干掉他。

节目太逼真了，好多美国人当时就吓傻了，清醒得比较早的，已经将自家的值钱物品装上了货车，预备向西逃跑；有些爱国的愣头青，找出老猎枪，一脸悲壮地要到格罗弗岭去抗击外星侵略者；还有一些人当然是进入教堂，询问上帝，这就是你老确定的末日？

如果美国人多读些书，会发现这些情节出自英国的科幻小说大师的《世界大战》。哥伦比亚广播公司里著名的水星剧团为自己逼真的演绎得意时，也为造成的恐慌程度和恐慌规模如此出乎意料而吓坏了，虽然这期间他们不停地解释，这是广播剧，不是事实，可那种不可遏制的末日慌乱真正是让全美失控了几个钟头，即使没有造成死亡，但经济损失还是产生了。

不管是恶作剧还是模拟被袭击，在缺吃少穿世界大战一触即发的敏感关头，这种玩法显得美国人特别没心没肺，也证明了没有“广电总局”这种单位，媒体真会闯祸。

1941年12月7日，当哥伦比亚广播公司的新闻播报里，再次惊现播音员歇斯底里的声音，说美国太平洋舰队的基地珍珠港被日本轰炸了时，好多美国人都表示了藐视：“嘁！又来了！上次是外星人，这次是小日本？越编越不靠谱了！”

这次是真的，科幻大师编不出这样血淋淋的现实。美国人不是天天盯着希特勒吗？怎么日本人就突然打上门了？

进入40年代，日本人气势如虹，似乎全取中国指日可待。美国人知道，这帮岛国人是不能再纵容了。美国人对日本人，其实一直有个心理上的优势，他们觉得自己可以不战而屈人之兵，因为美国卡着日本人的喉咙呢。

日本是怎么膨胀到小岛子住不下非要出来折腾的，我们在日本卷里再详细说。可它一旦出来折腾了，要维持这样大规模高烈度的战争，它家有个瓶颈，那就是资源，其中最重要的，就是石油。

日本的石油有三大来源，自家产的大约占总需求的5%，从东南亚地区进口的占10%，剩下只由一个国家进口，那就是美国。

话说小日本不是轻松占领了中国的东三省嘛，在伪满洲国里管事的日本人，还不乏勘探高人，他们感觉到，这东三省的冻土下，似乎应该可能会有石油。于是，整片黑土地敞开怀抱由着日本人随便蹂躏，井架也立了不少，油井也钻了不少，最后的结论，不行，这疙瘩没油，晦气呀！占这么大一片地，一滴油都打不出来！

北上去苏联的西伯利亚地区试试？诺门罕战役（参看《最冷和最热的俄罗斯》），大日本皇军被苏联红军虐得很惭愧，算了，那地方更冻得厉害，估计也打不出油来，放弃吧！

如果日本人再坚持一会儿再偏执一点儿，他家就提前把大庆油田开出来了；日本人再狡猾一点变通一点，跟希特勒联手两线夹击苏联，西伯利亚油田也能分杯羹！可他不要哇，他简单的小脑袋只想到了一个解法，南下，占领东南亚！

法国已经被解体了，日本人觉得，既然大日本帝国是轴心国的一员，天经地义可以接收法国留在亚洲的殖民地。法国在亚洲的殖民地叫印度支那，包括现在的越南、老挝、柬埔寨三国。

1941年7月，日军占领了印度支那北部，也就是现在的越南。

中国政府在南京沦陷后，迁入重庆抗战，获得了来自盟国的物质支持，也是美国租借法案的受益国。随着日军占领区的扩张，外界向重庆政府给养越来越难，而越南是非常重要的“援蒋通路”。占领越南并设立基地，不仅切断了一条中国抗战的补给线，也可以以此为基地向盛产石油和橡胶的马来西亚、印度尼西亚前进。

随着日军对越南的进攻，罗斯福政府多次提出了严正警告和禁运，但似乎都没有阻挡日军的兵锋。在日军终于对印度尼西亚发起攻击后，罗斯福忍无可忍，冻结了日本在美国的全部资产，并实行全面的贸易封锁，石油只能通过许可证方式出口，也就是说，不管日本谁来买石油，必须拿到美国政府的许可证。而日军看在眼里的马来西亚和印度尼西亚是英国和荷兰的地盘，这两国当然跟上美国的节奏，也对日本实行了冻结和禁运。

罗斯福从1939年开始就枕戈待旦地预备对希特勒的战争，虽然他也视日本为敌，但绝对没想到太平洋会率先成为战场。他卡住了日本人的喉咙，而他的幕僚们分析，即将面对的，肯定是旷日持久的各种谈判，而最后，日本会低头，会按美国人的要求，撤出越南，撤出中国！

打到这个程度，日本人绝对不会就此收手的。不就是石油嘛，全取东南亚，瓶颈问题就迎刃而解，但不可避免地与美国、英国、荷兰成为死敌，并引发战争。

好吧，大日本帝国谁都不怵，要打就打。美国地大物博有资源有钱，真要长期作战，日本肯定不利。最好的办法就是，先下手为强，打掉他家的太平洋舰队，日本至少拥有对太平洋的控制权，战局则大为有利了。

夏威夷州的瓦胡岛，是夏威夷群岛的第三大岛屿，岛上有州首府火奴鲁鲁，岛的南岸有一个深水良港——珍珠港，是北太平洋岛屿中，最大最好的泊船口岸，自然成为美国海军太平洋舰队的基地。

日本联合舰队的司令是我们都不陌生的山本五十六，一个身高不足一米六的“神奇小子”。他的神奇不是本书的讨论范围，我们只需要知道，就是这个家伙，一手策划了“偷袭珍珠港”。

1941年12月7日，一个夏威夷冬天周日的清晨。7点02分时，珍珠港海军基地的两个雷达兵，清晰地发现雷达监控图像中出现了密集的亮点，他们上报领导后，得到的答复是，不用大惊小怪，那肯定是从加利福尼亚飞来的自家飞机。

直到第一波攻击的183架日本战机飞临珍珠港的上空，基地大兵们还在计划一个悠闲自在的周末。日本人经过了调查研究，知道美国大兵的周末是最松弛的。

第一波攻击在7点53分结束，日军指挥部收到了“虎、虎、虎”的暗号，表示偷袭成功，无惊无险，于是第二波168架战机跟着起飞，再次光临那一片火海，火上浇油。

都看过好莱坞科教大片《珍珠港》，老杨就省掉了描写珍珠港被轰炸结束后灾难现场的篇幅。点算一下损失吧，8艘战列舰，4艘被击沉，其他都受重创；6艘巡洋舰、3艘驱逐舰严重受损，188架战机被炸毁，2400名美国人丧生，数千人受伤。

在反应过来受到攻击后，军人的本能也不会坐以待毙。混乱中，有人用高射机枪还击，几架美国战机顶着蝗虫般的轰炸起飞，成功升空后，击落了几架日军战机。不过，在这场整个舰队几乎被打废的袭击中，日军损失了29架战机和55个飞行员，可以说是微不足道。

第二波攻击成功，第三波攻击的飞机应该起飞了。可这时，直接指挥这次行动的突击编队指挥官南云忠一却下令攻击停止，大家下班回家了。

珍珠港已经一片火海，损失难以估计，太平洋舰队看着像是完蛋了，这次“奇袭”计划完美无匹，必将载入史册，见好就收，不要给这个华丽的胜利增添任何瑕疵了。

也许是日本人没有看到瑕疵，也许是他们胆怯了，但，此时停手，还太早了。珍珠港应该是个航母舰队的基地，本应该停泊着三艘航母，大周末的，这三个大家伙不知道跑到哪里去了！

航母找不到不要紧，珍珠港上有两大重要设施可就摆在那里没地方跑。一个是油库，一个是造船厂。油库的重要性不用说了，珍珠港离美国本土有2000多海里，岛上也不产油，大量燃油都需要从加州运来，费时费钱。油库里当时存有450万吨重油，如果被引爆，那个画面绝对比已经发生的惨状惨烈10倍。造船厂呢，船厂就是舰队的医院哪，就算战舰被炸沉，只要有医院，捞出来还是能治好再上战场，但如果炸掉了医院，舰队才是真趴窝了。

按常识分析，第三波攻击，应该是炸掉油库和造船厂，可日本的南云中将就提前下班了，而那么远见卓识的山本五十六竟然也不管他！

不分析日本人了。珍珠港事件爆发了，炸掉战舰、飞机都不值钱，最值钱的，是点燃了美国人同仇敌忾的怒火。第二天，罗斯福没有坐轮椅，在儿子的搀扶下艰难地走进了国会，宣布，12月7日是永远标志着耻辱的日子。国会两院以388票对1票的优势，批准了美国对日宣战。三天后，德国和意大利如约而至，向美国宣战，美国当然表示，乐意奉陪，就这样，资本主义世界第一大工业帝国加入了世界大战的战团，战场局面将大为改观。

珍珠港被偷袭的故事，也是世界历史的几个重大谜团之一。日本方面的争辩焦点是：珍珠港是被奇袭，不是被偷袭，日本人没有违背武士道精神不宣而战。而美国方面争论核心是：究竟珍珠港事件是不是罗斯福的苦肉计？因为国内孤立主义的阻拦，美国迟迟不能参战，珍珠港被炸，而且是被偷袭，孤立主义还敢说话吗？

关于日本和武士道精神就不好说了，它家的确是派了个代表团在华盛顿谈判。收到了国内关于谈判结论的指示后，也是第一时间给华盛顿方面反馈了，要命的是，日本来的指示太长，等翻译电码的人员翻译完打字誊写清楚送到罗斯福手上时，日本战机已经炸完回家了。而它家号称提前发出的宣战书，也不知道怎么就晚了90分钟才送到华盛顿。至少从表象上看，坐实了日本人偷袭的名声，据说这个事让山本五十六一辈子都耿耿于怀。日本人三观不正，轰炸珍珠港时，日本飞行员对平民和民居的蓄意伤害好像没让他耿耿于怀。

而罗斯福的苦肉计呢？他自己绝对不承认，死伤几千人哪，对一个民主国家，人权至上的国家，这种怀疑太过分了。

可各种资料显示，袭击发生前，各个方面截获的日军电文都预知了这次行动，连蒋介石麾下的中统情报人员都截获并破译了非常精确的行动计划，美国怎么可能不知道？英国首相丘吉尔也收到了这份“提前通告”，据说他是压下没跟罗斯福说，这其中的缘由，耐人寻味。

更耐人寻味的事还有，比如，那个周日，三艘航母为什么没留在船坞里，去哪儿了？那天之前，岛上奇怪地出现了很多医务人员和医疗物资，是为什么？美国烧伤科医生的医学会议怎么那么巧正好在瓦胡岛上召开？袭击后，紧锣密鼓地打捞沉船和修补破船时，怎么正好技工手头有现成的图纸和配套的材料等等。

好多历史书写到美国参战时，喜欢说是罗斯福“梦寐以求”的战争，美国青年凭着一腔热血重组远征军离开美利坚时，他们可能会突然想到，1940年大选的日子里，他们的总统似乎说过：美国不会参与任何战争，除非我们的国土受到了外来侵略！

四十一　老山姆在“二战”

能者多劳，这个时间点入场，势必立时成为战场主力。老山姆在“二战”中，有三个表现卓越、可以评为业务骨干的重要战场，一个在太平洋战区，一个在北非，另一个当然是欧洲大陆。

争夺太平洋

山本五十六在珍珠港教科书式的胜利，并没有让他冲昏了头脑，他知道日本已经“惊醒了沉睡的巨人”，如果不能在巨人打哈欠伸懒腰的时候整残他，后果可不堪设想。于是，在所有人见识了希特勒在欧洲大陆上眼花缭乱的闪电战后，山本五十六再让大家欣赏了一次更加精彩的海上闪电战。日军在越南西贡集结，一路向南，不可思议地分兵多路，1942年初，就在关岛、香港、婆罗洲、菲律宾等几处登陆，整个西太平洋被他们轻松掌握，小岛国控制了全球至少十分之一的面积。

美国人风闻纳粹军队个人素质极高，小伙子个个高大英挺，英姿飒爽，一般对手往跟前一站，气质上先沦为屌丝，这样的敌人是可惧的。至于小日本，美国人还是有心理优势，在美国的日裔侨民很多，夏威夷地区就有四分之一的日本人，小矮子，罗圈儿腿，见谁都点头哈腰，毫无气场。见过他们的军人吗？见过呀，一样小矮子罗圈儿腿，军装肥大没有一件合身的，都像偷来的，有个刻薄的美国人形容得很到位：“像牛皮纸胡乱卷起来的包裹。”

身高一米五九的山本五十六跳起来宣告：打仗不是选美，好看没用！

战场上的日军，的确让美国人出了冷汗。普通的日本小兵都是神枪手，行军时身上背400发子弹5天的干粮，能靠急行军制造出闪电战的效果，一旦战败，鲜有投降，高呼天皇果断寻死，行为经常在人类理解的范畴之外。

日军的素质让美国人吓一跳，更不用说日本武备的先进了。日本的军舰速度比美国快、火力更强、鱼雷性能更好，这都在轰炸珍珠港的过程中见识到了，而美国人印象最深刻的是日本战机的先进，那天他们出动的4种战机，哪种都比美国的同类产品强，尤其是由三菱公司研制的零式战机，更是“二战”初世界战机界的绝对头牌。

唉，美国人窝在西半球，总觉得自己家第一工业帝国，牛大发了，谁知道，随便得罪一个敌人，就招惹来这么厉害的货色！

1941年的最后一天，罗斯福任命切斯特·威廉·尼米兹为太平洋舰队司令。职务听起来很响亮，尼米兹听说后，心里想的肯定是：“总统阁下说的太平洋舰队，是珍珠港那些黑乎乎的破烂吗？”尼米兹上任之初，给老婆的信里就写道，能干半年不撤职，就算蛮好了。

日本人都快混成太平洋的龙王了，美国人不能光修船，啥也不干吧。

1942年4月18日，美国空军中校杜立特策划并带领实施了一项大胆计划：美国航母“大黄蜂”号游弋到西太平洋，陆军航空队的轰炸机起飞，去炸日本东京！原来说过，整个“二战”期间美国并没有空军，空中屡建奇功的，就是陆军航空队而后改组为陆军航空军。

美国本土被日本人鬼鬼祟祟地炸了，如果不到日本本土去炸一家伙，这口恶气怎么出？珍珠港惨烈，让美国人的心理上总有些阴影，如果很快能炸回来，对美国人民多少是个交代，提振士气，激励更多的美国青年加入到壮烈的反法西斯运动中去！

16架轰炸机对日本造成的影响实在微乎其微，而因为这些轰炸机不能返回“大黄蜂”号降落，只能向西降落在中国境内。他们降落的地方，没有中华民国的国军接应，飞机都被损毁，一半的机组成员或牺牲或被俘。

日本人士气正旺，打着为天皇而战旗号的日军视天皇为神明，美国人怎么敢往他老人家头上乱丢东西呢，这是作死的节奏哇！

既然还有航母能把飞机送过来乱炸，说明美国的太平洋舰队还是没被清理干净。最可气的是，美国人不敢正面作战，他们到处跑，山本五十六要好好制订一个计划，诱出太平洋舰队，再一举消灭之！

此时山本五十六看地图，西太平洋已全在大日本帝国海军掌控中，中东部的太平洋早晚都跑不掉。最讨厌的是大洋洲的澳大利亚、新西兰，这两个大不列颠留在太平洋上的余孽很碍眼。既然要图谋太平洋，占据大洋洲的某个岛屿并建立基地，是很必要的。

日本人的目标是新几内亚岛东南的莫尔兹比港，这里是现在巴布亚新几内亚的首府。

所有1942年的日军行动，都带着某种悲剧的惨意。话说日本人一直觉得自己情报保密工作是不错的。尤其是启用著名的JN25B舰队密码体制后，英美的情报人员对这掺杂着几万乱码构成的复杂的密码系统一筹莫展。

1月20日黄昏，有一艘日本潜艇在澳大利亚的达尔文港外偷偷摸摸地铺设水雷时，遭到美军和澳大利亚快艇的袭击，被打沉了。美国人派潜水员进入潜艇残骸，抄出来一个被铅覆盖的密码本，经研究，发现这就是让美国人手足无措的JN25B密码本！

德国人在欧洲战场上，最吃亏的就是著名的英尼各玛密码机被英国人早早搞去而不自知，日本人也输在这事上了。他们一直以为潜艇是自身故障沉了，不求甚解地没有追究，当时的战局，不管是时间上还是心理上，他们可能也顾不上追究，就这样，从此以后，日军所有的行动，美国人都提前了然！

日军要占领莫尔兹比港，美国人早早就知道了，读者们还记得丘吉尔明明知道德军的计划，还让重镇考文垂被炸成废墟的故事，美国人也能装傻做戏，但莫尔兹比港的地位太重要了，怎么也不能让日军得手哇。

1942年5月4日，美、日的交火发生在珊瑚海上，这是著名的大堡礁所在地，是世界最美最澄澈的海域之一。两个太平洋上的大佬，选择这个地方，为坚船利炮的时代做一个终结，因为这次交火中，海战的双方都看不见对方的舰队，全靠航母老远站定后，各自出动战机交战，这是史上第一次航母对航母的大对决，海战自此进入一个新时代。

战斗持续了4天，双方舰队神奇地绕着太极八卦步，前三天谁也没找到对方，战舰没机会发射炮弹或者鱼雷，舰载机不断起降，你轰我一下，我炸你一下。炸的结果是，美军损失战机70架，日本损失100架，但美国两艘大型航母几乎都遭到重创，其中一艘不得已被美军自己击沉，防止被日军捡走，而另一艘航母则伤痕累累，勉强撤回家。日军仅有一艘小型航母被击沉，一艘大型航母伤得不算重。如果整体清算战损，日本人应该算是战斗胜利。

可这场大对决的终极目的不是炸沉对方的航母哇，是日本人要占领莫尔兹比港。此战后，日军觉得这个目标暂时难以实现，就收手了。美国人达到了保住港口的目的，所以，这场著名的珊瑚海海战，获胜方是美方！而这一战也让太平洋舰队试探了日军的真实实力，这帮家伙虽然强，但也不是没有弱点。

珍珠港事件后，美国军方清点自己的损失时，非常老实地交代了自己的折损情况。这事在山本五十六看来有点不可思议，他还气得够呛："损失这么严重还敢说实话，这样的对手就应该狠狠地揍！"此时的山本五十六，除了三观不正外，其自信已经到了暴躁的程度了。

日军不会不担心密码泄露，但他们有防范的方法，就是不断升级。珊瑚海海战前后，密码就该升级了，因为军方有更大的行动计划，怕影响行动运作，就推迟了升级时间，如此，山本五十六精心策划的狠揍美国人的大行动，又被预知了。

根据日军情报，他们这一轮的进攻方向是一个代号为"AF"的地方。"AF"到底是哪里，是困扰美军最大的难题。天才的美军情报人员根据各种资料推测，日本人的目标应该是中途岛，但华盛顿方面不认可，觉得阿拉斯加附近的阿留申群岛也可能是目标，那里能就近登陆美国本土。

美军情报人员想出了很聪明的试探办法，他们用浅显的英文向华盛顿发了一个申请（太深奥的英文怕日本人看不懂），说是中途岛上的净水系统出了问题，要求给解决一下。很快，被截获的日军情报就要求进攻部队出发前预备好净水设备。

确定了，就是中途岛，太平洋的东西航线的中间，距离夏威夷903海里，这里美军修建了空军基地和潜艇基地，它是夏威夷的西北屏障。

山本五十六将这次中途岛行动命名为“米”。他的思路是，以中途岛为饵，引出太平洋舰队，一举歼灭，将太平洋置于膏药旗的覆盖下，并图谋美国本土。

行动有点孤注一掷，日本全部的海军和海军航空兵出动，这是山本五十六的一场豪赌（山本五十六是世界上著名的赌徒之一）。

日方的胜算很大，舰队实力对比上，美国人是非常可怜的，航母只有三艘，日本人预备了八艘，至于其他的各种战舰，美国统统处于劣势，更不用说日本还有最先进的战机和更训练有素的军人。

中途岛海战是世界上最好看的战事之一，很值得好好研究，可惜本书受篇幅限制，只能说个大概。

山本五十六海战土豪，手头宽裕，容易想得太多。他并不知道美国人已经清楚了他的计划，所以他自以为非常谨慎地将舰队分成好几个部分，为安全互相还不联系。有两艘航母被派到阿留申群岛去佯攻，他亲自领导一个部分藏在暗处，等太平洋舰队出击的时候，他好冲上去下黑手，所以真正对中途岛发动攻击的，只有南云中将领导的以四艘航母为核心的编队。

南云中将收到的指令很纠结，第一是要求他把中途岛详细炸一遍，预备陆战队登陆，又同时要求他，看见美国的舰队，一律冲上去揍它们，这样一来，南云的轰炸机就需要挂两种炸弹，一种是用来轰炸地面目标的高爆炸弹，一种是用来打航母的鱼雷。

天皇保佑的计划应该是这样：第一波攻击，轰炸机把中途岛炸成废墟，最要紧的是将岛上所有的战机炸毁；这时太平洋舰队肯定受惊出动了，第二波攻击，鱼雷机将美国人的航母炸沉。

1942年6月4日清晨4点30分，发动攻击的时间到了，微弱的晨曦中，日本战机从航母上次第起飞，日本人打仗有仪式感，壮观的战机编队绕舰队一周，在日本人大呼小叫的助威声中扑向中途岛。

炸过珍珠港的飞行员爱死了这种感受，地面上所有的设施、风景、人类，在自己举手间就化为灰烟，这是神才有的大能啊。

咦！不对呀，虽然炸得很过瘾，那些油库爆起来也很热闹，可最重要的目标——美国飞机呢？珍珠港时，美国飞机可是排得整整齐齐等待日机的炸弹哪，中途岛上的飞机怎么不原地列队以待呢？

中途岛上的战机当然是提前起飞了，都在高空等待呢，那边日军飞机一起飞开炸，美国飞机就下沉钻出云层俯冲着向日本舰队飞去。

美国人被珍珠港的仇恨点燃了，轰炸机一般都要在战斗机的护航下工作的，可美国的护航战机很容易就被日本战机缠上，美军的轰炸机飞行员都义无反顾地选择在没有任何保护的情况下，向日本战舰俯冲，大部分结局都很惨，对日本舰队的损伤，也几乎可以忽略不计。

第一波攻击结束，日本飞行员发现，中途岛上的飞机跑道似乎还需要再炸一轮，珍珠港炸得不彻底，他们接受教训了。虽然飞机没找到，只要炸毁跑道，飞机也回不来了。返航的飞行员向南云中将申请第二轮轰炸，而此时，美国的舰队还没出现。

航母的甲板上，挂着鱼雷的轰炸机预备起飞，既然美国航母还没找到，南云中将改了主意，要求轰炸机从甲板降下去，把鱼雷卸下来，换成高爆炸弹。

正换着呢，侦察机报告，发现美军舰队！南云中将最关心的是，航母在不在其中啊？收到的回答是，10艘军舰，没有航母。没有航母就不怕，战机继续换炸弹。

报告又来了，隐约好像是看见有航母跟在美军舰队后面呢！既然航母来了，炸弹要卸下来，把鱼雷换上吧！不行，别折腾，先等等！此时的南云中将煎熬啊，日本人也没个提前情报，南云所有的现场指令，都只能从侦察机的探察结果中来，侦察机没个准谱，南云中将的指令也没个准谱，“坑爹呀，到底是有还是没有哇！”一会儿炸弹一会儿鱼雷，航母上混乱得不像话，鱼雷和炸弹堆在甲板上，也没人收拾。

日本人是最整洁的，整洁的人不能乱，一乱就要出事。中间你来我往的作战细节乏善可陈，最惨烈的就是美国轰炸机一架架飞蛾扑火般的牺牲。

又有32架美国轰炸机从企业号航母上起飞了，因为南云的舰队改变了航向，轰炸机编队一时失去了目标。幸运的是，有一艘落单的日本驱逐舰充当了向导，它指引这些轰炸机飞临了日本航母的上空，此时，因为长时间的搜寻，这些轰炸机的燃油已经很难支撑它们飞回企业号航母了。

当时的日本航母刚刚调整位置到迎风的方向，舰上一团混乱，鱼雷炸弹堆着不说，这边战机要起飞，天上的战机还预备降落，正塞车呢，而整个舰队的上空，一架护航的战机也没有！美国人不考虑飞回母舰的事了，他们坚定地选择了轰炸。

就是这32架轰炸机，用了11分钟时间，将日本三艘航母击沉。

其他的战损就不用说了，不管从哪个角度算，日本海军都遭受了惨败。但根据山本五十六的道德观，这么大的损失，绝对不能如实说，否则会被“狠狠揍”。日本海军发回国内的是大胜的消息，日本民众为了庆祝胜利，还举行了一次提灯游行。日本人哪，说你们什么好呢？

如同斯大林格勒战役对整个欧洲战场的作用，中途岛海战的胜利，成为盟军太平洋战争的转折点。美国人找到了自信，太平洋战场的局势发生了逆转。

山本五十六要求南云中将安排两艘航母去阿留申群岛佯攻，但到底是不是佯攻，还有待考证，很多行家都说，占领阿留申对日军登陆美国西岸显然是很有利的，所以，这是一次真正的进攻，不算是中途岛海战的配戏。

阿留申群岛属于阿拉斯加，日军在1942年6月占领了其中两个岛，逼得美军在尚未成为正式州的阿拉斯加建立军事基地，并在一年后，夺回被占领的岛屿。为了关照阿拉斯加的美军基地，美国人用7个月的时间修建了一条从阿拉斯加联通加拿大到美国的公路，这条公路就成了阿拉斯加迄今为止跟美国本土连接的唯一陆上通道。

美军打太平洋战争闹心，老杨写太平洋战场一样闹心，我们都面临一个难题，太平洋上怎么这么多岛！

家门口那几个岛，可能地理老师教过一点儿，西太平洋、南太平洋那一片片的群岛，一个个小岛，谁搞得清楚，地图上也不好找哇。好好的美国青年，突然有一天被发了一件军装后，就被战船千里航行送到这些岛上去了，大多数岛，连名字都叫不清楚，更别说给配备详细的军用地图。好多岛屿，要上岛后，自己一步步勘探出个大概。

现在跟美国人说起南太平洋那些岛屿，先想到的是阳光沙滩和肤色性感的热带美女。“二战”期间，那里可不是度假选择。有土著人的地方祸福难料，而无人的荒岛，常年热潮，树木落叶后，在泥地里腐烂发酵，到处充斥着恶臭，还有让人染上疟疾的毒瘴。美国青年都认识畅销书作家杰克·伦敦，他曾经根据自己的游历写下：如果我是国王，惩罚敌人最严厉的办法就是把他送到所罗门群岛去！

战争是不能选择的，中途岛的失败，让日本的军舰止步于中太平洋，无法东征，他们只好重拾原来的计划，打掉美国和澳大利亚之间的运输线，最终拿下澳大利亚。

要想占领澳大利亚，肯定要先全取所罗门群岛建立自己庞大的基地，而如果在瓜达尔卡纳岛建立一个空军基地，则日军的轰炸机可以随时由这里出发，到附近几个美国基地去炸一圈儿。

1942年6月底，2700人的施工队进入瓜岛，机场以惊人的效率在8月初步成型。

日本人建机场的时候，美国人已经决定了，瓜岛绝对不能落在日本人手里，趁他们机场还没彻底竣工，赶紧去抢回来。

在这之前的日、美较量，基本都是日军进攻，美国防守，而这次夺取瓜岛的“瞭望台”计划，则是实实在在的反攻计划了。这一次，美国要出动海军陆战队夺岛登陆，实地演习一次两栖作战。

1942年8月7日清晨，南太平洋登陆舰队32艘各种船只在3艘航母的护持下，接近瓜岛。晨曦微露，岛上的日军还在睡梦中，突然地动山摇，浓烟四起，周围的人立时血肉横飞。美国人的轰炸持续了两个钟头，而后，美国的海军陆战队开始登陆。

这算是后来很拉风的美国海军陆战队头次亮相，非常神气，没遇上任何抵抗就上岛，占领了日本人即将竣工的机场，当然还没收了仓皇逃窜的日本人留下的设备、物资、工程材料、补给，还有不少日本啤酒和一部制冰机！

日本军人没这么屄，瓜岛上逃跑的，都是工程兵和来自朝鲜的劳工。稀里糊涂被打蒙了，他们也没想过要投降，而是逃到岛上丛林中躲起来，等待日本战友的支援。

8月7日当天，有11000名陆战队员上岛，随行的23艘运输船还在不断地放下人员和物资装备。

地面战斗似乎很容易，很美好，可在空中，那可是一点儿不轻松。日本人在地面没有防备，空中却一直有战机在戒备，双方战机一遭遇就又是一场大战。

正如山本五十六战前预测的，虽然在某些军备性能上，日本暂时占据优势，但美国人丰富的资源强大的工业能力，一定会在最短的时间内赶上并超过日本。也许珍珠港时期，美国人还望日本战机兴叹，此时再战，海面上补充了最先进的战列舰，空中的战机也都有了不同程度的升级，再遇上零式战机时，美国飞行员自信多了。而且，经过这一轮交手，美国人确信，日本最优秀的战机飞行员，都在中途岛死得差不多了。

美国航空队在空中没有吃亏，地面上的密集炮火也打下来不少战机，但日军的轰炸还是让美国人看着胆寒。现在整个太平洋舰队只有三艘航母，都集中在瓜岛附近，万一日军的轰炸机大举来袭，航母可是打沉一艘少一艘哇，于是美军的航母居然就撤退了。

8月7日午夜，预备以迅雷不及掩耳之势夺回瓜岛的日本舰队开到了目的地。8艘战舰组成的舰队这样快速破浪而来，美国的舰队还茫然不知，而他们还一直号称自家的雷达挺不错。

不错的是日本人的夜视光学设备，40分钟准确无误地打击，4艘美国巡洋舰沉没，还有一艘巡洋舰两艘驱逐舰重伤。

日本人不注意情报收集，他们打得气势如虹，却心里没底，指挥官还认定美国航母就在附近，偷袭得手赶快撤，等天亮航母睡醒了，就该来轰炸了。于是，虽然海滩上和海面上还有大量的美军物资、登陆部队和运输船，日本人也不炸干净就跑了。

美国运输船胆子就更小了，战舰都被打沉了，没人保护了，赶紧撤吧。瓜岛上的美国陆战队，茫然地看着远去的战舰："我们被甩了？"

美国损失的4艘战舰，沉没于瓜岛、萨沃岛和佛罗里达岛之间的海底，在那里它们并不寂寞，此后的半年里，两国的战舰争先恐后到海底去开party,后来这片海域就得了个"铁底湾"的名字。

岛上的美军成孤儿了，不能自怨自艾，要保住自己保住小岛。他们擦干眼泪，开始一边构筑工事，一边拿起日本人留下的铲子、榔头继续修机场，以后这是美国人的机场了，改个名字叫"亨德森机场"吧，为了纪念中途岛海战中英雄的美军飞行员亨德森少校。

干掉了海面的舰队，日本人也预备登陆了。山本五十六吃准了美国人势必会发兵过来雪耻，决定在所罗门以北的海域列下战阵，等美国舰队上来血拼。

这是世界海战史上又一次著名的航母对决战。日本人派出一艘轻型航母引诱了美国的轰炸火力，而后自家的轰炸机向美国海军的主力航母——“企业”号发动了进攻。

“企业”号不是浪得虚名的，这么大的身躯居然在海上做各种规避动作，舰上53架战机没有轻易起飞，贸然加入战场。当其他航母上的战机将日本那艘诱饵航母炸得差不多后，所有的战机在“企业”号上空等待日本战机来决斗。

“企业”号的炮火，加上周围护卫舰的炮火和天空战机的火力交织在一起，海天一片混乱，这种打法，真担心有多少美国战机是被自家人打落的。

日本战机一架架坠入大海，在炮火中侥幸保全的也开始撤退。这样混乱的战场，“企业”号这个庞大的身躯太容易遭到伤害了。前后有三发250公斤的炸弹，穿透层层甲板，在舰体内爆炸，“企业”号严重受损。

维修人员立了头功，他们以最快的速度给了“企业”号基本的护理，不仅能让这艘重伤的航母返回基地，还让空中的战机安全降落在甲板上，最大限度地减少了损失。也算是上帝保佑，日本战机因为对“企业”号念念不忘，看它重伤后，想趁它病了要它命再来炸一圈，幸亏“企业”号因为舵机故障，偏离了航道，以至于日本战机居然没找到它，逃过了一劫。

返回珍珠港基地后，经过两个月的维修，“企业”号重上战场，日本人永远失去了打沉它的机会。

就在所罗门海上翻江倒海舰船对战时，日本人忙着将登陆部队送上瓜岛。可日本人又犯了考虑问题不周详的错误。要么就专心干掉美国人的航母，要么就专心送人上岛，两边同时进行的结果就是两头都不到岸。

海战失利后，舰队一撤，登陆部队根本不是岛上美军的对手，而增援的船只失去了保护又暴露在炮火里，被打得七零八落，让之前已经上岸的日军更加危险。

此后所罗门群岛一带就热闹了，“亨德森机场”已经建成，盟军的战机在瓜岛安家，因为这个行动被盟军命名为仙人掌，所以岛上的战机中队就被称为“仙人掌航空队”，在后来的瓜岛保卫战中，这支航空队创下了可歌可泣的战绩。

对瓜岛的争夺，你来我往持续了6个月，双方大小海战30多次，像上面介绍的大型对战就有6次，想象一下，铁底湾里，得有多少破铜烂铁。

瓜岛上，陆战队员们经受一轮轮考验。岛上条件艰苦，双方的补给都很难上岛，日、美的战士们都要面对缺吃少穿和疾病，面对精神意志似乎更强大的日本人，美国大兵居然也遇强则强了。半年里，日军一次次进攻，被一次次打退，战事结束后，日军的伤亡人数居然10倍于美方。

1943年1月，在瓜岛大海战再次失利损失惨重后，日本人终于决定放下瓜岛放下澳大利亚，2月1日，20艘日本驱逐舰经过3个夜晚的赶运，终于将1.2万饿得瘦骨嶙峋的日军撤出瓜岛。还算是天皇开恩，本来这些即将饿死的日军预备以集体自杀的方式扑向美军阵地做最后一搏的，因为日本军人饿死在掩体里，未免太丢人了。

6个月天空、海面、陆地上的恶斗，是整个太平洋战争最煎熬的半年。其实从海上的战斗来看，似乎日本人还稍许占一点上风，可我们依然说他们惨败。因为对日本人来说，这半年的损耗是惊人且致命的。美国人不管打掉多少军舰战机都能迅速补充，人力更是源源不断，日本呢，那个可怜的小岛，本来就啥都不富裕，虽然占据了中华大部，可中国没有美国那样的工业条件给日本人帮忙啊。日本的国力根本不能支撑它的战争损耗，战机和战舰已经是奢侈品，更不用说航母。瓜岛一役损失的精锐的舰载机飞行员，更是无法补充的损失。基本可以说，瓜岛后的日本，已经迅速滑向没落，从此是盟军掌握了南太平洋的主动权。

瓜岛之后，美国在太平洋上两条战线并进，中太平洋海军的尼米兹上将向西进逼，西南太平洋上，陆军的麦克阿瑟上将则由澳大利亚向印尼、菲律宾发动跳岛作战。

跳岛作战顾名思义，就是跳过某些岛屿。西南太平洋上的岛屿星罗棋布，看着都眼花。大小岛屿上都有日本人，如果美国大兵一个个攻占并登陆，要累死好多人。麦克阿瑟很聪明地接受了参谋长的建议，加速进逼日本本土，只占据那些战略价值高的岛屿，其他顾不上的小岛，海空封锁让他们自己瘫痪吧。

日本人也知道盟军的目标是自家本土，所以军方公布了一个所谓“绝对国防圈”，以为是孙悟空给唐僧画个圈儿，妖魔鬼怪就进不来了。日本人到现在都迷信画圈子，以至于他家觉得只要画一条“岛链”，就能把咱们天朝锁住不敢动弹了。

尼米兹跟咱家一样不信邪，他还就看中了这个圈。中太平洋上，日本国防圈的最外围，就是马里亚纳群岛。

马里亚纳群岛因为那条著名的海沟为大家熟悉，这也是个小岛密布的地方，第一大岛是关岛，第二大岛是塞班岛。

为什么马里亚纳群岛是日本不能放弃的国防圈，而美国人又对这里如此看重呢?

太平洋战争打了好几年了，要想战争早点结束，就要摧毁日本人的工业。它再造不出飞机舰船，也就只能束手待毙了，况且，美国人念念不忘的不就是到日本本土去炸个痛快嘛。

B-29轰炸机，江湖人称“超级空中堡垒”，当时世界上最大最强的轰炸机，这大家伙1943年服役，为轰炸日本预备，它需要一个靠近日本的基地来起降，马里亚纳群岛就是最佳选择。

瓜岛战役末期，山本五十六要亲自到所罗门群岛前线去鼓舞士气，行踪被美军探知，斩首行动，他的座机被击落，当场死亡。接任他的家伙，第二年又死于飞机事故，马里亚纳群岛战役时的日本联合舰队司令，叫丰田副武，他安排小泽治三郎中将负责这场战事，这个小泽后来接任丰田成为联合舰队司令，是这支舰队的末代司令。

美军来袭，小泽战术思路清楚。日军的战机比美军的航程远，而且马里亚纳群岛上，又有现成的机场。他的想法是，日战机提前起飞，先找到美国舰队，轰炸，而后返回，全部回到岛上的机场降落加弹，而在这个航程里，美军的战机根本找不到日本的舰队。

马里亚纳群岛的机场里，是有不少日本飞机，真要飞起来，小泽的思路是可以实现的。可怜的是，美国人早先在塞班成功登陆后，把岛上的飞机，能炸都炸了。前司令山本五十六不是最恨人实话实说，受了损失还敢说出来吗？所以岛上的守军司令居然向小泽隐瞒了这个事实（我们现在不要责怪日本人拒不承认侵略事实了，他家面对战场上生死攸关的大事，自己人对自己人都不说老实话）。

岸基飞机指不上，舰载机还有400多架，提前起飞，4个波次，一轮轮冲过去，找到美国舰队，闭着眼睛炸！

第一批起飞的71架战机，很快出现在美国舰队上空。美国的战机当然是升空应战。日本人骄傲的零式战机升级版对决美国新出炉的F—6F，也叫恶妇战机。

跟B-29战机一样，恶妇战机也出自大战期间，如火如荼快速发展的美国航空业，比起珍珠港时代的美国战机，恶妇战机已经有了强大的改进，而且它正是为对抗零式战机设计的，身躯庞大而结实，零式战机上的机枪，根本奈何不了它。

美国战机升空后，空战开始。战场态势一面倒，就看见空中带着浓烟跳海的，全是日本战机。随后的第二波、第三波、第四波攻击，几乎都是这个局面，有一个时间，大约十几架日本战机同时坠海，蔚为壮观。美国飞行员都没想到，能玩得这么high,他们大叫：这简直就是古代打猎杀火鸡嘛！从此后，马里亚纳群岛的海战，被称为“马里亚纳群岛猎火鸡”。

小泽派出的326只“火鸡”有130架飞回了航母，加上岛上被炸的，跟着航母沉没的，共损失了“火鸡”315只（火鸡肉要涨价了），可怜小泽能派上马里亚纳战场的战机，统共才400多架。空战中美国人损失了战机23架。

海面上舰船对决也很精彩，此时的美国舰队，实力已经强于日本太多了，参加此战的美国航母有15艘，日本人砸锅卖铁凑了9艘航母应战，结果一家伙就被打沉3艘，其中两艘还是被潜艇发射鱼雷打沉的。要知道，一般海战中，潜艇打沉航母并不是太容易的事。

两天的战斗，美国军队攻占塞班并建立稳固的阵地，取得了西太平洋的控制权。这么大规模的战斗，美军仅76人阵亡，123架飞机损毁，4艘军舰轻伤。而这些人机伤亡，很大一部分是最后时刻追击撤退的日本舰队，返航时燃油耗尽坠毁或者是降落航母甲板时的混乱造成的。

大家可能纳闷了，就算恶妇战机比零式战机先进，空战的成绩也不至于这么离谱吧。原因很简单：整个对战中，美国人一直是进步状态，日本飞行员在珍珠岛和中途岛的优异表现，刺激美国人狠下功夫培养飞行员；而日本呢，他们捉襟见肘，人力物力都跟不上战事的发展，飞行实习生就要开舰载机上天肉搏，当然就只能沦为“火鸡”了。

1944年，美国在太平洋战事顺利，让罗斯福比较头痛的是，这个区域的战场上有两位老干部，经常意见不合，有点麻烦。两位老干部一位是海军上将尼米兹，一位是陆军上将麦克阿瑟。

从反攻开始，两位大佬就坚持不同的进攻方向，罗斯福对指挥作战心态健康，不乱订规矩，你们各自行动，按自己喜欢的方式前进吧。于是尼米兹漂亮地组织了马里亚纳群岛猎杀火鸡的行动，麦克阿瑟在西南诸岛上，跳得很欢畅。

随着接近日本本土，由不得两位大佬随性，是时候要统一思路了。目标肯定都是先切断日本的东南亚运输线。东南亚的资源是日本战争的血液，只要卡掉东南亚和日本、中国、朝鲜的联系，日军无法获得战争物资，就蹦跶不了几天了。

切断血管也有不同的办法，尼米兹的想法是占领台湾，而后重点打击运输线，麦克阿瑟则坚持占领菲律宾。一说到菲律宾麦克阿瑟就激动，他叼着烟斗，忍不住地陷入了回忆：

1903年，第一次登上菲律宾，麦克阿瑟还只是个少尉，而后步步高升，似乎都是菲律宾这块土地在关照他。1935年，从陆军参谋长的位置上退休，菲律宾人还是邀请他成为高薪的军事顾问。“二战”爆发，美国成立远东司令部，麦克阿瑟就在菲律宾走马上任为总司令，不久他就获提升为陆军中将。

1941年12月，珍珠港遇袭的第二天，菲律宾受到日军轰炸。麦克阿瑟本来是自信满满地要组织一场防御战，可到第二年初，他就不得不宣布放弃，带兵退守巴丹半岛，由着日本人占领了马尼拉。

巴丹半岛的战役，可以算是“二战”中出名惨烈的战事之一，华盛顿经过分析后，认定守不住了，但又无路可撤，而此时的麦克阿瑟已经是四星上将，他要是被日本人抓去，损失有点大，丢人也丢得狠，所以罗斯福下令，把麦克阿瑟捞出来，送到澳大利亚去，领导盟军在西南太平洋作战。

麦克阿瑟带着老婆和小儿子乘坐鱼雷快艇连夜出逃，一路凶险万分也狼狈不堪，上帝保佑他，海上密集游弋的日本舰队，还就是没发现他。

总司令跑了，还有7万多美菲联军呢。麦克阿瑟将他们交给自己的副手温斯特，以为只要这群人老实投降，就能换个暂时平安。

日本人的做事方法经常在人类的范畴之外，尤其是进军菲律宾的日本军官，还曾经在中国的南京被激发过兽性。他们组织了一场“壮观”的“巴丹死亡行军”，要求这些又累又饿精疲力竭的战俘，行军到65公里外的战俘营去。菲律宾的4月，天气酷热，这一路，不给食物，甚至不给水喝，押解的日本军人由着性子殴打开枪。7万多战俘，死在途中的有15000多人，进入战俘营后，被各种折磨，活下来的也不算多。

麦克阿瑟躲过了这一切，在澳大利亚安全落地后，说了一句名言：我脱险了，但我还会回去的！这成了整个战争中，最鼓舞美军士气的一句名言。美国人的确是没心没肺，一个司令官在关键时刻，抛弃自己的军队独自逃生了，他居然还好意思说名言？

回忆结束，麦克阿瑟下定决心，就算是跟尼米兹打一架，也要美国军队先拿回菲律宾。可能这样的耻辱感，罗斯福也有，于是，菲律宾成为下一战首选目标，计划在莱特湾动手，登陆莱特岛。

莱特湾海战被后世称为史上规模最大的海战，也是太平洋战场的收官战。可这个收官战，实在算不得完美，因为日美两边都犯了错误，还是到现在都说不清白的错误。

整个海战涉及的海域范围有130万平方公里，美方出动了17艘航母和18艘护航航母，飞机有1500架，其他各种船舰布满海上，浩浩荡荡看不到头，既然是预备大规模登陆并拿下菲律宾的，陆战队员和各种补给运输船，肯定是更多了。

日本方面呢，日本人还是承继了山本五十六的赌徒性格，每次作战都会押上全部身家，日本人也知道，如果真被切断了血管，那些身家留着也没什么用了。只是现在的日本人，全副身家拿出来也比较可怜，只有航母4艘，舰载机200多架，台湾和菲律宾还有岸基起飞的飞机500架。可日本人并不怵，他们根本不迷信航母，他们还是觉得，威力强大的战列舰才是真正的海上主宰，他们手上还有世界上最强大的战列舰，比如著名的“武藏”号。出战前，日本的战舰终于装上了雷达！整个太平洋战争打了近三年，到这个时候，才想起给舰船装上雷达，够可怜的！

战斗从1944年10月20日开始，美国海军陆战队在海天一体的掩护下，在莱特岛强行登陆。日、美海军遭遇在海上，第一场大型冲突发生在10月24日。狭窄的锡布延海，日军的战列舰被美军的战机锁定，作为舰队主力的“武藏”号，格外受到关照，前后遭到六波攻击，身中17枚炸弹和19枚鱼雷，壮烈地沉没了。

美军的损失也不算小，一艘轻型航母“普林斯顿”号被击中，200多船员死亡，还有200多人受伤，最后也挣扎着沉入海底，找“武藏”号做伴去了。

此战，日军已经没有战机帮忙，全靠水面舰艇独立支持，应对美国天上、水面、海底的各种攻势，能干掉一艘美国航母，已经是了不起的胜利了。

整个登陆战，美军的兵力是这样构成的，尼米兹麾下的哈尔西率领航母等各种战舰为登陆护航，麦克阿瑟麾下的金凯德率登陆部队登陆作战。

日军的防御部队也有两巨头，中路舰队由栗田健男率领战列舰，与美国舰队作战；北路舰队由小泽治三郎率领，在北边不知道忙什么。

海军的哈尔西上将也不是普通人，瓜岛战役时组织了多次水面大战，他也有一句“二战”中流传甚广的名言：杀死日本佬，杀死日本佬，杀死更多的日本佬！他说到做到，杀掉了最牛的那个日本佬——山本五十六。这项居功至伟的斩首行动，就是他一手指挥策划的。这伙计军中声望甚高，被称为“蛮牛”。

锡布延海战结束后，蛮牛负责封锁圣贝纳迪诺海峡，保护美军登陆。这蛮牛不肯闲着呀，海战胜利，他心里却总突突。日本人出战的都是战列舰，他家的航母去哪儿了？

美国人打仗，航母为重，尤其是蛮牛出名喜欢轰炸机，所以他觉得，只要没有打掉日本人的航母，心里总归是不踏实的。

小泽率领的北路舰队跑哪去了？人家没跑，在恩加尼奥角列阵等待呢，蛮牛寻找的航母都在，不过航母上只有可怜的108架舰载机。

找到了北路舰队，蛮牛就不喜欢封锁海峡了。锡布延海战，栗田健男率部撤得很快，一时半会儿肯定不会卷土重来的。这个空当，蛮牛带着自己的航母编队，全速北上，一举消灭小泽的北路舰队，打沉日本所有的航母，那日本还敢说自己有海军吗？

蛮牛就是蛮牛，他打定主意，他也不跟与他配合的金凯德商量，就放弃自己的岗位，全速北上了。他可能是觉得，我们海军做事，为啥要跟你们陆军商量呢？

来势汹汹的美国舰队没让小泽失望，手起刀落，嘁里咔嚓，把北路舰队压得气都喘不上来。在马里亚纳群岛战役，击落日军战机是个娱乐，这次海战，打沉航母更是娱乐，日本仅剩的4艘航母，以一个不像话的效率，前后沉入大海。蛮牛在舰桥上一边看航母沉海，一边想象着自己立下这不世奇功，战神在世，将来回到美国，绝对红得发紫呀。

4艘航母消失在海面，小泽的心情几乎跟蛮牛一样，他居然也是快乐的！他很快叫人给中路舰队的栗田健男发报，只有一行字：我们的计划，成功了！

出什么事了？什么计划？此时最衰的是登陆部队的司令金凯德。栗田的舰队不是撤了吗，怎么这么快就扑上来了？！

登陆部队只有可怜的几艘护卫航母，虽然也叫航母，不过是海上一个飞机平台罢了，甲板很薄，遇上日本的战列舰，只有挨打的份儿，舰上起飞的，也多以反潜机为主。大量的运输船、登陆舰以及水中岸上几万美国士兵，可能全部随着战舰发射的大炮化为灰烟，损失将不可估量。

好在金凯德此时并不知道，蛮牛的舰队全部离开了封锁地区，北上打私架去了。所以，金凯德也敢以他手里的区区兵力，对抗日本舰队。倒是尼米兹收到开战的信号，正预备调度舰队时，发现蛮牛失踪了。这么大一个舰队，怎么说没就没了。

实力一边倒，金凯德的确是尽力了，他指挥驱逐舰自杀式地发射鱼雷，只求争取时间，让护卫航母上的飞机升空。舰上的战机很少，大部分功能是反潜，此时起飞执行这么艰苦的作战任务，显然是支撑不了多久。随着美国的战舰和航母开始沉海，只要栗田健男此时下令，舰队扑向莱特湾，则整个美国的登陆部队危殆，登陆行动也就彻底失败了。

谁知，这个节骨眼儿，最让人摸不着头脑的事发生了，栗田健男突然下令，舰队北撤，退出战场！

让我们梳理一下战局，现在我们大约可以知道，日军的原定计划应该是这样的：第一次交火后，栗田舰队佯退，而小泽舰队则在北方引诱蛮牛的舰队上去火并，栗田舰队趁着登陆部队没有舰队支援掩护时，一举消灭他们。

不能怪蛮牛长了个笨脑子，一般人谁也不会想到，日本会用它家全部的航母做诱饵，让美军上当。对任何一个美军统帅来说，有机会干掉日本海军的全部航母，这个机会都不会错过的。站在日本人方面考虑，菲律宾之战，生死存亡，如果菲律宾失去了，日本海军甚至航母存在也没什么意义了，还不如拿出来赌命一搏。

计划成功了，蛮牛被调虎离山，登陆部队是砧板上的鱼，煮熟的鸭子，唾手可得。栗田怎么了？为什么拒绝这么重大的胜利？

问题出在哪里，是事后军事研究者的热门话题。最被接受的说法是，小泽向栗田发报，说计划成功，可这么重要的电报，栗田并没有收到，所以他一直不清楚，到底蛮牛的舰队有没有离开。因为没有飞机，失去制空权，当然也没有人帮他侦查，海面上前后左右都是船，天上也飞着美国战机，到底是蛮牛的舰队还是金凯德的舰队，他一点儿底都没有，侥幸打沉几艘美国船后，他就觉得挺好了，见好就收，赶紧撤吧。

栗田没有理解日本海军计划的真谛，4条航母的自尽，目地不是为了栗田的海战胜利，而是不计任何代价地阻止美国人登陆。如果栗田明白这个道理，当天，不管他能否确定美军是个什么状况，他都应该以自杀似的决绝，带着他的战列舰，不管不顾地冲向莱特湾，将美国登陆部队干掉。

事后日本人当然是责怪栗田，想想后怕的美国人更责怪蛮牛，差点葬送了好多人。但蛮牛就是蛮牛，即使后来的战犯小泽亲口阐述了他们引诱蛮牛的计划，蛮牛还是死不认错，他坚信是小泽说谎，构陷他。

莱特湾海战就这样结束了，美国人实现了目的，日本已经没有能力打任何一场海战了，所以这是太平洋上最后一场海战。

剩下的都是美国的登陆战，步步向日本推进，美国大兵即将正面应战日本军人，人与人的战斗总归要比飞机战舰对杀更残酷，更触目惊心，尤其是眼看就要战败的日本人，都陷入了比他们平时那种疯子状态更加癫狂不可理喻的状态。

日军开始起用神风特工队，日本飞行员喝一口“断头酒”，绑一身炸药，启动飞机，向盟军的军舰直撞过去，着实吓人。

1945年2月，硫黄岛登陆，当天美军就阵亡2万人。冲绳岛战役，历时96天，日本出动自杀战机2300多架次，英美盟军死伤7万多人，损失战机760多架、战舰近400艘才顺利登陆。代价太大了，所以到现在，美国人留在冲绳就不舍得走。

1945年6月，美国的轰炸机开始扫荡日本本土，再后来……

太平洋战场的主要战役就是这些，但有一个部分的战斗，虽然没有海天大战这么精彩，也一定不能忘却，那就是滇缅战场和驼峰航线。

1938年，面对日军在华的迅疾攻势，蒋介石已经清楚地看到，中国的东部一线必然不可守，未来只能退守西南。为了不被日军全境封锁，未雨绸缪地抢修了一条从云南到缅甸的公路。

大家都看过那九曲十八弯的著名公路了，这里的山区，地质坚硬，地形险要，要跨越最湍急的河流，蜿蜒千余里。在极短的时间内，在严重缺乏机械设备的条件下，20万中国劳工创造了让日本人都惊讶的工程奇迹，公路真的修通了，而且真的就成了抗日战争最艰苦的时期，中国与外界接触的生命线。源源不断的海外援华物资从这里进入中国战场，支撑了中国人民对日军的抵抗。

太平洋战争爆发后，日本人终于切断了这条唯一的生命线，已经和中国军队并肩作战的英美盟军要设计另一条线路为中国战场送补给。

唯一的解决办法，就是空中航线。越过云南、四川高低参差的山脊，尤其是，跨越喜马拉雅山脉。

复杂的地形地貌，恶劣的天气，有些山峰高耸的地方，当时飞机到不了那个高度，只能在风雪的山谷中穿行；有的地方狭窄得就像要挤过去，没有导航，没有雷达，所有情况都需要飞行员的目测和快速反应，这比特技飞行玩命多了。但，这条航线还是诞生了，中美两国的飞行员用生命和热血联手为飞行界打造了一个神话，这条著名的“驼峰航线”是世界上持续时间最长，条件最艰苦，损失最大的一次空运行动。

3年的空运中，仅美国飞机就损失了1500架，飞行员近3000人，损失超过总投入的80%。那些航线经过的高山峡谷、冰川雪峰间，每到天晴，能看到刺眼的反光，都是当年坠毁的各种飞机残骸，因为它们布满了山谷，那里被称为“铝谷”。

老杨曾经热衷于研究驼峰航线的历史，我诧异于美国人会在万里之外的异国他乡，为一群他们完全不认识不了解的人付出生命。难道是美国人天生具有一种伟大的国际主义精神？

后来研究的资料多了，了解比较多面。美国人的性格中，有一条是非常珍贵可敬的，那就是乐观。这种乐观让他们显得随性而自由，这真是大部分国家都没有的一种国民精神。穿越喜马拉雅山谷的飞行，分明是送死，他们也怕死，不过他们的乐观产生的自信，让他们认为，就算大部分人都机毁人亡，这事也轮不到他们自己。当然，牺牲精神是肯定有的，但在老杨看来，乐观自信地迎接挑战肯定比随时预备悲壮赴死强多了，所以美国人最后能打败日本佬（虽然是美国史，这一句必须加上：美国人能最终战胜日本人，是中国牵制了日本大部分的兵力）！

去北非

美军在太平洋战场三年大战，酣畅淋漓，精彩纷呈，是“二战”最精彩的篇章。相比之下，欧洲战场的美军，开场得稍微黯淡了一些。

大家还记得，本书中麦克阿瑟的第一次出场是在1933年，华盛顿“补偿金远征军”事件中，作为陆军参谋长的麦克阿瑟出兵镇压这一“恶性群体事件”，跟在他身边的，是他的副将、助理艾森豪威尔，“二战”时美国的欧洲战场，就从他开始。

艾森豪威尔一直是以麦克阿瑟的小跟班形象出现的，珍珠港事件后，之前盯着欧洲的人，都改为盯住太平洋，憋着揍日本佬报仇，麦克阿瑟也被派到了对日战场的前线。此时的艾森豪威尔不再跟着麦克阿瑟了，他有了独立见识，他认定，欧洲战场还是最主要的。

1942年这一年，斯大林同志喉咙都叫破了，希望盟军立即在欧洲开辟一个战场，分担他东线的压力，罗斯福和丘吉尔都满口答应，说马上办，可就迟迟不动手。直到这年6月，才慢吞吞地给欧洲战场的美国军队任命了一个总司令，让美军在伦敦先蹲着，伺机而动。

这支美国“二战”远征军的司令，就是艾森豪威尔。

一群美国大兵驻扎英国，无所事事，英国没有德国佬哇，德国佬都在对岸呢，既然是来打仗，总要先过海上岸吧。

空有豪情壮志没用，此时英美联军加上戴高乐可怜的“自由法国”的“小分队”，真要对着德军迎面冲过去，是标准的找死。

美国大兵往哪里打？丘吉尔说，我们打法国去吧！他说的法国，是指法国在北非的殖民地，阿尔及利亚、突尼斯、摩洛哥那一片，现在他们属于半个亡国奴——维希法国的属地。

英国卷和德国卷里都介绍过，北非战场开始是沙漠之狐隆美尔的天下，随着英国的蒙哥马利降临，打了几场漂亮仗。第二次阿拉曼战役，是盟军“二战”后第一场辉煌的胜利，沙漠之狐威风尽失，步步退守。

虽然美军1942年底才有机会跟德军交手，可隆美尔实实在在是早就输在美国手上了。因为北非战场进入1942年，德军是越打越穷，直到山穷水尽，英军倒是越打越富，补给源源而来。对，那些来自美国的物资是盟军胜利的关键，顺便说一句，这批进入北非的美国物资，本来是计划送到中国的滇缅前线，支撑中国的远征军的（美国历史，尽量不提咱们的悲惨往事了）。

丘吉尔要求先入北非，明显是带着私心的。对英国来说，非洲埃及太重要了，死也不能放手，而此时英国舰队牢牢控制地中海，北非的蒙哥马利已经获得了主动，攻占北非，并以此为基地从意大利登陆欧洲，是危险最小的办法。这种打法的缺点就是浪费时间，也就是说，需要苏联人独立在东线跟全欧洲的轴心国军队死磕。

同盟归同盟，要说英、美对苏联没有恶意，估计他们自己都不信，至少，在苏联人越打越少这个事情上，罗斯福和丘吉尔的同情心，都不算太强烈。

美国人同意了，北非登陆。这是人类历史上第一次跨海登陆作战，后来盟军一直不断练习这种玩法。

1942年11月8日，由美国港口和英国港口分头驶来的运输船会合后，在地中海上几乎没遇到任何阻挠，就顺利靠岸并登陆。这次行动被定名为"火炬行动"，总指挥是艾森豪威尔中将。

艾森豪威尔一直跟在陆军参谋长身边，先是麦克阿瑟，后是乔治·马歇尔，在美军统帅部见多了纸上谈兵，自己还从没领导过任何一场大战。这次一入场，就跑到异国他乡组织史上第一次跨海登陆战，不能不说是盟军的一项冒险，而且，英国的将领，比如蒙哥马利之流，似乎对这位出身微末的美国人有些许轻视。

艾森豪威尔将军表现出来的才干首先是政治上的。登陆地点属于维希法国的属地，说起来是德国的小弟，艾森豪威尔坚持先和当地的法国首长谈判，说服了法军对盟军的投诚。于是一登陆，戴高乐的"自由法国"就受降了西北非的法国军队，实力顿时壮大，并让当地居民站在了盟军这边。盟军在非洲西北方向的登陆计划，也没有遭遇阻滞。

北非登陆让希特勒猝不及防，他意识到前期的确有点亏待隆美尔，所以赶紧组织了一些物资发送到突尼斯，让北非军团顶住。

因为蒙哥马利的优柔寡断和隆美尔的头脑清晰，德意联军在非常不利的情势下，居然还有条不紊地撤退到了突尼斯，并跟援军会合。不过，隆美尔更清楚地看到，北非大势已去，再打下去也只是挣扎而已。

希特勒老大轻易是不批准撤退的，更不能允许投降，但又不能有效地支援补给，无奈的隆美尔还为病痛所苦，犯了严重的白喉。为了"沙漠之狐"的名誉，隆美尔预备发起一场漂亮的战役，为自己的非洲生涯写个结局。

英美两军从东西两个方向夹击突尼斯，隆美尔随意试探后就发现，蒙哥马利的军团还算合格，但初出茅庐，初上战场的美国军队，着实是一群菜鸟。于是，隆美尔预备了一个跟他老大欧洲战场一样的计划，两面出击，一支军队牵住蒙哥马利，另一支全力打击美军第二军，干掉美军后，掉头再跟蒙哥马利决战。

1943年2月19日，攻击开始，第二天，菜鸟美军就溃不成军，慌不择路地撤退，把大量物资，好些都是没开封的家伙，留给了德军。

这一战打了6天，隆美尔根据当时的情况分析，再打下去也无利可图，引得盟军大举增援，反而不利，于是德意联军分段撤退。美国大兵对德国大兵的第一战，有6300名美国士兵死亡、受伤或失踪，4026人被俘，而传说中的德国虎式坦克更让美国人开了眼，盟军葬送了183辆坦克，194辆装甲车，512辆各式车辆。不能不说，真是一场惨败。

这是隆美尔的非洲谢幕战，艾森豪威尔痛定思痛察觉现在这个状态的美军，送上前线定是炮灰，将尿尿一窝，好在不尿的美国将军还有几个。于是，他果断地为美军第二军更换了一个长官，巴顿将军走马上任了。

一部好莱坞史诗大片《巴顿将军》在1971年获奖无数，奥斯卡更是斩获七项大奖，引起了全世界的关注，巴顿将军成为回顾“二战”时知名度最高的明星，相信很多完全不了解“二战”的人，对巴顿将军也不陌生。在中国著名的电影《甲方乙方》中，小书摊老板英达的梦想，就是扮演巴顿过把瘾。

巴顿性格火暴张扬，有悍将的气质，深得马歇尔赏识。德军的装甲部队八面威风时，美国人在1940年也开始组建自己的装甲师，巴顿参与组建了美国第一支坦克部队。北非登陆战，巴顿率4万美军在摩洛哥上岸，收拾了当地的德军后，被任命为美国驻摩洛哥的总督。

美军突尼斯第一战惨败，巴顿临危受命接掌了第二军。

巴顿火暴的作风带给了美军新气象，美国的性格决定了，他们不会是德军那种纪律严明整齐刻板的部队，所以巴顿上任第一件事，就是整顿军纪。

美国大兵还是很受教的，被德国人教育一回，又被巴顿整理一回，总算找到了远征军的心态，这是打仗来了，不是出国旅游的。

本来巴顿和蒙哥马利双剑合璧，盟军的战力就大为提升。而在3月9日，绝望的隆美尔还离开了非洲。同是装甲部队长官的巴顿一直有一个梦想，就是跟装甲界的天王巨星隆美尔来一场正面对决。听说隆美尔离开，巴顿郁闷坏了，只好和蒙哥马利毫不留情地欺负留在突尼斯负隅顽抗的德意联军。

1943年5月，最后一部分德军被赶出非洲，大约25万德、意军队被俘，盟军取得了“二战”第一个战场的大胜，并制定挺进欧洲的计划。

欧洲战场

之前的几部欧洲历史，老杨已经把欧洲战场描述过好几遍了，这部美国卷实在写不出什么新意了。为了不沉闷无聊，不如我们就跟随电影《巴顿将军》的情节，从美国人的角度重温一次吧。作为一部老电影，《巴顿将军》除了节奏过于舒缓，场面不够壮观（不能跟现在的好莱坞大片比），其他各方面看，至今还算得上是一部优秀的电影。

电影从上篇说的，突尼斯卡塞林山口的美军第一个败仗开始，然后是巴顿在摩洛哥花里胡哨的仪仗队表演中，成为摩洛哥总督。他说，他更愿意去突尼斯打德国人。

如他所愿，巴顿接手了惨败后的第二军，雷厉风行地整饬军纪，通过阅读隆美尔的著作，战胜了隆美尔留在非洲的军队。然后，盟军就要考虑如何越过地中海，进入意大利了。

按丘吉尔的说法，整个欧洲的德军是甲壳坚硬的鳄鱼，但它的下腹部却是柔软的，下腹部就是指意大利和希腊南部这个区域。盟军内部有同感，纳粹是不可战胜的，意大利是可以轻易收拾的。

成功登陆西西里岛，是因为盟军完美的“肉馅计划”（参看《德意志是铁打的》）。英、美两个集团军分别在西西里岛东南和西南登陆，遭到岛上的德意联军顽强抵抗。

出发前说好，由蒙哥马利的第七集团军登陆后就一路北上，占领西西里岛东北端的墨西拿，预备直接进攻意大利；巴顿的工作是从南到北将守军分割，并消灭西北部的敌人。这个作战剧本显然蒙哥马利是男一号，巴顿沦为男二号，这让巴顿相当不爽。正好德国人也收到这个剧本，所以火力的焦点对准了蒙哥马利的军队。

巴顿一看蒙哥马利被陷住，马上就开始图谋墨西拿，抢这个头功。都说巴顿是个古典军人，所谓古典的军事统帅，如同在冷兵器时代作战，见血就亢奋。这伙计是道地战争狂，他自己不怕死，手下的将士们就不能惜命，他在战场上一直保持兴奋，带出来的兵也像打了鸡血。同样遭遇德军阻拦，巴顿的军团更舍得拼命，所以在这场目标为墨西拿的赛跑中，巴顿赢了，提前入城，收获了他希冀的各种虚荣。

盟军西西里岛登陆导致墨索里尼倒台，新政府与英美秘密谈判，愿意弃暗投明加入盟军。双方在谈判条件上都比较磨叽，盟军也客气，不说好绝对不动手，以至于从西西里岛登陆的1943年7月足足谈到9月才算谈妥投降方案，此时再进入意大利，当地的德军已经获得了增援。

美军在意大利登陆后，希特勒就第一时间解除了意大利军队的武装，并占领了罗马。不久后，他又救出被监禁的墨索里尼，在意大利建立一个傀儡政府，继续跟盟军作战。美军在意大利的征途上，吃尽了苦头，一直不能攻克，也许是因为，带领美国大兵作战的，不是巴顿。

巴顿被闲置了，因为进入墨西拿后，他在视察医院时，打了一个疑似装病躲在医院的士兵。用手套抽耳光，这在美国可成了大事了，又加上巴顿为人张扬，嘴上没把门的，喜欢说些极端的言论，作为惩罚，他失去了领导军队登陆意大利作战的机会。

1944年6月，盟军千辛万苦收复罗马，再过一年，盟军对德国本土发动攻击后，意大利战役才算结束。传说中间战事不利时，意大利美军想找巴顿帮忙，一想到这厮的性格人品，又打消了这个念头，宁可和德军胶着消耗。

巴顿是美军不可多得的悍将，盟军知道，德军更知道。德军的指挥部里，有专人研究巴顿，而巴顿的行踪，也成为德军重点打探的情报，因为在他们看来，巴顿的位置，就是美军主力的运动方位。电影中，巴顿赋闲的岁月，经常带一帮子美国访客参观地中海沿岸，像个导游地陪，其实就是为了迷惑德国人。巴顿虽然满嘴粗话，可的确是个酷爱读书的人，涉猎甚广，他在地中海一带做导游，如果安心本职工作，能挣好多小费。

1943年8月，美英两国政府首脑终于善心大发决定第二年在法国登陆，开辟第“二战”场分担斯大林的压力，同年底德黑兰会议，面对忍无可忍的斯大林，罗斯福保证，第二年一定会启动名为“霸王”行动的登陆计划，这次说话算数，绝不黄牛！会后，盟军最高领导层决定，任命艾森豪威尔将军为这一重大行动的总指挥。

巴顿听说，高兴坏了。之前作战，巴顿总是要听命于英国上级，如今自家的长官说了算，终于熬出头了！巴顿也通人情世故的，他立即从西西里给艾森豪威尔送去两只火鸡，火鸡带去的信息是：老大，巴顿还在当导游呢，给换个工种吧！

艾森豪威尔的确想给巴顿换个工种，但是绝对不是集团军群司令，领导登陆战，而是继续给德军当向导。

诺曼底登陆前，最复杂的工作就是迷惑德国人，让他们认为盟军的登陆地点是加莱，为了达到这一目的，各种戏都演全了，巴顿也是这场大戏的重要角色。德国人认定，登陆战必是血战，盟军方面定会选择作风最硬朗的巴顿领兵。巴顿的动向，很有可能是准确的登陆地点。

巴顿被解除西西里岛的职务调到伦敦，给他“虚拟”配置了几个师的兵力，假办公室、假电台、假情报，做戏做到十足，一切都指向加莱。巴顿只能郁闷地履行他的新职务，并更郁闷地看着，他曾经的下级，一直跟随他作战的布莱德利成为司令，领导巴顿一辈子都在等待的，浩大而壮观的诺曼底登陆。

德国人预计应该由巴顿领导登陆战，但因为巴顿狂躁冲动如同一把利剑，艾森豪威尔不敢选择他，诺曼底行动实在是太重大了，不容有失，谨慎淡定的布雷德利似乎更妥当。布雷德利的上位，跟他一直在巴顿手下很有关系，他看熟了巴顿的战法，算是巴顿的嫡传弟子。

艾森豪威尔知人善任，他知道，比起穿越海峡风暴，建立滩头阵地，与德军近距离血战，巴顿留在英国的价值更高。后来巴顿还真就让德国的主力十五集团军被钉在加莱不敢妄动，给诺曼底的登陆部队减少了很大一部分压力。

巴顿是一流的军人，服从命令从不犹疑。诺曼底登陆后，艾森豪威尔终于答应巴顿上战场了，他将到法国，领导布雷德利麾下的第三集团军。以前的手下变成自己的上司，一般人都会尴尬，可对巴顿来说，能重上战场，让他当排长都行，他兴高采烈地去了，倒是布雷德利知道自己老上司的能耐，怕自己的位子坐得不够名正言顺，经常防备着巴顿。

新组建的第三集团军大部分是来自美国的新兵，巴顿从头教导，在最短的时间内，训出了一支精兵。

如果要评价“二战”所有参战国的军队素质，精锐当然是德军和日军，英军也还勉强及格，而美国大兵，他们最得意的是自家财大气粗，装备充裕，至于军人自身的素质，大家就不屑于评价了。

“二战”进入后期，一流的德军和日军都死绝了，英军也打疲了，倒是美军在战争中学会了作战，素质明显提高。到“二战”末期，能算是精兵的美国军队，不光是巴顿指挥的那一群，还有一支部队获得了极高的赞赏，他们是一支空降部队，胳膊上有一只嚎叫的老鹰标志，他们是一〇一空降师。

空降部队是挺危险的，其他军队至少还是一群人协同作战，空降部队被从空中丢在敌后，很多时候，能把所有的队员找齐就不错了。

一〇一空降师在“二战”中组建，完成训练后就参加了诺曼底登陆，诺曼底的登陆部队在几个滩头分头登陆，需要进入法国后找个安全的地方会合，一〇一空降师就提前占领并死守了这个会合地，进行了不少著名的苦战。

接手第三集团军的巴顿，作为第二梯队冲上欧洲大陆后，像是终于被放归荒野的猎豹，撒着欢儿预备大干一场。可是，登陆后的盟军日子并不好过，这么大的军队上岸，补给成了重要的问题，好多作战计划都因为物资匮乏，不得不延后。有限的物资无法公平分配，蒙哥马利、巴顿、布雷德利为了补给还要经常钩心斗角。

1944年的希特勒，日子更难过，登陆后的6个月，德军似乎只有退败，虽然很多德军将领已经看到了帝国的末日，可元首不甘心哪，他要组织他最强悍的装甲战队，对盟军发动一次大战，重新夺回西线战场的优势。

比利时的阿登山区，不管这个地方如何被两次大战德军的闪电突袭关照，盟军还是不放在心上。此时比利时的安特卫普港，是盟军物资补给的重要港口，支撑着欧洲大陆这么大的战场，不容有失。比利时阿登山区这一线，以美军为主驻守，恰恰是整个东进战线里最薄弱的，兵力少，装备差，新兵蛋子一大堆。

1944年12月16日，经过希特勒煞费苦心的前期准备（参看《德意志是铁打的》），他最精锐的党卫军所属的装甲部队开动了。低地海边的冬日，酷寒，暴风雪肆虐。这样的天气，正好进攻，因为盟军的飞机不能起飞照应。

美国菜鸟大兵们，蜷缩在睡袋里睡眼惺忪地受到了攻击，轰隆隆碾碎了一切杀奔过来的，就是传说中的虎式坦克吗？跟这个庞大的神器相比，美国的谢尔曼坦克竟是如此弱不禁风。

轻易穿透了美军防线的德国装甲部队，突进了60多公里，相对于德国防线，形成了一个突出部，所以，这场“二战”中最大的阵地反击战，又被称为突出部战役。

这是一场恶战，也是史上最著名的几次坦克大战之一，既然两边的坦克性能高下悬殊，战场环境可想而知了。

为了增援，美军部队从四面八方赶来，最快到达的，自然是空降师。12月17日，一〇一空降师奉命进入战场，并强占了阿登东部公路网的中心，巴斯通。为了拿回这个要塞，德军不断增兵，将此地切断封锁，最多的时候，有5个师围攻，都被守军打退。一〇一空降师经历了美军整个“二战”最血腥最惨烈的战斗。

德军打烦了，干脆劝降，一〇一空降师的代理师长麦考利夫收到劝降信后，就回了一个字“Nuts”，这个词就此大火，不仅这封信因为字数最少上了吉尼斯世界纪录，研究这个词的意思，也成了课题。

英汉字典的基础解释是：胡说、发疯、狂乱的、狂热的，或者干脆利落就一个字“呸”。考虑到麦考利夫当时的处境，更多人认为，他的意思应该是：“去你妈的！”

这个解释巴顿将军最喜欢，因为他自己就喜欢爆粗口。血战不降，还能爆这么帅的粗口，深得巴顿的欣赏。所以巴顿自告奋勇驰援一〇一空降师，而且承诺了一个几乎不可能实现的目标：两天，雪地行军100多英里，还要与遭遇的德军作战，到达目的地后，没有休整，直接参战。

所有人都不信，巴顿实现了，这是急行军史上的一个纪录。行军途中，巴顿的小吉普在十几万人的漫长行军路线中来回穿行为大兵们鼓劲，有时他下车踩着没膝的积雪跟战士们共同跋涉，长官的精神力量是美第三集团军能演绎出这场进军传奇的重要因素。

1944年12月26日，美军杀进了巴斯通，救出了一〇一空降师，巴顿乘胜追击，向德军的进攻基地发动攻击。12月31日，眼看就是1945年的新年，杀得兴起的巴顿在当晚的午夜12点整，指挥第三军所有火炮，整齐地向德国阵地开炮20分钟，以一个巴顿的方式送走了残酷的1944年。

巴顿自己评价，这一战中，他的第三军比历史上任何国家的任何军队都前进得更远、速度更快，且在最短的时间投入更多的兵力。实际上，在当时整个欧洲战场，巴顿的军队的确是跑得快跑得远的主力，不可否认还是战斗成绩最好的部队。

一〇一空降师也名垂青史，因为对巴斯通的死守，整个空降师获得了“优异部队嘉奖令”，在美国陆军史上，第一次整个师获得这项殊荣。

突出部战役几乎是“二战”最后一场大战，战场的主力是美国人，他们收获了最后的荣光，这让丘吉尔都有点酸溜溜的。

既然时间已经来到1945年，欧洲战场也就没什么好说的了。这一篇结束，主角也跟着结束吧。

年底，巴顿将军在一场车祸中，死于德国。这场离奇的车祸，因为疑点颇多，当时就引发暗杀的猜测。而且，熬过这么多血战，死于车祸，真不给巴顿面子呀！直到2008年，一本名为《目标：巴顿——刺杀乔治·巴顿将军的密谋》的书出版，证实了猜测，巴顿果然是死于被军方的灭口，据说是因为他掌握了艾森豪威尔在指挥上的重大失误，而且以他大嘴巴的性格，铁定会爆料。

不管是布莱德利还是艾森豪威尔，他们脱下军装，依然可以在办公室里玩心眼。巴顿不行，他只能为战场而活，没有了战争，没有了军队，他就可以离去了。他坚信轮回，他坚信自己在轮回的每一生都是最优秀的战士和统帅。下一世轮回，不知道他会出现在哪个战场……

曼哈顿计划

上面基本讲完了美国军队在第二次世界大战主要战场的表现，美国人都庆幸，外面都快打翻天了，还好没有战争是发生在美国本土的，其实，美国本土恰恰是“二战”最重要的一个战场，除了要用比打仗还高的强度和效率为全球的盟军生产并运输战备物资，还要紧赶快跑，争取抢在轴心国前面研究出更高端的武备，甚至能快速结束战争的大杀器。

大杀器，要从爱因斯坦说起。

1879年，爱因斯坦出生在一个德裔的犹太人家庭，大家一看到这个组合，就知道命运多舛。爱因斯坦是公认的天才中的天才，他的成才故事就不用赘述了。1922年，因为对“光电效应”的研究，43岁时获得了诺贝尔物理学奖。

对于犹太人专出天才这个事，我们已经见怪不怪了，事实上，根据历史经验，犹太人干出任何事，我们都不奇怪，这个种族只能用“神奇”来解释。

显然希特勒认为自己才是世界上最“神奇的天才”，对于他莫名憎恨的犹太人，他希望能以“灭族”来对待。一察觉希特勒的敌意，大量欧洲的犹太学者就以最快的速度跑去美国了，希特勒专业是学画画的，你跟他讲物理学家能改变世界，他可能不信，犹太的物理学家，他更不原谅了。

爱因斯坦在30年代变成了美国人，好多犹太科学家都变成了美国人。那阵子主流的物理学家都在研究相对论和量子力学。这两门学科不管用多么通俗的语言解释，听起来都像是神话故事，还是特枯燥特没劲的那种。尤其是量子力学，专门研究些微观世界的东西，原子、分子、中子啥的，这些东西看不见又摸不着，他们却能研究得热热闹闹。

作为20世纪最伟大的物理学家，爱因斯坦创建了一个非常重要的公式，让物理学研究进入一个新里程：$E=mc^2$，质能公式，E代表能量，m代表质量，c代表光速，这个公式说明质量和能量可以相互转换，一个物质能释放出比自己质量大得多的量能。比如一个很重的原子核被裂变成两个质量稍小的核时，就会产生强大的能量，当然，前提是这个原子核要够重。

德国的物理学家看到这个公式就反应到，在这个原理上，如果找到合适的物质，让它通过裂变释放巨大的量能，那可是威力惊人的武器呀。

1939年4月，6名德国物理学家被召到柏林，希特勒首肯了这项原子弹的研究计划，并下令，捷克领土上的铀矿，禁止出口。铀是自然界能找到的最重的元素，它当然有一个够重的核。德国的原子弹研究就开始了。

逃到美国的物理学家，将这个惊人的消息传到了华盛顿。物理学家们都知道，一旦纳粹先研究出原子弹，那是全人类的灾难，想阻止这个灾难，盟国必须先掌握原子弹的技术，可这项“神话”，从想象到造出实物，其间需要消耗的人力物力都是无法估算的，只有美国这种财雄势大本土还没有炮火的土豪才有可能。

华盛顿的官僚对物理学家们的焦躁很不以为然，以为他们已经将“神话”上升到“胡说八道”的高度了。这时，几位物理学家预备联名上书罗斯福总统，为了显得自己没有“胡说八道”，他们联络了爱因斯坦。

爱因斯坦的签名，让请愿信价值倍升，罗斯福终于了解到其中的利害，他果断下令，立即启动研制原子弹的计划。这项计划因为最初的研究总部设在曼哈顿，所以被称为“曼哈顿计划”，罗斯福为此项目秘密拨款25亿美元，全球有关的物理学家都被招募到美国，最多的时候，各种研究人员超过10万，科研负责人叫作罗伯特·奥本海默。

奥本海默是生在美国纽约的犹太人，而且居然也是德裔！美国的德裔犹太人不用担惊受怕，各显所能地致富，奥本海默就是个“富二代”，他以荣誉学生毕业于哈佛时，他父亲奖励他的毕业礼物是一艘帆船。

出身优渥的科学家可能更容易攀上科学的顶峰，家里的物质条件让他们心无旁骛，研究时脑子里不用思考如何将项目变现，更不容易被人收买，以科技为祸人间。奥本海默如果知道他的研究最后造成了什么样的结果，他一定不会加入这个计划，只是当时，作为一个喜欢研究梵文的物理学家，他接受任务的原因，一定是他觉得，自己在拯救全人类。

曼哈顿计划是美国的绝密，就算不是绝密，他们的研究咱们也不懂，我们只看风景。整个曼哈顿计划的研究小组，有一道风景是很亮丽的，那就是奥本海默最满意的弟子，来自中国的女物理学家吴健雄。

可能是因为与诺贝尔奖擦肩而过，让这位几乎可以在科学史上与居里夫人并列的女科学家少了些风头。

这位中国历史上罕见的理科才女出生于苏州太仓，大学毕业于当时的中央大学物理系，现在的南京大学物理学院的同学们可以称她为学姐。在美国的加州伯克利大学获得物理学博士学位，必须说，那个时代的女人，连女博士都很优雅，吴健雄有两个酒窝，笑靥如花。

吴健雄是普林斯顿大学第一位女讲师，之前美国的顶级高校，是不接受女先生的。

1944年3月，因为吴健雄在有关学科上的突出表现，被邀请加入了“曼哈顿计划”。她主攻的方向是浓缩铀。自从伊朗开始将“浓缩铀”三个字挂在嘴上，欧美国家就像被踩了尾巴的猫一样一惊一乍，可见对整个核武器的体系来说，浓缩铀是多么重要的组成部分。

像奥本海默和吴健雄这样的科学家，“曼哈顿计划”里真不少，这些顶尖人物的聚合，会产生比聚变还强大的能量。再看德国，顶级的科学家都跑了，科研经费严重不足，最重要的是，希特勒在等了几年没看到结果后，认为原子弹这个东东只存在于幻想中。希特勒一生有很多憾事，其中之一就是没看见原子弹爆炸。

那是1945年7月，希特勒已经自尽，德国投降，只剩下日本还在顽抗。这年4月，罗斯福突发脑溢血逝世，慌慌张张没任何准备的杜鲁门成了总统，被通知到波茨坦开会，跟斯大林、丘吉尔讨论德国战后和了结日本人的问题。

杜鲁门冷不防从打酱油被提到了世界舞台的中心，心里特没底，好在有人告诉他，不怕，咱家那个大家伙，成功了！

大家伙的所有事，杜鲁门做副总统的时候一无所知，就算成了总统，他也懵懂，但他决定将波茨坦会议推迟，等这个大家伙试爆一次，让他知道自己手里到底握着什么样的筹码。

1945年7月16日，新墨西哥州的沙漠里，一道比太阳还炫目的闪光差点亮瞎了在场400多位科学家的眼睛，一大朵蘑菇云仿佛是巨大的怪兽，笼罩大地。虽然是自己殚尽竭虑研究出来的东西，经过无数次的预想和推算，可真爆炸时，在场的科学家都想不到其威力是如此惊人。奥本海默有点颤抖了:如果这种武器用于战争，自己会不会罪孽深重?

波茨坦会议上，新手总统杜鲁门一点不露怯，他的得意溢于言表，他希望看到斯大林听说原子弹后艳羡和震惊的眼神，可作为一个比他老道得多的政客，斯大林的反应让杜鲁门好一阵失望。

美国成功地生产出三枚原子弹，分别命名为：大男孩、小男孩和胖子。从波茨坦会议的场面来看，丘吉尔是胖子（后期被更换），斯大林是大男孩，杜鲁门是小男孩。

原子弹是为日本人准备的，也是为苏联人准备的。之前美军的冲绳登陆，日本军队的决死挣扎让美国人不寒而栗，面对即将展开的日本本土登陆战，日本人更是打出了“玉碎”的条幅。对美国人来说，只要不登陆日本跟疯子拼命，什么办法都要试试。而此时，本来说好苏日中立的苏联，突然对日本变脸，进入东北攻击关东军了，这是要抢夺胜利果实呀，战后论功勋，苏联人不仅是对德主力，还是终结日本人的功臣了，那他家还了得？

不想这么多了，必须炸！

1945年8月6日，美国的B-29轰炸机带着原子弹“小男孩”起飞，这枚原子弹的主要裂变物质是铀，它准确地落在广岛，造成14万人的死亡和70%的建筑损毁。

日本人死犟，出这么大的事，还不肯投降接受波茨坦公告，日本军界居然封锁消息，号召全体国民，“继续玉碎”！

三天后，B-29又来了，这次丢下的是“胖子”，它的内部物质是钚，“曼哈顿计划”特意选取了不同的材料来试验爆炸的威力，事实证明，“胖子”比“小男孩”威力大多了。幸亏首选的轰炸目标小仓天气不好，“胖子”被迫在长崎爆炸，长崎周边的丘陵地貌阻止了爆炸冲击波，虽然炸弹的威力更大，但造成的危害却比广岛稍微小一点。

日本人再悍再蠢，也知道再无力回天。“二战”，终于结束了，太平洋上的美国大兵们，感谢上帝让你们活着，回家吧！

也许别的国家被原子弹侵害，我们多少总会陪着哀悼一下，感叹原子弹的屠杀无情，可面对日本，一定要对这家人表达出真诚的同情，我们又实在伪装不出来！爱因斯坦在后悔，奥本海默在后悔，原子弹用于人类战争到底应该不应该，让其他人去讨论吧。

四十二　最后的总统

战中的社会

1943年12月28日，罗斯福总统在一次记者招待会上说：自1933年以来，“新政大夫”这个内科专家把美国的急性内科病医治好了。可这个康复了的病人在1941年12月7日，因一场严重意外事故折断了骨头，“新政大夫”于是就把病人让给“胜利大夫”这个外科专家。

罗斯福亲自宣告“新政”死亡，可见“新政”已经没有存活的必要了。大萧条时期的所有症状：失业、通胀、工业凋敝，在进入战争后，尤其是美国成为盟军总兵工厂后，全部自愈。

GDP由1939年的990亿美元直线上升到1660亿美元。收入增加，美国人生活质量并没有明显提高，为了维持对全球战场的供应，民用消费品的生产必须削减，美国人有了工资也买不到东西，也没时间消费，只好存银行。战后，这笔钱一拿出来进入市场，又是一轮对经济的强劲推动。

“二战”中，因为珍珠港遭袭，西海岸成了敏感地带，为了防护太平洋沿岸，美国必须在西部大力发展工业。政府前后向西部提供了总额近400亿美元的基本建设投资，奠定了强大的工业基础，让西部成为战争中发展最快的地区。尤其是对加州的投入，使之成为西部的中心，原来洛杉矶只会拍电影，现在洛杉矶是美国石油化工、航天电子等产业的最大基地。

虽然罗斯福享有很高的声誉，以至于在1944年的大选，健康状态极差的他，居然还能赢得大选，再次成为美国总统。但对他新政的说法就见仁见智了。

1936年，英国著名经济学家凯恩斯的大作《就业、利息和货币通论》出版，凯恩斯理论主导了很长一段时间西方资本主义国家的经济。凯恩斯的理论简洁成一句话就是：政府应该直接干预经济。

这不就是罗斯福的新政吗？对，看起来很像，不过罗斯福本人不会承认，因为凯恩斯面见过总统，罗斯福没觉得这个英国人有什么值得看重的。罗斯福不知道所谓的凯恩斯理论，他的新政也没照任何书本操作，不过现在的经济学者一研究凯恩斯就拉出罗斯福，一研究新政就带上凯恩斯，这似乎已经成了习惯。既然凯恩斯的理论经常遭到批判，罗斯福的新政自然也在其中，从自由资本主义的角度看，很多人认为，如果没有“二战”，新政的实施会让美国陷在经济危机中的时间更漫长。

全美大生产，壮丁在输出，“二战”中，美国社会的各种生态也在剧烈变化着。

1943年，国会废除了执行半个世纪的《排斥华人法案》。

华人移民潮开始于19世纪中期的加州淘金热。中国人嘛，既然愿意远走他乡讨生活，就什么苦都能吃，什么气都能受，勤劳勇敢，脑子还都比较聪明。这样的劳工，在当年的美国西部是多么受人欢迎啊。但时间长了就不好了，金子挖完了，铁路也修好了，一切都平静了，白人一看，怎么到处都是华人呢，就业指标就这么多，老板都喜欢雇华工，白人吃什么？而且，不能不承认，因为生活习惯、教育环境等因素，当年的华人甚至是现在的华人，在某些生活细节上都不太讲究，随地吐痰、乱丢垃圾、大声喧哗等，既然现在还是痼疾，当年可能更严重，美国白人，尤其喜欢以来自欧洲有教养的传统绅士自居的白人，肯定是越看越生气。

1871年，数百名洛杉矶白人在洛城尼格罗巷杀害19名华人，6年后，这里的华人住宅全部被烧毁；1880年，3000多名白人在科罗拉多的丹佛市，包围了400名华人的住宅区，捣乱闹事，损坏他们的房屋，导致一名华人死亡，多人受伤。

民间的暴力行为不算，政府想起华人也是气急败坏，于是，他们出台了史上针对移民最无耻的《排华法案》，主要内容就是说，没入境的中国人不得入境，入境的中国人也不能取得身份。中国有没有抗议？有啊，当时的中国，叫得再大声，谁会理你？

1885年，在怀俄明州的石泉镇，美国白人对华人的暴行再次升级。石泉镇是个煤矿，华人很早就在此打工。跟西部其他地区不一样，这里的华人一直跟白人同工同酬，并没有白人们最恨的“低薪抢饭碗”。

随着石泉镇的煤炭产量降低和经济危机等影响，工人们的整体薪酬水平下降。白人们是不能吃亏的，他们组建了美国最大的工人组织“劳工骑士团”跟资方要求权益，少不得有罢工之类的斗争。矿主们才不怕呢，他们知道，白人们不管怎么闹，华人打工者是不会蹚这浑水的，他们的目的就是在短时间内多挣钱，改善家里的生活，不会为“运动”耽误时间的。白人们罢工，资方就让华工顶上，什么事都不耽误，白人的罢工行动也就失去了意义。

“劳工骑士团”顺应形势，调整了斗争方向，那就是驱逐华工！1885年9月2日上午，两个白人矿工上班，发现自己的位置已经被华工占据，四人口角之后，白人将华人暴揍了一顿，导致两位华人进了医院。

人是打了，气没出完，两个白人矿工返回住所，添油加醋一煽呼，150名白人聚集，半数带上了枪支，包围唐人街，不由分说打砸抢烧。在美的华人本来就活得卑微，受到这样的攻击更不敢还手，只能四散奔逃。结果有28人被杀，15人重伤，财产损失近15万美元。

这就是著名的“石泉镇惨案”。可惜事后，在这个天天宣扬法制的国度里，白人凶手全部被无罪释放，只因华人不能出庭做证！

石泉镇惨案后，“劳工骑士团”说服政府，要求华人限期离开，许多地方，由武装人员将华人押解到码头、车站，驱逐他们离开，而他们忍屈受辱攒下的可怜家当、血汗钱，也不清不楚地落到了暴徒们的腰包！

美国是法制国家，是讲民主和人权的，可如果排华分子手握选票，法制民主的美国似乎就要谨慎考虑一下“公正”的代价。

“二战”后，中国和美国有了共同的敌人，而中国军民拼全国之力抵抗着强大的日本侵略者，多少让华人的形象在美国人心目中有改善，当时美国兵工厂需要大量劳工，勤劳的中国人走出唐人街，跟美国人一起为战争努力，这也促使美国政府不能不重新考虑华人的地位。排华是政治需要，废除排华也是政治需要。

虽然法案是废除了，但对华人的歧视并没有消除，华人移民美国也会遭到各种阻力，直到2012年6月18日，美国国会才终于放下身段，为《排华法案》道歉，不管他们是不是出自真心，至少是迫于压力了，也说明华人的地位真是提高了。

“二战”中华人被“赦免”，日本人就遭了殃。那段时间里，对日本人的憎恨，美国人不比中国人少。奇怪的是，“二战”中，美国人对德国人的嫌弃，都没有对日本人这么厉害。“二战”很多宣传资料里，日本人经常被评价为：邪恶、残忍、狡猾。珍珠港事件后，美国人更看美国的日裔侨民不顺眼，最后他们居然决定，将日裔拘禁！

1942年年初，政府下令，所有的日本人，拉家带口，离开自己的家园，到政府给他们安排的“迁移中心”居住，要让这部分日本人尽快美国化，不要跟他们在岛上的同胞一样退化为野兽。

持续了两年的拘禁日本人行动，大约扣留了10万名日本人。说是拘禁他们，条件比集中营可是好多了，至少还保证了他们的最低生活需要，不会饿死冻死，更不会被拉去做细菌试验、活体解剖。

既然人家已经离开日本投奔美国了，这样的做法多少有点不合适，美国人改得很快，1945年，被扣留的日本人就回家了，尽管周围的美国人还是瞧不上他们。到1988年，美国国会决定给这帮人一点儿补偿，但对日本人来说，这些都不重要了。

永远的总统

1945年4月12日下午1时，一位女画家预备给罗斯福总统画像，突然总统双目紧闭，说头痛，然后脑袋猛地一歪，没有了呼吸。当时在场的都是女士，有的打电话给医生，有的找附近的特工，只有一位女士带着哀痛欲绝的神情，快速离开了现场。

这位女士名叫露西，作为总统的情人，这个重大的时刻，她绝对不能让第一夫人发现自己在场。可这并不是秘密，后来好多野史，都说罗斯福是死在露西的怀中。

不管什么层次的美国历史书，罗斯福总统的私生活都不是秘密。

1905年大婚后，埃莉诺·罗斯福就接二连三生孩子，到1917年，两口子生了半打孩子，其中第三个孩子夭亡。

从存世的照片看，埃莉诺不算美女，据说她声音粗狂，有点女汉子，肯定不是有传统魅力的女人。埃莉诺是妇女解放的先驱代表，即使是嫁给罗斯福这样的男人，她也努力维持着自己的生活空间并积极参与社会工作，是罗斯福在事业上最忠诚可靠的帮手。

从1916年开始，两口子就是分居状态，那时并没有感情破裂，而是用禁欲的办法节育。因为埃莉诺受不了接连生孩子的生活了。因为宗教的关系，罗斯福家族这个层次的高端人群是不能采用人工方法避孕的！

“一战”开始，作为海军部副部长夫人的埃莉诺更加发现了自己展翅的天空，她投入了诸如红十字会等更多的社会工作，五个孩子的妈妈实在照应不过来，埃莉诺就招聘了一个社交秘书帮自己处理来往公文。

露西来到罗斯福家是在1914年，这个出身于落魄名流家族的女孩儿，举止优雅，微笑甜美，让周围的人都如沐春风，很快就征服了埃莉诺的孩子们，随后，又征服了埃莉诺的老公。

以埃莉诺这样的女人，发现老公找小三，她是不太会撒泼打滚的。她提出，愿意成全罗斯福和露西。

这时候，婆婆起了很大的作用，本来罗斯福的老妈萨拉是很不喜欢埃莉诺的，婆媳长期不合，可从罗斯福的前程考虑，在小三出现后，萨拉坚定地站在媳妇这边，并威胁儿子，胆敢离婚，就别指望继承罗斯福家的财产，海德公园的祖业也和他不相干了（这个故事教育原配，要想阻断小三上位，最强大的武器是婆婆，所以平时对婆婆好一点儿，没坏处）。

民主党内已经预备力挺罗斯福上位，更不会由着他为了一己私欲影响大局。在罗斯福的恋恋不舍中，露西离开首都，嫁给一个比自己年龄大一倍的鳏夫。

罗斯福仕途顺利，步步高升，但对于露西终是难忘，知道她已嫁作人妇，还给她写热烈的情书，两人保持着漫长的异地恋，到1941年，两人又恢复了见面。

露西不在身边，罗斯福也没闲着。瘫痪后，照顾他的女秘书补上了空缺，玛格丽特·莱汉德，大家都叫她米西。

米西是罗斯福身边服务时间最长的秘书，也是服务他时间最长的地下情人。罗斯福甚至说，他和米西加上小狗法拉，是他的第二个家庭。罗斯福死后，居然有很大一部分遗产留给了这位女秘书。

作为一个身体有残疾的人，不论是对战争还是对女人，罗斯福总统都表现出了他坚强的意志，除了老婆、露西、米西这三位，跟罗斯福传绯闻的女士还包括《纽约时报》的前出版商和“二战”时在美国避难的瑞典公主玛萨。1941年，罗斯福59岁了，他还能吸引一位年轻的北欧公主，不能不令人感叹。

为了罗斯福的事业，或者说为了罗斯福家族的荣耀，失去了爱情的埃莉诺，必须更坚定地保留罗斯福夫人的头衔。两口子都是理性而智慧的人，他们突破传统夫妻关系的模式，升级为战友和事业伙伴。对埃莉诺来说，不用再追究丈夫与小三小四的那些破事，自己的空间更加开阔，世界原来这么大。

埃莉诺一边配合罗斯福的政治工作，一边发展自己的事业，她最大的成就在于对人权方面的贡献，罗斯福政府受人欢迎，热衷推广民权运动的第一夫人加了很多分。

在女性权利的争取上，埃莉诺做了大量工作，不可避免，她会认识一些优秀进步的女性，其中有几位，是女同性恋者。美联社的明星记者，也是美国第一位女性的体育记者罗瑞纳·希科克成了埃莉诺的头号闺密。

不管有多少史书认定罗瑞纳和埃莉诺其实是同性恋人，在没有确凿证据出现前，即使是深爱八卦的老杨，也不能认定埃莉诺就是个“拉拉”，和闺密有过肌肤之亲。女人和女人的关系是有很多层次的，就算两人曾经有过肉麻兮兮的情书，就算两人曾睡在一张床上，也不能证明什么。

这些传闻的好处就是终于让我们知道，为什么埃莉诺面对罗斯福这样一个老公，没有沉沦为一个怨妇。

罗斯福死后，埃莉诺成为美国驻联合国唯一的女性代表，并在随后的几年，执掌联合国人权委员会，参与起草了《世界人权宣言》，也许她不是罗斯福完美的老婆，可她是称职的第一夫人，是美国历史上伟大的女性。

美国总统，4年换一任，8年换一任，美国人民习惯了走马灯，而且因为美国传统小政府的格局，对于美国总统，美国人没有太大的崇拜或是爱戴甚至依赖。华盛顿是国父，林肯带领大家走过了内战，这两位地位稍微特殊些。

罗斯福不一样，从1933年到1945年，他是12年的美国总统，好多美国人，从初通人事到成家立业，只认识这一位总统。在这12年间，从大萧条到“二战”，美国人的生活窘迫，容易对国家领袖寄予与和平时代不同的感情，而罗斯福新政，让政府对社会各方面的干预增加，总统权力大了，个人形象也就跟着高大了。所以，在很长一段时间里，即使是罗斯福已经逝去，说到美国总统，大家想起来的，只有罗斯福，总统已经成为他终身的名衔，他是永远的美国总统。

四十三　美国硬汉

从19世纪末到“二战”结束这段时期的美国人，他们的经历有点跌宕，先是惨烈的“一战”，突然迎来几年纸醉金迷的日子，刹那又跌入深渊似的萧条，然后是更惨烈的“二战”。不要说中间大萧条岁月，就说人一生遭遇两次巨大的战争，那是种什么样的生活，我们后人是无法理解的。经历了所有这些，走过来的人，心理和精神上是一种什么样的状态呢？

让我们讲三个美国男人的故事。

第一个故事：弗雷德里克·亨利，高大英俊会说意大利语的美国青年，“一战”中，他自愿加入了意大利军队作战，在意大利北部驾驶救护车。他认识了一位有点神叨叨的英国姑娘，叫凯瑟琳，压抑的战场气氛，让亨利想找个姑娘谈恋爱玩。

一次执行任务，亨利被炸伤，送到后方米兰医院就医，居然在这里跟凯瑟琳重逢，她是个志愿者护士。再次相遇后，两人真正相爱了，在后方的医院里，享受了美好的时光。亨利痊愈后，必须回到战场，此时的凯瑟琳怀孕了。

意大利的军队在两次大战中的表现堪称笑话，回到前线的亨利也感觉到了意大利军队中弥漫的畏战厌战情绪，面对德军强悍的攻势，亨利的队伍溃不成军。许多意大利军人脱掉军装，卸下标志，逃离战场，意大利前线的宪兵队开始缉拿逃兵并就地处决。

亨利跳进冰冷的河水中成功逃亡，他发誓从此永别战争，永别武器。他找到凯瑟琳，等待孩子出生过上平静的生活。可亨利毕竟是逃兵，意大利宪兵还是要追捕他，他不得不带着凯瑟琳逃到了中立国瑞士。

凯瑟琳在瑞士生产，产下死胎，而她自己也在大出血后亡故。亨利在雨中走回自己的旅馆。

第二个故事：杰克·巴恩斯，旅居法国的美国记者，参加过“一战”，因为受伤，丧失了性功能。当时的欧洲，有一批跟杰克一样的英美青年，在战后留在欧洲大陆到处溜达，纵饮无度，夜夜笙歌，今天不想明天的事，生活过得乱七八糟。

杰克爱上了一个英国女郎勃莱特。她热情性感，风流招摇，离过两次婚，爱上了杰克，可又不能控制地爱上别人。杰克的爱情无奈且病态，他满足勃莱特的任何要求，由着她跟自己的朋友鬼混，还在西班牙旅游时，为34岁的勃莱特拉皮条介绍了一位年仅19岁的斗牛士。

勃莱特跟斗牛士同居，当发现斗牛士痴迷自己想结婚时，她良心发现，自己老牛吃嫩草，对嫩草很不公平，斗牛士是大好青年，不能像自己一样堕落。

离开斗牛士后“处境不佳”的勃莱特给杰克发了电报。杰克以最快的速度赶到了勃莱特的身边，“送一个女人跟一个男人出走。把她介绍给另一个男人，让她陪他出走。现在又要去把她接回来，而且在电报上写‘爱你的’。”杰克自己总结这趟历程，而后愉快地搂着勃莱特畅想着：“我们要能在一起该多好哇！”

第三个故事：罗伯特·乔丹，在大学里教授西班牙语，对西班牙颇有感情。西班牙内战爆发后，他志愿到西班牙参加了政府军，并深入敌后，联系山中的游击队，预备炸毁一座大桥。

在老向导的帮助下，罗伯特和游击队队长接上了头。游击队队长在反法西斯的斗争中，一直表现得坚毅彪悍，有领导风度，可罗伯特见到他时，却发现战争已经让游击队队长变成了一个安于现状，不敢惹事的胆小鬼。对于罗伯特炸桥的计划，他非常抗拒，怕惹了事，以后山里也混不下去了。

游击队的压寨夫人倒是个热血的女人，她觉得游击队就应该为共和国战斗。在大家的努力下，终于压服了游击队队长的懦弱，及时完成了炸桥的计划。罗伯特在撤退的过程中负伤，他勇敢地要求留下来断后，最后献出了自己的生命。

从罗伯特找到游击队到炸毁大桥，也就是不到三天的时间，就在激烈的三天里，罗伯特不仅要跟游击队队长斗争，策划爆破，还爱上了一位姑娘玛丽亚。短暂爱情结束得非常凄美，受伤决定就义前，罗伯特命令玛丽亚离开：“只要我们俩有一个人活着，就有我们两个。”

临死前罗伯特想到：“我为自己信仰的事业战斗了一年。我们如果在这里获胜，就能在每个地方获胜。凭着最后这几天，你过的一生比谁都不差。”

在松树林里，罗伯特希望在死前能多打死几个敌人，远远地他看着敌方的中尉策马而来，“他感觉到自己的心脏抵在树林里的松针地上怦怦地跳”……

这三个青年都是他们身处那个时代的代表，可如果组合在一起，他们就代表一个人，他叫海明威。以上三个故事，出自海明威的三部著名作品《永别了武器》、《太阳照常升起》和《丧钟为谁而鸣》。虽然是三部小说，但这三个主人公的经历，作者大部分都有。

海明威出生在伊利诺伊州一个颇有情趣的医生家庭。7个月时，举家迁往密歇根的瓦隆湖。海明威在湖边的农庄长大，最爱打猎、钓鱼、露营、亲近大自然。

求学期间，海明威德智体美劳全面发展，高中毕业，他居然放弃了大学，进报社当了见习记者。

海明威去上班的报社是《堪城星报》，是美国当时非常有分量的纸媒。6个月的记者生涯，海明威最大的收获是，学会用简洁生动的新闻笔法写小说，这个特点贯穿了他其后的创作，成为海明威最鲜明的文学特征。

美国进入“一战”，海明威热血沸腾想参战，因为眼睛有问题，只好做后勤，他到了意大利开救护车。在一次执行任务时，海明威负伤，在米兰医院，他的身上取下了200多块碎弹片。那时候，海明威还不到19岁，他应该是从此留下了严重的战争创伤。

1921年结婚后，海明威作为《星报》的外派记者常驻巴黎，在这里，碰到了对他的文字生涯颇有影响的女人。

女读者大约都读过亦舒的著名长篇小说《玫瑰》，亦舒长篇很少，《玫瑰》比较醒目，中间有一句话让人印象深刻：玫瑰是一朵玫瑰是一朵玫瑰。

亦舒受的是英国教育，她做不到琼瑶那样，举手就能拿“才下眉头，却上心头”，或者是“心似双丝网，中又千千结”这样的古典诗词来点缀，但她会引用英语名句，“玫瑰是一朵玫瑰是一朵玫瑰”这句话，在英美文化中的知名度，绝对不低于中国文化中琼瑶引用的那几句。这句名言，出自格特鲁德·斯泰因，是美国史上地位非常特殊的女作家和诗人。

斯泰因是生于美国的德裔犹太人，人生大部分时间旅居法国，她在法国巴黎花园街27号创立了一个著名的文化沙龙，收集新锐的艺术作品。斯泰因眼光独到，见识卓绝，她是天才的艺术鉴赏大师，她的沙龙在当时的“左岸”地区，有巨大的影响力。她定期组织艺术家文学家聚会，使她的沙龙有圣殿感，让许多有艺术理想的年轻人趋之如鹜。于是，经她点评鉴定过的画匠、文人，慢慢都走上了大师之路，比如毕加索、马蒂斯、海明威。

为什么斯泰因是最能发掘大师的？因为她是先锋派教母，她的先锋不仅领先于她的时代，甚至可以说领先于我们的时代，20世纪初，斯泰因就和她的同性恋人高调地出双入对，甚至两人还举行了婚礼。

23岁的海明威拿着自己的作品诚惶诚恐地送到斯泰因面前，斯泰因犀利地指出，你们都是迷惘的一代！这句话对海明威来说如佛旨纶音，他恭敬地将它放在第一部长篇小说《太阳照常升起》的扉页上。从此，海明威和菲茨杰拉德这拨喜欢描写花天酒地生活的作者，就以这个光荣称号自诩了。

斯泰因曾说：“英国文学缔造了19世纪，美国文学缔造了20世纪，而我，缔造了美国20世纪的文学！”这说法也许嚣张也许狂放，但不能不说，从海明威身上看来，斯泰因和她指点的这帮人，的确是打开了现代艺术的气象。

海明威在名声鹊起后离开巴黎，回到了美洲，在佛罗里达州和古巴两地生活。“二战”前他到了非洲，那段经历促成了著名小说《乞力马扎罗山的雪》的诞生。

西班牙内战开始，海明威以战地记者身份进入前线，“二战”爆发，他活跃在欧洲战场和太平洋战场，再次负伤，再次亲身经历硝烟和残酷。

1940年，海明威出版了小说《丧钟为谁而鸣》，俨然已成为大家。其后，海明威奇怪地蛰伏10年没有精彩的作品出现。1950年，海明威写出《过河入林》——反映“二战”后威尼斯的作品，招惹骂声一片，都知道这个老伙计健康状况不佳，精神也不太爽利，猜想定是江郎才尽了。

被批评压抑得相当难受，2年后，海明威在古巴拿出了他的雪耻之作，他的最后一部小说——伟大的《老人与海》！

一位老渔夫，独自出海，84天一无所获。第八十五天，他钓到一条巨大的马林鱼，比他的小船还长两英尺，为了征服这条“巨兽”，老渔夫进行了两天两夜的缠斗，终于将鱼刺死，拴在船边返航。返航时，他遭遇了鲨鱼，再次殊死搏斗，结果大马林鱼还是被鲨鱼吃掉，老渔夫拖着鱼骨架回到家。

结合海明威当时的境况，这故事一看就是写他自己。不管生活（大海）给他什么样的困难，也许84天都一无所获（10年没写出作品），打了一条巨大的鱼（《过河入林》），还被吃得只剩骨头（惨遭批评）。但是，老渔夫还是拖回了骨架，告诉所有人，拼过了，赢过了，“人可以被摧毁，但不能被打败”。

名著这东西，一万个人读有一万种理解，《老人与海》是部中篇，解构它的文字加起来至少有它百倍厚度，大海象征什么、马林鱼象征什么、鲨鱼象征什么，都能解读出无限多的意味，我打赌海明威写的时候，绝对没想到这么多。

有人过度解读是好事，《老人与海》就是那条大马林鱼，不过海明威完好无损地把它拖回家，赢得渔村一片喝彩。因为这部作品海明威获得1953年的普利策奖，1954年的诺贝尔文学奖。

都喜欢老渔夫的角色，因为他坚韧硬朗死不服输，是个硬汉，大家联想到，其实海明威塑造的所有角色，都挺硬汉的。亨利勇敢地逃离了战场，带着心爱的女人找寻一个安全的地方是硬汉；杰克在纸醉金迷的生活中身残志坚，一直知道自己要什么，很坚持，也是硬汉；罗伯特不用说，更是硬汉。再联想到海明威自己，参加了两次大战，获得过十字奖章、银质奖章、红色英勇勋章，身上有273处伤痕，经历4次婚姻，他本身就是硬汉哪！

喜欢塑造硬汉的美国作家有两个，海明威和杰克·伦敦，这两位给硬汉最好的注脚就是能控制自己的命运，尤其是死亡。

1961年7月2日，海明威将自己最爱的镶银双管猎枪放进嘴里，扣动了扳机。

海明威是欧美文学界的大宗师，对后来的中外文人影响巨大，关于写作，他提出了一个冰山理论：冰山运动之雄伟壮观，是因为它只有八分之一在水面上。八分之一是作者看到的，八分之七虽然没有写出来，但是读者也能感觉到。老杨理解为，点到即止引发读者无穷联想即为美。所以海明威的作品，一直以简洁凝练著称。也许对于海明威的故事和作品，我们也只是了解冰山一角而已。

四十四　摇摆时代

不如跳舞

在通俗音乐产生前，欣赏音乐还是有等级和壁垒的。比如上流白人喜欢古典音乐，如歌剧和交响乐；下层民众尤其是黑奴喜欢自己唱点儿家乡小曲。爵士乐终于让社会各阶层的品位统一了，音乐只有好坏之分，没有高端和低级的区别。流行音乐似乎是能覆盖多种族各阶层的一种文化氛围，所以在它诞生后，被拿来成为时代的称谓，20世纪20年代的美国是爵士乐时代，其后的30~40年代，被称为摇摆乐时代。

爵士乐也分很多种，既然已经出现了现代舞蹈，肢体可以随性而舞，不需要僵化地服从芭蕾或是社交舞的规则，那么伴奏的音乐就需要更律动更解放了。爵士乐中有一种“热爵士”，可以让人跟着音乐扭摆身体。到了30年代，大萧条开始，人们更加需要情绪宣泄。黑白爵士乐者各展所长，开始将一些老爵士曲改编，加入更多的乐器更多的节奏变化，听上去节奏活跃带着点儿挑逗，让人身体忍不住跟着swing的摇摆乐（swing)就出现了。

萧条和大战中的压抑气氛，使摇摆乐迅速风靡全美，打仗不如跳舞，吃饭不如跳舞，谈恋爱不如跳舞，“没有摇摆，生活毫无意义”这是当时的一句著名歌词。

本尼·古德曼的乐团，是摇摆乐时期最红的流行天团，古德曼本人更被称为“摇摆乐之王”。爵士乐成为白人的玩意儿后，总想把黑人排斥在外。古德曼率先启用黑人乐手，让自己的乐队呈现独特的黑白配，而黑人的音乐表现力是怎么遮掩都藏不住的，渐渐地，其他乐队也开始雇用黑人上场。

40年代有首摇摆乐的作品非常红，王家卫在电影《重庆森林》中用来做过插曲，来自格伦·米勒乐队的*In the mood*，网上可以搜到，大家一听就熟悉，《重庆森林》绝对不是唯一借用过的作品。这首曲子在40年代，是当之无愧的美国神曲，格伦·米勒在慰问军队过程中不幸丧生，更为他的作品增加了特殊意义。

爵士乐风行全国，不仅在酒廊、在舞厅，大家随着音乐摇摆，好莱坞更是要紧跟浪潮，将流行音乐融入电影中。

电影最早诞生时，只有连续的图像。史上第一部有声电影出现在1900年的法国巴黎；声音和画面实现同步搭配的有声电影，20世纪20年代后在美国出现，正式开启了有声电影时代。既然有声音了，对电影里的音乐就有要求了。

1944年，一部好莱坞大片问世，让观众大呼过瘾，这部老电影，现在看都绝无过时感，它是米高梅公司出品的《出水芙蓉》。

《出水芙蓉》是一部爱情喜剧。流行音乐作曲家史蒂夫被派到加州创作《水上庆典》的音乐，史蒂夫一到加州，就和花样游泳的教师卡罗琳一见钟情并闪婚。史蒂夫的经纪人怕史蒂夫耽误了工作，就让一个过气女演员带着三个孩子自称是史蒂夫的家属，大闹婚礼。卡罗琳气急而去。史蒂夫为了追到卡罗琳跟她解释，进入只有女学员的游泳学校上课，闹出很多笑话，最后两人冰释了误会，《水上庆典》也如期完成，卡罗琳成为主演，电影在一场精美绝伦的盛大水上歌舞中结束。

除了剧情讨喜，画面养眼，《出水芙蓉》最突出的特色就是配乐，影片改编了几首世界名曲，与剧情完美契合，相得益彰，很多改编都成为后世的经典，启发了大量的电影音乐人。

对1944年的电影技术来说，能拍摄这样一部大型音乐歌舞片，让所有人惊艳。《出水芙蓉》是我国最早引进的几部好莱坞大片之一，90年代前后，我们看到这部电影时，除了上影那些高贵学院派的配音腔，更让我们记住的，是女主角埃斯特·威廉斯的泳装造型，虽然穿得保守（当时还没有比基尼），身材却是完美绝伦，尤其是那个时代流行的小丰满，胖胳膊粗腿正表现出少女健康的活力，一定能让现在以瘦为美的嫩模们相形见绌。

根据统计数据，自电影诞生以来，它受经济危机和社会萧条的影响不大，很多时候，越是经济形势不好，电影产业越能取得显著发展。不光电影，文化产业都有这样一种特征，人在郁闷不得志时，尤其需要娱乐产品的安慰。

从大萧条开始到“二战”结束，好莱坞电影取得了非常大的成就，好电影不少，大明星更是如云。老明星比较有优势的是，我们只看到她们留存于影像中惊人美丽的容颜，没看到岁月这把杀猪刀对她们的蹂躏，20年代活跃在好莱坞的英格丽·褒曼、葛丽泰·嘉宝、丽塔·海华丝、加里·格兰特到现在依然是毫无争议的“女神”“男神”。

电影不光是漂亮面孔撑起来的，貌不惊人的演技派更是中枢。在有声电影时代，背景音乐和台词为角色增加了很多魅力，但在无声电影时期，要想表现角色，纯靠演员的肢体和眼神，那才是最见功夫的表演。

1914年，电影《阵雨之间》中的一个角色引起了关注。片中主要人物是个叫夏尔洛的流浪汉，他戴着小礼帽，穿着皱巴巴的短上衣，肥大的裤子，大头皮鞋，拄着拐杖，迈着八字步，明明是个吃了上顿没下顿的流浪汉，还总端着个绅士范儿。

这个形象一说大家都知道，这是卓别林哪。对，这就是卓别林和他的经典形象第一次为美国人民所认识，他是1912年才从他的出生地英国伦敦到了美国，并留在好莱坞成就了一个喜剧大师的事业。

卓别林年幼丧父，母亲还是个精神病患者。卓别林塑造的流浪汉形象生动鲜明，是因为他成长时漂泊潦倒的各种经历。这个流浪汉伴随着卓别林电影的成长，让卓别林的主要喜剧影片成为夏尔洛的系列，也成为永恒的喜剧经典。

1918年，卓别林自己的电影公司落成，卓别林放弃了硬搞笑，他开始为他的电影带入思想，幼年时的遭遇和他看过的人生百态，在他有能力之后，必然是要抱怨一下的，从此他的电影就带着明显的批判现实主义特色。

卓别林是在电影无声到有声时代过渡的重要人物，他的最后一部默片是《摩登时代》，紧接着就是第一部有声电影《大独裁者》，这两部电影在影史上都有丰碑般的地位。尤其是他最成功的作品《大独裁者》中，卓别林塑造的搞笑版希特勒的形象，至今深入人心，无法超越。而默片演员出身的卓别林，在电影中“开口说话”后，模仿希特勒的口音夸张地表达，让人看到了他天才的表演功力。这部电影诞生在1940年，希特勒势如中天，卓别林虽然没有指名道姓地讽刺，但用了大量显而易见的影射，表达了自己的立场和态度，一位有立场和态度的演员，就不再是普通演员了，他必须是艺术大师。

流浪汉夏尔洛很像一个漫画形象，当时的配套产业不发达，卓别林完全可以以夏尔洛为主角开发出漫画系列以飨读者，当时的人可能是觉得，漫画动画啥的，是小孩儿玩意，没价值的。

其实，1927年的好莱坞，有套动画电影挺卖座的，叫《幸运兔子奥斯华》，作者沃尔特·迪斯尼，来自堪萨斯的天才画家。

兔子很幸运，迪斯尼却不幸运，他的发行人见有利可图，就想把兔子据为己有，迫使迪斯尼降低薪酬创作，因为发行人拥有兔子的版权，如果迪斯尼拒绝，他将永远失去这只“幸运兔子”。

迪斯尼被挤兑后，下定决心设计出只属于自己的动画形象。他想到他早年在堪萨斯的卡通设计公司打工时，条件艰苦，经常有老鼠跳上桌子，吃他的东西。他回忆着老鼠的形象，不知不觉就加入了自己的感觉和表情，大家的老朋友米奇老鼠就这样问世了。

以米老鼠为主角的第一部卡通是《飞机迷》，虽然是无声动画，也让米奇一炮而红。有声时代的第一部米老鼠动画，我们都看过，叫《威利汽船》，小时候，每周日傍晚6点，中央电视台会给我们半个小时的幸福时光，《米老鼠唐老鸭》开场的第一幕，米老鼠站在一艘船上转着舵，就是《威利汽船》，不过那时候的米老鼠尖嘴猴腮，没有它“整容”后憨态可掬，亲切可爱。

当时的动画片，都是在正式电影放映前放一小段，纯为暖场消遣。1937年，迪斯尼公司拍摄了史上第一部动画长片《白雪公主和七个小矮人》，终于将孩子们拉进了电影的主要消费群体中。

米老鼠带给迪斯尼的事业成功简直不可想象，迪斯尼出品的经典电影更是多不胜数，那些故事、角色、音乐陪伴我们从少年到青年再到中年，估计老杨老的时候，还是会去影院追迪斯尼的新电影，在我认为迪斯尼的公主系列电影已经青黄不接的时候，2013年的3D大片《冰雪奇缘》又展现出了迪斯尼公司全新的创意，再造一个辉煌。

1955年7月17日，在加州的阿纳海姆，第一座迪斯尼主题公园落成，此后，迪斯尼乐园就成为大小孩子们的朝思暮想。世界上最辛苦而又甘之如饴的事之一，就是烈日当空下，在迪斯尼乐园各项目门口排长队。新兴的大都市，都希望能在城内拥有一座迪斯尼乐园，以提高城市竞争力。咱们的上海已经动工开建，中国的孩子们不用再出国去探访米奇和唐纳了。

意识流里漂

文化产业发达不光是唱歌跳舞看电影就够了，没有智能手机、平板电脑时，出门在车上、睡前在床上、厕所蹲马桶上，还是要看书的。这是海明威的时代，其他的大家也不少，虽然他们的作品你不一定想看。

20世纪初，美国有个心理学家叫威廉·詹姆士，一般认为，这个伙计算得上是第一位美国本土的哲学家了。詹姆士研究的那些东西，怎么讲都不好懂，他创造了美国心理学会，他的心理学著作是现在美国大学里的标准课本，前面说到的先锋派女王斯泰因，就是詹姆士的学生，从这个学生的做派看，老师自然也不是省油的灯。

《论内省心理学所忽略的几个问题》是詹姆士的著作之一，看书名我们就没勇气研究它的内容了。在本书中，他写了这么一段话："意识……并不是片段的连接，而是不断流动着的。用一条'河'或者一股'流水'的比喻来表达它是最自然的了。此后，我们再说起它的时候，就把它叫作思想流、意识流或者主观生活之流吧。"

这就是"意识流"的来历，以意识流受推崇的程度来看，詹姆士教出来的牛叉学生，肯定不止斯泰因大妈一位了。

从意识流这个说法诞生到40年代，是欧美意识流文学的一个巅峰，出自法国作家普鲁斯特之手的7部15卷皇皇大作《追忆似水年华》几乎是这个流派的代名词。在意识流的发源地美国，当然也少不了跟普鲁斯特一样，会用"断片儿"的方法写小说的人。

威廉·福克纳扛起了美国意识流文学的大旗。因为出身于南方豪门，祖上曾是种植园主，福克纳的作品带着深刻的南方痕迹，也就有了美国南方文学的说法。

南北战争前，南方是传统地主老财的天下，他们奉行欧洲的贵族骑士传统，在娱乐方面也假惺惺的，对于文字的偏好，首选也是来自欧洲抑扬顿挫的诗歌。随着战后南方传统被击溃，也出现了一些作家开始写小说。

南方有种植庄园里大宅门的故事，有黑白人之间的种族故事，还有战败后不少世家贵族没落的故事，带有天然的悲剧美，题材吸引，素材繁多，很适合写小说。

福克纳的作品既然被冠以南方文学，他写的，也大概就是这些内容了。1929年福克纳最成功的作品《喧哗与骚动》出版，就是讲述一个没落南方家庭的故事。

关于一个大家族中许多人物的故事，我们读过不少，作者功力稍微差点，读者就会因复杂的故事和交织的人物头晕，而要读一部用意识流的手法写成的这种小说，挑战更大。《喧哗与骚动》还不算是福克纳最复杂的作品，公认最深奥的作品是《押沙龙，押沙龙》。这两部神作，老杨都没有读过，作为一个偏头痛患者，老杨对意识流的作品敬而远之，本书也就无法详细介绍了。

1949年，福克纳获得了诺贝尔文学奖，也就是说，不管你能不能读懂他的作品，人家的江湖地位已经摆在这里了。

福克纳最轰动的作品《喧哗和骚动》出版时也就印了1000余册，证明当时美国的读者，像老杨这样的偏头痛很多。南方文学那么多好题材，怎么就不能写点通俗易懂随大流的作品呢？

《飘》来了！福克纳一辈子写了20部长篇小说和近百部短篇小说，玛格丽特·米切尔一辈子就写了这一部。

米切尔新世纪之初的1900年生于南方名城亚特兰大的一个律师家庭。1864年11月15日，谢尔曼将军放的那场大火，成了所有亚特兰大人最铭心刻骨的历史。幼时的米切尔就喜欢听有关那段日子的各种传说，她很好奇，她专门找老兵一起骑马散步，就为打听那个战争岁月的细节，她率真而野性，假小子性情。

世纪之交时，美国的女性们开始为自己的权益争取，米切尔的外婆曾是亚特兰大最激进的女性组织的负责人，经常在公共场合站在凳子上演讲，伸张女性权益，公开批评男人的不作为。米切尔的妈妈也遗传了好抛头露面的性格，有机会就喜欢公开演讲，还时常带着女儿一起去。

18岁时，米切尔出落成一个娇小玲珑的南方美女，情窦初开，爱上了英俊儒雅的年轻军官亨利少尉。不幸的是，残酷的“一战”夺去了亨利的生命，从此米切尔的生命里就永远有一位她深爱却又得不到的男人。

第二年，一场流感夺去了母亲的生命，家里似乎失去了支柱。米切尔不得不从大学退学，回到家里主持家务，她成了几个男人的主心骨，她必须坚强。

米切尔坚强的方式是变得不羁和放纵，藐视规矩，特立独行，为所欲为，对一个大家闺秀来说，难免不遭人非议。

在南方的社交场上，“坏女孩”米切尔很快跟“坏男人”互相吸引，厄普肖是个名声不佳的私酒贩子。所有人都反对米切尔的选择，可米切尔就是坚持嫁给厄普肖。不被长辈看好的婚姻一般都不长久，没多久，厄普肖就抛弃米切尔而去，失败的婚姻再次让米切尔饱受创伤。

米切尔是幸运的，她虽然“作”，爱她的男人却还在等她。这个叫约翰·马什的男人是米切尔前夫的朋友，在米切尔嫁给厄普肖之前，他就暗恋她。马什虽然是个广告人，但他独具慧眼发现了米切尔的文学才华，在他的支持鼓励下，米切尔进入《亚特兰大通讯》，成为一个报纸专栏作家，而且在不久之后，成为该报的著名作者，亚特兰大著名女报人、大牌记者。

上帝的安排总是奇妙的，1926年，米切尔驾车外出遭遇车祸，弄伤了脚踝。她不能去报社打字，这个好强的女人只能赋闲在家，日渐消沉。马什一边养家糊口，一边还要照顾妻子的情绪，他发现最开始妻子还靠阅读打发时间，最后渐渐读书少了。有一天马什对米切尔说，图书馆没有你喜欢的书了，干脆你自己写一本来读吧。

就这样，马什为米切尔打开了一扇大门，敞开了一条全新的道路。从1927年到1936年，马什白天上班，晚上审核米切尔的书稿，他从不会因为经济上的拮据让米切尔分心，虽然压力挺大，他自己的事业也并没有耽误，马什在当时的亚特兰大算是成功的广告人。10年的辛苦，互相扶持、不断鼓励，这份爱情的结晶就是《飘》的隆重问世。米切尔引用美国诗人欧内斯特·道森的一句诗，将小说的题目改为 *Gone with the Wind*（“随风而逝”汉译名为“飘”）。

这样一部流行到世人皆知的作品，本书就不赘述它的内容了。读者们已经发现，斯嘉丽的经历似乎就是米切尔本人经历的翻版。一个有点儿傲娇有点儿虚荣的南方小姐，经过离丧、战乱、失恋、失婚、创业、重建各种磨难，一步步激发出她内心的强大和坚韧，战胜自己野蛮生长，最后终于摆脱所有的束缚和枷锁，让女性的自我价值充分实现。这个结局，也许正是米切尔的外婆和妈妈最想看到的，也因为这个，斯嘉丽成为古今中外文学史上最令人着迷的女性形象。

《飘》出版后，米切尔面对的，是巨大的成功。到1936年末，《飘》已经销售了100万册；最疯狂的时候，日销量达到5万册，一年达到200万册。根据1990年的数据，《飘》的总发行量超过2800万册，这中间的盗版还不知道有多少。它应该是美国史上前无古人的爆热畅销书。好莱坞第一时间高价买下了版权，并开始策划投拍电影。

跟其他所有的畅销书投拍一样，选角是最大的难题。斯嘉丽和白瑞德，在读者心目中如同天上嫡仙，哪个凡人自不量力敢接演呢？

在两年的时间，好莱坞有点姿色的女演员都参加了试镜，最后，“斯嘉丽”落在一位来自英国、名不见经传的小演员费雯丽头上。电影公司对这个选择心里没底，但又找不到更合适的人选。

根据原著小说，斯嘉丽有一双绿色的眼睛，费雯丽的瞳孔不算严格意义上的绿色，但在最华彩的亚特兰大大火那场戏中，在冲天火光映衬下，费雯丽的双眸宛如一对绿宝石般熠熠生辉。据说就是这个，让费雯丽最终成为了斯嘉丽。

至于克拉克·盖博，他出演的过程没那么复杂，从最开始，很多人就看好，盖博那种带点邪气的性感不羁正是白瑞德。

距1939年圣诞节还有10天的时候，终于拍摄完成的《乱世佳人》公映，华纳公司特地将首映地选在亚特兰大的洛伊大剧院。当天的亚特兰大洋溢着节日的氛围，从主演们下榻的酒店到剧院，沿途飘洒着彩纸屑，内战时的南方的歌曲响彻全城。

费雯丽和克拉克·盖博的出现，已经让现场观众尖叫疯狂，可更大的轰动还出现在作者米切尔出现的时段，也许在大多数读者心目中，米切尔才是真正灵魂意义上的斯嘉丽。

对一般人来说，《飘》的出版是梦想都不可企及的巅峰，但如果你当时告诉米切尔，这就是她一生的最高处，她肯定不愿意接受。事实是，《飘》如此地成功，透支了米切尔所有的才华和精神，她后来的人生都为《飘》所累，她无法再写出其他的作品。

1949年，还不到50岁的米切尔去看电影的路上，被汽车撞倒在地，流血过多而死。马什和米切尔只留下《飘》这一个孩子，他们没有精力再培育抚养另一个孩子。

四十五　谁启动了“冷战”

1945年4月12日，收到罗斯福死讯的埃莉诺第一时间接见了副总统哈里·S.杜鲁门，埃莉诺通知杜鲁门，总统仙逝。杜鲁门说：我已经知道了，有什么能为您效劳吗，夫人？而埃莉诺反问他，我们有什么能为您效劳吗？现在最困难的是你！

埃莉诺看着杜鲁门，该刹那应该是带着些同情的，这么大的一个国家，这么纷乱的时刻，涉及全世界各种事务，都要一股脑儿砸在这枚看起来资质平平的脑袋上了，而他还一副毫无准备稀里糊涂的模样。

杜鲁门一辈子忙了很多事，对他各种评价都有，争议也大，但他有一点是公认优秀的，那就是很会穿衣服。因为他的第一份事业是小服装店的老板。据说他加入民主党的原因是因为共和党的财政政策导致了他的小服装店倒闭。

传说在罗斯福第四任竞选时，民主党内权衡各种关系，给他配备了一个中规中矩温和无害的副总统杜鲁门。但我不相信民主党没有考虑过，一旦健康状态极差的罗斯福，撑不过这一任期，副总统是否能接下罗斯福的“王位”。

所以，虽然杜鲁门只做了82天副总统，他甚至都没机会跟罗斯福交流，但他出人意料地并没有弄砸了罗斯福剩下的任期。

美元遏制“红流”

不用热身，杜鲁门一上台就很热，他果决地送了日本两颗原子弹，逼日本投降，从而避免了美国大兵的登陆战和日本人的“一亿玉碎”，以极高的效率先结束了“二战”。

但如果说到总统和关键词，那么跟杜鲁门搭配的，肯定是“冷战”。他是一结束热战就开启了“冷战”。

到底“冷战”是怎么开始的，这是两种意识形态可以争论到下个世纪的话题，如果其中的某一方没有消亡的话。

以咱家的立场，那是资本主义对共产主义的天生敌意和恐惧，使他们必须将共产主义扼杀，而以杜鲁门这个积极激进的反共分子为甚，所以他一旦获得权力，必定对共产主义下手。

既然是美国历史，我们看看美国人怎么说。

跟英国人一样，如果非要在德国人和苏联人之间选一个朋友，大部分人会选择德国人，即使德国人堕落为撒旦。作为副总统的杜鲁门不掩饰这个想法：“如果德国比苏联强，我们就帮苏联；如果苏联比德国强，我们就帮德国；尽可能让他们自相残杀，尽管我不希望看到希特勒获胜。”这是德国进攻苏联时，杜鲁门的公开讲话，这么影响团结抗战的言论，他随后赶紧收回来并澄清了。

“二战”中美、苏、英三国首脑聚会了好几次，罗斯福最后几乎是被斯大林气病了，但这么多年处下来，罗斯福还是感觉，斯大林不是不可理喻，这老伙计偶尔是可以讲道理的。

杜鲁门不敢苟同，因为对于斯大林领导苏联在“二战”中的浴血奋战，他显然没有罗斯福那么感同身受的理解，在杜鲁门看来，苏联就是个强盗国家，斯大林自然是个强盗头子。以至于在他初出茅庐，顶替罗斯福去波茨坦开会时，他觉得，要没有原子弹在手，他都没办法跟强盗头子沟通。

原来说过，共产主义有个特点，它是一项全球事业，所谓国际共运。它的目标不是一城一地，而是全球遍插共产主义的大旗。在这个思想指导下，苏联让东欧大面积“染红”后，还预备对希腊、土耳其下手，也许西欧也是目标，看起来这就是一种“侵略扩张”，似乎跟希特勒也没什么不同。公平地说，被“二战”那样摧残过的苏联，就算斯大林有这么大的野心，他也没这么大的“侵略扩张”能力，美国人想多了。

1945年4月25日，旧金山国际会议上，50个国家共同起草了联合国宪章，联合国成立了。美国国会以极高的效率通过并加入了联合国，成为了五大常任理事国之一。大家还记得威尔逊想要加入国联时国会的纠结，这次国会居然这么配合，证明了在全球范围内血战4年后，美国战前的孤立主义已经彻底被打成渣了。

罗斯福在世时，曾有“一个世界”的梦想。罗斯福没想过美国要统治全球，但他希望维持战中的一个形势：美国为全球提供商品，全世界都对美国“门户开放”，这本可以成为孤立主义的替代品，成为美国对外政策的主要思路。

但在杜鲁门看来，有苏联人在，罗斯福“开放的新世界”的梦想就只能是梦想了，欧洲现在面临“红魔”入侵，既然美国一直占据道德制高点，就应该是全人类的楷模，希特勒嚣张就打希特勒，斯大林太张狂，就应该遏制斯大林。

1947年3月，在一次国会会议上，杜鲁门公开发表了他的“新世界梦想”：美国的政策必须是支持各自由民族，他们抵抗着企图征服他们的掌握武装的少数人或外来的压力……我们必须帮助自由民族通过他们自己的方式来安排自己的命运……我们的帮助主要是通过经济和财政的支持，这对于经济安定和有秩序的政治进程来说，是必要的……

这个东西大家不陌生，这就是著名的“杜鲁门主义”，正式宣告，美国要出山“主持正义”，要遏制共产主义在全球的扩张。怎么遏制？不就是工人运动嘛，工人生活不好才运动，生活好了谁运动啊。只要西欧各国尽快走出战争阴影，恢复工业，恢复正常的资本主义“腐朽”生活，“红魔”自然退避。

经过“二战”，不论是经济还是金融，美国都拥有强大的力量，任何国家望尘莫及。虽然人口只占全世界的7%，可它拥有全球75%的黄金、58%的钢、62%的石油、80%的汽车，占有整个世界一半的生产力，人均收入1450美元，领先瑞士、加拿大等第二集团一倍还多。

如果算上国家地位和手中掌握的原子弹技术，美国此时不是土豪，是顶级的权贵。

权贵做事有权贵的风范，一手甩钱，一手强权。

1947年，杜鲁门委任了比较符合他要求的国务卿，在“二战”中运筹帷幄的参谋长马歇尔。

马歇尔上任了，“马歇尔计划”就随之而来了。1948年2月，捷克斯洛伐克的“二月革命”，捷共取得了政权，让美国国会不敢再磨叽，马上批钱，赶紧去欧洲布施。

随后的3年，120亿美元流入欧洲，到1950年，欧洲的工业生产总值增加了50%。欧洲的复兴最大的受益国是美利坚，因为欧洲恢复了市场，又有了钱，它们可以继续购买美国商品了。

美国看苏联很强势，其实苏联也有hold不住的时候。比如南斯拉夫有个刺儿头叫铁托，虽然也是共产主义阵营的同志，可他就不愿意受制于苏联、受制于斯大林。连南斯拉夫这种铁杆儿同志都会起异心，斯大林就害怕，他和美英法共同占领的德国东部地区，更是不稳定的（四国占据德国的故事参看《德意志是铁打的》）。从苏联占据东部德国和东柏林开始，他家每年稳定地从这一地区获得几十亿美元的收入，这个宝贝金疙瘩可不能丢。

为了干脆直接囫囵吞下柏林，斯大林在1948年6月封锁了通向西柏林的道路，切断了电力供应。

这在西方世界看来，斯大林是亮出了刺刀，美国也预备好了原子弹，要不要让欧洲再次变成战场？

经过两次大战的政客们都学会了控制，美国选择用彰显空中力量的方式让斯大林收回野心。史上最壮观的空运行动——柏林空运开始了。在10个月的时间里，美国空军向柏林投放各种物资2500万吨，维持了200多万人的生命，如此的实力如此的财大气粗，而柏林人对空中美军飞机亲人般的深情，终于迫使苏联放弃了封锁，不久，德国正式分裂成两个国家。

如果这也是一次战争，成本真是有点高，还辛苦，下次再有这种“亮刺刀”时刻，还是应该以暴制暴，直接诉诸武力，因此欧洲需要一支制衡共产主义国家的军队。

1949年，北大西洋公约组织成立，总部设在巴黎，艾森豪威尔再次走马上任成为盟军最高统帅。12个欧洲国家，打了几百年，终于在此时愿意携手联合在一起了。

苏联赶紧也搞一个华沙条约组织表示了态度。

冰与火之歌

1949年，让美国人闹心的事很多，最大的一件，应该是苏联的原子弹成功爆炸了，美国人的核垄断梦碎，杜鲁门着急上火第二年就启动了氢弹项目。其实氢弹或者更高端的武器，对人类已经不构成威胁了，因为只要舍得下手，原子弹已经足够将地球打回蛮荒。

第二件伤心事也在这前后，1949年8月，美国国务院发表了《白皮书》，沉痛宣告：世界上人口最多的国家落入了共产党之手，美国将停止援助中国国民党。

罗斯福时代，美国人勾画的自由、民主、开放的美好世界版图中，中国是必不可少的一块，那时美国政府对国民党政府的支持是很真诚的。前后有20亿美元的各种援助进入蒋介石的政府，即使是国民政府败局已定，大势已去，杜鲁门都不肯重新扶持一个“第三方”势力，来挽救美国对中国的既定规划。

美国人失去了中国，更需要在远东地区扶持一个对抗苏联或者未来中国的力量，被打断了脊梁的日本进入了美国人的视线。美国人很快放开了对这个战败国的各种限制，曾经怀着玉碎之心要与美国人同归于尽的日本，感戴着美国恩典重生并腾飞。

1951年9月8日，日本与美国陆军第六军司令部在旧金山签署了一份军事同盟条约，全称是《日本国和美利坚合众国之间的安全保障条约》，也就是我们熟悉的《日美安保条约》，从此两国正式结为同伙，美国公开罩着日本，日本可以举着美国的“虎皮”到处嘚瑟。2014年4月，美国总统奥巴马访问日本，终于从一个美国总统的嘴里公开说出，钓鱼岛的问题属于《日美安保条约》第五条的范畴：各缔约国宣誓在日本国施政的领域下，如果任何一方受到武力攻击，依照本国宪法的规定和手续，采取行动对付共同的危险。听说美国人承诺会帮自家看着钓鱼岛，日本人都乐翻了。至于真到咱家要收回钓鱼岛所有权利的那天，美国会如何“守护”日本，咱们就拭目以待吧。

面对这么多的“外部威胁”，杜鲁门感觉，有必要全面审查美国的外交政策，著名的NSC-68报告出炉了。报告指出，苏联人用国民生产总值的13.8%投入国防，相比之下美国显得太寒酸，以后美国人年国民生产总值的20%用于同一用途，美国人要做到，不需要其他任何国家帮忙协助就能抵抗共产党；在非共产党的国家里，建立美国的领导地位；不惜任何代价，利益和领土，也要阻挡共产主义扩张。

这份报告被国会批准后，美国向外的方式就完全不同了，于是美国在全球范围内就有了几百个海外军事基地、百万各种驻军。

其实在1949年初，美国人对亚洲的态势，头脑还是清晰的。麦克阿瑟对记者公布了美国在亚洲的防御边界，他说，以前美国人就觉得防御美国西海岸就行了，现在既然太平洋是我们美国人家的内湖，那我们的防御圈子就要扩大一点了：沿着亚洲的海岸，从菲律宾开始，通过琉球群岛，主要据点是冲绳岛，然后弯回来穿过日本和阿留申群岛到阿拉斯加。

这应该是岛链概念的雏形，后来企图禁锢中国出海的第一岛链成型于50年代初，它是由日本群岛、琉球群岛、台湾岛、菲律宾构成的，其中台湾岛是核心。

麦克阿瑟公布"防御边界"时，蒋介石还没有退守台湾，美国人对台湾和蒋介石的前途还没有过多的考虑，所以台湾在防御圈之外可以理解。但南朝鲜也被留在圈子外面，就很伤人心。

1945年，为打击日本人，美、苏的军队都进驻了朝鲜，还都舍不得走。于是沿北纬38度线，大家平分了半岛，被这俩大哥一折腾，又是两个不同形态的国家。

1949年，苏联人先撤，可因为美国人还在，所以苏联将一个拥有苏式装备的，看着还挺像样的军队留给北朝鲜政府。半年后，美国人撤退时，扶持了对美国忠诚可靠的李承晚政府，美国方面感觉，他没必要保留太强大的军力，真有很强悍的军队他也不见得会用。

1950年6月25日，金日成将军就真的对南朝鲜动手了，他决定消灭李承晚反动政府，将半岛统一在主体思想的光辉下（主体思想正式提出是在1955年）。

金日成出兵，肯定是得到了斯大林的首肯，也许还得到了苏联方面的战前策划，想必苏联方面是不会承认的。

也有人说毛泽东支持金日成，证据是，当年咱家内战时，有50000朝鲜人加入了林彪的四野部队，被编成三个朝鲜师参战，1949~1950年毛泽东先后将这三个师送还，此举被认为是对金日成的鼓励。冤枉了，首先是金日成强烈要求这三个朝鲜师，其次，毛泽东当时的主要考虑是朝鲜可能会受到打击；况且人家朝鲜人，早晚要回家的。

但不能不说，之前的朝鲜军队简直不值一哂。这三个朝鲜师带着生猛新鲜的硝烟味回国，其作战经历和作战经验可能是让金日成果断出击的重要原因。

1950年前后，新中国最大的军事计划和军事行动，就是对东南部增兵，预备一举解放台湾岛，在这个节骨眼儿上，毛泽东没有任何理由怂恿金日成在半岛动兵。

朝鲜出兵了，而且还骁勇得很，三天之后，就占领了汉城。事后有史料表明，对于这次"不宣而战"，中国政府跟美国政府知道的时间差不太多。

杜鲁门在收到消息时的第一反应居然是将第七舰队开进了基隆、高雄，防止解放军解放台湾岛。

美国一边通知驻扎在日本的美国空军协助南朝鲜抵抗，一边向联合国要求，组建联合国军，去朝鲜伸张正义。

五大常任理事国，当时代表中国的是台湾政府，所以能阻挠这支联合国军组建的，只有苏联那一票。可偏偏苏联的代表不在场，因为他们抗议台湾政府代表中国，愤而离场了。在当时的情况下，到底是联合国军队即将出战朝鲜重要，还是中国政府的联合国地位重要，相信苏联人自己也并不是拎不清，只是，斯大林就这么决定了。

史上第一支“联合国军”由17个国家组成，美国军队是主导，麦克阿瑟是美国远东军的司令，是这支“联合国军”的总指挥。

1950年9月15日，完美的仁川登陆，从后方被切断的朝鲜军队立时溃了，几天后，美军就收复了汉城。

将金日成打回三八线是举手之劳，问题是，打过三八线之后怎么办，是顺理成章干掉老金，将北朝鲜收归到自由世界来吗？

当然，美国政府对麦克阿瑟微微点头。唯一担心的就是，中国政府怎么反应，会不会开过来给老金帮忙？

麦克阿瑟认为，可能性很小。这是大部分美国人的分析，中国人干吗要过来呢？真要帮忙，老金一开动的时候，老美刚登陆的时候，都是中国人加入的良机，如今联合国军队占了上风，中国人干吗蹚这浑水呢？

这真是一趟浑水，但不蹚行吗？美军既然已经越过三八线，行动的性质就变了，这是美帝在剿杀一个共产主义阵营的兄弟，金日成在求助，斯大林在施压，美国的战机已经在鸭绿江一畔轰炸，那些捎带的小破坏，谁知道是故意还是无意呢？若是北朝鲜也沦为美帝的附庸，中国如何自处呢？不管我们现在怎么分析，在1950年底那个剑拔弩张心惊肉跳的时刻，毛泽东决定出兵朝鲜帮忙，我们还是要抱以最大的理解。

对于打败了被美国武装的国民党军队的“中国农民军”，美国人其实是完全不熟悉的。美国人分析蒋介石之败，全在于政府之腐败，内部之混乱，对于“农民军”的战力，他们不想自己吓自己。

随着中国人民志愿军浩浩荡荡跨过鸭绿江，“联合国军队”的溃败就开始了，没几个星期，经过三次主要战役，志愿军就越过了三八线，重新占领汉城，1951年1月，志愿军停止追击开始休整。

初出国门的中国军人让西方世界见识了他们的风采。国家初建，物质匮乏，入朝军队前后超过200万，其衣食武器的供应很是艰难，朝鲜半岛的隆冬时分，天寒地冻，一把炒面一把雪是主要的能量来源，而这期间惊人的伤亡数字，也让美国人胆寒，失去了汉城的美国军队，开始理解并同情蒋介石了。

趁着中朝联军休整期，物资补给不足，美军发动了反击。这是朝鲜战场的第四场战役，历时87天，双方伤亡惨重，但美军向北推进了100公里，中朝不得不保存实力撤回三八线以北。双方你来我往的，都没有收获实质上的优势，战局在三八线附近胶着。

对于志愿军来说，将十七国联军阻挡在三八线外，已经基本达到了作战目的。可金日成不高兴，因为他的目的是统一半岛，中国人为什么不能一口气帮他打到釜山去？更震怒的是麦克阿瑟，中国出兵已经在他预想之外，还出了这么骁悍硬朗的军队更在他意料之外。作为一个统帅，此时他只想取胜，不惜任何代价，所以他申请，要对中国领土内的重要目标发动轰炸。

军爷看事情简单，政客们可不能跟着发疯。三大战役后，杜鲁门就要求进入谈判程序，因为如果真把共产党的中国拖入战争，事态就严重了，美国人可能会稀里糊涂陷入一场“错误时间、错误地点和错误敌人的错误战争”了。

麦克阿瑟想将在外，军令有所不受，杜鲁门无奈之下，只好解除了他的职位，将朝鲜战场的指挥权，交给李奇微将军。

大部分美国人为麦克阿瑟叫屈，回国后，麦克阿瑟受到海量粉丝的欢迎。于是这位服役50年的老兵又留了一句名言：老兵永远不死，只是慢慢凋零！如果这家伙不是预备着把咱家沿海地区炸个遍，老杨会给他一个很高的评价，现在，让他慢慢凋零吧。

李奇微将军是志愿军最强劲的对手，因为他发现了中国军队一个大秘密。在研究了前面几次战役后，李奇微发现，志愿军的每一轮攻势都只进行7天，第八天都一定会中止。这是为什么？他很快想明白了，长途征战还来回奔袭的志愿军，身上只能携带7天的粮食弹药，也就是说，美国军队只要能咬牙顶住7天，局势就会逆转。随后，李奇微又发现，志愿军为了躲避美国的空中打击，喜欢在夜间发动攻击，而夜战不能摸黑呀，必须借助月光。尤其是月圆的前几夜，月亮会在午夜越发明亮。这就是著名的“礼拜攻势”和“月夜攻势”，堪破这两大秘密后，美军很快挽回了劣势，这也是第四次战役，中朝军队失利退守三八线的原因。

在更为惨烈的第五次战役结束后，中国军队真是有点强弩之末的感觉了，“联合国军队”也精疲力竭，此时，中美都有了停火之心，在板门店开始尝试接触。可这场战事不能全由中美控制，苏联人对这场恶战似乎还没看够。在各种外部因素搅和下，朝鲜战争还是且打且谈延续到了1953年。

大家都知道，三年的血战打下来，朝鲜半岛的局面基本没变化，双方依然隔着三八线敌视。中国呢，失去了解放台湾的机会，还因为这一战跟西方主要国家结仇，被孤立了很多年；美国人呢，刚刚结束“二战”，好多回家的大兵，热乎饭还没吃几口，又被派到亚洲受二茬罪。谁是受益方？苏联人卖了大量军火，中国欠它好多钱。

日本人提供了好多物资，工业生产欣欣向荣。

客死异乡的各国战士到底有多少？不知道，所有的资料数字都不一样，华盛顿朝鲜战场老兵纪念碑上的数字仅美国军队就伤亡54000人，最近又说这个数字有误。至于中国到底有多少年轻志愿兵的热血抛洒在异乡的冰雪中，不深究了吧。

民主党溃败

美国军队在朝鲜煎熬，谈判又迟迟没有结果，杜鲁门的日子绝对不好过，时间还这么紧，一转眼就到1952年了，又是一个大选年。

8年对杜鲁门来说太短了，他真忙了不少事。给西欧送钱，帮南朝鲜打架，美国这个带头大哥的地位算是确立了。别忘了，还有一个重要区域需要美国去建立秩序呢，战后上升最快的明星地域，就是中东，那里滚滚地出产石油，已经成为美国越来越看重并依赖的地区，美国要在这里扶持他最钟爱的小弟——以色列。

犹太人在世界各地流浪了2000年，这些无根的野草在欧洲各地被随意践踏，历经若干次的驱赶和各种规模的屠杀，这个民族几乎成了被迫害的代名词。

在19世纪前后，犹太人终于明白，没有属于自己的国家，悲惨的命运是不会更改的，不论这些聪明的犹太脑袋能创造出多么惊人的财富和伟大的成就。

世界之大，哪里可以为犹太人提供一片建国的土地？没有，谁家都不富裕，犹太人在落寞中，总是要走到他们起源之地，上帝应许他们的地方——耶路撒冷，渐渐地，那里形成了犹太人的聚居区，也成为世界各地犹太人的归宿，尤其是“二战”后，从集中营里出来，劫后余生，心中悲凉的犹太人。

巴勒斯坦地区拥挤了两个民族，犹太人和阿拉伯人，都说这片土地是自家的。本来就是卧榻之旁岂容他人鼾睡，更可怕睡的还是异教徒。

联合国出面调停，出了个笨方案，将巴勒斯坦地区分治，阿拉伯人一块，以色列人一块，还分得不太公平。阿拉伯人愤慨反对，以色列人倒是兴高采烈，以极高的效率，最快的速度成立了犹太人的国家——以色列。就在以色列宣布成立后十几分钟，杜鲁门的政府就宣布，承认这个国家，而后开始大手笔地对这个新国家提供不遗余力的支持，一直到现在。至于以色列成立第二天中东就变成了战场，那是后话了。

杜鲁门力促以色列立国的主要动机是非常明显的，犹太人已经成为美国政治经济中一股不可忽视甚至主导的力量，犹太人的财富是政党不可或缺的支柱，而犹太人的选票更是重要。

取悦犹太人还不够，杜鲁门是民主党人。即使是到现在，美国民主党和共和党还是有一个很明显的区别就是，民主党比较在意人权平等方面的事，特别着意于社会福利的提高，比如奥巴马天天念叨的全民医保之类的东西。而以保守主义著称的共和党则觉得，过高的福利养懒人，而人的社会本来就是有高下优劣的，人权平等之类的东西，顺其自然就好，不需要太执着。

经过内战，黑人不用当奴隶了，还取得了投票权，但要让美国人真正接受黑人，还早着呢。尤其是南方，嫌弃黑人是白人骨子里携带的基因，什么药都治不好。法律说了，黑人和白人要平等，不要紧，我们努力跟他们隔离嘛。

于是在南方主要的公共设施中，就有了专门针对有色人种的活动区域，公车上黑人只能坐后面几排；洗手间用黑人专用的；候车室也有黑人候车区。黑人白人不准握手；黑人不能从前门进入白人家庭；黑人白人通婚？那简直是天方夜谭了。

而在就业方面，南方地区的公务员岗位，或是医生律师这些“高尚”职业，休想看到一个黑人。

杜鲁门要选举了，他需要黑人的选票，南方他是不敢要求的，但作为军队的统帅，他可以先取消军队中的种族隔离，并向国会提出一系列民权法案，包括公平就业和取消公共场所及交通工具的种族隔离制度等。

民主党内来自南方的那股势力不满了，什么情况？要帮黑人翻天？没门儿！南方人愤而退党，成立了所谓“州权民主党”，我们称他们为南方民主党，他们推选了自己的总统候选人，预备跟杜鲁门争夺大位。

虽然杜鲁门任内对黑人的地位，只是给予了些许的改良，但毕竟是让他们看到了希望，总有更强大的人来完成这件事的。

*美国在1951年通过第二十二条宪法修正案，任何人被选为美国总统都不得超过两届。

四十六　两个老头的帝国

一进入大选年，候选人就被扒皮，从祖宗十八代开始被晾出来清算。杜鲁门的自我操守没什么大问题，但在他的任期内，发生了政府官员贪污受贿的大案，尤其是涉及国税局的案子，导致160多人被解雇或者辞职。而总统本人也被掀出，早年第一夫人收受过他人赠送的高档冰箱，那时候冰箱应该还算稀罕物，高档冰箱就不知道高档到什么程度了，能自动除霜？

到杜鲁门这辈，民主党执掌朝政20年了，一辆开了20年的车能不出问题吗？其实在之前的国会选举中，共和党已经战胜了民主党，为收复白宫打下了坚实的基础，而杜鲁门又遭遇了一个强劲的对手。

虽然美国总统号称是全国武装力量总司令，可真真实实在战场上当过总司令的总统，除了华盛顿，只有这一位，就是战胜了杜鲁门的艾森豪威尔。

美国军界不准参政，以第一五星上将退役的艾森豪威尔去哥伦比亚大学当了校长，在很多人撺掇下，他加入了共和党，灭了杜鲁门。

既然加入政界，不用统率三军了，我们就可以称呼总统的小名了，那比较容易，他叫艾克。

美国人的“白色恐怖”

战后，国际上共产主义的红流四处奔涌，美国人严防死守不惜对抗，但，这种思潮不可能不进入国内，如果美国国内发现了共产主义势力冒头，美国人预备怎么办呢？

“二战”刚刚结束那一年，美国经济并没有完全恢复，只有崩溃前最高水平的一半。打仗时大家都懂事，战事结束，生活的艰难就摆在面前了，而工人运动又是战后的一股热潮，所以美国工人上街了。

其实工人运动只是个表象反映，从罗斯福时代，政客们就敏感到，政府内部一定有些共产主义分子在行动，究竟是不是间谍，或者对国家造成了什么程度的损害，就需要查一查。

美国有共产党，也出来参加过竞选，只是没成气候。杜鲁门时代，美国共产党不到10万人，对美国社会根本不构成有效的影响，就杜鲁门本人的态度来看，这都不算个事儿。

杜鲁门是民主党人，民主党人的想法跟共和党不一样。共和党是保守派，从十月革命开始，共产主义就让共和党寝食难安。最重要的是，共和党发现，杜鲁门不在意的“共党之祸”，在40年代末期，“冷战”开始的思维下，是对付民主党的一个重要武器。

在苏联的问题上操弄了几次后，自由民主的美国公民对苏联产生了共和党需要的态度，大部分人认为对苏联的政策不能软弱。而借着这个思潮，共和党一举拿下了1946年的国会中期选举，重新控制了国会。

杜鲁门反应还算快，他马上察觉到，对共产主义的态度，着实会影响自己的前途，他不能再被动。为了防止共和党抓住自己政府里的有关把柄，他主动提出建立“联邦雇员忠诚调查临时委员会”。

忠诚不忠诚，自己说了可不算，根据苏联、东德的经验，一定要秘密调查，互相监督，互相揭发才有用。秘密调查就需要一些鬼鬼祟祟的配套机构，苏联有契卡，东德有斯塔西，美国有吗?

当然是鼎鼎大名的联邦调查局，为了侦办跨州的联邦案件专门成立的调查局。1924年，在约翰·埃德加·胡佛成为局长后，联邦调查局侦破解决了多起国家级大案要案，抓住不少联邦要犯，尤其是战中，对间谍的捕获，使调查局成为真正的联邦警察，影响力日增。它的大号FBI不仅是英文简写，更代表它的三大信条：忠诚（Fidelity）、勇敢（Bravery）、正直（Integrity）。

胡佛自己就是个反共分子，杜鲁门一说要“忠诚调查”，他就如同嗑了药。FBI频频高调发声，都是在强调“赤色分子”对国家的危害。

FBI出手，效果当然是不一样的，1945年，就有6名地位显赫的“通共泄密”分子被逮捕。

1948年，投案自首的美国共产党党员钱伯斯指控一位高级官员阿尔杰·希斯是间谍，曾秘密搞了不少情报送到苏联去!

阿尔杰·希斯可不简单，背景良好，形象体面，风度翩翩，个人发展也堪称典范。他曾陪伴罗斯福参加重要国际会议，又就任联合国美国代表团首席顾问，还是卡耐基和平基金会的主席，在罗斯福的政府里，这是个不能被忽视的人物，也算是民主党的明日之星，完美的天之骄子。

揭发他的钱伯斯呢?猥琐的中年胖子，有前科，他自己都承认自己就是个流氓混混儿，和阿尔杰·希斯站在一起，一个是云，一个是泥。

阿尔杰·希斯受指控后，不得不放下身段，多次与钱伯斯辩论，但在1950年，他还是获罪，被判5年徒刑。出狱后，天之骄子就算被毁了，余生只剩上访喊冤了，这个案子到现在也没个各方面都能接受的说法。

希斯这样的人物都能被拉下水，投机政客就发现，这一轮“反共大潮”完全可以利用。其实大部分政客跟凤姐一样，只要不怕丑，总能站上属于自己的舞台。

这位美国政坛的“凤姐”，大名叫麦卡锡。

麦卡锡来自美国中北部的威斯康星州，退伍后成为共和党参议员，随着1946年共和党国会选举的胜利进入参议院。麦卡锡绝对不是共和党的骄傲，投机、酗酒、纳贿，公认是个品质低劣的政客。知道自己声名狼藉，为了保住参议员的位置，他需要抓住点什么。

1950年，麦卡锡到西弗吉尼亚惠林公开发表了一个演讲，让他一炮而红。他说，美国“每一张床下都躲着共产分子”，政府里有至少205名共党分子和间谍网成员，现在还在国务院担任重要的工作，为国家制定着各种政策。麦卡锡演讲时，手里挥舞着一张纸片，据他说，那上面就是205名“共党分子”的名单！

这张纸片到底什么内容，谁也没见过，但麦卡锡的确制造了轰动，随后他在其他城市发表同主题演讲时，还是这张纸片，不过名单人数变成57个了。

从205到57，这个空洞的数字没引起大家的注意，所有人的关注点就是：美利坚的国务院已经被共产分子把控了！

麦卡锡一夜成名，立时化身为美国国内反共产主义的领袖，带领了一轮又一轮对共产分子的揭发、清查、抓捕。从麦卡锡的人品来看，这一轮他主导的清理行动，说没有迫害就见鬼了。当然，麦卡锡这么张狂最大的原因是，共和党将他作为武器投向民主党的政府。

反共的行动升级了，尤其是在苏联成功爆炸原子弹后，苏联如何窃取了美国绝密资料的质问甚为喧嚣。只要肯查，总有线索。FBI很快逮捕了曾在美国核武器研究基地工作的罗森堡夫妇。罗森堡夫妇是美国共产党，坐实了间谍指控。嫌疑人拒不认罪，但以当时国内的气氛，他们也无力自保。一向号称公平公正的美国法院，在证据严重不足的情况下，判处了罗森堡夫妇死刑。

判决在当时引发了全世界范围的抗议，爱因斯坦等科学家都辩解说，就算没有美国人的资料，苏联人也搞得出原子弹，甚至罗马教廷都出面替罗森堡夫妇求情。但此时的美国社会已然疯了，扛不住这股疯狂大潮的艾森豪威尔，在就任后坚持了死刑判决，1953年6月，罗森堡夫妇被电刑处死。

麦卡锡风头暴涨，成为该时段美国最有权势的人，不管是杜鲁门还是艾克，虽然打心眼里看不上麦卡锡，可两人谁也不敢得罪他，甚至对他唯唯诺诺的。

被麦卡锡攻击还戴上帽子的人可不少，都是大名赫赫，比如前国务卿马歇尔、原子弹之父奥本海默、著名喜剧演员卓别林、作家马克·吐温等头面人物。中国人民的老朋友记者埃德加·斯诺和在美国工作的钱学森都在其中。

麦卡锡是共和党的武器，如果共和党掌握了白宫，麦卡锡价值几何？

小人得志不能持久，有一个很大的原因是，小人不懂节制，不知道界限，容易玩过火。这几年在政界、文化界、娱乐圈里的清算，虽然让很多大人物毁在他手里，可渐渐地，美国民众也感觉到了事情有些失控，尤其是麦卡锡的张扬，让他逐渐为大众鄙视，只是他自己并不知道。

麦卡锡预备更上一层楼，准备将威风扩展到军界，让那些胸口别满勋章的军爷们向自己低头。

1954年1月，麦卡锡突然开始指控陆军部长，最后发展到陆海空三军都有份。感谢那时电视机已经发明了，国会为这个指控召开了一个听证会，在当时引发极大关注的陆军——麦卡锡听证会被要求电视直播。

群众的眼睛是雪亮的，麦卡锡猥琐的气质人品终于在电视镜头下被无限放大，他傲慢自负，威胁证人、随意构陷、且证据单薄，让美国观众仿佛是看一个小丑在表演。

1954年12月，参议院通过了谴责麦卡锡的不信任案，这家伙在政界消失得比他爆红得还快，3年后，他无声无息地死了，原因是酗酒无度。

麦卡锡这么迅速地倒台，应该归功于美国特有的“纠偏机制”，因为1954年的选举，共和党失去了参议院。而麦卡锡的突然崛起，写就美国历史上很难看的一篇，好像也是这种机制的结果。也许胡佛私下的一句话是整个麦卡锡疯狂时代的最好解释：“如果不说共产党有严重威胁，我怎么弄到国会拨款？”

“和平演变”之父

老杨这一辈“70后”的“老伙伴”，思想经历有点坎坷。我们初入社会时，第一堂政治课就是咱家首都发生了一件事情，不久西边那个叫苏联的巨大国家突然解体了。我们的知识储备不足以看懂这些事情，老师教我们：社会主义国家的孩子，一定要防备“和平演变”。

“和平演变”顾名思义，就是不用武力不用强力，不知不觉中你就变了。比如有个小朋友淘气不听话，怎么改变他呢，揍他肯定是不行的，他逆反了会越来越难教，而且总揍他，自己也累呀。最高明的教育方式是，找一些乖孩子跟他一起玩，在他周围打造一个和谐美好的氛围，逐渐让他知道，听话不调皮是一件多么让人喜欢的行为，他之前的种种恶习是很不合群很不符合价值标准的。潜移默化中，这个小朋友就慢慢变好了，也许一两年看不到成果，但只要坚持时间长了，小朋友总会知道对错的。

对于我这个比喻，很多读者可能会觉得不适当，但我相信美国人是这么认为的。

“和平演变”这个思路，是美国政客想出来对付社会主义国家的办法。中苏已经是强大的存在，东欧还有一片，靠打，肯定是打不尽的，但如果从思想上不断渗透，或者是利用人性的弱点逐渐腐蚀，从内部摧毁共产主义的信仰，再争取从外部搅乱社会主义国家的经济，早晚能达到目的。也许第一代共产党人不受诱惑，第三代、第四代呢，那些红色的孩子真的能保持红色吗？

我们必须承认，是“和平演变”的战略干掉了苏联和东欧，这办法似乎比原子弹还毒，想出这个办法的家伙，绝对是个“西毒”，他叫杜勒斯，他是艾森豪威尔的国务卿。

其实对社会主义国家的“和平演变”思路在“二战”后就出现了，在杜勒斯手里被清晰化系统化，一说到“和平演变”之父，我们想到的就是杜勒斯。既然东欧和苏联的共产主义都被摧毁了，从美国人的角度看，这老头是够神的了。（现在盛传的，当年中情局秘密文件中，有针对社会主义国家的“十条诫命”，本书的篇幅受限就不一一列出了。）

老一辈的国人眼中，杜勒斯是混蛋的美帝阵营中最大的混蛋，在资讯不发达的50年代，这个外国老头在咱家有巨高的知名度，原因是1954年的日内瓦，在朝鲜问题的第一次会议中，谈判间歇，中国的谈判代表周恩来偶遇美方谈判代表杜勒斯，主动跟他握手，居然被拒绝了！

这个著名的握手事件，史料也有很多说法，究竟现场是个什么情况也没个定论，但大部分国人接受，美国佬骄傲自大，当众不给咱总理面子，于是，杜勒斯就混蛋了。

如果这个事是真的，不管在任何情形下，这么重要的外交场合，杜勒斯显然是没礼貌没修养的一方，而以他的出身看，似乎不应该出现这种受人诟病的外交硬伤。

杜勒斯出身于教会家庭，杜勒斯的外祖父和舅舅都曾是国务卿，到他这辈，可能当国务卿是家族传统了。在艾克的任期内，国务卿的名号肯定比总统响亮，而杜勒斯成为一个强悍的国务卿，离不开他弟弟的配合。当年杜鲁门为了各路情报收集查阅方便，成立了中央情报局，杜勒斯的弟弟艾伦，是中央情报局史上任期最长影响最大的局长。兄弟同心，这两个杜勒斯一个在明一个在暗，搅动了全世界的风云。

既然咱家这么恨他，就从他主导的对东亚的政策开始吧。

艾克总统的当务之急是，美军还陷在朝鲜半岛呢，先弄回家吧。1953年7月27日，僵持了两年的谈判局面终于有了改善，两年谈判中，战争的强度一点不小。这一天双方终于决定先停战，从现在的作战前线也就是北纬38度线后撤1.5公里。大兵们先放下枪稍息，第二年，也就是1954年大家到日内瓦去找各路街坊开个会，讨论一下朝鲜未来。

这次日内瓦会议的焦点就是，杜勒斯没握周恩来的手，因为其他的事，根本没谈出任何结果。或许是在会议上中美双方唇枪舌剑得太厉害，杜勒斯用一个无理的举动表达了他的立场，挺有个性的，充分彰显了周总理的淡定儒雅。

朝鲜已经停战，双方再深仇大恨也有限，可这次会议还有一个焦点在印度支那。

前面提到过的印度支那，是法国留在亚洲的那块可怜的殖民地，“二战”中被日本人占领，日本被打跑了，亡国又复国后的法国殖民之心不死，还总惦记着这块遥远的海外领土。

老挝和柬埔寨都好商量，就是越南让美国人闹心，因为有个叫胡志明的共产主义分子，在越南北部成立了一个民主共和国，号召越南人反抗法国，争取独立。作为“冷战”的一部分，美国人不能眼看着越南被染红，所以配合法国人，支持越南末代保大皇帝在西贡登基立国，南北两边，打了9年。美国态度上支持，并没有出兵，主要是法国军队对抗胡志明，而胡志明依托背后新成立的中华人民共和国的支持，在战争中逐步占了上风。

1954年初，1.2万法军在奠边府被围，法军自知大势已去，在日内瓦会议上，无奈地承认了越南独立。

独立归独立，往哪边独立呀？解决不了，跟朝鲜半岛一样，沿着北纬17度线，又分出两个国家，南部由美国帮助建立了越南共和国，扶持一个叫吴庭艳的反共分子成为首任总统，听这名字就带着资本主义腐朽奢靡之气！由这时起，美国人就代替法国接管了越南的事务，最重要的工作就是肃清胡志明的北越。

日内瓦会议是一次分裂的大会、退步的大会、一点不和谐的大会，与会的主要双方在冷漠、暴躁、敌对的氛围里处了几个月，最后决定，先散会回家，找碴儿收拾你丫的！

话说1950年年中，中国人民解放军已经在福建前线集结了15万精锐，海陆空齐备，预备跨海追剿蒋介石。初步计划在当年8月发动总攻，就在台湾岛举手之间就能回归的关键时刻，朝鲜战争爆发了，美国舰队进入了海峡，彻底打乱了这一重大计划。

好不容易等到朝鲜的事暂停了，中国政府当然要再图台湾。1954年9月3日，中国人民解放军炮轰金门的国民党军队，第二年1月，就占领了大陈岛外围的江山岛。

由第七舰队进入台湾海峡开始，北京政府对台湾动武，台湾方面的反应已经不用考虑，完全看此时台湾的老板——美国人的反应。

美国人本以为退守台湾的蒋介石就算过气了，没有扶持的价值，突然发现，在东南亚遏制中国，台湾还真能派上用场，逐步又恢复了对蒋介石的关注和援助。

这次共产党开炮，美国人也看出来了，美国人不出手，蒋介石立时完蛋，好吧，权衡再三，给台湾一个安慰吧，一份《美台共同防御条约》就出炉了：台湾我罩的，我会支持并发展它，谁要想在西太平洋对我兄弟下手，我一定帮忙打架。

说是帮忙，中美彼此是有默契的，都知道如果发展到正面开打，对谁都没有好处，各让一步适可而止吧。美国下令，台湾撤出大陈岛，中国军队也收手暂时放过台湾本土。历史上这被称为第二次台海危机。

那份《美台共同防御条约》也许当时让台湾安心多了，不过根据条约，台湾进攻大陆也需要美国佬签字批准，这份条约在中美建交后的1979年被废止，大家都知道，条约存在的24年中，台湾并不是没有“光复大陆”的机会。

1958年8月23日，在福建沿海30公里的海岸上，解放军万炮齐发，攻击金门。怎么又发炮了？对北京政府来说，收复台湾不用理由更不用选日子，可这一年的夏天，真是好日子，因为美国的全部注意力被吸引到中东去了。

“8・23炮击”让美台好一阵手忙脚乱，美国政府急忙从中东调集舰队救急，甚至考虑对厦门实施原子弹打击。台湾有帮手，北京也有帮手，苏联老大哥当时还没跟咱们翻脸，所以在美国预备使用原子弹的问题上，只有苏联的回应能让他们收手：原子弹苏联也有，你吓唬谁呀？

随着美国的大炮、导弹陆续运抵金门，解放军想封锁金门的目的是难以实现了，中美相视一笑，今天到这里，改天再约吧！这是第三次台海危机。

1958年真是世界历史上比较热闹的年份，在毛泽东把全球目光拉到台海之前，中东是视线焦点。

因为建国晚，美利坚之前没机会掺和到关于耶路撒冷的各项神圣事业中去，“二战”后，特别想在中东把历史遗憾找回来。

美国公司很早就巨额投资中东的石油开采，随着石油的战略地位越来越高，石油巨头们就要求美国政府，一定要在中东控制住局面，不要影响生意。50年代初，看着伊朗的总理想把国内的石油公司收归国有，美国人恼了，出动中情局，将被总理放逐的国王找回家，重登大宝，建立一个独裁的君主制国家。石油公司虽然是保住了，只是民主的美国政府扶持了一个独裁的极权政府，不好自圆其说呀。

而在埃及，美国人就没控制住。战后，埃及人纳赛尔发动起义，推翻了旧君主，赶走了英国佬，成立了独立的埃及国家。

刚成立的埃及面临一个工程困局，就是尼罗河上英国人在19世纪末建立的阿斯旺大坝。它当初的设计已经远远不能满足需要，最好的解决办法就是在旧坝上游造新的。

阿斯旺大坝是世界级的工程，埃及新政府实在玩不起这么大的活儿。这时候美国人很客气地凑上来，上赶着要给埃及贷款。可到1956年，纳赛尔的政府承认了中华人民共和国，并且建交了，美国人很不爽，调皮！钱不给你了！

没钱，大坝也是要建的，纳赛尔决定，把苏伊士运河收回来，只要运河回家，埃及还愁钱吗？

英国人当年是含着热泪撤出了埃及，可对苏伊士运河没撒手，运河继续由英、法控制，埃及人收回运河，如同割英、法身上的肉。一听说埃及人打运河的主意，英、法立时炸了，邀上本就有仇的以色列，对埃及动武。

美国是想惩罚纳赛尔，可没预备翻脸。英、法、以色列都是美国的盟友小弟，这样子结伙打架，很容易把阿拉伯世界都推到苏联那边去了，而且苏联已经说了，它家预备在适当的时候加入干预一下。

如果苏联加入战局对英、法动手，根据北约的约定，美国不能不给英、法帮忙，那可真引发第三次世界大战了。

第三次世界大战终于没打起来，美、苏大佬都克制，美国出面批评了小弟，压服其撤军。趁美国调教小弟的工夫，苏联亲切地拉着纳赛尔的手，答应帮助他完成大坝的工程。从此，苏联和埃及相亲相爱了，埃及因为此战在阿拉伯世界地位大涨，微露领袖风范，此后就是对抗以色列的大哥了。

苏伊士运河战争，美国没有帮忙，让英、法，尤其是法国对美国有了芥蒂。美国也敏感到自己的权威受影响,为了巩固在中东的地位，1957年，艾森豪威尔向国会提出了关于中东的特别咨文，主要内容是：由国会授权总统动用2亿美元给中东国家以经济和军事援助；总统有权应这些国家的请求提供武力援助，只要这些国家面临“国际共产主义控制的任何国家的武装侵略”。这一条，我们称之为“艾森豪威尔主义”。

有了“主义”，处理事情就简单了。黎巴嫩的总统是个亲美派，支持“艾森豪威尔主义”，但他的民众却是埃及纳赛尔的信徒，上街游行让总统下课。黎巴嫩总统一求救，美国的舰队就赶到现场，5000海军陆战队队员在贝鲁特海岸登陆。

中国炮轰金门，就发生在这个节骨眼儿上。毛泽东其实是在声援黎巴嫩的革命行动呢。

黎巴嫩局势危机了三个月，中立派的新总统被选出来，稳定了局势。既然美国扶持的旧总统没得手，就说明，美国这次入侵，貌似作用并不大，最后只好自行撤出。

光顾着到东半球开展业务了，自己的西半球都顾不上了。根据门罗主义，美国人的援助和支持，首先关照的必须是拉美地区呀，现在美国人的心思都去了别处，可他们的公司在南美地区还攫取着资源，享受各种特权，凭啥呀？

古巴——美利坚的近邻，在这个邻里位置上，是最不容易脱离美国实现独立的国家。而就是这个美国认为自己控制起来毫无压力的小邻居，给了老山姆一记响亮的耳光。

古巴的政府本来是美国扶持的，很配合，古巴的经济发展迅速，美国在此有不少企业，控制岛上大部分的资源。

1957年，世界历史数一数二的英雄人物卡斯特罗崛起了，他向美国控制的政权发起了挑战，并在两年后成立了新政府。

美国人真喜欢卡斯特罗呀，这哥们儿硬朗有型，如能为美国所用，比以前那个废物省心多了。能被人所用的，就不算真英雄了。卡斯特罗发动了土改，要没收外国公司的资产，收回被外方占据的资源。更要命的是，卡斯特罗很快表现出，他是一位热诚的共产分子，跟苏联对上了眼，没经过眉来眼去就如胶似漆了。

贸易制裁没收到效果，艾森豪威尔使出了最后一招，跟古巴断绝外交关系，并由此时起，美国欢迎所有的古巴流亡分子，并交给CIA严格训练，美国政府下定决心，早晚必收复古巴!

环球这么多事，说到根源，还是美、苏之间的对抗。也许艾克政府还很强硬，但赫鲁晓夫却比斯大林柔和开放多了，赫鲁晓夫要求去美国串个门，美苏首脑面对面试试能不能改善关系。

赫鲁晓夫如愿到美国旅游，感触颇多，就对艾克说“我们约会吧，去巴黎”，美苏决定召开巴黎峰会而后艾克回访苏联。

美国人辜负了赫鲁晓夫的深情，1960年5月，就在巴黎峰会之前的15天，一架U2的高空侦察机被苏联人击落，U2这么高级的飞行器，自然是美国人的，他家不久前在巴基斯坦白沙瓦建立了一个基地，专为起飞这种高空侦察机，到苏联境内搞间谍活动。

苏联人也不是不知道，美国的U2在苏联的天空搞鬼，可这侦察机实在飞得太高了，苏联的战机够不着这个高度，无从拦截，无奈的苏联人只有发射导弹，终于打下来一架。

美国人拒不承认派出过间谍飞机，只是飞行员还健在，人赃俱获，不承认也不行。艾克作为一个老军爷，坚决不跟苏联人道歉。于是，事先说好的美苏峰会取消了，本来约好的艾克苏联游，也不准他去了。难得的和解机会被导弹打散，美苏的关系如U2般坠落，降至冰点。

有人说，苏联早就知道U2在空中乱飞，怎么早不打晚不打，偏偏就在美苏峰会前打下来一架呢？其实关于峰会的结果，赫鲁晓夫根本是悲观的，国内国外的各种压力，都不允许他交好美国佬，此时打下飞机，让峰会黄了，也许是他无奈的选择。

欧亚非拉美都说到了吧，美国非要担负的这项“全球责任”，任务可真重。杜勒斯成为艾克的国务卿时，已经65岁了，这么复杂诡谲的国际局势中，就看见这老头的飞机在满世界乱窜。他的辛苦没有白费，整个艾克任期，艾克干了什么不知道，所有的事，大家似乎都在关注杜勒斯的动作。担任总统的时候，老艾克也63岁了，也就是说，两个加起来130岁的老人家，主持着全世界的各种事务，比起养生、跳广场舞、逗小孙子，这到底算是骄傲的晚年还是悲惨的晚年呢？

四十七　肯尼迪家的美国梦

拼爹是王道

进入60年代，世界整体有点儿躁动，突然年轻人就觉得压力山大，突然就质疑自己周遭的环境。美国也躁动，对外，自以为是世界头号大国，要对全世界的“安全”负责，可那个叫苏联的大家伙也很强大，而且似乎更强大，美国的控制地位总是在岌岌可危中；对内，经济高速发展并没有让底层百姓明显受益，贫富之间日益拉开的差距，是继续发展的隐患；除了穷人不高兴，黑人更不高兴，他们终于忍够了，开始用各种手段争取自己的权益和地位，黑白关系空前紧张，社会气氛很不和谐。

这是需要激情冲动的60年代，是需要改革和发展的60年代，这绝对不应该是由老人家主导的时代，所以，1960年大选，两党都默契地选择了正当壮年的候选人。共和党的候选人是艾克的副总统，47岁的尼克松，民主党精心推出了43岁的约翰·肯尼迪。

这对候选人，不仅年龄相当，经历也相当，都是爱尔兰后裔，都曾在海军服役，都是非常激进的反共分子。应该说，这两位在国会上升得很快，都得益于对当时盛行的麦卡锡主义的积极配合。

艾克的政府没什么硬伤，尼克松做了8年副总统，而且年龄多少大一点，似乎显得更靠谱，但，这次大选，重要的不是拼候选人的实力，而是拼爹。

尼克松他爹是谁？不知道，也不重要。可约翰·肯尼迪的爹，可不是普通人，他大号叫约瑟夫·P.乔·肯尼迪，江湖人称“乔老爹”。

第一代肯尼迪1848年从爱尔兰来到波士顿。不管这个家族后来如何显赫，初入波士顿，肯尼迪不过是个打工仔，而且因病壮年早逝。第二代肯尼迪从码头搬运工起步，赚了点钱后，成为小酒馆老板。对政治的热衷可能是携带在肯尼迪家族的基因里的，虽然只是个小老板，也开始混迹政坛，还通过跟富家女的通婚，超越了自己的出身，不仅有了钱，还有了像样的地位。第三代肯尼迪就是乔老爹了。他可是以“富二代”的身份降生的，他的人生轨迹肯定是经过周密安排，他是哈佛大学的毕业生。

乔老爹当然也想从政，他看得清楚，在美国，玩政治第一离不开钱。酒店挣钱有限，必须混入金融界才来钱快呢。乔老爹也拼爹呀，他爹真就让他进入一家银行成为董事，乔老爹很快就以美国最年轻的银行董事自居了，那时候他要开微博，肯定是个相当嘚瑟的大V。

肯尼迪家的第一谜团就是乔老爹的巨额财富来源，他既然是来自金融业，主营业务也许是放债，其他还有股票投机、造船等，传言他还有黑道生意，跟黑手党有大量的业务往来。总而言之一句话：乔老爹发家发得不明不白。

手头宽绰了，为了儿女的前途，乔老爹举家从波士顿迁入了纽约，并计划投资一门更大的生意。

中国战国末期有个跟乔老爹一样成功的商人，叫吕不韦，他就领悟到，找到合适的人，扶持他成为一国之君，是这个世界上收益最高的生意。他发现在赵国当人质的秦王子子楚是一件好货，可以囤积居奇，在他的操作下，子楚终于成为秦王，还生下了秦始皇。

乔老爹也发现了自己的“奇货”，名字叫富兰克林·罗斯福。

罗斯福成功入主白宫，肯定要依靠各路投机客的金钱支持。乔老爹虽然钱没少花，收益却比吕不韦差远了，罗斯福只答谢他一个驻英大使。

驻英大使的位置不算很牛，可对乔老爹来说，意义不一样。来自爱尔兰的肯尼迪家族，是罗马天主教徒！欧洲基督教世界的历史纠葛，老杨已经在欧洲几家的故事里讲不少了，大家应该知道爱尔兰的天主教徒对英国人意味着什么。

遗憾的是乔老爹在政治上的野心和他的能力不太配套，当了三年的驻英大使，他就被召回国了，并没有其他的职位安排，乔老爹的仕途，似乎就这样偃旗息鼓了。

乔老爹不光会赚钱，他还会生孩子，有四个儿子五个女儿。乔老爹感觉自己在政治上没戏，就把全部希望寄托在儿子身上，四个儿子，基数大，成功的概率应该很高。

大儿子也叫约瑟夫，各方面都很优秀，本是乔老爹重点栽培的对象。为了给儿子的资历上添上重要的一笔——军功，小约瑟夫从军成为飞行员，表现骁勇，可惜，在大战中牺牲了。

家族的政治理想落在老二约翰身上。约翰的问题在于，他身体非常差。3岁时得了猩红热，13岁时得了一种叫爱迪生氏症的疑难杂症，原发性的肾上腺功能不足，一辈子免疫力低下，不能中断注射类固醇类的药物，实在不能算是正常的人。

在以选举为主要入仕途径的美国，约翰这样的病人打打悲情牌加上老爸的金钱，进国会是可能的。但乔老爹的目标不是参议员的爹，他的终极目标是总统的爹。一个身体羸弱，离不开医生的人，想搬去白宫住，听起来就有点难。当初以罗斯福总统那样高的声望，他也需要尽力掩盖自己身有残疾的真相。

乔老爹决定把约翰的健康状况当秘密掩饰住，这一点他有经验。他的大女儿，约翰的大妹妹，天生弱智，为了怕给家族丢人，乔老爹就一直把她藏匿，后来甚至让她做了前脑叶白质的切除手术。本来肯尼迪家的大小姐仅仅是弱智，手术后，她几乎谈不上任何智力了，在医院里度过了漫长的余生。

能把健康状况掩饰好，剩下的事按部就班。

首先是一张哈佛的文凭。约翰比一般的哈佛生毕业时风光多了，他的毕业论文被整理成书，命名为《英国为什么沉睡》出版，居然一问世就成了畅销书，让约翰先奠定了一个作家的基础。

出版和成为畅销书肯定是乔老爹砸钱的结果，而这本“畅销书”到底是不是约翰本人写的，是不是乔老爹找人代笔，也被很多人质疑。鉴于老爸帮忙代笔的事，到今天都是说不清楚的迷案，肯尼迪肯定也无法“自证清白”，我们也就不执着于真相了。

战争爆发，肯尼迪家的子弟必须火线镀金，约翰在太平洋战场上了鱼雷艇。他的表现比乔老爹要求得还好。鱼雷艇被日军攻击后沉没，约翰积极救人，成了美国媒体竞相报道的大英雄，还获得了紫心勋章。相信战中，这类抢救战友的事应该不少，约翰被铺天盖地地报道，还是因为老爸帮忙啊。

“二战”结束，乔老爹为约翰累积的资源足够他出征了。随后的12年，约翰从众议院到参议院，在政坛冉冉上升，终于在1960年，代表民主党成为候选人，走到了白宫的大门口。

即使有老爹雄厚的财力和他布下的资源人脉，约翰也并不是没有软肋。第一是年轻，史上还没有这么年轻的总统，靠谱吗？第二，最不能逾越的问题，肯尼迪家族的天主教信仰。都知道美国是怎么起源的吧，天主教在美国地位总有点尴尬。史上这么多美国人参选过美国总统了，在约翰之前，信罗马天主教的也就一位。

有软肋也有优势。约翰是个高富帅，风度翩翩谈吐得体，作为肯尼迪家族的“太子爷”，有范儿有气场，到哪都不露怯。

当时的美国社会，电视机已经不算稀罕物了。1939年，美国人在英国发明家贝尔德的研究基础上，推出了第一台黑白电视机，1954年，彩色电视机也问世了。到1960年，全美88%的家庭，都有一台电视机。电视节目对美国观众的“洗脑”作用，已经挺明显的了。这次选举，候选人之间的辩论进入一个新纪元，他们上电视直播，当着全国选民的面吵架。

乔老爹对媒体的控制驾轻就熟，不管是时政节目还是娱乐节目，都要求人物养眼。在摄像化妆方面下点功夫，男神和屌丝都能自由转换，更何况，约翰的底子就比尼克松强，两人一亮相，谁管他们吵什么啊，约翰指点江山，逸兴横飞，那个叫尼克松的就是个灰秃秃的背景啊。

1960年的选举，是美国选举史上得票差距最小的一届，肯尼迪赢得并不光彩，因为到今天还有人说，这次选举，乔老爹不仅操弄了外围，也操弄了选票，通过各种明暗不一的手段，终于将儿子送入白宫，肯尼迪家的美国梦终于实现了。

我有一个梦

肯尼迪家的美梦是成真了，作为总统的约翰，他以后的任务是帮更多的人圆梦。

贫困问题是肯尼迪最先关注的，其中包括医保、教育、就业等内容，可当年的肯尼迪跟现在的奥巴马一样，他的美好理想要受到国会限制，要受到政府财政赤字的限制。肯尼迪任内，已经将改善贫困上升到政府必须面对解决的问题，但改良的收效并不大。

穷人再穷，只要是白人，还能安慰自己，我们就算不错了，总算没托生为黑人。是，这时的美国，黑人的日子更不好过。

宪法第十五修正案给予黑人投票权，此后的美国总统候选人，偶尔必须把黑人的权益放在心上。

前面说过，白人对待被解放黑人的办法就是惹不起躲得起，我跟你隔离，别挨得太近。公立中学里，有白人的孩子，就不能接受黑孩子了。

1954年联邦法院在判决一次黑人案件后，取消了公立中学中关于种族隔离的限制。

1957年，在阿肯色州的首府小石城，有9名黑人被同意进入中央高中就读。开学时，该州的州长居然出动了国民警卫队，封锁学校，不准黑人学生进入。政府部门都这么狠，其他白人同学的态度更加可以想象了。局面迫使法院出面调解，州长撤出了国民警卫队，所有白人的怨气被激发了，他们开始制造暴乱，最后发展到，艾克总统出动了美国军队的精英——一〇一空降师1000人占领了小石城，控制国民警卫队，才让9个黑孩子进入学校。

上个学惊动了军队打“内战”，大家可以想象一下，这9个黑人学生当时的压力，更可以想象，他们入学后的处境，在这种压力下，还能坚持上学，这9个孩子真是好样的，值得所有一上课就想逃学的孩子们学习。

小石城事件中，这9个孩子坚定地走入学校，标志着黑人对他们处境的抗争正式开始了，黑人们需要一位能代表他们的领袖。

马丁·路德·金，出生于亚特兰大的牧师家庭，聪明好学，获得了神学的博士学位，如此我们就可以将他尊称为金博士，以防止好多读者总觉得这位老兄是不是去德国主导过宗教改革。

金博士取得博士学位那一年，亚拉巴马州蒙特马利市有位黑人女士，因为在公车上拒绝向白人让座，第二天居然被拘留了。

为了抗议，金博士组织人们抵制公共汽车，381天的抗争，联邦法院裁决亚拉巴马州违宪，公车限制被废除。

违宪对亚拉巴马州不算大事，大家应该还记得，在南北战争中，亚拉巴马州的蒙特马利市曾经是南方邦联国的首府。这地方的白人大哥们，是宁可跟联邦血拼散伙都不能接受黑人获得正常地位的，所以，黑白抗争的很多著名事件都发生在这里。

金博士已经预备将黑人的人权事业作为职业了，他也必须找地方进修一下。他去了印度，知道了拉·甘地，也知道了“非暴力”这种抗争方式。回到美国，他为美国的黑人也定下了非暴力的基调。

不管黑人暴力不暴力，南方白人是预备暴力镇压黑人运动的。1963年，在亚拉巴马州的伯明翰市，金博士发起了一系列游行示威，伯明翰的警察局长亲自督阵，率领警察驱散示威者，使用了警犬、催泪弹、电网和消防水龙头。示威队伍里有不少孩子，这些冲突都被当时的电视转播曝光。

亚拉巴马州的州长更疯狂（他本来就是因为疯狂当选的），他叫嚣要站在大学门口，阻拦任何黑人学生入校。美国的首席检察长，带着法警出面，才让这个疯子找回理智。但在当天，美国有色人种协会的一位官员被杀。

1963年8月28日，金博士在首都华盛顿组织游行，吸引了超过20万人追随。在林肯纪念堂前，金博士发表了人类历史上最著名的一个演讲：I have a dream——我有一个梦。演讲的后半部分，金博士用了一串以“I have a dream”开头的排比句，激昂动情，现场欢呼声排山倒海，直冲云霄。

肯尼迪总统对黑人是有点同情的。他大选时，曾帮助被羁押的金博士获释（民权运动分子，入狱是家常便饭），因此，他也获得了不少黑人选票。在这个著名演讲之前，肯尼迪总统已经提出放宽美国《民权法案》的要求，而这次的演讲，如果不是肯尼迪默许支持，想必金博士也不能在首都中心组织这么大的群体活动。

不幸的是，肯尼迪注定不是那位可以跟《民权法案》一起名留青史的人，在金博士演讲三个月后，肯尼迪遇刺身亡，好多事都壮心未已。

好在对《民权法案》的修正已经箭在弦上，肯尼迪的遇刺成为国会一种必须妥协的压力。1964年，美国历史上最完整的《民权法案》获得通过，该法案立法要求消除各地各行业存在的种族歧视和种族隔离。

固执坚硬的南方从来是上有政策下有对策的。1870年，黑人获得投票权后，南方政府就是通过自己在州权上的自主，为黑人选举设置了大量门槛，比如文化程度、财产状况，甚至有的地方要求，只有祖父有投票权的，本人才能获得投票权。试想哪个黑人的祖父不是奴隶呀？

所以，即使黑人法案通过，金博士还要关注南方黑人的选举权，因为他知道，只有南方黑人真正可以投票，南方的政客才不敢公开使劲欺负黑人了。又是一轮示威游行，黑白冲突，迫使《选举法案》出台。

争取了选举权，还要争取改善黑人的经济状况，还要斗争。

常在河边走，哪有不湿鞋的。对顽固的白人来说，金博士是眼中钉肉中刺，在他的战斗生涯中，收获的各种威胁无数，最后一次终于成真。

1968年4月4日，金博士被自动步枪射杀。那前后，被射杀的名人真不少。

金博士是大腕，但美国黑人有今天的地位，绝非金博士一人之功。金博士号召非暴力运动，面对白人的暴力时，黑人能忍住吗？

马尔科姆·X，好多姓马的都是穆斯林，这位马先生也是。马先生属于浪子回头改邪归正的好青年，虽然年轻时有过荒唐，但出狱后脱胎换骨，成为一个高尚的人，纯粹的人，立志为社会进步贡献自己力量的人。

马先生的思路认为，黑人对白人，不是要求地位平等的抗争，而是黑人本来就比白人强，黑人不要将自己的命运寄托在白人身上，黑人要主导自己的命运，约束自己，要比白人更优秀。马先生认为他本来的姓氏来自奴隶时代，是耻辱，所以为自己改姓“X”，纪念黑人祖先来自非洲的不知道是什么的姓氏。

在底特律，黑人穆斯林组建了自己的“伊斯兰国”，马先生善于表达，有鼓动能力，很快成为这支运动的中枢。

当然，他也是招人恨的，1965年，在纽约，遇刺身亡。

也许大家对马先生不是很熟悉，但在黑人的抗争史上，他拥有跟金博士差不多的地位。

马先生其实没提倡暴力，他的中心思想是，黑人遇到暴力，不要逆来顺受，要自卫性反抗，基本还算是柔和的。在他死后，更激烈的黑人团体出现了，他们是黑豹党。

黑豹党是个准军事组织，既然有枪杆子了，那他们的斗争就带着革命性了。黑豹党人心中有一个指引他们道路的红太阳，那就是东方的毛泽东。

60年代的气氛中，毛泽东思想是闪着金色光芒的，很多欧美的青年都是毛泽东的拥趸。著名粉丝团黑豹党则是通过向学生们贩卖红宝书——《毛主席语录》来筹集经费的。

我们对美国黑人能理解毛泽东思想不抱任何幻想，但对他们来说，知道核心概念就行了：枪杆子里面出政权。于是黑豹党喜欢举着枪杆子炫耀武力，美国警察自然没有不处理他们的道理。

所有这些黑人兄弟的抗争，不管手段对错，过程是不是值得探讨，结局还是成功的，既然现在的美国总统都是黑人了，他们的斗争价值就不用多说了。现在美国社会对黑人或者有色人种的歧视依然存在，但相信，越来越多的有色人种会实现他们的美国梦。

古巴噩梦

肯尼迪任期内，努力让很多人实现美国梦，总统自己的美国梦是什么呢？肯尼迪年轻时就知道，自己早晚是总统，他就算对自己没信心，他对老爸还是有信心的。如今，年纪轻轻就入主白宫，下一步，他梦什么？

当然是维持一个强大的美帝国，并让其继续上升。这样一个预备引导全世界的帝国，如果连邻居都搞不定，未免丢人。肯尼迪只拥有可怜的三年任期，我敢说，这三年，他朝思暮想最闹心的事，就是消灭卡斯特罗，将古巴收回美利坚的羽翼下。

美国的古巴梦以CIA（中央情报局）为中心。卡斯特罗上台后，很多跟他理念不合的古巴人逃出国境流亡，最好的庇护所，就是美国。

选那些下定决心要推翻共产政权的强硬分子，CIA训练他们，把他们打造成一支复国战队。

CIA应该没和卡斯特罗的军队正面战斗过，但他们就坚信自己调教出来的流亡分子，可以打回古巴去，肯尼迪也跟着信了。

1961年4月17日，1000多名流亡分子在古巴的猪湾登陆。流亡分子是流亡分子，美国人公然加入，那就变成侵略了。美国派出几架战机远远地在空中转圈掠阵，配合流亡分子行动。

倒不是美国人托大，用1000多人的军队叫板卡斯特罗。美国人是高估了美国在古巴的地位，他们还以为，只要流亡分子一登陆，就会受到各界欢迎，而后引发针对卡斯特罗的大规模暴乱。

猪湾这场好戏，上演了两天，古巴国内没乱，卡斯特罗的军队更不乱，几乎是不费力气就解决了这小股盲流。1000多人被俘虏，美国人手忙脚乱救走了50个。

回首往事，美国承认惨败，原因还是当时的总统年轻没经验哪，这时年近九十的卡斯特罗叼着雪茄轻蔑一笑："猪湾那年，老夫才34岁！"

肯尼迪对卡斯特罗的恨绝对比不上对苏联的恨，因为如果不是苏联的援助和撑腰，小古巴不敢这么犯浑。作为一个激进的反共分子，肯尼迪跟赫鲁晓夫就算是见面，也没有好好说话的机会。

对赫鲁晓夫来说，古巴算什么，西柏林还在美国控制下，好多东德的人撒丫子向西柏林跑，警告无效。气急败坏的赫鲁晓夫只能下令，砌墙，把东西柏林彻底分割，柏林墙在某一天突然就耸立起来了。

古巴的事加柏林墙的事，对肯尼迪、赫鲁晓夫和卡斯特罗来说，都是一个考验，在极大的对抗压力下，情商不高的人，容易失控。

1962年10月，肯尼迪收到了确凿的证据，苏联正偷偷摸摸地在古巴部署核导弹，配套的42000名苏联军队和技师已经陆续到达，根据谍报，苏联要求在12月份，完成50枚战略导弹的部署，这些导弹一旦启动，17分钟内，可以摧毁美国本土主要防御。

这个消息比日军炸了珍珠港吓人多了，年轻的总统几乎可以说是当场吓傻。如果全世界当时都知道这个消息，了解到这意味着什么，都会被吓傻：苏联真要启动导弹袭击，美国必然还手，北约会在欧洲打击多个目标，那不仅是第三次世界大战，还是一场全球核战。

这是人类历史上离毁灭最近的一个瞬间，好在，年轻的肯尼迪，比赫鲁晓夫这个冒失鬼冷静。

在权衡了各种处理方式后，总统向全世界公布了这个情况，在国际上取得了支持，随后，用比较柔和的办法，下令封锁了古巴的海域，不准苏联船只进入；要求苏联赶紧把自家的东西拆走，否则美国有进一步的行动。

在加勒比海上，封锁古巴的美国战舰遭遇了苏联的舰只，可能一个眼神不对就能引爆战局，幸好，冲动的赫鲁晓夫找回了理智，他答应了美国人的条件，拆掉导弹走人。

美苏共同的隐忍让地球恢复了平静，可这两位大哥都没照顾卡斯特罗的情绪。按卡斯特罗后来的说法，他本人并没有主动要求赫鲁晓夫在古巴部署导弹，但既然老大哥盛意拳拳，也是替自己出头，他心存感激。虽然担心过会是玉石俱焚的结局，他也下定决心跟苏联共进退，因为“归根到底它是个荣誉的问题”（荣誉问题说到底就是面子问题）。

苏联人说来就来，卡斯特罗稀里糊涂就被支在导弹架上了，当卡斯特罗咬牙抱了舍命酬知己之心时，老大哥说撤就撤了，卡斯特罗直接摔地上，非常丢人。卡斯特罗很生气，苏联还要忙着安抚，赫鲁晓夫这一轮冲动落得两头不到岸，里外不是人。

赫鲁晓夫不是无缘无故就找回了理智，他还是从美国那里获得了他需要的让步。美国人被迫撤走了部署在土耳其的导弹；苏联的42000人一直留在古巴，没有撤走，以后就专门训练古巴的军队，事后证明，苏联训练出来的古巴人，比中情局训出来的古巴人，战力强多了。肯尼迪还向赫鲁晓夫保证，以后训练流亡分子打回古巴的事，不会再发生了。

卡斯特罗虽然委屈，可他的确成为这次危机某种意义上的受益者，他对抗强权的形象骤然高大，成为共产主义阵营的新偶像，获得了巨大的荣誉（面子）。而不论是赫鲁晓夫和肯尼迪都想不到，这个古巴刺头会看到他们无法想象的风景：一位黑人成为美国总统和强大的苏维埃政权轰然解体！

总统收复古巴的美国梦，看来是个噩梦。但他将世界从史上最大的危机中解救出来，算是个英雄，纵然古巴还是落在共产分子手里，但美国人民对肯尼迪的爱戴和支持却增长了，爱他足以害死他？

肯尼迪诅咒

虽然肯尼迪总统生涯只有三年，但因为这位帅哥总统的私生活活色生香，所以，他的任期可以算是美国历史上最香艳的一章，《世界历史有一套》是世界上最俗的历史书，这样的故事，那必须是要好好爆一爆的。

香艳故事都有小三，先要把正室请出来安慰一下。

跟其他哀怨弃妇黄脸婆不同，肯尼迪的正妻，绝对是人类历史上所有女人中的佼佼者之一，如果要给精致优雅的女人做个排行榜，杰奎琳・鲍威尔应该可以排名前20。

肯尼迪自己也必须承认，老婆绝对不是糟糠，因为杰奎琳是乔老爹亲手为儿子选择的配偶，根据乔老爹的野心，这个儿媳妇在各方面都一定要能提亮儿子前途的。

杰奎琳并没有钱，她来自没落家庭，父亲在大萧条时期失去所有的财产。父母离婚后，母亲虽然改嫁一位大亨，但继父并没给杰奎琳她应得的公主生活，1951年，杰奎琳在华盛顿大学取得艺术学位后，还是要找工作维持生计。

家庭没落了，杰奎琳却是富养长大的女孩儿，她的气质优雅而文艺，可能是来自于她身上四分之一的法国血统。

都说是杰奎琳先迷上肯尼迪，而后用尽手段倒追了这位美国最有前途的男人。也有人说是乔老爹见过杰奎琳后，几乎是命令约翰迎娶了她。事实证明乔老爹慧眼识珠，杰奎琳真是送给美国人的一份礼物。

跟之前几位影响力比较大的第一夫人不同，杰奎琳不关心政治，她有点小女人。一搬进白宫，她就发现，这大屋子实在是寒碜。杰奎琳游历过欧洲，对于白金汉宫或者凡尔赛宫这些地方，她肯定是欣赏过的。就算白宫不是皇宫，可稍微有点品位有点生活质量的人家，屋里总要有些古董字画吧，白宫清白得像初等公务员的办公室。

杰奎琳搬家后第一件事就是发起成立了一个委员会，专为装修白宫筹款，并收集那些源自美国的艺术品，经过严格筛选进入白宫的家具和字画，立即让这栋有点年头的老房子焕发了新的生机，怎么说呢，它看起来像是杰奎琳这样一位女主人的家了。

能收拾家，更要能带出去。杰奎琳绝对是那个时段，最拿得出手的第一夫人，跟随总统出访的旅途上，全世界好多政要为她倾倒，其中还包括法国的戴高乐总统。

为什么特地点名戴高乐呢？因为他是法国男人。不管美利坚多么强势发达，在西欧老牌帝国看来，不过是土豪。法国人、英国人、奥地利人等还是觉得，新大陆上那些乡巴佬脚跟上的泥巴还没洗干净呢。

杰奎琳的出现改变了欧洲人对美国人的看法，这个美国女人从头到脚一丝不苟地精致，她的自信高雅仿佛她代表的是一个有悠远历史的皇室。不要小看第一夫人的魅力指标，说杰奎琳直接提升了美国的国家形象，绝对不过分，所以中国现在也全力打造能提升中国人形象的第一夫人。

遗憾的是，世上最成功的第一夫人主持白宫的日子实在太短暂了。

1963年11月22日，为了给来年的竞选预热，总统伉俪到访得克萨斯州的达拉斯市。尽管历史上已经有几位总统或总统获选人遭遇不幸，可在恐怖分子没有成为热门话题的时代，对美国总统的安保工作，马虎得可怜。

12点35分，车队经过榆树街，随着三声枪响，肯尼迪倒在杰奎琳怀中，颈部和头部血流如注。一个狙击手在得克萨斯州教科书仓库大楼的六楼上刺杀了美国总统，三发子弹都没有落空，两发击中肯尼迪，一发打伤了得州州长。

中午1点，肯尼迪被宣布死亡。一个半小时后，达拉斯警察就抓获了枪手，他是一个24岁的前海军陆战队战士，神枪手——李·哈维·奥斯瓦尔德（简称小李）。小李是美国军人，狂热地向往苏联，后来终于让他到了苏联并成为公民。在苏联成家立室两年后，小李又跑回美国，一门心思要为共产主义事业而献身，在达拉斯教科书大楼找到工作没多久，他就成功地刺杀了美国总统。

小李到底是激情犯罪还是受人指使，是个亘古的谜，如果他落在有关部门手里，慢慢审总能问出究竟，只是他没机会受审。两天后，在他预备被转移到其他地方时，一个夜总会老板，杰克·鲁比，居然大大方方地走进达拉斯警察局的大楼，掏出手枪，当着一屋子警察的面，打死了小李。小李被递解的过程，电视现场转播，鲁比在警察局杀人的画面也被大部分美国人目睹，这应该是史上杀人场面的第一次现场直播。

鲁比说，他是为了他敬爱的总统报仇。至于一个夜总会的老板为何能携带武器自由进出警察局，达拉斯的警察需要开个民主生活会来自我批评一下了。

每个人都认为，鲁比的行为很可能是为杀人灭口，但他拒不交代，坦然接受了终身监禁。鲁比后来因为癌症死于狱中，死前他认定是有人下毒导致他得了绝症。

失去丈夫，是杰奎琳这一年的第二个打击，三个月前，她刚刚失去了小儿子。如果杰奎琳知道，她嫁入肯尼迪家族就要与肯尼迪家族的子弟一起承受一个莫名的诅咒，不知道她还敢不敢走进这家门，并为这个家族繁衍后代。

在肯尼迪死后第五年，弟弟罗伯特（乔老爹的三儿子）再次来到白宫大门前。而就在这时，他被暗杀了。

又过了一年，1969年，四公子爱德华必须接过哥哥们的大旗，继续向白宫挺进，他很有希望在1972年参加大选。就在当年，爱德华带着金发的女秘书开车落水，爱德华逃出来，女秘书不幸身亡。为了掩饰这个事件，爱德华做了不少手脚，被披露后，名誉尽毁，失去了角逐总统大位的资格。

乔老爹的儿子都玩完了，只看孙子了。罗伯特倒是有三个儿子，有两个吸毒，其中一个还吸毒致死。不吸毒的那个，在瑞士滑雪意外身亡。

最后，肯尼迪家族的直系男丁就剩下肯尼迪和杰奎琳的独子，小约翰·肯尼迪。他比老爸更帅更神气，健康阳光有希望，承载着肯尼迪家族的全部梦想。有一张著名的传世老照片，肯尼迪的葬礼，三岁的小约翰向父亲的灵柩敬礼，让好多人泪如雨下。他是肯尼迪家族的又一位受万众瞩目的王子，可在1999年，小约翰乘坐私人飞机时，坠海身亡。

四公子爱德华倒是在2009年才去世，但不算善终，他死于脑癌。

这么多的离奇死亡，让人不得不怀疑，这个显赫的家族是不是受到了诅咒。有人说，乔老爹发家发得不清不楚，很可能是将灵魂出卖给了撒旦。

如今肯尼迪家族最有希望的政治人物就是肯尼迪总统夫妇的长女，全美的“宝贝”，卡罗琳·肯尼迪。作为肯尼迪家族形象最好的公主，在父亲和弟弟惨死后，她似乎应该背起家族的责任。2008年，卡罗琳表示出对政治的兴趣，民主党内当然不会放过对资质好的新星的培养。2013年底，卡罗琳被任命为驻日大使，且看肯尼迪小姐能不能延续家族的辉煌。

而乔老爹的外孙女婿阿诺·斯瓦辛格，可能是因为他不是肯尼迪家嫡系，所以没受诅咒之苦，身强力壮大块头，当完明星当州长，州长卸任又当明星，年近七十还跟另一个老头史泰龙混动作片。最近他号称要努力让美国修宪，使这位奥地利出身的终结者，有机会参选美国总统。难以想象，那时候他会老成啥样。

其实在1968年罗伯特遇刺时，杰奎琳就敏感到了“肯尼迪家族的诅咒”，她将孩子带离了美国，嫁给了希腊船王亚里士多德·奥纳西斯，不是所有的寡妇，都还有本钱能嫁给一位世界顶级富豪。

杰奎琳这次改嫁让她的形象很受损，高贵优雅的第一夫人，是为了钱委身那个外国老头吗?

外界不看好，实际上也不好，第二次婚姻不算幸福，好在时间也不长，7年后，船王死去，根据婚前协议，杰奎琳没有得到船王的遗产。后来，杰奎琳进入一家出版社成为文学编辑，1994年，64岁的杰奎琳在纽约死于淋巴癌。

如同其他红颜一样，杰奎琳是薄命的，回顾她的一生，幼时父母离异，家道陨落，失去儿子，成为寡妇，而且还是两次成为寡妇，犯恶疾而终。她几乎遭遇了一个女人害怕遇上的所有不幸。哦！还漏了一件，女人最大的不幸，嫁给一个不忠的丈夫，每天生活在背叛中。

玛丽莲·梦露

肯尼迪任期虽短，但形象大好。他突然遇害，全美都陷入悲痛。肯尼迪的葬礼是当时极重大的国际事件，92个国家的代表团到访。美国人当天守着电视机看了10个小时的实况转播。为了纪念他，很多地名改成了肯尼迪，比如肯尼迪角、肯尼迪中心、肯尼迪机场、肯尼迪大道等。财政部还铸造了5000枚肯尼迪头像的硬币，都被大家用于收藏了。

中国人对一位政治人物的爱戴，总是以他没有污点，操行完美为标准的，欧美的政治首脑似乎没被要求那么高，尤其是一位43岁年富力强的英俊总统，他私生活丰富点儿，还能加分。

直白地问吧，肯尼迪有多少情妇？没有人知道，甚至有人说，比白宫的房间多！白宫有大小150个房间！

内容比较劲爆的，第一个要介绍朱迪丝·坎贝尔。

朱迪丝小姐之前，要特别提一下，当时美国娱乐圈的大腕，天皇巨星弗兰克·辛纳屈。这位跨界巨星能演能唱，三次斩获奥斯卡奖，在20世纪的娱乐明星排行榜上，他应该是可以跟猫王或者披头士比肩的人物。他不仅是一流的艺人，还是成功的老板，有自己的电视节目和唱片公司。

辛纳屈1998年去世后，美国出版了这位巨星的传记，其中，有他跟肯尼迪交往的故事。

肯尼迪还不是总统那会儿，两人就是好友。1960年，辛纳屈在拉斯维加斯演出，参议员肯尼迪前往捧场，通过辛纳屈的介绍，认识了朱迪丝小姐。

朱迪丝小姐看起来天真纯情，背景却很吓人，她居然是黑手党芝加哥的大哥——萨姆·詹卡纳的“女朋友”。

全世界最知名的公开的黑社会组织——黑手党，起源于意大利，流传到北美后，在大萧条时期发展壮大。在很长一个历史时期内，黑手党和美国政府是一种暧昧的互相利用而又偶尔互相倾轧的组合，尤其在20世纪中期，黑手党的势力在美国是异常强大的，可以左右不少国家事务。

美国好莱坞拍了那么多优秀的电影，到现在为止，公认的最强作，就是系列电影《教父》。这是为什么呢？因为早年好莱坞几乎是黑手党控制的，拍自己的老板，当然是诚惶诚恐。而关于黑手党种种，《教父》电影是很好的了解教材。

辛纳屈是好莱坞巨星，他干吗要把自己老板的女朋友介绍给肯尼迪呢？詹卡纳是教父，教父眼光更远。前篇说到，有人怀疑，乔老爹发家，跟黑手党很有关系。黑道生意带给乔老爹多少经济效益不知道，但肯尼迪的竞选肯定是少不了黑手党大力支持。既然教父预备出手，首先当然是保证他能控制自己扶持的总统，将朱迪丝小姐放在肯尼迪身边是个卧底，随时跟教父通报情况。

肯尼迪也不傻，朱迪丝的背景，他多少知道点儿，成为总统后，他非常利落地断绝了跟朱迪丝的联系，同时，为了洗清自己跟黑手党那些甚嚣尘上的传闻，他在就任总统后，任命弟弟罗伯特为司法部长，对黑手党发动了一轮打击和清洗。

在60年代，一个外国人提到美国，首先想到的，肯定是两个标志物，一个是可口可乐，一个是玛丽莲·梦露。

现在的可口可乐是个胖罐子，它传世的经典形象应该是凹凸有致的棕色性感瓶子，而这个瓶子的三围比例号称全世界最美妙的女性三围，就是来自玛丽莲·梦露，每一个持有可口可乐瓶子的人，都可以感觉自己握住了玛丽莲·梦露的纤腰。

梦露原名诺玛，是一位精神分裂患者的私生女，精神病的妈妈几乎逼疯全家人，家自然被整散了。诺玛童年时进出过12个寄养家庭，还在孤儿院里待过21个月。16岁那年，诺玛不得不嫁给一个比她大很多的男人，以躲避再次进入孤儿院。

贫穷卑微的底层生活没有泯灭梦露天生的璀璨华光，她的美貌性感藏都藏不住，渐渐有人找她拍杂志照片。

1949年，为了挣50美元，诺玛拍摄了一组裸体照片。这些照片最后落在出版商休·海夫纳手里，他是著名杂志《花花公子》的创办人，于是诺玛的裸照就上了《花花公子》创刊号，诺玛是史上第一位花花公子女郎。

跟大部分女明星需要遭遇的潜规则一样，诺玛的上升之路，除了白天辛苦工作，还需要晚间的各种服务。

在1951年下半年，以玛丽莲·梦露这个艺名发展的诺玛，终于获得了福克斯的赏识和力捧。几部重要作品后，玛丽莲·梦露成为好莱坞乃至全世界的性感女神。1955年的《七年之痒》是当年票房最高的电影，其中有一幕，在深夜的大街上，梦露的白裙被吹起走光的镜头，几乎成为了好莱坞的标志。现在这个形象被铸成巨大雕塑摆放在美国的主要大街上，飞扬的裙裾在雨天成了行人避雨的好地方。

梦露在这时迎来了她的第二次婚姻，嫁给了棒球明星迪·马乔。在体育历史上，迪·马乔的名头，绝不低于梦露。迪·马乔是个保守的丈夫，他不能接受一个走性感路线的老婆，梦露此时已经不用为50元出卖自己的身体，可她还是喜欢给《花花公子》拍各种裸照，她的每一部影片主要的卖点，似乎还是“胸器”。

文体婚姻甚至没有持续一年，两人就离婚了。体育明星思想保守觉悟不高，就找个文化人吧，第三次婚姻，梦露嫁给了剧作家亚瑟·米勒。三年后，米勒可能是觉得做梦露的老公，不是一般男人能承担的工作，而且梦露的生活，也不是一个文人所能理解的。

传说就是在第三次婚姻前后，梦露认识了肯尼迪，根据野史对肯尼迪的描述，他是稍微体面点的女人都不会放过的，更何况是全球公认的性感尤物。

事实证明，肯尼迪喜欢女人完全出于身体本能需要，他谁也不爱，梦露可能梦想过成为第一夫人，肯尼迪和他的家族都不会给她这个机会。因为梦露和总统的关系不够保密，当时这两人的绯闻，甚至比古巴事件更让美国人关注。

肯尼迪对他弟弟罗伯特有种特别的爱护之情，什么东西都要和弟弟“分享”。在感觉总统对自己的冷淡后，梦露投入了罗伯特的怀抱。

跟其他所有小三一样，梦露的理想是被扶正，连体育明星和剧作家都不能忍受的女人，肯尼迪家族怎么可能接纳呢。梦露怀上了罗伯特的孩子，还威胁罗伯特，要将总统兄弟跟她的故事公开。

1962年5月，在麦迪逊广场花园举办了肯尼迪总统45岁生日晚会，当夜，梦露身穿一袭银光闪闪的紧身衣（这件著名“战袍”后来被佳士得以130万美元的天价拍卖），风情万种地演唱了一首《生日快乐，总统先生》。以梦露的气质，她就算低眉敛目也风骚入骨，更何况她穿那样的衣服还那样唱歌。现场气氛氤氲旖旎，围观的人群都在心里说，这女人要说跟总统没有一腿，鬼都不信！当天梦露的表现几乎是当众承认了和总统的特殊关系。

三个月后，梦露被发现裸死于她在洛杉矶的公寓里，死因是过量服用安眠药，那一年，她才36岁。

当时的尸检结论是自杀，后来FBI的揭秘资料又说是暗杀。梦露不过是个头脑单纯的女子，她将自己陷在一群政客中，沦为玩偶，还奢望爱情和结果，也是一位红颜薄命。

死后才知道谁最爱她。迪·马乔，这个多次要求复婚无果的前夫，漫长的岁月里定期地向梦露的墓地送上红玫瑰，对自己这位颇多故事和争议的前妻，迪·马乔高尚地选择了什么都不说，什么都不写。

并不是所有人都能守住秘密。几年前，一位66岁的老大妈写书爆料，说自己当年在白宫当实习生期间，成为肯尼迪的秘密情人，私情维持了18个月到肯尼迪遇刺身亡。

守了41年的秘密，一定要对得起出版商承诺的巨额版税。老大妈很有料，说当年肯尼迪曾让她跟朋友上床，还将她转赠过弟弟罗伯特。从那以后，白宫的女实习生成为美国政治的一个敏感词。

如果肯尼迪真有超过150名情妇，历史作者就累死了。对肯尼迪的研究中，有一个方向几乎是跟研究他的情妇一样热门的，那就是肯尼迪的死因。

小李是独立作案，为了他共产主义的信仰，鲁比也是独立作案，为了他爱国爱总统的信仰。为了信仰，激情犯案，就这么简单?

有愿意出大钱的出版商，就一定有愿意揭秘的当事人。比较著名的是黑手党方面的爆料，承认肯尼迪总统和他弟弟罗伯特都是死于黑手党的暗杀。因为肯尼迪竞选时，私下对黑手党承诺，当选后会放宽对黑手党的约束，还能让詹卡纳担任司法部部长。

肯尼迪就算是疯了，他也不敢把国家的司法系统交给黑社会呀，所以他不仅毁约还翻脸了，任命了弟弟罗伯特为司法部部长，上任三把火就是清理黑手党扬威。

黑手党安插在总统身边的卧底不光只有朱迪丝，据说梦露也是黑手党的工具之一，她也上过黑手党教父的床。

自从咱家流行《货币战争》这本书后，所有人都信了书上说的，肯尼迪因为要将货币发行权收归政府，被华尔街利益集团暗杀。

其他说法还包括，1.古巴和苏联联手策划；2.事源于越南的局势；3.肯尼迪任内得罪了FBI的局长胡佛，胡佛下黑手；4.副总统约翰逊野心勃勃，干掉总统直接上位；5.约翰逊和胡佛联手的行动；6.肯尼迪是外星人，完成任务回家了，所以在他任内，美国启动了太空计划。

四十八　伟大社会

深受爱戴的年轻总统遇刺，全美国人民都变身柯南，他们会放大解构主要嫌疑人——副总统约翰逊的一举一动，找到他是凶手的蛛丝马迹。

大家这样怀疑约翰逊，并不是没有道理。大部分的副总统都是陪衬，任何时候都不能抢了总统的风头。约翰逊不一样，因为他娴熟而乖巧的政治手腕，让他在国会一直是地位不可小觑的议员，不论哪个党当家，他都能选择主流站队。跟随罗斯福的时代，就被总统视为接班人之一。

约翰逊本来是肯尼迪在民主党内的竞选对手，党内选举他败给了肯尼迪。他居然接受了给肯尼迪当副总统，为他“打酱油”，是件让大家很意外的事。约翰逊在南方的支持率很高，肯尼迪以微弱优势战胜尼克松，如果离开支持约翰逊的南方选票，肯尼迪根本进不了白宫。

美国正副总统之间这种有点残酷的继任办法，似乎让每一位副总统都有害人之心。相比参加一次水深火热的竞选，杀人在技术上似乎更容易。所以，每当有总统遇害，副总统肯定少不了嫌疑，尤其是像约翰逊这种有野心有能力有资历的老牌政治家。

美式大跃进

自从大萧条，美国社会出现了许多问题，由此美国就进入改革时代。从罗斯福“新政”，而后杜鲁门提出了“公平施政”，到肯尼迪提出了一个旨在消除贫困，平等人权的“新边疆”概念。

“新边疆”包括很多内容：减税、《民权法案》、教育、医疗等。可惜国会一点不同情年轻的总统短暂的任期，他提交的法案在国会阻滞重重，到他被刺杀，也没弄出结果。

约翰逊纵横参众两院多年，在两党左右逢源，政治手腕要比肯尼迪高出许多。历史上的副总统都很悠闲，约翰逊却从来不是摆设，在35个月的副总统生涯中，他参与了肯尼迪很多的决策，非常清楚肯尼迪的思路。中途接班的他非常聪明地选择打肯尼迪牌，似乎是告诉大家，他只是在运行一个后肯尼迪时代。

接到约翰逊提交的肯尼迪曾经的提案，国会压力太大了。肯尼迪任内惨死，是全民心中的悲情英雄，他当年想带给美国人幸福的梦想还没实现呢，国会议员们再否决这些议案，还是人吗？还有同情心吗？肯尼迪总统尸骨未寒呢，没走远呢，在国会房梁上蹲着盯着瞧呢！

国会议员们一边擦冷汗，一边总是抬头看房梁，加上新总统约翰逊会做人，跟大家关系都不错，别跟死人较劲，通过吧！

约翰逊促成的第一项立法是减税，降低个人所得税和公司税。税收少了，投资自然增加了，直接促进就业。大企业和高收入人群因为减税政策获利最多，这些美国社会的中坚力量向民主党阵营倾斜了。

黑人的问题也是肯尼迪未竟的事业，约翰逊一上台就承诺会全力以赴，他甚至说，宁可让参议员停止工作三个月，也要通过《民权法案》。他得到了马丁·路德·金的感激，当然也得到了大部分黑人的心。

1964年又是大选，约翰逊需要迎接一项对他是否能胜任美国总统的年终终结，可也就是在他接手肯尼迪任期的一年多里，肯尼迪留下的52项立法提案，他让其中的45项在国会通过了！

约翰逊自己是个实干家，还举着肯尼迪的大旗，继承着肯尼迪未竟的事业，他继续主持白宫，活人死人都会满意，所以这一年，约翰逊以压倒性的优势，名正言顺地成为美国总统。1964年5月，在密歇根大学毕业典礼的演说上，约翰逊提出了自己的施政目标：美国要走向一个伟大的社会。

肯尼迪是偶像派，约翰逊毋庸置疑是实力派，一个实干的总统，提出了目标，就要大干快上。约翰逊时代的国会是很可怜的，这位总统对待国会的方式就是疲劳轰炸，用一个又一个密集的提案将国会累晕，最后实现自己构建伟大社会的目的。

伟大社会第一当然是没有贫困的，约翰逊的口号是：向贫困宣战。

约翰逊的改善贫困计划可圈可点，包括四个方面：

1.儿童与青年教育。对贫穷来说，教育可以治标，对贫困家庭和贫困学生的支援和补贴，是这项政策的中心。

2.职业训练与再训练计划。为16岁到21岁失业、失学的男女青年提供两年的职业培训。这个计划的闪光点是：一批志愿者愿意到穷乡僻壤和少数民族地区，为当地提供服务。

3.社区行动计划。这是整个反贫困计划的核心。在贫困的社区，由成员自己计划并管理救助项目，让他们在中间获得行政管理的经验。计划在印第安人地区取得了非常不错的效果。但项目也有许多不能克服的硬伤，比如贫困地区会为了自己的利益影响其他地区，或者是地方政府管理起来有困难等。在实施了几年后，它失败了。

4.改善落后地区状况。在贫困地区修路、治水、增加基础设施投入等。

约翰逊已经承诺给黑人一个交代，他兑现了，在他任内，《民权法案》和《选举权法》都获得通过。

总统看似轻松地让一个个法案落地施行了，对他来说，最艰难的，应该是医疗卫生领域的改革。医疗照顾法案和医疗救助法案，让约翰逊和美国医师协会交锋无数次。美国医师协会雇用23人组成的专业游说团在国会活动，每天的活动经费超过5000美元。约翰逊一边要跟医师协会唇枪舌剑，一边还要赔小心，经常请这些说客们到白宫吃饭喝酒（约翰逊夫妇是最好客的白宫主人，任内他们宴请过超过10万的各种客人）。

惠及全民的医疗保险计划是从杜鲁门时代开始酝酿的，1965年7月，约翰逊特地选择杜鲁门的故乡，邀请杜鲁门现场观礼，他签署《医疗保险和医疗补助法案》，81岁的杜鲁门露出了欣慰的笑容。医疗补助主要是针对65岁以上的美国人，大约有16万老人获益。

在社会福利方面，美国起步比欧洲晚，有点落后。现在作为资本主义国家的龙头老大，必须尽快赶上并超过欧洲老牌福利国家呀，约翰逊在任5年，提出115项提案，国会通过了90项，这简直可以说是立法大跃进了。

大跃进的核心就是花钱。约翰逊当了5年总统，到1968年的年度赤字就达到251亿美元。有读者说，嘁！2012年美国年度赤字都1万亿了，二百五算啥啊？

之前说过，美国两党最大的一个区别可能就体现在对赤字的忍耐程度上了，汉密尔顿发现可以欠债，但也不能欠债没节制，美国政府还是坚持节俭办事，除了几次无奈的战争时期，美国基本可以做到，欠债还钱，国债有增长，但也有幅度不小的降低；在几个共和党执政的年代，还有盈余呢。

应该说是在约翰逊手里，美国的联邦财政性质终于变坏了，破罐子破摔了。此后的美国政府发现一个真理，如果这个世界上还有一样东西是永恒的，那就是财政赤字，它只会增加，永远不会减少。

政府花钱吧，如果真是都砸老百姓身上了也是好事，约翰逊任内最大的财政支出的确是投资国民福利，但还有一项支出也是不能忽视的，数据相当庞大，它就是国防开支，核心就是跟苏联展开太空竞赛。

“二战”后的几任美国总统都有共同的焦虑症，总担心那个叫苏联的国家跑到自己前头去了。可有些事，你越怕它就越会发生。

斯大林在“二战”结束时下手快，从纳粹德国的各种高端计划中，挖走了大量德国科学家和工程师，让苏联军事工业有了爆发式的发展。原子弹、氢弹陆续爆了，在美国四下搜捕哪位苏联间谍偷了美国技术时，1957年10月4日，一颗重83公斤的人造卫星被苏联人送入了环绕地球的轨道，第二个月，一颗更大的508公斤的人造卫星，又上天了！

这个事美国人可不好意思抓间谍了，因为美国人在1958年才把一枚13公斤的卫星送进轨道。

卫星的大小虽说不是衡量优劣的指标，但在大部分美国人看来，这就是输了，这就是被苏联人强压了一头。1960年的大选，政府不作为，成为肯尼迪的民主党打击前任总统和共和党的利器。对共和党的艾森豪威尔来说，将来要不要跟苏联打仗是不知道，但我艾克运作的政府，就是不能乱花钱。

肯尼迪一上台，他公子哥出身，不计较金钱。他命令副总统约翰逊全权负责“太空计划”，要在地球之外的地方，快跑赶上并超过苏联。肯尼迪不怕花钱，约翰逊更不怕，军事大跃进也开始了。

苏联人太可气了，1961年4月，这边肯尼迪刚搬进白宫三个月，总统一家还没安顿好，那边苏联居然把一个活人送上了太空轨道，这简直是打肯尼迪的脸嘛！

总统真急眼了，我们就算送出宇航员也晚了一步，这丢失的面子找补不回来了，另辟蹊径，找苏联人还没办成的事情。我们绕月，而后让美国人在月亮上登陆，最好是宣布月球以后就属于美国了！

肯尼迪向国会提交了“阿波罗计划”，要求10年之内，把某个美国人送到月亮上去。整个60年代，这项疯狂的计划消耗了50亿美元，总算在1969年7月20日，由阿波罗十一号，载着阿姆斯特朗和奥尔德林降落在月球，阿姆斯特朗在月球上留下了第一枚地球人类的脚印，并大声宣告：对于我本人来说，这只是一小步，可对全人类来说，这是巨大的飞跃。

苏联人做不到，半个世纪过去后的今天，人类经过了好几次巨大飞跃后，苏联人还是做不到，没有俄国人能登上月球，所以，这个项目，美国人终于赢回了面子，而且是赢回了好大一个面子。

当2013年有一位叫斯诺登的“美国叛徒”在俄罗斯住下后，他证实了一个流行了半世纪的猜想，很多人都认为，当年那个全球电视转播的月球登陆画面是伪造的，登月计划，美国人根本没有成功。斯诺登说，他相信是苏联人第一个探索月球。斯诺登有没有可能为留在俄罗斯拍俄国人的马屁呢？有可能，美国人有没有可能为跟苏联人PK造假呢？也有可能。这个登月计划的真相，等待未来的人揭晓吧。

到1965年，约翰逊的伟大社会进展得还不错，当一个领袖专注于改善民生建设和谐社会时，他自己就是伟大的。可是，约翰逊突然让自己从伟大的道路上抽离了，他觉得有更重要的事情，值得他全神贯注。

内有大坑 后果自负

迫使约翰逊在“伟大社会”征途上严重分心的，是越南。不论是美国政府还是所有的美国人当时都想不到，千里之外这个陌生的弹丸小国，居然是一个这么危险的大坑，美国大兵义无反顾地跳进去，损兵折将好长时间爬上不来。在美国陷在另一个大坑——阿富汗之前，越南战场是美国蹉跎得时间最长付出的代价最大的战争，对美国历史、中国历史甚至世界格局的影响，都是巨大的。

19世纪中，越南、老挝、柬埔寨都沦为法国殖民地，被合并为印度支那，从此被法国文化侵蚀得不伦不类。

“二战”开打，曾经的法兰西帝国以神奇的速度沦亡。投降的国家太多，希特勒的精力实在有限，所以他允许法国保留了半壁江山，最仁慈的是，还让这个傀儡的维希政府保留法国之前的殖民地，北非和印度支那。

为了全面封锁中国，“二战”日本人进驻了越南。是进驻不是攻占，因为越南是维希法国的地盘，维希法国又是希特勒罩的，作为轴心国的战友，日本人对越南颇为客气。于是整个战中，越南的大街上，有吊儿郎当的法国警察，也有荷枪实弹的日本军队，两层主子，双重荼毒，在全世界仅此一家，悲惨至极。

兔子逼急了还咬人呢。被逼急的，叫胡志明。

胡志明原名阮必成，出生于越南的一个知识分子家庭。1920年，他在法国成为越南的第一个共产党人，10年后，他在香港组建了越南共产党，而后又升级为印度支那共产党。1941年，“二战”中，胡志明成立了越南独立同盟会，简称越盟，正式竖起了大旗，上写八个大字：统一战线，抗日反法。

竖什么旗呀？人家胡志明同志不是山大王。也差不多了，越盟也是猫在村里打游击的。不过呢，装备肯定比山大王强多了，越盟碰上了一个大赞助商。

太平洋战争爆发了，东南亚的所有对日行动几乎都唯美国马首是瞻。老美既然是全球抗击轴心国的兵工厂，东南亚的抗日活动又是太平洋战争的一部分，当然也应该被支援。美国的中央情报局前身叫战略情报局，担负了对越盟的训练和支持。情报局训练出来的组织，总感觉不甚大气，鬼鬼祟祟的，忠诚度也不高。老杨并没有谬论，请大家记住战略情报局对越盟的支持，因为后来的中央情报局还训练过比越盟收拾美国人更狠的组织。

整个“二战”，越盟和美国保持友好的关系，胡志明原本是把越南独立的期望都押在罗斯福总统身上了。

押罗斯福并没有错，罗斯福总统的确是反对殖民主义的。“二战”即将结束时，法兰西复国了。法国人没有基本的荣辱心，他们自己刚刚自由了，就预备奴役别人。战后戴高乐到处求人，希望能有舰队帮他把法国的军团送到印度支那，继续殖民统治。

法国亡国期间，为怕他家的舰队被德国人收编成为祸害，英国人果断地将其舰队炸沉。所以，“二战”结束，法国军队想出个门，都要到处找人蹭船。

罗斯福压根儿没想过要让法国人再回到印度支那去，没搭理戴高乐。而后，罗斯福在战争没有结束时，就死翘翘了。

法国复国后，日本人不给驻越法军面子了，将法国人关进集中营，接管了越南。越南的末代君主保大皇帝宣布脱离法国保护独立，并加入日本的“大东亚共荣圈”，跟中国那个末代皇帝是一样的窝囊废。

杜鲁门上台最着急的，就是苏联军队率先攻入了柏林。战争的性质从那时起逐渐转变。对杜鲁门来说，德军已是秋后的蚂蚱，最大的威胁是来自军威极盛的苏联。想在欧洲遏制苏联的步步西进，美国人鞭长莫及，英伦三岛也隔着海峡，唯一能抗住苏联扩张的，只有复国的法兰西。有必要快速恢复法兰西，不仅在经济上，还要在政治上，帮助法兰西重建它家往日的辉煌。如此，海外殖民地对保留法国人的脸面就至关重要了。

日本军队投降，盟军司令部要规划他们的投降细节，全球战场这么乱，向谁缴械是个问题。在越南，美国人规定，北纬16度以南的日军向英军投降，北纬16度以北呢，向蒋介石的国民党政府投降。

关蒋介石和英国人什么事呢？美国人为什么不安排全越南的日军对越盟投降？权力要靠自己争取，就在1945年8月，日本人宣布投降的当口，胡志明发动了“八月革命”，趁着越南地界上的权力真空期，一举夺取了政权，保大皇帝退位。胡志明宣布成立越南民主共和国，号称推翻了封建专制和殖民统治，越南人民从此站起来了。

毛泽东宣布，中国人民从此站起来了，把全世界都吓一哆嗦。胡志明也喊这一嗓子，基本没人理他。英军和中国国民党还是按美国人的指令分别进来受降，而随着英国同来的，还有法军，他们迅速“收复”了越南南部，又成了主人。原来的法国主人是个有点文艺范儿的花花公子，被德国人调教后，学了些“精致的淘气”，对于不听话的南越人，法国人复制了沦陷时，德国人调理法国人的办法（人不能被打灭自尊，没有了自尊，什么事都能干出来——老杨送给法国人的箴言）。

美国人将越南北部交给了蒋介石，可显然此时的委员长的心已经被毛泽东占满了，他没工夫计算，越北这片江山收在国民党政府麾下，到底有何价值。胡志明非常清楚蒋介石的心思，他退一步海阔天空，竟然宣布解散印度支那共产党，委员长当时心里肯定想：要是毛泽东也能这么懂事多好啊！

国民党军不久撤出了越南北部，将其留给了法军。法军轻而易举就占领了全境，重新把保大皇帝请出来，建了个傀儡政权，胡志明被赶出河内。

越盟这种团体，不需要依托大的城市，被赶出河内，他们就又进村了，并很快将越南面积广大的乡村控制在手里，跟法军玩起了眼花缭乱的游击战，法国人根本无法在越南建立有效的统治。

法军跟越盟的战斗，英国人是支持法军的，兔死狐悲，如果法国人不能压住越盟收回越南，英国人对马来西亚等地恢复统治也会遭受挑战。

而美国人呢？他们不好下手，因为胡志明不知道自己被美国人抛弃了，还左一封右一封给美国总统写信，要求协助呢。

法国开始跟越盟动手，就算掉在泥坑里了，三年了，没打出结果，战场形势又发生了巨变。1949年，强大的邻居中华人民共和国成立了。伴随着新中国成立的，是中国人民解放军第四野战军追击国民党残部到了中越边境。

胡志明带着破破烂烂的越盟武装在荒山野岭餐风露宿，冷不防看见中国解放军，那可是见到了亲人了。法国当然知道，中国共产党不帮越南共产党是不可能的，但他家还是小心地想避免中国直接进场参战。当时有一股国民党军队逃进了越南，法国人吓得，赶紧把这帮人关进了集中营，他们生怕四野打着追击国军残部的旗号越境进门。

真心想帮忙，办法有的是。中国政府以最快的速度表达了诚意。1950年1月，北京就宣布，承认越南民主共和国，是国际上第一个承认胡志明政权的国家。随后，胡志明秘密访京，毛泽东给他吃了定心丸，武器粮食军事顾问，只要开口，随时奉送。啊，中国，刚刚解放百废待兴，牙缝里省出的钱支援越南兄弟呀！

对美国来说，到此时，它还是以隔岸观火的心态为主，让它转变态度的，是朝鲜战争爆发了。

法国也是联合国军之一，朝鲜战争时，他家咬着牙从越南战场抽调军队北上，多少减轻了对越盟的压力。

朝鲜战争打得美国人有苦说不出，再看陷在越南的法国军队，顿时同病相怜。1953年艾森豪威尔上台，美国不得不结束朝鲜战争，让朝鲜半岛维持原状。

虽然是停火了，但对共产党领导的中国，美国人有了新认识。之前美国人光顾着遏制苏联了，现在看来，中国也很可怕，艾克总统发表了他对东南亚局势的新看法，著名的“多米诺理论”，大意是说，虽然大洋对岸的东南亚小国看上去不起眼，但都是多米诺骨牌的一张牌，一张被共产主义推倒，会以极快的速度波及其他牌，最后全线崩溃。所以，美国的新东亚战略就是，将南朝鲜、日本、台湾、越南联系在一起，对中国构成一个半月形的包围圈。

法国人高兴了，美国大佬终于愿意帮忙了。刚打完朝鲜战争，美国人不会随便进场动手，给你物资吧，多多益善。到1954年，法军80%的军费都是老美给报销的。

越盟经过几年鏖战，加上背后有了大哥撑腰，在越南北部建立了大片根据地，尽管主要城镇还是在法国人手里。一转眼打了8年，法国人也累呀，干脆，按西方骑士的规矩，找个地方决斗，毕其功于一役吧，谁赢谁获得越南。

法国佬托大，他们选择的决战地点，居然是越盟根据地的中心，一个靠近老挝的小镇，奠边府。这里四面环山，是法军在北部的主要军事基地。

既然是决战，双方都布下了战阵。法国人没想到的是，越盟的军队经过了中国的武装，有了炮兵和各种大炮，对于奠边府这种四面环山的盆地平原地形来说，对手有了炮，太致命了。

越盟的武器是中国提供的，连军事思路都来自北京。逐层推进，分割包围这种战法，被中国的军事顾问命名为“剥竹笋”，事实证明效果甚好。

1954年3月到5月，奠边府战役打了55天。越盟就算有了大炮，也是一支专业的游击军，本来法国人以为，终于能跟越盟打一场敞亮的阵地战，可越南人还是控制不住地挖地道，逐层掘进，终于让法军被包围在一个小小的口袋阵里。

9年了，再打下去，越南人也不会降服，法国人也杀不光越南人，法国人打起了白旗，来，拉我一把，我要出去！

法军擦着眼泪，撤离了越南，没有公德心哪，自己跑出坑了，就没想到竖个牌子立在边上，写上：内有深坑，小心勿入。

在奠边府还打得热闹时，朝鲜战争结束时约定的日内瓦会议召开了。本来重点是讨论朝鲜问题，现在越南问题也是会议焦点。随着奠边府的战斗结局逐渐显露，与会国家都做出了各自不同的反应。美国人最郁闷：这么多援助都打了水漂，法国这些没用的东西，几个越南农民都清理不了！而法国呢，他们跟周恩来握手了。最后，日内瓦协议达成了一个初步的解决方案，以北纬17度线暂时分割越南，法军撤出北部，两年后，越南举行大选，当选的领导人领导统一的越南。

胡志明率领他的军队，走出深山，回到河内，执掌了北部。

法国将南部移交给保大皇帝，保大皇帝任命吴庭艳为首相。虽然法国人有点嫌弃吴庭艳，但他的出现，的确是说明，美国势力已经自说自话地填补法国人留下的空缺。

吴庭艳，出生于越南的官宦世家，在越南如果是个“官二代”，90%是天主教徒，因为法国是天主教国家。

一个小国政客的道路我们就不回顾了，在法国、日本、美国几大权力中，吴庭艳最终选择倒向美国，并在美国进行了三年的政治游学，在美国政客圈子混了个脸熟。如果美国人预备取代法国人遥控越南，吴庭艳当然是个很好的代理人。

吴庭艳不满足于做首相，他捣鼓了一次全民公决，以难以想象的高支持率，废掉了保大皇帝，成为总统，成立越南共和国。吴庭艳和他的家族控制了南越政权，虽然配置了法院和国会，但对吴家来说，都是摆设，在南越，他们就是皇帝，美国是太上皇。

1956年，是日内瓦协议规定的大选年，美国和南越都回避了这个约定。道理很简单，胡志明同志，餐风露宿打游击，打完日本打法国，满脸胡子瘦成杆儿，对所有的越南人来说，他是最名副其实的领袖。至于吴庭艳，油头粉面小白脸，看见外国人就谄媚，一家子腐败嚣张太霸道，形象恶劣。真要大选，整个越南都归了共产党，这是绝对不能发生的画面。

不选就不选，分治吧。分割之初，双方说好自由走动，于是在北方的所有天主教徒都跑到南方托庇在天主教徒的保护下了，几乎是差不多数量的南方人也迁移到北方，享受解放区的天是明朗的天。这一轮走动，并没有让两边门户清净。在南越，还有继续斗争争取全国统一的革命者。美国对吴庭艳政府最初的武装，就是针对这些南越革命党。北越方面不能不援助在白区战斗的同志，大量的越共军队向南方渗透。

美国源源不断地向南越送装备，但他们非常聪明地坚持了绝不下地开战，短兵相接的事，都由南越自己负责。美国人很小心，防止自己掉坑里。

坑，不见得是胡志明挖的，有的时候，不怕神一般的对手，就怕会挖坑的战友。吴庭艳是个熊孩子，一有人宠溺他，他就闯祸。

吴家是天主教徒，在南越，除了越共地下党，他们还有一个天敌，就是数量占总人口70%~90%的佛教徒。为了让占少数的天主教徒“净化”规模庞大的佛教徒，吴庭艳在南越推行明显的歧视政策。天主教徒在政府部门、军界都享有特权，公共设施、土地分配、税收优惠等方面，政策都赤裸裸地向天主教徒倾斜，吴庭艳公开地表示，想在南越发展，改变信仰是必须的。

对于这种公然的宗教歧视，佛教徒当然是要抗争的，只是他们的抗争方法，有点激烈。

1963年6月11日，一名僧人，在西贡的十字路口，淡定地自焚而死。现场的美国记者拍下了自焚过程的照片，这位著名的广德和尚，在熊熊的烈火中，没有挣扎没有喊叫，平静得如一尊佛。

照片的拍摄者因此获得了普利策奖，全世界都被这张《殉道图》震撼。

吴庭艳的家族有个重要人物，女人，江湖人称龙夫人，她是吴庭艳的弟媳妇。因为吴庭艳未婚，吴氏政权几乎是吴庭艳的弟弟吴庭儒主持大局，龙夫人相当于越南的第一夫人。

在僧人自焚震惊了世界的敏感时段，龙夫人眉开眼笑地公开表达了看法：“如果和尚还想吃烧烤，我愿意送上汽油！”

这个女人的愚蠢和冷酷简直让全世界都傻眼。美国总统肯尼迪更是在白宫气得捶桌子。美国人预计，早晚要和北越一战，可像吴庭艳这样的蠢货，他真能领导未来的战斗吗？他现在形象比狗屎还臭，南北真打起来，所有人不都跑到胡志明那边去了！

1963年11月1日的午后，南越军队几名军官发动了政变，14名将军和7位上校联名发布讨伐吴庭艳宣言，攻进了总统官邸，吴家兄弟横死，全身都是弹孔，吴庭艳还被捅了几刀。

疯狂的龙夫人正好在美国游说，希望重新获得美国的支持，她逃出一劫，随后她反应过来，认定这个政变就是美国人策划的，肯尼迪就是要除掉她的丈夫和哥哥。

21天后，肯尼迪死于谋杀。所以，前面罗列的总统死因中，有一个嫌疑是来自越南，可能是吴家支持者的报仇。

吴家倒了，其后换了几茬南越领导，对局势的控制还不如吴庭艳。美国人发现要不全力帮南越顶住，北越南下统一是必然的事。

到1963年，有一万多美军驻扎在南越西贡。此时的美国大兵完全不知道他们将在越南遭遇什么，每天除了将南越军队从空中丢进山中的小村子，让他们到处找共产党，其他时间几乎就是度假。在西贡，各军不同的兵种都有自己的俱乐部，抽烟、喝酒、泡妞，在大兵们的努力下，西贡逐渐向一座社会风气不怎么高尚的美国城市进化。这些大兵带给越南的重要财富是，留下了许多可以参加国际选美的混血美女。

美国大兵悠闲，南越军队任务太重，在南越清理越共真是麻烦事，这些革命党都不穿军装，老百姓打扮，在乡野、在树林，他们像风一般地穿行。美国人只好飞机侦察，而后定点打击，最后烧掉村子，摧毁越共有可能发展成根据地的地方。烧掉村子后，没有通共的无辜村民何处安身呢？美国人匪夷所思地建立了很多战略村，将村民们集中封闭管理，宵禁，随时查证件，集中劳作，作物也统一收割分配，其实就是巨大的劳改农场！

约翰逊接班，基本延续了肯尼迪时期的内阁以及政治经济外交政策，更多的军事顾问被送到南越。1964年大选，共和党候选人口口声声要对越南直接开战，虽然约翰逊摆出了温和态度，但他已经感觉到，对越共动武，永久消除越南的共产威胁，几乎不可避免了。

1964年8月，约翰逊突然对国会说，在北部湾巡逻的美国驱逐舰遭到了北越的鱼雷攻击。这个说法到底是怎么来的已经不重要了，国会马上授权，总统可以采取一切手段，击退对美国的所有武力威胁。于是，约翰逊放开了手脚，他们的工作不限于调教南越军队了，战机终于飞跃了17度线，轰炸北越。这个轰炸一开始就收不住，断断续续炸了10年才停手，美国空军丢在北越的炸弹吨位，超过他们“二战”全球战场上投掷炸弹总和。想想看，北越才多大的地方，这里里外外都快被炸熟了。

北越并不富裕，气候不如南部，土壤也不算肥沃，工业更谈不上，到处是村庄和稻田，美国人来来回回地炸，也不知道是要达到什么目的。而北越的人民，既然决定留在北方跟定胡志明，自然已经放下了恐惧。面对史上最密集的轰炸，他们开发地下空间，照样结婚生产繁衍，恶劣的生活条件中，顽强对抗美军。

越共没有能力跟美国对炸，但他们是游击队，他们有自己的报复方式。第二年，越共突袭了美军的一个基地，7名海军陆战队身亡。一个月后，终于把狼招来了，美国大兵再次熟练地在异国他乡的海岸大规模登陆，1965年3月，在越南的美军达到10万人。

美国大兵是预备亲自动手了。可因为北纬17度线横在中间是个天堑，美国人还是维持轰炸，不敢大规模直接占领北部。这是朝鲜战争留下的后遗症，约翰逊记得，当初美国大兵就是因为轻率地越过了38度线，结局很伤感。

世界上第一流的现代化军队对农民武装的战斗正式打响了。基本上是，美国飞机炸一轮，越共的小分队就潜入南越对美国的军事基地实施一次突袭。你过来炸一次，我就过去开一次杀戒。美国人的数学和越南人的数学不是一个老师教的，不在一个课本上。美国人就觉得，我一次杀你100个，你每次过来杀我10个还搭上自己几个，这个数据永远不会改变的，你的人只会越死越多，又没有反攻的实力，这种仗，干吗还要坚持打呢？

美国人对这场战争的理解是纯军事的，而越共的理解是完全不一样的，对于北越的军民来说，只要有一个人战斗到最后一刻，就不算输。虽然每天要面对巨大的伤亡，还是源源不断地向南部白区补充兵力和军需。

就算美国几乎是疯了一般向北越丢炸药，约翰逊还是有几个顾虑不能放下，在轰炸过程中，重要的城市和重要的交通线，他们就放不开手脚。在北越穿梭的货车，谁知道是不是中国的，里面的货物搞不好还是苏联的，给打坏了，会不会把中国的解放军招来？所以，炸药用了不少，美国人的空袭，还是留了余地。急眼的时候，又有人说要把核武器运出来，约翰逊赶紧把这些人嘴捂上了。

1968年1月31日，越南的农历春节。美国人头脑简单，他们觉得，这么大的节日，越南人应该在家吃年夜饭看春晚哪，美国人也正好休个假。你把人家老家都炸成月球表面了，让人家到哪过年哪？越共在这一天发动大规模袭击，扑向南越重要的美军基地，并直接占领了南方不少重要城市。进入南越后，越共用屠杀南越政权主要官员的形式，为自己唱了一曲《难忘今宵》。

这个著名的“春节攻势”几乎耗尽了越共的能量，对驻越美军来说，心理上的伤害大于实际的损失。美国人以最快的速度，又将越共占据的城市要塞夺回。越共不怕消耗，但他们也有消耗不起的时候，这一年里，越共在南越的力量颓废了很多。美国也没有乘胜追击的气势，就在“春节攻势”几个星期后的民调中，约翰逊的支持率下降到35%，是杜鲁门之后的新低，在全国，掀起了声势浩大的反战浪潮。

But you didn't（但是你没有）

老杨喜欢诗，自己也胡诌，早就过了读诗或激动、或悸动的年龄，可是某一天，我突然读到了一首英文诗，刹那间热泪盈眶，当时我就提醒自己，写美国历史越战这一章时，一定要把这首诗跟读者们分享。诗名就当它是 But you didn't。

Remember the day I borrowed your brand
new car and dented it?
I thought you'd kill me, but you didn't.
And remember the time I dragged you to the beach,
and you said it would rain, and it did?
I thought you'd say, "I told you so." But you didn't.
Do you remember the time I flirted with all
the guys to make you jealous, and you were?
I thought you'd leave, but you didn't.
Do you remember the time I spilled strawberry pie
all over your car rug?
I thought you'd hit me, but you didn't.
And remember the time I forgot to tell you the dance
was formal and you showed up in jeans?
I thought you'd drop me, but you didn't.
Yes, there were lots of things you didn't do.
But you put up with me, and loved me, and protected me.
There were lots of things I wanted to make up to you
when you returned from Vietnam.
But you didn't.

记得那一次我借了你的新车
我撞凹了它
我以为你一定会杀了我的
但是 你没有

记得那一次
我拖你去海滩 你说天会下雨 后来真下了

我以为你会说“告诉过你”
但是 你没有

记得那一次
我与其他的男子调情 让你忌妒
我以为你一定会离开我
但是 你没有

记得那一次
我在你的新地毯上撒了满地的草莓饼
我以为你一定会厌恶我
但是 你没有

记得那一次
我忘了告诉你
那个舞会是要穿礼服的 而你穿牛仔裤出现的
我以为你一定会放弃我了
但是 你没有

是的 有许多许多的事情你都没有做
而你容忍我、爱我、保护我
有许多许多的事情我要弥补你
等你从越南回来

但是 你没有

这是一位美国女人，在母亲去世后整理遗物时，发现母亲写给父亲的诗。在女儿4岁的时候，父亲去了越南，再没有回来。母亲终身守寡，养大了女儿。这是一首情诗，可谁说它不是最让人心痛的反战诗！

按常规战争的标准看，美国人在越南战场几乎没有败绩，取得了所有作战计划的成功，可美国政府也不得不承认，自己也跌落在曾经困住法国人的大坑里了。

约翰逊终于派美军登陆亲自参与作战，显然是被国内各种势力迫使的，尤其是媒体。《华盛顿时报》《纽约时报》这些看热闹不怕事大的家伙，在60年代初，天天鼓噪、宣扬，美国的威信威严荣誉都系在越南了，在越南打架需要付出很大的代价，但失去越南，代价更大。

不论哪个总统，被这种声音天天在耳边叫嚣，他也很难保持克制，更何况，这中间还有党派的利益，国会中的各种关系。

可美国大兵陷在越南没打几天，媒体的风向就开始微妙变化了，不论是报纸还是电视，似乎都对政府卷入这场莫名其妙的战争有微词。

这个世界上，没人会要求媒体从一而终，但这样的转变，总要有些诱因吧。

最大的原因肯定是美国青年的死亡。虽然相比较越南人的死亡数字，美军的伤亡还算温和，可美国人并不这么比。

朝鲜战争以来，美国推行义务兵制，到年龄的健康男性，一定要到军队服役一段时间。这种做法很强制，比如现在韩国，有些大明星，风头正盛的时候就被拉去当兵了，等回来时，难以再收获当初的人气。在60年代的美国，有钱和有路子的家庭，都能帮儿子逃避兵役，无权无势家里的孩子，只好上战场。还因为学生是可以延缓服役的，所以，大部分的美国兵不是工人就是黑人。

万里之外去面对一个残酷的战场，打一场毫无意义的仗已经很让人想不通了，还有这么多的不公平，所以，当时很多人都在考虑如何逃避兵役，1965~1975年，美国强征了200万大兵入伍，还有超过50万非法逃避兵役，有不少人逃得比较远，去了英国或加拿大。

著名的例子是拳王阿里，这位在黑人觉醒时代，以黑人英雄的形象崛起于拳坛的天才，在获得冠军无数后，就是因为拒绝服兵役，还对美国出兵“大放厥词”，被吊销了拳击执照，剥夺了拳王的桂冠。

整个美国越战，大约有5.6万美军死亡，30多万伤残，对一个人口两亿的国家来说，这是一个巨大的数字。美国人每天从电视里看到一个个的运尸袋带着东南亚的硝烟被送回国，里面可能是自己的儿子、兄弟、同学、邻居，这种刺激天天上演，持续好几年，谁都会崩溃，就算你没有亲人在战场，这种压抑充满死亡气味的社会环境，也是一种强大的负能量，让所有人都不自在。

新闻媒体在战中起到了谁也看不懂类似搅局的作用。新闻自由嘛，也没个审查，好些不该给美国人看到的画面公开，也造成了美国人对战争的恐惧和厌恶。

比如广德和尚的自焚照片获大奖。宗教自由宗教平等是美国人的立国之本，广德和尚这样的“殉教”，美国人流泪，更多的美国人指责美国政府，吴庭艳一家这么缺德的东西，凭什么咱们美国人缴税，千里万里去支援他们？也就是舆论压力太大，肯尼迪总统不得不出此下策，煽动政变除掉了吴家兄弟。

越共“春节攻势”后不久，一个电视纪录片，记录了美军夺回南方城市的战斗，其中有一个画面，南越的某个军官，看到被俘的一名越共青年，几乎是毫无犹豫地掏出手枪，打爆了对方的头。

摄影摄像技术，在当时已经算很发达了，关于越战，我们现在还能看到很多清晰的实录，不管是南越北越还是美军，在越南的乡居田园画面中，都显得面目狰狞。而对媒体记者，尤其是战地记者来说，他们当然更倾向发表会引发受众更多情绪反应的照片。看到这些画面，还敢说要坚持作战的人，真是不惜与全人类为敌了。

因为年轻人是直接受害者，他们最先反抗。1965年，密歇根大学就战争问题展开了辩论会，随后，这种辩论就蔓延到美国各个校园。到1967年底，美国社会上兴起了一股强大的政治势力，那就是以大学生为主体的反战运动，并引爆了全国的各种运动。

大家还记得，60年代，是学生运动的时代，是各国学生们很喜欢上街的时代，而美国的反战学生运动，正是这股60年代的青春风暴中，最声势浩大的一股力量。

四十九　摇滚时代

垃圾食品肥皂剧

“二战”结束后的50年代，又是美国历史上一个花样年华，政治稳定，经济再次高速发展。1956年，美国人的汽车越来越多，政府不得不推出《联邦高速公路法案》，拨款250亿美元用10年时间建设了长达4万英里的高速公路网，从此驾车旅行成为美国人最爱的出行方式。

既然高速公路健全，大家都有车，就不用挤在拥堵的城里居住了，住宅区不断向郊区延伸，之前不发达的偏远地区也慢慢地人丁兴旺。尤其是西部，“二战”中为战争提供军需战备生产而打下了很好的工业基础，本来这个地区就资源丰富，高速路一通畅，更多的制造企业都向西部郊区迁移，西部以惊人的速度繁荣。加州和得州石油的开发，吸引大量炼油及配套企业的进驻。西部最闪亮的城市是洛杉矶，战后到50年代初，10%的新兴产业出自这里。既然是新兴产业的中心，自然而然也就吸引了教育培训资源向这里集中，洛杉矶后来成长为高科技产业中心就不奇怪了。

汽车改变了美国人生活格局，在全球的主要发达国家中，美国人使用公共交通的比率应该是最低的，都喜欢自己开车走，一人一辆车，不怕污染，不嫌浪费。在洛杉矶，四个车道的大路，三个车道是普通车道，最内侧为“carpool”车道。普通车道就是一人一车，如果你车上有两人或两人以上，就可以上“carpool”车道行驶，可在上下班的高峰时段，三条普通车道拥堵停滞，“carpool”畅行无阻，还能保持高速。美国人宁可堵车，也不愿意拼车，当然他们单人驾驶拥堵也不借用“carpool”车道夹塞插队，很值得表扬。喜欢开车出门，大部分司机都守规矩，车便宜性能好，渐渐美国就被称为“车轮上的国家”，美国旅游第一件事，租辆车先开着。

既然是“车轮上的国家”，某些产业就要面向驾驶者服务了。比如原来的街坊超市都是面向小区家庭的，现在住宅都迁去郊区了，住得分散了，购买家庭日用品也不是随缺随买，而是一次购物装满一车，回家用好一阵子。于是超市就改变思路，放弃了闹市，它们尽量变大，包罗万有，也搬到郊区去。我们现在经常去的山姆会员店，或是麦德隆之类的超市，就是当时进化的结果。

生活第一重要的是吃饭，有了车，什么节奏都变快了，好像吃饭也等不起了。从20年代开始就有餐厅推出不用下车的订餐服务，后来又发展到各种快餐服务。1940年理查德·麦当劳与莫里斯·麦当劳兄弟在加州的圣贝纳迪诺创建了“Dick and Mac McDonald”餐厅，不用说，这就是麦当劳的原型了。

1955年，“Dick and Mac McDonald”餐厅的行政总裁雷·克罗克以获得经销权的形式在伊利诺伊州开业了第一间快餐店，5年后，克洛克以270万美元向麦当劳兄弟买下了麦当劳餐厅，并以惊人的速度让它在美国扩散，克洛克得到麦当劳的前后，美国就已经有228家分店，他甚至专门在伊州开办了一所大学，专为麦当劳培训经理。从此，走遍全世界，我们都能看到黄色的大“M”标志，和一个瘦高个子的小丑蜀黍。

麦当劳肯定不是最让美国人欣喜的东西，40~60年代，住家美国人最幸福的是看电视。根据一项数据调查，在电视机还是稀罕物的阶段，美国家庭买电视的积极性比买冰箱高，证明他们认为看电视比吃东西重要。

美国的电视行业是广播产业的衍生品，当时全国的三大电视台分别是：美国广播公司（ABC）、哥伦比亚广播公司（CBS）和国家广播公司（NBC）。到50年代末，电视战胜报纸、杂志和广播成为第一媒体。

早期的美国电视节目，大都是赞助商决定的。比如白天的电视节目，观众都是赋闲在家的主妇，电视台就放映狗血煽情的长篇连续剧，白人小姐爱上黑奴私奔的，或者两人相爱发现是失散的兄妹的，诸如此类，师奶们最爱，家务都不想干了。不干是不行的，随剧播放的广告提醒你赶紧收拾屋子呢，大部分广告都是针对家庭主妇的清洁产品，跟现在电视里一样，这路产品全是来自宝洁，如今是各种洗发水，当时是各种肥皂，于是，白天这些鸡毛鸭血的长篇剧集，就有了一个通称“肥皂剧”（soap opera)。

1951年，CBS推出了一部由广播剧改编的喜剧，叫《我爱露西》，每周一晚9点播出。这部戏讲述一个中产阶级主妇和她老公的幸福搞笑生活，露西神经大条还古灵精怪，出尽各种洋相，令人捧腹，以至剧集大热。受欢迎就一直拍吧，这部戏从1951年到1960年，雄霸电视收视的王座，到今天，怀旧的美国人还会租DVD回来重温，一样看得哈哈笑。

美剧现在对我们一点不陌生，中国观众都开始习惯了从网上追看，而这种周拍的系列剧形式，以及情景喜剧都是由《我爱露西》发源的。

对，我们只能通过电脑看美剧，现在的孩子们无法想象没有电脑的年代。美国人守着电视傻乐的时候，他们没想过，有几个科学家正完善更高端的“娱乐”设备。

关于电子计算机到底是谁发明的这个事，是科技界比较混乱的话题。1954年，英国的数学家图灵在家中服用氰化钾自尽，床头留下咬了一口的苹果。为了向这位计算机之父致敬，乔布斯让这个缺口苹果成为21世纪初最时尚科技产品的标志。1995年，比尔·盖茨拜访了德国人楚泽，向这位不懂数学擅长画画的神仙致敬，因为他也被确定为计算机的发明者之一。

图灵和楚泽到底谁是真正的计算机之父？都不是，根据1973年美国一个法院的判决，法律认定的计算机真正发明者是艾奥瓦大学物理学教授阿塔那索夫，他和他的研究生在1939年发明了一部机器帮他们计算复杂的方程。“二战”时，计算机被用来破解敌军密码。到1954年，IBM公司开始为政府机构或是私人公司开发计算机。个人跟电脑的紧密联系，是在80年代后才建立的，但在50~60年代，计算机已经在经济发展中起重要作用了。

垮掉的一代

“beat”，在字典中是打、拍打、敲击的意思，也有打败、精疲力竭、疲惫不堪的意思。普通人一生如果经历过一次“二战”那种高烈度的战争，会不会有“被打垮”的感觉？

被打垮的人看什么都不顺眼，生活如此单调，政治如此压抑（抓赤色分子呢），到处沉闷乏味。如果碰巧这些人是文人，那就更是一肚子不平之气忍不住要“嚎叫”出来：

我看见这一代最杰出的头脑毁于疯狂，挨着饿歇斯底里浑身赤裸，拖着自己走过黎明时分的黑人街巷寻找狠命的一剂；

天使般圣洁的西卜斯特渴望与黑夜机械中那星光闪烁的发电机沟通古朴的美妙关系，他们贫穷衣衫破旧双眼深陷昏昏然在冷水公寓那超越自然的黑暗中吸着烟飘浮过城市上空冥思爵士乐章彻夜不眠；

他们在高架铁轨下对上苍袒露真情，发现默罕默德的天使们在灯火通明的住宅屋顶上摇摇欲坠；

他们睁着闪亮的冷眼进出大学，在研究战争的学者群中幻遇阿肯色和布莱克启示的悲剧；

他们被逐出学校因为疯狂因为在骷髅般的窗玻璃上发表猥亵的颂诗；

他们套着短裤蜷缩在没有剃须的房间，焚烧纸币于废纸篓中隔墙倾听恐怖之声；

他们返回纽约带着成捆的大麻穿越拉雷多裸着耻毛被逮住；

他们在涂抹香粉的旅馆吞火，要么去“乐园幽径”饮松油；

或死，或夜复一夜地作践自己的躯体；

用梦幻，用毒品，用清醒的噩梦，用酒精和阴茎和数不清的睾丸……

再引用下去，老杨这本“严肃”历史书就沦为禁书了。这篇看上去满是酒、性、毒品的文字，就是《嚎叫》。1955年10月7日，在旧金山的一次诗歌朗诵会上，一位名叫艾伦·金斯堡的诗人朗诵了他的这首作品，四座惊叹，全世界的诗坛都为之兴奋或是惊恐。

这些如同嗑药以后癔症般的嘶吼，到底是说什么呢？其实第一句就已经告诉你了“我们这一代最杰出的头脑毁于疯狂”，《嚎叫》就是告诉你，我叫得声音再大，内心也是颓废堕落空虚的，我们向往自由的灵魂和充分的解放，好吧，我们是“垮掉的一代”！

既然是一代人，就不会只有金斯堡一个，“垮掉的一代”这个说法，来自金斯堡的至交好友，杰克·凯鲁亚克，两人是校友，都就读于哥伦比亚大学。

凯鲁亚克是体育生，因为橄榄球被特招进哥大就读。似乎体育特招生大部分都是身材高大，智商一般的。凯鲁亚克却是一个有着文艺心的橄榄球员，谁也想不到，他不是个普通的文学青年，他还能成为灯塔感召后世大量的文学青年。

1950年夏，凯鲁亚克在新墨西哥城创作他的第二本小说，当时他身患痢疾，靠着大量的安非他命，在三个星期内，抱着一部旧打字机，将被“药物”刺激的所有灵感和激情宣泄在250尺长的打印纸上。《在路上》是一部关于“流浪”的小说，“我”是个叫萨尔的作家，平静的生活被一个叫迪安的怪家伙彻底搅乱，迪安天生是个流浪者，他出生在颠簸的旅途上，一辈子注定无法安定。他放荡不羁，自由无拘，给萨尔展现了一种全新的生活方式。于是萨尔就被迪安“带上路”，他们和几个小伙伴，从东到西从西到东，在美国的大地上流浪。不需要钱，不需要计划，甚至不需要目的地，他们就这样流浪在路上，搭顺风车，认识不同的人，见识不同的风景，酗酒、泡妞、吸毒，极度放任，无底线疯狂，他们甚至疯到了墨西哥。经过四次旅行，从墨西哥回国后，萨尔意识到，作为一个正常人，自己断不能像迪安那样放纵，还是要回归正常的生活中。他穿上正装坐上一辆凯迪拉克去听音乐会，看着迪安穿着一件被虫蛀过的大衣又踏上了“流浪”之路。萨尔在心里想念着迪安……

能在三个星期内写出来的长篇小说，大都可能是作者的亲身经历，《在路上》记录的就是凯鲁亚克和他“垮掉”的好友们从1947年夏天到1950年秋天四次横跨美国的旅行。小说中的人物，都可以在现实生活中找到原型，艾伦·金斯堡就在小说中，而主角迪安则是尼尔·卡萨迪，“垮掉”派作家中一位“神仙”。他跟金斯堡和凯鲁亚克这些名校骄子不同，他没受过系统教育，跟着酒鬼父亲在各种小旅馆和小酒馆混迹着长大，他精力旺盛，无法无天，不受任何约束。为了在美国旅行，他偷了500多次车，被捕了7次。1951年，卡萨迪给凯鲁亚克写了一封长信，讲述了自己复杂疯狂的性爱故事，凯鲁亚克越读越激动，兴奋之下，《在路上》就诞生了。

《在路上》一问世就轰动了文坛，或质疑或嫌弃或眼前一亮，反正是火了。它被称为是“垮掉一代”的圣经，后来，它成为很多人的“圣经”。

我们光说它在中国的影响力吧。1962年，《在路上》由作家出版社节译到中国，当时是以神秘的“黄皮书”发行。所谓黄皮书，是在“文革”以前，内部出版了一些资本主义国家的“腐朽”读物，既然是“内部”，那都是些有觉悟有高度的领导同志，他们读这些东西，一定是当作反面教材用来严厉批判的。这些“反面教材”文艺类的就是黄皮书，政治类的就是灰皮书，相当高端，当时要能读到一本，是身份的标志。

“文革”期间，混乱中，部分黄皮灰皮流落民间，中国“文革”后的这帮孩子，比50年代的美国青年更“自由”，美国青年叛逆着想要把他们那个现实砸烂却只能在心底“嚎叫”，中国的孩子们当时已经砸碎规矩，砸碎信仰，想砸啥就砸啥了。《在路上》到了这帮孩子手里，醍醐灌顶啊，自由人类原来是这么玩的！

知青点的知青们也开始组织上路了，不管去哪儿，一定要上路，在路上能找到什么或者找不到什么都不重要，关键是心灵被“洗礼”，标志就是培养出一批诗人。被带上路的的诗人中，有我们熟悉的北岛和芒克。至于被带上路的作家，那简直多不胜数，如果你读过《玩的就是心跳》会认定王朔是在向凯鲁亚克致敬，其他诸如王小波、余华甚至连卫慧之流的作品，你都能读出《在路上》的影响。“在路上”不是一部小说，它成为一个象征，象征着自由、解放、释放，很潮很酷很先锋。

《在路上》是一本需要趁年轻读的书，遗憾的是，老杨第一次读时，已经到了思前想后蝇营狗苟的年龄，这种说走就走的旅行，想睡就睡的爱情肯定无法欣赏了，我一边读还一边想：这些孩子真不负责任，对不起父母对不起学校，赶紧藏起来别给儿子看见，学坏了！

“垮掉的一代”形象太刺激太张扬，他们几乎统治了美国50~60年代的文坛，谁也盖不过他们的风头。其他的作家当然也有，但物以类聚，这个时期的作者，不离经叛道休想出头，那年月看小说，妈妈肯定是要审查的。

亨利·米勒，美国文坛的“怪杰”，说起来似乎他也算“垮掉派”一路的人物，或者说，他是“垮掉派”的精神导师。他的两部巨作大家都听说过，一部《北回归线》，一部《南回归线》。

《北回归线》于1934年在巴黎出版。能在巴黎出版的东西，不一定能在美国出，“二战”后期巴黎解放后，英美盟军进入巴黎，偶尔发现，居然还有这么一本书呢，竞相传阅，爱不释手，随后偷偷夹带回美国，当宝贝到处显摆。

这么受欢迎的书，又是美国人的作品，美国干吗不出版？赤裸裸密集的性描写，太露骨了，太淫秽了，乍一看，地道的黄书，美国说到底是清教徒的国家，哪能这么放肆呢？

《北回归线》是米勒的自传，是他在巴黎和一些侨民、艺术家混在一起的混沌岁月。这帮人凑在一起，到底干了些什么？不知道，混乱得很，没有个清晰的故事线，就是一堆人的吃喝、神侃、游荡当然还有嫖妓，周而复始，天天如此。米勒是个思维跳跃的人，他还故意想到哪儿写到哪儿，没有喝酒或者嗑药的人，很难跟上他的逻辑。老杨自认为是个阅读能力合格的人，尝试几次阅读《北回归线》都没读完，读得胸闷，还偶尔怀疑，是不是自己的神经出了问题。所以老杨非常主观地判断，《北回归线》被传得那么热门，卖黑市卖得这么畅销，完全是因为其中的性描写吸引了不少人。

虽然看不懂，主题其实是清晰的，开篇第一章作者就讲明白了：“就‘书’的一般意义来讲，这不是一本书。不，这是无休止的亵渎，是啐在艺术脸上的一口唾沫，是向上帝、人类、命运、时间、爱情、美等一切事物的裤裆里踹上的一脚。”可以理解为，米勒预备用这本书砸碎一个旧世界，颠覆欧美社会传统的审美、道德、宗教或是哲学，所以，米勒绝对算是“垮掉派”的先行人物了。

米勒在巴黎共创作了三部自传体小说，《北回归线》、《黑色的春天》、《南回归线》。1940年，米勒回到美国，创作了殉色三部曲，《性爱之旅》、《情欲之网》、《春梦之结》。仅从名字看，这几部书要放在网上，肯定会被有关部门扫黄。

大家别以为当时有点露骨性描写，小说就惊世骇俗了，还有更先锋的呢。1958年，《纽约时报》的榜首畅销书，是俄裔作家弗拉基米尔·纳博科夫写的《洛丽塔》。

在“萝莉”这个词横行的时代，很少人不知道这部小说了。一个40多岁的老男人亨伯特，因为青春期时代的一场无果恋情，落下了病根，从此只对9~14岁的“性感少女”有感觉。经过两次目的不同的正常婚姻后，他终于成为12岁的洛丽塔的继父，并发展为不伦关系。他将洛丽塔带在身边，用食物、玩具、化妆品等物质控制她，直到她成年，直到她忍无可忍离去。三年后，17岁的洛丽塔婚姻失败生活潦倒，怀孕待产身无分文。她给老男人写信求助，亨伯特希望她再回到自己身边，被洛丽塔拒绝。亨伯特疯狂中找到洛丽塔的丈夫，枪杀了他。亨伯特因此入狱并死在狱中，洛丽塔也因难产而死。

中国的小文青喜欢用“君生我未生，我生君已老”来诠释整个故事。没那么美好，亨伯特对洛丽塔是一种畸恋的控制，洛丽塔对亨伯特是无知无奈地委身，中间从来就没有所谓爱情，老杨奇怪怎么会有人读出美好和感动来。

因为主题过于“惊悚”，《洛丽塔》问世后，在多个国家被禁，又是神奇的法国，将它公开出版，让纳博科夫成了当红作家。在巴黎震动了三年后，《洛丽塔》才进入美国，当年就成为《纽约时报》榜首畅销书。

阅读这个故事时，读者们心里想得最多的是，能写出这样的故事，作者该不会是有亲身体验吧？文章最让人印象深刻的，是细腻的心理描写，场景的细致描述，尤其是青春期少女一颦一笑的小眼神小举动，这如果不是盯着看了很久，恐怕写不了这么清楚。不过根据史料，迄今为止，还没发现纳博科夫“恋童癖”的有关证据。

好莱坞又在第一时间买下版权拍成电影，为了照顾观众的接受程度，女主人公洛丽塔被定为14岁，仿佛大了两岁，这段恋情就正常多了。影片《洛丽塔》进入中国后，中国给了一个天才的翻译名，叫《一树梨花压海棠》。诗句出自苏东坡，他嘲弄他朋友张先在80岁时娶了18岁的小妾，梨花说的是张先一头白发，海棠指的是少女红颜。那以后只要在一个画面里同时看到梨花和海棠，整个人就不好了！

成人的书有成人的主题，成人的世界总是难懂，只是这个时期的成人们，沉溺在“垮掉”的气氛里，谁想过青春期的孩子们是怎么看他们的呢?

一个叫霍尔顿的16岁熊孩子，家庭环境不错，在名校读中学。因为五门功课挂掉四科，他“光荣”地被学校开除，这已经是他第三次被不同的中学开除了。在跟室友打了一架后，霍尔顿连夜回到纽约，他不敢回家，住进一个小旅馆。

本来霍尔顿认为，他就读的学校是个假模假式的丑陋之地，可他在纽约的一天两夜游荡中，他发现整个成人世界都是光怪陆离混乱不堪，而且更加假模假式的。他尝试跟成人一样堕落，甚至招妓，这让他更加苦闷。彷徨害怕中，他躲到他曾最尊敬的老师家中借宿，可没想这位老师似乎对他有不可告人的变态企图，霍尔顿吓得落荒而逃。霍尔顿最后决定去西部流浪，想临走时见他最爱的妹妹菲比最后一面，小菲比居然拎着行李箱跑出来，要和他一起出走。霍尔顿无奈之下，只好带妹妹去动物园玩了一圈儿，一起回家，然后大病了一场。

这是老杨很喜欢的一本美国小说，《麦田里的守望者》，作者J.D.塞林格。1951年，小说问世时，也引发了不小的轰动，尤其是在青少年族群中。霍尔顿成了半大男生的偶像，反戴红色的猎人帽，把帽檐放在后面，抽烟、喝酒、粗口，当然也招妓。霍尔顿是个未成年的“垮掉派”形象。

塞林格是塑造一个熊孩子让其他孩子跟着学坏吗？当然不是，小说将霍尔顿描写得淘气叛逆玩世不恭，其实骨子里，他脆弱且善良，他小心地想保持一片纯真的心理天地，可外界总不能给他任何干净的影响。霍尔顿通过种种堕落的行为表示他的抗争，他的坚持，他对菲比说出了自己的理想：

“有几千几万个小孩子在一大块麦田做游戏，附近没有一个大人，除了我。我站在悬崖边上，职务是守望，要是哪个孩子对悬崖边跑过来，我就把他捉住。孩子们狂奔，也不知道自己在往哪儿跑，我就从什么地方出来，把他们捉住。我整天干这样的事，我只想当个麦田里的守望者。”

金色的麦田，就是霍尔顿心目中的纯净天地，在里面玩耍的孩子心里一样纯净，如果他们被外界污染，偏离了方向，“要向悬崖边跑去”，霍尔顿会把他们拉回来，他希望做这方纯净永远的守护者。

这是一部关于成长的书，一代代的孩子们似乎都经历过霍尔顿的困惑和挣扎，不过大部分的我们都不抗争，我们接受了“人生就是场大家按规则进行比赛的球赛”这个说法，就算真有我们不了解甚至明显不公的规则，我们也选择努力适应，咬牙硬扛，将人生憋屈到不温不火，似乎就成功了。

老杨爱死了霍尔顿这个角色，看到他在考卷中给老师塞纸条，安慰老师，就算不及格也不用“自责”，反正自己早就准备不及格时，甚至为这帅孩子拍案叫好。可如果自己的孩子是个霍尔顿，老杨就愁死了，蝇营狗苟的心，容不下金色的麦田了。

运动了

第二次世界大战结束后，美国迎来一阵生育高峰婴儿潮，这些孩子到60年代中期，都算是成年了，就算没成年，也正好是叛逆期。到1970年，30岁以下的美国人口几乎占美国总人数的一半，至少有800万人在大专院校就读，这是史上年轻人最多的时代，这是属于年轻人的时代。

婴儿潮的孩子有个特点，他们生于战后，他们的父母亲历了大萧条和大战争，心里都有不安全感。等自己有了孩子，就生怕孩子再遭自己的罪。这些人儿时的生活质量普遍比父辈高，亲眼见到美国成为世界霸主，经历了前所未有的繁荣和财富，有更多的机遇，当然也面临更多的挑战。小时候没受过挫折教育，稍微大一点，“冷战”、麦卡锡主义都让他们困惑，加上突然要被抓到越南去“送死”，恐惧、无助、孤独顿时将他们淹没，有部分人，对整个生存环境产生怀疑，对人类的文明更产生一种幻灭感。

有情绪就要发泄，半大孩子，做事也不会考虑成败得失，所以，进入60年代，此起彼伏，各种各样的运动就冒出来了。

既然“垮掉的一代”已经被贴上标签，就不介意让自己更出位一点儿，戴顶贝雷帽，再留个山羊胡子。有人称他们是“Beatnik”，后来翻译成披头族，创造这个新词儿的灵感来源是人造卫星“Sputnik”，当时一提到人造卫星，大家第一时间想到苏联，很多人感觉，垮掉的一代披头族这帮人，是有点共产主义倾向的。

披头族主要活跃在50年代，最早的垮掉派文化运动中心在纽约，随着金斯堡、凯鲁亚克这些人开始向西部流浪，旧金山渐渐成了这帮叛逆者的大本营，因为旧金山跟纽约一样，移民城市，文化和社会气氛都很包容，直白地说，容易出幺蛾子。

进入60年代，随着避孕药和公众对堕胎的开放认识，引发了一场轰轰烈烈的性解放运动，加上从50年代开始流行的各种毒品，基本勾勒出当时反主流文化的时髦青年形象。

吸毒者侧身躺着，髋部突起，自己给自己起个很酷的绰号叫“hips”(hip是髋部的意思)，在垮掉派看来，“hip”这个词可以代表时尚尖端，先锋人物，加个后缀，hippies就诞生了，对，这就是嬉皮士了。

嬉皮士不是个政治派别，这帮人基本上懒洋洋的，披头散发，身上吊着一件麻布裙或是麻布披肩，脖子上挂着念珠，晃晃悠悠的，抽烟喝酒晒太阳。1967年，成千上万这个造型的青年从世界各地，五湖四海，为了一个共同的目的串联到旧金山。这些青年人有个接头暗号是头戴鲜花，在旧金山街上也传递着鲜花，显示这个嬉皮士的聚会，就是为了传播“爱”。

这就是旧金山著名的“爱之夏”运动，歌曲《旧金山》是个活动的主题曲，嬉皮士们在旧金山海特区和金门公园各种出租屋安营扎寨，过上了啥也不干啥也不想的“共产主义”生活。

如果仔细研究精神实质，嬉皮士运动似乎跟左派运动、民权运动、无政府运动等一系列热门运动都能扯上关系，所以这几个运动派系也都愿意拉上嬉皮士一起“运动”。“爱之夏”活动得到了不少支持和支援，要没有这些援助，大部分嬉皮士都饿死冻死了；大量吸毒和性解放活动，自然少不得自愿免费医生的帮助。免费的生活让嬉皮士感觉他们生活在乌托邦的社会里，实现了“共产主义”。根据经验，乌托邦从来是不长久的，几万嬉皮士在旧金山无所事事瞎溜达，肯定是不安定因素，更何况这帮人除了号称爱与和平之外，对当地毫无贡献。时间长了，美丽的滨海城市旧金山成了混乱的贫民窟，街头充斥着暴力、犯罪和永远清理不完的垃圾。

终于逼着警察清场了，嬉皮士倒也不是顽固的堕落分子，他们看着自己的先锋形象日益向犯罪分子靠拢，果断中止了乌托邦实践。1967年10月6日，嬉皮士们组织了一次抬棺游行，棺材里放着象征嬉皮士的念珠、头巾等，他们这是宣告，嬉皮士已死，以后有事请烧纸。

虽然他们离开了旧金山，但也没说从此就回归正常人类了，他们化整为零，进入山区，再建乌托邦，继续自己的生存构想。

嬉皮士明显受垮掉派作家的影响，年轻人最容易受影响，所以，每个运动的年代，最亮眼的都是校园运动。

前面说到，60年代，美国的学运是以反越战为主题的，但也有其他思潮，比如为人权，为公平，为种族歧视等。

从1962年开始，一些美国名校的学生们开始在密歇根集会，他们是想建立自己的民主团体，表达对现实社会的失望，对成长过程中遭遇那些问题的思考还有倡议要政治改革，孩子们都比较激进。

1964年，加州大学伯克利分校的同学为了争取在校园里参与政治活动的自由，跟校园警察动了手，还占领了行政大楼。伯克利的“暴乱”引发了遍布全美的一系列校园“暴乱”行动，大学生普遍感觉，学校里不自由，高等教育非人性化，学校里还充斥腐败。哥伦比亚大学和哈佛大学这样的名校，都加入了行动，闹得沸沸扬扬。

还是在伯克利分校，将大学内的暴力抗争运动带上了高潮。话说加州大学伯克利分校从州政府里搞到一块土地，作为学校扩建的预留地，因为一直没钱开发，这块地就闲置下来。学生感觉这里遍地瓦砾很不好看，就和当地居民一起，种植了花花草草，将这片空地改造成了一个“人民公园”，可以供大家野餐、歌舞，当然还有各种聚会，尤其是反战运动时，这里经常有公开演讲。伯克利校方这时手头宽松了，就考虑将这块地改建成停车场。学生们当然不干，对他们来说，这里已经是他们“最后的空间”，是校方疯狂行动之下的“最后一块圣地”，他们示威游行跟校方谈判，拒不接受停车场。

当时的加州州长叫里根，一个强硬的保守派，学生们的行动，看着很像搞“共产主义”，为了净化校园里“左派”的力量，他下令警察，该摘花摘花，该拔草拔草，让伯克利尽快把停车场盖起来。

警察动手那天，3000多学生和市民在公园发表演讲，抗议政府“暴行”，警察用高音喇叭干扰演讲，学生们被激怒了，警察也急眼了，爆发了肢体冲突，警察使用了催泪瓦斯和其他武器。一名学生死亡，100多名学生受伤。半个月后，近3万人参加了殉难学生的纪念活动，他们当时的口号是“让一千座公园绽放”。这样的代价，终于保留了“人民公园”。现在去伯克利读书的孩子们，第一时间应该去这个公园朝圣，感受一下师兄师姐们的勇气和精神。

60年代后期，各种运动似乎进入了尾声，没想到，还有更精彩的收官战。

前面讲过的垮掉派作家群，除了酗酒吸毒流窜等生活习惯，还有一个最大的特点就是，这帮人似乎无法爱上异性，他们大都是同性恋的。金斯堡和凯鲁亚克到底是个什么形态的关系不好定位，但这两位对卡萨迪应该都有爱慕之情。

之前美国历史上的名人，比如惠特曼之流，他们的性取向都讳莫如深。到60年代，性解放都玩落伍了，同性恋能算啥？在先锋派的人群中，同性恋不算个事，但美国说到底，还是一个以清教徒为根基的国家，让他们公开接受同性恋，还是有难度。

1969年6月27日，纽约的格林尼治村的石墙客栈被警察搜查。纽约的格林尼治村几乎是个公开的同性恋聚集区，警察对石墙客栈的强制搜查也不是一次两次了，之前抓走的同性恋男女就很多了。

两边积怨已深，这次搜捕，不知怎么地就动手了。几百名男女，不管是不是同性恋，聚集到石墙客栈门口，对警察羞辱谩骂，警察毫不客气操警棍还击，人群开始投掷石块和燃烧瓶，有人在石墙客栈内放火，差点把警察烧死。暴乱向整个格林尼治村扩散，一直闹到天亮。

这场著名的“石墙起义”是世界同性恋发展史上的里程碑，事件标志着同性恋解放运动正式开端，同年，同性恋解放阵线在纽约成立。第二年，为了纪念石墙事件周年，纽约举行了同志大游行，以后的6月27日，就成为同性恋的纪念日。

I wanna rock I wanna roll

校园运动、嬉皮士运动、反战运动、黑人解放运动、妇女解放运动、同性恋解放运动，再加上地下的各种跟“左派”、共产主义有关的运动，60年代的美国，真是史上最热闹的时代，像开party一样。既然是开party，就不能没有音乐，如果说，有一个运动，是贯穿了以上所有的运动，并为之提供精神营养的，就是摇滚乐运动。

进入50年代，美国的音乐，大约有三种形式，一种当然是爵士，一种是起源于南方农村的乡村音乐，还有一种则是来自叮砰巷的流行音乐。

叮砰巷就是指纽约第五大道和百老汇之间的第28街，因为集中了很多音乐出版公司，每天都有新歌手带着自己的音乐去找伯乐，街上到处是叮叮砰砰各种乐器声，就成了叮砰巷。这里的音乐包罗万象，赤裸裸商业导向，为流行服务，为好莱坞服务，这里出炉的音乐，都挺容易广为流传的，是流行神曲的制造基地。

虽然当时听爵士是黑人居多，听流行音乐是白人居多，中西部老乡爱听乡村歌曲，但音乐只要入耳，很少有人会计较它是来自哪个阶层哪个族群，渐渐这几种音乐的分界似乎越来越小，融合度越来越高，摇滚就在这个基础上产生了。

好莱坞是最媚俗的，街上流行什么，他们一定有相应的电影配合。街上流行学生运动，他们就拍摄一部反映叛逆学生的电影来唯恐天下不乱。

1955年，校园电影《黑板丛林》上映，听名字就知道，黑板下面已经成了野兽争战的丛林，可见是讲述校园暴力的。电影中的一首插曲，在当时红透了全美，歌手比尔·哈利演唱的《Rock Around The Clock》（昼夜摇滚），这首歌曲相当于宣告了摇滚音乐时代的来临，1955年被定义为摇滚元年。

用摇滚来称呼这种新的音乐形式，开始于1951年。俄亥俄州克利夫兰市的音乐DJ艾伦·弗里德，他发现年轻人对强劲热烈的节奏布鲁斯（R&B）特别青睐，当他做音乐节目时，从当时的一首R&B作品《We're Gonna Rock，We're Gonna Roll》提炼出Rock n' Roll这个词汇，为摇滚乐正式上了户口。

摇滚乐是以节奏强劲的黑人音乐为根基，似乎总是黑人的声线表达得最完美，可当时的美国社会，对于黑人是相当嫌弃的，让黑人成为舞台的主流，大部分白人都郁闷。看着流行音乐越来越成为一门赚钱的产业，当时就有唱片公司的老板说：“给我一个拥有黑人声音的白人，我立马就能发成亿万富翁！”

这位老板的祈祷真的收到了回应，1954年，有个叫埃尔维斯·普雷斯利的帅小伙，发行了他的第一张专辑，一个将乡村音乐完美融入了黑人节奏的白人歌手，唱歌的时候，还会像黑人一样扭臀踮脚，表现力十足，立时吸引了广大听众。

老板并不知道，普雷斯利就是让他成为亿万富翁的那个贵人，第二年，他将其出售，也就是这一年，专辑《Elvis Presley》在美国著名的公告牌排行榜（Billboard)上蝉联了10周冠军。随后，普雷斯利进军电影界，1956年，由他主演的电影《Love Me Tender》上映，同名主题曲《Love Me Tender》几乎拿下了美国所有的音乐大奖。这首歌在流行歌曲历史上的地位，就不需要老杨形容了吧。

普雷斯利出生在密西西比州，南方的歌迷昵称他为“The Hillbilly Cat”(来自南方乡下的小猫)。他在台上造型风骚，扭着唱情歌，台下的女听众痴迷得都快晕过去了，就像一只公猫会吸引大批母猫垂涎，普雷斯利是最受欢迎的公猫，所以，他是猫王。

猫王号称是摇滚乐之王，史上最伟大的摇滚歌手，但说到摇滚，人们第一个很难想到猫王在台上扭着身子深情款款，我们最直接的联想肯定是衣着褴褛，抱着吉他，在台上嘶吼的那群人。

50年代人压抑，他们的表达方法也压抑，摇滚都是闷骚型的。进入60年代，不压抑了，要宣泄要释放要解放，要表达心理渴望和政治诉求，摇滚进入了自由时代。

当摇滚成了某种发泄，太高深就不好玩了，之前玩音乐，都要学钢琴，大家都知道，摇滚乐队的核心是吉他。似乎，吉他要比钢琴接地气多了。

60年代早期，几支英伦的摇滚乐队进入了美国，最引人注目的是披头士（The Beatles)。披头士先轰动了欧洲，随后征服了美国， 迄今为止，他们应该还是美国销量最高的乐团，说他们是摇滚乐队史上地位最高的宗师，肯定是毫不恭维的。

披头士刚开始看着好像还是挺干净利索的四个年轻人，太干净利索，在舞台上的表现力就差点儿，跟他们同时代的一样出名的滚石乐队（The Rolling Stones)就不一样了，他们在台上那种疯狂和爆发，看起来才是真正的摇滚，对，就是滚石乐队，奠定了现在我们脑子里最直接想到的摇滚表演画面。

有披头士和滚石这两支史上最伟大的乐队，美国本土的摇滚怎么努力似乎都暗淡。 在美国的流行音乐史上被称为是一次“英国入侵”。面对入侵，不能不抵抗啊。美国本土有自家的有利条件，不知道什么时候开始，美国流行一种叫“LSD”的致幻剂，吃下去后，能看到美好的幻觉，进入万花筒般的美景。50~60年代，美国的大麻随便吸，加上致幻剂，性解放，上台去摇滚时，有奇幻漂流的效果。于是，美国本土就出现了迷幻摇滚。

迷幻摇滚成为热门主流后，很多乐队都不能免于对毒品的依赖，披头士乐队入乡随俗也加入了这个疯狂的派对，滚石这帮叛逆的坏小子当然更不会逃避“尝试”。

美国的迷幻摇滚代表，最有影响力是感恩而死乐队（Grateful Dead)，这个成名于旧金山地下乐坛的摇滚乐队，跟当时旧金山最火的嬉皮士运动牵连甚大，现在一说到感恩而死乐队，大多数人都会想到嬉皮士。1967年，伴随嬉皮士运动的，旧金山雷蒙音乐节上，感恩而死惊艳亮相，被认为是最好的乐队。乐队到1995年才解散，巡回演出的场次无法计算，可能是史上现场演出最多的乐队，这完全是因为，看他们现场演出，比听他们的专辑爽多了。

为了宣告摇滚乐对青年的精神统治，1969年年初，纽约、波士顿等大城市出现了一份特殊广告，广告海报上通知，当年的8月15~17日，在纽约州北方的伍德斯托克小镇，将举办摇滚音乐节，广告声称，伍德斯托克有三天和平与音乐，也是三天真正的自由。

虽然是叫“伍德斯托克音乐节”，可伍德镇真不愿意配合这些熊孩子瞎闹。最后，活动现场搬到了一个叫亚斯格的农场进行。组织者当时认为，应该能吸引5万人到场，帐篷、食品及相应的生活物资都按5万人预备。没想到的是，活动当天，有近40万人蜂拥而来，大部分是嬉皮士。老天还不作美，下起大雨，农场一片泥泞。可就在这片泥泞中，史上最壮观的音乐聚会居然成功举行了，生活用品都匮乏，到处拥挤不堪，可没有骚乱，没有混乱，没有不可收拾的事故，在毒品大量供应的状况下，能保持这种秩序多么难得可贵。

三天中，所有当红的乐队都上台表演。面对40万的观众，也不是每个表演团体都能随时遇上的事，听众很high,表演者更high，这三天，农场所有的人都是兄弟姐妹，他们组建了一个叫伍德斯托克国的乌托邦，充满爱、和平、温馨。虽然是三天条件艰难的日子，可对当时参加过的人来说，肯定是最美好的青春回忆。进入70年代，嬉皮士文化凋落，伍德斯托克音乐节是他们最盛大的谢幕了。

伍德斯托克音乐节是史上最成功的音乐节，它几乎不可复制。比如4个月后，滚石乐队牵头，在北加州一个赛车场举办了阿尔塔蒙特音乐节。这个音乐节最引人注目的明星绝对不是滚石乐队，而是被滚石请来维持秩序的“地狱天使”帮。

“地狱天使”成立于1948年的加州，是全球最大的哈雷机车帮派，标志就是骑着哈雷摩托的皮衣车队，哈雷机车非常高冷，连带这些帮派分子也比一般的古惑仔有威慑力。

黑帮分子对秩序的要求比保安协警之类的高，喝酒的、嗑药的、现场做爱的、跳舞难看的，长得黑的，都会不清不楚地遭到毒打。滚石乐团压轴表演时，“天使”们一点儿没给面子，他们当场刺死了一名黑人歌迷!

从伍德斯托克到阿尔塔蒙特，代表着摇滚乐整个形象的盛极而衰，阿尔塔蒙特事件后，很多人才觉悟到，摇滚是释放的自由的，但它也有破坏和暴力的阴暗面。

整个50~60年代，艺术精神都是摇滚的，视觉表现也呈现出跟以往不同的状态。如果你要问，美国“二战”后最令人欣喜的美术作品是什么，很多人会回答你，32罐金宝汤罐头，现藏于纽约现代艺术博物馆。

金宝（Compbell)汤是世界上销量最好的罐头汤，中国人虽然不喝罐头汤，超市里的史云生清鸡汤我们是见过的，它就是金宝旗下的产品。

为什么一幅画了各种口味汤罐头的画，而且是丝印版画会成为当代名画？这要从战后世界艺术倾向说起。

“二战”摧毁了很多事，很多标准，很多既定的规则。艺术家们看到，周遭已经是商业社会，物质主义横行，传统假惺惺的绘画和设计，一般都来自设计者主观的感觉和思考，很少想到作品进入市场，观赏者和消费者如何接受。

比如某个画家画了一个花瓶，画得好，画家可能出名了，画也大卖了，可画中的花瓶有什么价值呢？如果花瓶是某种产品，那不是一种很好的宣传吗？

伦敦的青年艺术家率先提出，面对快速发展的消费社会，艺术家不是应该回避“俗流”，而是应该紧紧跟上，并大胆表现，力求艺术品应该通俗化、流行化，最好是能为商业服务。根据“popular”(流行的)这个词，这一轮艺术创新的产品，我们称之为波普艺术。

艺术进入这个阶段，不管你爽不爽，就是看谁更俗。

来自捷克斯洛伐克移民，出生在匹兹堡贫民区的安迪·沃霍尔，成长期正碰上大萧条。这孩子从小就敏感自卑，还有精神系统的疾病。长大后到纽约做个商业插画师，感觉前途就挺好的了。

波普艺术渗透到美国，沃霍尔敏感到了这股潮流，他大胆向流行文化靠拢。大家比较熟悉的，玛丽莲·梦露、猫王、贾格尔（滚石的主唱）波普头像就出自沃霍尔之手，当然还有他为金宝汤罐头各种口味创造的的32幅丝印版画。

到底一幅巨大的汤罐头肖像算不算是艺术品，当时有巨大的争论，不管是艺术争论还是明显炒作，结局是双赢的，安迪·沃霍尔一跃成为现代艺术的代表，进入艺术家的行列，金宝汤罐头，自然也就成为最畅销的汤罐头。

2014年2月，沃霍尔创作的《毛泽东画像》在伦敦苏富比拍卖，以760万英镑成交！

在好莱坞卖座大片《黑衣人》（*Men in Black*）第三部中，威尔·史密斯穿越回60年代，在一个时尚派对上见到的发型夸张的摄影师，就是安迪·沃霍尔。根据剧情设计，他也是FBI的探员，他在各种商业现场卧底监视外星人，而他的那些作品，是卧底无聊时随手画的！（《黑衣人》三是很有内涵的商业电影，它调侃了美国60年代很多风物，是大家了解60年代美国的一部好“教材”。）

五十　沉默的大多数

好政客的第一要素，就是精准掌握潮流。全美如火如荼的反战浪潮中，来自东海岸权力中心的大牌议员们，嘴脸变化得很快。当初坚持“剿灭”越共的那几个家伙，突然就出现在反战的游行队伍里了，各种电视节目中，政客们对美国军队卷入战争表现出了夸张的质疑和忧伤。

约翰逊是总指挥，他不敢出尔反尔说自己从来没支持过战争，面对压力，他唯一能做的是宣布暂停轰炸，而后他要解决巨额的军费造成的赤字和年年高升的通胀，为了控制通胀，约翰逊不得不要求国会批准“战争税”，这可与他伟大社会的计划冲突了，国会很理解，所以从他的伟大社会计划基金中，毫不客气地削减了60亿美元。

一辈子左右逢源，深谙政治的约翰逊明白了自己的处境。虽然根据宪法，他还有资格参加一届总统选举，但他还是选择了退出角逐。

1968年大选，民主党最有希望的候选人，罗伯特·肯尼迪遇刺身亡，共和党的尼克松终于赢得了他等待已久的总统之位。分析尼克松当选的原因，最主要是民主党的改革雄心让人们太累了，现在只求恢复正常的社会秩序，恢复所有人平静的生活。

破冰

先从一个当年在咱家脍炙人口家喻户晓的故事说起。

1971年3月28日，日本名古屋举行了第三十一届世界乒乓球锦标赛。比赛中，最引人注目的是中国队。倒不是因为中国人球打得好，而是，经过几年的“文化大革命”，中国人已经好久没出来见人了。

美国队也比较引人注目，因为队员的成分很杂，有汽车公司的HR、杜邦的工程师、《体育画报》的编辑、华尔街银行的职员，等等，其中最引人注目的，就是一位束着红发带的嬉皮士——来自圣莫妮卡大学的科恩。

小嬉皮士科恩嘻嘻哈哈的，没个正形，第一天就没赶上美国队的集合大巴，他无所谓，看见一辆车他就上，车上坐着中国队员。

冷不防看见一位造型奇异的美国佬上车，中国队员还是有一刹那的手足无措，好在车上有见过大世面的中国人，著名球手庄则栋，从第二十六届到第二十八届，他一直保持世界男单冠军的头衔。

他热情招呼了科恩，还送给科恩一块杭州织锦作礼物。第二天科恩回赠了庄则栋一件带着反战logo的T恤，并热情拥抱，结为好友。庄则栋邀请美国队到中国免费旅游。

两个国家的乒乓球手惺惺相惜本是很正常的，可在当时的局势下，中美两个年轻人拥抱在一起，是石破天惊的大事。更让人震惊的是，在通报美国政府后，总统尼克松批准了美国球队去中国访问。

作为战后出生的小孩儿，科恩肯定是经过麦卡锡主义的，就算他不懂，可那种对共产主义国家厌恶恐惧的氛围他是可以感觉到的，好在他是年轻人，是嬉皮士，是解放的一代，他完全可以把政治当笑话看，所以，当他经过罗湖桥进入中国深圳（那时还是个小镇），坐火车北上时，沿途的标语，可能成为他人生一次非常有趣的经历，标语写着：全世界人民团结起来，打倒美帝国主义及其走狗！

就在球队出发去中国的那天，尼克松总统宣布，放宽持续20年之久的对华贸易禁运。中国方面也表达了善意，周恩来总理亲自接见美国球队，进行了长达一个多小时的谈话。总理说，以后美国记者可以分批来看看。

这个信号让全世界的媒体都大惊小怪，都在猜测下一步，两边会有什么进展。而对尼克松来说，他此时最希望的，是亲自去到那个他抨击了大半辈子的国家看看，亲自会会让美国部分青年崇拜甚至“学坏”的毛泽东。可他也知道，中美两个大国在外交关系上任何改变都是翻天覆地的大事，国际上什么反应？盟友们怎么看？台湾会抓狂吧？国会那些死硬的保守派要气疯了吧？

这一步必须走出去试试，但在没有成事前，要保持绝密，要派最信得过的人去探探路。

在阁僚中，尼克松最信的，就是基辛格博士。在成为著名外交家之前，基辛格博士是著名学者，哲学博士，他并不是长期追随尼克松的死忠。1968年大选时，基辛格博士是尼克松党内对手的外交政策顾问，当时没少诋毁尼克松。尼克松用一个老牌政治家的眼光，发现基辛格是个外交奇才，所以不计前嫌将他带入白宫，成为国家安全事务助理。

探路人选定了，接着确定秘密通道。基辛格总不能大张旗鼓打个飞的就从华盛顿飞到北京去了吧。双方都在物色能架起桥梁的第三方，在当时的世界上，两边都能信任的中间人不多，最后被选定参与这场历史盛事的，就是咱们喜爱的巴铁——巴基斯坦。

1971年7月，美国政府官方宣布，基辛格要出访西贡、泰国、印度和巴基斯坦。在巴基斯坦时，基辛格和巴基斯坦的叶海亚·汗总统进行会谈，谈到一半，就说自己不舒服，随身的医护人员怀疑他是受不了南亚的气候，得了痢疾。汗总统体贴地安排基辛格到巴基斯坦北部的一个山区休养所去休息几天，跟随采访的记者每天都能看到基辛格在休养所里惬意地行走。

基辛格是个劳碌命，哪有休假的时间哪。他在宣布生病的当天半夜，戴着墨镜和大檐帽，偷偷潜入了军用机场，上了一架神秘的飞机。基辛格登机时，他的随行安保陡然紧张起来，因为飞机上赫然有四个穿中山装的中国人，表情凝重。

面对这么重大的秘密外交事件，周恩来总理特意派来的四位接待人员肯定紧张，而基辛格一样紧张。不管他曾经访问过多少国家，这样趁着月黑风高偷偷摸摸地进入一个他完全陌生，甚至充满敌意的国度，他会遭遇什么？有没有危险？最麻烦的是，基辛格突然发现，自己竟然没带合适的衬衣！

美国人对周恩来最清晰的印象，是日内瓦会议上的风度气派，尽管杜勒斯拒绝跟他握手。日内瓦时的总理，才56岁，虽然胳臂有微残，但意气风发，风度翩翩。基辛格降落北京后见到的，经历了“文革”的总理，苍老和憔悴了很多，但他儒雅淡定的气度，让基辛格放下了顾虑。

北京对基辛格的盛情款待，让他在两天时间里长胖了，再回到公众视野里，倒像是治好了痢疾的样子。

几天后，尼克松总统在洛杉矶的伯班克电视台，发表了著名的四分钟讲话，他宣布，他已获邀访问红色中国，他愉快地接受了这个邀请。对自己的内阁“通气”时，他说，世界上四分之一的人生活在中国，今天他们并不是一支重要的力量，但再过25年，他们就是决定性的，对美国来说，在这时候，在它能做到的时候，不去做，将会导致非常危险的局面。

正如尼克松之前预料的，全世界都蒙了。苏联心里打鼓：美国的小弟们都开始修改对华政策，争取逐步改善跟中国的关系；反应最大的当然是85岁的蒋介石老爷子，传说他骂尼克松不是个东西，猜想还加上了“娘希匹”！

“娘希匹”的事陆续来了，1971年10月25日，联合国大会以压倒性优势，通过恢复新中国在联合国的合法席位，并驱逐台湾代表。现场第三世界国家的代表，中国人民的老朋友，发出了欢呼，有人还甚至当众跳起了舞。

对于中国恢复联合国席位，美国肯定是起了作用，至少它没全力搅局。虽然尼克松已经预备访华，但他心里还是希望，最好中国和台湾都能在联合国拥有一席之地，他一手托两家，谁也不得罪。后来跟毛泽东接触过他才明白，台湾问题，是不可逾越的红线。

1972年2月21日，北京寒冷的清晨，美国的总统专机“76年精神”号（为庆祝美国建国200年特意改名的）降落。即使有400人的仪仗队列队等候，现场仍然不能说是隆重而热烈的，周恩来带了不多的官员在等候他。

降落前尼克松嘱咐，让随同不要跟得太近，他希望他和周恩来握手的照片可以清晰地定格在胶片上，他当时已经预想到，这张照片，会是20世纪最珍贵的图像之一。

看到尼克松出现在舷梯口，周恩来在原地没有动，尼克松迈着碎步，一溜烟小跑过来，远远地伸出了手，握住了周恩来的手。尼克松是政治家，这个小碎步的设计绝不是现场失控，他后来说："当年的日内瓦会议，杜勒斯拒绝了周恩来的手，周一定会感觉到是羞辱，所以这次我要主动伸手过去。"不管谁主动，这一次握手，都是一次伟大的破冰之举，两个敌对了20年的大国，终于愿意放下偏见偏执，面对面地沟通，尝试互相了解。

尼克松落地第一件事就关心什么时候能面见毛泽东。站立都需要人搀扶的毛泽东没让他等太久，下午，尼克松握住了这位东方伟人的手。两人进行了一个小时的谈话，从存世的照片看，气氛不错，不过就不知道谈了些什么。

当天晚宴，尼克松喝着茅台，感觉到了中国人的盛情，席间，周总理对尼克松夫人说，中国将向美国赠送两头大熊猫，玲玲和兴兴。对于后来陆续被送到美国并入籍终老的中国孩子来说，玲玲和兴兴算是先驱了。

尼克松来中国前，恶补了毛泽东诗词，在欢迎晚宴上引用"一万年太久，只争朝夕"，让主人家十分满意。尼克松还知道"不到长城非好汉"，所以第二天的行程，他必须去长城。

不巧那几天的天气恶劣，北京飘了两天的大雪，美国代表团本以为不能成行了，他们忘了，毛爷爷还有一句名言，叫"人定胜天"。从钓鱼台到八达岭，80公里的道路上，沿途北京居民们深夜清晨连续作战，扫出一条光洁的大道，成全美国总统做了好汉，也让尼克松终于知道，他的"好朋友"蒋介石输在什么样的"人民战争"上了。

整个美国代表团有391人，成员经过严格挑选，最重要的肯定是外交人员，因为接下来，两国会就重大的问题进行一系列磋商，并签署《联合公报》。

尼克松突然宣布访华，说明之前跟中国已经有过秘密勾兑，这除了让国会的保守派觉得被耍了，更生气的是尼克松的国务卿罗杰斯。

美国国务卿主管外交，这是地球人都知道的事，可总统要访华这么大的事，罗杰斯居然也是最后才得到通知。罗杰斯就是传说中的保守派，而据尼克松说，他选择罗杰斯当国务卿，就因为这个伙计不太懂业务，大小事，都可以绕过他交给基辛格办理。

接下来要进行的非常重要的外交谈判，当然也是基辛格主持，至于罗杰斯，他被打发陪同总统夫人转悠。中国派出了同样老牌的外交高手——外交部副部长乔冠华，巧的是，乔老也是哲学博士。

中美之间什么问题最重大？当然是台湾。承认一个中国，台湾是中国的一部分；解放台湾是中国的内政，美国不得干涉；美国的军事力量必须撤出台湾，这是中方必须实现的目的。

基乔会并不容易，基辛格和尼克松都不敢想象，如果放弃台湾，他们将面临怎样的指责，这种对盟友的背叛，也会让其他的盟友心生罅隙，以后关系不好处。可尼克松是顶着巨大的压力和全世界的关注来的中国，如果什么结果都没达成，光带两只熊猫回家肯定是不够的。所以整个谈判过程中，有不能解决的障碍，双方都选择一个办法——“拖”，总有人熬不住的。周恩来此时释放的态度是：中国不怕拖。3天后的半夜，基辛格熬不住了，终于拟订了双方基本同意的方案。

尼克松从北京飞往杭州游览，在飞机上，他收到了新出炉的《联合公报》，他和毛泽东似乎都没大意见，可国务卿看到公告就跳起来了。显然这份公告没有让他满意的地方，他一口气提出有15处必须修改。

这种外交文件，国务卿不同意不行，罗杰斯吃定了这公告最后还要到他手里，所以明知道尼克松和基辛格背着他忙了不少事，他还是非常淡定地等到了他终于能发飙的这一天。

在杭州，中方的接待工作依然规格很高，好吃好玩都没让尼克松心情好。毛泽东说了，除了台湾问题，一切都好商量；而罗杰斯纠结的，大部分还就是台湾问题，美国代表团内部吵翻了天，事态似乎陷入了僵局。

尼克松向陪同游览的周恩来吐槽自己的难处，党派、国会多重压力，总而言之，美国的事没有中国那么简单了。

周恩来一点头：了然！代表团离开杭州到达上海，刚一下榻，周恩来带着翻译径直去了罗杰斯的房间。周恩来是总理，罗杰斯不过相当于外长，总理主动拜访他，在外交礼节上，算是给足了罗杰斯的面子。其实，罗杰斯的动作，不过是一种矫情，他被总统冷落，没有参与重要的活动，连总统见毛泽东主席，全世界最瞩目的元首会面，都没叫他，更不用说《联合公报》的谈判几乎跟他没关系，他憋着一肚子火，总要发泄出来的。总理这一轮亲自造访，面子找补回来了，还抚慰了他莫名的委屈，什么问题都好说了。

1972年2月28日，《联合公报》终于发表，因为是在上海签字，所以又叫《上海公报》。离开前的晚上，尼克松的兴奋溢于言表，他说，他在中国的这一周，是改变世界的一周。宣告了尼克松这一次伟大破冰之旅的圆满成功。

虽然很兴奋，当夜尼克松居然还是没睡着。因为他不知道，回到美国他将面对什么，这份《上海公报》会不会让他被丢臭鸡蛋，或者被国会整死？

国会的确会往死里整他，但，不是因为《上海公报》，第二天回到美国的代表团，受到了隆重的欢迎，美国人对他的北京之行评价很正面，成就了尼克松政治生涯的巅峰时刻。

讲完了故事，有人会问了，无缘无故的，尼克松又是个坚定的反共分子，他为什么会突然顶住这么大的压力向中国示爱？这就要从尼克松赢得大选说起了。

基辛格外交

1968年的大选，选民看重的，就是候选人对越战的态度。继续打肯定是坚持不住了，撤军，美国丢人丢大发了！打不动，撤不动，这题几乎无解。

参选时，尼克松对越战摆出了胸有成竹的姿态，说他已经有了一个“荣誉和平”的方案，能保全颜面还能带来和平，选民爱死他了。

满嘴跑舌头这话，就是形容政客的。尼克松在北京的时候，跟咱们多亲热呀，可人家反共的时候，嘴脸是非常恶劣的。尼克松整个政治生涯，跟反共一样变幻莫测，就是对越南作战的态度。

法国军队被困奠边府时，曾经向艾森豪威尔求援，希望美国派出地面部队，帮一把，艾克权衡再三，还是没让自己搅和进去，眼睁睁看着法军惨败。当时艾克的副总统就是尼克松，他就力主美国应该派兵支援的。到约翰逊时代，是尼克松政治生涯最冷清的日子，参选总统失败，竞选加州州长也失败，在律所上班，不过是一介平民，他还是不依不饶地批评约翰逊的军事行动软弱无力，尤其是对北部大城市的轰炸居然缩手缩脚，他质问总统，美国的军队为什么不直接进入北越作战？

全国反战成为潮流，尼克松又意外重新出山，再次角逐白宫，他打的和平牌，还真让人不放心。

当了总统，总是能自圆其说的。一定会带给美国人和平的，但，和平是需要争取的。战争拖到现在，就是因为没打赢，打赢了，自然就和平了。美国愿意和北越谈判，但先要打服他们再谈。

尼克松的越战思路就是，轰炸—和谈—再炸—再谈—没炸够—谈不拢，如此这般往复。

根据这个思路，尼克松上台就开炸。约翰逊既然承诺暂停对北越的轰炸，那就换一个思路。新总统下达的关于越南的第一号作战命令居然是轰炸柬埔寨！

越南、老挝、柬埔寨，印度支那是一家。脱离法国各自独立后，都要面对美、苏两大阵营在东南亚的权力撕扯。越南在内战，老挝在内战，柬埔寨内部也不太平，当时执政的西哈努克亲王被认定是亲共的。

大家看地图，越南是两头大中间细的哑铃形状，北越的军队、装备、补给南下进入南越，走自己国家那条狭窄的通道是很难成功的，所以江湖上传说，有一条神秘的“胡志明小道”穿梭在越北—老挝—柬埔寨—南越的崇山峻岭中。这条路虽然崎岖蜿蜒，高山峡谷，但它的确能秘密运送很多东西南下，而美军的飞机眼神不好就是找不到。

为了配合补给线，老挝和柬埔寨境内，都会有些驿站，当然也可以理解为越共的军事基地，所以，尼克松轰炸的目标是，端掉柬埔寨境内的越共据点，同时，支持一个叫朗诺的柬埔寨人发动政变，推翻西哈努克，成立亲美的政府。

清理柬埔寨的行动比美国人预想的艰难，4个月，美军阵亡4000人，平均1个月死1000。不用说，国内的反战潮又汹涌而来了。

尼克松自己也没想到这么大的伤亡，他及时调整计划。不能再把美国大兵送上前线了，战争要“越南化”，就是说，打仗是南越自己的事，必须培养让越南人打越南人，逐渐把美军撤回来。一边安排美国撤军，一边开始跟越共和谈，美方的谈判代表当然还是基辛格。

1969年5月8日，美越的谈判在巴黎开始。这个谈判，基本可以说是鸡同鸭讲，两边总调不到同一频道上。谈判受阻，尼克松就增加轰炸的强度，想用巨大的武力压迫对手屈服。每次作战都要死人，一死人国内就沸反盈天，国会就找总统麻烦。可如果完全收手不打，停止轰炸，谈判时越南更加咬定青山寸土不让，美国的要求不能达成。此时的美国总统，可以说是被架在火上烤。

其实，解决办法就在眼前，谁都知道，美国人完全撤出，不看不听不管，让越南人自己打出个结果来。对，这是最好的结果，可美国人能答应吗？

“二战”后，美国为自己设立了所谓的大国责任全球战略，要以推广民主自由帮助弱小国家抵抗强权为己任，它是大哥，它是龙头，它要说走就走撂挑子不管了，威严要不要？荣誉要不要？以后还好意思在地球上混吗？

缓慢撤军，回到之前那种出钱出技术不出手的状态，是个好思路，1969年底，撤军就陆续进行了，到1972年秋天，留在印度支那地区的美军大约从54万人锐减到6万人。

美国的撤军，没让巴黎的谈判更容易。越共对美军撤退不感冒，他们要求的是在南越政治上的地位。其实说白了，就是美国放手，越南人自己解决内部的问题，南北越是越南内政。

尼克松看出来，这还是打得不够哇。正好驻越的美国司令汇报，说美军撤出后，南越军队的斗志昂扬，他们独立作战应该是一点问题都没有。

好吧，拉出来遛遛，如果南越人真能出息点儿，尼克松的处境就轻松多了。南越军队独立作战大考验，选哪里做考场？总统钦点，打老挝去！

天上找不到“胡志明小道”，地面上找去，找出来，毁掉，切断越共与南方联系的生命线。

被美国武装训练并抱以巨大希望的南越军队出发了，头顶有美军战友的空中掩护，背后还有美军战友的火炮支援。战争进行了44天，南越军队溃不成军退出老挝，根据老挝的战报，老挝解放军和南越人民武装配合，歼敌15000人，有十几个旅团几乎被全歼。

南越国军难道是稀泥巴糊不上墙？也不能完全这么说。他们跟当年蒋介石的各路诸侯在“剿匪”的时候留一手，不肯出全力一样。此时南越政权的首脑阮文绍有自己的小算盘。美军能坚持多久不知道，说不定某天说走就走，把南越甩了，到时候，少不得要跟越共拼命争夺江山，此时实在犯不着去老挝无谓牺牲。

总统的“越南化”方案显然是失败了，基辛格非常聪明地要求总统，以稍微缓和点的态度，给予北越新的让步，巴黎和谈再次开启。谁知，北越对于美国的让步不领情，主要谈判代表在关键时刻还突然“病了”。北越气质益发硬朗，是因为他们手上的和谈筹码在增加。

1971年深秋，南越军队发动的“真腊二号”战役进攻柬埔寨，被柬埔寨歼灭；老挝军民在雨季5个月的战斗中共歼敌7500多名； 1971年2月8日，南越人民武装发动了著名的“九号公路战役”，战役历时43天，美军损失2.1万余人和500余架各种战机。

印度支那三国人民愈战愈勇，战场形势也由被动挨打转变为直接反攻。1972年3月，北越发动了1968年以来最猛烈的攻势，人民军4个整师，在大批苏制坦克和远程火炮的掩护下，开始了计划已久的春季攻势。越共军队直接穿越南北非军事区，震惊了白宫。

就在北越的谈判代表想尽各种办法拖住基辛格的时候，北越正在严密策划这一轮攻势。

尼克松觉得被越共耍了，大怒之下，忘记了1968年关于停止轰炸北越的承诺，不仅要到北越后方去炸，还要炸当年约翰逊小心回避的重要城市河内和海防。

对北越来说，既然军队都已经突入了南方，你在北越能炸出什么结果？如果目标真是中国和苏联的补给线，美方当然还是要考虑会引发什么样的后果。

尼克松当然不会这么僵化地得罪人。此时他看明白了，要想美军体面地从越南脱身，最有用的力量还是来自中国和苏联。

于是就有了基辛格秘密进入中国，而后促成尼克松访华的故事。不久，尼克松又访问了苏联，跟勃列日涅夫签署了两国迟迟不能达成共识的《限制战略武器条约》。条约让苏联的勃总很满意，很张扬，因为，从两国“冷战”开始，美国陷在越南大坑的这几年，是苏联人感觉最爽的几年，美国人一点都嘚瑟不起来了。

1973年1月27日，虽然之前的这个圣诞节，美国还是以一个疯狂轰炸的态势配合谈判的最后阶段，但《巴黎协定》还是签署了，停火、撤军、释放战俘。可怜的基辛格为了这份来之不易的和平，跑了19次巴黎。

协议是签了，停火却不容易，陆地上没有美军了，海上还有美国军舰，所以南越政权又勉强坚持了两年。到1975年3月30日，西贡被北越军队占领，这场历时14年，花费1650亿美元的战争才算真正结束，只是，那已经不关尼克松的事了。

尼克松时代的美国，在气势上输给苏联一截，不敢托大，所以外交政策上，尤其是对共产主义的遏制上，就不敢过于嚣张。尼克松甚至提出，要跟中苏“实力”+“谈判”的新主张。可对于美国的全球战略来说，就算中苏不给他添堵，还有大量的第三世界国家让他闹心。比如他家最看重的中东。

1973年10月，埃及和叙利亚军队联手向以色列进攻。因为埃叙联盟非常残忍地选择了犹太人的“赎罪日”发动战争，让以色列愤怒加倍，反击也加倍。而这一场著名的“赎罪日战争”已经是以色列建国后中东的第四场战事了。

中东的恩怨，没有美苏的推波助澜就不会这么惨烈，也需要美苏出面才能尽量减少损失。虽然美国一如从前，为以色列提供大量的武器援助和军事技术，但在以色列略占上风后，美国人压迫以色列接受停火协议。

此时的美国，对于中东阿拉伯国家石油的依赖程度是非常高的，为了以色列将整个阿拉伯世界得罪光了，后果很严重。

严重后果很快就来了。石油输出国组织对支持以色列的国家，主要是美国实行了短期原油禁运，石油价格立时一飞冲天，从每桶不到3美元涨到每桶13美元。这一轮来自阿拉伯世界的复仇，让西方主要的资本主义国家都付出惨痛的代价，经济衰退和通货膨胀接踵而至，不过，这也不关尼克松的事了。

水门

1972年的大选，尼克松赢得漂亮，他算是唯一的一位在长城上做竞选活动的总统。对呀，谁说他对中国的访问不是竞选秀的一部分呢。

尼克松虽然赢得了大选，但在大选年中发生的一件事，让他吓出了一身冷汗。

在华盛顿的波托马克河边，有一幢漂亮的弧线形建筑，这里叫水门饭店。因为环境优美，内部装修精致，在华盛顿的建筑中很引人注目。20世纪70年代，民主党的全国委员会总部办公室，就设在这里。

1972年6月17日晚上，就要下班的民主党办公室的雇员，突然发现已经关灯的房间还有亮光，他非常警觉地报告给保安，在保安配合下，5个戴着医用手套口罩打着手电偷偷摸摸的人被抓个正着。

小偷？不是，虽然其中有三个古巴人，但这5个人都曾是“总统竞选连任委员会”的成员，还有一位甚至自称是前中情局雇员。这5个人交代，是有人雇他们，去民主党总部安装窃听设备。

现在我们听到这种消息，一点惊讶都没有了，因为美国几乎已经固化了它家“窃听”的形象。2013年，藏身俄罗斯的斯诺登以间歇性爆料，让自己随时处于世界新闻的头条，也让美国总统每天起床第一件事就是打听，那家伙昨天又说什么了？今天轮到哪个国家要抗议？

奥巴马落下个窥伺他人隐私的猥琐形象，他很冤，“窃听”这个美国传统，还真不是他开始的。

恶习可以上溯至富兰克林·罗斯福时代，可能是战争环境要求，培养了美国鬼祟刺探的爱好，要不然联邦调查局是干什么吃的呢？而后，为了防备来自共产国家的威胁，挖掘共产间谍，似乎“窃听”就更加必要了。进入21世纪，“窃听”当然是为了抓住恐怖分子，防范恐怖行为。

5个“窃听者”被抓，并没有妨碍尼克松赢得本年度大选。第一是因为美国民众当时对“窃听”并不敏感，对美国的自由环境感觉甚好，觉得“窃听”一定是个别行为；第二是，大选年鸡鸣狗盗的事多了，各种传闻满天飞，真真假假谁分得清呢；第三，也是最重要的，大部分美国人都认为，这种事，肯定跟总统无关，既然其中有古巴人，掺杂的因素就多了，尼克松断无可能派手下去干这种恶心事。

美国人没觉得是大事，国会却认为，这是大案，必须仔细审。顺便说一句，从“二战”后到尼克松当选，美国国会绝大多数时间掌控在民主党手里，经历了整整一代人。而尼克松当选后，参议院对他的确是有点虎视眈眈。

审理此案的联邦法官叫约翰·西里卡，拳击手出身的法官，以施法强硬毫不留情著称，人送外号“极刑约翰”。

约翰虽然是个共和党人，可从他接手案件开始，就摆出了淡化党派严格中立的态度。而以他的狠辣作风，很难不问出点什么。

不久，自称中情局前雇员那位麦科德先招了，根据美国的司法制度，被告可以与检方达成控辩协议，跟坦白从宽一个道理。

麦科德这一招供，如同打开了泄洪的水闸，卷出了白宫官员、总统幕僚和竞选时给总统帮忙过的各色人等。总统的法律顾问被提去问话后，他直接将祸水引到了总统身上。

尼克松面对两项指控：第一，水门窃听与总统有直接关系；第二，事发后，总统涉嫌掩盖真相，阻碍调查。

就在总统自辩跟水门事件绝对没有任何牵扯时，又有人爆猛料。说从1971年初开始，尼克松就给白宫装了窃听器，记录了他跟手下所有的交谈！不仅窃听别人，他还窃听自己。

自食苦果了，负责监控水门事件的检察官麦考斯要求总统交出这些录音，以作为呈堂证供。

尼克松当然不肯交，不但不交，逼急了，他居然免掉了检察官麦考斯的职务！这下，尼克松可把自己带入了事件的高潮。

在欲知后事之前，我们复习尼克松之前的一些故事，让大家对水门事件的各种根源有个全面了解。

“二战”后，美国的国家地位变了，总统的个人感觉也不一样。大权独揽这种事，对任何领袖都是巨大的诱惑，不管是哪种制度的国家。当我们现在说起三权分立这种制度的弊端时，经常保持的一个论点就是，效率低下。欧美的政治家会很酷地告诉你，三权分立本来就不是为了效率，是为了杜绝专权。

从“二战”结束到越战，美国间歇地处在各种战争状态，战场局势瞬息万变，战机稍纵即逝，这种状态下的政府，似乎效率是第一位的，从罗斯福到尼克松之间所有的总统，他们都在争取比以往的美国总统更大的行政权力。

约翰逊总统夸张了北越对美军的威胁，争取到总统可以发动战事的权限。尼克松上任，他把这个权限用到极致，每一次对越南的行动，他都自说自话，铤而走险。每次他炸完了，媒体才知道，国会才知道，是挺气人的。

而尼克松一上台就战争升级，更是在全国掀起新的反战潮，报刊电视甚至将尼克松定性为“残酷战犯”。1972年，有一张照片爆炸性地出现在全球各主要媒体头版：干瘦的越南小女孩儿，赤裸着身体在马路上狂奔，表情痛苦。这是刚被美军的汽油弹袭击过的平民，女孩儿衣裳着火，她只好脱掉衣服，张开双臂奔跑着逃命。相信所有看过照片的人，耳边都能响起战机轰鸣声中，孩子们稚嫩而惨烈的嘶号。这张照片获得了普利策新闻摄影奖，得奖者是一位年轻的华裔摄影师黄功吾。据他自己说，他手上有更惨不忍睹的照片。照片引发的轰动是不可想象的，那几年，获得普利策奖的似乎都是反映越战的内容，一遍遍刺激着美国人，一遍遍提醒战争的罪恶，也一层层升级着各阶层的反战情绪。

为了安抚所有人，尼克松发表了一次重要的演讲，演讲中，他阐述了越战中的美国立场和政府难处。演讲最核心的段落中，他说，虽然现在上街闹事的人看起来很多，但，他们并不是国家和社会的主流，真正的大多数，他们选择沉默，他们是真正的爱国者。国家政策不是满足大喊大叫的少数人，而是为整个国家利益服务。

这就是“沉默的大多数”这个概念的由来。他还真说对了，真有一个沉默的大多数感激他的认可，所以即使越南战争打得那么狼狈，他还是获得高票连任。

在尼克松看来，媒体在对待他的事件上，起了很坏的作用，尤其是国会剥夺他发动战事的权力后，经常有些作战计划从国会泄露，被报纸轻率地转发，导致不可估量的损失。为了防备泄密事件，尼克松不得不组建了自己的反间谍班子，被称为“水管工”，而“窃听”就是“水管工”的主要工作办法。水门事件被当场擒获的“窃听”小分队，就有“水管工”在其中。

尼克松跟媒体关系很僵，尤其是《华盛顿邮报》（以下简称《邮报》），简直是以批评打击总统为当时的办报宗旨，还一点都不考虑修辞，怎么难听怎么说。水门事件一进入调查，《邮报》比打了鸡血还兴奋，每天跟踪报道，大力渲染，可想而知，必是对尼克松不利的导向。

自己给了自己很大权力的总统，蛮横地炒了调查自己的检察官的鱿鱼，美国社会立时炸了锅。就算没有报纸渲染，美国人对总统也开始有微词了，包括那些“沉默的大多数”。这是对民主的公然践踏，让全世界最公平公正的国度颜面扫地，要是心里没鬼，怎么动作如此难看？

在各种压力下，尼克松交出了录音磁带。这磁带已经经过了非常明显的修剪，很多内容都消失了，简直就是对妨碍司法公正的不打自招。国会做好了弹劾总统的准备。

倒霉事从来不独来。尼克松内外交困处在悬崖的边缘，身后又被自己人狠踹一脚。副总统阿格纽的早年丑闻被曝光，他曾在马里兰州长任上接受过贿赂。阿格纽很聪明，一被调查，他就明白了自己的处境。

国会的目标当然是彻底铲除尼克松，尼克松下课后，阿格纽如果接班继任，国会就不算是胜利。尼克松泥菩萨过江，阿格纽先自身难保。于是阿格纽也接受了控辩交易，认一个轻罪，躲过受贿调查，辞去副总统的职位。

根据美国宪法第二十五修正案，总统中途退场，由副总统接班；副总统提前下课，由总统提名候选人，国会半数以上通过可就职。按这个办法，胜出的100%是国会老油条，能在两党中左右逢源的。于是，杰拉尔德·福特，共和党的密歇根州众议员成了副总统。

所有苍白无力的抗争都没有意义了，“沉默的大多数”也帮不了他。1974年8月8日，尼克松选择了一个“88”的日子说“拜拜”，宣布辞去总统职位的尼克松，中午就带着家人飞回了加州老家，他是美国历史上第一位来自加州的总统，也许这可以解释，他为什么能果断地决定飞到北京，跟毛泽东握手。

在刚刚经历过60年代的颓废、愤怒、动荡后，水门事件给美国人的打击是很大的。他们虽然是庆幸了不起的国家制度和它伟大的纠偏机制，但不得不担心，这样的事以后还会发生，甚至更恶劣。政府和领袖都会出问题，谁是可以相信的？

五十一　捡来的馅饼不好吃

作为史上唯一一位没经过选举的总统，福特进入白宫，没什么底气，所以他小心地告诉所有人：我是一辆福特，不是林肯。

林肯不仅是最伟大的美国总统，也是一个高端大气上档次的豪车品牌；福特是一种低端廉价大众化家用轿车品牌，福特总统本人跟福特汽车公司，并没有直接联系。福特委婉地要求大家，对他这种低端产品不要抱有高端的期待。

这个自我介绍看起来挺聪明，肯定有人说是幕僚团专门给写的段子。福特早年是大学橄榄球队的中锋，他拒绝了职业橄榄球大联盟的邀请，进了耶鲁法学院。

中美文化略有差异。在中国的学校，大力提倡素质教育前，最引人注目的往往是成绩优等生，奥数冠军、年级前几名，就算他们中偶有田径选手、校球队主力、合唱团领唱，一旦这些活动也许会干扰学习成绩，老师定会约谈家长，请家长配合让孩子放弃这些没用的“副业”。

而在美国学校，在“Smart is the new sexy”(天才也性感)这句话流行之前，书呆子“Nerd”是被人瞧不上的。学校里最风云的人物，男的肯定是橄榄球队队员，尤其是其中的四分卫；女的必须是啦啦队队长。男的高大英俊强壮，智商普通，女的金发丰满有点傻乎乎，这个被称为是一种“反智文化”。

风云人物招人艳羡也招人妒忌，对于一位出身橄榄球中锋的总统，应该会让人有点看不上，尤其他还是没经过残酷的竞选过程，是被天上掉下的馅饼砸中的。

作为曾经的橄榄球中锋，调侃福特的诸多言论中，说他“笨”的居多，最刻薄的当属前总统约翰逊，这伙计对福特的挤兑，不管是恶毒性还是娱乐性，都超过郭德纲拿于谦砸挂（相声演员彼此取笑）。

首先约翰逊探寻了福特脑子笨的原因，他说是因为福特打橄榄球的时候，没戴头盔。而说到福特愚笨的程度，约翰逊的名言是：这家伙太笨了，他甚至不能同时又嚼口香糖又放屁（建议这个项目纳入智商测试）！

不管是不是笨蛋，福特连续12次当选参议员，又在国会投票中胜出成为总统，他就算脑子不灵光，情商是肯定不低的。

在美国参选一次总统，是一个全国范围内的自我推销过程，只要做过候选人，在竞选阶段，大众已经完成了对该人物的全方位分析解构，这些人进入白宫后，再被审视时，人们的眼光会客观不少。

福特不一样，福特要在白宫里完成所有人对他从认识到评头论足，所以他所有的行为都会被放大，有善意的，自然也有恶意的。

对他的第一个争议就是水门事件的处理。尼克松虽然辞职了，案子还没了结呢，维护司法公正，当然要继续审，必须水落石出，铁证如山。还有尼克松呢？此时此刻，几乎所有人都认定，前总统深陷此案，说不定就是主谋，部分从犯已经得到了法律制裁，主犯能置身事外吗？

福特上任就宣布，赦免尼克松，封闭卷宗，结案。按他的说法，这样长时间影响巨大的国家诉讼，要适可而止，继续深化并放大这件事的影响，受伤害的必定是美国社会。尼克松是史上第一位主动辞职的总统，这种惩罚对一位美国总统来说，其受到打击的程度，可能还大于身陷囹圄。

2001年，因为福特对尼克松的特赦，美国政府向他颁发“肯尼迪勇气奖”。奖励他顶住重重压力，将美国人从水门事件的阴影中抽离出来，重建人民对政府的信心。

可惜，这个奖励来得太迟，在1973年当时，福特遭到铺天盖地来自各方的质疑，所有人都说，福特的特赦，是因为之前跟尼克松有交易，尼克松辞职让位于他，而福特承诺对水门事件不再追究。这个说法喧嚣尘上，福特的做法似乎也与美利坚以法立国的基本宗旨有冲突，他付出的代价是， 当了896天名不正言不顺的总统，处处看国会的脸色，收拾前任留下的烂摊子，跌跌撞撞地走完尼克松的任期，而后，在大选中败北。

前任留下的烂摊子，最难看的就是越南战争。

除了赦免尼克松，福特上任还赦免了不少逃避兵役的青年和战场逃兵。对越南战场，他是能跑多快跑多快，南越政府，你们好自为之吧，美国人可要闪了！美国人以极快的速度通过各种渠道离开日渐危机的越南南部，西贡的机场已经在北越的火力关照下，后期撤退的美国人，只能搭乘直升机。美国人撤出南越的历史画面，可以算是美国历史上最狼狈不堪丢人现眼的一幕。不管多狼狈，好在总算是从越南大坑里爬出来了。

尼克松壮志未酬的大事多着呢，还都不能无疾而终，因为都牵扯到惹不起的狠角。跟中国的关系怎么发展？跟苏联限制战略武器的事还没谈到位，还谈不谈？中东的事怎么了结？石油危机引发的国内通胀怎么办？

1975年12月，北京的冬天又迎来了一位美国总统的莅临。福特带着家小，访问中国，见到了垂暮的毛泽东和周恩来，但他影响最深刻的，应该是主持招待他的时任国家副总理邓小平。

根据尼克松上次串门的承诺，他将在第二任期让中美关系正常化。福特上台，自然是要沿着正常化的方向走。既然越南问题解决，国内的麻烦更多，对福特来说，跟中国的关系似乎没那么急切。福特将尼克松内阁的国务卿，也就是基辛格留任，基辛格再次到京，继续在台湾的问题上纠结。基辛格新遇上的谈判对手——邓小平，显然不喜欢美国对台湾不干不净、拖泥带水的态度，谈判陷入僵局。在福特任内，中美的关系没有重大的突破，但他的访问，至少是稳定了两国新建立的关系，稳定了一个谈判的基础。

美苏在“冷战”中一直军备竞赛，尤其是对核武器的大力投入。被越南拖下水后，美国政府军费压力很大，尼克松心想，这东西我玩不起了，如果苏联控制一下规模，大家还能保持均势，是安全的。所以他努力地跟苏联签订限制核武的条约，可对美国人来说，尼克松签的那份，显然还不够，所以，福特上任，找到苏联的勃列日涅夫，继续谈。

即使开始谈限制大规模杀伤性武器了，也不意味着双方的敌意就少了，美苏预备换个方式敌对。

1975年，在荷兰的赫尔辛基召开了“欧洲安全和合作会议”。被铁幕分割的欧洲，总要有个说法。欧洲地方小，国家多，历史上为了地盘打得乱七八糟。现在大家如果以和平为重，就尊重现有的边界，谁占了谁的都别要了，维持现状吧。但会议提出要“尊重人权和基本自由,包括思想、道德、宗教或信仰自由”。这一句，一看就明白是针对苏联的。美国答应尊重边界，也就是认可了苏联对中东欧的控制，苏联答谢方式是承诺，“以后一定尊重人权！”也就是从这个时候开始，美国想干涉别国内政时，就经常打起人权的旗号了。

美苏限制核武的谈判是世界上最没完没了的谈判，一直持续到20世纪末。对美苏两个大佬来说，他们可能是感觉，只要自己装模作样在谈判，其他人对核武器就更应该控制点限制点，不能随便发展。不管限制还是削减，美苏已经拥有的核武器，早够把地球炸回石器时代了，他们的谈判几乎毫无意义，尤其是苏联解体后，更不用履约了。但对福特来说，在任美国总统该做的事，他算是做到了。

至于中东，基辛格出马调和，以色列答应，将占领的西奈半岛的部分领土还给埃及，那个是非之地，也暂时平静。

即使中东不打架，升上去的油价也下不来了。面对高达两位数字的通胀，福特的解决办法效果不大，1974~1975年，美国遭遇了比较严重的经济危机。

经济问题不是影响1976年大选的决定因素，导致福特失败的，还是对尼克松的赦免。

2015年，美国最新的21世纪出品航母，未来美国海军的新骨干将正式服役，也许会成为新的大洋主宰，它用福特命名，对当年的各种非议来说，应该算是补偿了。

五十二　人权是大旗或者虎皮

20世纪70年代的美国，是这个帝国发展史上比较衰的一段。社会内部的问题，经济的问题，国际地位的问题，问题接着问题，最郁闷的是，从“冷战”以来，美、苏的巅峰对决中，美国只能眼巴巴地看着苏联人张狂，民主党废掉了共和党的尼克松和福特，自己也选不出一个有绝对优势的候选人。1976年大选，福特背负着尼克松时代的旧债，输得非常微弱，可见民主党的胜选总统吉米·卡特，个人魅力和能力都不算明显。

卡特是来自南方的政治家，南方的政客，温和的不多，卡特算一个。可能是因为家里的祖业是种植花生。卡特大部分照片都是咧着大嘴的笑容，最喜欢强调“我绝对不骗你”，很容易联想到，南方灿烂阳光下，花生丰收的喜悦农夫。

1976年是美国建国200周年，盛大的庆典年，在这一年取得大选胜利，卡特进入白宫带着某种荣耀。可比起前几任总统，卡特大约也就只剩下这份荣耀了。从罗斯福时代，总统的行政权力日益增加，很多时候能凌驾国会；在终于发威放倒了一任总统后，国会取得了与总统博弈的阶段性胜利，卡特任内的大事小情，主角肯定是国会，可怜卡特卸任后，还被评为20世纪最差的几位总统之一。

距尼克松访华5年了，中美关系该有个说法了，难道两个国家的关系只限于互相串门？1978年12月15日，中美正式签订了建交的联合公报。这个时间点非常有意义，因为几天后，让中国天翻地覆的十一届三中全会就召开了，总设计师小平同志向全世界宣布，伟大古老的中国将会改革开放。应该说，华盛顿认可了中国的改革思路，看准了中国未来的发展，非常识相地跟中国建立了正式的外交关系。

《建交联合公报》最引人瞩目的两条：一是承认中华人民共和国是唯一合法政府；二是一个中国，台湾是中国的一部分。

按理说，中美一正式建交，美国就算彻底把台湾甩了，可台湾追随美国这么久，没有爱情还有亲情，美国人多情，以后国会要处心积虑设计脚踩两条船。

按说中美建交，之前美国和台湾签署的“共同防御”条约就应该作废了，美国人念旧情，也为了辖制新人，在中美建交三年后，一部神奇的《与台湾关系法》出炉了。

这部法律中心思想就是一句：美国承认台湾是中国的一部分，但台湾人想独立也要尊重；如果大陆方面企图用武力强行统一，美国为了西太平洋和台湾海峡的安宁，一定会为台湾提供军备。因为不能设使馆，为了以后办事方便，就有了著名的美国在台协会。

为什么说《与台湾关系法》是一部神奇的法律呢？它居然能把一件荒唐无理的

事说得振振有词光明正大。它已经承认台湾是中国的一个省，又要武装台湾闹独立。设想一下，中国通过一部法律，说美国任何一个州想独立，中国都出钱出物质，全世界会不会把中国骂成孙子？

无论如何，正式建交不公然敌对了，也算个进步吧。1979年，邓小平获邀访问了美国，美国人第一次在自己家看到来自中国的领导人。作为世界上顶尖的政治家，小平给二流美国总统好好上了一课。

在美国期间，卡特向邓小平重申，只有允许自由移民的国家，才能与美国建立正常贸易关系。小平脸色平静地问卡特：好哇，你需要我放多少人移民美国？100万？1000万？1亿？随你要多少，我就有多少！

经过几轮明暗较量，美国国会和卡特都瞧出这个中国小个子是个强硬派。所以，当邓小平委婉暗示，有个叫越南的小朋友不听话，中国人想揍他屁股时，美国人象征性地表示了对和平的维护。而后，有意无意地提供一些军事情报（美越战争未结束时，中国就和美国接触，让越南人很生气。中苏决裂后，越南在中苏之间选择跟定苏联，并进攻了中国的盟友——柬埔寨的红色高棉政府）。

中越战争开打后，美国政府对苏联清晰地表达了态度：中国人正在教育小朋友，希望苏联人不要插手，更不要试图在中国人背后插刀子，因为中国是美国的新朋友。

这场战事之后，中美关系迎来了比较和谐的10年，三个大国的格局是，中美团结对抗苏联的霸权。

这个时期的“冷战”，是个“苏攻美守”的态势。越南战争的惨败，让美国人在当老大时，容易被人质疑。好吧，如果我们的体力不是最好的，那我们就争取当“道德水准”最高的吧，以德服人，也能征服世界。于是，“人权”就成了美国人新竖起的一面战旗，从卡特这一届开始，它被满世界挥舞得猎猎作响。到底，“人权”这种软实力，会不会比“武力”更有用呢？

苏联的力量渗透了拉美，尤其是古巴，几乎成了苏联扩张的先锋。被苏联人训练出来的古巴军队，远征非洲大陆，将好些个非洲小国拉进苏联阵营。

最让美国人闹心的是巴拿马，巴拿马运河是美国人的心头肉。如同埃及不惜血战也要收回苏伊士运河，巴拿马当然也想把巴拿马运河拿回来。在巴拿马的新政府首脑上台后，通过联合国，要求收回运河。

这次关于巴拿马收回运河的国际会议上，美国人明显感觉到被孤立，所有第三世界国家尤其是拉美各国，都支持和同情巴拿马的要求。虽然美国国会伤心地想“挽留运河”，可既然卡特总统要让美国“以德服人”，再强行占有运河，搞不好连拉美——美国的整个后院都要失去了，两害相权，卡特只好与巴拿马签订了《巴拿马运河条约》，承诺在1999年12月31日前，逐步将运河的完全管辖权交还。

美国的人权最谴责独裁政府，在拉美，独裁政府还不少。出于对后院安宁的维护，美国人对拉美的“人权状况”有不一样的标准，对其中几个独裁政府，颇为支持。拉美州在美国罩得住的时候，有一阵子经济发展得相当不错。中东石油危机爆发后，拉美也陷入了危机，很多国家引发国内动乱。

在美国人的后院中，最让美国人省心的，原本是尼加拉瓜。尼加拉瓜控制在索莫查家族手里，这个完全亲美的政权毫无人权可言，有时实在众怒太盛，美国人就会劝它，收敛点，温和点。当尼加拉瓜的人民解放阵线奋起反抗要推翻这个腐败极权的家族时，美国人对索莫查提供了大量的金援，希望他能稳住独裁政权，可惜，1979年7月，索莫查还是被推翻了，尼加拉瓜加入了社会主义国家的阵营。

后院的问题让人上火，而中东那边，火已经烧上了房梁。这次出事的，是伊朗。

伊朗国王巴列维受美国人扶持登基，对美国人很友善，让美国人很满意。在美国人的支持下，巴列维给伊朗带来一轮兴盛的经济腾飞。

美国人这时又自动忽略了，巴列维政府也是人权意义上的专制极权政府，经济腾飞带来的上层腐败、分配不公、宗教摩擦都引发民众的不满。美国人的态度也是以批评教育为主，劝说巴列维努力改革，控制局势，并承诺会全力支持巴列维维稳。

且不管外界对伊朗伊斯兰革命的意义怎么定位，总之是，伊朗人在1979年1月推翻了巴列维的政权，建立了以霍梅尼为宗教领袖，预备将美国势力彻底净化的新伊朗。

1979年10月，流亡的伊朗国王巴列维到美国治疗癌症，几天后，11月4日，一伙武装的伊朗学生占领了美国驻德黑兰大使馆，扣押了其中66名使馆人员为人质，说是惩罚美国人早先支持巴列维政权，并要求美国政府交出巴列维让其回国受审。

这就是史上著名的伊朗人质危机，卡特余下的任期，全部用来解决这一重大事件。各种制裁都用尽了：停止进口伊朗石油、美国驱逐伊朗人（不管跟事件有没有关系的）、冻结伊朗财团在美国的资产，效果都不大，伊朗人释放了一些女人质，大约还有53人其后被伊朗扣押了一年以上。

其间不是没经过军事上的努力。卡特总统特批了“鹰爪计划”，派出8架直升机，预备空降伞兵进入德黑兰。

时运不济的时候，干什么都不灵。挺牛叉的美国空降部队，连降落的机会都没有。德黑兰外围的沙尘暴，让直升机寸步难行，还发生了几起事故，造成人员伤亡。“鹰爪计划”只好搁浅。

在美国人焦头烂额的时刻，苏联人要不趁乱干点啥，就不正常了。在伊朗人扣押了美国人质后的几个星期，苏联军队悍然进入了阿富汗，开启了把自己拖进坟墓的阿富汗战争。

卡特当时并不知道苏联会死于阿富汗鏖战，当收到这个消息，也算晴天霹雳了。可他除了愤怒制裁又能干什么呢？为了表达愤懑，美国人甚至没有参加1980年的莫斯科奥运会。这种抗议，对当时的苏联没构成任何威慑。

一桩桩一件件，全是丧气事。难道卡特任内，就没一件像样的事吗？还真有，还是挺大的一件事。

卡特总统的外交事务大都暗淡，对国内经济更加没招。造成美国此时经济危机的因素很多，但最直接的，应该还是中东危机导致的油价上涨。伊朗被霍梅尼控制后，让美国的石油处境雪上加霜。好在上一任时，基辛格博士的中东斡旋，中东的两大家族，埃及和以色列答应暂时不打架。

1977年，有心胸有远见的埃及领导人萨达特，顶住阿拉伯世界的巨大压力，在全世界目瞪口呆中，访问了以色列，并宣布承认以色列是一个独立的政治实体。

卡特顺水推舟，赶忙把萨达特和以色列的总理贝京邀请到美国，入住位于马里兰州的美国总统专用避暑山庄——戴维营。卡特左手拉着萨达特右手拉着贝京，苦口婆心地牵线搭桥。谈判几番中止，又几番被卡特续上，终于在1979年3月26日，埃、以握手言和，签署了《埃以正式和平协议》，史称“戴维营协议”，结束了这两个冤家长达30年的战争状态，换取了乱麻麻的中东一小片的平静。“戴维营协议”被认为是卡特任内最伟大的功勋。

还有53名人质在伊朗被扣押，苏联军队已经进入了阿富汗，卡特焦头烂额之际，1980年气势汹汹地来了，躲都躲不掉。既然卡特已经被选为20世纪最差的总统之一，可想而知，他几乎没有可能连任。就算他略有政绩，美国人只需要想到美国人居然被伊朗扣押了一年，而政府无能为力，就绝对会强烈要求换个人来处理问题。

输掉的卡特一脸暗淡地离开了白宫，没想到的是，他的政治生涯居然在卸下总统职务后焕发出了光彩。

为了表示自己输掉选举并不是无能，卡特以布衣的身份，遍游各国，继续倡导民主和人权。他的花生农场破产倒闭，他和夫人靠写回忆录挣钱，创办了以推广人权解决国际冲突为主要工作的非营利性组织——卡特中心。

“戴维营协议”的签署，肯定了卡特在国际调解办主任这个位置上的工作能力，所以他退休后就致力于缓和各地的深仇大恨。到21世纪，还活跃在政坛的卡特出访了古巴，作为访问古巴的第一位美国大人物，为美国改善与这位多年怨邻关系做出了突出贡献。

这位人权的坚定维护者，在2004年曾撰文批评美国人权状况有严重缺陷，需要进行改革，并加强立法监督。从“棱镜门”引发的美国重重尴尬来看，这位前总统，显然批评得有道理。美国社会一直流传着对他的评价：卡特不当总统时，比当总统时更像一位总统；或者是：吉米不是一位杰出的总统，可他是美国最杰出的前总统！

五十三　偶像实力派表演大师

民主社会竞选这东西，跟选秀差别不大，都要求在最短的时间里，建立高人气。区别是，选秀可以用丑闻造声势，竞选必须全是好消息，要获胜就必须让自己人见人爱，所以，竞选就是作秀，需要专门训练，而如果本来你就是个演员，这事儿就容易多了。其实，不管是做一名政客还是一名政治家，都是一个考验演技的过程。

说到这里就知道，是里根要现身了。

里根在1976年就有机会参加大选，只是党内还是倾向于用现任总统去争取连任，共和党依然力顶福特，里根将自己与卡特的对决，延后了四年。

所有人都知道里根曾是个演员，他到底演过什么呢?

最著名的，对美国政治还多少有点影响的影片，叫“纽特•罗可尼，所有美国人”（Knute Rockne，All American），关于美国历史上伟大的橄榄球运动员——乔治・基普的故事。这位天才的运动明星，在1920年率领自己的大学球队力挫西北大学队后，因肺部感染英年早逝。以后，他原来的球队比赛时，教练员都会用“为基普赢一场球”作为口号激励队员。在这部纪念电影中，扮演基普的，就是里根。而后，里根似乎成了基普的化身，“为基普赢一场胜利”成了后来共和党经常使用的啦啦词。

在里根竞选时，有人拿他和一头猩猩一起调侃，幽默的里根愉快地配合自嘲，赢得了大众不少好感。但要说在演艺圈的地位，这头被绑在一起“炒作”的猩猩，可比演员里根大腕多了。

大猩猩名叫奇塔，是好莱坞的一名驯兽师在西非的利比里亚发现带回美国的，奇塔登陆好莱坞时，正年幼，是实实在在的童星。

让奇塔一片成名的是《人猿泰山》。1924年奥运会上，有位美国游泳运动员摘取了三块金牌，他叫约翰尼・魏斯穆勒，退役后他加入演艺圈，跟奇塔一起出演了《人猿泰山》，全世界观众都公认，这对人猿组合，是天造地设的。

被用来调侃里根的猩猩，就是奇塔。因为它曾经跟里根合作出演了《君子红颜》，那时的里根高大英俊，配合呆萌的奇塔，看上去非常养眼。这对人猿，看起来也相得益彰，竞选时流行的里根抱着奇塔的照片，应该没为他损失任何选票。

里根一辈子大约参演过超过50部电影，就算是美国人，看过的也不多，现在对里根演员生涯的总结，都说他是个二流影星。如果从他做总统的成绩来分析，不得不承认，里根的演技，用来拍电影，显然是屈才了。

阳光地带的保守主义

里根从好莱坞演员工会主席开始进入政界，做过两任加州州长。这时，我们要注意一个问题，从1960年以来的20年间，美国总统基本都出自南部或者西部，其中唯一的北方人只有福特，而他并不是经过选举的总统。到1980年的大选，是史上破天荒第一次，在里根和卡特两位来自西南部的候选人中进行。

根据我们之前走过的美国历史，国家的中心一直在东北部，新英格兰地区主导着美国政治和经济，纽约和华盛顿是双核。

既然美国总统是拼支持率产生的，经济基础决定上层建筑，西部人和南部人接踵进入白宫，说明此时的美国，原本荒凉落后的西南部不仅从经济上，也在政治上正式崛起了。

20世纪70年代前后，美国版图根据某些标准被切分成两个部分，分界线从西部的加州延伸到东部的弗吉尼亚州，这条分界线的以北，气候比较寒冷，被称为“霜冻地带”；分界线以南，阳光充沛，气候温和，很适合居家过日子，所以又被称为“阳光地带”。

“二战”以后，美国社会的人口状况发生了转变。黑人获得自由，可以到处跑了，可南方依然歧视他们，没有真正的平等，黑人当然成群结队进入比较宽容的北方生活。当时的美国中心——东北部地区，曾经是美国最重要的制造业地带，如果黑人要北上找生活，进入这一地区机会比较多。这样一来，东北部的黑人数量激增。对东北部的白人，尤其是中产阶级来说，自己的空间突然充满了黑人，并不是让他们特别高兴的事，肯定会认为，黑人大批“入侵”为和谐社区带来隐患。为了家居的安全，孩子的成长，既然黑人去东北部了，那白人，就搬到西南部去。

前面说过，“二战”时，太平洋战场是美军的重点关注，为了配合战争，维持军备后勤，大量的军工企业和配套相关企业被建在西南部。这些企业战后转型，很自然就过渡到航天、通信等高科技产业。

70年代的中东石油危机，导致能源价格上涨，北方生活就更艰难了，总要取暖哪。去南方吧，不用暖气也能过，而最好的是，墨西哥沿岸居然是有石油的，大量的炼油厂、化工厂在南部次第建起。

相对于北方旧制造中心来说，南部和西部是新兴产业基地，对产业工人的教育程度要求比较高，所以吸引的，都是有技术有文化的白人移居者。西南部地广人稀，房子不贵，生活成本比东北部地区低，越来越受欢迎。到1964年，加州赶上纽约成为美国最大的州，后来得克萨斯和佛罗里达陆续成为第三和第四大州。

美国的西部崛起创造了一个落后地区发展并超过先进地区的奇迹，一直是中国学者们喜欢研究的问题，对于中国长期发展缓慢的西部，似乎有借鉴意义。我想，能翻版照搬的可能性不大，中国的西部崛起，要面对更多的问题。

美国东北部经过长时间的发展，人口众多、空间狭小、种族成分复杂，生活总是不顺心，总是希望政府改良，要求更多的变化和进步。可西部、南部就不存在这种问题。南部，不用说了，那是美国最保守的地区，从他们不惜与政府开战也要使用黑奴就知道，他们对旧的社会形态和生活方式总是留恋的，对于“二战”中开始的一波又一波政府改革，很抵触。国会中老牌的保守政客，都来自南方，他们从来都是改革的阻拦力量。而西部呢，荒野夕阳下，放荡不羁的牛仔甩着鞭子，快意恩仇，那是自由的土地，粗放的土地，不需要那么多的政策管束。对于西部来说，旧时光不错，他们也倾向于保守。如此一来，南部和西部的崛起，就意味着，保守主义的兴起，意味着，向“二战”以来政府实行的各种以“新政”为基础的变革挑战。

政府靠边站

里根以保守主义的代表进入白宫，保守主义，我们先说说，他们到底想“保守”什么。

从罗斯福“新政”以来，美国的总统最上心的事，就是如何扩张总统和政府的权力。尤其是经济领域，政府给予了越来越多的干预。保守主义提醒政府，美利坚是个资本主义国家，资本主义发展，最重要的是自由，政府应该是躲得越远越好。

“二战”后，美国原本是世界上工业最发达的国家，可从1967~1977年这10年间，美国的制造业生产力只增长了27%，而同时，西德增长了70%，法国增长了72%，最牛的是岛国小日本，人家增长了107%，把美国远远地甩在身后。不说工业发展，就说人民生活水平吧，70年代初，美国人的收入已经低于瑞典、丹麦、西德，到70年代末，还赶不上科威特和日本了。为什么会这样？就因为过去20多年，政府太喜欢立法了，管束这管束那，什么都插手，终于把美国经济搅和坏了。

到底是不是政府把经济搅和坏了，是个找不到答案的论题，整个西方的经济学界，一直充斥着两种论点的交锋。

一种论点的代表是凯恩斯，大家不陌生，这位来自英国的经济学家，坚持政府对经济宏观调控的必要性；另一种观点，来自一位奥地利学者，名叫哈耶克，他认为，自由资本主义，就是自由的，尤其是经济，最好是放任自流，他的作品知名度并不比凯恩斯低，《通向奴役之路》是经济学世界的几部重要典籍之一。

30年代美国的经济危机，罗斯福似乎就是用凯恩斯的理论解决问题，不管是不是凯恩斯的理论最后起了作用，有一点是必须承认的，在当时那个百业凋敝，众生困苦的状态下，政府如果不作为，任经济“自由”，会引发老百姓更多不满。人在困难的时候是很脆弱的，政府的行为，不管其结果如何，至少是个安慰，让大家知道，政府的确在想办法，并没有对百姓疾苦反应麻木。于是，其后的很长时间里，凯恩斯的理论都占了上风。

1974年，诺贝尔经济学奖被授予了哈耶克。这说明，在这段时间里，大家恢复了对自由经济的向往。

没有哪一位总统是举着凯恩斯或者哈耶克的大旗进入白宫的，但他们对经济问题的处理办法，大致能看出派系来。如果说罗斯福以来的美国总统是凯恩斯理论的执行者，那里根和他代表的保守主义政府，显然是想按哈耶克的思路将美国拉回那个纯粹的资本主义帝国状态。

之前说到，民主党一上台，就喜欢增加社会福利，要增加福利，政府就要使劲收税，要不然没钱福利。共和党从来都是减税的，减税了政府没钱怎么办？就一并连福利都削减了嘛。

那老百姓看病读书的事没人管了吗？资本主义国家，有事找资本家呀。从自由资本主义的角度看，市场经济那只看不见的手会调节一切。比如，你是个产业工人，有手艺，给老板打工，让他很满意，他为了留住你，在工资之外，肯定还要给你一些福利，比如看病啊、孩子读书啊，如果此时另外一个老板更看重你，想挖墙脚，他就会开出更高的工资和更全面的福利，这样一来，不就什么都有了嘛。

里根政府认为，减税，让企业有了投资的活力，更容易发展扩张，自然就能提升就业，所有问题也就迎刃而解。

前几任“干预总统”喜欢立法，一会儿为了环境，一会儿为了安全，整出了不少规章制度。出发点肯定是善良的，但这些规章不但约束了企业的发展，还让企业主提高了成本。里根要求，放松对企业的限制，控制政府对企业的指手画脚。按里根的话说，他进入白宫成为政府首脑，就是为了向政府宣战，限制政府的权力。只要政府靠边站，经济肯定会出现复苏。

配合里根经济政策的，是美联储连续几年的货币紧缩政策，强有力地抑制了通货膨胀。

虽然里根任内，社会福利已经降低至各方面能忍受的最低值，但财政赤字还是飞速地增加，除了财政赤字，贸易赤字也连年红得发紫。这就是我们最近经常听说的，美国经济双赤字。财政赤字是一时半会解决不了的，贸易赤字却能想办法。

国际贸易的核心问题是结算货币。“二战”之前，世界的货币体系分成几大集团，互相倾轧，动辄就争先恐后地贬值，都想牺牲他人成全自己，到最后，都是输家。

1944年，为了战后的安宁，西方权贵意识到还是应该选择单一货币为国际贸易做结算。当时，美国已经是地球老大，家里又有最多的黄金，根据货币必须跟黄金挂钩的原则，于是美元成为储备和结算货币的不二之选。

以黄金为基础，美金作为国际储备货币的这个体系，就是布雷顿森林体系。根据布雷顿森林的协定，美元与黄金挂钩，其他国家的货币与美元挂钩，如果需要黄金，就先换美元，再按35美元一盎司的价格找美国买金子。

这个体系是战后全球经济相互依存发展的重要基础，也带来了国际贸易的蓬勃发展。

布雷顿森林体系很有缺陷，对美国来说也是一种纠结。既然是世界储备货币，必须保持坚挺，坚挺的基础是黄金储备不断增加，美国要保持贸易顺差，增加收入，要不然谁信美元哪？而另一方面，全世界其他国家都等着美金结算，就需要美元外流，那又形成了贸易逆差。

顺逆矛盾解决不了，美国自己又花钱毫无节制，一会儿打朝鲜，一会儿打越南，家里的黄金储备泻肚子一样减少，如果再继续履行兑换黄金的义务，恐怕就要见底了。无奈之下，1971年，尼克松宣布，以后美国不担这责任，美国人的黄金不换了。美元跟黄金没关系了，美国人能使劲印美元了，那美元还值钱吗？大家不待见美元了，1973年，西欧出现了抛售美金，抢购马克和黄金的风潮。欧洲九国干脆聚在一起开会，商量以后不再跟着美元折腾了，只要我们欧洲内部的货币协同一致，固定汇率就很好。自此，布雷顿森林体系基本就算作废了。

在60~80年代，世界上发展最牛的国家，一个是西德，一个是日本，对美国来说，日本更加咄咄逼人。70年代末，日本的贸易顺差达到182亿美元，其中对美国的就占26%，那段时间的日本跟后来的中国一样，主要任务就是为全世界人民提供商品。80年代末，日本人买下了曼哈顿的地标——洛克菲勒广场，美国人当时就预言，再发展下去，日本会和平占领美国！

前面说到，为了抑制石油危机以来的大幅通胀，美联储一直采取货币紧缩政策，实行高利率。高利率的结果是美元价格飙升，自然的结果就是，贸易逆差更严重了。

要解决这个问题，必须是美元贬值，增加美国产品的出口。市场经济这只看不见的手现在是日本那边的，只有美国政府伸出手来对外汇实行干预，才能抵抗日本对美国的“占领”。

1985年9月22日，美国、日本、西德、法国、英国的财政部长和中央银行行长在纽约广场饭店开会，商议五国政府联合干预外汇市场，引导美元对主要货币的汇率有序贬值，这次会议达成的协议，又被称为“广场协议”。

广场协议后的不到三年时间中，美元对日元贬值了几乎一半。美国人的目的达到了，把小弟日本可害惨了。这个以出口为支柱的国家，在日元升值后，遭到沉重打击。为了稳住经济，只好宽松货币。日本人手里有了钱，就疯狂地炒房子炒股，形成所谓的“日本泡沫”，在这个泡泡破裂后，日本经济进入了很长时间不景气的状态，产生了大家经常讨论的“失去的十年”这个话题。广场协议对日本人的影响究竟有多严重？到底能不能说日本被他的美国大哥害死了？学术上都有争议，我们到日本篇再讨论吧。

中国的学者前一阵最喜欢拿这段历史出来警示中国，认为中国早晚也会被强行按在另一个“广场协议”之下。提醒一下“砖家”，虽然日本已经被宣布“死于”广场协议了，可过去这几十年来，小岛依然保持发达资本主义国家的地位，人均GDP维持个世界前十无压力，在操心针对中国的“广场协议”之前，中国经济应该有更急迫需要解决的问题。

以上就是里根任内的主要经济政策，被称为“里根经济学”，效果如何？

1982年，里根入主白宫两年后，美国陷入了30年代以来最严重的经济危机，当年失业率上升到11%，创下40年内的新高。当时很多保守派认为，糟了，这办法也不灵！就在所有人绝望迷惑之际，第二年，美国经济以一个出乎所有人意料的速度复苏，大牛市说来就来了，经济持续增长，失业率和通胀率都维持在非常低的水平，美国经济走出低迷，再次雄起。

不做大哥好多年

里根经济学看起来效果不错，但政府的账本就看着吓人。里根任内，财政赤字几乎是以每年1000多亿的速度飙升，国债也达到2万亿。到里根跟下任总统办交接时，国债需要支付的利息占总预算收入的15%。

1981年的大规模减税政策，也许是赤字的原因，但福利也削减了，能稍微平衡一下。到底，里根这么多钱花哪里去了呢？

从越战到80年代，美国人猥琐很久了，经常忘记自己这个武林盟主的定位。保守主义的政府觉得有责任追回往日那种大哥的荣光。里根一上台就说，要让美国人恢复对自己和对国家的信心。

美国人这么尿，不过就是被苏联压着而已，只要把北极熊放倒，老山姆就轻松多了。

卡特在任后期，因为伊朗和阿富汗等原因，美苏关系非常恶劣。里根是个坚定的反共分子，曾经说过苏联是个“邪恶帝国”，美国与之谈判都很掉价。尤其是曾经美苏签字的“限制战略武器条约”，在里根看来就是丧权辱国了。

苏联这么凶，不就是因为它家这20年来，军事投入大，见效猛。60年代苏联启动了太空防御计划，在国土境内全面部署导弹防御系统及空天预警系统，让整个苏联的领空处于雷达网的包围之下，80年代的苏联，是固若金汤的。

70年代中期，有几次，美国卫星飞临西伯利亚上空，监视苏联的洲际导弹发射井时，被苏联的激光器照射失灵。美国人痛苦地发现，以前是觉得，双方的实力均衡，大不了同归于尽；现在是，苏联能打到美国，美国不一定能打进苏联哪。

面对这个危机，里根一上台就提出，什么都能省，军费不能省，还要加大投入，利用美国军工技术开发上的优势，争取比苏联更高更快更强。苏联人已经是太空防御计划了，美国人也必须往地球外发展，以后两国再打架，那就是货真价实的"星球大战"。

"星球大战"官方名称是"战略防御计划"，简称SDI。在这个计划中，美国将大力发展激光和卫星技术，防御外来打击，也就是说，美国上空也要安个罩子，阻截不知道哪里飞来的各种弹头。

本来美苏双方关于限制核武器的谈判谈得好好的，突然美国人加码升级了，苏联人当然不干哪。基本的常识，你没有拦截，我有1000枚弹头足够了，如今你预备拦截了，那我生产多少也不够，我还限制、削减，我傻呀我?

苏联人不满，美国人也不体会里根的良苦用心。反战都说了这么多年了，居然还敢升级武备！1982年，近100万民众在纽约中央公园游行，要求政府冻结核武器的开发。这次游行的规模，可能是史上最大的一次。

里根不敢无视反对声浪，只好回到谈判桌，继续跟苏联谈"限核"，显然两边都假惺惺的。这边，美国的"星球大战"计划紧锣密鼓，如火如荼，进行得热闹；那边，苏联着急上火，不断增加导弹部署，更加投入大笔资金搞研发。大家别忘了，这时候，苏联还陷在阿富汗战争里烧钱呢，这样跟美国比赛花钱，不禁让我们想到一句名言No zuo no die(不作死就不会死)!

"星球大战"这个计划太庞大太科幻，暂时是不可能完成的任务。苏联解体，"冷战"结束后，美国人宣布计划失败，因为技术上不能实现。"星球大战"究竟花了多少钱算不清楚，但从战略效果上来说，它已经大获成功了。

现在很多人都说，就是因为"星球大战"刺激了苏联，让这个轻重工业原本就不平衡的国家，更加疯狂地一边倒发展军工，使经济状况雪上加霜，逼得戈尔巴乔夫尝试最冒险的改革办法，将苏联送上绝路。欧美经济学家都自豪地认可，是西方世界联手，用苏联人喜欢的办法（军备竞赛）干掉了苏联。后来的俄罗斯人也承认，"星球大战"至少是将苏联剧变的时间提前了。从这个意义上说，"星球大战"有没有建立一个空间防御系统完全不重要了，它至少是实现了终极目的：赢得"冷战"。

虽然苏联解体是在里根卸任后，但后世都认为里根是帮助美国赢得"冷战"的总统，在任时他并不知道他会创下这不世功勋，所以在辖制苏联之外，他还要努力建立新的美帝霸业。

在神秘的加勒比海东部，有一片环状密集的火山岛，被称为风向群岛。群岛的最南端，有个长得像石榴的小岛，当年被哥伦布发现时，就将它命名为格林纳达。小岛面积344平方公里，盛产肉豆蔻和香蕉，到现在，岛上也才10万多人。

1983年10月25日，随着几声爆炸，一批美国大兵就像赶集一样，被飞机登陆舰送上了这个小岛，并对当地的军队发起了进攻。

这是越南战争结束后，美国第一次出兵，没想到选择了一个比弹丸还小的小岛，再展兵锋。

美国入侵格林纳达，这句话听起来都丢人现眼，美国人也实属无奈。格林纳达原本是英国殖民地，1974年独立后成为英联邦的国家，有个亲英亲美的政府，挺自在的。因为苏联和古巴在加勒比地区的影响，格林纳达国内肯定也有亲苏亲古的左翼力量。1979年，毕肖普发动“新宝石运动”，也叫“为福利、教育和解放共同努力”运动，武装政变，取得了格林纳达的政权，加入苏联阵营，成为美国后院又一块“红土”。

虽然在地图上格林纳达用放大镜都不容易找，可美国人却目不转睛地盯着这个小岛，因为在地理位置上，它和古巴、尼加拉瓜正好构成一个三角，苏联的战机往这三个地方一放，美国人的后院就被这个三角辖制住了。

格林纳达这个小弹丸，一天到晚被美国人虎视眈眈地盯着，相当难受。毕肖普于是尝试，跟美国和西方世界缓和关系，缓解压力，1983年还去美国游走了一圈。毕肖普的行为激怒了他周围的极端亲苏派，苏联和古巴当然也不能失去对小岛的控制。于是，几个方面势力联手，毕肖普就被下课了。

毕肖普的支持者上街游行，跟政变的副总理发生冲突，毕肖普被处决，极端的亲苏派获得了政权。

东加勒比海的其他亲美国家害怕了，美国大哥，无法无天到这个程度了，你管不管哪？

急群众之所急，美国派出了8000人的地面部队，一万多人的海空部队，15艘战舰，230架飞机扑向了格林纳达。

这场战事对美国来说，连演习都算不上，虽然也有几个美军死亡，几十个人受伤。8天后，美国几乎是占领了小岛全境，大捷。

面对美国这种赤裸裸的入侵，尼加拉瓜先找联合国讨说法，联合国也不好不管。况且，人家政变杀人，那都是人家自己的事，有什么道理你美国说出兵就出兵了呢？

反正目的达到了，英国人派出总督恢复了统治，美国军队慢慢撤出来。

尼加拉瓜这么激愤是有原因的。卡特任内，尼加拉瓜的桑蒂诺人民解放阵线推翻美国武装的极权政府，成立了亲苏的社会主义政权，和古巴一样，成了美国的眼中钉。美国出钱出枪，将尼加拉瓜各种反政府游击队组合在一起，整编出一个叫“孔特拉斯”的组织，跟桑蒂诺政府作战。桑蒂诺政府是苏联支持的，孔特拉斯是美国组织的，于是尼加拉瓜成了美苏对决的分会场之一。这个小国家在整个80年代，有5万多人死于内战，成了不明不白的炮灰。

这段时间的世界风云中，充当主角的都是小国家，刚刚在加勒比海认识了几个小岛，中东那边又冒出来一个叫黎巴嫩的。

在中东的是非之地中，70年代初，黎巴嫩算是最和平安宁的乐土了。这个由基督教和伊斯兰教共同管理的国家，迟早肯定也会发生内部冲突，但在它还没乱的时候，吸引了不少巴勒斯坦难民进入。巴勒斯坦解放组织（简称巴解）还到黎巴嫩南部去建了一个基地（这些乱麻一般的故事在中东卷再细说）。

以色列和巴解是你死我活的仇家，巴解在黎巴嫩设立营地，以色列当然就要经常炮火关照黎巴嫩了。1982年6月，以色列的军队入侵了黎巴嫩，在调解后，巴解答应撤出黎巴嫩。美国配合得很快，维和部队马上也进入贝鲁特，监督巴解撤军。

此时就算巴解撤出黎巴嫩，该地区也没有和平了，黎巴嫩本来已经深陷内战，这一轮以色列和维和部队进来，把局势搞得更诡谲，新当选的总统一个月后就被暗杀，基督教、逊尼派穆斯林、什叶派穆斯林、德鲁兹派穆斯林都不是好惹的，形势凶险万分。

美国的战舰在地中海游弋，随时预备将海军陆战队送上陆地，扶持黎巴嫩的政府稳住阵脚，那时的黎巴嫩，可比格林纳达危险百倍。

1983年10月23日又是一个阳光明媚的周日早晨，在西贝鲁特的美军军营中，大部分人还在睡梦中。一辆5吨的卡车，冲过了军营的检查哨，踩着油门撞向了一幢4层高的大楼，惊天的巨响后，这栋大楼被夷为平地。

这是珍珠港事件以来，美国大兵遭受的最严重的突袭，事后研究，爆炸的强度大约相当于5400公斤TNT炸药。这次袭击中，有241名美国军人殒命，也算是越战以来美国军队最大的伤亡了。

事件震惊了美国政府和五角大楼，首先是要查清楚是哪个方面下的黑手哇。当天遭遇了恐怖袭击的，除了美军基地，还有法国的维和部队基地，于是，法美两国，各施手段，找寻真凶。

法国锁定的幕后主使是伊朗人，美国人将报复方向对准了叙利亚。大家都知道，恐怖袭击这东西，只会遇强则强，就算找到了真凶报了大仇，也只会让下一次伤害升级。而此时，美国扶持的黎巴嫩政府，根本已经不能控制国内的局势了，美国大兵在贝鲁特的处境岌岌可危，就算美国人有战舰飞机掩护，这种突发的恐怖袭击，谁能防备呢？里根在这件事上没有偏执，他果断地中止了痛苦的黎巴嫩维和之旅，陆战队撤出这片“热土”。

美国人开始成为恐怖袭击的目标了，美国总统们就有点找不着北了。他们统一学会了指东打西、隔山打牛等身法。

1969年8月1日，有个叫卡扎菲的狂人发动政变，成了埃及邻居利比亚的国家元首。都认识这个家伙，极端激进，唯恐天下不乱。他亲苏反美，赶走了国内的美国人，撤掉了美军基地，引进苏联的保护，成为苏联的忠实小弟，这也没什么。可美国每次遭遇恐怖袭击，他都拍手叫好，他还公然宣布，他愿意培训恐怖分子陪美国人玩。

本来美国人就想收拾卡扎菲，他还这么张狂，美国人就成全了他，1985年4月，里根命令地中海舰队，要对利比亚进行“外科手术式”打击。

这次策划精准的空袭行动仅仅进行了18分钟，利比亚境内多个重要军事目标被摧毁，死伤700余名利比亚人，其中，卡扎菲一岁半的养女死亡，卡扎菲本人和两个儿子受伤。

行动中美军的空中主力是著名的F-111战斗轰炸机,从英国起飞。在三年前的英阿马岛之战中，美国人帮过盟友的忙，所以英国的撒切尔夫人痛快地答应，美国可以由英国基地起飞轰炸机。从英国飞到利比亚，F-111需要飞越西班牙和法国的领空，里根客气地向这两位老友通报了自己的计划，并请求借道，没想到这两位一点面子都不给。可怜F-111单程多绕了2900多公里的路，通过四次空中加油才完工返航。这应该是世界战争史上第一次战机空中加油。

不粘锅

对格林纳达和利比亚的行动干脆果决，感觉里根办事利落，雷厉风行有活力，可实际上，里根进入白宫时，已经69岁了，这个世界上第一超级大国，在80年代是被一位古稀老人运行着，好像还运行得不错。

高龄美国总统不算新鲜，这个岁数能遇刺后快速康复回到工作岗位才是奇迹。

1981年3月30日，里根刚过了70大寿，入主白宫第六十九天。在华盛顿哥伦比亚特区的希尔顿饭店，总统和工会团体代表聚餐讲话。下午2点离开时，里根向不远处的记者和围观人群挥手，突然传来了连续不断的枪声。总统还在问是什么声音时，被贴身警卫一把抱住，塞进了车里。

六声枪响，有四人中弹，其中就包括总统。子弹进入了总统的肺部，车上，里根不断咳出血泡。警卫果断决定就近进入乔治·华盛顿大学医院，为了保密，总统要使用假名。

里根是演员，知道什么时候都要保持仪态。在医院门口没及时准备担架，这位70岁的老人居然要求自己走进急救室，他行走了整整12米，而后瘫倒在地。

从受伤到手术，里根维持了他作为明星总统的强大魅力，始终淡定幽默谈笑风生。他告诉第一夫人南希，我忘了闪避了。而后看着预备手术的医护人员说，我希望你们都是共和党人。在场的医护人员说，今天，我们都是共和党人。

里根在手术时，恐怕全美国都没人相信，这个老爷子能挺过来。副总统布什已经摩拳擦掌预备接班。报纸上耸动的大标题，都在重提肯尼迪遇刺案，并猜测凶手来自哪个政治阵营。

让所有人震惊的是，手术第二天，总统就开始接见访客并签署文件，“惊人的康复速度”是好多媒体那段时间的标题。第十三天，里根就出院工作了，半年后，他宣布完全康复。

这是史上第一位在遇刺后返回白宫的总统，恐怕也是最快从枪伤中康复的老人家。这一事件让里根人气暴涨，支持率超过了73%，而更多的人不再顾虑总统的年纪了，因为给他手术的医生说，这位老人家还有30多岁的肌肉！

枪手是谁？为什么要行刺？根据畅销小说《货币战争》的说法，里根上任后，眼看着通货膨胀难以控制，就预备恢复金本位制度，也就是美元重新跟黄金挂钩。国际银行家好不容易能像印草纸一样印美钞了，断不会再被黄金禁锢，所以安排了对里根的刺杀。里根就算没死，也达到了杀鸡儆猴的目的，再没人敢提金本位的事了。

不晓得作者这个内幕从哪里搞来的，我们大多数人知道的，是个疯狂追星族的故事。

约翰·辛克利，26岁的“富二代”，性格自闭深居简出，喜欢写诗听音乐，更喜欢看电影，尤其是一部1976年出品的《出租车司机》，他看了15遍。

就算没跟行刺总统扯上关系，《出租车司机》也是一部好莱坞经典。讲述越战退伍兵特拉维斯，在纽约以开出租车为生。大都会的夜生活迷乱疯狂，让他不能适应。他认识了一个总统助选团的姑娘，追求人家，竟然带姑娘看色情电影，姑娘离他而去。受了刺激后，特拉维斯突然想跟这个肮脏的世界作战，买了几把手枪，他要去刺杀总统候选人。在刺杀中，他遇到一位雏妓，为了救出这个雏妓，特拉维斯很潇洒地杀进了红灯区，跟皮条客火并，虽然受了伤，却成了英雄，雏妓也离开了火坑。

这部电影的意义就在于，表现了越战后迷茫痛苦挣扎的一代。男主角是著名的罗伯特·德尼罗，他固然是在本片中展现了出神入化的演技，而最光彩的，却是片中雏妓的扮演者朱迪·福斯特。这是朱迪头次出镜，那一年她14岁。

大家对朱迪的认识大都来自后来的奥斯卡名片《沉默的羔羊》，其实在《出租车司机》中，朱迪的演艺天赋已经引起了好莱坞的注意，她甚至获得了当年的奥斯卡提名。朱迪拥有娱乐圈里罕见的高智商，在成为当红童星后坚持学习不松懈。到了该上大学的年纪，朱迪申请了几所常春藤名校，居然都因为考试成绩被录取，她最后选择入读耶鲁大学。

朱迪渴望像其他普通学生一样完成耶鲁的学业，可并不现实，因为其他的同学都不会引起围观，或者收到全国各地各种奇怪的信件，有个叫约翰·辛克利的小伙子，就经常打电话写信骚扰她。

辛克利的魔怔很明显，他家的家庭心理医生就认为，是家里条件太好，让这熊孩子无法成长，只会犯浑，于是建议辛克利爸爸赶儿子出门，逼他自立。

如果辛克利真有精神病，这个举动就激发他犯病了，他决定，按照电影的指示，买把手枪，杀死总统，争取朱迪的关注。

辛克利被捕后，被控13项罪名，都被判无罪，因为他出具了精神病的诊断书，进精神病院服刑直到现在。这个裁决引发全美的舆论哗然，美国国会被迫修改法律，给精神病设定了更严苛的条件，从此后再想装疯逃避刑责就比较难了。到现在为止，很多人都认为，辛克利聪明绝顶，他通过扮演精神病让自己从一项世纪大罪中脱身。

里根没闪避掉子弹，可躲过了死神，后来的经历证明，里根在闪避方面非常在行。

1984年，里根的连任竞选难度不高，除了这一年，民主党派出一名女性副总统候选人，吸引了部分视线。

可能是第二任期不存在竞选压力，总统对自身放松了要求，所以大部分总统丑闻，都出在第二任期。

其实，关于里根的闲话在他刚上任就有。最大的猜疑来自伊朗人质危机。卡特在1980年的大选中灰头土脸，原因之一是美国人质还被伊朗人扣押。

1980年9月，伊拉克进攻伊朗，两伊战争爆发。打仗需要钱，伊朗大笔财富被冻结在美国，为了拿回这些钱，伊朗的态度柔和了不少。而10月份，正是美国大选的关键时点，所有人都知道，只要这个时候伊朗放回人质，卡特就胜算大增。传闻，里根的幕僚班子不知道用了什么秘密途径跟伊朗人达成共识，最后，在1981年1月20日，里根宣誓就职的当天，伊朗将所有人质放回，给新总统锦上添花。

大选时里根跟伊朗的秘密外交可能是小道猜测，但后来发生的事，可就真凭实据了。

前面说到，以色列经常“关照”黎巴嫩南部，为了对抗犹太人，在伊朗的支持下，黎巴嫩成立了真主党，什叶派的政治军事组织，后来是黎巴嫩最狠的力量。既然是反以色列的，美军也是敌人，1982~1984年间，真主党扣押了7名美国人质，最后释放了4人。

1986年11月，真主党人质事件爆出惊天内幕，原来，里根政府是秘密向伊朗出售武器，换取了4名人质的释放！

自从霍梅尼当权，伊朗和美国就是敌对国了，就算是不知道美国有一部《武器出口控制法》，一般常识也都知道，不会随便向敌对国家出售武器吧。

里根敢于公然违法吗？被手下人挑唆的。大家还记得，有一位出身于国家安全事务助理职位的基辛格博士成为全球公认的外交大师，安全事务助理这个位置，就成了总统对外的左膀右臂。里根任内，这个“助理”换了好几茬，其中有一位是基辛格博士的门徒，麦克法兰。

好的没学会，麦克法兰大约是觉得他老师的秘密外交挺潇洒的，所以他也喜欢“秘密”。伊朗落在霍梅尼手里，对美国是极其重大的损失，但美国不能因此放弃伊朗，还是可以去伊朗扶持“亲美温和派”。正好两伊开打，伊朗需要武器，这是一个上门送礼的机会。真主党是伊朗的小弟，伊朗收下见面礼，自然要帮着调解人质事件，如此，美伊关系缓和了，人质又释放了，一举两得，岂不美哉？

里根拍手：此计大妙！美国人善于立法，又非常懂事，不管什么法律，都喜欢给留个后门。《武器出口控制法》是说不能向敌对国出售武器，可遇上特殊情况，总统有随机应变先斩后奏的权限。

1985~1986年，通过秘密途径，美伊进行了6次军火交易。麦克法兰甚至冒着生命危险亲自潜入德黑兰，希望与伊朗政府当面接洽。

对伊朗军售是个大冒险，只是收益并不高。伊朗人钱货两清完成交易，并不想跟美国深交，人质嘛，放4个回家已经很给面子了，至于真主党发现这个业务有利可图，随后又绑了几个美国人，那是美国人自作自受了。

对伊朗碰了一鼻子灰还不算完，对伊朗军售不是里根最大冒险，他把秘密军售赚取的“回扣”，投向了尼加拉瓜的“孔特拉斯”组织！

美国不是一直扶持“孔特拉斯”吗？是，可这并不合法，1982年开始，由众议院牵头通过了一项《博兰法案》，已经禁止向尼加拉瓜反政府提供军援了。这项法案还是里根自己签署的。

尼克松之前的几任权限极大的总统被称为“帝王总统”，国会扳倒总统收回大权后，被称为“帝王国会”。里根任内的国会，共和党控制了参议院，可众议院还是民主党的。里根必须跟国会两院都达成妥协，否则他什么事都干不成，民主党发起的《博兰法案》他必须签字。

对伊朗军售并支持尼加拉瓜反政府军，这就是里根遭遇的“伊朗门事件”。要说这个事件的违法性质，比尼克松当年的“水门事件”严重程度绝对不是一点点。

在审理这个美国特大要案的过程中，里根和麦克法兰这些核心人物都沉寂，冲在最前面的，是受雇于国家安全委员会的一名海军中校奥利佛·诺思。他态度镇定，军容整洁地站在被告席上，承受了所有的审问，他当然不可能操作这么重大的事件，显然是上峰指示，他奉命办事，可哪个上峰如何指示，他就不说了，而且有关的文件都被他销毁。他大义凛然预备揽下所有罪责的气概，让他立时成了美国人心目中的“爱国英雄”。

“伊朗门”案审到1989年才有结果，诺思中校被判三年有期徒刑，缓期监外执行，再上诉后，诺思被免去了所有的刑责，无罪开释。

闹了好几年，等检方找到有关人证物证终于可以将主嫌引向里根时，他已经完成了任期，后来又宣布患上了老年痴呆症，对于这样一位暮年的声望不错的老总统，再公正理性的司法人员，也不好意思传他上庭了。

经过尼克松事件，国会对弹劾总统原以为是驾轻就熟，没想到，70多岁的老人家，这么轻松就闪避了致命一击。

跟之前所有出身精英世家、名校毕业的总统相比，里根的学识和头脑常受质疑，可老爷子在美国那么复杂的政治环境中，连任了两届最大州的州长，又轻松完成两个总统任期，他至少是有过人的情商。作为一个国家老领导，里根不固执不偏执也不瞎指挥，对幕僚团保持高度信任，是他政治生涯顺利的关键。后人送他一个“Toflon 总统”的绰号。Taflon是一种涂料，常用于不粘锅。

五十四　沙漠风暴

老布什出生于美国东部的马萨诸塞州，18岁生日那天，加入美军，成为一名鱼雷轰炸机飞行员，他是美国有史以来最年轻的飞行员。

1944年9月，老布什和战友在太平洋上执行任务时，战机被日军炮火击中，当时9名飞行员跳伞落海。只有老布什被美军救起，其他8名战友游水上岛后被日军俘虏，4名酷刑惨死，另4名被日军煮食。

“二战”结束后，老布什进入了耶鲁大学，并成功地加入了耶鲁大学著名的骷髅会。

骷髅会是耶鲁大学内部的一个精英社团，每年在大三的学生中选取15名学生加入，这15人血统来历、家世背景、个人素质、未来发展都要经过认真地审视和评估。能进入耶鲁已经是精英，这15人更是精英中的精英。

跟前面说过的共济会一样，骷髅会也是一个高深莫测不明觉厉的组织，他们的能力被渲染得神乎其神。按照传说，美国或者整个世界的政治经济都是被操作在共济会和骷髅会手里，而这两个帮派就形成了美国民主和共和两大政党。现代越来越多的人相信，整个地球就是控制在少数几个精英手里，过去几百年的历史充斥着阴谋论。本书作为一本还算正统的历史闲书，就不掺和这些论调了。

不管骷髅会是个什么性质，至少是一个精英圈子。能混圈子，成功就不难。毕业后，老布什进入当时最热门最赚钱的领域——到得克萨斯州勘探石油，成立了自己的石油公司，布什家族此时算是进入石油大亨的序列了。而布什家族明明出生在东部，老少各种布什都喜欢以得克萨斯牛仔自居，是一件很耐人寻味的事情。

老布什的从政之路全是热点，他担任过中情局局长和驻华大使，他和夫人芭芭拉骑自行车在北京胡同溜达，并嗜好北京烤鸭，是当时的一段佳话，开创了驻美大使微服逛街的亲民传统。老布什作为里根的竞争者争取共和党党内提名，发现情势不对，又明智地选择了为里根做副总统。在里根刚上任就遇刺的那几天里，他不可能没有急迫上位之心，但显然，他处理得比较适度，之后的副总统生涯，跟里根配合得不错，1985年，在里根生病时，代理过一段总统之职。

老布什在任，苏联不行了，德国统一了，东欧剧变了，“共产敌人”安静了，这都让老布什有生不逢时之感。“冷战”结束，大型外部威胁消失，国内的经济危机是必须面对解决的最大问题。老布什喜欢打仗，最烦家务事。

没有战争可以制造战争，作为世界上仅存的超级大国，大敌人没有了，分散的区域小威胁还是存在的，美国必须强化自己的地区优势，保障大哥的地位不动摇。

重回盟主之位，当初㞞的时候犯下的“错误”就要及时修正。比如卡特总统曾经跟巴拿马签了协议，要在1999年前将巴拿马运河交还，这个事让美国人想起来就糟心。

1983年巴拿马军官诺列加发动政变，自任国防军总司令，掌握了巴拿马的军政大权。本来这个人当权，是美国人乐见的，美国那几年喜欢在拉美国家扶持自己的势力，诺列加是他们精心选择，经中情局专业训练过的CIA特工。

诺列加是好学生，就是不尊敬师长。他成了巴拿马之王，居然不优先考虑美国人的利益。对于运河水道，诺列加的原则就是：有奶便是娘。可以帮美国人偷偷运军火给尼加拉瓜反政府军，也可以帮着古巴和尼加拉瓜政府军运军火，有时还帮古巴的卡斯特罗搞美军情报，对拉美的各路毒枭也提供便利，很快就把自己送上美国人要拉黑的名单。

美国先是扶持一个反对派在大选中打败了诺列加，但手握兵权的诺列加不接受选举结果。美国只好启动对巴拿马的制裁，巴拿马国内动荡不安，政府实行宵禁。

巴拿马运河美军基地的官兵不大理会宵禁，1989年12月16日，几个美国军官就在宵禁后开车经过了巴拿马国防军司令部所在的大街。不知怎么地，两边就交火了，一位美国军官被打死，还有一对军官夫妇被巴拿马军人抓去，殴打羞辱了一番。

这个夜晚的诸多细节都模糊，双方都指责对方无理在先，但无论如何，美国的军人是不能受辱的。

1989年12月20日凌晨，两万多名美军向巴拿马多个目标发动了突袭，美国政府再次拉美用兵，代号是“正义事业行动”。美国人自称“正义事业”，其他国家一般都称之为“美国入侵巴拿马”。

美国人的军工事业发展得好，得益于他们研发的武器随时有机会进入实战战场检测，这次巴拿马战争中，最耀眼的新星就是F-117A隐形攻击机，这家伙鬼魅般地出没于天际，将现代战争带入一个新高度。

战斗进行了15天，美国人付出极小的代价控制了巴拿马，诺列加投降被带回美国受审，美国在巴拿马扶持了一个亲美的政府。

美国人的终极目的当然是想赖掉条约，继续控制巴拿马运河，可拉美人民眼睛雪亮，看穿了美国人的阴谋，引发多国的抗议和不满。在自家的后院，老山姆感觉有点众怒难犯，所以不管多么不情愿，到了1999年，还是办理了正式移交，巴拿马人终于成了运河的真正主人。现在的巴拿马运河，当然还是美国人用得最多，可水道上行走的货物，大部分来自中国。在中国的财团加入巴拿马运河的某些扩建计划后，美国人开始宣称，中国对巴拿马运河有野心。

扶持小弟再干掉他，诺列加不是第一个，也不是最后一个。1988年，绵延了8年的两伊战争终于打完了。美国原本对两伊都看不上，阿拉伯的世界里，水太深，敌友难辨。可伊朗落在霍梅尼手里后，美国人的思路清晰了，必须遏制伊朗输出原教旨主义革命。虽然伊拉克原本是苏联的小弟，在两伊战争中，他还是先动手的那方，美国人在两害相权之下，选择帮助伊拉克，壮大萨达姆。跟美国人有一样想法的，还有沙特阿拉伯、阿拉伯联合酋长国和科威特等等。

两伊战争是一场得不偿失的消耗战，战争的主要起因——边界纠纷在此战中没有得到半点解决，宗教恩怨更加铭心刻骨。本来伊拉克在战前是个相当富裕的石油国家，这8年耗下来，一穷二白，外债超过800亿美元，光是欠海湾国家的军火款就有350亿美元。

因为欧佩克组织的调控，20世纪90年代初，石油价格有所下降。萨达姆不满了，伊拉克如今穷得只剩石油了，你们还降价，还给不给活路了？要求科威特等国减少产量，让石油价格升上去，科威特、阿联酋等国家当然不会搭理他。

萨达姆有点气急败坏，就想找碴儿闹事。他一看地图，他家和科威特之间，好像一直有边境问题悬而未决，尤其是两国接壤的沙漠地带，那都是油田。于是，萨达姆就指控科威特趁着两伊战争时，“偷了”伊拉克的石油。

科威特由不得他闹，而且，伊拉克还欠科威特140亿美元的军火钱呢。说到军火钱，萨达姆更发飙，他声称，他是帮着所有阿拉伯国家抵抗伊朗，凭什么军费让他一家担着呢?

如今萨达姆是光脚的不怕穿鞋的，一不做，二不休，1990年8月，伊拉克10万大军杀进了科威特，用10个小时就实现了占领，昭告天下，以后科威特就是伊拉克的一个省。

伊拉克陈兵边境时，美国已经预感到要出事，但他们以为，萨达姆多半是陈兵吓唬而后放话威胁，一时半会儿不会动手，待到萨达姆全取科威特，五角大楼这才慌了。

参谋长联席会议主席鲍威尔比较谨慎，先赶紧通知巴林港口驻扎的美国军舰快速撤离，免得遭了灭顶之灾，提醒附近的基地高度戒备。

来得太突然了，想还手也没有这么快的速度，只好先发动国际社会制裁，一边威胁萨达姆撤兵，一边密集地向海湾地区增兵。

美国的调兵遣将，萨达姆不是不知道，美国人此时还抱有幻想，以为美国大兵往海湾地区一摆，造型到位，就能威慑萨达姆回家去。谁知萨达姆无视美军炫酷造型，伊拉克大军开始向沙特边境部署，看样子，他预备再增加沙特这个省。

老布什看出来了，萨达姆是个犟脾气，让他撤兵，只有一个办法，就是打服他。

这将是一场巨大的军事行动，美国人会不会深陷其中，变成另一个越南？老布什心里没底，他要找人壮胆。美国到联合国拉帮手，人缘好哇，听说大哥要打架，小弟们争先恐后地入伙，30多个国家加上海湾6个国家，凑齐了包括40多国的联军，总兵力超过70万，至于飞机坦克舰艇，那就密集如林了。这次海湾军事行动，美国军队是主力，美军的中央司令部司令施瓦茨可普夫上将出任总指挥。

40个国家萨达姆也没怕，他配置了地面部队超过120万，坦克装甲车火炮都富裕，最吓人的，他有800枚飞毛腿导弹。

1991年1月15日，联合国给萨达姆规定的撤军日，当然也是多国部队的进攻日。这一天，老布什签署了给施瓦茨可普夫的作战命令，1月16日，伊拉克没有撤军，美国的轰炸机按命令升空了。

这次作战计划分成两部分，第一部分叫沙漠风暴，主要是战机的轰炸：重点目标，伊军阵地，还有地面那些排列整齐的坦克装甲车；第二部分叫沙漠军刀，美国大兵进入战场，与伊军面对面对决。有朝鲜和越南的教训，美国轻易不会使用地面部队，一定要保证能炸的都炸干净了，地面部队去做后期清理。为配合这种战法，美国的战机推陈出新升级换代的速度非常快。

除了50年代就服役的，世界上装弹量最大的B-52轰炸机，依然在同温层的高空宣泄着暴雨般的炸弹，新入役的阿帕奇攻击直升机对地面的坦克也形成毁灭性打击。

伊拉克的首都巴格达是重点关注，地面的防空炮火和空中的攻击交织出一片绚烂，幼发拉底河和底格里斯河在烟尘中看惯了各种兵器的杀伐，面对更现代化的武器也依然淡定地波光粼粼。

现代战争，掌握制空权就胜利了一半，虽然伊拉克的防御炮火很凶悍，巴格达还是被炸得伤痕累累，几乎是第一天，重要的军事目标就变成了废墟。

给多国部队造成最大困扰的是那800枚“飞毛腿”导弹，这种出身苏联，被伊拉克改装后的导弹是萨达姆的撒手锏之一。被炸两天后，萨达姆沉着冷静地命令“飞毛腿”向以色列和沙特方向发射，引发多国部队极大的恐慌。施瓦茨可普夫下令，空军抽调出一支强大的力量，专门寻找“飞毛腿”导弹，可“飞毛腿”被装备在一辆发射车上，机动灵活，打完就跑，想在空中找到它，“如同在干草堆里找一根针”。找不到就在空中截落它吧，美国的军火库里什么都有，“爱国者”导弹来了！不负重望，它就是“飞毛腿”的克星。整个海湾战争，“爱国者”导弹对“飞毛腿”的拦截似乎成了战场高潮。但根据一些军事专家的说法，“爱国者”的广告有点夸张了，在海湾战场，“爱国者”对“飞毛腿”的拦截，并没有他们自己说的那么高的成功率。

沙漠风暴持续了38天，多国部队的空军意气风发，而伊拉克百万大军，还没找到人动手，就七零八落了。打到这个程度，萨达姆还是坚持不降，施瓦茨可普夫只好招呼各国兵哥，枪上膛，招子放亮，进入战场。

老布什在白宫看着手表，地面部队发动进攻100小时后，他命令停火。已经没有再打的必要了，因为多国部队轻松收复了科威特，萨达姆大军狼狈不堪地撤回了伊拉克。

这场战事被认为是20世纪技术程度最高的战事，但显然，在对现代战争的理解上，伊拉克和美国差了一代。伊拉克百万大军列阵以待，还布置了大量坦克火炮，想尊重传统，来一场浩大的坦克对战，可美国人说，这种打法out了，竟然出动直升机将坦克一辆辆定点清除了。一仗打完，伊拉克死亡人数超过10万，而多国部队才损失了600人。

不注意学习，不能与时俱进，还妄自尊大不谦虚的萨达姆受到了教训，输了这一仗，他憋着一口恶气。我们只能劝他：好好学习吧，以后有报仇的机会！

虽然美国人反战，但像海湾战争这样，速战速决，伤亡不大，打出威风打出体面的战事，美国人没意见，只是，美国人有更重要的问题。

别的国家，国内经济有危机时，出去打一仗就能分散民众注意力，美国人不一样，美国军队大部分时间都在海外打一些乱七八糟的架，而且总是能保持优势，激发不到美国人全民一心同仇敌忾，所以，海湾的战事一结束，美国人就反应过来，老布什，美国还在经济危机呢！

老布什根本想不出任何解决国内经济问题的办法，在他任内，唯一一件可留入青史的内政功绩，就是他支持签署了《美国残疾人法案》，这项法案曾在国会搁置了三年之久。法案保护了残疾人、癌症患者、艾滋病患者的各项权利，在法案颁布后的几年内，美国的公共场所发生了变化，针对残疾人的设施随处可见，盲道、轮椅道、电梯上的盲文指示、电视上的聋人字幕都配置齐全，在停车场，最便利的停车位肯定是留给残疾人的，就算它空置，其他人也不能随便占用。初入美国的外国人，在使用公共设施时，一定要先注意有没有残疾人标识，万一没注意占用了，罚款受罚事小，显得咱们多没有素质呀！

五十五　问题在经济，笨蛋！

总统买一送一

从一个杜撰的流行故事说起：克林顿和希拉里去加油站加油。希拉里发现加油站里工作的某个小工居然是自己的初恋男友。克林顿当时笑话她，你看，你要不是嫁给我，你就是个加油工的婆娘。希拉里回答，我要是嫁给他，他就是美国总统！

明明是个假故事，却能传扬得这么广泛，说明，在希拉里命中注定是第一夫人这件事上，全世界有广泛共识，还有很大一部分人相信，希拉里必将是美国第一任女性总统，克林顿当然也知道老婆的潜力，所以他在竞选时说，选择了我，白宫里将有两位总统。

希拉里是全球公认的强势女人，不漂亮不性感，最大的魅力就是看上去很爷们儿。克林顿英俊潇洒，风度翩翩，他为什么会被一个女汉子吸引呢？

一般来说，喜欢强势女人的男人，大都是因为成长阶段家庭没有给他足够的安全感。克林顿出生在阿肯色州，是遗腹子，出生前就失去了父亲。在母亲改嫁前，克林顿一直由外祖父抚养。母亲改嫁给罗杰·克林顿，跟随这位继父的姓，遗腹子的大名就成了威廉·杰斐逊·克林顿。现在我们喜欢叫他比尔·克林顿，是因为比尔是威廉的昵称。

继父酗酒嗜赌，还喜欢打老婆，在这种家庭中长大，克林顿性情如果不是暴戾逆反就一定是胆小柔弱的。

克林顿是好学生，不仅成绩好，还擅长萨克斯，曾经想过成为一名专业的乐手。可他作为一个学霸，进娱乐圈有点浪费，大学毕业后，获得了英国著名的罗兹奖学金，去牛津深造。

生于1946年的克林顿是婴儿潮中的一员，这批美国孩子幸也不幸，幸运的是，一出生就赶上好日子，国家和个人都在上升期，从小到大日子过得还不错。不幸的是，他们中的一批人，必须面对残酷的越战。

因为可以走后门，越战早期被征召的，大部分是蓝领和黑人，随着战局愈演愈烈，中产阶级家的白人青年也不能幸免了，阿肯色州属于不发达地区，克林顿虽然是个出名的知识青年，也不能幸免地收到入伍通知。

虽然后来无数次的辩解，克林顿说当年自己的“逃避”是完全合法的，根本原因是个人对战争的反感和厌恶，但所有人都相信，他处心积虑逃避兵役，就是因为害怕。

加入预备役兵团训练，可以延迟入伍的时间。克林顿托人找关系，所有的预备役团都满员，只有阿肯色法学院的预备役兵团还有指标，克林顿赶紧提出了申请。

在美国加入了预备役，牛津这边还有学业，克林顿暂时躲过了被送到越南的命运。幸运的是，当时的总统尼克松在重重压力下，被迫改革了征兵方式，通过抽签的方式募集兵源，克林顿躲过一劫。

松了一口气的克林顿不知道，他后来的生涯，要花多长时间解释这个“逃避兵役”的问题，尤其是在第一次大选时，他面对的，是亲历“二战”差点以身报国的英雄飞行员，老布什。

从牛津回国后，克林顿进入了耶鲁法学院，就在这里，他遇上了当时妆容朴素，戴着厚眼镜的希拉里，按克林顿的回忆，希拉里“身上散发的力量和镇静，是我在任何一个男人和女人身上都少见的”。克林顿就是相中了希拉里的内在强大，正好可以弥补自己内心的柔弱。

作为世界政局中最有分量的两口子，克林顿夫妇的夫唱妇随，相得益彰，总被认为是政治上的互相利用，从经历的种种来看，很多人会质疑这两人之间究竟有没有所谓的爱情。但在20世纪70年代的耶鲁校园里，花前月下，克林顿和希拉里之间肯定享受过跟其他人一样的甜蜜和幸福，证据就是，毕业后，明明在东部大城市有更好前途的希拉里，追随克林顿回到了阿肯色州，并开始支持老公所在的民主党。

希拉里是条“汉子”，她有自己的事业和野心，她不愿意成为丈夫的附庸。即使是克林顿成为阿肯色州州长后，她依然拒绝冠夫姓，每天打扮得像居委会大妈，风风火火地到律所上班。

大家还记得前面说到过阿肯色州吗？为了阻挠几个黑人孩子去学校，州长亲自上街耍暴力，可见这是一个非常保守的南部地区。克林顿年轻有为，学识好，风度佳，很受欢迎，就是那个老婆有点不着调，当地人很看不上她。克林顿第一个州长任期才32岁，少不更事，行事冲动，推行某些改革时，遭到了打击，在连任竞选时失败。

为了老公的前途，希拉里终于答应改变，冠夫姓，学习穿衣打扮，两口子开始密集地接触各种商业团体，结识土豪，以图东山再起。

希拉里有气场，稍微一捯饬，很有第一夫人的范儿，克林顿再出山角逐州长之位时，两口子配合默契，双剑合璧，此后的1982年到1992年，克林顿一直是阿肯色州州长。

1992年大选，美国正处于经济危机中，老布还拥有海湾战争带来的高人气，民主党内老谋深算的老政客们都明智地闪开了，蜀中无人，克林顿被顶到了前场，他选择了跟他一样年轻的戈尔做搭档，这两位年轻俊朗的南方青年组合，让人耳目一新。

克林顿以非常微弱的优势取得了胜利。在泰迪和肯尼迪后，又一位年轻正当壮年的总统搬进了白宫。

雷区危险

年轻人喜欢冒险，克林顿一进白宫，就预备针对军队同性恋情况下手。新总统为什么将解决军队同性恋问题视为当务之急呢？事情源于克林顿赢得大选前一个月，美国发生的一件惊动全国的惨案。

1992年10月27日午夜，有具尸体出现在日本某军港外的阿尔伯克基公园娱乐室里，死者是22岁的美国海军无线电报务员辛德勒。现场明显是过度杀戮，颅骨粉碎，肋骨折断，生殖器被割下，血液和脑浆飞溅四周。

案子不算悬疑，凶手立即被锁定，辛德勒同舰的两名战友在酒后实施了这场虐杀。辛德勒是个同性恋者，根据美国军法，军队内是禁止同性恋的。辛德勒多次受到处罚，那晚他再次被上司监禁，预备开除军籍，派两名战友监管。这两位对同性恋想必是深恶痛绝，受点酒精刺激，就变着法子整死了辛德勒。

出这么大的事，美国日益壮大的同性恋队伍不可能不做出反应。根据统计，这段时间上街抗议的同性恋者，几乎超过美国男性总数的2.8%，这是挺吓人的数字了，任何一个总统上台都不能无视。

克林顿年轻有见识，对同性恋又没什么偏见。他想，这有什么难，直接取消军队中同性恋的禁令就妥了。这条军队禁令有50年的历史，比克林顿年龄还大，他显然是把事情想得太简单了。美国国内强大的保守势力再次显示了影响力，最后，总统不得不折中了一个方案，也就是著名的“不问、不说”法则，意思是，不管你喜欢同性还是异性，上司、战友不准过问不准打听，而只要当事人不说不承认，这个事就当作不存在，正常服役，不受任何处罚。当然你如果非要高调出柜，那或关禁闭或开除，还是要照章进行。

军队同性恋问题，算是一个执政的雷区，对克林顿来说，以后的雷区更麻烦更难过。

2013年，奥巴马政府关门了。在咱们中国的子民看来，政府不上班了，那可真要出大乱子了。谁知美国政府暂停了一周，除了奥巴马灰头土脸，中国游客抱怨不能进入白宫等景点参观，似乎并没有太大的影响。

美国国会说，这次政府关门是因为两党就联邦预算不能达成一致，而奥巴马愤愤不平，他认为，是共和党对于刚通过的医改法案怀恨在心，变着法子想让这个艰难出生的法案不能落地执行。稍微关心点国际新闻的人都知道，奥巴马在任的关键词似乎就是“医改法案”，而本篇的男主角克林顿还经常被奥巴马拉去站台，声援奥巴马。到底这个“医改”是个什么问题，能导致政府关门歇业呢？

政府强势，武功高强并不是一个让人满意的国家的标准，普通老百姓更看重的，还是政府能给提供的各种社会福利，居住、教育、医疗，这三件事倘若不能保障，再强势的政府都不会让百姓认同。

美国，全世界最强大的国家，按道理，他家的社会福利水平应该是最高的，可恰恰不是。在奥巴马2010年艰难地通过全民医保法案前，美国是西方发达社会中，唯一没有覆盖全民医保的国家。

美国人执着地支持“大社会，小政府”，最怕政府向各领域伸手。所以，在医疗保障这个重大的民生问题上，他们从一开始就全部甩给市场。美国的医疗保障制度是纯商业保险模式的。到商业保险公司买入医疗保险，有病看病，看完了保险公司去埋单。

这种办法滋生出两大弊端：第一，没钱买保险的人怎么办？65岁以上的老人，保险公司接受他投保吗？第二，因为是保险公司花钱，一个美国人如果患上了脚气，他让医生再给他查查有没有可能引发痔疮或者脑膜炎，医生也会毫不犹豫地提供服务，甚至还提醒他，再去化验一个肝功能呗，反正是保险公司花钱嘛。保险公司也不吃亏，第一年花多了，第二年它可以增加保费，投保人觉得自己这么巨额投保，有了头痛脑热更是应该全身检查，恶性循环，看病的费用就越来越高。

看不起病的问题，在30年代经济危机时成为了一个焦点，罗斯福总统雄心满满地想改革美国的医疗福利制度，国会的保守派一听就坐不住了。政府提供全民医保？这是想搞社会主义吗？

政府主导的医疗福利体系是“邪恶”的社会主义制度，这个想法，影响了后来很多的美国人。

杜鲁门时期，总统又想为全民医疗做点什么，可遭到了全美医生群体的反对。医疗系统是个商业系统，由市场自然调控，非常健康，不需要政府无谓的“治疗”。

60年代，号称要对“贫穷开战”的约翰逊总统，在与医疗的“利益堡垒”斗争中，终于取得了一点小胜利，让65岁以上的老人和买不起医疗保险的穷人有医保了。

进入克林顿时代，问题好像更严重了。65岁的老人和穷人是有保障了，可有一些低收入阶层，没穷到国家认证的贫困线上，不能享受国家为穷人提供的保障，自己买又负担不起。前面说过，资本主义国家，有事找资本家，在工厂打工，老板会给买保险，可如果不幸失业了呢，保险自然就落空了。在医院和保险公司交互作用下，看病的费用越来越高，没有保险，自己掏钱看病，还真没几个人看得起。

不过这里要给美国辩解一下，虽然看病难看病贵，真碰上生死攸关的大病，医院是不敢逼你先交钱交押金再治疗的，救人第一，所以美国的医院也会遭遇治疗费用收不到的问题。

美国共和和民主两党，执政理念并没有太绝对的差别，但在全民医疗这个议题上，他们是泾渭分明的。覆盖全民的医保，说穿了就是政府花钱给大家看病，政府钱哪里来？征税？美国人最讨厌征税！这就是分歧了，不介意财政赤字，喜欢大手大脚散发福利的，都是民主党总统，共和党的总统最恨无端增加税收，财政预算居高不下，尤其是政府任意插手商业社会的自由运行。而且，共和党深知，如果民主党真把这件大事完成了，看起来似乎是功德无量，共和党真会流失不少底层选民。

罗斯福、杜鲁门、约翰逊的医保畅想都功败垂成，“医改”这个议题，已经成了总统执政的雷区，胆子不够的，都不敢去蹚。

克林顿年轻不怕火，就怕没有燃烧过。他一进入白宫，就雄赳赳气昂昂地宣布，他要大刀阔斧地主导一次，史上规模最大的全民医疗改革。

这么大的气概，源于克林顿背后的两大支柱，一是美国国会此时全由民主党控制，共和党是地道的在野党；二是有个胆子比他更大的老婆愿意配合。

就职第五天，克林顿就成立了一个“医改工作小组”，负责人居然是第一夫人希拉里。每个人都知道，希拉里当总统都不怵，当个“组长”绰绰有余。可道理和情理不能一概而论。虽然美国法律没规定“后宫不能干政”，可这么重要的事交给老婆负责，总有人觉得，这里面会不会有点“家族猫腻”。克林顿是不是借这个重大项目挺老婆上位，满足她的昭然若揭的野心？也许就是从希拉里接手负责“医改”，最后的失败就注定了。

希拉里的效率很高，当年10月，几百页的医保法案就交出来了。希拉里的团队认为，医疗法案，那是多专业的东西呀，绝对不能通俗易懂，每个词每条用语都要严谨规范，否则公众会认为小组的工作不严肃，不专业。

这份报告不知道看晕了多少人，普通民众更是一头雾水，克林顿太太，您究竟想说什么？

国会先不关心报告讲了些什么，他们只需要问总统一个问题：如何支持这个庞大计划呢？克林顿答得爽快：一是政府要扩大权限，二是找钱。国会再问，您预备怎么找钱呢？克林顿信心满满地回答，不削减财政预算，更不能削减军费，但我们可以增加税收，主要是向有钱人征税，根据我了解呀，这几年美国有钱人钱挣了不少，社会责任感大增，为了没钱的人能看上病，这些有钱人肯定愿意多交税的！国会无奈地对总统说，Too young too simple（太年轻，很傻很天真）！

实际情况是，美国的有钱人虽然愿意偶尔做做慈善，但突然强加给他们一项固定的税收，他们就坚决不干了！

根据这项医改法案，以后全民医保由政府主导，政府为了控制费用，当然会调控医疗和保险的费用，医院、医生、护士、保险公司的收入都会受到影响，他们当然不干哪。各种医师协会立时跳出来抗议。

基本可以说，医改法案已经碰了一鼻子灰了，更不用说，还有共和党在背后，指望利用医改的失败反戈一击，拿回失去的江山。

1993年为医保法案忙了一年，效果在1994年验证，因为这一年，正好是国会中期选举。让克林顿没想到的是，他失败的改革会招致民主党的灭顶之灾，在经过40年以后，共和党再一次一举拿下参众两院，克林顿做噩梦时会梦见，他被丢在一个笼子里，里三层外三层的共和党人，围着笼子狞笑。

2010年，一位民主党人的总统奥巴马，顶住重重压力，再次携带医改法案去国会闯关，每个人都为他捏把汗，都估计这家伙会比克林顿还惨，没想到，他居然实现了民主党近百年的执政理想。

奥巴马虽然让法案过关，可执行是更大问题，看起来，共和党似乎想让这项国会通过的法案沦为一张废纸。为法案落地，奥巴马搏命宣传呼喊，卸任的克林顿也多次出面狂顶奥巴马，大家都知道，克林顿这么用心，第一是为自己，第二是为老婆，万一因为奥巴马的医改导致民主党再次失利，希拉里在2016年竞选总统的事业可就悬了。

医保法案被鼓得比较惨，但其他事，克林顿还是处理得挺顺手。比如，《北美贸易自由协定》就通过了。根据这个协定，美国、加拿大、墨西哥组成了北美自由贸易区。随着欧盟的成立和扩张，美国人感觉到自家的竞争力在下降，既然欧洲各国可以联合在一起，解除相互之间的贸易障碍，北美当然也可以团结为一体。这个协议在1994年1月生效后，美国、加拿大、墨西哥之间贸易自由，并减免关税。

贝尔格莱德奇冤

克林顿在外交方面是个雏儿，刚接触国际事务时，小心谨慎的。幸运的是，他碰上的各路大佬都讲道理，居然很给这位年轻的总统面子。

1993年9月13日，在白宫南草坪上，克林顿看着巴勒斯坦的总统阿拉法特和以色列总理拉宾，几乎流下幸福的热泪。从1967年开始，以色列和巴解组织为了他们生存的一亩三分地，打得死去活来。好在犹太人和穆斯林世界终于等到拉宾和阿拉法特两个明白人，愿意先放下枪好好谈一谈。经过漫长的14轮谈判，双方终于在华盛顿签下协议：以色列有限地承认巴勒斯坦，先让地区和平下来，其他事以后再说。在巴以恩仇史上，这部“奥斯陆协议”是有里程碑意义的，尽管两年后，拉宾被刺杀，协议被搁置，克林顿依然是被当作促成巴以终于坐上谈判桌的大功臣。

苏联解体后，乌克兰发了大财，根据分家原则，其境内有大量核弹头和制造核武器的设施。乌克兰突然就成了仅次于美俄的核大国。美国人一贯宗旨就是，自家多少核弹头都不够，别人家，最好是一枚都没有，冷不防冒出个欧洲核大国，肯定不是好事。

乌克兰也讲道理，自家这些弹头，是祸不是福，还不如卖个面子给老山姆，跟他家要点儿援助，核弹头让俄罗斯拉回去销毁。

有人给面子，有人不给面子，关键时刻，太嫩不行，需要老同志出面力挽狂澜。 90年代初，国际局势那么复杂，全世界都在巨变中，克林顿前面几任总统都在动刀兵，克林顿怎么还没出去打架呢？要出发了，战争已经在海地露出小火苗。

海地是加勒比海北端的一个岛国，跟其他加勒比海岛屿一样，它一定是西班牙或者法国的殖民地。海地国民超过95%都是黑人，其他的也是黑白混血，是个比较纯粹的“黑人共和国”，也是最早获得独立的黑人国家。

虽然觉醒得早，获得了独立，但距离建立民主制度和安定的国家，还有点距离，海地的局势一直动荡不安，政变是最频繁的社会活动。

1990年在联合国的监督下，海地人总算正经选出来一位总统，军方领导人不接受这个结果，发动政变，推翻了新政府，新总统被迫流亡。

既然选举是联合国监督的，这次政变就算是跟联合国作对了，联合国通过了决议，再以美国为核心组建了多国部队。

1994年9月15日，美军集结加勒比海，克林顿给海地军方最后通牒，不投降，一天之内，大兵压境。

此时，前总统卡特因为和海地军方有点老交情，所以早早到海地斡旋。卡特卸任后，满血复活，能力暴涨，就在美国大兵即将登机降落海地之前的几分钟，卡特打回电话，海地军方低头了，交出权力，迎回总统，美国政府省了好大一笔钱，而克林顿也和卡特一起成为和平解决海地危机的英雄。

海地省的军费，注定要花在别处。1999年，地球上最受人关注的大事，肯定是科索沃战争，一般没有美军和北约介入的战事，都不能算大事！

科索沃战争的起因，要从南联盟解体说起。一想到南斯拉夫，一想到巴尔干半岛，老杨的脑子就嗡嗡作响。被称为“欧洲火药库”的巴尔干半岛，其历史上的各种混乱，咱们就不再费力回忆了。巴尔干半岛上除了懒洋洋的希腊人，剩下的都是广义的斯拉夫人，为跟俄罗斯的斯拉夫人区别，我们称为南斯拉夫人。

“二战”期间，希特勒打个响指就占领了南斯拉夫，使之成为纳粹在欧洲的第十二号小弟（南斯拉夫是欧洲沦陷的第十二国家）。政府投降了，人民没有屈服，在共产党人铁托的带领下，发动游击战抗争，取得了最后的胜利。

战后，南斯拉夫联邦共和国成立，根据民族和宗教分立，南联邦由塞尔维亚、克罗地亚、波斯尼亚和黑塞哥维那（简称波黑）、斯洛文尼亚、马其顿和黑山六个共和国，以及隶属塞尔维亚的科索沃、伏伊伏丁两个自治省构成。

铁托是个硬汉，他虽然是老牌共产党，但绝对不盲从斯大林。南斯拉夫从成立就不走苏联的路子，发展得极具个性，在中东欧那些社会主义国家中，各方面发展都名列前茅，80年代时，是个挺繁荣兴旺的国家。

随着东欧剧变，苏联解体，南斯拉夫也受到牵连，尤其是铁托死后，被他的个人魅力按压下的民族纠纷，陆续爆发并愈演愈烈。对于北约阵营来说，一个共产党领导的社会主义国家，肯定是要特殊对待的的。南联邦内部的民族纠纷，很难说没有西方势力的挑唆干预。

1991年后，斯洛文尼亚、克罗地亚、马其顿、波黑都次第独立，独立的过程异常艰难，其中有5年的克罗地亚战争和3年的波黑战争，死的人都不少。

1992年，剩下的塞尔维亚和黑山两个共和国宣布组成南斯拉夫联盟共和国。这个被称为南联盟的小国，领土10万多平方公里，人口1000多万，就这1000多万人口也是离心离德的。其中最不愿意合作的，就是位于南部的自治省科索沃。科索沃虽然中世纪时是塞尔维亚族的政治中心，但现在，基本是信奉伊斯兰教的阿尔巴尼亚族的天下，阿尔巴尼亚人占90%，信奉东正教的塞尔维亚人，只有可怜的不到10%。

其他非塞族共和国都独立了，凭啥科索沃还要憋屈在南联盟的版图里呢？可想而知，这一轮“独立战争”中，科索沃也没置身事外。

塞尔维亚族心硬手狠，喜欢玩种族清洗。对于科索沃的独立要求，南联盟的政府米洛舍维奇的手段就是屠杀镇压，阿尔巴尼亚族组成了科索沃解放军对抗，造成了当时国际时事热点——科索沃危机。

在北约看来，剩下南联盟这个刺头，“冷战”就不算完胜。对于科索沃的独立要求，北约虽然不敢明说支持，暗地里定是态度暧昧，且肯定不允许南联盟政府下黑手。欧安组织打着人权、人道之类的旗号，进入科索沃“观察”，结论是，南联盟出兵镇压打死的，不是“科索沃解放军”，根本就是无辜平民。

这种扯皮，我们并不陌生。最后定然是两边放狠话，克林顿要求米洛舍维奇从科索沃撤出军队，米洛舍维奇说，他就算丢了老命也不能丢了科索沃背上千古骂名。结果没有意外，克林顿下令，给我打！

1999年3月24日，北约战机再次升空，对一个小国展示兵威。这是海湾战争后，全球规模最大、现代化程度最高的战争。13个国家直接参与行动，使用了除核武器外的所有现代化兵器，包括贫铀弹、集束炸弹这些说好了不准用，极不人道的大杀器。78天的战斗以空袭为主，北约动用战机1200架，起飞3万余次，并再次将一种新战机投入市场做广告，这是B-2隐形轰炸机的首秀，这位空中新星身价超过20亿美元，随身配备卫星导引系统，可实现全天候精确投弹，要说这个家伙会炸错目标，打死美国人也不能承认！

1999年5月8日凌晨6时，B-2轰炸机发射了5枚精确制导的导弹，不偏不倚炸中位于贝尔格莱德市中心的中国驻南联盟大使馆，新华社记者邵云环、《光明日报》记者许杏虎和朱颖当场遇难，伤者数十人！

希望所有人都还记得这个日子，还记得事发后我们的激愤和热血，中华民族每到这个时候就能看到强大的凝聚力，国内外很多中国人都走上了街头，首都高校数千学子到美国大使馆门前抗议示威。

华人的愤怒收到的回馈却是：美国人声称，他们将中国大使馆当南联盟物质局了，地图老旧，炸错了，跟中国人道歉，请中国朋友原谅轰炸机眼神不好！

这样的解释比轰炸本身更侮辱，到现在为止，美国战机怎么会炸了咱们的使馆，依然是谜。

从门到门

一说到克林顿，读者们就很着急，怎么还没讲到莱温斯基呢？美国总统没有丑闻缠身，历史比较乏味。

自从尼克松水门事件以后，各种丑闻就喜欢被冠上××门的说法。而莱温斯基，绝对不是克林顿要走过的唯一一扇“门”。

1993年夏天，白宫的副法律顾问福斯特自杀，留下的字条上写着：公众绝不会再相信克林顿夫妇以及他们的忠心幕僚的清白了。

收到这个消息，希拉里悲痛欲绝，福斯特是希拉里的蓝颜知己男闺密已经不是秘密，后来更有爆料说，从阿肯色州小石城开始，作为律所合伙人的希拉里和福斯特就已经将关系发展到了给克林顿戴帽子的高度。

福斯特为什么寻死？是苦恋无果？从希拉里进入白宫成为第一夫人，福斯特就感觉，他的幸福时光已经远去，希拉里现在完全就是他的老板。不过让福斯特果敢赴死的，不是对爱的绝望，而是对爱人的保护，因为就在这个夏天，克林顿夫妇在阿肯色州的一桩旧事，突然被曝出来，引发司法调查。

在成为阿肯色州州长前，克林顿与老友麦克道格合作投资了一家公司，在阿肯色州白水沿岸开发房地产。克林顿成为州长后，麦克道格收购了一家储代担保公司。麦克道格一家和克林顿两口子走得很密，担保公司和房地产公司自然也会有些经济上的来往。

1989年，麦克道格被控“银行诈骗”罪，担保公司只好破产倒闭。作为这家担保公司最大的债权人，联邦政府损失了4700万美元。麦克道格经审理无罪释放，但担保公司的钱就没了踪影，这都是纳税人的钱，怎么能说没就没了呢。于是，美国司法部财政部组建一个班子，专门调查担保公司，以及这家公司和克林顿夫妇的白水公司之间的关系。

经查实，担保公司的确对白水公司转拨过一笔红利，这笔钱后来被从公司转出，成了克林顿连任州长的竞选经费，其中还涉及偷税漏税。钱的数目并不大，性质严重。

担保公司和白水公司的所有业务往来，在破产时都由希拉里的蓝颜福斯特清理，他自然是最知道内幕的，而他自杀是希望能保全总统夫妇的清白。

“白水门事件”的调查从1994年进行到2002年，审理期间史上第一次向第一夫人发放传票，宣她出庭做证，为了预备这次出庭，希拉里精神压力巨大，短期内暴瘦了10磅；总统也两次用录像的方式做证，两口子都被折腾得心力憔悴。在历时6年，耗费了几千万美元的公款后，负责此案的独立检察官终于宣布，没有证据证明克林顿夫妇涉案。

跟尼克松一样，克林顿也涉嫌在案件调查时，妨碍司法公正，可最牛的是，在白水门案如火如荼喧嚣尘上时，克林顿居然在1996年取得大选胜利而连任。胜选归胜选，大部分美国人还是认为，克林顿夫妇在此案中一定有问题，不过是这两位玩法律的高手手段比较高超而已。最重要的人证福斯特自杀，死无对证，的确是起到了关键作用。

希拉里的爱人讲义气够爷们儿，克林顿的“爱人们”就比较绝情。

克林顿是个务实的男人，他选择希拉里为妻，我们猜测他最大的考虑是自己的仕途前程，但这并不意味着，对于漂亮性感的女人，他就没有想法了。

1992年，克林顿第一次大选时，有个叫珍妮的酒吧歌手，出版了一部听名字就好卖的《克林顿情妇的自白》，作者说，她是用日记形式记录了她跟阿肯色州州长从相识到相恋，维持地下情12年的点点滴滴。本书最值钱的部分，当然是珍妮和总统共度春宵的细节。

面对任何指控，克林顿习惯在一开始矢口否认指天誓日，直到对方出示了克林顿的亲笔情书。出轨找小三这个事，虽然不对，还涉嫌通奸，但如果原配正房不追究，一般也闹不出大事。白宫近在眼前，希拉里绝对不会掉链子，她坚定地站在克林顿身边，用满含爱意的目光支持老公。克林顿安全通过珍妮这扇门，进入白宫。

对克林顿的政敌来说，女人是他的软肋，只要愿意找，一定能找出其他“珍妮”来。1994年，一位叫宝拉·琼斯的阿肯色州州政府秘书，控告1991年时克林顿曾对她性骚扰，索赔70万美元。

1991年，阿肯色州州长克林顿在一次活动中，看中了琼斯。他让州警把琼斯叫到自己下榻的酒店房间，当着这位25岁姑娘的面，解开了自己的裤子。琼斯吓得夺门而逃，据她自己说，此后她在州里一直没有获得提拔，比其他相同资历的人都混得差，应该是克林顿利用职权的报复打压。

被控性骚扰，是民事诉讼，克林顿的律师认为，作为总统，他至少有在卸任后再受审的权益。据说此案的初审法官当年在阿肯色州法学院听过克林顿的课，跟被告有师生之谊，明显是想保克林顿熬过任期。

没想到在1996年，上诉法院推翻了初审的裁决，认为，总统犯法与庶民同罪，有什么道理可以延后审理呢?

1998年，克林顿最艰难的一年，联邦高等法院正式受理琼斯诉克林顿性骚扰案，总统要亲自出庭做证，与琼斯对质，这样的热闹真是史无前例，吸引了大批传媒到华盛顿围观。

总统义正词严地表示，不记得见过这个女人，更不可能随便脱裤子。多次的出庭经验，让他演技暴涨，他看上去是个坐怀不乱的圣人。在女人方面，克林顿想扮圣人，漏洞百出。控方想到，一个男人做了总统，他再有色心也不敢满大街找女人去，所以，在白宫那些幽闭的生涯里，克林顿肯定跟白宫的女职员们有可以挖掘的故事。只要有一点儿传闻，哪怕是空穴来风，他们都能钉死克林顿就是个喜欢骚扰手下的男上司，并打赢官司，或者还能扳倒总统。

让克林顿的对手欢喜的是，随便一挖，就能挖出一个超劲爆的政治娱乐头条。

克林顿和莱温斯基的故事，要从1995年11月说起。那时，美国政府关门了。

跟2013年美国政府的关门原因一样，总统和国会不能就下年财政预算达成协议，政府没有运作经费，关门歇业。

第一个任期时，克林顿对社会福利的改革雄心勃勃，想在医疗、教育、环保上砸大笔银子，可共和党控制了两院，随时可以让克林顿没钱用。两边争拗到最后的结果，就是政府关门。

2013年的政府关门，奥巴马失去了参加东盟峰会的机会，让中国习李两位大放光彩，对于念叨着要重返亚太的奥巴马来说，损失是有点儿大。可1995年底，克林顿政府被关门，却成为他1996年竞选连任的一个重要筹码。共和党国会成了为党派私利不顾民生的坏人，克林顿的形象弱势悲情，这一轮国会对总统的挤兑，反而让克林顿的支持率上升了。

政府关门，总统没下课，还是要照常上班，人太闲，就容易出事。

白宫经常会招募一些年轻的实习生到白宫打杂，时间大约是六周，不用给薪水。1995年7月，刚取得学位的莱温斯基跟其他200个新大学毕业生一起，进入白宫实习。

一进入白宫，莱温斯基就发现，在白宫的女实习生和雇员中，总统是个可以抒发各种臆想的对象，茶余饭后，女孩子们喜欢讨论，总统似乎对××有意思，搞不好是有一腿的。

在这个世界上，不被男人的权势击倒的女人微乎其微，所以说男人通过征服世界而征服女人。克林顿是当时世界上最有权势的男人，他就算歪瓜裂枣贼眉鼠眼，也能吸引大批女人，更何况，克林顿算得上是风度翩翩。

莱温斯基和克林顿，到底是谁勾搭了谁，是个绝对无解的谜题。克林顿自然不好回答，而从莱温斯基自己的说法来看，显然是总统看她第一眼就为她着迷，并处心积虑安排了后来所有的事。

根据莱温斯基自己的描述，在她认定总统对她有意后，故意在总统面前撩衣角，露出了丁字裤。莱温斯基是个胖丫头，对于她露出丁字裤有什么美感，无从想象，但她说，克林顿脸上是露出了欣赏的表情，我们猜想，这是色鬼受到了激励，觉得把这个小胖丫弄进椭圆办公室，她绝对不会捂着脸尖叫着夺门而逃。

事实证明莱温斯基比琼斯贤惠多了，在政府关门的那段时间里，莱温斯基懂事地要求留在白宫工作，尽管暂时没有薪水，工作之余更是义务地陪伴无所事事的总统，椭圆办公室里，她和总统度过了许多的“甜蜜时光”。

1997年4月，莱温斯基的上司已经感觉到，这个胖丫头和总统的关系要出事，所以将她调到国防部，国防部在五角大楼上班，她失去了和总统独处的机会。

在五角大楼期间，莱温斯基结识了新闺密，叫琳达·特里普。闺密无话不谈，而男人对女人来说，也可以是衣服，能想象一个女人穿了件新衣，还躲起来不给人看见吗？克林顿是这个世界上最华丽的礼服，曾经穿过的莱温斯基，不可能不跟别人炫耀。

莱温斯基自己没心没肺，特里普可是个仔细人儿，莱温斯基跟她描述得眉飞色舞时，特里普用录音机录下了莱温斯基的“总统情妇的自白”。

1998年，当琼斯的律师向莱温斯基取证时，莱温斯基否认了跟总统的关系，可特里普不愿意担伪证的罪名，她提交了录音带，总统和莱温斯基的故事，火爆了全世界媒体头条。

跟事发后面不改色地狡辩比起来，克林顿在找女人时，行动总是不够小心缜密。随着调查的深入，越来越多的人证物证浮出水面，而最致命的，是莱温斯基出示了一条蓝色裙子，上面有克林顿的精液。据莱温斯基自己说，她是留下爱的纪念，到底是纪念还是证据，就很难说了。

事已至此，辩解无效。克林顿支付85万美元与琼斯庭外和解，而国会，因为伪证和妨碍司法等罪名，启动了对总统的弹劾。

在美国，弹劾总统是这样一个程序。弹劾由众议院发起，所以他们就是控方，白宫组成一个律师团队，是为辩方。最高法院的首席法官主审，100名参议员都是法官。控辩双方各自陈词，说完后，主审法官对参议员发问，有罪还是无罪？任何一项指控，只要有三分之二的参议员说有罪，即为罪名成立，总统就地下课，副总统接班上台。

这是美国史上第二次总统弹劾案，1888年的安德鲁·约翰逊总统仅以一票之差逃过一劫，而克林顿就安全多了，他还差17票。虽然共和党是参议院多数，好在，所有的民主党人高度团结，同仇敌忾地保住了克林顿。

“白水门”“骚扰门”“拉链门”，克林顿正好经过三重门，这三件事，每一件都足够一个政治人物仕途夭折，可克林顿不仅胜利完成了两次大选，还在1998年离任时，创下了65%的支持率，是“二战”后，这个数字最高的总统。怎么会这么神奇呢？

说了克林顿这么多事，大部分都是他的私事，大家还记得，老布什交出白宫时，美国正处于经济危机中呢。

1992年，克林顿和老布什竞选时，竞选团队就打出一句口号：问题在经济，笨蛋！告诫老布什，经济问题不解决，扯什么都没用。

老布什做不到的事，克林顿做到了，1992~2000年，上个世纪的最后8年，被人称为是美国的黄金八年，经济繁荣，高速发展。1999年初，政府已然破罐子破摔的财政赤字，居然变成了盈余。国家富裕和谐，老百姓安居乐业，社会福利增加，失业率降低，还出现了一个叫互联网的好东西，而总统怕大家日子过好了太无聊，隔三岔五地主动提供自己的私生活给大众娱乐，这样的好日子，谁不欢喜啊，这样的总统，谁不支持呀？

到底，克林顿是怎么做到的呢？

五十六　网络时代

极客的狂欢

初入20世纪90年代头一年，从经济方面看，美国人似乎又进入周期性衰退中，而此时欧盟刚刚成立，上升得很快，欧洲在臆想，他们会重新夺得经济统治权。谁知克林顿上台后的8年里，美国的经济再次创造了耀眼的成就，进入战后历史上的最鼎盛状态。有两个数据最说明问题，那几年国内就业人数月增26.5万，想失业都不太容易；不想上班想在家炒股的，股市年均回报率为19%。

为了表彰克林顿的贡献，上个世纪末这一轮美国经济表现，被称为是克林顿经济学。

克林顿经济学包括货币、投资、税收、贸易等方面的各种内容，跟其他总统的经济工作内容没有大不同，也看不出克林顿比其他的总统高明了多少。如果真有克林顿经济学这个东西，其最有用的核心肯定是加大了科技投入和人力培训，最成功的是他大力支持了互联网经济的起源和发展。说白了，就是互联网时代来临，为美国经济注入了新的活力。

60年代“冷战”期间，为了高端军事研究，美国建立了国防部高级计划研究署——ARPA（Advanced Research Projects Agency),俗称阿帕，研究项目就是如何将几个研究机构、大学的主要计算机连接起来，实现一定程度的资料同享。

1969年11月21日，阿帕网连接成功，最早的网络连接了四部主机，分别位于加州大学洛杉矶分校、加州大学圣巴巴拉分校、斯坦福大学和犹他州大学。在当时，这四部电脑可以互相发消息，已经是了不起的高科技了。所以，它只能为绝密的军事目的服务，在国防部的直接保护下。他们要达到的目的就是：这个小网络，有一部分被敌方攻击，其他部分必须还能正常工作。

阿帕网的试验阶段进行到1975年，当时网络上已经可以连接100多台主机，基本达到国防部要求，可以交付政府，由国防部的通信局使用运行。

电脑连接上了，现在要解决网络与网络之间的连接。怎样才能让一个网络接入主网络，肯定要制定个规矩，毕竟网络也不是你们家炕头，说上就上的。

70年代，阿帕网的精英团队重点研究的是“TCP/IP协议”，这个词你就算不懂，但肯定没少在自己的电脑上看见，它就是传输控制协议/因特网互联协议，简单说，就是你进入网络需要遵循的各种规矩，接受人家的规定，你才能入网。

解决了入网的规矩签了协议，那就说明，数据会越来越大越来越多。很多人看到，这个东西，单用来对付苏联，太浪费了。于是，阿帕网分成军事机密和不机密两个部分，不机密的那个部分，逐渐向我们现在离不开的民用互联网发展。

我们在使用的互联网，它很重要的组成部分就是万维网（World Wide Web），就是我们烂熟的WWW。它的发明是基于很久之前，人们就梦想一个世界性的信息库，全球各地的人都可以到这个库里找东西，当然也可以往里面放东西。

万维网的发明者是来自英国的蒂姆·伯纳斯·李，他最早提出了万维网的构想，并在1990年开发出了历史上第一个网页浏览器。因为这项伟大的成就，李被授予各种荣誉，他是大英帝国的爵士，并建立了麻省理工学院的计算机科学实验室。这个实验室的地位，相信每个预备去美国留学的孩子都不陌生。

李也许可以被称为互联网之父，但美国人温顿·瑟夫和罗伯特·卡恩的贡献也必不可少，他们为互联网设计了基本的架构，也是互联网之父。

40年代，美国就建立了计算机协会，不晓得当时的美国人会不会想到，捣鼓这么一部机器，可以改变世界的格局，而摩根、洛克菲勒那些老牌实业、金融家族更想不到，会有一天，世界的财富向这些戴着眼镜，书呆子气十足的极客（Geek 电脑宅、技术宅的别名）聚集。

1955年10月，比尔·盖茨出生在西雅图，他有两个姐姐。千万别把盖茨当作草根崛起的励志榜样，在西雅图当地，盖茨家有头有脸，身家显赫，盖茨的外祖父曾经是国家银行的行长！13岁时，盖茨就开始了计算机编程，算一下时间，那是1968年，之前说过，个人电脑普及是80年代后的事，一个13岁的孩子可以接触当时那样高精尖的玩意儿，绝对是因为背景很硬。

西雅图好人家的孩子都会入读一所著名的私校——湖滨中学，在这里，盖茨认识了小伙伴，学长保罗·艾伦。两人志同道合，都痴迷于计算机编程，甚至一起潜入过华盛顿大学的计算机实验室，就为接触到更先进的设备。非法潜入，华盛顿大学真要追究，这两位IT大佬可能会沦为少年犯。

1973年，盖茨进入哈佛，又认识了一个朋友叫史蒂夫·鲍尔默。当时保罗·艾伦进入了华盛顿州立大学。

1974年，不知道是谁挑唆了谁，艾伦和盖茨下定决心，退学专心捣鼓计算机。退学后两个人在哈佛大学的某个比萨店畅想未来时，艾伦问盖茨：“如果整得好，咱们这业务能做多大？”盖茨很有信心地说：“怎么的也能请得起30~40个程序员呗！”当时艾伦肯定是心想：这小子真敢吹！

好多孩子都对“退学”这个事有兴趣，似乎从名校退学是盖茨的光环之一，到底他退学的根本原因是什么？盖茨早年访问中国，接受水均益专访时交代过这个“叛逆”的过程：“我和我的朋友保罗·艾伦共同经历了电脑发展的全部历程，因为我们非常热衷于使用电脑，我从13岁起就是这样。我们看到了一个把芯片放到电脑中的主意，我们意识到它可能会使电脑的运用产生很大的变化，会使电脑从大机构使用的系统变成个人使用的工具。我和他很多年来一直在谈论这个问题。 当我们看到第一台人们花费不多就可以买到的电脑面世的时候，我们就决定我们应该加入到这个市场，并编写了BASIC语言。我们于是成立了公司，之后我就同意退学并且和他们一起做这件事。”

就在这年，家用计算机之父亨利·爱德华·罗伯茨推出了基于英特尔8008芯片的微型计算机——牵牛星8080（Altair 8080），售价不到400美元，这使得计算机大有可能进入普通家庭。就是看到牵牛星8080的广告后，艾伦预见到计算机会成为普及的家用电器，艾伦立刻找到盖茨，谋划如何利用他们在BASIC语言上的优势，为牵牛星编写程序。

所以,想退学的孩子请注意，盖茨和艾伦是发现了明确的商机，分析了自己的资源，确定了人生规划后才退的学，并不是上学上腻歪了就可以回家玩电脑。后来哈佛授予了盖茨荣誉学位，敢退学的孩子，在退学后学校还上赶着授予你学位，你才是真牛。

盖茨和艾伦在新墨西哥州阿尔伯克基的小旅馆里，成立微软公司，开始了他们的创业历程。1977年，微软的总部搬迁到西雅图的雷德蒙德市，小伙伴回到故乡，支援家乡建设，并让西雅图这个城市带着微软的光辉，成为极客们朝圣的地方。

极客并不都是书呆子，盖茨能成功，除了编程方面的天赋，商业头脑一点不缺。

70年代末，IBM预备进入个人计算机市场，需要为产品找到合适的操作系统。微软当然希望接这个大活，可就在他们手里还什么都没有的时候，盖茨就跟IBM介绍，微软开发了一种叫DOS的系统，正对IBM的需要。跟IBM一谈妥，微软转头就找到西雅图计算机公司，从一位编程天才手里，花5万美元买下了他开发的操作系统，微软将其命名为PS-DOS卖给了IBM。随后PS-DOS作为当时最好用的操作系统被用于所有的新计算机，基本上统治了80年代的PC世界。西雅图计算机公司气得直跳脚，要跟微软打官司，最后双方庭外和解，这个事，也算是盖茨一个颇为遭争议的经历。

1985年，基于DOS系统的WINDOWS操作系统问世，猛然之间，操作电脑成了容易的事，只要会点鼠标就够了，它很快家喻户晓，以最快的速度成为操作系统的首选，以后的日子里，微软只要不断对这个视窗升级，全世界用户都要紧盯着它，跟着他下补丁。

就在视窗系统问世10年后，1995年，比尔·盖茨成为让全人类仰视的地球首富，到今天为止，他已经20次在年度财富榜上登顶。当年的创业小伙伴艾伦因为合作间的隔阂和身体原因，从80年代初就不太参与微软的运行，2000年正式退出微软董事会。巨额的微软股份让他同样富可敌国，他买下了NBA的球队、波特兰开拓者队。

1980年，盖茨以股份诱惑鲍尔默加入微软，鲍尔默在2000年接替盖茨成为CEO，从那时起，盖茨就不断出售自己的股份，到2014年，鲍尔默成为微软股份最大的拥有者。盖茨承诺将在2018年抛空自己的微软股票。跟很多美国的巨富一样，进入这个阶段的盖茨，最上心的是慈善工作，他的抛售是为他和妻子创办的基金会提供资金。

微软的西雅图是极客圣地，90年代电脑科技大爆炸的时代，还有一个更令所有极客心向往之，渴望扎堆群居的地方，那就是硅谷。

所谓硅谷，不过是加州北起旧金山湾，南到圣何塞，方圆不足500平方公里的弹丸之地。它不是一个地理学的概念，它是“人们思想中的产物”，它的中心是圣克拉拉谷。

硅谷所在地，早先是美国海军的基站，有些航空研究基地也在这里。为给这些项目服务，很多科技公司也就搬到这附近，“二战”期间，这就算个高科技企业的小中心，不过大部分为军用配套，民用企业非常少。

斯坦福大学的教授特曼就发现，不管是斯坦福还是加州理工这样的名校毕业生，他们毕业了，还是习惯去东海岸找工作机会。于是他就在斯坦福大学开放一块地，鼓励学生们就近创业。特曼教授鼓励的传奇故事就是：1939年威廉·休利特和戴维·帕克特在加州帕罗奥多市爱迪生大街367号一间狭小的车库里，用仅有的538美元，创立了惠普公司。从此，在创业的极客心目中，车库也是神圣所在，惠普的这间车库，被认为是硅谷真正的起源。

既然叫硅谷，肯定是跟硅有关，大家都知道，硅是半导体芯片的主要物质。话说，特曼教授做投资地产做得颇有心得，他决定扩大经营，索性在斯坦福附近建一个高科技产业园，盖点小规模工业建筑，以低廉的价格租给创业的小型科技公司。

工业园的计划吸引了一位斯坦福的校友，他叫威廉·肖克利。肖克利原本是供职于美国最牛的一个高科技研发机构——贝尔实验室，他和其他两位物理学家发明了晶体管，取代了真空管，带给电子工业一场革命，被称为20世纪最重要的发明。1956年，他获得了诺贝尔物理学奖。

1955年，出于个人发展的需要，加上肖克利喜欢加州的气候，他进入了圣克拉拉谷，成为特曼教授筑巢引凤引来的一只金凤凰。

凭着肖克利教授的名气，他的个人实验室吸引了不少精英加盟，尤其是他精挑细选出来的八大金刚，全都不超过30岁，个个才华横溢，还脑有反骨！“脑有反骨”这个评论不是老杨给的，是肖克利教授给的，这8个年轻人，后来被他称为八叛逆，因为他们在1957年集体炒了肖克利的鱿鱼，跑去纽约成立了仙童半导体公司！

肖克利教授是标准的科学家，除了科研之外，待人处事神叨叨的。他虽然承认他招来的人马都是精英，可又信不过他们，要给他们安排测谎，还要公开员工薪酬。对待员工，肖克利毫无现代管理的常识，他基本认为，自己就是家长，员工就是未成年孩子，要对他无限服从。

八叛逆之一的诺伊斯发明了集成电路，将多个晶体管安装在一个单晶硅片上，仙童公司得以迅速壮大。叛逆之二的摩尔发明了著名的“摩尔定律”。冲出去的叛逆们个个都找到了自己的位置，于是鼓励更多的叛逆跳槽自立。

1967年，两名“叛逆”离开仙童，成立了美国国家半导体公司。1968年，仙童公司的行销经理创立了AMD（超微科技），他们都将创业地点选在了硅谷一带。这一轮半导体工程师跳槽大赛的最高潮是，仙童的两大创始人诺伊斯和摩尔辞职，进入圣巴拉拉谷，创立了英特尔公司。从此，硅谷就颇具雏形了！

传奇的硅谷有很多传奇的故事和传奇的纪录。比如说80年代，计算机制造业的大哥IBM遭遇了强悍的挑战，人们发现，有个叫苹果的公司，总能生产出一些概念新颖的电脑，虽然对IBM的市场没构成致命威胁，但它总是领先于时代的设计，让同行真是忍不住要心惊肉跳的。这个苹果电脑公司是咄咄逼人的新锐，它在1980年上市时，募集的资金创下了纪录，公司造就的百万富翁也是纪录，它从一个新公司用5年时间进入世界五百强的速度，更是纪录。苹果绝对算得上是美国历史的主角之一，但鉴于乔布斯的传记在2013年是超级畅销书，比老杨的书受众广泛， 这部历史书里，就不费笔墨了。这部美国史就是由一部Macbook Pro 完成的，也算是老杨对乔布斯的致敬了！

硅谷到底有多少高科技企业，不好统计，世界五百强公司至少超过30家。在硅谷参观，入眼的景致全是各种你熟悉得不能再熟悉的logo（商标）。加州从来是阳光灿烂，蓝天白云，跟这些高科技的企业结合在一起，你心里会有一个感觉，这些企业都像加州那些新鲜的蔬果作物一样（加州盛产水果），朝气蓬勃，生长旺盛，它们代表着，活力、创新、改变、超越！

RAP & MJ

90年代，极客书呆子混成了人物，Smart is the new sexy(聪明是新性感)，而另一方面，“不聪明”的，则努力维持从60年代开始的文化氛围，那就是，将通俗文化作为一种主流。通俗是个很不好控制的东西，一不留神，它就俗到不知道什么地方去了。

从80年代开始，美国英语发生了一些新变化，最明显的就是黑人英语对主流英语的影响，比如我们最熟悉的what's up？最酷的说法是Sup？这就是黑人的说法方式，别忘了戴上棒球帽子、墨镜、金链子，走路左右摇摆，并搭配夸张的手部动作。

这是要唱Rap?对，Rap也是一句黑人俚语，它本来是聊天的意思，后来就成了“说唱”。也许就是Rap的流行，带动了黑人的说话方式逆袭美国英语，而美国英语这种垃圾箱一样的吸收包容，也让很多学习英语的同学备感苦恼，不是每个词都像“No zuo no die”这么通俗易懂。

关于Rap,最不负责任的名词解释就是：配合节奏强烈的电子音乐，满嘴跑舌头地念念有词。话题很多种，可以涉及生活的方方面面，当然越是批判越是高级，如果不批判直接引导暴力，则更受欢迎。

这不是胡说八道，在Rap的诸多分支中，黑帮说唱是有特殊地位的。史上销量最高的Rap唱片，就是这样一种东西。它的演唱者，叫作图派克·沙克，他是史上最成功的说唱歌手，没有之一。

沙克是黑人，在监狱中降生，他唯一认识的亲人，就是他身陷囹圄的母亲，著名黑人社团黑豹党的成员。前面说过，黑豹党基本是以暴力反抗白人为宗旨的。沙克从小到大，他所面对的生活内容就是：街头暴力、帮派火拼、生活贫困、种族歧视这些东西，都为他未来的音乐打下深刻的烙印，而就是这些反映暴力杀伐之类的说唱作品，让沙克成为年轻人的英雄，不论是黑人还是白人，都视他为偶像，尽管他打架斗殴，枪击警察，甚至曾经因为性虐待被捕入狱。也许，就是这个沙克搞坏了行情，印象里说唱歌手都是些操行严重不及格的坏小子。

1996年，在拉斯维加斯的大街上，25岁的沙克被枪击身亡，此案至今没有了结，凶手无踪。

沙克横死街头那年，迈克尔·杰克逊38岁，那一年，他最受瞩目的歌曲是《You are not alone》（永远相伴）。

同样是黑人，成长中遭遇过一样的打击和不公，MJ没有沙克那么偏激激进敌意，放下偏执，保持爱和单纯，成就了一个伟大的歌者，伟大的事业。

MJ生于1958年的印第安纳州。5岁那年，他就显示出了跟他的兄弟姐妹一样的唱歌跳舞才华，父母让5个兄弟组成了The Jackson 5(杰克逊五兄弟)乐团，开始走穴。

虽然MJ的兄弟组合经过多次改名，持续多年存在，但从1971年开始，就有人单独为MJ发行专辑了。真正属于MJ的音乐王朝，应该是开始于1979年首次获得冠军单曲，并得到格莱美奖。

MJ的巅峰时刻出现在1982年，《Thriller》专辑发表。这张专辑不仅在美国专辑榜上蝉联了37周冠军，在世界各国皆成为冠军专辑，拥有7首TOP10单曲、获得12项格莱美奖提名及8项奖座，到21世纪初，《Thriller》的全球销量超过6000万张，这几乎是唱片销售的天文数字，至今难有歌手接近。

对于MJ的一生来说，他的才华和音乐地位是不容置疑的，可惜更多人关心的，似乎是他的各种不堪传闻，第一件，就是神秘的“漂白”过程。

据MJ自己的说法，在发行《Thriller》前后的那段时间里，因为压力过大，生活上变化也大，诱使家族遗传白癜风病发，皮肤色素受损，让他一步步变成了白人，他矢口否认，以身为黑人为耻，而努力以美容“漂白”这种说法。

除了“过度美容”这个传说，更严重的指控是娈童癖。1992年，MJ就经常邀请一些十几岁的男孩儿到豪宅“梦幻庄园”玩耍。第二年，一位13岁的男孩儿指控MJ对他性侵犯。案子闹得轰轰烈烈，男孩儿的爸爸穷凶极恶地想狠宰MJ一刀。MJ承认了跟男孩儿同睡一床，但绝不承认娈童。案子进入司法程序，警方必须用最残酷的办法取证，根据被告的描述，对应MJ身上的特征，也就是说，MJ要脱光了，让司法人员仔细检查他的私处。

这个案子彻底摧毁了MJ，他开始失眠、厌食，需要大量的药物才能维持精神。这种案子要纠结起来会永无止境，MJ最后选择了庭外和解，付给被告的父亲要求的2200万美元。MJ分期付款，到1999年才付讫。

钱的损失是最不值得计算的，因为这个案子，MJ失去了健康、尊严、声望，甚至是事业。本指望时光流逝，大家淡忘这件事，可在2003年，另一件娈童指控又冒出来了。这个案子，MJ倒是胜诉了，但是，原本认为MJ清白的很多人，都动摇了。如果你真没有这事，为啥人家总盯着你呢?

MJ被吉尼斯世界纪录评为世界历史上最成功的艺术家。纵然是这么大的成功，又如何遮盖那些难言的屈辱。到2009年，50岁的MJ预备收拾心情，王者归来，再次向全世界送上他夺人心魄的表演时，6月25日下午2点，因心脏病骤然离世。两年后，洛杉矶警方宣布MJ死于谋杀，原因是他的私人医生为他注射了强力镇静剂。

说私人医生是凶手有点冤，他学艺不精失了手，本意并不想害死MJ。饱受失眠症困扰的MJ，已经对一般的药物成瘾，为了能让自己入睡以恢复体力应付即将开始的巡演，MJ冒险让私人医生为自己注射了过量的药物。

MJ一生似乎都在神与魔之间游走，饱受争议，他经常变化的面容，似乎也在向全世界宣告，他绝对不是普通的“地球人类”。电影《黑衣人》里已经定性MJ根本是外星人，MJ的大部分粉丝都接受这个说法，他的意外惨死，粉丝悲恸，一致认定，MJ是回到他自己的星球去了，而且，此时任何人对MJ都没有质疑，他没有缺点了，他如同刚出生的婴儿般美好地离开了。

五十七　仰巴脚儿总统

“仰巴脚儿”是句老北京话，形容有人摔了个四脚朝天屁股墩，在各种跌倒姿势中，这种是最出洋相的，肯定引发围观群众爆笑，由此产生了心理学中有个名词叫“仰巴脚儿效应”，也就是出丑效应。对某些聪明优秀的人来说，偶尔的出洋相，会让他更受欢迎。做个试验，找两位风度翩翩的社会精英公开相亲，其中一位从头到尾正襟危坐，侃侃而谈，没有一丝破绽；另一位显得紧张，不小心打翻了杯子，弄湿了衣服，面红耳赤表情尴尬。而事后问姑娘们的印象，大多数人会认为第二位更可爱，因为一个平时规矩严整的人，偶尔手忙脚乱的样子，显得更随和更容易亲近（这个效应适用人群是高高在上的精英，普通的屌丝，天天出洋相，别人指定说你是小脑发育不良还少根筋）。

美国人喜欢恶搞总统，调侃总统，说总统好色的、有鬼的、没胆的什么都有，但大部分人还是认定，从华盛顿以来的40多位总统，头脑应该是优于一般群众的。而在2000年，当那位自称得克萨斯牛仔的前总统布什之子小布什宣布要角逐白宫时，对他的主要质疑集中在他的智商上，并严重怀疑这个伙计有阅读障碍症，是个教都教不聪明的主儿。

在小布什成功地担任了8年美国总统后，因为任期内的种种洋相和口误，他被评选为史上第二笨的美国总统，仅次于20世纪初那个频爆丑闻的废物总统哈定，而同时，他又被选为美国有史以来最伟大的人物第六位，似乎，所有人对这位笨总统都认可，即使是很多中国人。在所有的美国总统中，小布什在中国受欢迎的程度很高。

究竟是笨拙可爱还是大智若愚，小布什是个有争议的人，对他的争议，从竞选那一年就开始了。

小布什出生在纽约隔壁的康涅狄格州，两岁才随老布什迁往得克萨斯州，他知道自己永远学不会东部精英严谨端庄的做派了，所以将自己定位为得克萨斯州牛仔，于是大家就原谅了他嬉皮笑脸的表情和东张西望的猴态。

很多专家出示证据证明小布什有未被确切诊断过的阅读障碍症，这等于同时打了美国两大名校的脸，小布什本科就读于耶鲁大学，并入选了骷髅会；他还是第一位毕业于哈佛商学院的MBA总统。

越战期间，小布什踩着老爸的脚步成为飞行员，在国民警卫队服役。跟克林顿一样，小布什也面临媒体对他服役期内的深度挖掘，小布什做总统时都很淘气，当兵时就更淘气了，尤其是酗酒的问题，一直是对手攻击他的主要武器。

小布什在40岁那年宣布戒酒，并开始精读《圣经》，奠定了他保守派基督徒的政治形象，对于一个笃信基督教的国家来说，这让他加分不少。

在帮助老布什进入白宫后，小布什回到得克萨斯州，他买入了得州游骑兵棒球队的股份，成为了这支西部著名棒球队的管理人。如同恒大让许家印名震天下一样，手里有个球队，想出名一点儿不难。就是在管理得州游骑兵期间，随着曝光增加，小布什渐渐拥有了比较高的被关注度，加上他还有个总统老爸。拼爹在哪个国家都管用，只不过程度不同而已。

1994年，小布什不满足于管理一个球队了，他发愿要管理整个得克萨斯州，比他小7岁的弟弟杰布也在同一年宣布竞选佛罗里达州州长，由此时起，一个赫赫的布什家族崛起于美国政坛。

小布什竞选成功，并在1998年获得连任，杰布也在1998年，成功当选为佛罗里达州州长，老布什看着两个孩子，老怀大慰，但他说，他最看好接他的班进入白宫的，是次子杰布。

老爸不看好不要紧，很多人看好小布什。这个州长看似笨，笨得没心没肺，可他是个悲天悯人的保守派信徒，关心穷人，坚持上教堂，他在任时，公认是最受欢迎的州长之一。

2000年，小布什顺利成为共和党候选人，对决克林顿的副总统戈尔。

做了8年副总统的戈尔，比小布什还年轻两岁。戈尔是世界著名的环保主义者。20世纪90年代，地球气温越来越高，引起了联合国的警惕。虽然减少排放、爱惜地球这个口号谁都喊，可因为减排就意味着减少生产，直接影响GDP，哪个国家也不会主动控制自家的排放。

1997年12月，日本京都，联合国终于让地球上主要国家勉强答应遵守某个排放标准，著名的《京都议定书》出台了，84个国家签字，并答应在2005年开始强制生效。

戈尔代表美国政府参加了大会，出于他著名环保人士的立场，配合地在条约上签字。可回到美国后，戈尔为难了，签字没用啊。这东西，在国会根本不可能通过的，地方上更是反应激烈，尤其是得克萨斯州的州长小布什，他认为真要按这个标准减排，他州里的企业都不用开工了。

不能预测如果戈尔胜选，美国对待《京都议定书》的态度会不会不同，小布什上台后，果断退出该条约，成为第一个签字后又耍赖的国家，给其他国家带了个坏头。

布什和戈尔摩拳擦掌，拉开了21世纪第一场美国大选的幕布。不负观众的期望，这场世纪之战跌宕起伏惊心动魄，而最大民主国家美利坚在新世纪的第一位总统，不是民众选出的，居然是由最高法院决定的。

这时我们不得不复习一下美国的大选制度：选举年的7月，两大党派各自召开代表大会，确定本党派的总统副总统候选人，并拟定竞选纲领；开完会，两位候选人就开始周游各地拉选票，演讲也好，耍宝也好，想干什么都行，只要让选民在最短的时间爱上你；电视辩论，挤兑对手，挖老底，爆黑料，大把撒钱，这个阶段，钱很重要，千万别省；到这一年的11月第一个周二，所有人去投票（为什么选在11月的周二呢，大家上个班还要请假出来投票？这就是美国传统啊，确定这个选举日期时，美国是个农业国家，11月份呢，刚好结束了秋收，农民们有空。至于选择周二，是因为早先很多地区偏远，要走一天才能到达投票点，基督教国家周日要做礼拜，你不能让人家周日出发吧）；投票时，你要选择的，并不是哪一位候选人，而是选一个选举人团。怎么认识这些选举人呢？不用认识，两党各有一组选举人团，你想选哪个候选人，选择对应的选举人团就行了；选举人团的数量跟两院的议员数量对应，美国50个州，每州有两人进入参议院，而众议院的数量就要按人口比例计算，照这个算法，最少的州，只有3个选举人，而最多的州，比如加利福尼亚，有55张选举人票；美国首都华盛顿特区，没有人在两院，但国会给了他们3张候选人票，这样一来，2000年大选时，选举人票有538人，其中一个候选人取得其中的270张票，他就获选；美国大部分州，都采取“赢者通杀”的玩法，比如加州有55张选举人票，只要你获得了其中的28张，那所有的55张选票都算你的。

这个选法有个重大的弊端，虽然很罕见，但毕竟存在过，比如1876年和1888年，都出现过候选人取得了更多的普选票，可在选举人票上输掉，也就是说，更多美国人支持的候选人，无法入主白宫。

2000年，麻烦又出现了。 11月7日晚， 数据显示戈尔取得了48.4%的大众普选票，布什只有47.9%的普选票，似乎是戈尔占据优势，在选举人票方面，双方也几乎势均力敌，能决定最终胜负的，就是佛罗里达州的25张选举人票。

11月8日凌晨，佛罗里达结果出炉，布什获得了那25张票。戈尔非常有风度地打电话承认选举失败，并恭贺小布什胜出。可在一个小时后，戈尔又通知布什，收回刚才的祝贺，并不承认自己的失败。原来佛罗里达存在选票没有充分计算的问题，双方差别不大，万一有些票没有计算，戈尔就输得太冤了。

佛罗里达州的选票计算问题没办法最终确定，最后不得不送到联邦最高法院找个说法，到12月12日晚，9位大法官，才以7票对2票做出了有利于布什的裁决，12月13日，输得不明不白的戈尔再次打电话给小布什，恭喜他成为美国第54届总统，后来的岁月里，戈尔虽然在环保事业方面颇有建树，还获得了一届奥斯卡最佳纪录片奖，可在大选这件事上，他始终无法释怀。

小布什赢得名不正言不顺，成为其后任期内经常被取笑的话题。好在2004年，他以一场堂堂正正的胜利证明了自己，获得连任。

五十八　“9·11”

死士

讲述小布什的故事或者是美国进入21世纪的历史甚至是世界进入21世纪的历史，都要从那件惊天的大事开始——“9·11事件”。

对于老杨的读者来说，发生在2001年9月11日清晨，纽约曼哈顿的悲惨画面并不陌生，所以，先回避那个画面，从这个悲剧的发生之初讲起吧……

遥远的非洲大陆，有一条母亲河——发源于布隆迪高原的尼罗河，这条世界第一大河，在埃及首都的开罗开叉，向北分头注入地中海。这两股分流之间，是著名的河口三角洲，因为尼罗河一会儿暴躁一会儿平静，这个三角洲被层层累积了肥沃的土壤，让这里成为埃及主要的粮仓。就在这个三角洲北边，距开罗134公里是个叫谢赫村的地方，作为一个农业中心，这里出产稻谷和棉花。

虽然衣食无忧，年轻人也不愿意留在小地方务农，条件稍好的家庭，都争取把孩子送到开罗去念大学，有个叫阿米尔·阿塔的农家子弟，就成功地从开罗取得了学位，回到家乡，成为一个律所的职员，还娶了他同学兼老板的妹妹。

1968年9月1日，阿米尔夫妇的第四个孩子出世了，他被取名穆罕默德·阿塔。

阿米尔是个有雄心有抱负的农家子弟，虽然不用种地了，可也不甘心在谢赫村蹉跎一辈子，在手里有点小钱后，阿米尔带着一家人，迁居开罗，有了大城市户口，那一年，小阿塔10岁了。

20世纪六七十年代的埃及人，想安静生活不问世事是不可能的，中东各地闹得水深火热，战争频发，埃及作为阿拉伯世界的重要老大，根本不可能置身事外。阿塔出生前的1967年，中东爆发第三次战争，也被称为六五战争，在美国人的帮助下，以色列单挑整个阿拉伯世界，居然还大获全胜，占据了加沙、约旦河西岸、耶路撒冷旧城、叙利亚的戈兰高地还有埃及的西奈半岛。

对埃及的普通百姓来说，正常生活之余，自然是要感慨一下国土沦丧，阿拉伯世界的凄惶，大部分人更加仇恨以色列，仇恨美国，主要表现是下班回家，冲老婆孩子骂骂咧咧。一个穆斯林的老爷们儿要回家发飙，老婆孩子只能忍着，阿塔是妈妈的宝贝，他坐在妈妈腿上，趴在她怀里，惊恐地看着每天都怒气冲天的爸爸。

阿米尔通过读书改变了命运，所以要求儿子也是学习第一。阿塔从小就立志当工程师，并如愿进入开罗大学学习建筑学。阿塔面色白净，腼腆内向，同学都觉得他像个女孩子，最重要的是，在开罗大学那个有点激进有点敏感的环境里，不论是对宗教还是对政治，阿塔都没有表现出任何兴趣。

要当工程师，最好就是去德国，那是工程师的圣殿。阿米尔正好认识一对德国夫妇，就请求他们将阿塔带入德国学习，1992年7月，阿塔来到了汉堡。

米夏·埃尔斯夫妇初见阿塔时，觉得这个22岁的青年怪可怜的，他单薄苍白，话语不多，显然是长期被专制父亲压抑得毫无自信，好在并不讨厌，所以答应阿米尔，带阿塔去汉堡求学，并住在自己家里。

在开罗的阿塔并没看出是个虔诚的穆斯林，可来到充满各种西方资本主义“罪恶元素”的汉堡后，他似乎需要借助强大的信仰力量让自己保持“纯洁”，很快，米夏夫妇就发现，这孩子有点难相处了。

比如吃饭，阿塔是一点猪肉、猪油都不沾的，不管米夏夫妇如何说自己洗干净锅碗，给他端去的食物，他都不肯吃。而他自己烹煮羊肉的膻味，让米夏夫妇很受不了。阿塔拒绝看电视里的裸露亲热的镜头，连米夏太太有时穿得凉爽点儿，都会让他局促不安。实在难以生活在同一屋檐下，米夏夫妇只好将阿塔请出了自己的家。

米夏夫妇说他们最后看见阿塔是在1995年，就在这一年，阿塔似乎更坚定了自己的信仰，他蓄起胡须，并两次去麦加朝圣，这两次朝圣，让阿塔见到了许多穆斯林世界被传说得很神秘的人物。

1996年4月11日，阿塔突然写下了一份遗嘱，将自己的后事交代清楚了，他希望他死后，尸体要面向麦加，处理他尸体的人应该戴上手套，参加葬礼的所有人保持安静，而妇女最好是不要出现在他的葬礼现场。

好好的，为什么突然写遗嘱呢？还记得1996年发生了什么大事吗？第五次中东战争爆发，以色列进入了黎巴嫩。

可以想象，此时的阿塔听说这个消息，他是如何的激愤和冲动，他只是恨不能冲上战场，与以色列人血战至死。

遗书写好后，阿塔的思路非常清晰了，显然，当建筑师为开罗盖最能保持阿拉伯风格的房子，已经不是他的唯一理想。他开始混迹于一座激进的清真寺，认识了更多跟他一样激愤的穆斯林青年，在交流过程中，有个名字渐渐引起了阿塔的强烈兴趣，他认为，去麦加朝圣还不够，在阿富汗有个叫基地组织的地方，更值得去“朝圣”。

基地组织的创始人，就是穆斯林世界的顶级巨星本·拉登。拉登是沙特阿拉伯人，父亲是当地的大建筑商，还跟王室有些山路十八弯的亲戚关系，这一切都决定了，拉登是个货真价实的“富二代”，虽然他是家里的第十七个孩子，但以他老爸的财富，他想过花花公子的奢侈生活，没有任何压力。

十七爷不太受重视，衣食无忧似乎也没什么意思，驾驶着最新款的奔驰跑车风驰在沙特的大街上，年轻的拉登一阵阵地恍惚。虽然看不清人生方向，但有一件事拉登是执着的，那就是宗教信仰，尤其是建立独立的大阿拉伯王国，不受西方异教徒的任何侵扰。

1979年，拉登终于找到了属于自己的人生，这一年，苏联入侵了阿富汗。

阿富汗是穆斯林的国家，苏联这样悍然侵略，就是欺负整个伊斯兰世界，拉登脱下华服，摘下名表，一头扎进了阿富汗，在当地组织游击队，对抗苏军。

在阿富汗各种来历的游击队中，拉登的队伍肯定不算是最能打的，但价值肯定是最高的。因为拉登发现了更有效的抗苏办法。

苏联入侵阿富汗，美国人惊了，阿富汗隔壁的巴基斯坦更惊。巴基斯坦需要阿富汗人顶住苏军，唇亡齿寒，邻居太危险了。美国不好直接对付苏联，只好扶持阿富汗人自救。美国和巴基斯坦为了共同的目的，走到了一起，商量着扶持阿富汗各种武装抗苏。

阿富汗全境被封锁，美巴想尽办法从阿富汗和巴基斯坦边境开出一条小道，用小毛炉为阿富汗游击队送军火，送物资，送人力。大量的增援需要有人在阿富汗境内接应管理，拉登就担任了这个重要任务。他创建了一个叫“服务营”的组织，不仅统筹物资，还招募训练各种新兵，被他训练出来的游击战士越来越多，1988年，“服务营”就升级为“基地组织”了。

美国方面，负责全力支援拉登的，就是中情局。中情局做事总是跟正规军队风格不太一样，喜欢阴谋诡计下黑手。中情局青睐拉登，就将自己的全副技能相授，于是拉登也学会了阴谋诡计下黑手，几次用在苏军身上收效不菲，中情局为自己的弟子拍手叫好，甚是欣慰。

当年的阿富汗，群雄混杂，好多派系都成为后来威名赫赫的武林大宗派，拉登也结识了不少组织，其中让拉登觉得最投契的，就是塔利班。

在各路人马努力下，苏军灰溜溜撤出了阿富汗，并在不久后解体了，拉登失去了人生劲敌，难免有些空虚。

而1991年，新的敌人又出现了——海湾战争爆发，美国组建多国部队轰炸巴格达。

不管海湾战争是谁先不对，西方人插手穆斯林的事，就让拉登很光火。更让拉登想不通的是，他的祖国沙特，居然同意美军进驻，成为西方异教徒攻击穆斯林兄弟的帮凶。

从阿富汗回家的拉登在阿拉伯世界是个名人，他没完没了地跟政府闹，沙特就觉得吃不消，干脆就取消了拉登的国籍。

没有了祖国，拉登开始流亡，身边带着他在阿富汗训练的嫡系，也就是基地组织的骨干。在阿拉伯世界溜达了一圈了，他似乎只能选择回到阿富汗落脚，因为那里塔利班取得了政权，他们会很好地庇护拉登和基地组织。

“富二代”拉登拒绝了塔利班政权给他提供的还算优越的生活条件，在郊区陋室安身，粗食麻衣过着简朴的生活。放弃了红尘欲望的人是最可怕的，由这时起，基地组织开始低调壮大，逐渐蔓延到穆斯林世界50多个国家，有几千人，拉登公开宣告，他将不惜一切手段，打击报复美国人。

1998年8月7日，美国驻东非坦桑尼亚首都达累斯萨拉姆和肯尼亚首都内罗毕的大使馆，几乎在同时遭到了汽车炸弹袭击，244人丧生，4000多人受伤。事发后，拉登一身迷彩服装扮出现在互联网，宣布“圣战”开始。

内罗毕事件是拉登的成名战，美国开始重点注意这个大胡子的高个子，他在恐怖分子通缉榜的位置火速进入前十，但那时所有人都没想到，这位面庞清秀的穆斯林，将会是未来美利坚最大的梦魇。

拉登在互联网上“自首”，美国断不能不处理。当时的克林顿总统招来了从里根政府时期就为政府提供反恐情报的专家理查德·克拉克，因为对恐怖行动和恐怖分子的谙熟精通，他被称为反恐沙皇。

克林顿的想法，就是干掉本·拉登，而克拉克更倾向于一并连塔利班都干掉，因为想在阿富汗定点清除某个人，似乎不那么容易。基地组织纪律严明，管理有条，安插卧底从内部攻破根本不可能，派杀手去阿富汗暗杀更是行不通，唯一的办法就是，打听到本·拉登在哪里出现，然后一发导弹过去，一了百了。对一个主权国家发射导弹，不是个小事，必须找五角大楼军方商量。“9·11事件”前的美国军方，对于动用军队清剿恐怖分子这个事，颇不以为然，而且，导弹发出去后，不管有没有清除拉登，后面的事怎么解决呢？当时，可怜的克林顿总统因为莱温斯基的丑闻，正过着惶恐的日子，国会认为，杀拉登，根本就是克林顿想转移视线的计谋，不能上了他的当，拉登和基地组织干了什么不重要，总统和女实习生干了什么才需要重点追究呢，于是乎，内罗毕事件这么重大的伤亡，美国人居然放了拉登一马。

拉登扬名立万，穆斯林世界的孩子们都仰视他。汉堡的阿塔同学终于等到了“朝圣”的日子，他来到了阿富汗基地组织的某个营地，接受“特殊训练”。

基地组织对“战士”的训练是因材施教的：看着神叨叨有神棍气质的学员，就培养去克什米尔；有悍匪风格的，就被训练到车臣去；阿塔这样的最值钱，他们有西方教育背景，英文说得溜，谈吐得体，举止文雅，融入西方世界主流群体毫无违和感，他们最适合被派去美国之类的国家执行任务。

在阿富汗的训练偏执而艰苦，尤其是看到“圣战”战友被运回来的遗体，也有不少同学会动摇。阿塔不会，当他被问到愿不愿意成为自杀式攻击的烈士时，他淡然地接受这份真主赐予的荣耀，于是，他进入新的训练层次，并被委任负责一个惊人的“圣战”计划。

不久，阿塔收到了一份行动大纲，这份大纲的主要内容就是：劫持美国的客机，撞向美国的高层建筑。

阿塔自己是个建筑师，学的是盖房子不是拆房子，这种“天才”的毁灭计划，他自己是绝对想不出来的。其实，对于这个计划，美国中情局也并不陌生，他们在1995年就曾经见到过。

曼哈顿那幢悲惨的地标——世贸中心，并不是只遭遇过2001年“9·11事件”一次袭击，早在1993年，它就被恐怖分子光顾过。

那一年的2月26日中午，随着一声巨响，世贸中心开始摇晃，很快就一片漆黑。原来是北座地下车库内，一辆载有680公斤炸药的汽车爆炸，当场造成了6人死亡，千余人受伤。虽然比起后来的“9·11”，汽车炸弹太小儿科了，但在当时，还是让美国社会足够震惊了。

FBI以超高的效率破案，一年以后，美国的司法机构对4名嫌犯提出指控，各种罪名坐实，4个阿拉伯人每人被判240年徒刑，三辈子都没机会出狱了。

240年徒刑虽然很解气，可实际上，这四个都是小喽啰，算不上世贸爆炸案的主谋，继续追查，才大浪淘沙捞出了主要策划人，他叫拉米兹·约瑟夫，再查，又牵出了拉米兹的叔叔，哈立德·谢赫·穆罕默德，他是基地组织的高层。

在基地组织，哈立德算第三号人物，在美国取得了工程学学位。学工程学的一专心搞破坏，手段就特别高超，所以，他的主要工作似乎就是策划各种恐怖行动。

1995年，在菲律宾的马尼拉，哈立德和侄子拉米兹就想出了一个“波金卡计划”，预备选择10架飞往美国的航班，要中途经停的那种，行动人员在第一程登机，将炸弹安置在飞机上，中间下机，飞机再起飞时，爆炸。

为了测试效果，叔侄俩在马尼拉各地策划了几起爆炸，根据我们对马尼拉警方的了解，如果这叔侄俩想炸平了马尼拉，估计也没什么难的。幸好，是叔侄俩自己出了纰漏，试验现场出了事故，这才引发了马尼拉警方的深究，叔侄俩慌乱逃走时，将一个笔记本电脑遗留在现场，里面就有“波金卡计划”。

马尼拉警方将笔记本交给美国人，既然没有飞机被劫持，“波金卡计划”没得逞，也就没什么好慌张的，要紧的是，先把拉米兹抓起来，这家伙肯定是主脑，他的叔叔虽然很大牌，猜测最多就是给他提供了金钱援助，没有亲自参与，也就暂时不找他麻烦了。1996年，拉米兹落网，被判死刑，美国人松了一口气。

就是侄子落网的前后，哈立德终于面见了本·拉登，并激动地呈报了他升级改版后的“波金卡计划”，获得了拉登的认可欣赏，这个计划被重新命名为“劫机行动”。

大纲一通过，阿塔就出现在阿富汗，他似乎是真主送来的“完美执行者”，他引荐了他从汉堡带来的三位同志，这四位就被要求成为劫机的飞行员，另外再挑选15人，配合行动，19人被送到秘密基地，不计成本重点训练。

大约在1999年，阿塔回到了汉堡，继续他的学业。好长时间不见，他的同学和老师都感觉，这个阿拉伯青年变了。原来，他自律整洁腼腆，信仰虔诚，回来后，他剃掉了大胡子，被发现开始进出红灯区，居然学会喝酒、抽大麻了，而且突然热衷于各种电脑游戏，尤其是飞行类的。

阿塔和他的“战友”们，租下了一套公寓，装上宽带，经常在家里聚会，密谈，在没拉帘子的时候，对面楼的邻居们偶尔会看到6个阿拉伯人坐在地板上，围着一张纸，不知道画着什么。

一边忙于策划大事，一边忙于“自甘堕落”，阿塔还是顺利完成了汉堡科技大学的学习，取得了学位，他的古怪一点没有变，论文答辩后，有位女导师向他伸出手表示祝贺，他拒绝了握手。

2000年的夏天，除了一名“战友”被拒，阿塔等3位主要执行人都进入了美国，第一目标，是要找个合适的飞行学校，他们要学习大型客机的驾驶，而远在阿富汗山区的拉登，为他的行动小组提供近10万美元的费用。阿塔很快成为佛罗里达州威尼斯飞行学校的学员。

核心小组成功进入美国，并开始飞行训练，基地组织也不愿意闲着。2000年下半年，克林顿最后的总统时光，拉登再次向他显示了自己的实力。

10月12日，美国海军“科尔”号驱逐舰抵达亚丁港，预备在那里停留4个小时，补充燃料。

这艘驱逐舰隶属华盛顿航母战斗群，刚从美国本土军港开过来，预备参加海湾由美国领导的军事行动，主要目的是协助联合国制裁伊拉克，舰上有350名海军官兵。

舰上的不少美国海军大约是头次来到风光旖旎的中东地区，阳光明媚，海面湛蓝，远远的有只白色小船晃悠悠地靠近，船上有两个阿拉伯男子。美国大兵出征外国，要随时对当地表现友好，远远地挥手致意，小船上的阿拉伯男子也向美国大兵挥手，美国水兵感觉到，阿拉伯人非常礼貌友好。

突然，小船加快了速度，在美国大兵错愕中，撞向了“科尔”号，巨大的爆炸声响起，舰体上留下一个大洞，17名美军丧生，39名受伤，军舰严重倾斜。

联邦特工在最短的时间内出现在也门，追查凶嫌，虽然他们知道，不出意外的话，幕后主使肯定还是本·拉登。

此时的美国政府尤其是中情局，还是顾念着跟拉登那点早就荡然无存的旧情，他们在全球追查主要策划者、炸弹客、联络人，还是没决定要把目标直指幕后的大老板。这也不能怪克林顿，他的任期还有不到三个月，已经不适合操办任何大事了。

2001年1月20日，小布什进入了白宫，他留任了反恐沙皇克拉克，不管克拉克和

FBI、CIA怎么向他描述拉登是个可怕的家伙，不知道他下一步会搞出什么事来，刚上台，尤其是经过选票纠纷上台的小布什，他的关注焦点不会落在阿富汗。对拉登来说，这是一个示弱的信号，美利坚这只大老虎，实质上就是只Hello Kitty（凯蒂猫）。

2000年底，阿塔已经取得了飞行执照。2001年的9个月里，他在美国各地到处跑，基地为他配置的所有辅助人员，也陆续进入美国，行动秘密而顺利地进行着。

8月份，一切就绪，阿塔需要跟总部最后确定他们的攻击目标，他在西班牙与联络人见面。娃娃脸的阿塔看上去还是个学生，所以他扮成学生跟接头者“探讨学业”，考虑如何选修下年度的课业，最后，阿塔接受的科目是法律、政治、建筑和艺术，这四门功课对应的目标分别是国会大厦、白宫、世贸中心和五角大楼。

在“功课”的选择上，阿塔认为基地的“导师”们过于保守了，他个人倾向选择电子工程学，指代美国东部的一座核电站，攻击这个目标产生的效应是不敢想象的，整个美国东海岸可能都会变成一片永久的核废墟，幸亏其他人比较理性，知道核电站周围都是禁飞区，飞机还没靠近就被击落了。

2001年9月11日，波特兰的一个酒店里，阿塔凌晨4点就起床了。作为一个穆斯林的烈士，舍身之前，有很多手续要履行：祷告，从内到外的彻底清洁，除毛，换上干净的衣裳。我们不能分析在做这些事时，阿塔在想什么，他当时患上了感冒，头痛打喷嚏，剃须时，还弄破了嘴唇，血流如注。

从波特兰登上航班，飞往波士顿洛根机场。行动小组预备劫持的，都是由东部飞往西部的长程航班，原因很简单，因为这些航班上都携带大量的燃油。

在波士顿机场，阿塔做了最后的统筹，跟其他的几名预备劫机的飞行员再次交代了注意事项，尤其是预备跟他一起撞向世贸双塔的“战友”。

6点45分，洛根机场的10人小组顺利会合并通过安检，10人分成两组，阿塔带领的一组登上了美航11号航班，另外5人登上了联邦航空175号航班。在新泽西州的纽马克，只有4人的劫机小组也在7点24分登上联邦93号航班；达拉斯的杜勒斯机场，盘查得比较严，在被拦下检查后，这一路5人小组在7点29分登上了美联的77号飞机。

阿塔是学建筑的，对于美国最大的城市纽约、最繁华的中心曼哈顿、最气派的地标世界贸易中心一点儿也不陌生。位于曼哈顿下城的世贸中心建筑群，由7栋大楼组成，来自日本设计师山崎实的设计。建筑群的焦点是中间最高的双塔，这对双子星在1972年建成时，是世界上最高的建筑，110层，410米高，隔着哈德孙河，与93米高的自由女神像互相映衬，代表着自由民主带来的发达繁荣，是美国形象和精神的最佳标志。

9月11日初升的旭日中，哈德孙河波光闪烁，世贸双塔和自由女神像都光彩照人，曼哈顿的早晨在8点40分左右清晰地在阿塔的视线中缓缓展开。阿塔并没有欣赏的心情，猜想此时的他脑子里只有真主，并热血上涌，五分钟之后，他驾驶的波音767就一头撞进世贸北塔，卡在94层到98层之间，十几分钟后，联航175航班如约而至，撞向南塔78~84层之间，并引发爆炸。9点37分，美国航空的77次航班低空穿越楼群和街道后，撞向五角大楼的西翼。没有完成任务的是联航93号航班，它于10点03分，离奇地坠毁在宾夕法尼亚州的无人密林中。

疑云

2001年9月11日是个晴朗的美国初秋的日子，本来这一天，大部分美国人等待的新闻头条是，美国职业篮球史上的王者，1998年离开球场的飞人乔丹要宣布复出，他将加盟和带领华盛顿奇才队，征战2001~2002赛季。没想到，19位来历不明的阿拉伯青年在“抢头条”竞技中，完胜。

王就是王，“9·11事件”发生后，乔丹推迟一个月公开他的复出消息，并随后宣布捐出他在这个赛季的薪水给“9·11事件”的受难者。华盛顿奇才的第一场比赛就是在纽约麦迪逊花园球场对阵纽约尼克斯队，37岁的乔丹努力为这座刚受到重创的城市奉献了一场很给力的表演。当天赛场座无虚席，对纽约人和全美国人来说，乔丹是不是还保持巅峰状态和精湛的球技已经不重要，重要的是，此时此刻此地，他披挂上阵，让美国人看到力量和希望。赛后，乔丹在更衣室接见了两个纽约的球迷孩子，他的亲切随和，他的阳光笑容都是给这些受创伤者最好的安慰。

这一天，白宫里那个国家的“王”在干什么呢？小布什这一天也很闲，他要到佛罗里达州的一所小学去，跟孩子们上一堂阅读课。还没走进教室，他就听说一架飞机撞上了高楼，以小布什这种大咧咧的牛仔性格，他当时没觉得是大事，他还在心里嘀咕，谁眼神这么差呀，开飞机还能撞楼上？

到阅读课开始，小布什坐在教室前面笑眯眯看着小朋友们时，他的白宫办公厅主任走过来，附耳说，又一架飞机撞上了世贸另一幢大楼，这不是事故，美国本土正遭受恐怖袭击！

小布什当时的表情，留在电视录像中，脸色没有大的变化，但眼神很空洞，嘴角似乎抽动了一下。多年的公众人物训练，遇上更大的事，美国总统也不能一惊一乍。小布什镇定继续上课，还给小朋友朗读了一篇故事，以当时他幕僚的心情来说，这肯定是史上最长的一节课。

下课后，小布什在小学的一间空教室发表了电视讲话，向全美通告，美国本土遭遇了严重的袭击，宣布将对事件展开全面调差，寻找罪行策划者，绝不会允许针对美国的恐怖行为继续下去。

调查“9·11”并不难，尤其是事件之前，已经有若干被CIA、FBI忽视的线索。在“9·11事件”发生前的一个月，8月初，CIA曾经收到过一份要求呈交总统“御览”的秘密情报，情报里清楚写明，要提防基地组织发动的美国本土恐怖行动，尤其是劫机。“9·11事件”前的8月末，阿塔和联络人通话，用暗语最后确定袭击时间：两根树枝、一条鞭子和一根棒棒糖，代表着11/9，而这个电话，已经被CIA监听到，只是他们当时没猜出阿塔的谜语。阿塔是个忠诚周全的战士，即将舍生赴死之前，他还将他没用完的基地经费汇还给联络人，留下了追查的路径。CIA稍微一整合资料，19个人的来历就清清楚楚了。

2003年，哈立德在巴基斯坦境内被捕，接受了所有的指控，他承认整个“9·11”行动，他负全责。而在2011年，经过十余年的全球追捕，拉登也在巴基斯坦被神秘击毙，似乎“9·11事件”有仇报仇有怨报怨，应该终了。

前面说了，这是个阴谋论当道的时代，“9·11事件”发生后不久，有一个猜测就弥漫了全球，有人说，整个事件，根本就是美国政府，尤其是小布什家族一手主导的，拉登只是被利用。“9·11事件”中很多说不清楚的谜团，似乎也在印证政府有猫腻。

第一个让人臆测的谜团，就是93号航班的坠毁。“9·11”损毁了四架客机，最后只有93号找到了黑匣子，它被埋在深深的土层下。根据黑匣子的录音，大家了解了事发经过。

起飞后，在恐怖分子劫持飞机前，机长已经从地面通信中知道了有人劫机撞楼，并通知了空乘人员。当恐怖分子开始行动时，机上乘客已经知道自己九死一生，有一个乘客还拨通了家里的电话，确定了自己的处境。既然没有活路了，乘客们同仇敌忾，与恐怖分子展开殊死搏斗，最后终于让飞机在无人烟处坠毁，这架飞机原本的目的地，是撞向国会大厦。乘客们因此都成了英雄，全美都为他们感动。

事后，根据靠谱的专家分析，以2001年的科技，从万米高空给家里打电话这个事就不太可能实现。93号航班坠落后，碎片铺了几英里，有片房子那么大的残骸，居然被发现在两英里之外，而飞机的原始坠落地点，稍大点儿的残骸都找不到。军事专家一看现场就鉴定出这不是正常的飞机坠毁，几乎肯定是被导弹击中的。只是，所有的专家都有“人艰不拆”的默契。

93号航班是最后坠落的，距阿塔率先冲向世贸北塔，已经过去了一个钟头，如果美国这么长时间还没有基本的防御反应，这个国家真不敢妄居世界第一大国之位了。发现有人劫机，白宫立即下令所有的航班禁止起飞，飞向首都的航班更加不准进入，93号航班这么大摇大摆杀气腾腾地冲向华盛顿，战机起飞拦截，拦截无效果断击落，似乎是很合理的处理方式。

第二个谜团，五角大楼被撞。五角大楼不是摩天大厦，它只有五层楼高，为了撞向它，飞行员要完成一个几乎不可能的俯冲。根据美国政府事后描述，77号航班低空掠过街道，撞倒了5根电线杆子，然后撞进五角大楼的一翼，飞机炸没了，五角大楼留下一个大洞。

这个描述听起来就更扯了，驾驶大型客机低空俯掠街道，连电线杆子都撞到了，居然没有刮擦到街面，这已经是特技飞行的范畴了。我们都知道，恐怖分子也就是在民间航校培训了几个月而已呀，飞行是个熟能生巧的技艺，再天才也不可能速成吧。

波音757是个庞然大物，有两个6吨的引擎，撞向大楼，应该留下两个洞才合理。而这么大一个庞然大物撞墙，居然撞没了，残骸就剩下一个引擎，明眼人还发现，那根本就是美国空军A3攻击机的部件。那到底撞坏了五角大楼的，是哪种飞行器呢？更有人质疑，五角大楼墙上那个大洞，看着也像是导弹留下的。

第三个谜团来自世贸中心。世贸双塔在被袭击后不久，以一个自由落地的速度坍塌，两栋摩天巨物，顷刻沦为烟尘。美国政府解释，是因为飞机燃油燃烧，将内部的钢筋结构烧化，大楼失去支撑，倒了。

反对意见来自建筑师们。1945年，有架轰炸机曾经撞进了纽约帝国大厦，这次倒不是袭击，是某位美国飞行员耍帅，演砸了。从那以后，为了防止脑残的飞行员再出现，所有的摩天大楼设计都要考虑飞机撞击的可能，世贸双塔承建时，就计算过大型客机撞击的力量，波音767之类的，肯定是可以承受的。

至于钢筋被烧化，建筑师们更有论据，1991年，费城的一栋大楼，被熊熊烈火烧了19个小时，没塌；2004年，委内瑞拉一栋56层楼，烧了17个小时，没塌；2005年，西班牙，32层的高楼，从第十层开始烧，整整24个小时，烧完后，大楼的整体框架依然建在。世贸双塔，各烧了一个小时就变成渣渣，太豆腐渣工程了，难道是用了黑心钢筋？“专家”根据现场画面推导的结论是：有人事先安放了炸药，借着撞机时的混乱，逐层引炸。

最说不清楚的是世贸中心的7号楼，没飞机撞它，也没有燃油烧它，它居然稀里糊涂陪着双子塔一起“倒地身亡”。据美国政府的解释，是被双塔的碎片击倒的！

……

谜团太多太多了，“9·11”揭秘资料铺天盖地，说什么的都有。美国本土的各种人，也揣着不同目的，为“9·11事件”增加各种他们需要的噱头。小布什著名的仇家，导演迈克·摩尔拍摄了一部《华氏911》，摘取了2004年度戛纳的金棕榈大奖，借着这项电影界顶级殊荣，获得了极高的票房。在这部纪录片中，导演以他自己的立场，剖析“9·11事件”中布什家族的“险恶阴谋”，并刻薄地批判华府在

“9·11”后的政策，尤其是布什家发动的那两场战争。你要是个容易受忽悠的人，看完这部电影，几乎可以认定，“9·11”，就是小布什和拉登两个联手犯下的旷世罪行。

按说，《华氏911》这种反动大片，应该被禁，让全世界人民都看见，这还得了？可是美国这样的国家是不能随便公开封杀禁锢言论的，就算这部影片将总统拍成臭狗屎，电影还要公映，导演还能公开“胡说八道”。于是，一个奇怪的画面就出现了，这部影响巨大的电影出现在2004年，这一年，小布什居然赢得了大选连任。

如果某些敏感的书本影像被禁，一部分人会认为是歪理邪说得太严重，但更多的人会想到，是不是说中了什么，让当局害怕了。假设当局能坦坦荡荡大大方方地公开让百姓自由分辨，大部分的人还是会用理性分析，不太会随便就“上了××阶级的当，受到××毒害”。

《华氏911》在美国本土“抹黑”布什有点失败，但对其他尤其是美国敌对国家足够了。斯诺登开始间歇性爆料后，似乎坐实了美国政府的嫌疑。有条公认的案件侦查常识，谁在事件中受益，谁就是凶手。在很多人看来，如果美国两幢大楼，几架飞机，3000多名死者的损失不计，美国政府在整个“9·11事件”中，算是获益最丰的，因为他们借着这个事件，轻松取得了对全球政治经济格局的主导权。

既然美国的终极目的是掌握全球，那我们就仔细研究一下，小布什政府的外交政策吧。

撞机

从80年代里根政府开始，美国政坛就被新保守主义思潮笼罩。保守主义嘛，就是保守过去不要改变，回归资本主义的正统，自由市场，自由经济，平等竞争，社会福利不要过多，政府干预最好不要。而在对外政策方面，新保守主义就不保守了。他们认为，世界上有各种各样的国家社会形态，没有完美的，但美国肯定是最接近完美的。美国有责任有义务，帮助其他不完美，尤其是意识形态跟美国格格不入的国家，改善其形态，强行推行美式民主，遇上不明事理不配合的国家，该出兵的要果断出兵，直接把坏政府干掉，让美国人认可的好政府上台。至于各种国际组织，国家间合约，如果美国人觉得不符合自家的利益，不用谈判不用商量，美国人可以直接无视。

在这个思路下，美国人的对外政策就非常简单了，那就是，非友即敌，不是盟友就一定是敌人，盟友给帮忙，敌人一定要消灭，一时半会消灭不了的，就尽量遏制。

在经过里根和老布两位新保守主义总统后，在小布什任内，新保守主义等来了他们的春天，几个著名的新保守主义大佬入阁，成为国家政策的核心，小布什时代，是新保守主义最嚣张的黄金岁月。

最让美国新保守主义闹心的就是共产主义，上个世纪末，他们终于通过“冷战”干掉了苏联，可共产主义并没有消亡，还有一个泱泱大国被共产党统治着，正步步崛起。这样的大国不好随便翻脸，只能随时跟踪，保持窥视，掌握情况，静待下手时机。

从中华人民共和国成立那年开始，美国的飞机就喜欢在中国临海区域溜达，能偷看就偷看，能偷听就偷听，能偷东西当然更不客气。他们最喜欢活动的区域，就是中国的专属经济区。

2013年底，中国政府推出了东海的防空识别区，像是踩了猫尾巴，让美、日、韩三家都抓狂，天天闹。于是防空识别区成了本年度热门词汇，到底领海、专属经济区、防空识别区有什么不同呢？

领海大家都知道，咱们自家的海域，谁也不能染指；专属经济区，则是在咱们领海向外延伸200海里的一个区域，这里资源和一般管辖权咱家都优先，但其他国家有飞越和航行的自由；防空识别区顾名思义，就是划一片空域，进来的飞机都要让我自己审视一下，万一有居心叵测的家伙混进来，我可以提前升空防御。

美国人在咱们专属经济区溜达了几十年了，中国人也不能没反应，两边多年培养了一种默契，那边美机一来，中国的战机就升空，跟着它们喊话，赶它们走。周而复始，没有新闻。

2001年4月1日，美国人照例派出EP-3侦察机进入南海的专属经济区，他们怀疑咱们在海南秘密建了一个基地，而EP-3能接收到那里发出的电磁信号。

中国配合起飞了两架歼-8战机尾随。早上9点07分，不知怎么地，中国的一架歼-8就跟EP-3发生了碰撞，歼-8坠毁，飞行员王伟跳伞落海失去了踪影，而受了伤的EP-3，居然歪歪扭扭地进入了中国领空，在海南的陵水机场降落了！

这可算是布什上台后遭遇的第一项外交挑战，一架新型的电子侦察机落在“敌对国”手里，如何要回来，如何防止机密文件机密技术泄露，如何让机组成员顺利回家，似乎都是难题。

先是公说公有理，婆说婆有理，美国人一口咬定，是歼-8故意撞过来的，所以美国是受害者，不道歉不认错，让中方无条件交还飞机，并放回24名机组成员。

中方当然坚称是美国人滋事在先，又闯祸在后，要求美国必须道歉，不仅对撞毁了飞机，撞死了王伟道歉，还要为强行进入中国的领空道歉。

似乎，对于经济损失的赔偿，中国人并不在意，在意的就是美国人的道歉态度，措辞语气文法都要表现出真诚的歉意，就为这个“态度”，双方外交斡旋进行了整整12天，既然飞机和美国大兵都在海南扣着，中国人显然更有谈判筹码。最后，美方终于低头，在六易其稿后，交出了让中国人满意的道歉认错书，中国答应放回机组成员。

这24名美国大兵在海南好吃好喝好招待，没挨打没挨骂，他们回家还说受到了中方的审讯。中方提醒他们，你们既不是游客也不是贵宾，明明是犯我领空的美国军队，我方凭啥不能审讯你们哪？

美国人又要求，EP-3必须在陵水机场修复，而后自己飞回家去，理由是，美国飞机经常迫降在其他国家，人家麻利儿地放行还给加满油呢！中国人很冷淡地给出了自己的方案：EP-3大卸八块，美国人雇运输机运回去。

当年6月18日，美国专程赶来的技师开始拆飞机，拆到6月29日才结束，直到7月3日，运输机十个架次的起飞，EP-3的全部部件才回到美国，自此，“中美撞机事件”终于结束，而坠海的中国飞行员王伟的遗体，就一直没有找到。

“中美撞机事件”发生在茫茫大海上的高空中，真相似乎一直很暧昧。从美国人的立场上，他们是这样理解的：EP-3是大型飞机，长35米高10米翼展30多米，而歼-8呢，只有20多米长5米高翼展不到10米，从体型上看，EP-3是个大家伙，而歼-8作为高速歼击机，它动作轻捷，反应灵敏，EP-3要故意撞击歼-8，几乎是件不可能的事；EP-3上有机组人员24名，歼-8只有王伟1个人，美国人有什么道理用24个人去跟1个人冒险呢；撞毁了中国的战机，对美国没有任何好处；至于强行进入中国的领空，那完全是因为EP-3受创，茫茫大海上，只有陵水机场可以降落救援。

不管美国政府这口气顺不顺，事件在7月总算是平息了，两国的关系受到不小的影响，美国继续在南海上空鬼鬼祟祟，中国战机照样配合升空随行，此时的美国人也许会互相提醒，要小心，千万别碰上“自杀式撞机”的。

有些事是防不胜防的，两个月后，自杀式撞机发生在美国本土，并撞倒了三座大楼。美国人顾不上跟中国较劲了，他们要面对更难缠的敌人。

出兵

事发后回到华盛顿，惊魂稍定的小布什第一时间当然是问：谁干的？中情局马上送来嫌疑人列表，在很短的时间内，19人的底细基本明白，幕后黑手锁定为本·拉登和他的基地组织。

自从恐怖行动横行世界以来，各国打击恐怖，都有个约定俗成的规则，只针对该恐怖组织动手，对于其幕后的支持赞助者，除了口头警告之外，都不会大张旗鼓地追究。有些恐怖组织，背后的赞助人形形色色，什么背景的都有，真要较真儿，事情就复杂了。

“9·11事件”不一样，山姆大叔真火了，小布什承诺全体失去了基本安全感，惶惶不可终日的美国公民，他会让肇事者付出代价，并震慑其他恐怖分子，不得再对美国动坏念头。

这一次，目标不仅仅是基地组织和拉登，美国要一举端掉阿富汗的塔利班政府，因为他们长期为基地组织提供庇护，出事后，还坚决不配合交出凶手。

对一个国家动手，并以推翻该国政府为目的，这就不是普通的反恐行动了，这实实在在是发动战争了。根据北约团伙的约定，对一国的袭击相当于对所有盟国的袭击，既然，“9·11事件”被定性为美国本土遭袭，美国大哥要出兵，各路小弟当然义不容辞，光速跟进。

以美国地球霸主之威，到中亚去打一个小国，还要张罗着带小弟吗？必须带呀！美国人读过历史呀，那个中亚的小山区，有个江湖诨号叫“帝国的坟场”。

现在我们说起阿富汗，绝对的老少边穷，可人家在历史上，也曾车水马龙、锦簇花团。阿富汗东北与中国接壤，东南是巴基斯坦，向西则是伊朗，穿过伊朗到土耳其，当年东罗马的故都——君士坦丁堡也就在眼前了。大家都清楚，这就是古丝绸之路的中线，这条路走顺溜了，在很多年以前，可以在古罗马和大汉之间来回旅游，外加倒买倒卖，一路走一路数钱。

在欧洲人出海之前，要去神秘之都中国和印度做贸易，阿富汗是必由之路，虽然现在阿富汗是个内陆国，可在历史上，它是有出海口的，能南出阿拉伯海，位置相当于欧亚大陆的中轴。因为中轴的重要性，曾经的帝国们，想跨越欧亚称霸，都必须拿下阿富汗。历史书上赫赫有名的诸如马其顿王朝、大夏王朝、贵霜王朝、蒙古王朝、莫卧儿王朝都曾经占据这里，而包括大流士一世、亚历山大、黄金家族等各路名流曾来亮相，踩了一脚却没站住，2000年的人来人往，阿富汗还是阿富汗，虽然混乱，却还独立。

就因为这样的位置这样的历史，阿富汗人种、宗教、文化自然也就多种多样。所有的占领者中，应该以阿拉伯人在宗教上最为强势，渐渐地，阿富汗就加入了穆斯林大家庭，虽然国内还有著名的佛教文物——巴米扬大佛。

除了人文环境复杂，自然环境更加悲惨。东北方向是世界屋脊帕米尔高原，它向阿富汗延伸出终年积雪的庞然大物兴都库什山。匍匐在大山脉周围的，有各种高度的小山丘陵，超过国土面积的80%。气候干旱，土地贫瘠，冬天还冷得要命。虽然这个地区也有不少矿物，尤其是铜矿储量丰富，但想要到这种地方来挖矿，多少钱赚得都有点不开心，更何况，看着西边的邻居，人家随便挖个坑，就能刨出石油来，同样的地段，生活差距怎么这么大呢！

历史上长期战乱不得安宁的国家，国民都骁勇好斗。所有征服过阿富汗的帝国们，都感觉占领这里容易，想彻底收复几乎不可能，过程中还经常把自己整得半死。就在近代，已经有两个帝国吃过了苦头，一个是大英帝国，一个是苏联帝国。

对大英帝国来说，殖民印度期间，阿富汗似乎是必取之地，所以在19世纪末到

20世纪初，三次发兵阿富汗。没想到，以大英帝国的军威，这三次攻击都无果而返，自己还损失惨重，最可气的是，阿富汗甚至没有正规军队，把英军打得晕头转向的，都是神行于山谷中的游击队。

至于苏联，前篇已经讲过了，十年征战，强大的现代化铁甲，就是清理不了各种游击武装，最后不仅狼狈退出，还将偌大的一个帝国折腾散了。从此就让阿富汗留下了“帝国坟场”的“美名”。

“塔利班”翻译过来就是伊斯兰的学生军。叫学生军的都后生可畏，哪怕是破破烂烂打游击，血光冲天玩恐怖，人家也是带着书卷气的。同样是为真主圣战，一旦有文化就能上纲上线的有章法。所以当年的美国中情局很看好这支武装，并大力扶持，塔利班能取得阿富汗的政权，当然也是美国欣然乐见的。

信徒太识字，读《古兰经》读得太深入，就容易把自己带进原教旨主义的死胡同里。塔利班取得政权后，在阿富汗推行了严苛的伊斯兰法。全体国民清规戒律，没有电影电视、没有任何娱乐；男的必须留胡子，女的不能读书受教，每天要把自己包裹严实，只留两只眼睛看路。

2001年2月，塔利班还干了一件最犯众怒的事，就是在全世界的谴责声中，不依不饶地炸掉了阿富汗最珍贵的地标——巴米扬大佛。这片石刻佛像，诞生于5~6世纪，当时阿富汗地区受希腊文化的影响，雕刻艺术都带有希腊风格。希腊Style的佛像，听上去就有巨大的鉴赏研究价值，联合国教科文组织将其列为世界文化遗产。

听说塔利班要炸大佛，全世界宗教文化圈里的小伙伴都惊呆了，当时的联合国秘书长安南亲自去到喀布尔，恳求塔利班手下留情，留下这片人类历史文化的瑰宝。可塔利班是油盐不进的，在一个原教旨伊斯兰国家有一组佛像已经是不伦不类，而且还牵涉到伊斯兰教的大罪——偶像崇拜，不炸掉才是犯罪呢！

几天后，巴米扬大佛变成了瓦砾，阿富汗真有和平安宁的一天，我们去那里旅游，也看不到这个伟大的景点了。

不管什么宗教，过于极端就容易树敌，塔利班行事乖张，不肯妥协，喜欢把事做绝，就算没有“9·11”，他们也绝不是让国际社会欢迎的政府，世界上承认他们政权的国家屈指可数。所以，当美国大哥一声吆喝要收拾塔利班，诚心愿意帮忙的国家还真是不少。

2001年10月7日，以美国为首的北约军队启动对塔利班重点目标的空袭。跟之前所有对小国的战争一样，因为拥有制空权，北约的飞机可以先炸个过瘾。

北约这次轰炸非常艺术，导弹炸弹满天飞，中间还夹杂着各种救援物资，号称是人道主义援助。这种“人道主义”方式显得一点儿都不真诚，有当地的平民妇女和儿童，没被战机炸到，被空投的物资砸死了。

光在天上炸是达不到收拾塔利班的目的的，而有英国和苏联吃亏在前，美国大兵可不会贸然落地跟塔利班玩命。开打之前，北约先联系了阿富汗的北方联盟。

阿富汗这样的国家，哪种政府都不容易控制全局，塔利班也不行，要找反对派，满大街都是，尤其是北方，各种敌对派别为了共同的敌人走到了一起，组建了北方联盟。

北约和北方联盟建立合作，北约战机在天上炸，北方联盟在地面向喀布尔推进，战斗惨烈，但有制空权的一方铁定是必胜的。一个月之后的11月12日，塔利班撤出了喀布尔，到11月16日，塔利班的势力撤退到东南部的坎大哈。推翻塔利班政府这个目标算是实现了，只不过，拉登和基地组织就凭空消失了，战斗中，半岛电视台还发布了拉登的讲话录音，号召全伊斯兰世界团结起来与美国战斗，证明在这场针对他的热火朝天混战中，他老人家还健康无恙。

漂亮的开局不是成功的一半，美国人连半分成功的前景都没看到。美国人扶持了阿富汗的新政府，塔利班依然拥有很高的支持率，战争还要继续，而且，美国大兵必须进入阿富汗，亲力亲为做阿富汗政府的保护神，否则塔利班会随时卷土重来，一切白忙活。

2002年以后的事，我们都很了解，到2013年，整整12年过去了，美国大兵还在阿富汗耗着，即使拉登终于在巴基斯坦被抄出来击毙。

12年的战事，花掉的美元已然是天文数字，至于伤亡，现在美国政府发布的几千人的数据肯定是保守了。虽然美国的阿富汗伤亡要比当年苏联的阿富汗伤亡少得多，但我们都知道，对于战争造成的同胞死难，美国人要看得比苏联严重。

根据美国方面的民意调查，不管“9·11事件”发生时美国人多么激愤，12年以后，美国大兵还不明不白地在阿富汗送命，国民就看不懂了，巨额的军费已经是美国经济的重要负担，大部分的美国人认为美国驻守阿富汗毫无意义，希望政府能尽快从阿富汗撤军。

跟当初的越南一样，串门容易，回家太难。美国是打着对付塔利班的旗号发动的战争，如今，塔利班还控制着阿富汗不小的区域，实力犹存，只要美国人撤退，他们会瞬间反扑。对塔利班来说，没有被彻底打绝就是胜利，而对美国来说，没有全取阿富汗就是失败，此时撤军，丢人丢到姥姥家。

怕丢人是美国最堂皇的理由，还有不可告人的理由。

攻击塔利班是因为他们支持基地组织，美国政府的意思是，只要跟基地组织有猫腻的，都是活该被打击的敌人。“9·11事件”中，19个劫机犯有15个沙特人，沙特更是世界上仅有的三个承认塔利班政府的国家，连拉登本人都是沙特人，美国人要报仇，按说应该首先对沙特下手。美国的新保守主义号称要改良所有意识形态不对路的政府，沙特是世界上少有的君主专制国家，毫无任何民主可言，人权状态更加严重不合格，可美国人就是不舍得跟沙特翻脸。原因很简单，美国离不开沙特的石油，也就是说，在本国利益之下，所谓的打击恐怖，推行民主都不重要。

既然利益是第一考量，选择打击阿富汗，似乎在拉登之外，还应该有其他的目的了。

美国是第一超级大国，但要真正成为地球霸主，他家还差点儿。摊开地图，美洲、大洋洲、非洲没有压力，但要想将整个欧亚大陆控制在股掌之中，就有点难度。历史上所有的帝国霸业，都必须以控制欧亚大陆为基础。现在对美国来说，欧盟几个刺头不算服帖，俄罗斯更加不会低头，崛起的中国日益咄咄逼人。

在欧洲，北约东扩已经到了俄罗斯门口，在东亚，韩国、日本、中国台湾、菲律宾手牵手横亘在海上，美国如果能在中亚揳进一根钉子，不管是俄罗斯还是中国，都有背腹受制之感。以反恐为名进兵阿富汗，一驻十几年不走，花多少钱都不心痛，不得不让人怀疑这场反恐战争的居心。

经历过“9·11事件”和阿富汗战争的速成，2002年的小布什，虽然才走过一年的总统生涯，气场却显得格外强大，人也分外自信，年初给国会汇报工作时，就有点纵横捭阖，指点江山的感觉了。

2002年的国情咨文中，小布什点名了几个让他很不爽的国家，将之定名为：邪恶轴心。2002年版的邪恶轴心包括：伊朗、伊拉克、朝鲜。大家都知道，轴心国是指当年“二战”时以德意志为首的几个反派，邪恶轴心应该是比反派还要坏。从2002年开始，美国以街坊老大的身份，定期公布“邪恶轴心”的名单，上榜的成员不仅被美国拉黑，还要防备随时被美国打废。黑名单也不是一成不变的，有些国家就可以改造好，比如伊拉克，虽然率先上榜，但第一次也是最后一次，2003年后他家就再没让街坊老大闹心过了。

人类进化以来一直有个很大的问题至今无解，到底先有蛋还是先有鸡？进入21世纪，人类又多了一个同样重大而无解的谜题：到底，伊拉克有没有大杀器？

每次说到小布什的第二次海湾战争，都有人问一个问题，拉登撞倒了美国的大楼，小布什为啥子要打伊拉克？

这个问题的答案五花八门，我们可以先看看当事人小布什自己给出的答案，以下出自他的自传《抉择时刻》：

2001年上半年，萨达姆·侯赛因一直在对美国进行小规模袭击。1999年和2000年，他的军队向我们在禁飞区巡逻的飞行员们开火700多次。

任期的前8个月里，我的对策是加强制裁，把萨达姆关在他的盒子里。之后“9·11事件”突然降临，我们不得不用新的视角看待世界范围内的所有威胁。

世界上有支持恐怖主义的国家，也有美国的宿敌；有威胁到邻国的侵略倾向严重的政府，也有企图对抗国际社会一致要求的国家；有残酷压迫人民的独裁者们，也有研制大规模杀伤性武器的政权。伊拉克符合以上所有特征。

萨达姆不只同情恐怖分子。他为巴勒斯坦自杀式人弹家属提供酬金，为阿布·尼达尔、阿布·阿巴斯之流的恐怖分子提供庇护。

萨达姆·侯赛因不仅是美国的宿敌。他向我们的飞机开火，发表声明赞扬“9·11事件”，还曾试图暗杀一位前总统，也就是我的父亲。

萨达姆·侯赛因不只仅仅威胁他的邻居们。20世纪80年代和90年代，他先后侵略了两个邻国，伊朗和科威特。

萨达姆·侯赛因不只无视国际社会一致要求。自从海湾战争开始，他就公开藐视联合国的16项决议。

萨达姆·侯赛因不只是残酷压迫人民。他和自己的党羽们折磨无辜者，在政见不同者的家人面前羞辱他们，用酸性药剂对反对者施以酷刑，把好几万人埋进万人坑。2000年，萨达姆政府颁布了一项法令，任何批评总统或总统家属的人，都必须被割掉舌头。

萨达姆·侯赛因不仅研制大规模杀伤性武器，他还使用过这些武器。他对伊朗人使用过芥子气和VX神经毒气；1988年，他在库尔德族聚居的哈莱卜杰村使用化学武器，杀害了5000多名无辜平民。

早在“9·11事件”发生之前，萨达姆就是美国政府必须解决的麻烦。“9·11事件”之后，我改变了自己的想法。当时我看到的，仅仅是19个手拿裁纸刀的狂热分子造成的破坏——如果一个敌对政权的独裁者把核武器交给恐怖分子会是什么样？这种令人震惊的猜测很有可能就是事实。信任一个独裁者对铁证的否认，风险实在太高了。“9·11事件”的教训是，若束手等待危险彻底到来，它肯定来得很快。我作出了一个决策：我们要勇敢面对来自伊拉克的种种威胁。

弹指一数，萨达姆涉嫌7宗罪，所以伊拉克该打，萨达姆该死。这7宗罪都是美国政府的指控，美国是世界上第一讲法制的国家，指控要有证据，有了证据还应该公平审判，审判完了才能给定刑。为了帮助美国维护尊重法律的形象，联合国颠颠地跳出来承担取证责任，安理会派个检查团去伊拉克实地调查。

联合国的好意美国政府不领情。3月份，小布什就对联合国喊话：检查团赶紧出来呀，我要丢炸弹了！就在联合国检查团在伊拉克瞎转悠时，美国人已拉好帮手，要先下手为强。联合国很无奈呀，之前攻打阿富汗，美国人是针对恐怖组织塔利班，联合国授权出兵，打得光明正大，如今伊拉克的罪状都还没落实，这样悍然出兵一个主权国家，明显违背国际法，联合国再无能，也不能给你签字授权哪。

小布什给萨达姆的罪状之一就是藐视联合国，如果这条算罪，美国政府绝对是惯犯。2003年美国人联合其他几个跟他一样“藐视联合国”的小弟，向伊拉克动手了。

3月20日拂晓，美国的第二次伊拉克战争以两架隐形战机起飞执行斩首行动开始。因为头一天，美国中情局认为他们的情报确定了萨达姆的位置。美国军方认为，只要取了萨达姆的性命，这场战争一天之内就了结了。

美国的情报不错，3月20日凌晨时分，萨达姆还真在即将被轰炸的官邸里，只是在美国战机光临前不久，他鬼使神差地离开了。

这场战争是以推翻萨达姆的政府为目的，美国大兵不能不面对伊拉克的军队，所以这一次，除了天上飞机继续发射导弹，美军还从南部科威特进入伊拉克，展开地面战斗。

小布什在华盛顿关注战斗进展，他爹老布什更加关注。第一次海湾战争结束后，经常有人问老布什一个问题，以当时大胜之威为什么不进入伊拉克直取巴格达，收拾了萨达姆，让他祸害了这么久？老布什对这个问题是不好回答的，阴谋论帮他想好的答案是，他故意留下萨达姆，就为以后有借口再次出兵海湾。但更多头脑清晰的人认为，当时老布什和他的幕僚对形势有点误判，可能是对进入伊拉克作战的前景有点怯懦悲观。

所以，不管是阴谋也好误判也好，布什家族再战伊拉克时，必须更完美地获胜，还要斩草除根不留首尾。

从老布什的伊战到小布什的伊战这12年，伊拉克因为被制裁和禁运，国力凋敝，生活困顿，曾经的海湾最强国，如今在邻居眼中根本构不成威胁，更别说还有能力发展大杀器了。曾号称海湾最强悍的伊拉克军队，也因为装备落伍，威风尽丧。反观美国这12年的军力发展，说日新月异都低估了。第一次海湾战争时，美国战机轰炸过的现场满目疮夷，瓦砾遍地，2003年美国战机再次轰炸巴格达时，很多被炸过的建筑，从表面都看不出任何损伤，因为精确制导的导弹轻巧地钻入建筑内部，将其功能完全瘫痪，街道上还能维持原状，将战争暴力打造得更为精致美观。

这么不对等的战争，全世界还都喜欢看。因为美国战机发射导弹大家看腻了，所有人愿意看到美国大兵下地打架。

虽然伊拉克的军队已经不值一晒，但萨达姆有一支传说中的御林军，可称精锐，那就是著名的伊拉克共和国卫队。全部来自萨达姆家乡，号称对他死忠的小伙子们，紧密团结在萨达姆周围，在“二王子”乌赛的领导下，愿意为萨达姆家族死战到底。伊拉克所有的军费都用来武装这支14万人的队伍了，武备行头，都还能拿得出手。

从战争开始，全世界媒体热议的就是，美军毫无悬念会轻松北上，抵近巴格达，伊拉克共和国卫队会以穆斯林的精神殊死抵抗，而巴格达城内的百姓，也学会组织巷战，打击侵略者，所有人天天等在电视机前，因为“二战”时最精彩的斯大林格勒保卫战电视里没转播，这次巴格达保卫战可算把遗憾补上了。

21世纪的第一场好戏，观众期望太大，演员表演太差。3月20日开打，4月9日，美军大约用了一个营的兵力就拿下了巴格达，中间几乎没有遭遇有效抵抗，而包括伊拉克共和国卫队在内的30万守城军队，神秘地烟消云散了。

这么滥的表演，是不是要找萨达姆退票呢？萨达姆哭着说，不关我事呀，是老山姆作弊耍赖！

没错，老山姆是作弊了。这次出兵伊拉克，没有联合国授权，好几个大国都不支持，连北约盟友土耳其都不允许美国人使用它们境内的基地，从北方夹攻巴格达。冒天下之大不韪开战，万一有什么闪失，国际上被人笑死，国内更会被骂死，所以，武器装备不敢怠慢、兵力配置不敢怠慢、战术设计不敢怠慢，这一切都做了还不放心，美国国防部还在伊拉克国内培养了一条接应战线。

就在萨达姆天天召开战前会议，鼓舞士气，号召大家抵抗侵略时，他手下的大员们，尤其是军方高层，一边向萨达姆宣誓忠诚，一边跟美国人讨价还价。美国人给这些伊拉克高官都发来消息，两个选项：一是合作，以后到美国，房子票子都备好，衣食无忧；二是对抗，打得你找不到北。

经历过第一次伊战的伊拉克高官们，对于这两个选项，就如同问他们要吃狗屎还是吃蛋糕一样，一点不纠结。而萨达姆刚愎独裁，嚣张残暴，以恐怖威慑让大家对他效忠，实在不是一个有领袖魅力的独裁者，对他有真感情的手下，貌似并不太多。

后来的事实证明，最有效的，是美国提前收买的这条内部战线。收了钱的伊拉克军官们，还真有劝说士兵们放下枪，换上平民的衣服，回家躲起来的。士兵都跑了，更不用指望巴格达人民提着菜刀跟美军巷战了。我们现在熟悉的电视画面就是，美国大兵全副武装坦克装甲车进入巴格达市区，巴格达市民都情绪平静地在马路边围观，有些个没心没肺的还挥手致意，欢迎美国客人。

美军进入巴格达第二天，美军和市民就找到了互动娱乐，那就是推翻巴格达中心广场上的萨达姆雕塑。这是个历史画面，美国的坦克用钢索牵引，在巴格达人的呼喊助威中，巨大的萨达姆大头朝下栽倒了。

这年5月1日，小布什神气活现地登上“林肯”号航母，压抑着兴奋，故作淡定地向全世界宣布，美国和盟友已经取得了伊拉克战争的胜利！

华盛顿在欢呼，全美国在欢呼，伊拉克的美军也想欢呼，可又欢呼不起来，因为他们听说了一个传闻，关于消失的共和国卫队。据说开战前，萨达姆已经知道战争的结局，他要求，抵抗一个星期，剩下的事，由他控制。共和国卫队是被他解散，而后，分散到伊拉克各地，化整为零开始更残酷更有效的游击战。

说法很快证实了。美军这才知道，真正的战斗，是在萨达姆倒台后才开始。似乎是顷刻之间，伊拉克坊间就开始神出鬼没各种反美武装，这些品种流杂的各路高手，看起来不过是一介草民，畏畏缩缩的，一转眼就掏出一把AK47，熟练地射杀美国士兵，毫不留情。

伊拉克的反美武装还真是各种成分都有，萨达姆的死忠是一部分，美军进攻中伤及无辜又培养了一批仇敌，当然还有趁乱复苏的基地组织。这里特别要说明的是，就算是美国处心积虑地搜罗，他们也没有萨达姆和基地组织有关的任何证据，实际上，很多人都说，作为正统出身的萨达姆，很看不上基地组织这种鸡鸣狗盗的行为，虽然他的确是为“9·11事件”叫过好。

看来是宣布胜利太早了，不抓住萨达姆，伊拉克的战事就不算完。美国情报部门发挥了各种聪明才智。著名的扑克牌通缉令出炉了，被通缉的伊拉克漏网大鱼，其头像都被印刷在55张扑克牌上，还对其中的黑桃A也就是萨达姆提供了2500万美元的悬赏，这段时间，斗地主和锄大地都有特别的意义，还有可能瞬间巨富。

所有人都有价格，忠诚大部分时间是因为收买的价码不够。2500万美元，买萨达姆够了。虽然美军在伊拉克全境进行了掘地三尺的搜捕，最后，还是靠萨达姆的臂膀卖主，才找到萨达姆的藏身之所，时间已经来到了2003年的12月中旬。

不出大家意料，萨达姆的确是藏在他的老家，之所以找不到，是因为这位阿拉伯世界第一显赫的人物，竟然是猫在一个奇臭无比的地下洞穴中的。萨达姆被捕情形，也有电视直播，一个胡子花白，目光呆滞，肮脏邋遢的老头毫无反抗地被美军按在地上，对照他留在巴格达的各种照片，戎装笔挺，身板笔直，连通缉令扑克牌上的照片都是一副枭雄的意气风发，这要不经过牙齿和DNA的检验，真难以相信被捕的是萨达姆本尊。

萨达姆被捕后，由伊拉克新政府成立的临时法庭审判。大家都知道，这个法庭几乎是被美国控制的，所以萨达姆的审判过程，看起来也颇为儿戏。什么样的过程都不重要了，美国政府的意愿路人皆知，萨达姆必须死，于是，他被吊死了（萨达姆的故事，到中东卷时再详细说）。

萨达姆死了，美国在伊拉克的噩梦并没有结束。显然，反美武装失去了萨达姆这个疑似精神领袖并不影响战力，美军在伊拉克的伤亡数字还是居高不下，至于砸进去的军费，小布什的政府都不敢看账本了。

到2011年12月19日，最后一批美军撤出伊拉克，终于结束了煎熬9年的战争。先后超过150万美国军人入伊服役，3万多人受伤，4500人阵亡，对美国人来说，这个伤亡数字够吓人了，可对比伊拉克的平民死亡数字，美国人就显得娇气了。

仗终于打完了，回到战前的重要议题，伊拉克的大杀器呢？大家想啊，萨达姆躲在狭小的地下洞穴里都被抄出来了，真有大杀器，美国人还能找不到吗？不知道从什么时候起，美国人就不纠结大杀器的问题了，就算没有大杀器又怎么样？我们美国人不去打一场，怎么知道没有呢？况且，我们帮助伊拉克人民推翻独裁者萨达姆，给伊拉克一个民主自由的发展前景，有什么错？

美国人说，这场战争是为了推翻暴君，在中东地区推行民主，而世界上还有更多人说，美国这一仗，不过是为了石油。这两种观点，曾一度在网上吵得热闹。其实，两个说法一点不矛盾。萨达姆这样的残暴独裁政府，全世界都深恶痛绝，教训他，还伊拉克人自由，没错，虽然当时还有大多数国家认为，可以通过政治手段达到目的，不用牺牲这么多无辜；至于伊拉克的石油，毋庸置疑是诱人的，如果能控制伊拉克，以后美国对沙特的依赖会小一点，石油输出国组织也不能太嚣张。虽然这一战烧掉的美金用来买石油可以用好久，但为了美国的各种长远利益，说是为了伊拉克的石油打一仗，似乎也不错。

五十九　美元总统

自从美帝国崛起成为街坊老大，全球政治上的事，其他国家都在看总统的脸色，经济上的事呢，大家都要细致分解美联储主席嘴里的每一个单词。进入21世纪，尤其是2008年全球经济危机之后，美联储的一举一动更牵动人心。有的时候，我们感觉美联储主席是仅次于美国总统的权力人物，有的时候，美联储的主席似乎还能压总统一头。如果把货币金融这些事算一个国家的全部，则联储主席才是总统。

前篇介绍过，美联储是以金融垄断机构的面目降生的，从出世就带有几个金融寡头的私利色彩。随着美联储伴随美国成长、发展，它的面目依然飘忽不清。它到底是政府机构，还是私人银行？它到底是金融寡头们盘剥国家的工具，还是稳定美国乃至世界金融市场的有效力量？作为资本主义高度发达的美国，美国的各种资本家，尤其在华尔街横行霸道的那些家伙，能左右国家许多事，包括政府班子。一个高度民主的国家，美国的政府不能罔顾民意，很多时候，华尔街的利益和广大劳动人民的利益是明显冲突的，总统有时也必须对华尔街怒目而视。华盛顿和华尔街，不可避免出现政治上的摩擦，那么，美联储这个看着像政府机构的华尔街组织，它到底站在哪头呢？相信这些问题，大多数美国人，也不知道答案。

从美联储降生那日起，美国国会中许多“有识之士”就忧虑重重，他们多次发表演讲，对美联储提出各种质疑，希望能用自己微薄的力量，将这个“垄断银行”推倒。

1939年，有个国会议员就提出，美联储不是政府机构，它属于它旗下的12家会员银行，而这12家会员银行又被诸多商业银行控制，这些商业银行还都持有美联储的股份，所以，1937年落成，位于华盛顿宪法大道上冷峻庄严的美联储大楼，它不属于政府公共建筑，它应该依法缴纳私有建筑必须的地方财产税。

听起来很有道理，哥伦比亚特区的税务人员就真的给美联储寄去了税单！

美联储当然不会缴税，他们派代表，苦口婆心地跟税务人员上课，说美联储真是由威尔逊总统一手创立的政府机构，虽然听起来很复杂，但它是独立于美国政府的一个政府部门。

哥伦比亚特区的税务官毫不客气地回敬美联储代表：1935年，美联储花75万美元跟政府买地盖的房子，还签了交易书的。试问，如果美联储是政府部门，联邦政府干吗要签个合同把地卖给自己呢？

这个官司打了好几年，税务局和美联储都快把自己绕晕了。最后，无奈之下，美联储的12家银行签订新契约，将这栋美联储大楼的产权转让给美国政府，他们仅仅是在其中办公。这个事件，再次坐实了美联储模棱两可的地位。

不管是不是政府部门，有一个词是公认的，那就是“独立”，它是独立运行的，正常状态下，它既不顺从总统，也不需要给华尔街面子。它最牛的独立就是，在美国这样一个任何公职都需要竞选的民主国家，美联储主席这么大的干部，是不需要经过任何选举的！

美联储作为私人银行，它是不是为自己谋取了大量私利，没有证据就不追究了。我们可以从美联储形象正面，对美国经济产生有利影响的那段时间开始回顾，那是卡特的时代，因为中东局势，石油飞涨，美国面临严重的通货膨胀。

沃尔克到格林斯潘

经过20世纪60年代的越南战争和约翰逊总统的伟大社会计划，美国的经济发展陷入停滞。根据凯恩斯主义的那个干预政策，当时的美联储执行货币宽松计划，使劲印钞票。美联储主席伯恩斯在这个位置上干了8年，1978年离任时，100美元的购买力相当于他上任时的30美元。

1979年第一季度，美国的CPI（消费物价指数）上涨了11%，到第二季度，上涨了14%（为大家了解这个概念，给一个咱家的数据做对比，2014年一季度，咱家的CPI上涨为2.6%，如果你觉得你的生活成本已经很高了，想想当时美国人的生活）。到7月份，卡特的个人支持率降到最低点。

卡特手足无措，他只能迁怒于幕僚，干脆解散了内阁，辞退白宫原有工作人员，他重新审核筛选高层任命，准备大张旗鼓重新开始。

对于卡特的决心，金融市场反应特别大，只是他们的反应是恐慌型的，美元再次下滑，黄金价格飙升，通胀愈演愈烈。这时大家都想到，要稳住金融市场，压制住华尔街的火上浇油，必须依靠美联储，美联储需要任命的新主席，希望他能同时照顾好华盛顿和华尔街，并在此时力挽狂澜，快速中止通胀。

保罗・沃尔克的名字出现在卡特的选择名单上时，卡特完全不知道沃尔克是何方神圣。其实沃尔克的履历十分光鲜，普林斯顿大学毕业，哈佛大学的政治经济学硕士，还曾在伦敦经济学院留学；在尼克松时代，他在财政部任职，在终结布雷顿森林体系中，发挥了重要作用；在成为联储主席的候选人之前，他是纽约银行行长，是美联储的12家会员银行里地位最高的行长，因为纽约银行位于华尔街，行长不可避免要能跟华尔街的大鳄们交际。有人说，沃尔克前半生的经历就是为他成为联储主席做准备！

当卡特最终选择沃尔克时，整个世界的金融市场都松了一口气。任命沃尔克为联储主席，应该是卡特焦头烂额生涯最漂亮的决定了。

沃尔克身材高大，作风朴素，踏实谨慎。他最大的优点是家教好，他公务员的父亲从小给他的教育就是，低调严肃，且忠于公共利益。

新的联储主席一上任就告诉总统，通胀的根本原因是早年的货币超发，沃尔克说，让我干，我就紧缩货币！此时紧缩货币，经济社会必受影响，老百姓看不了长远，失业和降薪会让他们会更加憎恨卡特的无能。卡特了不起的是，他居然接受了这个会害死他的计划！

1979年10月，沃尔克就宣布，联储将不再通过操纵利率来控制通胀，而是严格限制货币的供应量，至于利率，则完全交给市场，由它自由浮动。

到1980年，随着货币供应量减少，经济环境更加恶化。卡特承担了苦果，他黯然离开白宫，将沃尔克留给了里根。

对于沃尔克的紧缩计划，当时很多人认为他是赌博。货币供应减少，利率高企，企业经营活动举步维艰，弄死了通胀，说不定就连带弄死了美国。而沃尔克的意思是，他宁可将美国拖进衰退，也要将通胀彻底打垮。可以想象，当时有多少企业倒闭，多少失业的人们痛骂沃尔克是王八蛋。

里根上台，为了挽救经济，他预备实行减税政策，减税了政府收入少了，只好借债补贴财政开支。此时的债不好借呀，美联储的紧缩政策，让利率居高不下，借钱借得肝颤。里根找沃尔克商量，沃尔克对总统不解释只会用行动表示：1982年，在严峻的经济局面中，利率又提高了两个点！沃尔克的想法是， 政府必须采取措施抑制赤字增长，而不是一有困难就想到印钞机，如果投资者不放心未来的通胀率，长期国债收益率也会下跌;美联储既然决心要将通胀彻底打碎，那美国社会加速衰退之类的风险，也必须扛住！ 沃尔克这招相当于逼宫，里根政府只好在这一年增税，1985年又进一步削减了赤字。

沃尔克并不是只有紧缩货币这一招，1982年7月，感觉到又一轮衰退袭来时，沃尔克果断地开闸放水，放弃了严格的货币供应指标。当时沃尔克担心放水会导致通胀复发，所幸他赌赢了，没有引发通胀，引发了美国经济80年代的复兴，证明了此时的联储主席是个头脑清晰的“水阀控制者”。

没有用印钞票的办法弥补预算赤字，显示了美国政府的财政责任，更是提振了总统的声望和民众对政府的信心，里根任内的经济复苏，还出现了所谓的里根经济学，其实根本就是沃尔克的坚守与坚持。沃尔克离任后，有人写信给他：“虽然找工作很艰难，但您让我们一辈子的财富免于贬值，我还是谢谢您！”

卡特当初是想找一位能力挽狂澜，治疗通胀的美联储主席，沃尔克做到了，他将几乎被通胀吞噬的美国拉回正轨，改变了美国的经济结构，挽救了美国人的生活，为美国20世纪晚期的繁荣奠定了坚实的经济基础，所以很多人称他为“拯救者”。

沃尔克是不卑不亢的犟老头，高压之下不屈服，体现了一位美联储主席必备的素质，他的犟导致了卡特败选，也让里根对他非常不满。不管金融界给沃尔克多么高的评价，里根是不以为然的，沃尔克不跟他一条心，态度还有点傲慢，让总统很受伤。1987年，沃尔克离开了美联储。

美国的银行家鲜少形象正面的，沃尔克是个特例。你很难将他和贪婪欲望之类的词结合在一起。他曾经是控制世界储备货币的人，可晚年的沃尔克几乎是清贫的。80岁的老头儿出门还要挤地铁；在华盛顿任职期间，租住狭小的一室一厅，使用女儿淘汰的旧家具，完全是工薪阶层生活形态，还是薪水不高的那种。他长期照顾重病的妻子，在妻子逝去10年后，才跟助手订婚。虽然沃尔克的资历光鲜，可做了美联储主席后，将华尔街的财阀得罪光了，一直处于被他们挤兑赋闲的状态，没有具体的工作，肯定没有像样的收入，沃尔克自己似乎不以为意，他知道自己的价值。

2010年，轮到奥巴马焦头烂额时，他只能请沃尔克出山，并接受了沃尔克关于银行自营业务与商业银行业务分开的提议。也就是说，商业银行就是管存钱放贷的，不要掺和投资银行的事，你拿优惠利率的款子去玩股票就不像话了嘛。奥巴马宣布，这个是“沃尔克规则”，沃尔克只能苦笑，因为银行家们一听，又是沃尔克的鬼主意，更恨他了！

1987年，里根提名格林斯潘成为新的美联储主席。沃尔克是犹太人，继任的格林斯潘也是犹太人，历届的美联储主席都是犹太人，似乎只有犹太人才有资格掌管全球的财富。

沃尔克做主席时，被很多人痛骂诅咒，可他离任时，几乎全是溢美之词，好多人视他为银行界的道德楷模。格林斯潘正相反，他在主席之位时，全世界崇拜他五体投地，称呼他为全球“经济沙皇”。“美元总统”这个称呼就是由他开始的，说“格林斯潘打个喷嚏，全球投资人都伤风”，1996年的《财富》杂志甚至说：“笨蛋，谁当总统都无所谓，只要艾伦（艾伦·格林斯潘）是美联储主席就行！”格林斯潘的任期18年，经历了4届总统，风头极盛。可他离任时，骂他的人不少，还认为他是2007~2009年经济危机的罪魁祸首。

跟沃尔克一样，格林斯潘也坚定维持美联储的独立性。上台后，同样完全不报答里根的知遇之恩，一上任就将联邦利率调高，导致了经济减速和失业率上升，让共和党失去了不少选票。

1987年10月19日，格林斯潘遭遇了人生最重大挑战。那一天，过去五年一直牛市运行的美国股市暴跌了508点，一天之内5000亿美元消失，华尔街又惊现自杀潮。这场突如其来的股灾，仿佛是1929年重演，它被称为“黑色星期一”。

第二天，在纽约证交所开盘前40分钟，格林斯潘做了一个简短声明：“联邦储备委员会，本着它作为这个国家中央银行的责任，会对所有经济和金融体系提供援助。”随后，美联储在主席的指示下大量购买国债，为银行系统提供了120亿美元流动性，使联邦利率在一天内下降0.75个百分点。陡然增加的流动性，让大公司趁机宣布收购其他企业的股票，稳住了市场，也迅速恢复了投资者信心。格林斯潘初试身手，就树立了个人高大的形象，他自己也有了底气，更加感觉美联储需要承担更多的责任，于是，以后的美国经济中，除了市场那只看不见的手，又多了格林斯潘这只看得见的手。

格林斯潘认为，玩经济跟航船一样，必须预先知道前方水情，以提早调整船身的姿势。经济过热，就要果断降温，经济衰退，就要及时刺激，未雨绸缪，不能等态势变坏了再动手。

1992~1995年美国经济情况欣欣向荣，格林斯潘先后七次提高利率，让经济软着陆，防患于未然。1998年，亚洲经济危机爆发扩散全球，格林斯潘以美国历史上最快的减息速度三次降息，稳定了经济。2001年“9·11事件”后，所有人都认为美国经济必然饱受打击，格林斯潘在一年内将利率从6.5%降低到1.7%，扶住了摇摇欲坠的形势，结果当年，美国的经济增长达到了所有人都不敢预想的3.5%。

经济社会有个铁律，通胀低，失业率就高，因为通胀低一般是因为国家紧缩银根，则必然是企业发展较差，失业的人自然就多了；反过来，失业率高的时候，工资低，消费低，物价水平低，通胀自然也就低了。传统经济学理论认为，低失业率和低通胀，几乎是不可能同时存在的事。90年代的美国颠覆了这个理论，那几年失业率低至5.5%，通胀一直被控制在3%以下。美国这段黄金岁月被称为“零通货膨胀型经济”。

不管是克林顿还是格林斯潘都不是神仙，90年代美国的经济奇迹的根本原因，前面已经介绍过。从经济学的角度看，全球化后，跨国企业在世界范围内调配资源，发展中国家为发达国家提供大量低廉产品，抑制了发达国家的通胀；发展中国家赚取的外汇又回流发达国家资本市场，将他们的利率维持在低水平，保证经济的繁荣。就是这个良性循环，造就了克林顿，造就了格林斯潘。

美国泡泡

英国和法国的历史中，老杨介绍过了资本主义发展历史上，几次重大的泡泡，美国史写到最后了，怎么能没有泡泡。

根据历史经验，经济过热，部分人陷入疯狂，就进入吹泡沫的阶段了。20世纪的最后几年，最热的是什么？互联网经济！有没有人发疯？有哇，英特尔的老板高喊，赶快跳上电子商务的快车，否则你将死无葬身之地！

21世纪的世纪之初，我们都还清楚地记得，当时最热闹的事，就是美国纳斯达克指数屡创新高，中国的IT企业纷纷登陆纳斯达克，在美国的市场展现中国新经济的力量。

只要你炒过股，就知道股票这东西，只要沾上，智商下降极快，甚至有可能到负数。中国石油上市那天，股价48.62元,大部分股民都相信，年底它大有可能翻番甚至过百！上个世纪末，你在美国炒IT股，也是这个心态，不管什么票，不管它干啥的，也许它仅仅是个网页，什么都没有，但只要有人告诉你，它会翻几番，你毫不犹豫就信了，就买了。

2000年3月10日那天，纳斯达克指数超过5132点，如同2007年10月6日，上证指数到达6124点。深陷其中的人，都以为指数才刚刚到半山腰，殊不知，这已经是峰顶的顶端，稍微一动，就会从山顶以直线坠落的速度跌到山脚，甚至谷底。

到2001年3月12日，纳斯达克指数跌破2000点大关，并于4月14日到达1638的低点，从最高点（5048点）以不到一年时间损失了近68%，加上传统股票道琼斯指数下挫近两成，股市的暴跌使美国社会财富损失5万亿美元，相当于美国国民生产总值的一半。

必须说，泡沫这东西，大部分时候是钱烧的，如果不是钱多得没地方去，怎么会有这样非理性的投入呢。

对，90年代，东南亚金融风暴、俄罗斯金融风暴，美国市场都受到程度不同的波及，格林斯潘的做法就是降息降息再降息，没让美国的经济跟着难看。这时所有人的心里都有一个感觉，格林斯潘这位财神爷，肯定是不会让大家亏钱的，只要市场低迷，财神爷一定会出手相助。也就是这个心理，大量的钱才乐观地进入了股市，催发了泡沫。

纳斯达克泡泡破了，格老怎么办？继续降息！

银行又有钱了，往哪投？股票不好玩，就玩房子吧。在美国，贷款买房子原本并不容易，银行会根据你的信用记录、收支状况、抵押物价值，将你分个三六九等。评分最高的，就是优质客户，他们借走的钱，当然就是优质贷款；第二级的叫中等贷款；最差的，工作不稳定，收入没保障，也没个正经财产的，就是次级客户，借走的那是次级贷款。

正常状态下，这三等客户应该是这样一个比例，优等生占75%，中等生占11%，差生占14%。你会奇怪，怎么差生还多呢？当然哪，你是穷人，你借钱，银行风险大，利息当然要收高点儿，还是有利可图的。

话说美国的银行业发展是经过了这样一个发展过程：“大萧条”时期折腾了一下，联邦政府加强了对银行的监管，对利率幅度、存款保险、业务种类都有挺明确的规章制度。70年代，自由经济思潮抬头后，所有人都认为，政府的过度监管才是错误的根源，尤其是银行业，要给它自由，鼓励它创新。于是，金融行业就越来越自由了，利率自由化，业务自由化，只要你想得出来，能忽悠到客户，怎么整都行。

一鼓励银行创新，就什么都敢玩了。可以提高差生的福利，鼓励穷人买房子嘛。这是个大好事呀，从政府方面说，穷人住上了自己的房子，正说明政府英明，选民还不感恩戴德吗？从银行方面说，增加了新客户，新贷款规模。

不怕这些穷人供不起吗？不怕，美国的房价是持续上涨的状态，没有迹象表明房价会大跌，现在小伙子没房子，丈母娘绝对不嫁闺女，还怕房价会跌？只要房价不跌，银行随时可以拍卖抵押的房产，稳赚不赔。而且银行还给你一个最吸引人的优惠——可调整利率，你买房子的头两年是一种利率，后几年可以再设定。全美国人都知道，美联储最爱降息，也就是说，以后借款利息还会更低呀！

吸引客户还不算，银行要保证自己一点风险不担。美国银行最大的创新业务就是证券化：将次级贷款打个包，整合出一个住房抵押贷款支持债券，卖给投资者，以后还不出贷款的风险就由买债券的人负责了。卖债券的钱回炉银行，银行再发放新的次贷，形成一个完美的循环。不要以为听起来很简单，这中间是有非常高深的学问的，美国人是经过长期训练才敢这么玩，小朋友千万不要效仿。

除了人过中年后的体重，这个世界上基本不存在稳涨不跌的东西，尤其是房子。美国社会看着发展得风调雨顺歌舞升平，其实也是非常不平衡的。小老百姓的收入，扣除通胀，并没有明显地提升。大部分的钱都进了富人的腰包，有钱人肯定是更有钱了。

收入没有增加，可资本主义社会一直认定，经济是靠消费拉动的，只要鼓励消费，经济自然会持续热乎，基于这个理念，西方人最喜欢的超前消费，寅吃卯粮，似乎就很正常。

美联储也没有总放水，根据格老的原则，资本市场疯狂到一定的程度，他肯定是要加息降温的。不过这个时候加息降温，定然的结果就是，房地产市场出现拐点，房子降价了！

在住宅抵押贷款市场这块发挥至关重要作用的，是美国两大“国企”—— 最大的住房抵押贷款机构——联邦国民抵押协会（简称房利美）和联邦住房贷款抵押公司（简称房地美）。这两家原本是美国国会立法设立的政府资助机构，目的在于为住房抵押贷款市场提供稳定而连续的支持，帮助更多的老百姓买上房子。

美国的住房政策是政府公共政策之一，通过政府干预和市场化运作相结合的方式，为住房建设提供资金保障。所以“两房”可以说是美国房地产市场的支柱，两家机构承保或者购买的房地产贷款约占美国居民房地产市场的50%，到次贷危机时达到了80%以上。

“两房”拥有和担保的资产规模约5.5万亿美元，他们捣鼓出来的“住房抵押贷款支持债券”又被称为“两房债券”。虽然从50年代起，房利美就向私有公司转化，但仍然受联邦政府直接控制，就是这个准国企的背景，“两房债券”吸引了养老基金、共同基金、商业银行和保险公司等诸多美国国内投资者，也包括中国在内的大量海外投资者。

房子一降价，基于房地产永远不会跌的所有资产把戏都穿帮了，破产的破产倒闭的倒闭，多米诺骨牌效应不断放大，美国的次贷危机就这样发生了。而“两房”显然是受冲击最大最明显的。2008年，一向自称是金融自由化，政府不干预市场的美国政府宣布：对“两房”进行救助，政府托管，将向两家公司注资，以确保两家机构保持稳定和继续发挥作用。

这个消息一出，“两房”股价应声而落，到2010年6月，跌无可跌的“两房”股票从纽交所退市。好在只是退市，至今“两房”依然苟延残喘没有破产，这两个家伙让咱们很糟心，因为作为持有大量“两房”债券的债主，如果“两房”破产，中国的损失无法估量。

2008年跟“两房”摇摇欲坠一样惊人的事件，是雷曼兄弟申请破产。雷曼兄弟原是全美第四大投资银行，创立于1850年。21世纪初还屡屡被各种权威评选为世界最佳投行。投行做到最佳，肯定是舍得投机敢于投机，追求高风险不怕死得快的。雷曼兄弟是2006年次贷证券产品最大的认购方，占总市场份额的11%。

雷曼兄弟出事前，美国第五大投行贝尔斯登先支撑不住了，但在美联储支持下，摩根大通公司出手收购，暂时挽救了它，到“两房”事发，美国政府亲自出手搭救，实在是气力透支了。雷曼兄弟求救时，美国人真不知道怎么帮助这家158年历史的华尔街老字号。2008年9月雷曼兄弟宣布破产，总债务超过6000亿美元。

从2008年由美国开始蔓延到全世界的经济危机，我们都不陌生，因为我们还生活在其中。到底美国史上这一轮仅次于“大萧条”的衰退什么时候能结束，谁也说不好。有人说，美国称王太久了，是时候交出霸主之位了；还有人说，中国人的幸运，是有美国这个老师一直走在前面，给以经验也给予教训，让中国规避了很多危险。有人预计，2014年底，中国将取代美国成为全球第一大经济体。

以后的事谁知道呢，但美国过去的故事，我们就讲到这里吧！

有的人相信国家主义，认为国家或社会高于一切。不过，民主主义者认为，国家甚或社会都不如组成它的个人重要。

——伯恩斯《美国式民主》